★ 国家出版基金资助项目
★ 湖北省学术著作出版专项资金资助项目

高等教育与社会发展论丛
董泽芳 ◇ 主编

理念与追求：
大学发展的思考与探索

董泽芳 著

华中师范大学出版社

★ 国家出版基金资助项目
★ 湖北省学术著作出版专项资金资助项目

新出图证（鄂）字10号

图书在版编目（CIP）数据

理念与追求：大学发展的思考与探索/董泽芳著. —武汉：华中师范大学出版社，2017.12（2019.4重印）
（高等教育与社会发展论丛/董泽芳主编）
ISBN 978-7-5622-7942-6

Ⅰ. ①理… Ⅱ. ①董… Ⅲ. ①高等教育—发展—研究 Ⅳ. ①G647

中国版本图书馆CIP数据核字（2017）第221054号

理念与追求：大学发展的思考与探索
ⓒ 董泽芳 著

责任编辑：熊 然 冯会平	责任校对：缪 玲
封面设计：罗明波	
编辑室：学术出版中心	电 话：027－67863220/7792
出版发行：华中师范大学出版社	社 址：湖北省武汉市洪山区珞喻路152号
电 话：027－67863426（发行部）	027－67861321（邮购）
传 真：027－67863291	邮 编：430079
网 址：http://press.ccnu.edu.cn	电子信箱：press@mail.ccnu.edu.cn
印 刷：湖北恒泰印务有限公司	督 印：王兴平
开 本：710mm×1000mm 1/16	字 数：510千字
版 次：2018年1月第1版	印 次：2019年4月第2次印刷
印 张：36	定 价：108.00元

欢迎上网查询、购书

敬告读者：欢迎举报盗版，请打举报电话027－67861321

总　序

高等教育是社会大系统中的一个极其重要的子系统，它与经济、政治、文化等子系统之间有着相互依存的关系。高等教育作为培养高层次专门人才的社会活动，与人的发展更有着极为密切的联系。同时，高等教育自身又是一个多层次、多类型、多主体的系统，不仅大学之间，大学内部各组织之间，领导、教师与学生之间关系错综复杂，而且与社会的方方面面都有着千丝万缕的联系。随着时代的发展，多层次的高等教育与多元化的社会之间形成了越来越密切的互动关系。现代社会，高等教育的存在和发展越来越离不开政府和社会在人力、物力、财力，以及政策、环境等方面的支持与促进；社会的发展也越来越离不开高等教育及其研究的引领与推动。美国经济学家弗里德曼用经济学"核心—边缘"理论研究二战后的经济社会现象与教育特别是与高等教育的关系时，发现在知识成为经济社会赖以存在和发展的基本资源与生产要素后，高等教育逐渐从游离于社会之外的"象牙塔"进入社会的边缘区，并渐次成为推动经济社会发展的"中心"要素，从而提出了著名的高等教育"从边缘走向中心"的发展趋势理论。从二战后高等教育对许多国家发展的实际影响来看，高等教育已成为促进国家科技振兴、经济发展、政治民主、文化繁荣的必要条件；从高等教育对社会个体的影响来看，高等教育不仅是提高个人素质、开发个人潜能的重要基础，更是促进社会流动、实现人生价值的主要途径。的确，高等教育对社会及个人的影响力从来没有像今天这样巨大，社会变革对高等教育的影响也从来没有像今天这样深刻。

然而，随着现代科技的发展和工业化进程的加速，科学文化及其内含的经济价值和工具价值得以彰显，高等教育发展中理性主义与功利主义的冲突日趋激烈。同时，高等教育大众化的进程加快及其与政府、市场、大学三者关系日益复杂，加之财政困难，高等教育商业化、官僚化、技术至上和教育质量下降等问题凸显，高等教育发展的现状和社会的期望之间的鸿沟逐渐加深，高等教育与社会发展之间的冲突也不断加剧。著名的高等教育学家约翰·S. 布鲁贝克在其《高等教育哲学》一书中，专门从冲突论的视角，论述了高等教育发展中认知论与政治论、自治与控制、学术自由与社会责任、精英教育与大众教育、普通教育与专才教育五方面的冲突，还就传统的高等教育与现代的高等教育、学术研究与社会现实道德、大学与教会等方面的冲突展开了论述。联合国教科文组织前总干事费德里克·马约尔在1995年发布的联合国教科文组织关于"高等教育的变革与发展的政策性文件"中更明确指出，"全世界几乎所有国家的高等教育都处于危机之中"。

在我国，随着社会现代化进程的加快，人们已愈来愈清楚地认识到，高等教育与社会的良性互动和协调发展不仅是政治稳定、科技振兴、经济发展、文化繁荣、人民幸福的必要前提，而且是保障高等教育健康发展、高效运行的基本条件。然而，现实的高等教育与社会互动机制仍不够健全，高等教育与社会发展不协调的现象也普遍存在。尤其是在社会大转型的今天，新旧体制、新旧观念与新旧因素的对立与摩擦，以及由此产生的社会失序、混乱与震荡，不仅使高等教育与社会的互动日趋复杂，也使高等教育与社会的协调发展严重受阻。有关高等教育与社会发展的关系的研究也面临着一系列值得研究的新问题。

从宏观的层次讲：一是社会结构转型与高等教育制度的调适问题。社会转型主要包括政治结构、经济结构、文化结构等在内的社会结构的整体性变迁过程。社会转型必然引起与原有社会结构相配套的规则与程序不同程度的失效，而新社会结构要素的生长亟待制度创新来促进和保障。高等教育制度如何调适与创新，如何形成与各种新的社会结构要素协调发展的关系，如何实现高等教育自身健康发展与着眼于学科发展、促进社会全面协调发展的双重目标等问题，必须通过高等教育社会学的研究才能作出科学的回答。二是高等教育与社会关系的变化及高等教育的社会功能重构。社会结构的全面转型必然对高等教育产生巨大的影响，并使高等教育与社会的关系出现一系列新变化。如市场经济的发展打破了高等教育自我封闭的格局，加强了高等教育对市场的关注；民主政治的推进提升了高等教育的自主地位，弱化了高等教育对政府的依赖；对外开放格局的形成拓展了教育者的视野，加强了高等教育同世界的联系，等等。在这种情况下，如何重新认识高等教育的社会价值，如何重构高等教育的各种社会功能，如教育对市场经济的适应、支持与矫正功能，对政治的维护、监督与批评功能，对国外文化的选择、吸收与融合功能，等等，也是高等教育社会学研究的重要任务。三是高等教育与社会冲突的加剧及高等教育的整合机制。社会全方位的变革使高等教育赖以生存的基础发生了变化，高等教育本身也进入了一个剧变时期，旧的运行机制正在被打破，新的运行机制尚未被建立，高等教育与社会的冲突大量存在。如社会经济发展对高等教育的人才需求结构与高等教育的人才培养、输出结构的冲突，高等教育发展对投入的需求与社会经济承受力的冲突，高等教育对理性精神的追求与社会现实的功利取向的冲突，高等教育的价值观念取向与社会文化观念更新的冲突，等等。诚然，高等教育社会冲突的出现并不必然产生消极的后果。如果通过高等教育社会学的研究能够形成比较健全的教育与社会的整合机制，高等教育与社会之间的冲突就会向积极的方面转化。

从中观的层次讲，主要是社会转型带来的各种社会分化引发了一系列新的高等教育社会问题。如区域分化与高等教育发展的失衡问题，阶层分化与弱势群体子女的高等教育问题。急剧的社会转型使原有社会阶层结构产生了前所未有的大分化，进而导致利益的大分化，这必然会在不同利益主体间产生广泛的矛盾和冲突。由此引发了地区之间高等教育差距扩大、高等教育资源配置不合理、高等教育机会不均等等新的高等教育社会问题。

从微观的层次看，主要有社会行为无序与大学行为失范问题，高等教育时空拓展与高校师生关系变化问题，大学校内、校外环境变化与大学教师角色冲突问题，商业的价值原则渗透与大学生的功利行为问题，等等。这些现实的问题，都是令人感到困惑的新的教育问题、社会问题,迫切需要高等教育社会学的探讨与解决。

在这种情况下,高等教育社会学理应顺应时代的要求,调整研究的视角,真正树立起高等教育与社会一体化协调发展的观念,加强对高等教育与社会互动机制的研究,努力探寻高等教育与社会协调发展的规律,促进我国高等教育的健康发展和社会的全面进步。本丛书的出版目的正在于促进这一研究。

本丛书在编写上突出了下列特点:一是研究立场的本土性与研究内容的时代性。从中国近代高等教育的发展过程看,过去高等教育学的研究在一定程度上存在着过于依赖西方教育理论和教育观念的问题,相关研究缺乏本土意识。本丛书强调立足中国国情来解决中国高等教育实践中的问题。在研究内容上,牢牢把握当下中国社会大转型这一时代背景,直面因新旧体制、新旧观念及新旧因素的对立与冲突所产生的社会失序、混乱及震荡给高等教育发展带来的冲击与挑战,紧紧围绕"高等教育与社会和谐发展"这一核心主题,提出了摆脱困境、战胜危机所要解决的一系列重要问题,并通过实实在在的研究,给出了明确回答。本丛书提出的这些问题,都是"高等教育与社会和谐发展的中国问题",或者说是"中国的高等教育与社会和谐发展问题"。而丛书作者通过研究作出的回答,可视为有助于解决问题的一些"中国答案"。

二是研究视域的广泛性与研究视角的多层性。高等教育与社会发展都是多层次、多类型、多主体的系统,探讨二者的关系应该有广阔的视域和多层的视角。在研究的视域上,本丛书既着力审视整个社会的结构与文化、体制与机制同整个高等教育之间的关系,也努力探明区域分化、地方传统文化同地方高等教育之间的关系,并用力探究具体高校中的职业性别政治、权力关系及角色冲突等问题。在研究的视角上,本丛书立足于高等教育学,比较倚重于社会学,但并不局限于社会学,而是根据研究的具体问题及主要目的,将研究的视角延展至经济学、文化学、人类学、教育学等学科。开阔的学术视野与多样的研究视角,使得丛书内容格外丰富多彩。

三是研究方法的多元性与研究手段的实证性。本丛书遵循了理论研究与实证研究相结合、立足国情与合理借鉴相结合、问题分析与对策探讨相结合等原则，注重多种方法的综合运用。尤为强调运用实证分析的手段，将研究结论建立在翔实的资料基础之上，力图更多地用客观事实说话，用实际材料说话。如制度政策的文本分析、形式多样的问卷调查、扎根实地的田野研究、已有统计数据的二次分析等，在本丛书中都有合理运用，从而为发现高等教育与社会协调发展中存在的问题、揭示成因、寻觅对策提供了必要依据。通过开展实证研究，本丛书改变和克服了老套社会科学研究"从概念到概念"、"从理论到理论"、"从问题到问题"的不良倾向，增强了理论研究的"问题导向"与策略研究的"有的放矢"。

本丛书得以出版，既要感谢华中师范大学出版社新老领导的精心策划与大力支持，也要感谢编辑部主任和各位编辑的认真审读与细致编校，更要感谢顾明远先生与吴康宁先生的充分肯定与郑重推荐。

本丛书的作者主要是高等教育与社会发展研究方向的博士和博士后，丛书多是在他们的博士学位论文的基础上修改而成，虽然研究宗旨与写作要求一致，但每本书的主题思想与写作风格各异。作为丛书主编，我希望本丛书的出版能够为促进我国高等教育与社会协调发展起到一定的作用，也希望高等教育与社会发展的议题能受到学界更多的关注。由于作者的水平以及对高等教育与社会协调发展规律的认识有限，本丛书必有诸多不足之处，诚望诸位学者、读者不吝赐教。

董泽芳
2017 年 6 月 6 日

总序

引相结合等原则,注重多种方法的综合运用。尤为强调运用定性分析的手段,将研究结论建立在扎实的资料基础之上,力图更客观地用事实说话。用实际材料说话。动用深度的文本分析,形式多样的问卷调查,扎根实地的田野研究,已经有的数据的二次分析等,在本丛书中都有合理运用。从而为观察我国高等教育与社会协调发展中存在的问题,成因,与对策提供了必要依据。通过开展实证研究,本丛书改变和克服了老套社会科学研究"从概念到概念","从理论到理论","从问题到问题",即不问向,增强了已理论研究的"问题导向",与策略研究的"有的放矢"。

本丛书得以出版,既要感谢华中师范大学出版社新老领导的鼎力支持,也要感谢编辑部主任和各位编辑的认真审读与引领致谢较。更要感谢那些在先生与民俱乐的分岁月分肯定与郑重推荐。

本丛书的作者主要是高等教育与社会发展研究方向的博士和博士后,以及是在我们培养博士学位论文的基础上修改而成,虽然研究旨趣与序要来一致,但各本书的主题思想与写作风格各异,作为丛书主编,我希望本丛书的出版能推动进我国高等教育与社会协调发展得到进一步的作用,也希望高等教育与社会发展的发展能够受到学界更多的关注。由于作者的水平以及对高等教育与社会协调发展观察的认识有限,本丛书必有许多不足之处,敬望诸位学者,读者不吝赐教。

董泽芳
2017年6月6日

前 言

理想是人生前进的指路明灯，信念是人生奋斗的力量源泉。幼年丧父的我，最初的理想就是希望能多受点教育，因为教育既是人生潜能的开发器，也是个人价值的提升机。年轻时的理想就是能够当一名学生喜爱的老师，因为"得天下英才而教育之"，乃人生一大乐也！

回顾已走过的七十二年的人生，应该说我是一个时代的幸运儿。"千金难买少年穷"，我七岁丧父，幼时家庭生活的困苦让我很小就得到了意志的磨练。有幸在高中毕业后，在家乡当了多年的农民夜校、民办小学与民办中学的老师，使我较早体会到在农村学校当一名老师的责任与艰辛；有幸在而立之后考上了北京师范大学，圆了我早年的大学梦；有幸在大学毕业后分配到华中师范大学，当了一名大学教师；有幸在天命之年被委以教育部中南地区高校干部培训中心常务副主任之职，使我成为一个培养大学教育管理干部机构的负责人；更有幸的是，在我54岁时，被任命为荆州师范学院党委书记兼院长，使我有机会全面管理一所大学。这次任命对我来讲，既是一次学习和锻炼的机遇，更是一次严峻的挑战。责任重于泰山，所以就任以来，我一直是诚惶诚恐，如履薄冰。荆州师范学院升为本科之际，正是我国高等教育日益走向平民化、大众化与国际化的时期，也是我国高校面临前所未有的发展机遇和严峻挑战的时期。荆州师范学院虽然具有悠久的办学历史，积淀了丰厚的办学传统，但作为一所新升格的本科院校，原有的办学条件有限，困难较多，发展的任务更艰巨，面临的挑战更严峻。这种挑战主要来自科学技术的迅速发展、市场经济的双重效应以及人口结构与师资市场，特别是国家的师范教育政策的巨大变化。面临的困难主要有管理体制不顺、价值取向不明、发展定位不当、经费投入不足、骨干教师不稳、供求关系不明与办学效益不高等。

既然在其位，必须谋其政。大学校长谋什么政？概括而言，就是谋钱谋人谋发展，但最关键、最核心的任务是谋发展。伴随着大众化与国际化的进程，高校的竞争日趋激烈。在这场竞争中，只有加快发展才能跟上整个高等教育前进的步伐，而不至于被淘汰出局；只有加快发展才能内聚人心、外塑形象，克服面临的各种矛盾与问题。大发展，小困难；小发展，大困难；不发展，最困难。所谓"发展"，不仅仅是建校园、扩规模、上层次，更重要的是调整结构、提高办学质量和办学效益。为了发展，我们必须深化改革、不断创新；必须广开言路、广开财路；必须尊重人才、尊重创新；必须加强制度建设、加强文化建设。

谋大学之政靠什么？从客观上讲，要靠环境、靠政策；从主观上讲，则要靠办学治校的理念。没有思想不能谋政，而思想的形成依赖于理念；没有目标不能谋政，而目标的确立取决于理念；缺少章法不能谋政，而章法的制定受制于理念；不讲感情不能谋政，而感情的表达也基于理念。清醒的办学理念，既是大学立校之本，更是校长治校之魂。大学校长应该有自己的办学治校理念，但这种理念并非是校长一个人冥思苦想出来的，而是来自对办学形势的客观分析，来自对学校优秀办学传统的精心提炼，来自对各种先进教育思想的合理吸收，来自学校领导和广大师生员工的智慧凝结。为了形成符合荆州师范学院校情的办学治校理念，在认真学习理论和中央有关文件精神的基础上，我主持召开了多种层次的研讨会，广泛听取院系领导和师生员工的意见，客观分析了国际国内形势的变化及其对大学的影响，研究了在新形势下地方高校改革发展的大趋势，探索了荆州师范学院发展应有的观念更新、合理的目标定位与自身的办学特色等，最后提出了"以科学理论为指导、以促进发展为目标、以深化改革为契机、以学科建设为龙头、以提高质量为核心、以队伍建设为根本、以制度建设为保障、以开源增收为基础"的办学理念；提出了"以生为本、以爱为基、以学为尊、以法治校、以变应变、以和为贵"的治校理念；提出了"顺应潮流、抢抓机遇"、"克难奋进、加快发展"、"合理定位、科学规划"、"注重校情、突出特色"、

"大胆探索、争创一流"、"内通外联、真抓实干"等发展理念;提出了在学校全局工作中确立教学工作的中心地位、教学改革的核心地位、教学质量的主体地位与教学投入的优先地位等教学理念;提出了"校兴在质量,质优在教师",而优质教师的培养"核心在育师德,关键在正教风"等教师队伍建设的理念。

理念不仅支配着校长的追求,更重要的是统领着全校干部的思想,激励着师生的行为,引导着学校的发展。在上述理念的指导下,通过中层干部集训会议、教代会、教学与科技工作会,我们提出了"258"发展目标(即两年理顺,五年达标,八年建成特色鲜明、水平一流的地方多科性本科院校)和"135"发展战略(即确立一个超常规发展思路,深化教育教学、人事分配和后勤社会化三大改革,启动基建工程、人才工程、质量工程、人心工程和形象工程五大工程)。在上述理念和目标的指引下,我们扎扎实实启动和进行了上述三大改革和五大工程。随着这些改革举措的陆续出台和各项工程的相继启动,学校日益显示出新的生机和活力,发展步伐不断加快,办学效益明显提高。2003年8月由华中师范大学出版社出版的《大学的理念与追求》一书,就是我在荆州师院工作四年期间关于大学理念与大学改革的一些思考与总结。

2003年,荆州师范学院等四所大学合并建成的长江大学成立,时年58岁的我谢绝了省委组织部对我的新安排,坚决要求回归华中师范大学当一名普通大学老师。但对于大学改革与发展中面临的各种问题的思考并未停歇,更有利的是我没有了"双肩挑"的角色冲突,有更多自由的时间来思考和研究大学改革与发展中面临的各种理论与实践问题。《理念与追求:大学发展的思考与探索》就是我近十多年来对当前我国大学发展面临的一些重大问题的再思考与再探索。本书由《大学的理念与追求》一书修订而成,但仅保留了理念思考部分,其他均为新修订内容,主要包括对大学价值取向的追寻、大学发展形势的分析、大学治校理念的思考、大学目标管理的考察、大学制度改革的设计、大学教师队伍的建设、大学人才培养的探索与大学文化问题的研究八个方面。其中有相当一部分思考和探索是结合荆州师范学院、华中师范大学的改革发展实

2003年，荆州师范学院等四所院校合并组建成的长江大学成立。时年58岁的我随湖北省委组织部的统筹安排，坚决要求回归华中师范大学当一名普通大学老师。但对于大学改革与发展中面临的各种问题的思考并未停歇，也有机会也是有了"双肩挑"的角色冲突，有更多自由的时间来思考和研究大学改革与发展中面临的各种理论与实践问题。《理念与追求：大学发展的思考与探索》就是我近十多年来对当前我国大学发展面临的一些重大问题的思考与再探索。本书由《大学的理念与追求》一书扩展而成，仍保留了理念思考部分，其他均为新修订的内容，主要包括对大学价值取向的追寻、大学发展形势的分析、大学治校理念的思考、大学目标管理的考察、大学制度改革的设计、大学教师队伍的建设、大学人才培养的探索与大学文化的问题研究等八个方面。其中有相当一部分思考和探索是结合我和我所在的华中师范大学的改革发展实际进行的，也是我近年来承担的多项关于大学改革发展课题的部分调研成果的汇聚。

由于本人水平所限，对大学的改革发展的许多问题尚处在继续思考与探索之中，难免有不当之处，欢迎同仁不吝赐教。

董泽芳

二〇一七年孟夏

目 录

第一章 大学价值取向的追寻 ………………………………………… 1
 第一节 高等教育价值取向变迁的回顾与思考 ……………………… 1
  一、高等教育价值取向变迁的内涵与意义 ……………………… 2
  二、高等教育价值取向变迁的历程及评价 ……………………… 5
  三、高等教育价值取向的特点及趋势 …………………………… 24
 第二节 促进我国高等教育价值取向正向变迁的思考 ……………… 26
  一、科学发展：高等教育价值变迁的指导思想 ………………… 26
  二、多元和谐：高等教育价值变迁的总体目标 ………………… 29
  三、以生为本：多元价值体系中的主轴价值 …………………… 32
  四、统筹兼顾：高等教育价值取向变迁的基本原则 …………… 35
 第三节 高等教育目标的价值取向：通才与专才结合 ……………… 39
  一、"专才教育"与"通才教育"的历史回顾 ………………… 39
  二、"专才教育"与"通才教育"的时代局限 ………………… 42
  三、新的"通专结合"是高等教育应然的目标取向 …………… 43
 第四节 高等教育质量的价值取向：统一与多样并行 ……………… 45
  一、多样性的质量标准是高等教育大众化的必然结果 ………… 46
  二、统一性的质量标准是保证高等教育质量的迫切要求 ……… 49
  三、两种标准和谐统一是我国高等教育发展的应然选择 ……… 52
 第五节 高等教育公平的价值取向：公平与效率兼顾 ……………… 54
  一、高等教育公平与效率的复杂辩证关系 ……………………… 54
  二、高等教育公平与效率兼顾的时代价值 ……………………… 60
  三、合理分流是实现高等教育公平与效率兼顾的最佳途径 …… 63

第二章 大学发展形势的分析 ………………………………………… 67

第一节 战后国际高等教育发展的特点 …………………… 67
 一、提升理念指导高等教育发展 …………………… 67
 二、改革体制协调高等教育关系 …………………… 71
 三、因情制宜扩大高等教育规模 …………………… 77
 四、创新模式确保高等教育质量 …………………… 81
 五、优化结构提升高等教育效益 …………………… 84
第二节 当前国际高等教育发展的趋势 …………………… 94
 一、国际高等教育改革发展的背景 ………………… 94
 二、国际高等教育改革发展的趋势 ………………… 99
第三节 国际高等教育发展的启示 ………………………… 108
 一、努力转变高等教育理念 ………………………… 108
 二、积极创新高等教育制度 ………………………… 111
 三、稳步扩大高等教育规模 ………………………… 114
 四、不断优化高等教育结构 ………………………… 115
 五、切实提高高等教育质量 ………………………… 117
 六、全面提高高等教育效益 ………………………… 119
第四节 我国高等教育改革发展面临的十大机遇 ………… 121
 一、政治多极化趋势为我国加快高等教育强国建设提供了强大的外部动力 ……………………………… 122
 二、经济全球化趋势为我国实现高等教育国际化提供了广阔的国际背景 ……………………………… 123
 三、社会信息化趋势为我国推进高等教育现代化建设进程创造了新的时空 ……………………………… 123
 四、文化的多元化趋势为我国促进高等教育公平营造了新的文化氛围 ……………………………… 124
 五、全面启动实施两大战略为高等教育改革发展作出了新的目标定位 ……………………………… 125
 六、"教育优先发展"战略的全面落实为高等教育发展提供了重要的政策支撑 …………………………… 126
 七、科学发展观等理论的确立为高等教育的改革发展提供了正确的指导思想 …………………………… 126

八、经济持续发展与对高教投入加大为高等教育发展提供了必要的物质保障 ……………………………………………………… 127
　　九、国民精神需求上升与适龄人口下降为高等教育和谐发展提供了良好的发展空间 ……………………………………………… 128
　　十、高等教育已有的发展为进一步深化高等教育改革奠定了坚实基础 ……………………………………………………………… 129
　第五节　知识经济与高等教育革新 ………………………………… 131
　　一、背景与趋势：知识经济与高等教育关系的理论探讨 ……… 132
　　二、机遇与挑战：知识经济对我国高等教育影响的实证分析 … 136
　　三、改革与创新：回应知识经济挑战的对策思考 ……………… 142
　第六节　科学发展观与高等教育和谐发展 ………………………… 147
　　一、把握科学发展观的实质，明确高等教育和谐发展的意义 … 147
　　二、对照科学发展观的要求，认清高等教育和谐发展的困难 … 151
　　三、落实科学发展观的理念，探索高等教育和谐发展的策略 … 154

第三章　大学治校理念的思考 ……………………………………… 160
　第一节　治校理念的特征与价值 …………………………………… 160
　　一、理念的内涵与先进治校理念的特征 ………………………… 160
　　二、现代大学必须重视先进理念治校 …………………………… 163
　　三、先进治校理念在大学发展中的价值 ………………………… 169
　第二节　以生为本：大学办学的第一理念 ………………………… 173
　　一、以生为本的内涵 ……………………………………………… 173
　　二、以生为本的依据 ……………………………………………… 175
　　三、以生为本的实施方略 ………………………………………… 177
　第三节　以爱为基：大学应有的人文关怀 ………………………… 180
　　一、爱的丰富内涵及教育爱的主要特征 ………………………… 180
　　二、在大学倡导以爱为基的重要意义 …………………………… 182
　　三、大学以爱为基的实施方略 …………………………………… 185
　第四节　以学为尊：大学根本的价值取向 ………………………… 187
　　一、以学为尊的丰富内涵 ………………………………………… 187
　　二、以学为尊的内外依据 ………………………………………… 190
　　三、以学为尊的操作策略 ………………………………………… 193

第五节　以法为序：大学治理的基本方略……………… 196
　　　　一、以法治校是大学现代管理的理性追求……………… 196
　　　　二、以法治校是大学适应时代的必然选择……………… 197
　　　　三、以法治校是大学进行治理的重大举措……………… 199
　　第六节　以变应变：大学发展的动力泉源……………… 204
　　　　一、以变应变是一种内涵丰富的辩证思想……………… 204
　　　　二、以变应变是大学发展的客观要求…………………… 205
　　　　三、不断创新是大学应变的永恒追求…………………… 207
　　第七节　以和为贵：大学追求的文化品位……………… 211
　　　　一、贵"和"思想的内涵与价值………………………… 211
　　　　二、大学提倡以和为贵的目标和意义…………………… 213
　　　　三、大学实现以和为贵的思路与对策…………………… 215

第四章　大学目标管理的考察 …………………………… 219
　　第一节　高校目标管理的特征与价值…………………… 220
　　　　一、高校目标管理界说…………………………………… 220
　　　　二、高校目标管理的特征………………………………… 226
　　　　三、高校目标管理的价值………………………………… 231
　　第二节　高校目标管理中的过程与规律………………… 234
　　　　一、主体与客体的关系…………………………………… 236
　　　　二、过程与结果的关系…………………………………… 237
　　　　三、共性与个性的关系…………………………………… 238
　　　　四、适应与超越的关系…………………………………… 239
　　　　五、定性与定量的关系…………………………………… 240
　　　　六、刚性与柔性的关系…………………………………… 241
　　　　七、集中与分散的关系…………………………………… 243
　　　　八、公平与效率的关系…………………………………… 244
　　　　九、激励与约束的关系…………………………………… 246
　　　　十、重点与一般的关系…………………………………… 247
　　第三节　高校目标管理的原则与方法…………………… 248
　　　　一、目标兼顾原则………………………………………… 248
　　　　二、行动协调原则………………………………………… 251

三、全程监控原则 ………………………………………… 252
　　四、适时反馈原则 ………………………………………… 254
　　五、有效激励原则 ………………………………………… 256
　　六、合理授权原则 ………………………………………… 259
　第四节　高校目标管理研究的现状与走向 …………………… 260
　　一、我国高校目标管理研究的成绩 ……………………… 261
　　二、我国高校目标管理研究中的问题 …………………… 266
　　三、加强高校目标管理研究的取向与策略 ……………… 268
　第五节　高校目标管理实践中的问题与对策 ………………… 271
　　一、高校目标管理的现状调查 …………………………… 271
　　二、高校目标管理实践中的主要问题 …………………… 284
　　三、改进高校目标管理的实践策略 ……………………… 286

第五章　大学制度建设的思考 ……………………………… 291
　第一节　我国高等教育决策模式的反思与建构 ……………… 291
　　一、高等教育决策模式的内涵与意义 …………………… 291
　　二、对我国现行高教决策模式的反思 …………………… 293
　　三、建构我国高教决策模式的思考 ……………………… 299
　第二节　完善大学治理结构的思考与建议 …………………… 303
　　一、完善治理结构是高等教育改革的强烈呼唤 ………… 304
　　二、完善大学治理结构必须高度重视系统制度设计 …… 305
　　三、完善大学治理结构必须重视组织机构优化 ………… 308
　　四、完善大学治理结构必须加强大学自身的制度与运行机制建设
　　　　……………………………………………………………… 311
　第三节　全球化时代中国高等教育管理的困境与出路 ……… 317
　　一、全球化推动国际高等教育管理的改革与创新 ……… 318
　　二、全球化使中国高等教育管理面临新的困境 ………… 324
　　三、中国高等教育管理适应全球化要求的主要方略 …… 329
　第四节　关于高考改革取向的思考 …………………………… 333
　　一、以人为本：高考改革的目标取向 …………………… 333
　　二、公平至上：高考改革的价值取向 …………………… 335

三、稳中求进：高考改革的过程取向 ………………………………… 336
　　四、统分结合：高考模式的原则取向 ………………………………… 337
　　五、刚柔相济：招录制度的策略取向 ………………………………… 339
　第五节　关于博士生招生制度改革之我见 ………………………………… 340
　　一、传统的"入学统考"制度弊端甚多但不能全盘否定 ……………… 341
　　二、试行的"申请审核"制度值得期待但不宜全面铺开 ……………… 344
　　三、博士招生制度改革与完善必须系统设计、稳步推进 …………… 347

第六章　大学教师问题的思考 ………………………………………………… 352
　第一节　大学教师专业发展的目标与路径 ………………………………… 352
　　一、大学教师的合格目标 ………………………………………………… 352
　　二、大学教师的优秀目标 ………………………………………………… 357
　　三、大学教师专业发展的路径 ………………………………………… 364
　第二节　大学教师学术交往的调查与分析 ………………………………… 366
　　一、调查的对象与方法 ………………………………………………… 367
　　二、调查的结果与分析 ………………………………………………… 368
　　三、促进大学教师学术交往的思考与建议 …………………………… 378
　第三节　大学教师队伍学缘结构的调查与分析 …………………………… 380
　　一、研究大学教师队伍学缘结构的意义 ……………………………… 380
　　二、调查的目的与方法 ………………………………………………… 384
　　三、调查的结果与分析 ………………………………………………… 385
　　四、优化我国大学教师队伍学缘结构的对策思考 …………………… 391
　第四节　大学教师队伍组织文化建设策略探析 …………………………… 392
　　一、大学教师队伍的精神文化建设策略 ……………………………… 393
　　二、大学教师队伍的行为文化建设策略 ……………………………… 397
　　三、大学教师队伍的制度文化建设策略 ……………………………… 400
　第五节　教师的角色冲突与调适 …………………………………………… 404
　　一、教师角色冲突的类型与表现 ……………………………………… 404
　　二、教师角色冲突加剧的内外原因 …………………………………… 409
　　三、教师角色冲突的功能与调适 ……………………………………… 412

第七章　大学人才培养的探索 ……………………………………… 417

第一节　创新人才培养模式是时代发展的强烈呼唤 …………… 417
一、人才培养模式的本质是人才培养质量 ………………… 417
二、创新人才培养模式是社会发展的强烈呼唤 …………… 419
三、创新人才培养模式是落实规划纲要的迫切要求 ……… 420

第二节　高校人才培养模式的概念界定与要素解析 …………… 421
一、重视高校人才培养模式及其概念的研究势在必行 …… 421
二、高校人才培养模式的概念界定 ………………………… 423
三、人才培养模式的要素解析 ……………………………… 429

第三节　国外一流大学人才培养模式的共同特点及启示 ……… 433
一、国外一流大学重视人才培养模式改革 ………………… 433
二、国外一流大学人才培养模式的共同特点 ……………… 435
三、国外一流大学人才培养模式的启示 …………………… 444

第四节　提高人才培养质量必须创新人才培养模式 …………… 447
一、人才培养质量是高等教育的生命线 …………………… 447
二、提高人才培养质量呼唤研究型教学 …………………… 449
三、推进研究型教学要求创新教学模式 …………………… 453

第五节　博士生创新能力提高与培养模式改革 ………………… 454
一、加强博士生创新能力培养的时代价值 ………………… 455
二、现行博士生培养模式的问题及对创新能力的影响 …… 458
三、改革研究生培养模式的若干思考 ……………………… 462

第六节　博士学位论文创新的十个切入点 ……………………… 465
一、探索未知的新领域 ……………………………………… 465
二、论文选题的新高度 ……………………………………… 466
三、文献资料的新发现 ……………………………………… 467
四、观察问题的新视角 ……………………………………… 468
五、概念术语的新阐释 ……………………………………… 469
六、谋篇布局的新思路 ……………………………………… 470
七、研究方法的新探索 ……………………………………… 471

八、学科知识的新融合 …………………………………………… 471
　　九、理论观点的新突破 …………………………………………… 472
　　十、成果应用的新价值 …………………………………………… 474

第八章　大学文化的思考 ………………………………………………… 475
　第一节　社会学视域中的大学文化 ……………………………………… 475
　　一、从功能论视角认识大学文化的目标追求 …………………… 476
　　二、从冲突论视角分析大学文化的发展动力 …………………… 480
　　三、从互动论视角探寻大学文化的建设路径 …………………… 487
　第二节　文化再生产视野中的大学文化 ………………………………… 492
　　一、资本积累：大学文化再生产的逻辑起点 …………………… 493
　　二、符号暴力：大学文化再生产的基本体现 …………………… 495
　　三、追求公平：大学文化再生产的终极目标 …………………… 499
　第三节　和谐大学文化的特征与建构 …………………………………… 501
　　一、大学文化自身是一个开放包容的文化系统 ………………… 501
　　二、和谐大学文化的主要表征 …………………………………… 503
　　三、大学文化中的不和谐现象 …………………………………… 506
　　四、和谐大学文化的建构方略 …………………………………… 508
　第四节　论大学与传统文化 ……………………………………………… 513
　　一、传统文化的内涵与特征 ……………………………………… 513
　　二、传统文化对大学的影响 ……………………………………… 523
　　三、大学的文化功能 ……………………………………………… 526
　第五节　论大学弘扬优秀传统文化的价值与路径 ……………………… 528
　　一、中国优秀传统文化的内涵 …………………………………… 528
　　二、大学弘扬优秀传统文化的价值 ……………………………… 536
　　三、大学弘扬优秀传统文化的优势与措施 ……………………… 539
　第六节　西南联大调适学术文化与行政文化冲突的经验与启示 …… 542
　　一、西南联大学术文化繁荣与特征 ……………………………… 543
　　二、西南联大学术文化与行政文化的冲突与调适 ……………… 547
　　三、西南联大两种文化调适带来的启示 ………………………… 552

第一章 大学价值取向的追寻

大学发展除了受到经济、政治等因素的直接影响外，也离不开高等教育价值取向的指导。高等教育的价值取向对整个大学的发展起着重要的导向与规范作用。高等教育的价值取向不仅支配着大学领域的一切活动，而且成为判断和评价大学各项活动合理性的准则。中国人民共和国建立后一个很长的历史阶段，我国高等教育价值取向长期摇摆，教训甚多。反思教训，探寻规律，研究正确价值取向，对于指导我国大学，乃至整个高等教育持续健康发展意义重大。

第一节 高等教育价值取向变迁的回顾与思考

中华人民共和国成立后一个很长的历史阶段，我国高等教育价值取向一直在政治工具主义与经济工具主义之间摇摆，由此留下了许多深刻的教训。近几年，随着社会转型的加速与高等教育发展的加快，高等教育的价值取向面临着更多的冲突与选择。因价值取向模糊甚至偏颇而引起的办学方向不明、精神缺失与理念危机等问题也引起了人们的高度关注。正如伯顿·R.克拉克所言："凡是忽视某些首要价值观念而强调其他一些价值观念的国家都会在高等教育中铸成大错。它们可能从一个极端走向另一个极端。"[①]因此，认真回顾我国60年高等教育价值取向变迁的历程，总结价值取向变迁中的成绩与经验，反思价值取向变迁中的冲突与原因，探寻价值取向变迁的规律，展望价值取向变迁的前景，对促

---

① 刘鸿.关注高等教育价值观念的整合[J].高等教育研究，2000（5）：34.

进我国高等教育持续健康发展，无疑具有非常重要的理论价值和现实意义。

一、高等教育价值取向变迁的内涵与意义

高等教育的价值是指作为客体的高等教育现象的属性与作为高等教育的社会实践主体的需要之间的一种特定的关系。这里的主体，既包括一定社会历史阶段中的国家、高校与社会团体，也包含一定教育情境中的教育者与受教育者。这里所讲的客体的属性，是指特定时期的高等教育满足主体需要的可能性（方式）与有效性（程度）等。高等教育价值的实质是主体对于高等教育的某些属性能够满足自己某种需要的认识与评价，满足程度的高低就体现出高等教育价值的大小。高等教育的价值与高等教育价值取向、高等教育价值目标等概念紧密相关。高等教育的价值取向是指高等教育主体在高等教育的价值判断基础上根据自身需求来进行高等教育选择时所表现出来的一种价值倾向性[1]。高等教育价值目标则是主体在明确价值取向后对加强某些高等教育活动和发展高等教育的某些方面希望达到的结果。

高等教育价值取向具有下列特征：一是多元性与主导性。高等教育活动牵涉到多方面的利益主体、多类型的服务对象、多层次的培养对象与多样化的价值选择。因此，高等教育价值具有多维度、多层次等特点。按照不同的标准可以对高等教育价值取向进行不同的分类：根据利益主体的不同，可分为国家本位与学校本位、社会本位与个人本位等；根据服务方向的不同，可分为政治目标与经济目标、公平目标与效率目标、远期目标与近期目标、本土目标与国际目标、学术目标与市场目标等；根据培养对象的不同，可分为精英取向与大众取向、通才取向与专才取向、能力取向与素质取向等；根据知识价值的不同，可分为科学价值与人文价值、理论价值与应用价值等；根据功利程度的不同，可分为工具价值与理性价值、内在价值与外在价值等等。实际上，依据上述分类方法划分出来的高等教育价值取向，在内涵上存在一定程度的交叉性

---

[1] 瞿葆奎. 教育基本理论之研究 [M]. 福州：福建教育出版社，1998：410-412.

与对应性。如个人本位的高等教育价值取向强调个人发展和个性完善，所以它又属于人文主义价值取向、内在价值取向或理性价值取向；社会本位论强调高等教育为社会的发展服务，为社会的某个方面如政治或经济服务，为社会的某个阶级服务等，所以它也属于国家本位价值取向、外在价值取向或工具价值取向。现实中高等教育的各种价值也并非绝然分开，而是相互联系、相辅相成，如社会取向与个人取向、公平目标与效率目标、理性价值与工具价值都是不可分割的统一体。从社会取向与个人取向来看，社会的发展要以个人的发展为前提，社会的发展是个人发展的结果，任何社会的进步最终又要落实到谋求每一个人的福祉上，二者互为因果。从公平目标与效率目标来看，没有效率社会难以发展，没有公平社会易生动乱，公平与效率相辅相成，缺一不可，是任何一项高等教育政策都必须要面对的一个两难选择。从理性价值与工具价值来看，任何形式的高等教育都不可能只是追求其中的一种价值，通常是二者兼具，不过是类型不同的高等教育在价值追求上有所侧重而已，如通识教育侧重追求理性价值，专业教育侧重追求工具价值。尽管高等教育价值目标具有多元性特点，但在一定历史时期总有一个占主导地位的价值，亦称高等教育的主轴价值，或称核心价值。高等教育的主轴价值是由特定的历史时期的利益主体的价值取向决定的，它影响甚至决定着高等教育的服务方向、培养对象与知识选择等价值目标。二是理论性和经验性。高等教育价值取向具有理论性和经验性的双重色彩。在理论上，高等教育价值取向是主体多方考量、权衡利弊之后进行理性选择的结果；在实践中，高等教育价值取向又带有不同主体浓厚的经验色彩。三是继承性与发展性。高等教育价值取向作为一种特殊的社会意识，既受到传统的思想观念与高等教育理论的影响，具有一定的历史继承性，又要随着社会的物质生活条件和思想意识其他方面的变化而变化。因此，高等教育价值取向是在继承中发展，在发展中继承。四是矛盾性与统一性。多元的高等教育价值取向在其现实性上，不可能整齐划一，往往存在种种矛盾与冲突，特别是在社会急剧转型时期，这种矛盾冲突更加尖锐。但我们不能只看到两极价值之间的冲突，还要看到它们之间的相互依存性、相互补充的关系，任何时候都不能片面强调某一方面的价值，而是要在实践中尽可能追求两种价值的内在统一，如高等教育的社会价值与个人价值之间存在着内在的联系，在一定的条件下，社会价值可以转化为个人价值，个人价值也可以转化为社会价值；公平目标与效率目标之间同样不是绝然对立的，而是相辅相成、相互转化的关系。由于主体的多元性及需要的层次性、客体的多样性与满足主体的差异性等原因，决定了高等教育价值取向与目标的多样性。

高等教育价值取向变迁是由高等教育价值取向的发展性决定的，它是用以描绘高等教育价值取向随着社会发展而不断变化的概念。高等教育价值取向变迁既受多种客观因素，如特定社会与特定时期政治、经济和文化的发展状况的制约，也受主观因素，尤其是高等教育价值主体对高等教育发展规律与价值取向的认识水平的影响。高等教育价值取向变迁也可分为多种类型：从价值取向变迁与国家主体的支配关系看，有主导性变迁与从属性变迁；从价值取向变迁与高等教育主体的关系看，有主动性变迁和被动性变迁，主动性变迁主要体现在高等教育价值取向能够反映教育的本体价值及高等教育自身的宗旨与追求。教育的本体价值是培养全面发展的人，高等教育的"宗旨"是培养和谐发展的高层次专门人才，高等教育追求的是三大"理想"，即科学、民主、民族。科学的理想是指我国高等教育的发展是遵循高等教育发展的规律、适应现代科学技术和人文社会科学的发展；民主的理想是指努力实现高等教育的公平；民族的理想是指我国高等教育的发展要具有我国民族的特色。从价值取向变迁与现实发展的步调看，有超前性变迁、同步性变迁和滞后性变迁；从价值取向变迁的过程看，有渐进性变迁和剧烈性变迁；从价值取向变迁的性质与效果来看，有正向变迁和负向变迁。正向变迁与负向变迁的效果分别反映在促进或阻碍高等教育乃至整个社会的发展上。

高等教育价值取向犹如一只无形的手，对高等教育中活动的主体起着调节思想情感与指导实践行为的作用。对高等教育发展目标与发展模式的选择乃至整个高等教育都具有重大的影响。在一定时期内，它可以使高等教育向着一定的目标发展；还可以按照一定的价值目标，通过发挥主体的能动作用，创造出具有特定价值的高等教育模式。

加强高等教育价值取向变迁研究的目的在于通过研究，了解高等教育价值取向变迁的特点，认识高等教育价值取向变迁的规律，预测高等教育价值取向变迁的趋势，充分发挥价值主体在变迁中的主观能动性，努力实现主体认识与价值取向变迁规律相统一，进而通过整合多元的高等教育价值取向，化解价值取向变迁中的各种冲突，调整价值取向的变迁策略，促进高等教育价值取向达到正向变迁。

二、高等教育价值取向变迁的历程及评价

中华人民共和国成立后一个很长的历史阶段，我国高等教育价值取向基本上是社会本位，前30年主要是以培养革命者为目标的政治本位取向，改革开放后转为以培养建设者为主要目标的经济本位取向。进入21世纪以来，在科学发展观指导下，高等教育价值取向开始由社会本位向以人为本过渡。为了总结我国高等教育价值取向变迁过程中的经验与教训，探寻教育价值取向的特点与规律，有必要对我国高等教育价值取向变迁的历程作更细致深入的分析，我们拟将这一发展历程划分为八个阶段：

（一）"服务政治"与"培养专才"的价值定位（1949—1957）

中华人民共和国成立初期，百废待兴，新中国需要完成政治革命和经济建设双重任务，但由于面临着国内反革命势力反扑以及国外帝国主义对我进行政治孤立、经济封锁和文化围攻的"三重压力"，新政府选择"政治优先"的发展策略具有其现实合理性。1949年9月29日通过的《中国人民政治协商会议共同纲领》（后简称《共同纲领》）指出，新的共和国要"为中国的独立、民主、和平、统一和富强而奋斗"，因此，对于反动分子有必要采用"镇压、惩罚、解除、消灭、剥夺、改造、制裁"等革命性措施。

新中国的政治环境使高等教育在价值取向和办学模式上实现了第一次大变迁——即从旧教育向社会主义新教育转变，建立起以马列主义为指导的"苏联模式"的教育理论体系，强调教育服务政治。《共同纲领》同时提出，新国家的文化教育工作，"应以提高人民文化水平，培养国家建设人才，肃清封建的、买办的、法西斯主义的思想，发展为人民服务的思想为主要任务"；高等教育的任务，是"给青年知识分子和旧知

识分子以革命的政治教育"。在明确的政治取向指导下,高等教育不仅进行了自身系统的体制改造、课程改造、理论改造和知识分子的思想改造,而且师生都参与了系统外的土地改革、抗美援朝、镇压反革命等运动。

经过三年的过渡时期,新中国又拉开了社会主义改造运动和工业化建设的帷幕。由于"一五计划"具有"优先发展重工业,特别是优先发展国防重工业"的特点,为了更好地服务工业化建设,1952年5月,教育部公布了《全国高等学校院系调整计划》,并提出了全国高等学校院系调整方针是"以培养工业建设人才和师资为重点,发展专门学院,整顿和加强综合性大学",明确主要发展工业学院,尤其是单科性专门学院①。同年秋季,大规模的院系调整开始,仅用了不到两年时间就基本完成了调整任务②。院系调整为工业,特别是国防工业快速发展培养了大量的对口技术人才。

通过一系列的革命和建设措施,我国迅速实现了高等教育新旧体系的根本性变迁。50年代的院系调整,适应了中华人民共和国成立初期紧迫的社会需求,为政治稳定与经济建设培养了大批急需的专业人才。全面学习苏联经验,对我国当时的高等教育发展也产生过一定的积极作用,但是也有不少问题,如管理体制上的高度集中,办学体制上的条块分割,院校结构上的单科分设,教育思想上的功利实用,培养目标上的专业对口,培养模式上的计划统一等,忽视了学校的办学特色,阻碍了学生的个性发展,导致了人才的适应面窄,影响了拔尖人才和创造性人才的培养。

(二)"政治挂帅"与"教育跃进"的盲目适应(1958—1961)

1958年及其以后,国家在基本完成生产资料私有制的社会主义改造的情况下,未能及时实现党的工作重点的战略转移,仍然强调国内的主

---

① 李琦.建国初期全国高等学校院系调整述评[J].党的文献,2002(6):56.

② 中央教育科学研究所.中华人民共和国教育大事记(1949—1982)[M].北京:教育科学出版社,1983:70,90.

要矛盾是阶级矛盾。同时，由于"一五计划"期间经济的较快发展，促使党内滋生了盲目乐观的情绪和可以"跑步进入共产主义"等"左"倾思想。1958年5月，中共八大二次会议制定了"鼓足干劲、力争上游、多快好省地建设社会主义"的总路线，提出"争取在十五年，或者在更短的时间内，在主要工业产品产量方面赶上和超过英国"的号召，在全国掀起"大跃进"高潮。会后，以高指标、瞎指挥、浮夸风和"共产风"为主要标志的"左"倾错误思想迅速地泛滥开来[1]。1958年9月，中共中央和国务院发布《关于教育工作的指示》，强调了党对教育领导的重要性，确立了教育必须为无产阶级政治服务、必须与生产劳动相结合的方针，并对如何实现教育大跃进进行了全面部署。此后，以"政治挂帅"、教育与生产劳动相结合为指导方针的"教育大革命"在全国开展起来。

片面"政治挂帅"的价值取向直接影响着人们对党的教育方针的正确理解，如把"政治"理解为就是阶级斗争和路线斗争，把"教育为无产阶级的政治服务"理解为学校要参与或直接发起政治运动等，由此导致高等教育系统开展"群众性学术批判"、"拔白旗插红旗"、"兴无灭资"、"反右倾"以及"四清"等政治运动。同时，片面强调和简单理解"教育与生产劳动相结合"，把高等教育目标下降为培养"普通劳动者"，学校"开门办学"，师生"大炼钢铁"；学校大办工厂，学生大搞科研，正常的教学活动受到严重冲击；提出"以典型产品带动教学"，导致学生掌握的知识面十分狭窄，学科体系被割裂得支离破碎。

为了实现中央提出的"争取在十五年左右的时间内，基本上做到使全国青年和成年，凡是有条件的和自愿的，都可以受到高等教育"的目标，实现高等教育的跃进式发展，国家采取了大量的非常规方式发展高等教育，如创办"红专大学、劳动大学、市民学院"等名目繁多的高等学校，实行全民办学、全民上学的"共产主义教育制度"[2]；改变统一招

---

[1] 中央教育科学研究所.中华人民共和国教育大事记（1949—1982）[M].北京：教育科学出版社，1983：210.
[2] 中央教育科学研究所.中华人民共和国教育大事记（1949—1982）[M].北京：教育科学出版社，1983：234.

生制度，招收大量工农学生①；将生产劳动引入教育计划，工人农民上讲台②；采取党政干部、教师、学生"三结合"的专业委员会构成办法③；开展师生集体著书立作、编写教材讲义④；开展科学研究大跃进，大搞突击、苦战，开展献礼活动⑤等一系列教育运动；以非常规方式盲目扩张高校数量。据1958年10月1日《光明日报》报道，仅当年就"新办高等学校八百余所，全国已有高等学校千所以上"，"许多省初步建成了自己的包括综合大学以及工、农、医、师范等高等学校在内的高等教育体系"⑥。高校在校生1957年为44万，1958年增加到66万人，一年增加50%⑦。1960年上半年高校数增至1289所，在校生攀升到96万⑧。

这场高等教育大变迁，虽然在某些局部领域取得了一些成果，如许多高等院校调整了学科，组建了高新技术专业，促进了科研队伍和科研工作的发展；有些高校"真刀真枪"地进行毕业设计，与业务部门开展科研合作，闯出了教学、科研、生产劳动相结合的路子。但由于缺乏经验和急躁冒进，以及对教育客观规律的轻视，造成了许多严重失误。其主要表现在：以"大跃进"的速度办教育，盲目追求学校数量和扩大学校规模，超越了国民经济的承受能力；盲目扩大生产劳动在教学中的比

---

① 中央教育科学研究所. 中华人民共和国教育大事记（1949—1982）[M]. 北京：教育科学出版社，1983：213.
② 中央教育科学研究所. 中华人民共和国教育大事记（1949—1982）[M]. 北京：教育科学出版社，1983：224.
③ 中央教育科学研究所. 中华人民共和国教育大事记（1949—1982）[M]. 北京：教育科学出版社，1983：224.
④ 中央教育科学研究所. 中华人民共和国教育大事记（1949—1982）[M]. 北京：教育科学出版社，1983：230.
⑤ 中央教育科学研究所. 中华人民共和国教育大事记（1949—1982）[M]. 北京：教育科学出版社，1983：217-218.
⑥ 中央教育科学研究所. 中华人民共和国教育大事记（1949—1982）[M]. 北京：教育科学出版社，1983：234.
⑦ 国务院. 1959国务院政府工作报告[EB/OL]. (2006-02-23)[2009-01-06]. http://www.gov.cn/test/2006-02/23/content_208774.htm.
⑧ 中央教育科学研究所. 中华人民共和国教育大事记（1949—1982）[M]. 北京：教育科学出版社，1983：278.

例，贬低教师在教学活动中的地位和作用，导致教学秩序混乱；以群众运动的方式进行教学改革，对课程不适当地大删大改，以"大兵团"方式自编教材讲义，教学质量严重下降；在科研工作中，大搞科技献礼，贪多图快，急于求成，科研水平难以提高；在学术批判上，混淆政治与学术的界限，开展"拔白旗"、"插红旗"运动，挫伤了知识分子的积极性。从总体上来讲，这场变迁给高等教育领域带来了一场灾难，导致了教育质量的全面滑坡。

（三）"教学为主"与"质量为重"的价值重构（1961—1965）

"大跃进"带来的无序和危害，引起了中央的高度关注。1960年7月中央在"北戴河会议"上，确定了"压缩基本建设战线"的政策。1961年1月召开的八届九中全会提出对国民经济实行"调整、巩固、充实、提高"的"八字方针"，决定进行"整风整社"和"大兴调查研究之风"，这是新中国社会发展史上的一次重要转折[①]，标志着国家建设从盲目冒进时期向调整提高阶段过渡。

在"八字方针"的指导下，1961年9月中央批准了《教育部直属高等学校暂行工作条例（草案）》（简称《高教六十条》）[②]。《高教六十条》不仅指出了当时的高等教育工作存在着"数量发展过快，忽视同党外知识分子团结合作，劳动过多、科研过多、社会活动过多、课程改革不当、教学质量下降"三大缺点，而且明确提出了高等教育的基本任务是"培养为社会主义建设所需要的各种专门人才"；学生的培养目标是"具有爱国主义和国际主义精神，具有共产主义道德品质，拥护共产党的领导，拥护社会主义，愿为社会主义事业服务、为人民服务；通过马克思列宁主义、毛泽东著作的学习，和一定的生产劳动、实际工作的锻炼，逐步树立无产阶级的阶级观点、劳动观点、群众观点、辩证唯物主义观点；掌握本专业所需要的基础理论、专业知识和实际技能，尽可能了解

---

① 中共中央. 中国共产党大事记（1961）[EB/OL]. （2004-10-15）[2009-12-28]. http://news.xinhuanet.com/ziliao/2004-10/15/content_2094181.htm.

② 中央教育科学研究所. 中华人民共和国教育大事记（1949—1982）[M]. 北京：教育科学出版社，1983：298.

本专业范围内科学的新发展；具有健全的体魄"。同时指出当时要着力解决的五大问题，其中，落实"以教学为主、努力提高教学质量"被列为需要着力解决的五大问题之首。

《高教六十条》为高等教育的价值变迁和改革路径指明了方向。首先它指出高等教育的主要任务是教学，通过教学培养人才，这是对高等教育性质的正确认识。其次它强调教育教学质量主要是人才培养的质量，也就是要促使受教育者在德、智、体、美、劳几个方面获得全面发展。其三它强调按照教育规律来组织教学活动，如提出教师在教学活动中的主导作用；提出应把政治问题、世界观问题与学术问题划分开来，以使教师可以大胆教学；提出教学工作的基本规范，包括高校应制定教学方案、教学计划，确定培养目标、课程设置，并对讲课、试验、实习、自习、考察、考试、学年论文、课程设计、毕业论文或毕业设计等教学环节做出合理的安排，既要保证教学质量，又不能使学生负担过重；提出高校要注重理论联系实际，克服轻视理论、轻视书本知识的错误观点；提出高校应加强基础理论和基础知识课程的教学，加强基本技能的训练；提出应使高校学生尽可能了解专业范围内最新的科学成就和发展动向等等[①]。

1962年，《高教六十条》开始在具备条件的高校试行，至1963年初，全国试行的高校达200多所。在此过程中，教育部相继出台了一系列补充办法和实施细则，各高校也根据实际情况和具体条件，对各项工作进行了调整和改善。高等学校初步建立起一套较为规范的章程制度。根据《高教六十条》精神，各高校普遍对专业、专门组和师资任务进行调整；制订和修订教学计划和教学内容，加强基础理论、基本知识活动教学和基本技能的训练；合理安排教学、生产劳动和社会活动时间；针对过去所缺的课程，安排补课计划；加强对学生文化成绩的考核及考核制度的建设，对在校学生加强管理，赋予学校升降级和开除学生的权力，严格对学生的要求。同时落实知识分子政策，提倡尊师重教，试行

---

① 李惠斌.《高教六十条》评述 [J]. 北京市总工会职工大学学报，2001 (1)：14.

教师休假制度，加强对教师生活和健康的照顾，充分调动教师的教学积极性。经过上下努力，高等教育重新进入了良好的发展时期，教学质量明显提高①。

诚然，《高教六十条》作为时代的产物，不可避免地带有重教学、科研，轻社会服务；重专才教育，轻通识教育；重对教师"团结对象"的定位，轻对教师"主体地位"的弘扬；重政治问题，轻学术问题；重教育的"批判"功能，轻教育的"研究"功能等历史局限性。更为严重的是，由于"左"的思想在全社会仍占据主导地位，致使在具体工作中，一方面强调"八字方针"，一方面又强调"以阶级斗争为纲"，政治运动对高等教育的冲击并没有得到根本消除，以致于后来提出了"阶级斗争必须年年讲、月月讲、天天讲"和"阶级斗争，一抓就灵"等极端的政治本位口号，高等教育较为良性的发展时期未能持续多久。

（四）"极端政治"与"教育革命"的错误取向（1966—1976）

极左思想泛滥和毛泽东晚年的错误导致了"文化大革命"爆发。1966年5月中央政治局扩大会议和8月八届十一中全会相继通过了《五一六通知》和《关于无产阶级文化大革命的决定》（简称《十六条》）。《五一六通知》提出"高举无产阶级文化革命的大旗，彻底揭露那批反党反社会主义的所谓'学术权威'的资产阶级反动立场，彻底批判学术界、教育界的资产阶级反动思想"，指出这"是一场你死我活的斗争"②。《十六条》强调要"'敢'字当头"，"充分运用大字报、大辩论这些形式，进行大鸣大放……揭露一切牛鬼蛇神"③。在"以阶级斗争为纲"、"造反有理"等口号的推波助澜之下，全国掀起了一轮接一轮疾风骤雨式的政治运动，整个社会呈现出阶级斗争扩大化与绝对化、经济活动政治化与畸形化、日常生活革命化与动荡化等特征。在"读书无用"、"知

---

① 傅颐. 六十年代初《高教六十条》的制定、试行及历史经验 [J]. 中共党史研究，2006 (3)：26.

② 中共中央. 中国共产党大事记 (1966) [EB/OL]. (2004-10-15) [2009-12-30]. http: // news. xinhuanet. com /ziliao/2004-10 /15 /content_2094131. htm.

③ 中共中央. 中国共产党大事记 (1966) [EB/OL]. (2004-10-15) [2009-12-30]. http: // news. xinhuanet. com /ziliao/2004-10 /15 /content_2094131. htm.

识越多越反动"、"怀疑一切"、"打倒一切"、"全面内战"等口号的鼓动下,高等教育也呈现出全面的怀疑与极端的政治本位价值取向。

首先是对教育与知识价值的全面怀疑。这种怀疑是基于两个基本判断:一是教育必须为无产阶级政治服务,高校应当成为无产阶级革命的基本场所;二是中华人民共和国成立后十七年中国的教育基本上被看作是"资产阶级的统治",是"黑帮路线"专政。因此《十六条》提出"必须彻底改变资产阶级知识分子统治我们学校的现象","改革旧的教育制度,改革旧的教学方针和方法,是这场无产阶级文化大革命的一个极其重要的任务",学制要缩短,课程要精简,教材要彻底改革,整个"教育要革命"。"文革"期间,大批高校被撤、并、迁、散,大学停止招生长达6年,研究生停止招生12年,大批知识青年"上山下乡",失去应有的学习机会,在校大学生"停课闹革命",大家并没有觉得有什么特别的遗憾,因为当时知识在大家心中还没有那么崇高的地位,而从社会整体上来看,并没有如此看重知识的作用和力量,也还没有构建起高度尊重知识的宏观氛围。1973年,张铁生在大学考试的时候交了白卷,反而成了"反潮流英雄",被破格录取上了大学,还被提拔为领导干部,这成为"知识贬值"的极端个案。①

其次是对"教育革命"的狂热追求。全盘否定了中华人民共和国成立后十七年的教育成就,导致教育系统内部"斗批改"运动不断升级。教育方针被异化,"教育必须为无产阶级政治服务"被异化成教育必须首先直接参与政治运动;"教育必须与生产劳动相结合"被异化成教育必须在体力性的生产劳动中进行。因此,高等教育战线出现了许多现在看起来非常荒谬的做法,或直接参加系统外政治斗争,或开辟系统内的革命战场,进行造反夺权,"横扫一切牛鬼蛇神"。改革招生制度,废除高考;改革管理制度,实行工农兵学员"上、管、改"②;改革办学模

---

① 欧阳康.中国高等教育30年的观念变革与实践创新[J].中国高等教育,2008(17):27.

② 中央教育科学研究所.中华人民共和国教育大事记(1949—1982)[M].北京:教育科学出版社,1983:440.

式，认为"大学就是大家来学"①，大量举办"五七大学"、"七二一大学"、"朝阳农学院"或"共产主义劳动大学"等新型高校；大改课程教学等，以阶级斗争为主课，以主席语录为主要教材，教师队伍实行"三结合"（工农兵、革命技术人员和原有教师三结合②），教学活动以"三大革命"（阶级斗争、生产斗争、科学实验）为中心，办学采取"三来三去"（社来社去，厂来厂去，哪来哪去③）形式等。极端的政治本位取向导致教育目的政治化、服务政治绝对化、办学方式极端化、教育活动简单化。

"文革"十年是我国高等教育价值取向负向变迁的十年，是高等教育事业遭受重创的十年，是人才培育与科学研究几乎停顿的十年，是失去发展机会的十年。

（五）"工具价值"向"本体价值"的逐步回归（1978—1991）

1978年年底，中共中央召开了具有深远历史意义的十一届三中全会，经过指导思想上的拨乱反正，纠正了"左"的错误倾向，重新确立了"解放思想、实事求是"的思想路线，果断弃用了"以阶级斗争为纲"的错误口号，庄严提出"实行改革开放，集中力量进行社会主义现代化建设"的伟大号召④，全党工作的重心从以阶级斗争为中心转向以经济建设为中心。教育战线根据中央的统一部署，开始拨乱反正，恢复整顿教育秩序，不仅迎来了教育事业新的春天，而且促使我国高等教育向重在"培育人才"的本体价值的回归。

邓小平深刻地认识到，实现"四化"宏伟目标关键要靠人才，并明确提出把教育放在优先发展的地位。他说我国的"教育事业要有个大的

---

① 中央教育科学研究所. 中华人民共和国教育大事记（1949—1982）[M]. 北京：教育科学出版社，1983：469.

② 中央教育科学研究所. 中华人民共和国教育大事记（1949—1982）[M]. 北京：教育科学出版社，1983：440.

③ 中央教育科学研究所. 中华人民共和国教育大事记（1949—1982）[M]. 北京：教育科学出版社，1983：473.

④ 中共中央. 中国共产党大事记（1978）[EB/OL].（2004-10-15）[2009-12-29]. http://news.xinhuanet.com/ziliao/2004-10/15/content_2094079_1.htm.

发展、大的提高；现在我们国家面临的一个严重问题，那就是缺乏人才，没有大批的人才，我们的事业就不能成功"。为此，他力主从1977年恢复高校招生考试制度，使荒废了十年学业的成千上万知识分子获得新生，一批又一批青年人重新得到系统学习和深造的机会。

1982年，党的十二大把"教育和科学"列为社会主义建设的三大战略重点之一。邓小平在这次会后的一次谈话中指出："经济建设的三大战略重点，一是农业，二是能源和交通，三是教育和科学。搞好教育和科学工作，我看这是关键。没有人才不行，没有知识不行，'文化大革命'的一个大错误是耽误了十年人才的培养。现在要抓紧发展教育事业。"① 1983年，邓小平提出教育要"三个面向"，核心是教育要努力培养出能够适应和满足现代化建设、国际竞争和未来发展需要的各级各类人才。邓小平教育优先发展的理论成为全党全国的共识，有力地推动了高等教育的发展。

1985年，中共中央《关于教育体制改革的决定》明确提出："教育必须为社会主义建设服务，社会主义建设必须依靠教育。"新的两个"必须"使人们更深刻地认识到"服务"和"依靠"二者密不可分的关系，更全面地认识到教育既要适应社会需求又要促进人的发展，高等教育为社会主义建设的最好服务就是兼顾社会发展功能和个人发展功能的统一，通过促进个人发展来促进社会发展。《关于教育体制改革的决定》把教育从极端化了的"为政治服务"和"消极适应"经济建设的桎梏中解脱出来。

在整个社会思想大解放的背景下，教育战线还开展了关于教育真理标准的大讨论，关于教育本质、属性和功能的大讨论，关于人的全面发展的大讨论。这场讨论不仅解放了人们的思想，端正了人们对教育本质和功能以及人的全面发展的认识，而且帮助人们从过去热衷于讨论教育的工具价值，转向对教育的本体价值、人的发展价值的关注。

在此期间，国家一方面积极促进高等教育发展。1979年高校在校生102万人，达到历史最高水平②，1980年增至114万人，1985年继续攀

---

① 邓小平. 邓小平文选：第三卷 [M]. 北京：人民出版社, 1989: 9.
② 国务院. 1980年政府工作报告 [EB/OL]. (2006-02-16) [2009-12-30]. http://www.gov.cn/test/2006-02/16/content_200778.htm.

升至170万人①，1990年达到206万人②，为各行各业培养大量的合格人才，对补给知识缺口、解决人才断层问题起到重要作用。另一方面，国家十分重视高等教育质量，大力发展研究生教育，关注高等教育的结构与布局，力促高等教育体制改革，重视高等教育发展与社会经济发展相适应。

到了80年代中期，在改革开放的浪潮中，由于受到"新思维"的影响，资产阶级自由化思潮一度在校园泛滥，一些不良思想开始在高教领域蔓延，最终导致了1989年政治风波的发生，由此引起人们对高等学校如何坚持社会主义办学方向，以及高等教育究竟应该坚持怎样的价值取向的深刻反思。邓小平同志在总结十年改革开放的经验教训时指出："十年最大的失误是教育，这里我主要是讲思想政治教育。"朱九思教授在1990年主编的《大学教育思想专论》一书的序言中也指出："就高等教育来说，培养什么样的人，这是摆在我们面前最为迫切的根本问题。毫无疑问，作为社会主义大学，应该培养有理想、有道德、有文化、有纪律的大学生和研究生。首先应该有理想，否则就没有正确的方向。因此，痛定思痛，必须将坚定正确的政治方向放在第一位。这是社会主义教育思想的首要问题。"③由此可见，高等教育的本体价值重在育人，而育人必须以育德为先。

（六）"适应市场"与"注重人文"的积极探索（1992—1998）

1992年1月至2月间，邓小平发表南方讲话，提出"坚持党的'一个中心、两个基本点'的基本路线一百年不动摇"和"发展才是硬道理"等观点；同年10月党的十四大召开，确立到20世纪末"建立社会主义市场经济体制"的目标，强调"必须把经济建设转移到依靠科技进步与提高劳动者素质的轨道上来"，标志着我国改革开放的进一步深入

---

① 国务院. 1986年政府工作报告［EB/OL］.（2006-02-16）［2009-12-30］. http://www.gov.cn/test/2006-02/16/content_200850.htm.

② 中华人民共和国国家教育委员会计划建设司. 中国教育事业统计年鉴（1990）［M］. 北京：人民教育出版社，1993：22.

③ 周远清. 中国高等教育如何面对新世纪［N］. 中国教育报，1996-01-04（2）.

和向市场经济转轨的全面启动。由此使包括高等教育在内的社会生活各方面的价值取向发生了深刻的变化。

1992年召开的全国普通高等教育工作会议,提出了"加快改革和积极发展普通高等教育"的意见,不仅对高等教育系统进行了旨在服务市场经济发展的改革,而且把是否有利于促进经济和社会发展作为评价高等教育改革成败的重要标准。在1992年中央颁发的《关于加快发展第三产业的决定》中,甚至将高等教育事业同交通运输等产业一道,列为"第三产业"。1993年中共中央、国务院颁布了《中国教育改革和发展纲要》,提出教育要"自觉服从和服务于经济建设这个中心",要加强素质教育,重视高等教育质量。国家教委召开的第二次全国高等教育工作会议,提出了认真贯彻十四大精神、加快改革和积极发展高等教育的思路和一系列方针、政策、措施。

这一时期,高等教育在价值取向的变迁主要反映在两个方面:一是适应市场经济。高等教育的经济价值广受重视,高等教育产业化、市场化的倾向日渐突出;市场筹资逐渐成为高等教育新的资源配置渠道;市场经济观念日益成为高等教育观念更新、体制创新的动力源泉。在适应市场的过程中,我国高等教育有了较大的健康发展,体制改革取得了明显进展,教学改革全面深入展开。二是注重文化素质教育。1995年9月,周远清同志代表原国家教委在全国高校加强大学生文化素质教育试点院校工作会议上的讲话,明确指出加强文化素质教育有四个根据:一是切中当前社会"急功近利,重智轻德,重理轻文"的时弊;二是符合世界高等教育改革潮流,符合科学教育与人文教育交融的趋势;三是符合党的教育方针,有利于加强德育教育,促进学生全面发展;四是有利于教育思想、教育观念与人才培养模式的探索改革。他强调指出,文化素质教育要作为教育改革的一个突破口、切入点,同教育改革紧密结合①。在这一背景下,一场以提高质量意识、加强文化素质教育为中心的教育思想大讨论,迅速在各高校展开。这场讨论促使人们对高等教育

---

① 周远清. 加强文化素质教育,提高高等教育质量[J]. 教学与教材研究,1996(1):48.

价值认识从过去片面强调促进社会经济发展向促进个人与社会共同发展的本意回归；促使人们对受教育者的个人价值、生命发展价值的重视。在此期间，许多高校，尤其是部分试点高校积极从不同角度对如何实施文、史、哲、艺术等人文社会科学和自然科学教育进行了大胆探索，使大学生的审美情趣、文化品位、人文素养和科学素质等得到了明显的提高。

在新价值取向指导下的这些探索，促进了高等教育的健康发展，提高了对市场经济的适应能力，在提升大学生文化素质方面也取得了显著成效。但也存在不少问题：一是对市场的适应有些被动。所谓"被动适应"是相对"主动适应"而言的。"主动适应"是指在遵循自身规律的基础上对市场的适应；"被动适应"是完全被市场牵着鼻子走，主要表现在高等教育改革中简单照搬市场机制，主张高等教育产业化、高校办学企业化，由此导致了一些负面效应。二是对素质教育的认识有失偏颇，注重了文化素质，忽视了整体素质，尤其是思想道德素质；注重了学生素质，忽视了教师素质。因为真正的全面的素质教育首先要求教育者转变教育思想、更新教育观念，把素质教育贯穿于教育教学的各个环节，渗透于课内课外的各个方面，贯穿于人才培养的各个阶段。

（七）"规模扩张"与"素质提高"的双向并进（1999—2006）

鉴于国际竞争日趋激烈，而我国科技落后、人才奇缺的现实，以及欧美发达国家和其他发展中国家已经实现或正在步入高等教育大众化的发展状况，党中央审时度势，及时推出从1999年开始高校大扩招的非常举措；同年6月第三次全教会召开，会议"动员全党同志和全国人民，以提高民族素质和创新能力为重点，深化教育体制和结构改革，全面推进素质教育，振兴教育事业，实施科教兴国战略"，通过了《关于深化教育改革全面推进素质教育的决定》，标志着素质教育改革在我国全面推行。这些决定深刻地影响了高等教育价值取向的变迁，也迅速推动了高等教育两项同时推进的重大改革。

一是采取非常的扩招政策，促进高等教育的规模扩张。规模扩张具体反映在四个方面：一是学生数扩张。普通高校招生数由1998年的108.4万猛增到2006年的546.1万，增长了4.0倍，仅1999年就增长了47.4%；在校生数由1998年的340.9万攀升至2006年的1738.8万，也增长了4.1倍；毛入学率从1998年的9.8%提高到2006年的22%；研究生教育也相应实行了大扩张①。这次扩招实现了高等教育从精英阶段向大众化阶段、由高等教育规模小国向规模大国两个历史性转变。二是学校数扩张。1998年，全国普通高校数1022所，到2006年猛增到1867所，2007年是1908所②，特别是出现了二级学院、独立学院、私立高校等各种不同称谓的新型高校。三是校园版图扩张，即掀起了圈地热。各高校通过扩大或置换老校区、建立分校区、办大学城等方式大大扩张校园面积。四是"层次性"扩张。这里是指单个高校通过合并、升格力求做到"全、大、强"。尽管时至今日，人们对这八年扩招政策的评价仍然是见仁见智，但总体来看，这"是对前30多年高等教育发展缓慢的强烈冲击，是蓬勃发展的经济社会、生活水平日益提高的人民群众对高等教育的热烈期盼，也促使中国高等教育实现了跨越式发展，从精英教育阶段进入到大众教育阶段"③。

二是全面实施素质教育，着力培养学生的创新精神和实践能力。《关于深化教育改革全面推进素质教育的决定》全面阐述了素质教育的内涵，指出"实施素质教育，就是全面贯彻党的教育方针，以提高国民素质为根本宗旨，以培养学生的创新精神和实践能力为重点，造就'有理想、有道德、有文化、有纪律'的、德智体美等全面发展的社会主义事业建设者和接班人"，并就如何实施素质教育作出全面部署。江泽民同志在会上讲话中强调，"高等教育要重视培养大学生的创新能力、实践

---

① 数据来源于教育部官方网站发布的年度教育事业发展统计公报数据和年度教育统计数据. [EB/OL][2009-01-30]. http://www.moe.edu.cn/, http://www.moe.edu.cn/edoas/website18/49/info949.htm, http://www.moe.edu.cn/edoas/website18/14/info1225844554678314.htm.

② 数据来源于教育部官方网站发布的年度教育事业发展统计公报数据和年度教育统计数据. [EB/OL][2009-01-30]http://www.moe.edu.cn/, http://www.moe.edu.cn/edoas/website18/49/info949.htm, http://www.moe.edu.cn/edoas/website18/14/info1225844554678314.htm..

③ 杨德广，忻建国. 对我国高等教育发展问题的思考[J]. 教育发展研究，2009(5)：23.

能力和创业能力，普遍提高大学生的人文素养和科学素质"。因此，在大众化基础上，培养多样化人才，普遍提高国民素质，同时又要突出创新能力培养，"要下功夫造就一批真正能站在世界科学技术前沿的学术带头人和尖子人才，以带动和促进民族科技水平与创新能力的提高"①。2002年党的十六大报告提出的"创新是一个民族进步的灵魂，是一个国家兴旺发达的不竭动力，也是一个政党永葆生机的源泉"的论断，将创新人才培养推上更高的战略地位。2003年召开的全国人才会议全面部署了人才强国战略，胡锦涛强调要"把实施人才强国战略作为党和国家一项重大而紧迫的任务抓紧抓好，努力造就数以亿计的高素质劳动者、数以千万计的专门人才和一大批拔尖创新人才"，以"大力提升国家核心竞争力和综合国力，为全面建设小康社会和实现中华民族的伟大复兴提供重要保证"②。

这一时期，不少高校在深化教学改革、努力提高教学质量的同时，更新人才培养理念，改革人才培养模式，优化创新人才成长环境；在注重夯实文化科学知识基础的同时，增强学生对社会、对人民的责任感，加强对情感、意志、性格等非智力因素的培育；引导学生尽早进入科学研究领域，把学习和科学研究结合起来，激发和培养学生的批判性和创造性思维，全面提高大学生的以创新能力为主的综合素质。诚然，与社会高速发展对高层次人才的需求相比，高等学校在教育理念、教育模式以及教学制度、人事与管理体制改革等方面，还存在很多与社会发展不相适应的地方，如教育理念相对滞后、培养目标过于单一、专业和知识面比较狭窄、教学内容比较陈旧、实践环节比较薄弱、学制机制不够灵活等等。高校在整体上还没有形成有利于各类专门人才特别是拔尖创新人才培养的良好环境。因此加强各类专门人才特别是拔尖创新人才的培养，不仅是新形势下高等学校的重要任务，也对高等学校的改革提出了

---

① 中共中央. 全国教育工作会议（1999年6月15日—20日）[EB/OL]. [2009-01-30]. http://dangshi.people.com.cn/GB/151935/176588/176597/10556604.html.

② 改革开放以来的教育发展历史性成就和基本经验研究课题组. 改革开放30年中国教育重大历史事件[M]. 北京：教育科学出版社，2008：257.

新的要求。

（八）"以人为本"与"和谐发展"的目标追求（2007—2011）

党的十七大将"科学发展观"列为报告主题，并将之载入《中国共产党党章》，标志着这一新的指导思想的完全确立。十七大同时提出了构建和谐社会的新目标。科学发展观的第一要义是发展，核心是以人为本，基本要求是全面协调，根本方法是统筹兼顾。和谐社会的主要特征是"民主法治、公平正义、诚信友爱、充满活力、安定有序、人与自然和谐相处"。科学发展观和和谐社会理念的提出是发展理念的新提升，不仅为我们在21世纪破解发展难题，创新发展思路，全面建设小康社会提供了强大的思想武器，也深刻影响了高等教育价值取向的新一轮变迁，为我国高等教育的改革与发展提供了正确的指导思想。

在科学发展观指导下，高等教育在价值取向变迁上第一个特点就是突出以人为本。以人为本，就是以人为价值的核心和社会的本位。以人为本也是现代教育的基本价值。高等教育坚持以人为本主要体现在以学生为本，也就是强调以学生为中心，以学生的发展为出发点和落脚点，一切为了学生，使学生在思想品德、知识结构、身心素质、文化素养等方面得到全面发展。近年来在高等教育的改革中，普遍强调教育教学工作要以培养学生全面发展为重点，以学生成长成才为中心；大力推进全面素质教育，努力提高大学生的学习能力、创新能力、实践能力、交流能力和社会适应能力，着力培养学生就业能力和创业能力；建立适应学生共性与个性和谐发展的课程体系，构建多样化、有特色的人才培养模式，形成有利于学生主动参与的管理制度；整合学校各种资源，尽快建立起想学生之所想，急学生之所急，解学生之所困，帮学生之所需的服务体系；建设以生为主、师生平等、教学自由的校园文化，真正形成尊重人、关心人、体贴人、帮助人、温暖人、教育人、塑造人的良好氛围。

这一时期，高等教育在价值取向变迁上第二个特点是强调和谐发展。"高等教育和谐发展是指高等教育在发展中能够协调高等教育内部各要素之间及其与社会之间的关系，突出人的主体地位，实现目标合理、结构优化、功能完善、制度健全、持续有序的发展目标。"[1]近年来,为促进高等教育和谐发展,我国进行了一系列重大改革:一是实现高等教育从外延扩张到内涵提升的战略转移,控制大学规模、压缩招生数量,通过挖掘现有高校潜力,实施制度创新和结构调整,实现规模发展和效益提高并进;二是实施"质量工程",通过强化和改进评估工作,深入推进高水平大学(学科)建设,努力提升高等教育总体实力;三是优化人才培养结构,通过强化分类指导,大力发展职业高等教育,启动"高职211工程",丰富人才培养类型,优化人才培养体系,提高高等教育的社会服务能力;四是实施"建设人力资源强国"、"建设创新型国家"和"建设高等教育强国"三大战略,以培养大量拔尖创新人才,为实现新型工业化、提高国家文化软实力提供强大智力支持。

"以人为本"与"和谐发展"是现代高等教育的理想的价值取向,也是我国近年来高等教育改革的目标追求。尽管上述改革已取得一定成效,但离理想目标还有较大距离,现实高等教育体系中的重物轻人,以及发展中的目标偏颇、盲目攀比、结构失衡、使命模糊、功能失调、体制制约、机制缺失、效益偏低等不和谐现象仍十分严重。令人欣慰的是,作为高等教育发展的价值取向,"以人为本"与"和谐发展"理念已经从观念层面和政策层面得到广泛认同和全面确立,只要坚持不懈就可以逐步达到理想的目标。

(九)"立足根本"与"公平优质"的价值回归(2012—今)

党的十八大以来,党中央坚持把教育摆在优先发展的战略地位,强调高等教育要进一步落实立德树人的根本任务,牢固树立以人民为中心的发展思想,保障人人享有受教育机会,把提高质量作为教育的生命线,人民群众教育获得感明显增强。2013年10月21日,习近平《在欧美同学会成立100周年庆祝大会上的讲话》中指出,学习是立身做人的永恒主题,也是报国为民的重要基础。梦想从学习开始,事业从实践起步;广大青年要砥砺道德品质,掌握真才实学,练就过硬本领,努力成

---

[1] 董泽芳,张国强.科学发展观与高等教育和谐发展[J].高等教育研究,2006(1):35.

为堪当大任、能做大事的优秀人才；要积极投身创新创造实践，有敢为人先的锐气，有上下求索的执著，脚踏着祖国大地，胸怀着人民期盼，力争有所突破、有所发展、有所建树。2014年5月4日，习近平在北京大学考察时又指出，青年处在价值观形成和确立的时期，抓好这一时期的价值观养成十分重要，"人生的扣子从一开始就要扣好"。在这些思想指导下，高等教育在价值取向上突出了"立足根本"与"公平优质"的两大回归。

教育的根本是培养什么样的人、如何培养人以及为谁培养人。高等教育回归"立足根本"的价值取向，首先就是落实立德树人这一根本任务，促进年轻一代德、智、体、美全面发展。围绕这一根本任务，党的十八大以来，一系列政策措施密集出台。2014年，教育部发布《完善中华优秀传统文化教育指导纲要》，提出建设中华经典资源库，开展各种形式的中华优秀传统文化教育，让广大青少年从小就打好中国底色，做堂堂正正的中国人。2015年1月，《关于进一步加强和改进新形势下高校宣传思想工作的意见》发布，为高校培养又红又专、德才兼备、全面发展的中国特色社会主义合格建设者和可靠接班人指明了方向。高等教育系统推进了教材建设，全面有机融入社会主义核心价值观，深入开展理想信念教育、爱国主义教育、中华优秀传统文化教育和革命传统教育。其次是在实践中，高等教育努力做到四个回归：一是回归常识。教育的常识就是读书。要围绕读书来办教育，积极引导广大师生读"国情"书、"基层"书、"群众"书，读优秀传统文化经典、马列经典、中外传世经典和专业经典，杜绝浮躁、理性思考；二是回归本分。教育的本分就是教书育人。教是手段、育是目的；教是过程，育是结果，大学教育分内的事，就是要得天下英才而育之；三是回归初心。教育工作者的初心就是培养人才，一要成人，二要成才。要加强党对教育工作的领导，大力培养和践行社会主义核心价值观，要坚持育人育才的初心，落实立德树人根本任务，培养德、智、体、美全面发展的社会主义合格建设者和可靠接班人；四是回归梦想。教育梦就是报国梦、强国梦。我们创建世界一流大学、一流学科，就是要提升我国高等教育综合实力和国际竞争力，创造性传承中华文明，创新性建设中华文明，最终实现教育报国、教育强国，使中华民族屹立于世界民族之林。通过立足根本的教育，帮助广大学生"扣好人生的第一粒扣子"，培养他们"革命理想高于天"的崇高追求，增强做中国人的骨气和底气；引导他们在思想感情上认知认同，在学习生活中遵循践行，内化为精神追求，外化为行动自觉。

这一时期，高等教育还突出了"公平优质"的价值取向。为保障人人享有受教育机会，党的十八大以来，国家坚持把教育摆在优先发展的战略位置，作为政府财政支出重点领域给予优先保障。国家财政性教育经费占国内生产总值的比例始终保持在4%以上，奠定了教育共享发展的坚实基础。我国高等教育普及程度进一步提高，高等教育毛入学率42.7%，比2012年提高12.7个百分点，超过中高收入国家平均水平。为了促进高等教育公平，增强人民群众的获得感，国家重视全面提升中西部教育水平，实施了中西部高等教育振兴计划，支持中西部100所高校加强基础能力建设，在没有教育部直属高校的13个省份和新疆生产建设兵团各支持建设1所高水平大学；实施国家支援中西部地区招生协作计划，高考录取率最低省份与全国平均水平的差距缩小到5个百分点以内。在注重高等教育的同时，还强调了提高质量。党的十八大以来，国家坚持把促进人的全面发展、适应社会需要作为衡量教育质量的根本标准，切实把教育资源配置和学校工作重点集中到强化教学环节、提高教育质量上来。深化了高校创新创业教育改革，培养了一大批创新能力和实践能力强、适应经济社会发展需要的高质量人才。推进具备条件的普通本科高校向应用型高校转变，提升高校服务区域经济社会发展的能力。高校在创新驱动发展战略中发挥着越来越重要的作用，在载人航天、量子通讯、超级计算机等领域产出一批具有国际影响力的标志性成果。统筹推进了世界一流大学和一流学科建设，我国高校在世界多项大学排行中位次整体大幅前移，部分学科已达到或接近世界一流水平。目前，我国已与47个国家和地区签署学历学位互认协议，2016年成为本科工程教育国际互认协议《华盛顿协议》的正式成员，标志着我国的工程教育质量得到国际认可。

党的十八大以来，我国高等教育发展取得了举世瞩目的成就，迈上了崭新的历史台阶。2017年9月，中央深改组审议通过《关于深化教育体制机制改革的意见》，教育部正在研究制定《中国教育现代化2030》，这些都将成为推进我国高等教育进一步实现现代化的行动指南。我国高等教育在未来发展上，仍将坚持育人为本、德育为先；深化改革、协同育人；优化结构、补齐短板；提升能力、保障质量等取向，高等教育的社会贡献力将继续提升。

三、高等教育价值取向的特点及趋势

通过对我国高等教育价值取向变迁历程的梳理，可以看到，我国高等教育价值取向变迁具有以下特点及其趋势：

（一）从价值取向变迁与国家主体的支配关系看，总体上属于国家主导性变迁

我国高等教育价值取向变迁在很大程度上直接受到特定时期政治、经济发展因素的制约，特别是直接受到政府力量的控制。无论是前30年的服务政治、服务工业化、服务"大跃进"、服务"文化大革命"，还是改革开放后的经济取向、市场取向，高等教育价值取向变迁都充分体现了国家主体的意志，高等教育的价值取向变迁与起伏跌宕的社会变迁表现出惊人的一致性，具有明显的时代烙印。

（二）从主轴价值取向变迁的趋势看，从注重外在价值向内外价值并重的趋势转变

中华人民共和国成立以来，前30年高等教育的主轴价值是以培养革命者为目标的政治本位取向，改革开放后转为以培养建设者为主要目标的经济本位取向，高等教育所注重的是外在价值。改革开放后，随着高等教育体制改革的不断深入、高校自主权不断扩大与个体自主意识不断增强，高校主体与个人主体对高等教育价值取向变迁的影响力不断增强，对高等教育内在价值的追求也日益强烈。进入21世纪以来，在科学发展观指导下，高等教育价值取向开始由社会本位向以人为本过渡。

（三）从价值取向变迁与现实发展的步调关系来看，从同步型变迁向超前引领型变迁转变

我国高等教育发展主要是为了满足社会经济发展的需要，使得高等教育价值取向变迁呈现出与社会变迁亦步亦趋的特点。这种情况在前30

年尤为突出，也就是社会上刮什么风高校立即跟什么风，社会上搞什么运动高校马上开展什么运动，社会上有什么思潮高校也兴起什么思潮。改革开放后，随着解放思想和人们对高等教育规律认识的不断深化，高等教育的社会引领作用及价值导向功能逐渐受到人们重视，因此，高等教育价值取向的变迁开始呈现出一定的超前引领特性，如1992年后高等教育积极探索"适应市场"与"注重人文"并重的改革取向，21世纪开始的"以人为本"与"和谐发展"的目标追求，都对社会变迁起着一定的超前引领作用。

（四）从价值取向变迁的性质与效果来看，从正负变迁兼有向正向变迁效果日趋明显的方向转变

60年来，高等教育发展既有正向变迁的积极效果，也有负向变迁的深刻教训。中华人民共和国成立初期，为巩固新的国家制度和建立新高教系统而确立的"服务政治"与"培养专才"的价值定位；20世纪60年代初，在《高教六十条》精神的指导下，为了培养社会主义建设所需要的各种"专门人才"而形成的"教学为主"与"质量为重"的价值取向，都较好地适合了社会与高等教育自身发展的内外需求。但是"大跃进时期"的"政治挂帅"、"盲目跃进"和"文革"时期的"全面怀疑"、"极端政治"取向，既将高等教育自身发展引入歧路，更给社会发展带来诸多负面影响。改革开放以来，高等教育价值取向变迁主要呈现出的是正向性效果。特别是进入21世纪以后，高等教育在价值取向上日益注重本体价值与外在价值的兼顾，以及国家目标、社会目标、高校目标与个人目标的整合，高等教育发展正在呈现内外部多方面协调发展的良好势头。

（五）从价值取向变迁的关照面来看，从过分强调主轴价值向坚持主轴价值同时兼顾其他价值的取向变迁

60年来，我国高等教育价值取向变迁存在过分强调主轴价值取向忽视其他价值取向的偏向。前30年，高等教育价值主要是国家的政治取向或经济取向，而社会、高校和个人的价值取向则被忽视，特别是"文革"期间，政治主轴价值被置于至高无上的地位，极大地扭曲了高等教育价值的丰富内涵，将高等教育引向狭窄的发展道路。改革开放后，随着人们对高等教育价值与功能的讨论不断深化，特别是科学观与社会和谐发展理念成为人们正确处理多元价值取向矛盾的指导思想后，高等教育应该同时兼顾多元价值和同时承担促进社会及个体发展的多种功能逐步成为广泛的共识，从而极大地促进了高等教育向着坚持主轴价值同时兼顾其他价值的取向变迁。

第二节 促进我国高等教育价值取向正向变迁的思考

高等教育价值取向变迁是指高等教育价值取向随着社会发展而不断变化的过程，这一过程既受特定时期政治、经济和文化发展水平的制约，也受多种主观因素，尤其是高等教育价值主体对高等教育发展规律与价值取向的认识水平的影响。依据价值取向变迁的性质与效果，可将高等教育价值取向变迁分为正向变迁和负向变迁。判断高等教育正向变迁的主要标志有三：一是顺应时代发展的潮流；二是符合高等教育发展的规律；三是具有促进高等教育与社会协调发展的效果。中华人民共和国成立以来，我国高等教育价值取向变迁一直是在政治工具主义与经济工具主义之间摇摆，由此留下了许多深刻的教训。我国现阶段正处于社会大转型，社会阶层分化急剧、社会价值取向多元，高等教育日益呈现出主体的多元性、需要的多样性、组织的复杂性与目标的差异性等重要特征的时期，多种高等教育价值取向之间的冲突也就不可避免。高等教育价值取向的冲突已经在多方面制约高等教育的发展。促进我国高等教育价值取向正向变迁的基本思路是：以科学发展观为指导，在突出人本价值取向的基础上整合其他价值取向，化解价值冲突，促进高等教育和谐发展。

一、科学发展：高等教育价值变迁的指导思想

发展观自产生以来，先后经历了单纯的经济增长发展观、有限制的发展观、综合的发展观和科学发展观四个阶段。科学发展观作为一种新型发展观，是根据马克思主义辩证唯物主义和历史唯物主义的基本原理，在总结了国内外发展问题的经验教训和吸收了人类文明进步新成就的基础上，站在历史和时代的高度，以及基于新时期、新阶段党和国家

发展的新要求提出的。科学发展观之所以科学，首先是对发展主体有了新阐释：传统发展观中的主体是社会；科学发展观则确立了人在发展中的主体地位，同时认为主体具有多层次性（包括社会主体、群体主体与个体主体）、发展的差异性与追求公平的合理性等特点。其次是对发展本质有了新揭示，也就是从主体与客体双向互动过程中揭示发展的本质。其三是对发展内涵有了新界定：即把发展的根本内涵从物本主义过渡到人本主义，从唯经济发展拓展到人的全面发展，从自发发展上升到协调发展。其四是对发展规律有了新探索，即揭示了全面发展、协调发展与可持续发展三大规律。其五是对发展理论有了新发展，包括对人本理论的新发展，也就是对人本主义赋予了广泛而真实的新内涵；对公平理论的新发展，即提出了公民权利保证、公民参与机会均等、按贡献进行分配、救助困难群众等社会公正的四原则。其六是对发展目的有了新认识：坚持以人为本，实现全面、协调、可持续发展，促进人的全面发展是对科学发展观高度而又精辟的概括。其中，促进人的全面发展是发展的根本任务和终极目标，而全面、协调、可持续发展则是实现以人为本和促进人的全面发展的途径或方式。

科学发展观的提出不仅为我国在新世纪、新阶段，解决发展现状，破解发展难题，创新发展思路，更好更快地推进现代化的建设，提供了强大的思想武器，也为我国高等教育价值取向实现正向变迁提供了正确的指导思想。

坚持以科学发展观为指导有利于深刻认识我国在高等教育价值取向上的失误，并为高等教育价值取向实现正向变迁提供了新的参照系。长期以来受传统发展观的影响，高等教育发展中存在明显的重物轻人的价值取向，表现在目标取向上，就是重规模扩张，轻育人效益，造成数量攀升而质量下滑；在功能取向上，重派生功能，轻育人功能，在派生功能中，又重经济功能，轻文化功能，造成功能失调，本末倒置；在经费取向上，重硬件建设，轻软件建设，造成大楼林立但大师稀少，仪器设施先进但育人思想落后；在专业取向上，重技术学科，轻人文学科，造成功利思想泛滥，人文精神失落；在职能取向上，重科研，轻教学，而对科研成果的评价是重指标考核轻积累效应，造成教学环节弱化，泡沫学术泛滥。价值取向片面，必然导致整个高等教育发展目标的偏颇，如重数量目标，轻质量目标；重结果目标，轻过程目标；重效率目标，轻公平目标；重现实目标，轻未来目标；重精英目标，轻大众目标；重学术目标，轻职业目标，等等。偏颇的目标取向使人的发展目标被对物的发展追求所湮没。

科学发展观为我们解决高等教育发展中种种失谐问题，实现高等教育的和谐发展指明了方向，开拓了思路。我们只有将科学发展观贯彻落实到高等教育发展的行动中去，才能实现我国高等教育的和谐发展。

坚持以科学发展观为指导有利于落实以人为本、统筹兼顾的发展观。在高等教育发展中，落实"以人为本"的发展观念，前提在落实"以生为本"，重点在抓好"以师为先"。"以生为本"就是要把学生看成学校的生存之本和发展之本，就是要在教育实践中把促进学生的和谐发展作为一切教育活动的出发点和教育改革的立足点，在这一观念的支配下确定有利于学生发展的培养目标，建立适应学生共性与个性和谐发展的课程体系，构建多样化、有特色的人才培养模式，形成有利于学生主动参与的管理制度，建设以生为主、师生平等、教学自由的校园文化等。"以师为先"就是要充分认识到促进学生和谐发展的主体是教师，就是要尊重教师的学术自由，突出教师的学术权力在高校的主导地位，就是要关心教师的工作和生活，提高他们的福利待遇，提高教师从事教学、科研、参与管理的积极性、主动性和创造性。只有教师得到了和谐发展，学生才能得到最好的发展。

在坚持以人为本的前提下，还应树立全面兼顾的发展观。也就是发展高等教育既要为促进人的发展服务，也要为促进经济发展、科技振兴、政治稳定与文化繁荣服务；既要满足绝大多数社会成员的高等教育需求，又要重视精英人才的培养；既要为实现国家的整体目标服务，也要为缩小区域差距，促进地区发展服务；既要追求近期的发展，更要关注持续的发展。

从我国目前的实际看，全面兼顾主要体现在以下三个"结合"上：一是个人发展目标与社会发展目标并重。个人发展与社会发展是相辅相成的，个人的发展推动着社会的发展，社会的发展不仅制约着个人的发展，而且最终目的也是为了人的发展。因此，确立高等教育的发展目标，其着眼点不能仅限于满足经济、科技发展或政治发展的需求，而应立足于通过促进人的和谐发展来推动社会的协调发展。从我国当前来看，尤其要防止出现教育是为了培养单纯的"经济人"或"政治人"的目标取向，不能以牺牲人的和谐发展为代价来满足社会的某些需求。二是精英目标与大众目标兼顾。个体发展的差异性与自主性决定了对高等教育需求的多样性，社会活动对人才需求的多样性也决定了高等教育供给的多样性。因此在高等教育的发展中要坚持大众教育与精英教育双向并重的价值取向，既要深化改革，继续推进以公立高等教育为主、多种形式的高等教育共同发展，以满足社会和人民群众对多层次、多类型、多形式、多规格高等教育的需求，又要通过必要的政策倾斜、投资倾斜和多种激励，办好少量高水平大学和部分重点专业，保证社会对精英教育的需求。三是公平目标与效率目标结合。公平目标是指每个人都享有平等的接受高等教育的机会和可能，效率目标是指实现有限高等教育资源配置和利用的最优化。二者缺一不可。为了实现公平目标与效率目标兼顾，一方面应在高等教育的招生与培养等环节中，坚持"素质本位"、"优胜劣汰"的原则，给综合素质较高者以更多、更好的发展机会；另一方面，要依法保障每个人参与公平竞争与自由选择接受不同形式、不同类型高等教育的权力，真正作到适应差别、合理分流、因材施教、共同发展。同时要在制度设计上给予因地缘、经济、种族等原因处于弱势的群体适当补偿。

二、多元和谐：高等教育价值变迁的总体目标

当今人类已经进入政治、经济与文化多元发展的时代，由此决定了高等教育价值观的多元化。同时，高等教育自身的多元发展也使得高等教育价值观进一步多元化。

中华人民共和国成立以来，尤其是近30年来，中国高等教育的最大变化莫过于教育思想的更新，包括高等教育价值观念从一元走向多元的变化，以及由此引发的高等教育在各方面的巨大变革。高等教育价值取向多元化既是社会开放化与高等教育大众化的必然结果，也是我国高等教育兴旺发达的一个重要标志。在多元的社会中，从不同的视角考察，

每一种价值都有其合理性，忽视或者排斥任何一种价值取向都是一种偏差，都会扼杀某些生机与活力。诚然，价值取向多元化必然导致高等教育在诸多方面的冲突，如在发展目标取向上的社会本位与个人本位、公平目标与效率目标、精英目标与大众目标、通才目标与专才目标、本土目标与国际目标、远期目标与近期目标等的冲突；在结构调整取向上的数量取向与质量取向、民办取向与公办取向、中心城市取向与落后地区取向等的冲突；在功能优化取向上的政治功能、经济功能与文化功能、个性化功能与社会化功能等的冲突；在体制改革取向上的国家制约与高校自主、宏观调控与市场调节等的冲突。总之，一方面，我们要看到高等教育价值取向多元化是高等教育持续发展的必要条件，是人类社会健康发展的迫切需要；另一方面，又要正视高等教育价值取向多元化所带来的种种冲突及危害。在中国高等教育未来的改革与发展中，高等教育价值变迁的理想目标应该是多元共生，和谐发展。

和谐发展既是我国现阶段为全面建设小康社会提出的一个发展战略，也是高等教育发展的价值取向。"和"即和衷共济之意，"谐"有协调顺畅之义。"和谐"就是相互矛盾的各方在一定条件下达到内和外顺、协调发展。高等教育和谐发展则是指高等教育主体在承认价值冲突的基础上，通过价值整合，化解价值冲突，协调高等教育与社会发展，以及高等教育内部各要素之间的矛盾关系，促进高等教育持续健康发展。

高等教育和谐发展的价值目标主要反映在四个方面。一是目标性和谐。首先体现在所有的高等教育都要以促进人的和谐发展为目的，尽可能多地满足人民群众日益增长的文化需求，同时要把培养同和谐社会的要求相适应的高素质人才作为首要目标。其次体现在各级各类高等教育统筹兼顾、和谐发展。和谐的本质是指异质事物的多样统一。社会需要的多样性与个体发展的差异性决定了高等教育层次不同、类别多样，正是各级各类高等教育机构在发展目标上的合理定位，才能实现高等教育在整体上的相辅相成、和谐发展。其三体现在各高等教育机构自身发展的各项具体目标之间的和谐，也就是能正确处理好改革目标、发展目标与稳定目标之间，教学目标、科研目标与社会服务目标之间，近期发展与长期发展之间，以及硬件建设与软件建设之间的关系，总之要使学校确定的目标与社会要求、人才的全面发展、学校的实际情况相适应。二是结构性和谐。高等教育结构是指高等教育系统内部各组成部分之间的联系方式及比例关系。其宏观结构包括层次结构、类型结构、形式结构和布局结构等，微观结构包括学科结构、人员结构、权力结构等。高等教育结构性和谐从宏观上看，体现在层次结构和谐，即专科（高职）、本科、研究生教育比例适当；类型结构和谐，即不同类型的高等教育如民办高等教育与公办高等教育，高等职业教育和普通高等教育，综合性大学、多科性大学和单科性大学共同发展；形式结构和谐，即正规教育、非正规教育和非正式教育，自考、函授、电大、夜大、业大等多种形式的高等教育相互补充；布局结构和谐，即东西部之间、发达地区和偏远地区之间、城乡之间的高等教育的发展差距渐小。从微观上看，体现在高等教育机构内部学科结构更加合理；人员构成在年龄、性别、学历、职称等方面比例协调；权力配置更加科学，行政权力与学术权力之间既有明确分工，又能相互统一。三是功能性和谐。高等教育功能是指高等教育系统经过自身运作而产生的促进社会、个人及教育系统自身发展的功用和效能。高等教育的功能相应也可分为外适功能、个适功能与自适功能。高等教育的功能性和谐首先表现在外适功能和谐，即高等教育通过培养高素质人才，起到的优化人才结构、推动科技振兴、维护政治稳定、促进经济发展、增进文化繁荣与建设生态文明等多方面和谐发展的作用。其次表现在个适功能和谐，即高等教育在招生、培养、就业等各个环节与教育、教学、管理等各个方面都能够以生为本，充分调动学生的积极性、主动性和创造性，有效促进学生的和谐发展。其三表现在自适功能和谐，即高等教育能够遵循自身发展的规律，正确处理自身改革、发展与稳定的关系，有效促进规模、质量、结构与效益的协调发展。四是机制性和谐。机制是指影响事物运行的各个要素之间的相互联系及互动方式。高等教育的宏观运行机制主要体现在国家、地方、社会和高校四者的关系上。高等教育的宏观运行机制的和谐也相应地反映在上述四方面既能各行其权、各尽其责，又能相互协调、彼此配合，形成健全的宏观调控机制、地方统筹机制、社会参与机制和高等教育的自主适应机制，真正达到政府调控有力、市场调节有度、区域统筹有效、社会参与有序、高校自主有方的和谐运行局面。

三、以生为本：多元价值体系中的主轴价值

科学发展观的核心是"以人为本"。坚持以人为本就是要把人的发展置于发展的中心位置，以不断满足人民群众日益增长的物质文化需求和努力实现人的全面发展为各项工作的出发点和落脚点。从高等教育价值变迁的规律看，在多元的价值体系中必有其特定的主轴价值，这就是"以生为本"。因为高等教育系统作为社会大系统中的重要子系统，其首要功能是"育人"，其主要目的是把大学生培养成符合时代要求全面发展的人才。在高等教育中坚持以人为本就是坚持要"以生为本"，就是要以促进大学生发展为高等教育的核心价值取向，就是要确立大学生在高等教育中的主体地位，承认他们的主体性和创造性，并把培育他们的思想品德、知识结构、身心素质、文化素养和谐发展作为根本目标，把大学生的发展看作高校的生存之基与高等教育发展之道。"以生为本"不是以学生的个人为本。"个人本位"是个人主体性的极度张扬，是割裂人与社会的关系，单纯追求个人目的的价值取向。以生为本是关注人的生命世界，并把个人价值和社会价值高度统一起来的一种价值取向。

确立以生为本的主轴价值，首先是高等教育价值的应然回归。虽然高等教育的主体包括国家、高校、用人单位（社会）、教育者以及作为受教育者的大学生等，但核心主体应该是大学生。因为从高等教育价值，亦即高等教育客体的属性对满足高等教育主体需要的角度来看，国家、高校、用人单位及教育者主体都不能直接从高等教育中获得满足，而只能且必须是以大学生的发展为依托，只有大学生真正成长为符合时代要求的优秀人才，国家、高校、用人单位等主体的需要才能得到满足。所以，高等教育价值首先反映的是高等教育与大学生的一种意义关系，高等教育的首要价值是内在价值。高等教育满足大学生的需要愈充分，大学生发展愈和谐，高等教育所显示出的价值就愈高。然而回顾我国高等教育改革发展的历程，在价值取向上的主要问题恰恰是过分强调了国家、社会的主体地位和高等教育的工具价值，忽略了大学生整体素质培养和高等教育的内在价值；恰恰是片面强调教育者的主体地位，忽视甚至否认受教育者的主体地位，从而导致高等教育中的诸多不和谐。

其次是时代发展的迫切要求。人类社会是一个不断发展的过程，人的主体地位及对自身主体性的认识也在不断提高，高等教育价值取向也随着而变迁。"古代社会，人处于自然和社会的双重奴役下，无任何主体性可言，教育是维护社会统治的工具。现代社会，人处于物化状态中，教育是整个社会运作流水线上的一个加工厂"，所培养的是"无根、无魂的工具人"。在迈向现代化的时代大潮中，在领略教育价值缺失造成人异化的种种痛苦之后，人们开始反思下列问题：社会、人与教育究竟是什么关系？社会是人的社会，教育是人的教育，社会与教育发展如果离开了重视人这一本体，社会将是一个没有创造、失去人的个性的沉寂空间；教育也就成了没有生机、"人学空场的"的教育学；教育究竟要追求什么？教育第一应该关注的是人的生存与发展。教育的首要作用就是"使人类有能力掌握自身的发展"。"实际上，教育在把学生发展建立在个人和各社区认真负责参与的基础上的同时，应使每个人都能掌握自己的命运，以便为自己生活在其中的社会的进步作出贡献。"总之，高等教育只有以大学生的发展为根本，才能真正实现高等教育自身的价值，充分培养大学生的主体性与创造性已经成为时代的最强音。

其三是化解高等教育价值冲突的强烈呼唤。中华人民共和国建立后一个很长的时期，高等教育价值取向一直在政治工具主义与经济工具主义之间摇摆。这种实用主义的价值取向虽然在一定程度上促进了社会的发展，但由于其忽视了高等教育的育人价值，使高等教育一开始就陷入功利主义外在目的的泥沼之中：国家关注高等教育的政治与经济价值，高校关注学校自身的地位与声誉价值，社会关注学生专业与技能价值，教师关注科研与课题价值，大学生的价值主要体现在"工具"、"手段"或"符号"上；对学生自己而言，上大学也主要是取得高学历、谋求好职业的"阶梯"或"桥梁"。在这种极端功利主义价值取向的影响下，高等教育，乃至整个教育实际上已失去了它"育人"的应然价值，而变成了国家、社会、家庭乃至个人的工具，由此导致了高等教育中工具价值与人本价值的种种冲突和现实中的诸多弊端。近年来，随着构建和谐社会与科学发展观的提出与深化，人们愈来愈深刻地认识到，工具价值取向不能适应时代与高等教育发展的需求，要化解高等教育发展中的各种冲突，归根到底应该把人作为教育的出发点。

党的十九大报告指出：要全面贯彻党的教育方针，落实立德树人的根本任务，发展素质教育，推进教育公平，培养德、智、体、美全面发展的社会主义建设者和接班人。《国家中长期教育改革和发展规划纲要（2010—2020年）》把育人为本作为教育工作的根本要求，再次强调"以学生为主体，以教师为主导，充分发挥学生的主动性，把促进学生成长成才作为学校一切工作的出发点和落脚点；关心每个学生，促进每个学生主动地、生动活泼地发展"，努力培养和造就数以亿计的高素质劳动者、数以千万计的专门人才和一大批拔尖创新人才。这些都体现了我国在教育价值取向上，已经开始由工具理性向价值理性、由社会本位向"以人为本"转型，标志着以人为本的教育价值取向在国家政策层面上得以确立。

诚然，在实践层面上落实以生为本的价值取向还需要作多方面和长期的努力。首先，必须牢固树立"一切为了学生和谐发展"的教育理念，并在这一理念的支配下确定有利于大学生和谐发展的培养目标，即既要把学生造就成能适应当前社会和顺利就业之"才"，又要把学生培养成体力、智力、创造力、活动能力与道德素质协调发展之"人"。总之，大学培养出来的是崇高理想与务实精神统一、自我实现与报效社会统一、科学精神与人文精神统一、专业素质与综合素质统一、个性发展与共性发展统一、强健体魄与健康心理统一的"人才"。其次，构建适应大学生和谐发展的课程体系，包括提炼基础课程，突出知识点，使之结构化、简约化，以压缩课时和拓展学生知识面；精炼专业课程，提高专业课起点，以充分反映科技与学科发展的前沿；开设通识课程，以促进文理渗透与学科交融，以利于学生形成自己满意的知识、能力结构；加大选修课程，鼓励学生"自我设计"，尽可能为学生提供自由选择的机会；增开科研活动课程，引导学生积极参与科研活动、社会调研活动，培养学生的创新意识、创新能力和社会责任感；加强实践课程，突出学生的知识应用能力与实践操作能力的培养。其三，构建多样化、有特色的高校人才培养模式。高校要根据社会需求、自身条件合理定位，充分发挥优势，因时、因地、因人（学生）制宜地实行多样化办学、多渠道招生、多形式培养，使学生多方面发展；教学注重启发式、辅导式、探索式、讨论式，给学生更多的自主学习空间，引导学生向多样化、特色化方向发展。其四，探索并建立一套有利于大学生主动参与的管理制度，如改变计划体制下形成的"规范性"管理制度，建立学校与学生双向要求的"约定性"制度，突出个体管理、多种模式、分类要求；打破传统的按专业划分的固定的自然班进行管理的制度，代之以按课程划分的动态的教学班进行管理的制度，根据条件逐步实行学生自由选课制、班级动态管理制；完善学分制，对学生的专业学分作出必要的质与量的规定，对学科竞赛、科学研究、社会实践、文体活动成绩突出者，给予奖励学分；实行弹性学制，对提前修满学分的学生，允许其提前毕业，对因特殊原因不能按期毕业者，允许延长学习年限；实行主辅修制，允许学有余力的学生跨学科、跨专业辅修课程、辅学专业，实行双专业和双学位制度等等。其五，形成以大学生为主体、师生平等、教学自由的校园氛围。教师对学生没有强求一律的规训，没有齐步走的要求，只有师生相互的尊重、平等的对话、自由的讨论；教师和学生都遵循"不唯书、不唯上、只唯实"的原则，教者诲人不倦、循循善诱，学者学而不厌、孜孜以求。与此同时，学校的各项管理工作都应树立一切为学生服务的观念，努力营造尊重学生人格、关注学生进步、体贴学生困难、关心学生成长的氛围。

四、统筹兼顾：高等教育价值取向变迁的基本原则

确立了以生为本的主轴价值前提，还应坚持统筹兼顾的价值整合原则。"兼顾"就是在承认生本价值主轴地位的前提下，同时考虑其他价值取向，尽可能求得各种价值取向之间的平衡。不同层次、不同类型、不同形式的高等教育的价值目标及实现方式可以不同，但各种价值取向的选择都要考虑到主轴价值的最终实现。"统筹"即运用系统论观点认识、分析高等教育价值取向问题，并对其实现正向变迁进行通盘筹划。就我国目前而言，统筹推进高等教育价值取向的正向变迁，主要是处理好以下几个方面的关系：

首先，在利益主体的取向上做到国家、高校、社会与个人的四个方面的目标契合。国家主体对教育的价值需要是同当前和今后一个时期国

家的工作重点和发展计划密切联系的，其教育价值取向是社会的、总体的、历史的和工具性的。强调"经济人"和"政治人"的培养无疑有其正确的一面。社会强调大学生必须满足行业的需求，注重专业知识和专业技能的培养也有其合理的地方。在就业形势日趋紧张的今天，高校和家庭都关注大学生的求职谋生的实践本领同样无可厚非。但仅仅认识到这些方面的价值显然是狭隘而短视的。因为高等教育的根本目的是培养人，核心价值在于使所有学生实现自由而和谐的发展，在未来社会工作的各个方面成为具有主体性、创造性，能够充分发挥出聪明才智并作出重要贡献的人。这样，国家、社会才能从他们的发展中得到整体的长远的利益；家庭与个人才能从中得到最大的实惠；高校的价值才能从中得到最大的实现。从这样的视角看，只有将高等教育价值目标着眼于培养高素质的人，国家、高校、社会与个人四个主体的利益才能实现最大的一致。

其次，在服务方向的取向上达到三个"兼顾"。一是政治目标、经济目标与文化目标兼顾。高等教育发展必须与社会发展相适应是外在规律的必然要求。我国高等教育在价值取向上曾长期在政治目标与经济目标之间摇摆、徘徊，留下了许多深刻的教训。在教育必须为构建和谐社会服务的新的历史时期，高等教育只有同时兼顾政治、经济、文化三者的发展目标，努力为推动经济发展、保障政治稳定、促进文化繁荣服务，才能充分实现自身的价值和功能。二是公平目标与效率目标兼顾。从社会的价值取向看，公平与效率缺一不可，没有效率社会难以发展，没有公平社会易生动乱；在高等教育决策与发展中，高等教育的公平和效率也是两个密切相关、不可割裂的目标追求，但实践中又因资源有限、需求无限而产生冲突，并且往往是倾向于效率。在追求"和谐社会"和我国逐步向高等教育强国迈进以及资源依然有限的今天，公平既是社会重要的价值取向，也是高等教育整体发展的终极价值，我们必须关注效率，但效率只能是实现终极目标的手段和动力。三是学术目标与市场目标兼顾。随着大众化进程的加快，越来越多的人有了接受高等教育的机会，学术成就不再是求学者主要甚至唯一的目标，为了适应就业市场的需求，高等教育的职业性特征越来越多地受到关注，人才的生活能力与劳动素质越来越受到重视。

其三，在培养对象的取向上实现三个"并重"：一是个人发展目标与社会发展目标并重。社会发展既是个人发展的前提，又是个人发展的结果；个人发展既是社会发展的目的，又是社会发展的动力。二者互为因果，相辅相成。因此，确立高等教育的发展目标，不能片面强调某一面，从我国当前情况来看，尤其要防止出现教育只是为了培养单纯的"经济人"或"政治人"的目标取向。高等教育发展既要满足个人的价值需求，又要满足社会的价值需求。在实践中首先要关注每个人的兴趣、爱好和特长，尽可能因材施教，使人的个性得到充分的发展。同时，要培养每个人的全局意识和社会责任感，使之能为推动社会发展作出贡献。二是精英目标与大众目标并重。个体发展的差异性与自主性决定了对高等教育需求的多样性，社会活动对人才需求的多样性也决定了高等教育供给的多样性。因此在高等教育的发展中要坚持大众教育与精英教育双向并重的价值取向，既要深化改革，继续推进以公立高等教育为主、多种形式的高等教育并存的共同发展模式，以满足社会和人民群众对多层次、多类型、多形式、多规格高等教育的需求，又要通过必要的政策倾斜、投资倾斜和多种激励，办好少量高水平大学和部分重点专业，保证社会对精英教育的需求。三是通才目标与专才目标并重。通识教育自诞生以来就与专业教育发生着冲突，20世纪后专业教育在全球范围内取得了优势。但中外高等教育实践证明，过于狭窄的专业教育既不利于个人的持续发展，更无益于社会的全面进步，亦如爱因斯坦所言："仅仅用专业知识教育人"，他可以成为"一种有用的机器"，"他——连同他的专业知识——就更像只受过很好训练的狗，而不像一个和谐发展的人"，只有通才教育与专才教育结合，才能造就和谐发展的人。

其四，在发展价值的取向上追求三个"统一"。一是内在价值与外在价值的统一。当今世界，物质和技术的过分膨胀，导致人们对高等教育外在价值的过分追求，从而挤压了人的精神生存空间，物质对精神肆虐已成为世界的通病。国际上许多有识之士惊呼要倚重教育重建人类精神价值体系。改革开放以来，我国的经济发展取得了举世瞩目的成就，但市场经济是一柄双刃剑，其反映在高等教育上的负面效应就是外在价值被过分拔高，从而与重视高等教育内在价值和人的主体性的时代精神相冲突。在这种历史条件下，高等教育在发展价值取向上必须努力实现内在价值与外在价值的统一，也就是在注重外在价值的教育中，加大精神教育的力度，使培养专家学者的过程同时也是培养人的正确信念与高尚情操的过程，能够用精神的尺度去处理人与自然、社会，以及人与自我的关系，通过追求物质生活的丰足逐渐地去追求一种完善的精神生活。二是科学价值与人文价值的统一。在科技迅猛发展与功利思想泛滥的背景下，人们逐渐忘却了科技与教育对"生活世界"的终极关怀功能，人类的生存环境的破坏、理想信念的危机与价值体系的缺失等社会弊病的出现，在很大程度上是科学价值取向与人文价值取向失衡的表现。其实，科学精神与人文精神是现代社会任何国家都不可缺少的两大支柱，正如杨叔子先生所言："没有科学的人文是残缺的人文，人文有科学的基础与科学精髓。没有人文的科学是残缺的科学，科学有人文的精神与人文的内涵。一个国家、一个民族，没有现代科学，没有先进技术，就是落后，一打就垮，痛苦受人宰割；而没有民族传统，没有人文文化，就会异化，不打自垮，甘愿受人奴役。"我国当前的高等教育应特别强调科学价值与人文价值的统一，也就是通过教学观念的更新、培养目标的调整、课程内容的整合、教学组织的改进与教学方法的创新等方面的改革与完善，把人文精神教育与科学教育相互渗透到高等学校的教育教学活动的各个方面、各个环节之中。三是理论价值与应用价值的统一。大学一直被视为研究高深学问的场所和培养社会精英摇篮，许多大学也是把理论研究、学术传播、培养精英作为首要的价值取向。但日益加剧的现代社会分工与不断加快的高等教育大众化步伐，促进了高等教育与生产部门的联系，强化了高等学校的职业教育职能。高等教育的价值取向也必须作相应的调整，也就是在注重理论研究与学术传播价值的同时，不能忽视高等学校的职业教育职能和为社会各行各业培养从业人员的任务，满足劳动力市场需求和受教育者期望的价值取向是当今衡量高等教育质量又一个重要标准。

诚然，统筹不仅是一种思想认识，更是一种具体方法与行动。要真正实现多种价值目标的统筹兼顾，需要高等教育系统中的各个利益主体在正确的目标取向指导下加强协调行动。因为导致我国当前高等教育价值目标冲突的主要原因，从客观方面讲是有关高等教育政策和制度的不完善，从主观方面讲是功利主义思想的泛滥。所以实现统筹兼顾应采取相应的措施：一方面要从国家、高校两个层面进行相关制度的改革与政策的完善；另一方面要自上而下培养三种精神：一是重人本、轻物本的社会时代精神，二是尚理性、远功利的大学理性精神，三是重科学、尚人文的大学生个性精神。

第三节 高等教育目标的价值取向：通才与专才结合

当前，我国整个社会的政治、经济和文化发展正在经历全面的升级、变轨和转型，高等教育目的价值取向成为不可回避而又必须明确的问题。

一、"专才教育"与"通才教育"的历史回顾

"专才教育"（specialist education）亦称作"专业教育"，它并非某种特定的教育专业术语，一般意义上是指人才培养规格具有特定的专业性，即为某一特定的职业培养适用型人才。与专才教育相关的概念便是"专才"的培养与教育，关于"专才"的界定大体都可以找出其共性，如"专才"是专业方向较为集中，只在某一领域或某一领域的某个方面具有专门知识和技能技巧的人才[1]，专才可以理解为专家的意思，专才教育泛指特定专业的教育[2]，专才是指有专门技能，善于解决各种实际问题的人。因此，"专才教育"就是在一定的历史时期和一定的社会政治经济状况下，围绕某一特定的专业领域，培养具有专门技能的实用型人才的专业教育。

我国具有丰富的"专才教育"传统。原始社会时期围绕生存与生活所开展的专业技能教育便是最早的专才教育形式，进入阶级社会之后，由于受自给自足的自然经济的影响以及社会贫富的分化，专门农业劳动

---

[1] 吴世彩. 以人为本构建和谐教育 [J] 人民教育，2006 (21)：13-14.
[2] 李欧梵. 重构人文学科和人文素养 [J]. 江苏大学学报：社会科学版，2012 (3)：1-7.

生产者的培养便成为社会教育的主要形式,即便这些不是正式的制度化教育,但不能否认这种教育模式的存在。真正的"专才教育"出现在汉武帝采纳董仲舒的意见"罢黜百家,独尊儒术"之后。董仲舒认为,"今师异道,人异伦,百家殊方,指意不同",这是造成天下思想混乱的根源。他向汉武帝提出,"诸不在六艺之科、孔子之术者,皆绝其道,勿使并进",最后兴太学,立五经博士,使经学成天下士子们入仕做官的唯一工具。后来,汉武帝独尊儒学的政策虽受到玄学、佛教和道教思想的影响,但的确实现了"专才教育"官学化和制度化。明清时期,由于受程朱理学思想和科举八股取士制度的严重影响,我国的教育更加强调"专精"而忽视"博通",甚至使"专才教育"极端化,如大兴文字狱,读书内容单一(仅读四书五经),强调死记硬背,不重实用,等等。

中华人民共和国成立之后,由于受苏联人才培养模式的影响以及适应我国计划经济体制发展的需要,我国的高等教育实行全面计划式发展,如高等学校管理体制实施部委对口管理,专业设置根据专业部门要求设定,人才分配强调计划性和定向化。不能否认专才教育的人才培养模式曾经对我国的经济社会发展作出的贡献,也不能否认它确实是当时在特定历史时期我国高等教育目的价值取向在应然状态下的产物,但是后来透过高等教育发展利弊的分析可知,后期我国高等教育出现的与经济社会发展不相适应的各种矛盾和问题显然与这一人才培养模式密切相关。

与"专才教育"一样,"通才教育"(generalist education)也并非教育学的某种专业术语,而是对人才培养规格的一种借喻。"通才"系指发展较全面、知识面较广、活动领域较宽的人才。有人称"专才"为纵向型人才,而把"通才"叫横向型人才。有人认为"通才"是指知识广博、多种才能兼备的人。也有人认为"通才即通晓数门知识的多面手,通才教育泛指专业面宽或横跨几个专业、覆盖面大的一种教育,通才教育只是一种不具有专业教育成分的普通教育或普遍的教育"[①]。从理性角

---

① 李硕豪,魏昌廷. 我国高等教育布局结构分析——基于 1998—2009 年的数据 [J]. 教育发展研究,2011 (3): 8-13.

度看,"通才教育"是相对"专才教育"而言的,即所培养的人才应该是学贯中西、博古通今的人才,这样的人应是文理兼备、中西贯通、仁智勇并存、德智体全面发展的人才。在我国历史上,大凡国家政治开明和社会民主的时期,便是人才荟萃、名家辈出的时代。

我国具有"通才教育"的丰富思想和优良传统。春秋战国时期,群雄并起,诸侯争霸,整个社会处于大变革、大动荡和大发展时期,思想流派众多,观点各异,在这样复杂的环境中,各家各派只有博采众长,掌握多方面的知识,兼顾诸家的观点学说,才能够独树一帜,自成一家,取信于诸侯,从而实现"齐家、治国、平天下"的理想目的。因此,儒家当时便提出了学习方面要"博学",《礼记·中庸》将"博学之"置于学习过程的首位。随后魏晋时期玄学、佛教和道教的兴起和传播,隋唐时期儒佛道并举的教育发展方略,使得中国社会思想来源趋向多元化,社会教育知识来源和知识面得到了极大的拓展,整个社会的思想文化出现异常的昌盛和繁荣,这便是中国汉唐盛世的缘由和真实状况。

进入近现代社会之后,随着中国社会半殖民地半封建程度的不断加深和民族危机的逐步加重,国家处于被西方列强踩踊、奴役和瓜分的生死存亡关头,中国一大批开明的知识分子从早期提出"教育救国"发展到"实业救国",从"师夷长技以制夷"、"师夷长技以自强",发展到"中学为体,西学为用"的通才教育模式。19世纪末20世纪初,中国部分开明知识分子更是掀起了学习西方科学民主思想的热潮,在教育领域出现了以蔡元培和梅贻琦等为代表的"通才教育"思想家,蔡元培"五育并举"的教育改革方针更是把通才教育思想推向极致,使高等教育的历史真正进入"北大"时代。改革开放特别是进入21世纪之后,我国围绕是需要"通才"还是"专才",是实施"通才教育"还是"专才教育",高等教育理论界与实践工作者们结合实际展开了广泛而深入的探讨。大多数研究者认为,当前的社会正在进行新一轮的转型和革新,我国的高等教育理应洞悉单纯的"通才教育"和狭隘的"专才教育"弊端,担当起培养高级专门人才的社会责任,从而实现我国高等教育目的价值取向的真正转型,即实现杰出型、创新型人才的培养。

二、"专才教育"与"通才教育"的时代局限

中华人民共和国成立之初,我国高等院校延续苏联的模式,普遍实行专业教育,专业程度较深,专业大多按行业的具体产品来设置,针对性极强,譬如设置"锅炉"、"木材水运"等高度专业化的专业。改革开放之后,我国所确立的满足国家需求、功利性的高等教育专业人才培养模式的弊端逐渐显露出来,逐渐不能适应国家政治经济的变化所带来的社会多方面的需要。在专业技能方面,由于全国高校专业布局增加,专业设置过窄,大学生毕业分配难以对口,就业后缺乏职业变换和岗位流动的能力,社会适应能力相当差,甚至出现了"学非所用"和"用非所学"的窘况。在综合素质方面,由于受"学好数理化,走遍天下都不怕"的错误观念影响,"专才教育"模式培养出来的学生目光狭窄,社会活动能力较差,只是一味地"死读书、读死书",不善于与人相处,不知道基本的"为人处事"道理,最后有的因为过分看重物质需求而迷失方向,甚至走向违法犯罪的道路。

改革开放之后,随着社会主义市场经济的发展,社会呼唤通才教育。所指的"通才"是相对中华人民共和国成立初期的"专才"而言的,主要强调人才的深厚知识基础和高适应性,即大学生毕业后能够适应在不同部门和不同岗位之间变换和流动,人才培养强调文理结合、理工渗透、科学精神与人文精神并重,目的在于实现人的全面自由的发展。但是,这些毕业的大学生在工作中又遇到了一些新的矛盾和问题,有些人认为他们知识结构"博通"不够、"专精"欠缺,工作中分析问题和解决问题的能力不强,致使社会中把此种模式培养的人才当"万金油"使用和看待,即所谓的工作中"无所不能",这实际上是对"通才教育"的藐视和变相否定。

从全社会来看,虽然我国正在经历一场全面而深入的社会转型,社会主义市场经济体制初步确立并不断完善,人才强国、科教兴国和文化立国战略正在如火如荼地进行,"民生"问题已得到国家和社会的高度关注,我国正在经历全面建设小康社会的关键阶段。但是,我国教育的实际情况却与社会的转型不相适应,甚至相去甚远,表现为从小学到高中,应试教育的影响根深蒂固。我们的人才培养目标就是会考、会背、

会考试，学校与家庭全部的资源都在应对一件事情，即怎么让我们的孩子考出一个好的分数。因为一旦考到一个好的分数，就会进入一个好的大学，进入一个好的大学就可以有一个很好的未来，这是我们全民共有的一个非常强的信念。教育根本无法跟上时代发展的步伐，教育理论与实践严重脱节：理论工作者坐而论道，实践工作者忙于"应试"；理论上的教育目的大而空，实践中的培养目标模糊不清，甚至于在实践中根本无法实施，根本不思考何为"专精"与"通博"，更不会深入思考眼下最为流行的"创新型人才培养"。

当前，有不少学者提出我国教育在培养目标上应该实现"专精"和"博通"结合。其实将"专才教育"还是"通才教育"简单粗糙地结合也存在诸多问题。首先，有些人把这种"结合"看成是把通才教育与专才教育简单粗糙地相加，而不是一种真正的有机结合。如有的家长为了实现孩子工作日"通才教育"与双休日"专才教育"有机结合，除了平时永无休止的家教、专任教师补课、课后作业外，双休日则是满满的所谓"特长"或"专才"教育，结果我们的孩子苦不堪言，家长却任劳任怨。可以肯定，这是对教育本质的抹杀，也是对"专才教育"和"通才教育"结合的肆意践踏，最终会否定教育的"育人"本能。其次，随着社会经济的发展和科技文化的进步，现代科学和技术既高度分化又高度综合，即原有的学科仍然向纵深发展，而新的学科又不断出现，特别是交叉学科和横断学科的不断产生，使人类的知识总量正以几何级数成倍增长。因此，在当今的知识经济和信息技术社会，"专才教育"和"通才教育"的简单粗糙结合是一件永不可能完成的任务，要知道，任何想要穷尽人类知识的做法都是徒劳的，因为人类的精力和时间毕竟有限，一个人的知识和技能不可能毫无限制地博通和全面，无节制的"通"必然会削弱"专"的精和深，导致博而不专和通而不精。反之，单纯的"专精"也使"博通"不可能实现甚至低效。因此，教育与社会发展强烈呼唤一种新的"通专结合"的人才培养目标和新的人才培养模式。

三、新的"通专结合"是高等教育应然的目标取向

所谓新的"通专结合"就是要对"专才教育与通才教育"结合作新的界定：首先要认识到，"专才教育"与"通才教育"各有其合理性，

在一定的历史条件下，各有其自身的优势，但也各有其局限性。专而不通，会导致人的知识专业化、技能单一化与思维片面化，不能很好地适应科学高度综合、社会日益多元的时代；通而不专，会导致人的系统知识肤浅、专业技能欠缺、就业适应慢，不能很好地满足社会分工的要求。

其次，新的"通专结合"是一种相对结合，亦即专中有通，通中有专。任何绝对化、片面性的"专才教育"或"通才教育"，都是违背辩证法的。概观古今中外，也从未有过通晓一切、无所不知、无所不能的人才，最多只是在某些方面、某些学科或某一学科群中卓有建树而已。当然，凡属"人才"也不会是仅掌握某一单科知识而对其他学科知识一无所知的专才。这里所谓的"通"，不能简单理解为"一般知识"和"通用知识"，而应该包括作为一个当代现代中国人必须具有的德、识、才、学。"德"，即人的德行，包括政治品德、社会公德、职业道德与生活美德；"识"指人的认知能力，包括对社会、对自然、对人生的认知能力；"才"指人的各种才干，尤其是语言表达与文字表达的才干，也就是"口才"和"写才"；"学"指人掌握的各种基本知识，包括哲学、文学艺术、人文社会科学，特别是历史等。而德、识、才、学并非孤立存在于人身上，而是蕴含和体现在人的专业知识、专业技能与专业活动之中。

其三，新的"通专结合"必须坚持"育人为本"。人是社会的存在物，追求个体全面而自由地发展是个人价值的体现，也是个人主体精神的一种展示，西方的教育思想家亚里士多德、东方的儒学观念无不证明了这一观点的合理性。渴望成为全面发展的通才，可算是中西方人们永恒追求的理想之一。高等学校所培养的学生，作为个体他们生活在一定的社会之中，选择某种职业，从事某项活动，顺利地实现了自己的生存和发展，在改造客观世界的过程中也在积极地改造主观世界，在创造外在世界的过程中也在进行着主体的自我创造。实际上，追求完美而自由的生活和实现主客观世界的全面创造是人类自主精神的体现，同时也是人的本性的一种弘扬。过去，无论是"专才教育"还是"通才教育"，或者把二者兼顾起来的教育，实际上都没有真正体现以人为本的精神。在当前，坚持"育人为本"就是要落实《中华人民共和国高等教育法》

规定的高等教育的任务，就是要落实党的十八大明确提出的"把立德树人作为教育的根本任务"，即"培养具有社会责任感、创新精神和实践能力的高级专门人才"。

其四，新的"通专结合"必须分层结合。由于当代科学技术加速发展和学科交叉的趋势，社会对人才的需求是多样性全方位的，即不仅需要高层次的通才与专才，而且需要中、低等各层次的通才与专才，这对高校人才培养模式提出了分层、分类、分科、分型培养多规格、多类型的人才的新要求。无论是本科、专科、理科、文科的大学，都要坚持"通专结合"，但在不同层次、不同类型的大学里，通专结合的程度、方式和时间安排上应该是有差别的。

其五，新的"通专结合"必须因材施教。教育的根本在于促进人的发展。最好的教育是适合每一个人的教育。因此，通才教育和专才教育的匹配及比例都应当根据学生的个性差异来确定。对来自不同社区、不同家庭环境、不同年龄阶段的学生，专才教育和通才教育的影响和作用在不断变化。总的趋势是通才教育的影响随着学生接受教育的年龄阶段的提高而逐渐变弱，而专才教育的影响逐渐增大，而且这两个过程总是相互交织在一起，不可截然分开。作为高校教育工作者，我们不应一味地为了适应时代发展需求，而要对所有学生进行通才教育，应该在刚入学时有专门的老师专注于发现和挖掘每一位新生的好奇性、好胜心和可塑性。到高年级时再对其进行因材施教，以专才教育为主导，对可塑性强的学生有针对性地开展通才教育，将两者有机结合。只有尊重学生，充分发挥其个性，才能更好地培养其创造力。

第四节　高等教育质量的价值取向：统一与多样并行

《国家中长期教育改革和发展规划纲要（2010—2020年）》提出"把提高质量作为教育改革发展的核心任务"，"把促进人的全面发展、适应社会需要作为衡量教育质量的根本标准"。从高等教育来看，我国近年来为提高高等教育质量采取了不少措施并取得了一定的成绩，但在教育质量上仍存在诸多问题。导致诸多问题的重要原因之一就是质量观念偏颇，如过分强调"多样性"，忽视"统一性"，进而导致具有公信力的质量标准的缺失。高等教育质量虽然是一个多维度、多层次和多变化的概念，也是一种具有很大主观性与相对性的价值判断，但这些并不能否定高等教育质量标准能够被人测量的客观实在性和基本规定性。本文认为，高等教育质量标准应该是多样性与统一性的结合、客观性和主观性的统一。

一、多样性的质量标准是高等教育大众化的必然结果

质量至今仍是一个存在争议的概念。一般认为质量就是对于某一客体是否能够满足特定主体需要及其程度所作出的肯定性价值判断。因此，衡量质量高低的标准也主要取决于客体本身的性状和特定主体的需要。

无论从客体本身的性状讲，还是从特定主体的需要讲，高等教育质量都是一个复杂的、多维的、动态的概念。从高等教育本身的性状看，它是一个多层次、多类型、多形式的系统。不同类型、不同层次、不同形式的高等教育具有不同的教育目标、不同的培养规格和不同的教学任务，相应地就会有不同的质量标准。从高等教育的主体需要看，它要同时满足国家、社会及个人等多方面主体的需要，也就是高等教育要适应国家、社会及个人多样化的需要，并且要为国家、社会及个人提供多样化的人才选择。如国家在经济、科技、文化和军事等各种领域对人才有不同层次的需要；社会的不同行业对人才的类型与规格有不同的规定；每个希望上大学的人也会依据自身的兴趣、爱好、天赋、基础等条件来选择不同质量标准的高等教育。

高等教育大众化的历史背景进一步促进了高等教育质量标准的多样性。从高等教育自身的性质来看，高等教育大众化的重要前提是高等教育多样化。高等教育的多样化表现在两个方面：一是高等教育系统的层次、类型与形式进一步复杂。高等教育大众化时期不同于精英化时期，高等教育系统的目标和任务不再是只造就少量的科学家、政治家与工程师等高层次专门人才，同时要造就数以千万计的各行各类一般层次的专业技术人才，高等教育系统的层次、类型与形式必然多样化。正如潘懋元所说："高等教育大众化的发展前提是多样化，多样化的高等教育要

有多样化的培养目标和规格，从而也应当有多样化的教育质量标准。"二是为了造就数以千万计的各行各类专业人才，高等院校内部学科、专业结构与教学、科研、服务等功能必须进一步分化，由此使得高等教育质量的标准也更加多样。从高等教育办学主体的变化来看，高等教育大众化必然打破传统的公办格局，形成以国家办学为主，民办、公有民办、社会办学、中外合作办学等多种形式共同办学的格局。从高等教育主体需求的变化来看，高等教育大众化的重要目的就是为了更好地满足国家与社会，尤其是广大青年对高等教育日益复杂多样的需求，让更多的社会成员不仅具有接受高等教育的机会，而且能够更好地选择自己的成才方向与途径，高等教育大众化时期的教育质量更主要地体现在所提供的产品和服务能否满足社会和个人需要的程度上。因此，办学主体需求的多样化与个体学习需求的个性化必然要求高等教育质量标准进一步多样化。

高等教育质量标准的多样性主要反映在三个层面：一是国家层面质量标准的多样性，主要是依据国家对高等教育的总体要求，针对不同层次、不同类型、不同地域、不同形式高校的性质与任务，对各级各类高级专门人才培养质量提出不同的标准。《中国教育改革和发展纲要》正是根据我国现阶段高等教育已经分化为研究型、教学研究型、教学型、职业技术型等，以及大学内部的学科、专业与功能不断分化的实际情况，不能单纯运用学术标准或应用性标准统一衡量它们，而是要因校制宜，区别对待，提出"要区别不同地区、科类和学校，确定发展目标和重点，制订高等学校分类标准和相应的政策措施，使各种类型的学校合理分工，在各自的层次上办出特色"。

二是专业层面质量标准的多样性，主要是依据社会各个行业、部门对不同层次、类型高级专门人才培养规格的要求，提出的不同专业、不同学科、不同课程必须达到的质量标准。国家《关于实施高等学校本科教学质量与教学改革工程的意见》也指出，要按照"分类指导、鼓励特色、重在改革"的原则，加强内涵建设，提升我国高等教育的质量和整体实力。这些规定既为各类高校的专业设置和专业建设指明了方向，也为制定多样性的高等教育专业质量标准提供了依据。在现行教学质量评估中，英语、计算机全国等级水平考试应是较为成功的范例，这两科由于对实践能力的界定较为明确，既促进了英语、计算机教学质量的提高，也使用人单位有了评价大学生英语及计算机能力的标尺。但从总体来看，关于学生基本能力的评价标准和方法都有必要加强研究和进一步完善。

三是个体层面质量标准的多样性，主要是依据社会成员的不同条件和意愿，提出的对不同形式高等教育在适应性上的不同规定。这种质量标准强调的是质量内容的适应性。任何事物都包含着特定的适应性，每一种适应性就会对应一种质量内容。由于高等教育的质量最终体现在培养人才的质量，而人才最终都要进入社会，因此高等教育质量内容的"适应性"主要表现为培养人才的社会适应性。针对多种多样的主体需求必然要求多样性的质量标准。测定个体层面质量高低或好坏的标准是社会对高等教育质量的满意度。多样性的质量标准为高等教育发挥创造性提供了广阔的空间，是使高等教育富有时代活力的必由之路。如果按一把尺子衡量人才，就会导致"千人一面"，高等教育也就会"死水一潭"，最终也会导致高等教育质量的下降。

在高等教育大众化的背景下确定多样性的质量标准，首先，有助于促进高等教育发展与社会发展、学科分化相适应。传统的由国家制订的单一的精英型质量标准，是阻碍我国高等教育发展及其与社会发展相适应的重要原因。确立多样性的质量标准不仅能有效地促进各级各类高等教育共同发展，而且顺应了当今社会及学科发展既高度分化又高度综合的趋势，使培养出的人才更好地适应社会发展和学科发展的需要。其次，有助于促进高校各安其位和办出特色。高等教育质量标准多样性实质是质量标准的差异性，差异性的质量标准有助于鼓励那些目前实力相对较差的高校，在专业设置和学科建设上针对本地区特有行业的特殊需要，充分发掘自己的优势，扬长避短，努力培育和形成自己的学科特色与专业品牌，以促进不同层次、类型的高校各得其所、各展其长，都能发挥自己的优势，确保自己的质量。其三，有助于满足不断增长的国民高等教育需求。多样性的质量标准能比较充分地考虑到市场中不同主体对质量的需求，更好地促进具有不同条件、不同志趣的人的发展。

二、统一性的质量标准是保证高等教育质量的迫切要求

大众化的历史条件下强调多样性的质量标准，既有其必然性，也有其合理性。但如果过分强调质量标准的多样性而忽视了必要的统一性，多样性就变成了随意性，就会使高等教育质量失去应有的标准"底线"，就会对保障质量的条件与行为缺乏必要规定与约制，就可能在利益驱动下使高等教育系统出现重量轻质的情况。正如1998年在巴黎召开的首届世界高等教育大会通过的《21世纪高等教育展望与行动宣言》中指出的："不应用精英阶段高等教育的学术取向和质量标准来规范大众化高等教育，但是多样化不是随意化，不能没有基本的质量标准。这就是近几十年国际高等教育发展的重要经验。"当前，人们普遍感到高等教育质量呈下滑之势，重要原因之一就在于缺乏统一的高等教育质量标准，致使人们对高等教育质量的认识模糊、评价失范、行为无序、成效难以认定。

提高质量的前提是保证质量，而保证质量的前提是制定出统一的、具有公信力的高等教育质量标准。因此，我们在强调质量标准的多样性时，更要注重质量标准的统一性。统一性的质量标准既要体现高等教育质量内在的品质与应有的特性，又要反映出特定时期国家和社会对所有高等教育的基本的质量要求。它是国家为评判各级各类高等教育的质量设置的一个基本底线，也是各级各类高校必须遵循和确保的一般质量标准。

从质量是"客体是否能够满足主体的需要及其程度"，或质量是"实体与设定的规格或标准的一致性程度，即质量是对预设的规格或标准的符合"的价值取向看，制定统一性质量标准必须依据现阶段国家的教育法律、方针与政策对高等教育提出的基本要求，因为这些要求反映着这一时期国家和社会对高等教育的质量标准的需求和预设。《中华人民共和国高等教育法》规定，"高等教育必须贯彻国家的教育方针，为社会主义现代化建设服务，与生产劳动相结合，使受教育者成为德、智、体等方面全面发展的社会主义事业的建设者和接班人；高等教育的任务是培养具有创新精神和实践能力的高级专门人才，发展科学技术文化，促进社会主义现代化建设"。中共中央《关于教育体制改革的决定》对高

等教育人才培养质量提出了更具体的要求，即"所有这些人才，都应该有理想、有道德、有文化、有纪律，热爱社会主义祖国和社会主义事业，具有为国家富强和人民富裕而艰苦奋斗的献身精神，都应该不断追求新知，具有实事求是、独立思考、勇于创造的科学精神"。党的十六大报告对高等教育质量则提出要"全面推进素质教育，造就数以亿计的高素质劳动者、数以千万计的专门人才和一大批拔尖创新人才"。党的十六届六中全会通过的《中共中央关于构建社会主义和谐社会若干重大问题的决定》指出，高等教育发展要"保持高等院校招生合理增长，注重增强学生的实践能力、创造能力和就业能力、创业能力"。

根据上述文件精神，我国现阶段对高等教育质量的基本要求主要反映在三个方面：一是对大学生基本素质的要求，这就是德、智、体、美全面发展；二是对符合时代要求的各种能力的要求，总体讲是创新精神和实践能力，具体讲则是实践能力、创造能力、就业能力与创业能力；三是对人才层次的要求，即"高级专门人才"。概括而言，我国现阶段统一的高等教育质量标准就是培养德、智、体、美全面发展，创新精神和实践能力较强的高级专门人才。这也是当前国家对大学生的共性质量要求。

制订我国现阶段统一性的高等教育质量标准，必须认真分析上述要求，并将这些要求具体化为可以操作、可以测量、可以评价的指标体系。从对大学生基本素质，即"德、智、体、美全面发展"的要求看，具体讲应包括思想道德素质、文化素质、专业素质、创业素质和身体心理素质等多方面，每一方面又可以结合时代要求提出若干具体指标。如思想道德素质就可以具体化为"四有"、"两热爱"、"两精神"等。从对"创新能力和实践能力"的要求看，近年来虽然讨论甚多，但对其具体内涵的规定并不明确。我们认为"创新能力是指大学生为了适应社会进步、知识创新与自我发展的需要，充分利用、开发已有的知识、技能和内外条件，创造出具有价值的思想、观点、方法、理论、技术、工艺和产品等新颖成果的一种综合性能力。它包括创新意识、创新思维和创新技能等三部分，核心是创新思维"；实践能力则包括表达能力、动手能力、适应能力、交际能力、决策能力与管理能力等。大学生的实践能力还应结合学科与专业特点来确定。从对"高级专门人才"的要求看,所谓"专门人才"是指大学生应具有从事某一专业工作的专业知识、专业能力与职业道德;所谓"高级"是以前两项要求为基础提出的,也就是要求大学生在学问、创新精神、科研能力与人品等方面都要达到较高的水平。诚然,不同专业的"较高水平"都是可以通过研究确定出一些相应的衡量指标的。也有学者使用"维度—层级"分析框架,解析出高级专门人才的"三维三层"结构。从知识的创新与运用的维度,可分为"研究型—应用型—实用型"三个层次:研究型层次侧重知识生产性的学术研究,知识创新是标识该型人才的主要特征;应用型层次侧重掌握已有的基本理论并重视理论知识的应用,适应行业面向是标识该型人才的主要特征;实用型层次侧重成熟技术规范的接受与技能的形成,胜任行业工作是标识该型人才的主要特征。从学科知识宽广与融合的维度,可区分为"复合型—多学科型—单一学科型":复合型层次人才具有多个专业学科知识且各学科间相互融合的程度较高,就业适应面广;多学科型层次人才虽具有两个或多个专业的学科知识,但学科间的融合程度相对较低;单一学科层次型人才知识面较窄,就业适应面窄。还可从能力与岗位能级发挥作用的维度,将高级专门人才区分为"拔尖型—优良型—合格型"。显然"高级专门人才"的单位要素可作多种组合,形成具有多向度多层面的综合特征的人才。

在注重多元发展的背景下强调统一的质量标准,对保证高等教育质量具有重要的现实价值。首先,有利于规避过分强调多元质量的危害。近二十年来,我国高等教育有了快速发展,但发展主要表现为规模扩张,质量、结构、效益问题没有得到很好的兼顾,有人甚至认为在高等教育大众化背景下,必然出现多样化的质量标准。而所谓多样化就是因校制宜、因人而异,即无论什么样的质量都是可以的。可见,过分强调多样性质量标准就等于没有质量要求,由此必将带来不可估量的问题及危害。制定统一的质量标准,也就是对高等教育人才培养的基本规格,包括知识结构、创新精神、实践能力与思想品德等方面提出明确的质量要求。有了标准就可以明确政府、高校在保障办学条件、提高教育质量等方面的责任,规范其行为,从而为高等教育达到一定的基本质量提供认识基础和制度保障，也为同一类型、同一层次、同一形式的高等教育提供比较和衡量质量的依据。

其次，有利于建立具有公信力的高等教育质量评价体系。我国当前关于高等教育质量的争议很大，重要原因之一就是没有建立起严格意义上的具有公信力的高等教育质量标准与相应的质量评价工作体系。曾经由教育部组织的"高校本科教学工作水平评估"、社会某些民间机构发布的大学排名，以及许多高校开展的课堂教学质量评价，虽然同高等教育质量有一定相关，但从性质上讲，皆属于过程与条件评价，而不是高等教育质量评价。这些评价不仅难以作出具有客观性和公信力的高等教育质量评价以得到人们的认可，而且往往因评价信息失真而导致反馈功能失灵，甚至决策失误。为了提高高等教育质量评价的客观性和公信力，充分发挥教育质量评价的功能，推进高等教育的发展与改革，建立我国高等教育质量评价体系已势在必行。

其三，有利于增强我国的综合实力。一个国家综合实力归根到底取决于国民素质的全面提高。高等教育大众化的意义在于能有效扩大高等教育的规模，使更多的人获得接受高等教育的机会。但高等教育发展仅有数量没有质量，对于全面提高国民素质并没有真正的意义。正因为如此，教育部于2003年启动高等教育"质量工程"；2007年1月22日，教育部、财政部联合下发文件，决定全面实施"质量工程"。温家宝同志在《百年大计，教育为本》一文中再次明确指出："从长远看，我们不仅要不断扩大高等教育的规模，满足群众对高等教育的需求，更重要的是要提高高等教育质量，把提高高等教育的质量摆在更加突出的位置。"

其四，有利于促进大学生的健康发展。统一的质量标准对高等教育人才培养的质量规格有具体、刚性的规定，是对大学生健康成长提出的导向性要求，可以有效地引导学生学会学习，学会做事，学会生活，学会发展。

三、两种标准和谐统一是我国高等教育发展的应然选择

高等教育质量标准中的多样性与统一性即哲学中的特殊性与普遍性，二者既相互联系，又相互区别，是相辅相成、相互促进的辩证统一关

系：一方面，普遍性寓于特殊性之中，并通过特殊性表现出来，没有特殊性就没有普遍性；另一方面，特殊性也离不开普遍性，世界上任何特殊事物总是与同类中其他事物的某些方面有相同之处，总要服从于这类事物的一般规律，不包含普遍性的特殊性是没有的，即特殊性也离不开普遍性。

高等教育质量标准中多样性与统一性相辅相成：质量标准的多样性也必须建立在统一性之上，也就是因校制宜、因人而异、创造特色必须以保证基本规格为前提；质量标准统一性又必须落实在多样性之中，统一性质量标准是国家对高等教育整体质量的基本要求，反映的是高等教育内在的、共同的本质。统一性越强越有利于个性特色的形成。高等教育质量标准中多样性与统一性相互促进：高等教育质量的多样性是统一性的目的和发展，没有多样性的统一是高等教育质量的僵化；高等教育质量的统一性则是多样性的基础与保障，没有统一要求的多样性是高等教育质量的退化。在高等教育质量标准中，片面强调任何一方面的标准都不利于高等教育的发展，都不能很好地促进高等教育与社会、群体及个人的不同需求相适应。

构建多样性与统一性和谐统一的质量标准是我国现阶段高等教育发展的必然选择和唯一途径。在实现高等教育大众化过程中，必须高度重视这一点：没有多样性的质量标准，用传统的单一的精英教育标准来衡量多种形式的高等教育质量，显然是不科学的；没有统一性的质量标准，片面强调多样性质量就等于放弃质量要求，同样是对高等教育大众化的误导。

我国当前构建多样性与统一性和谐统一的高等教育质量标准，除了必须转变传统的单一化的精英教育质量观，树立科学的多元统一的高等教育质量观之外，还须尽快建立具有公信力的高等教育质量标准与相应的质量评价工作体系。这一体系应包括国家、专业学术组织、高等学校三个层面。

从国家层面讲，主要任务有三：一是依据我国现阶段的教育法律、方针与政策对高等教育提出的总体要求，研究和确定我国现阶段基本的、统一的高等教育质量标准；二是依据国家对高等教育的总体要求和

"合理分工、分级办学、分类指导、鼓励特色、重在改革"的原则,针对不同层次、不同类型、不同地域、不同形式高校的性质与任务,对各级各类高校人才培养质量提出不同的标准;三是建立完善、科学的定期采集和公布本科教学状态数据库的制度,加强社会对高校办学的监督。

从专业学术组织层面讲,主要任务是在国家总体要求的指导下,依据学科专业的特点和社会各个行业、部门对本专门人才培养规格的要求,研究和制订本专业及本专业中的不同学科、不同课程必须达到的质量标准,并定期采集和公布本专业教育教学质量的相关数据,以供全国范围内不同学校之间在教学质量上的专业比较。

从高等学校层面讲,应成立专门的高等教育质量监控处或评估处,并建立由高校教师、学生与用人单位共同参与的高等教育质量自我评估、自我保障与自我监督机制。其主要任务是根据国家的总体要求,从各大学的培养目标定位出发,结合自身办学条件、师资结构和水平、服务面向、生源质量等方面的实际,研究和确定本校的教育教学质量标准;同时不断完善高校内部的质量管理的相关制度,以促使高校把主要精力和财力投入到提高高教质量上来。

第五节 高等教育公平的价值取向:公平与效率兼顾

公平与效率是人类社会永恒的追求。随着人类社会与高等教育发展,高等教育中公平与效率的关系日趋复杂,高等教育合理分流在促进公平与效率中的作用也越来越引起广泛的关注。本文试图在辨明高等教育公平与效率关系的基础上,进一步探讨高等教育公平与效率兼顾的价值,以及合理分流在促进公平与效率兼顾中的作用。

一、高等教育公平与效率的复杂辩证关系

曾几何时,关于高等教育公平与效率的关系问题在学术界讨论甚多,莫衷一是,大致有五种观点:一是不可兼得论。这种观点认为,公平和效率之间存在着非此即彼的冲突关系。这种冲突因高等教育系统中同时存在正义、能力、自由和忠诚四大价值观念而不可避免。维护社会正义的价值观主张高等教育系统内应该处处体现公平精神,而推崇能力的价

值观却认为盲目追求平等不但没有实效而且会浪费资源，贻误学生。"正义与能力价值观的冲突本质上是公平与效率的冲突。强调能力是为了追求效率，因为教育资源稀缺的现实使教育公平的理想难以实现，极度匮乏的高等教育资源无法满足所有人的教育需求，要合理分配和使用教育资源就必须考虑效率问题。此外，追求公平往往会忽视个体能力的差异，违背因材施教的原则；而过分强调能力又会影响民主的进步，阻碍高等教育大众。"二是相互统一论。这种观点认为，效率和公平"本质上并不是对立的双方。从长远过程和根本利益上考虑，它们是相辅相成、相互促进的，没有一定的教育公平和机会均等就会制约效率的提高，而教育效率的提高又在促进和呼唤着教育的公平"。三是效率优先论。这种观点认为，在高等教育大众化阶段，在经济与社会转型时期且资源有限的条件下，我国高等教育只有坚持"效率优先、兼顾公平"的价值取向，才能切实解决高等教育资源稀缺问题，促进高等教育的快速发展，从而增加高等教育的机会，让更多的社会成员能够接受高等教育。四是公平优先论。这种观点认为，"随着我国经济社会发展和综合国力增加，发展的公平性已经成为影响进一步发展和可持续发展的重要制约因素，人民群众表现出越来越强烈的公平诉求。教育公平问题解决不好，不仅会影响高等教育的和谐发展，也会影响社会主义和谐社会建设"。五是互动适应论。这种观点认为，"有限公平应是一个历史的动态的概念，在公平与效率的互动中，其发展的空间将不断得以扩大"。

诚然，上述五种观点都有其合理性，但也都有其片面性。因为高等教育的公平与效率之间具有复杂的辩证关系。

（一）高等教育公平与效率相互同一、相互依存

高等教育公平与效率的同一性主要反映在三个方面：一是主体的同一性。"公平"是一个伦理学上的概念，其本质是调节人际互动关系的一种规范。"效率"是经济学上的概念，但上升到哲学的层面可理解为人的活动与其所实现的目的之比较。公平表达了主体追求自由与和谐的理想和愿望，效率表达了主体不断提高改造客体（自然、人和社会）的能力及水平的愿望与追求。公平与效率的主体都是人。公平与效率反映在高等教育领域，公平则是指关于社会成员所享有的高等教育的基本权

利及高等教育资源在社会成员之间的合理分配的规定；高等教育效率则是指高等教育投入与其所实现的目的之比较，是对高等教育收益最大化的追求。尽管公平与效率的具体内容和表现方式因时代不同而有所差异，但总起来看，都是为了满足主体的愿望，都是为主体服务的，其实现都离不开主体的追求与努力。二是目标的同一性。公平与效率是社会发展追求的双重价值目标。社会发展既要发展社会生产力，又要变革生产关系及其他社会关系，公平与效率正好反映了这两方面的要求。社会发展的双重目标反映在各个领域，又最终要落实在人的发展上。人是社会的主体，人的发展既是社会发展的目的，又是教育发展的动力。我们建设有中国特色的社会主义各项事业，既要着眼于人民现实的物质文化生活需要，同时又要着眼于促进人的素质的提高，促进人的发展与社会发展，追求公平、效率具有内在统一性。就高等教育公平与效率的目标而言，都要落实到促进大学人的发展上，都要注重教育质量：只讲规模不讲质量的效率只能是低层次效率；只讲数量不讲质量的公平只能是低水平的公平。三是特征的同一性。高等教育公平与效率作为社会与高等教育的共同追求，具有下列共同属性：（1）复杂性。这种复杂性主要表现为二者涉及问题的多领域性和研究视角的多学科性。在经济、政治、社会、文化和道德等不同领域中都存在公平与效率问题，表现为不同的具体内容；对于高等教育中的公平与效率问题，哲学、政治学、经济学、社会学、教育学、心理学等不同学科都非常关注，而不同的学科有不同的研究视角、不同的内涵界定。（2）相对性。高等教育的公平与效率，都是相对性的概念，没有绝对的公平与效率。对它的认识与判断，往往受特定的目的、条件及主体不同的价值观所制约，评价的标准往往具有较大的差异性。（3）层次性。高等教育公平与效率都可依据其实现程度由低到高分为几个层次，都是一种结构性存在，二者之间存在结构性关系。（4）合理性。高等教育公平与效率都合乎社会发展、个体发展与高等教育自身发展的规律。讨论高等教育公平和效率，并不是为了消灭不公平和低效率，而是为了减少不公平和提高效率，在差别和无差别之间，在低效率和高效率之间，在公平与效率之间保持一种必要的张力，即维持双方的"合理性"。（5）发展性。高等教育公平与效率都是历史的概念，随着社会的发展，高等教育公平与效率的水平在不断发展和提高。

高等教育公平与效率的相互依存性反映在两个方面。一方面，高等教育效率必须以高等教育公平为前提。这是因为提高效率有赖于公平竞争的规则和环境，不公平的竞争必然会损害效率；同时，高等教育愈公平意味着接受高等教育的人愈多，可供选拔作为精英人才培养的范围就愈大，也就更有利于高等教育效率的提高。另一方面，高等教育公平也必须以高等教育效率为基础。高等教育效率反映在高等教育培养的高素质专门人才的数量和质量上，高等教育效率愈高，意味着培养高素质专门人才愈多愈好，就可以更有效地提高社会生产力，创造更多的社会财富，就可以为扩大高等教育公平提供更好的物质基础。

（二）高等教育的公平与效率相互区别、相互矛盾

高等教育的公平与效率相互区别，首先反映在二者的内涵上。高等教育公平是教育公平的重要组成部分，也是社会公平在高等教育领域的延伸和体现。高等教育公平在内涵演变上与人们对社会公平及教育公平的认识保持着较高的一致性。社会公平是一个哲学范畴，它是对人际间利益关系是否公正与平等的反映和评价。公平的内涵非常复杂。从其内容看，可分为起点公平、过程公平与结果公平。从其性质看，可分为相对公平与绝对公平。相对公平包含着不公平，而不公平又可分为两类：一类是合乎历史规律、必然产生的、在某一特定历史阶段能对提高效率和生产力起积极作用的不公平；一类是违背历史规律、阻碍社会进步、对提高效率与生产力起破坏作用的不公平。绝对公平是包括过程公平与结果公平在内的全面的公平，绝对公平是在任何社会都不可能实现的一种社会空想。从其实现程度看，可分为有限公平与超前公平：有限公平是与社会发展的水平相适应的公平，超前公平是指脱离社会发展水平的公平要求，是以理想目标代替现实目标的公平。超前公平是不现实的，即令强制推行也会导致效率的动力水平下降乃至生产力的破坏。高等教育公平在内涵上同教育公平一样，主要包括起点公平、过程公平和结果公平。但作为一个历史范畴，现阶段又有其特定的内容：起点公平主要是指尊重和保护每个人的接受高等教育的权利公平，包括公平地享有接

受高等教育的竞争机会权，对学校、专业、课程的自由选择权等；过程公平主要是指在整个高等教育活动过程中，在享受各种教育资源的质和量上的公平，包括在师资力量、经费投入、教育设施，以及课程资源获得、教育教学活动参与过程等方面的公平；结果公平是指每个人都有效利用所获得的教育机会，最终取得符合其个性、智力、能力的学业成就和获得相应的教育质量上的公平。从实现程度看，它既是一种相对公平，即在当今高等教育活动过程中，还存在诸多符合社会发展规律且能提高高等教育效率的但被人们视为不公平的现象；也是一种有限公平，即实现高等教育公平是一个复杂、漫长、循序渐进的过程。高等教育公平首先追求的是起点公平，它是高等教育公平最基本的标志；其次追求的是过程公平，它是高等教育公平最艰难的任务；最终追求的是实现一定程度的结果公平，它是高等教育公平的最高的追求。高等教育效率是从经济学的"效率"概念中派生出来的概念。在《辞海》中，"效率"被解释为"所消耗的劳动量与所获得的劳动产出的比例"，其内涵的核心是指投入和产出的比例关系。据此，有人认为"高等教育效率"就是教育投入与教育产出之比（生产效率）；也有人认为，"高等教育效率"就是教育资源的有效配置（配置效率）。这就是说，在高等教育系统中，高等教育投入或配置的资源越少，而有效的高等教育产出越多，则意味高等教育效率越高。高等教育的效率可分为社会效率和个人效率两个方面。社会效率包括经济与精神两个方面。所谓经济效率是指高等教育的投入与产出之比。这里的"投入"，除了师资力量、经费投入、教育设施等方面的投入外，还因为教育是一种人际的活动，是师生两种主体思想上的交流和碰撞，故应该包括参与主体的精神投入。这里的"产出"既包括直接产出，即各级各类高校培养的一定数量和质量的劳动力和专门人才，也包括间接产出，即由于高等教育培养出的人才素质的提高引起社会劳动生产率的提高和国民收入（或国民生产总值）的增长；所谓"精神效率"是指实施高等教育所引起社会成员在思想观念与道德伦理上的变化，以及在推进社会的文明程度，形成良好的文化氛围等多方面的作用。个人效率是指个体通过接受高等教育获得的充分发展自我的智慧和能力，从而不断改造客观世界、不断增长自己的物质财富、不断丰富自己的精神世界、不断提升自己的生活质量。由此可见，高等教育效率的核心是多出人才、出好人才。其次也反映在价值追求上：高等教育公平追求的是高等教育普及与规模，目的是尽可能为每个人提供上大学的机会；而高等教育效率追求的是集中优质教育资源，让一些有发展优势的受教育者优先使用，目的是培养少数精英人才。

高等教育的公平与效率相互矛盾，其根源于社会经济发展水平与公平需求之间的矛盾，在一定的社会历史条件下，提高效率是以牺牲公平或部分地牺牲公平为代价的。同时，超越社会历史条件及生产力的支撑水平，过度强调公平需求，也会产生公平与效率的冲突。这种冲突是现实的、具体的。首先反映在发展目标上：一方面教育的目标公平要求大力发展高等教育，为所有的人提供平等的接受高等教育的机会和条件，政府亦应保证基本的教育需求；另一方面为了迎接国际竞争的挑战，适应"科教兴国"与高等教育国际化的需要，又要重点建设一批学校和学科，使之达到或接近世界先进水平。增加高等教育机会（追求高等教育公平）与培养精英、提高质量（追求高等教育效率）都是高等教育改革和发展的重要而不同的目标。其次反映在资源需求上，高等教育机会必然要扩大高等教育规模、增加高等学校数量、提高高校入学率，也就是说教育需求不断扩大。培养精英和提高质量更需要大量的资金投入。强大的教育需求与有限的教育供给之间必然形成冲突。其三反映在配置方式上，当前，我国正处于由传统的计划经济向社会主义市场经济的转型过程中，"计划"与"市场"两种配置同时存在：计划配置主要是按学校人头，在人均资源获得上相对公平；市场配置遵循竞争规律，质量优胜者具有获得资源的优先权和选择权。当前市场机制尚未在高等教育资源配置中占主导地位，但市场将不可避免地成为资源配置的重要主体。政府和市场在资源配置中的不同功能和作用常常带来矛盾和冲突。

（三）高等教育的公平与效率相互适应、相互促进

从总体上讲，高等教育公平的实现状况与高等教育效率的提高程度都与调动高等教育主体（学校、教师、学生）的主动性、积极性、创造性密切相关，离开了这一主旨便既无公平可言，也无效率可讲。扩大了高等教育公平可以为更多的人提供平等接受高等教育的机会和条件，可

以较好地调动一大批高校、教师与学生的主动性与积极性，同时也会对高等教育效率提出更高的要求，实际上就促进了高等教育效率的提高；提高了高等教育效率，建设好了一批重点高校和重点学科，培养出了更多的精英人才，不仅可以为进一步扩大高等教育公平提供更多人力、物力和财力的支持，还可以提出更完善的高等教育公平理论和实践策略。中外高等教育发展的历史充分证明，高等教育公平与高等教育效率正是在这种相互的动态适应过程中相互促进的，亦即效率的不断提高成为公平不断扩大的基础，公平的不断扩大又成为效率不断提高的动力。诚然，这种动态适应与相互促进不可能自然实现，必须以主体的不断追求与努力为条件，亦即在高等教育主体（政府、高校、教师和学生）充分认识社会与高等教育发展的客观规律的基础上，采取有效方略（包括思想、观念、战略、规划、制度、政策等）化解高等教育中公平与效率的种种矛盾与冲突后，才可以在一定程度上达到促进二者相互转化的目的。

根据以上分析，可知前述关于高等教育的公平与效率关系的五种观点都有其片面性："不可兼得论"是只见其矛盾性，未见其互动性，因而是片面的，按此观点在逻辑上便会得出"有公平便无效率"，或"有效率便无公平"，或"只有不公平才能有效率"等错误结论；"相互统一论"则是只见其互动性，未见其矛盾性，同样是片面的；"效率优先论"或"公平优先论"也有此重彼轻、分割之嫌，要么将重心放在效率，要么将重心放在公平；"互动适应论"的片面性则是过分强调了高等教育的公平与效率之间的自然适应，忽视了公平与效率的互动必须是有前提的。总之，高等教育的公平与效率之间既不是相互排斥、彼此对立的关系，也不是自觉转化、必然促进的关系，而是相反相成，在一定条件下可以相互转化、相互促进的关系；不是"鱼和熊掌"不可兼得的关系，而是"鱼水相依"互适共生的关系。

二、高等教育公平与效率兼顾的时代价值

所谓"高等教育公平与效率兼顾"，首先就是在理论上要认识到高等教育的公平与效率都具有历史性和相对性：在任何时候都不存在绝对的公平，只要存在差异性、竞争性，就会出现事实上的不公平；同样在任何时候也都不会有最高的效率，因为效率的评价永远没有最大值，对它

的追求亦永无止境。因此，公平与效率兼顾就是在追求公平中强化效率意识，在追求效率中注入公平理念；同时，要认识到高等教育公平与效率是一种结构性存在，在相互制约、相互作用、相互促进的动态过程中，存在着多种组合关系。在实践上则是要根据特定的国情、教情、社情、民情与每个学生的条件和意愿，以及效率与公平的理论结构，按不同层级安排找到更能兼顾好公平与效率的平衡点，也就是高等教育公平与效率的最佳区，从社会发展与个人发展两个方面求取相对公平与效率的最大值。这个最大值最终体现在大学生发展的水平上，只有国家、社会与高校尽可能多地提供给不同地区的人们水平相当的高等教育入学机会和培养过程，尽可能地促进每个大学生的发展，然后依其意愿与条件，将其配置到最为合适的社会岗位上，才能使高等教育公平与效率得到较好的兼顾。高等教育的研究者、政策制定者与执行者的任务就是要找出并实现高等教育公平与效率多重关系中最为合理的组合，促进二者的动态适应与相互转化，实现公平与效率的和谐统一与双赢。

实现高等教育公平与效率兼顾具有重要的时代价值。首先是我国社会发展的强烈呼唤。一方面，社会发展呼唤实现高等教育公平。教育在社会流动、社会分化中具有"筛选器"的功能，同时又具有"平等化"的功能，因而被视为实现社会平等"最伟大的工具"。在高等教育大众化时期，上大学的机会成倍增加。高等教育已涉及千家万户，惠及子孙后代，高等教育公平是促进人的全面发展和实现社会公平正义的客观要求。同时，由于典型的二元社会结构尚未根本改变、城乡的教育发展依然存在巨大差异、教育资源的分配极为不均等原因，使得我国当前高等教育中的不公平现象更加突出。要提高人民群众对高等教育的满意度，必须解决高等教育的不公平问题。《国家中长期教育改革和发展规划纲要》明确提出"必须把促进公平作为国家基本教育政策"，可见，实现高等教育公平已被国家作为现阶段促进社会公平的重要战略选择。另一方面，社会发展呼唤提高高等教育效率。在激烈的国际竞争中，决定国家竞争胜负的关键在人才。时代要求高等教育为国家培养出又多又好的人才，这里的"多"、"好"都是从教育效率的层面来谈的。高等教育只有培养出具有国际竞争力的大批的杰出的人才，才能为国家高水平、高速度的发展提供可靠的人才保证，才能使国家在激烈的国际竞争中立于不败之地。

其次是高等教育和谐发展的迫切要求。进入21世纪以来，我国高等教育快速发展，已经成为世界高等教育大国之一，并迈上了建设高等教育强国的征途。但在高等教育的改革发展中公平与效率的冲突也日趋激烈。在国家层面上，这种冲突主要反映在高等教育资源的供求与配置上。从资源的供求关系看，为了适应社会经济发展和迎接国际竞争的挑战的需要，我国高等教育的改革和发展面临两大重要任务：一是扩大高等教育机会，追求教育公平，这就要扩大高等教育规模、增加高校数量，由此形成强大的高等教育需求。二是不断提高高等教育的质量，追求教育效率，需要重点建设一批学校和学科，同样需要大量的资金投入。规模发展与质量建设的双重需求与有限的高等教育资源供给之间必然形成紧张的供求关系。从资源的配置方式看，计划经济时期政府是资源配置的单一主体，公平分配是资源配置的主要原则。市场经济条件下，效率原则是市场资源配置的主要原则，质量和效率优胜者具有获得资源的优先权。在当前两种配置方式同时存在的条件下，政府和市场在资源配置中的不同功能和作用常常带来矛盾和冲突。在个人层面上，这种冲突主要反映在接受高等教育的起点、过程与结果上。从高等教育的起点看，自1977年恢复高考以来，占统治地位的高等教育选拔考试——高考，不仅没有照顾农村考生的利益，还明显存在着"城市中心"取向。随着"3＋X"考试改革的逐步推进和深入，农村考生在高考竞争中与城市考生相比处于不利地位。从试行自主选拔录取的高校公布的有关选拔标准来看，那些在文艺、体育、美术方面有特长或在科技创新方面成绩优异者，往往是自主选拔录取的对象，这一选拔政策也显然不利于教学条件落后，几乎没有条件上音乐课、美术课的边远、贫困地区的学生。从高等教育的过程看，在高等教育资源短缺的情况下，我国在教育资源配置时采取了向重点学校倾斜的政策，那些由教育行政部门指定的重点大学在经费、师资、仪器设备、图书资料等教育资源方面都是一流的，在分配过程中，形成了穷者越穷、富者越富的"马太效应"，因此重点大学的学生，受的是高质量的教育，而一般大学的学生接受的是相对较低质量的教育,即使大家有同等的受教育机会,也无法保证受教育过程的公平。从高等教育的结果看,不少调查显示,同样接受完高等教育,但由于来自不同地域、出自不同的阶层或家庭背景不同的学生,在就业中往往受到了极为不同的对待。只有努力实现公平与效率兼顾,逐步化解上述矛盾与冲突,高等教育才能得到真正的和谐发展。

其三是国际高等教育发展的共同经验。20世纪50年代以来,随着知识经济的兴起,信息社会的到来,经济全球化趋势的增强与国际竞争的加剧,使得西方国家普遍认识到低成本、高素质的人力资源成为各国竞争力的核心因素,必须同时注重高等教育的公平与效率:一方面不断提高高等教育大众化的水平,包括出台改革大学的收费制度、鼓励私立高校发展、加大对弱势群体与贫困学生的资助力度等政策,在提高高等教育效率的同时注入公平;另一方面重视高水平大学建设和精英人才培养,如英国在1997年就提出"追求卓越的学校",在2003年颁布的《高等教育的未来》中明确提出,鼓励高等学校加强科研,提高教学质量,加大对一流系科和大学的投资。美国于2007年通过《为有意义地促进技术、教育和科学卓越创造机会法案》,展现未来十年美国教育与科技发展蓝图。日本政府2002年颁发《面向21世纪的学术卓越中心》,期望在一批大学建立世界一流的学术研究中心和人才培养基地。德国2005年开始实施大学"卓越计划",力图通过"卓越计划"培育10所"精英大学"。2006年俄罗斯也启动了"创新性大学"计划,对30所一流大学给予有力的财政支持。欧盟推出"波隆尼亚进程",要把欧洲建成"全世界最有竞争力和最有活力的高等教育和科技创新区"等,在实现高等教育公平的同时注重效率。

三、合理分流是实现高等教育公平与效率兼顾的最佳途径

高等教育分流是指高等教育系统根据社会需要以及学生自身的意愿与条件,有计划、分层次、按比例地把大学生纳入不同层次、类型的高校,以便学生更好地接受相应的专业教育,从而培养出社会发展所需要的高级专门人才的活动。高等教育分流往往通过对象分流、任务分流和资源分流来实现。高等教育对象分流主要通过四种方式来达成:一是接受高等教育的形式分流,即高等教育给学生提供在全日制的正规高等教

育与非全日制的、非正规的高等教育之间的选择自由；二是接受高等教育的层次分流，即给大学生提供进入重点大学、普通本科和高职高专的选择和发展的自由；三是接受高等教育的类型分流，即给学生提供在学科、专业、学制等方面的选择自由；四是接受高等教育的地域分流。高等教育的任务分流主要是指让不同性质、不同层次、不同类型、不同地域的高等教育机构分别承担不同的任务分流，使高校之间形成合理的分工和定位，目的在于为国家和社会培养包括精英在内的各级各类专门人才。高等教育资源分流是指对进行高等教育活动所必需的人力（如教师、管理人员和学生等）、物力（教学场馆、仪器设备、图书资料与生活设施等）、财力（国家财政投入、学生缴纳学费、社会力量办学投入或捐赠、校办产业创收等）以及相关资源（主要指学校的无形资产，如办学理念、管理经验、校园氛围与学校声望等）进行合理的分配。

所谓合理的高等教育分流就是统筹兼顾社会发展、个人发展与高等教育自身发展三方面的需要及条件，而分别给予适度满足的分流。它必须与一定历史时期科技经济的发展水平、三大文明的进步水平，以及高等教育的发展水平相适应，能够促进社会、个人与高等教育协调发展。这里的"合理"既是一个相对的概念，也是一个不断发展、不断完善的动态的概念。这种合理性应反映在对象分流、任务分流与资源分流三个层面上，并显示出：合目的性，即分流既有利于社会生产力的提高，又有利于社会民主与教育机会均等的推进，还有利于青少年学生个性的发展；合规律性，即分流既能反映社会分工与职业结构的要求，又能遵循教育自身发展的规律；合条件性，即分流必须因地制宜、因时制宜、因条件差异而选择不同的分流策略。合理分流还具有多级多向、适时适度、自主竞争、沟通灵活等特征。

合理分流之所以是促进公平与效率兼顾的最佳途径，首先是因为分流取向具有兼顾性。分流取向是指分流主体对一定的分流活动的认识与评价，以及在此基础上作出的对分流发展的方向及重点等方面的选择。正确的分流取向对实现合理分流起着重要的导向作用。高等教育分流活动牵涉到国家、企业、社会团体、学校、家庭与个人等多方面的利益主体，多层次的培养目标与多类型的服务方向。因此，在分流取向上也具有多层次、多维度，且相互冲突的特点。而合理的高等教育分流能够充分兼顾国家、社会、高校与学生等多方的利益，适情适度地满足各方面的要求，最大限度地保障公平与效率目标在一定条件的相对平衡，从而可以最大限度地调动各方面的积极性。

其次是因为分流策略具有科学性。分流策略是使高等教育分流达到合理目标而制定的运作方针与采用的行动步骤，主要包括分流策略、分化策略与分配策略。分流策略的科学性主要反映在：选择策略的科学性，即能正确处理阶级、阶层、家庭等客观条件与个人主观努力，以及分数标准、金钱标准与地区标准等方面的关系；分化策略的科学性，即在分流时间的选择、分流比例的确定与分流对象上的安排恰当；分配策略的科学性，即在高等教育分流的"出口"环节具有较为公平的政策保障措施。总之，能够充分尊重分流对象的意愿和全面考虑其客观条件，达到适时分流、适度分流、适才分流，实现因人而异、因材施教。如果分流的依据不科学、时机不当，教育就会产生既不公平也缺乏效率的后果。

其三是因为分流结构具有协调性。高等教育分流结构是指高等教育系统中学生分流进入不同形式、不同层次、不同类型、不同区域的高校（包括各类教育机构）的比例构成与纵横联结方式。它主要包括流型结构、流向结构、流层结构和流域结构等。高等教育分流结构的协调性主要体现在三个方面：一是与社会发展的要求及条件相协调，二是与社会成员个性发展的要求及条件相协调，三是高等教育分流结构自身的协调。合理的高等教育分流结构既能保障学生分流进入不同层次、不同类型、不同形式的高校，接受适当的高等教育，也能保障不同层次、不同类型、不同区域的高校承担适当的培养人才的任务。无论对不同层次和类型的高校，还是对不同条件和意愿的学生来说，都是既公平又有效的。

其四是因为分流模式具有多样性。分流模式是指是在一定教育理念支配下建立起来的，有关设计和调控高等教育分流活动全过程的理论模型与操作程序。概观中外高等教育的分流模式，主要有"流层考升型"、"入学分流型"、"中期分流型"、"专业分岔型"、"适时转流型"、"工读交替型"、"学校配置型"、"学生选择型"等。灵活多样的高等教育分流模式不仅能够较好地适应纷繁复杂的社会分工与丰富多彩的个性发展的要求，而且能够最大限度地调动国家、地方与高校的办学积极性；既有利于高等教育大众化的推进，也有利于精英人才的培养，使高等教育的公平与效率得到很好的兼顾。

其五是因为分流机构的定位具有切实性。高等教育分流的主要机构——每所大学，作为高等教育系统中的子系统存在，它既是独立的系统又与整个系统相联系，必然要与系统发生信息、能量、资源的合作与竞争。每所大学由于发展历史、条件、现状不同，因而具有不同的信息、能量和资源，客观上具有各自的能级或位置，发挥着不同的作用。所谓"分流机构定位具有切实性"就是每所大学都能找准切合自己实际的位置。分流机构定位主要包括学校的层次定位、类型定位、能级定位、办学特色定位与招生对象定位。分流机构定位具有切实使得每所大学在高等教育系统激烈的竞争中明确自己的优势，找准自己的位置，使不同层次、不同类型的高校都能够各安其位、各展其长，得到发展，既促进了公平竞争，也提高了整体效率。

其六是因为分流资源配置具有合理性。这种合理性主要体现在资源配置上能够最大限度地达到公平与效率兼顾的境界：从效率看，高等教育资源配置能够实现帕累托最优，能够实现高等教育分流的多主体的利益最大化；从公平看，高等教育财政资源能够实现公平分配，即政府利用多种手段，如在稳定增加高等教育经费的基础上，逐步增加对贫困落后地区的高等教育经费投入，逐步降低发达地区高等教育经费的投入，保障贫困地区考生上大学的权利等，从起点、过程和结果三个层面上实现高等教育财政资源分配的公平。

诚然，实现高等教育的合理分流是一项系统工程，需要作多方面的探索与努力，包括①统一认识：坚持公平与效率兼顾的分流取向；②改革制度：完善公平与效率兼顾的分流策略；③统筹规划：优化公平与效率兼顾的分流结构；④鼓励探索：创新公平与效率兼顾的分流模式；⑤强化特色：促进公平与效率兼顾的分流定位；⑥健全机制：实现公平与效率兼顾的资源配置等。

第二章　大学发展形势的分析

在国际高等教育不断发展，且日益趋向统一性与开放性态势之际，新中国的高等教育也经历了由小到大、由弱到强、由乱到治的改革和发展历程。随着国家提出"加快从高等教育大国迈向高等教育强国"的要求，社会对高等教育寄予了更高的期望。"他山之石，可以攻玉"，为了使我国高等教育的改革、发展更好地顺应国际高等教育发展的大潮流，更好地完成它的时代新使命，有必要认真总结二战以来国际高等教育发展的特点，分析当今国际高等教育改革发展的趋势，探寻国际高等教育改革的启示，借鉴国际高等教育改革的经验。

第一节　战后国际高等教育发展的特点

第二次世界大战后，世界进入到相对稳定的历史时期。科学技术的快速发展，生产效率的普遍提高，政治军事的不断刺激与民主思潮的广泛兴起，促进了世界高等教育的大变革与大发展。尽管不同地区及国家的情况不尽相同，高等教育在改革与发展的目标、方式、速度等方面各有千秋，但从总体来看，仍然呈现出下列共同特征：

一、提升理念指导高等教育发展

高等教育理念是对高等教育的一个总的看法和基本态度，包括对高等教育是什么，具有什么使命，发挥什么功能等问题的认识。高等教育理念对提高办学效益、提高管理水平、提高学习效果等具有重要的指导作用。高等教育理念的彰显要通过高等教育主体（政府、高校、社会）来承载，因而，"高等教育主体的理念是发展的核心，理念转变是超越现实矛盾和问题的首要前提。"① 当前，国际上的高等教育新理念主要有：

（一）全人教育理念

20世纪中叶，美国教育家赫钦斯批评美国大学教育在人才培养上的专业化和非智力化倾向，强调教育的目的在于培养全人，使人成为专门知识和人生智慧兼具的、自由的人，而不是片面发展的工具。战后国际高等教育的发展也使人们认识到全人教育的重要性，正如国际21世纪教育委员会向联合国教科文组织提交的报告中所指出的一样："教育应当促进每个人的全面发展，即身心、智力、敏感性、审美意识、个人责任感、精神价值等方面的发展。应该使每个人尤其借助于青年时代所受的教育，能够形成一种独立自主的、富有批判精神的思想意识，以及培养自己的判断能力，以便由他自己确定在人生的各种不同的情况下他认为应该做的事情。"② 这就是全人教育的思想精髓，它不仅仅是一种教育理念，而且还是一场教育改革行动，在北美、澳大利亚以及我国香港、台湾等地区取得了明显的成效。在美国，1987年卡耐基教育促进会出版的报告《大学课程的整合》就提出大学要转变教授特定学科和课程引论的通识教育模式，促进学生整合历史意识、科学、价值观、国际与多文化、艺术等方面的知识和经验。2000年美国大学委员所做的关于近10年通识教育发展的研究表明，半数以上的大学通过加强课程的整合、减少分离来推动通识教育计划。在具体实施方式上，在传统的入门式引论课程缩减的同时，强调以多学科视角来分析特定主题的跨学科课程在通识教育课程中快速发展，其比例由1989年的19.4%上升到2000年的63.9%。近年来大学中又开始纷纷尝试一种新通识教育方式——学习社区（Learning Communities），它由几个学科围绕一个主题，由各学科的教师共同设计教育内容与方案，学生以小组的形式就具体主题进行探讨

---

① 潘懋元. 现代高等教育思想的演变——从20世纪至21世纪初期 [M]. 广州：广东高等教育出版社，2008：188.
② 程伟. 高等教育改革迫切需要深刻的观念变革 [J]. 黑龙江高教研究，2009 (10)：38.

学习，其间可以得到相关学科的资源支持①。20 世纪 90 年代，在台湾专家、学者们反思和批判教育工具化、空洞化，同时吸收西方新思想和反观中国传统文化的过程中，我国台湾地区开始鼓吹全人教育理念。其教学课程分为学术性课程、情感性课程和自我实现课程，主张多元教学评估策略，注重学生在教学过程中的主体作用和教师的主导作用等。这种理念改变了传统的以"学科本位"的知识结构，代之以"能力本位"为导向的课程设计，突出了学生在情感、价值观方面感悟能力的塑造，使学生的生存、生活和发展的基本技能和情商得到训练，将人本情怀摆在了首要位置。

（二）终身教育理念

1965 年，在联合国教科文组织主持召开的成人教育促进国际会议上，联合国教科文组织成人教育局局长——法国的保罗·朗格朗正式提出了"终身教育"这一概念，其主旨在于强调学习者既要学习已有的文化，又要培养个人对环境变化的适应性。终身教育的核心就是要培养具有终身学习能力的创新人才。美国为了推动终身教育的发展，既在经济上给予支持和保障，又通过立法来干预和保证。1966 年，美国通过的《成人教育法》系统地规定了美国成人教育的目的、任务、师资培训、管理体制及经费筹措等要求，确立了成人教育的法律地位，为终身教育的开展奠定了良好的基石。1976 年，美国通过的《终身学习法》确立了终身学习的法律地位，并从各个方面对终身学习的实施进行了规定与计划，成为终身学习从思想理论到社会实践运动的标志。德国为了发展终身教育，1997 年，德国联邦教育与研究部在《终身学习：职业继续教育的情况与展望》报告中提出，教育政策的目标必须促使职业继续教育成为整合的教育体系的一部分；终身学习无论对个人、组织或社会而言，都极为必要，每个人都将被激励与支持参与终身学习。1998 年，德国又发表了《终身学习的新基础：发展继续教育成为第四教育领域》，并开始重视继续教育在欧洲的合作交流与发展。现在，"职前教育是准备，

---

① 王冬梅. 美国的文化论争与通识教育的变革 [J]. 高教探索，2007（1）：70.

职后教育是发展"已成为德国的社会共识。法国为了促进终身教育的发展，2004年5月，法国颁布了一项关于继续教育的新法《终身职业培训和社会对话法》，确认了"个人接受培训权"。法律规定："所有履行不定期合同的工薪者，每年可以享有接受20小时培训个人权利。这一年度权利可以累积6年，即120小时。"①

（三）创新教育理念

"教育如果不以激发首创精神开始，不以促进这种精神而结束，那必然是错误的教育。因为教育的全部目的是使人具有活跃的智慧。"② 西方高等教育十分强调创新，要求在前人已创造成果的基础上，作出新的突破，包括作出新的发现，提出新的见解，开拓新的领域，解决新的问题，创造新的事物或作出创造性的应用等。日本广岛大学为了应对21世纪高等教育国际化、信息化、高龄化和少子化的挑战，积极改革原有的大学体制，通过知识创新、管理创新、组织创新等方式来实现大学办学的理想和抱负。英国为了实现高等教育创新，一是创新人才培养观念，树立以人为本的教育理念；二是创新培养目标，促进人的全面发展；三是创新人才成长方式，促进学生自主学习；四是创新人才培养机制，培养学生批判性思维、创造性思维和创新性思维；五是创新人才培养能力，培养学生实践动手能力和研究能力。美国高等教育为了应对信息技术革命的挑战，满足经济发展的需求，创新自身的高等教育体系，在高等教育体制、运行机制、课程与教学方面实现了创新，构建了灵活、开放、系统的高等教育创新体系，既实现了培养创新型人才的教育目标，又促进了美国的经济发展。

（四）竞争协作理念

高等教育是经济社会发展的动力源，一个国家要在激烈的环境中求生存、谋发展，就必须大力发展高等教育，借以提高国家竞争力。美国

---

① 王晓辉. 法国终身教育的发展与特色 [J]. 比较教育研究, 2007 (12)：83.
② 怀特海. 教育的目的 [M]. 徐汝舟，译. 北京：生活·读书·新知三联书店, 2002：66.

历届总统都强调自己要做"教育总统"。克林顿在位时提出，要使美国经济在世界上保持领先地位，首先要保持教育的领先，要确保18岁以上愿意上大学的人都能进大学深造。奥巴马上任后不久就提出，美国欲在21世纪保持在20世纪形成的领导地位，唯有自强。只有教育比别人强，竞争力才能比别人强。在互联网时代，美国新增的就业岗位中，要求应聘者须有大学或研究生学历的约占2／3。日本为了提高高等教育的竞争意识，从2004年4月1日起，日本所有的国立大学按照国会通过的《国立大学法人化法案》，脱离国家体制，成为具有独立经营权利的法人组织。国立大学法人化减少了政府对高校的财政支出，通过由官向民的转变，提高了大学的自主性功能，推动了大学之间的竞争。

与竞争相伴而行的是协作，国外高等教育特别重视与本地区和国际社会的协同发展。日本为了推进高等教育与本地区和国际社会的协同共进，大学在坚持基本办学理念的原则上，以世界顶级特色综合研究大学为发展目标，提出长期展望行动计划，从长远的观点推动大学改革，重点整顿推进基础研究和尖端研究的科研体系，以及迅速走向国际社会与教学科研并行。通过"产学联合"，加强了高校与本地域各产业企业间的交流与多边合作；通过大学国际化，实现高等教育立足于世界，与世界共存的目标。英国为了实现高等教育与本地区及国际社会的协同发展，采取了以下措施：一是国家制定政策法规，指导高等教育融入社会，走向国际化；二是广泛建立国际国内校际交流关系，加强大学之间的合作交流；三是积极开展留学生教育；四是积极参与欧盟的高等教育计划。

二、改革体制协调高等教育关系

高等教育体制是关于高等教育事业的机构设置，隶属关系和职责、权益划分的体系和制度。它主要反映高等学校与社会、政府三者之间的关系，并与社会经济、政治、科技、文化等都有密切关系。高等教育体制改革必须与政治、经济等体制相协调，否则就将抑制高等教育的发展，进而影响到社会经济的发展。高等教育体制也反映了高等教育机构之间和内部各要素之间的关系，直接制约着高等教育的发展和各种功能的实现。因此，在高等教育的改革和发展中，高等教育体制改革处于关键地位。高等教育体制主要包括办学体制、管理体制与投资体制等。二战后高等教育体制改革得到持续推进,并反映出以下几个特点。

(一) 办学体制上公私并兴

高等教育办学体制是指有关举办或创立高等教育机构的主体结构形态及其相应的高等教育办学模式。二战后世界高等教育办学体制改革的主要目标是:公私并兴,多元发展。至今已形成三种主要的办学体制,即公立大学主导型、私立大学主导型和多种力量主导型。

美国是公立大学主导型的典型代表。尽管美国的私立高等教育相当发达,但推进美国高等教育持续发展的却是公立高校。社区学院在推动美国高等教育大众化和普及化的过程中发挥着核心作用。社区学院的主要职能是进行职业教育和为转读大学提供准备,并颁发各种职业技术证书、文学学士学位和理学学士学位。通过社区服务实现高等教育与社会的互动,进而推进高等教育大众化和普及化。资料显示,1994年美国高等教育机构在校生总数为1526.3万人,其中社区学院的学生数为675.2万人,占总在校生数的43%[1]。至2003年,全美已有社区学院1200所,每年有1000多万学生就读。社区学院的学生占美国大学生总数的44%,新生则占美国大学生总数的50%[2]。

日本是私立大学主导型的典型代表,私立大学在高等教育大众化过程中起着主要作用。1949年,日本政府颁布《国立学校设置法》和《私立学校法》,提高了私立高等教育的社会地位。1950年,日本政府开始在私立大学设置研究生院。1956年,日本政府颁布《大学设置法》,规定了大学设置的最低标准,只要具备教师、学校用地、校舍和教学设备等条件,就可以批准设立大学,从而为私立大学的设立开启了绿色通道,促使私立大学迅速发展起来。1960年,日本共有本科大学245所(其中国立72所,公立33所,私立140所),到1970年,这一数字增至382所(其中国立75所,公立33所,私立274所),在新增的137所大学中,私立大学有134所,占新增大学总数的97.8%。除本科大学

---

[1] 刘良娟. 美国高等教育的特点及反思 [J] 陕西教育, 2007 (12): 56.

[2] 左彦鹏. 美国社区学院的发展历程及办学经验 [J]. 中国职业技术教育, 2003 (11): 57.

外，在短期大学中私立学校数增加也很快，所占比例也很大，如在1970年，私立短期大学的比率为86.4%[①]。

俄罗斯是多种力量主导型的典型代表。从二战结束一直到1989年，苏联一直实行国家统包统揽的办学模式。1989年苏联解体后，俄罗斯对办学体制进行了彻底改革，打破了由国家垄断的、主体单一的办学模式，实行国家、地方、社会和公民个人等多个主体办学的模式。1992年《俄联邦教育法》将办学主体扩大到五个方面：国家政府管理机关和地方自治机关；本国、外国和境外的企业、各种所有制形式的机构及其所属的团体和协会；本国、外国和境外的各种社会基金和个人基金；在俄联邦境内已注册的各种社会组织和宗教组织；俄联邦及其他国家的公民个人；联合创办教育机构。

（二）管理体制上统分结合

高等教育管理体制是指体系化的高等教育管理组织制度，包括宏观意义上的政府高教管理体制和微观意义上的高校内部管理体制两个层面。这里仅从宏观层面对高等教育管理体制进行讨论。宏观高等教育管理体制是国家管理高等教育事业的具有根本性和全局性的组织管理制度，主要规定中央与地方、政府与学校在实施高等教育管理过程中的相互关系及其各自的职能。目前，西方国家的高等教育管理体制主要有下列三种模式：以法国为代表的深度干预型、以美国为代表的自由分散型和以英国、德国和日本为代表的复合发展型。

（1）以法国为代表的深度干预型。"法国的高等教育结构受到它所置身的政治和行政体制的深刻影响，特别是受到集权化的强烈影响。大多数决策，无论巨细，都是由巴黎的教育部甚至内阁作出的。"[②] 法国中央政府通过计划、命令、法律、拨款、监督等手段直接调节高等教育活动，高等教育资源分配由国家政府按计划进行。法国高等教育系统的权

---

① 日本教育年鉴刊行委员会. 日本教育年鉴 [Z]. 东京：ぎょうせい，1991：474.

② 范德格拉夫. 学术权力——七国高等教育管理体制比较 [M]. 王承绪，等译. 杭州：浙江教育出版社，1989：52.

力分为六级，第一级是讲座，第二级是学部，第三级是一个空架子（没有实质性的权力主体），第四级是大学，第五级是学区，位于第六级的是教育部。级数越高，权力越大。教育部拥有广泛的权力，高等教育司长同教育部长一起主管所有的大学事务，从制定高等教育的方针政策，审批高等学校的专业文凭授予权和各级人事任免，到决定招生专业、招生人数，以及教育经费的分配等都由中央决定，学部和大学的自主权很少。政府还通过建立多种类型的决策咨询机构或咨询小组，为政府决策提供有分量的调研报告和咨询报告，进而为高校和学生服务。

（2）以美国为代表的自由分散型。如果将美国高等教育系统中的权力分配情况同欧洲大陆系统相比，可以看出，在其他国家由中央执掌的权力在美国则由中层机构——州政府所掌管。美国的联邦宪法中没有中央政府在高等教育方面的职能和权利的规定，各种力量按照自己的意愿和方式支配着高等教育的运行，高等教育活动呈现出极大的市场性，其资源配置也来自多个方面。在这种管理体制中，高等教育管理和决策权呈分散状态，高等教育的决策权、管理权和资源分配权都归各州政府。州政府对公立大学除在经费方面予以应有的支持，在办学的方针、政策方面予以必要的指导外，一般不干涉学校的内部事务。高等学校拥有充分的自主权，是典型的自治机构，相关教育行政权力集中在大学董事会或大学评议会。联邦政府教育部只是一个指导、咨询部门，对高等院校没有约束力。联邦政府关于高等教育的方针政策，主要通过各州政府下达给州立大学，而私立大学的各项事务只能在州政府的指导下，由学校的董事会执行。

（3）以英国、德国和日本为代表的复合发展型。这种体制介于深度干预型和自由分散型之间，其特征为：高等教育的决策与管理权力由中央政府、地方政府和学校的举办者所共有，国家干预权力与市场调节权力并存。在政府和高等学校之间又存在着一种中介组织，充当着二者之间的协调者角色，既协调国家计划与市场需要的关系，又协调高等教育的资源配置①。在具体的实践中，这种模式又体现出国别特色。

---

① 简世德. 国际高等教育的发展现状、趋势与启示 [J]. 理工高教研究，2007（2）：71.

英国高等教育管理体制的核心是政府宏观引导，高校自主办学。英国政府和高校之间的关系模式被公认为一种特殊的模式。在英国政府中，教育部长是代表政府管理教育的官员，而教育部则是管理高等教育的政府机构，负责制定宏观政策，具体细则的制定和落实则由教育部组建的各个独立机构来完成。这些机构包括：英国教学质量审计署（QAA，The Quality Assurance Agency）、英格兰高等教育拨款委员会（HEFCE，Higher Education Funding Council for England）、高等教育与研究协会（HERO，Higher Education & Research Opportunities）等。这些机构直接面对各个高校，向高校提供资金支持以及各项服务，并负责监督评估高校的政策执行情况，其最终目标是"运用资金支持、外部审核等手段提高教育质量"[①]。

德国高等教育管理体制有几个特点：第一，联邦制原则是德国高等教育管理体制的一个传统。这就是说，德国大学是国家学府，它们为满足国家的需要服务[②]，但制定和执行教育法律主要是各州的事情。第二，以法治教但墨守法规。德国的政治生活传统上很强调依法办事。无论是个人还是机构，都依靠法律确保他们的地位和待遇不受侵害。第三，大学排斥除政府外的其他非学术性干预。根据法律规定，德国的高等学校有权实行自我管理，但同时各州主管部门对其又有监督权。高等学校的自我管理主要表现为教授治校。"当政府决策者开始制定改革立法时，他们也准备给大学以更大的自主权。"[③]

日本高等教育管理体制的主要特点有三：一是采取多样化的管理手段。日本高等学校分为公立与私立两种类型，从政府的观点来看，这两种不同类型的学校之间，在任务方面有明确的界线。帝国大学，特别是东京帝国大学，承担着基础研究和应用研究的任务，而私立大学的任务

---

① 桂华. 浅谈英国高等教育管理体制 [J]. 贵州大学学报（社会科学版），2008（4）：108.

② 范德格拉夫. 学术权力——七国高等教育管理体制比较 [M]. 王承绪，等译. 杭州：浙江教育出版社，1989：17.

③ 范德格拉夫. 学术权力——七国高等教育管理体制比较 [M]. 王承绪，等译. 杭州：浙江教育出版社，1989：34.

是满足非政府部门的需要。依据高等学校举办者不同，政府的管理办法和侧重也有所不同。二是实行院校等级制。各高等学府之间有着较为稳定的等级次序，且这种名望等级受到政府政策的有意支持。三是大学决策的协商一致。在制定重要决策时，每一级组织的领导人都必须参加，每个单位或部门都通过一个上级组织对其决策进行审查，各级组织之间通过上下多次往返取得意见上的一致等。

（三）投资体制上日趋多元

高等教育投资体制是指政府、社会、个人与高等教育机构间形成的在财力分配上的责权关系及组织运行方式。随着社会力量不断参与高校办学，世界各国的高等教育投资体制都呈现出多元化的特征，使高等教育办学资源不断丰富。总体看来，公立高校是以政府拨款为主体，充分吸收社会资源；私立高校是以市场为主体，同时吸纳政府资源；公立私立高校都在多渠道吸收资源。

美国的基本思路是采取公立学校与私立学校结合，充分吸纳社会投资发展高等教育。美国高校不论是公立还是私立，教育经费的来源都是多渠道，包括州政府的拨款、公司或私人捐赠、基金转让、联邦政府自筹、学生学费、销售服务等。2001—2001年度，美国公立高等教育机构经费来源的构成分别是：各级政府投入占51%，学生学费占19%，私人来源占4%，捐赠收入占1%，产、学、研相结合带来的销售与服务收入占22%；私立学校的经费来源的构成分别是：各级政府投入占17%，学费占42%，私人来源占10%，捐赠收入占5%，产、学、研相结合带来的销售与服务收入占22%[①]。

俄罗斯的高校分为国立的（联邦的）、地方的（共和国地区的）和非国立的（办学主体为社会团体、宗教组织或个人）。三种不同类型的高校在经费来源上也不同，国立高校的经费主要靠国家财政拨款，地方高校主要依靠地方财政拨款，非国立高校主要由办学主体自行筹措，其中相当一部分是来自于学生所交的学费。

---

① 高书国.后普及时代——知识社会的国家战略[M].北京：高等教育出版社，2007：95-96.

英国高等教育经费来源也相当广泛，主要包括以下几类：一是政府拨款，1996—1997、2000—2001、2005—2006、2006—2007四个年度HEFCE拨款占英国高等教育机构全部收入的比重分别为：39.60%、39.60%、38.7%、37.7%；二是"第三类"经费，即大学通过与政府、工商界合作直接为社会服务获得的资金；三是学费，每位英国学生最高每年承担1125英镑的学费；四是民间捐赠，2000年、2005年、2006年英国所有高等教育机构所获得的捐赠收入占总收入的比重分别为2.1%、1.8%、1.8%；五是招收留学生获得的高额学费收入。非欧盟学生的本科生学费每年为8000英镑，本国和欧盟学生是2940英镑，海外学生为8088英镑（艺术类），10596英镑（科技类），19614英镑（医学）。目前，英国在校大学生中留学生已经超过了15%，每年大约有15亿美元以上的经济收入[①]。

三、因情制宜扩大高等教育规模

世界各国都充分认识到了扩大高等教育规模的重要意义，但在扩张模式的选择上各有不同，各国充分考虑自己的国情，做到因情制宜，出现了四种高等教育规模扩张模式。

（一）以美国为代表的持续增长型

第二次世界大战是美国高等教育史上的一个重大转折点。战后，美国社会面临着一系列的抉择：一是数百万退伍军人的安置问题；二是美国黑人和其他有色人种呼唤民主的声音不断高涨，高等教育民主化由此提上议事日程；三是1957年苏联人造卫星上天使美国朝野震惊，美国由此认为科学技术已经落后，不改变高等教育将危害国家利益。为了解决这一系列的"综合症"，美国高等教育进行了持续的改革。一方面，为了应对高等教育民主化的要求，美国开始让大批有色人种进入高校。另一方面，美国颁布了一系列法案推进高等教育改革，美国国会于1944年通过了《军人权利法案》，1952年颁布了《朝鲜战争复员军人法》，1958年颁布了《国防教育法》，1966年颁布了《复员军人再适应利益

---

① 粟湘福. 美英日高等教育投资比较分析及对我国的启示[J]. 黑龙江教育（高教研究与评估）2009（4）：8-9.

法》，这些法案的颁布把数百万退伍军人送入了高校，推动了美国高等教育的持续发展。1970年，美国高等教育入学率由战前的15%上升到50%，实现了高等教育大众化向普及化的迈进。而在1970—1992年的20多年间，美国高等教育毛入学率再度持续增长，1992年已达82%，普及化程度已相当高。在美国高等教育大众化、普及化进程中，社区学院发展迅速。截至1994年，美国已有社区学院1236所，占美国高等学校的34.1%；社区学院在校生653万人，占美国高校在校生的40.9%①。

(二) 以西欧为代表的波段推进型

二战后，西欧国家普遍衰落。英国由于战争的巨额耗资变得内外交困，从世界经济领头羊的地位沦为美国的附庸。法国更是千疮百孔，由于德国的占领和维希政府的统治，再加上大战后期多次军事行动在法国本土进行，战争使法国土地荒芜，社会混乱，经济不断滑坡。战败的德国不仅面临着因战争遭受的严重经济衰败局面，而且因美苏冷战而导致德国分裂为两个国家，致使统一的经济被割裂。在这样的背景下，西欧各国面临的共同任务就是发展经济，摆脱美国的控制。为了寻求这种力量，西欧各国将目标瞄准了高等教育。在二战后刚刚结束之时，西欧国家高等教育毛入学率大都在5%左右。1960年，法国高等教育毛入学率为9.9%，为了加速高等教育发展，1968年，法国开始实行现代高等教育的重大改革，政府重新创建了20余所大学，到1970年，其高等教育毛入学率达到了19.5%，进入了高等教育大众化时期。英国历来奉行精英主义教育，直到1962年，英国大学生占适龄人口的比例仅为4%。1963年英国政府提出了"罗宾斯报告"，高等教育毛入学率才逐渐上升，1975年增长到18.9%，实现了高等教育大众化。马丁·特罗曾经设想，世界各国特别是西方工业发达国家高等教育发展速度会普遍按照美国模式发展，即从精英型过渡到大众型，然后达到普及化。然而，这种设想并没有在欧洲变为现实。70年代初，"石油危机"、学龄人口上升以及思

---

① 牛蒙刚. 美国以发展社区学院促进高教多样化的启示 [J]. 世界教育信息，2004 (12)：13.

想观念等因素的制约，使欧洲高等教育的发展速度又缓慢下来，1975年到80年代末，西欧高等教育毛入学率一直在20%—30%之间徘徊，英国还出现了负增长现象。1977—1978年，英国高等教育毛入学率下降到谷底，为12.7%。从20世纪80年代末、90年代初开始，在欧洲后工业经济变化的驱动下，高等教育毛入学率又开始回升。1995年，法国高等教育的毛入学率达到了49.6%[①]，然后稳步跨入了高等教育普及化阶段。英国和德国都在90年代后期，用25～30年实现了高等教育普及化。

（三）以韩国、日本为代表的后发增长型

韩国是发展中国家高等教育实现跨越式发展的典型例子。二战后，韩国结束了长达35年的殖民地历史，韩国政府和人民以极大的热情开始重整教育，并对高等教育实行"自由放任"的政策，使高等教育规模急剧膨胀。1960年，韩国高等教育毛入学率仅为5%。从20世纪70年代开始，韩国在经济起飞后不久，高等教育入学率迅速提高，大约每年以2%的速度增长。1975—1985年，韩国高等教育入学率从10%提高到30%，实现了高等教育大众化。1985—1994年，韩国高等教育入学率又从30%提高到50%，实现了高等教育普及化。1994年，韩国高等教育毛入学率为51%，1995年为52%[②]。20世纪90年代中期，世界进入信息时代，韩国服务业调整增长，为高等教育规模的再度增长创造了契机。2000年，韩国高等教育毛入学率激增到80%，2004年达到85%，超过了美国同年83%的水平。

战后的日本曾满目疮痍，遍地废墟，尽管在美国的扶持下得到迅速恢复，但到20世纪60—70年代，日本工业化程度仍然远不及欧美及一些高福利国家，于是日本采取加速发展高等教育的战略推动国家经济的增长，高等教育规模取得了突飞猛进的发展。1963年，日本高等教育毛

---

① 张翠敏，孟瑞省. 英美法日高等教育大众化发展研究及对我们的启示 [J]. 华北电力大学学报：社会科学版，2004（1）：76.
② 徐小洲，等. 当代韩国高等教育研究 [M]. 杭州：浙江大学出版社，2007：4-5.

入学率达到15.4%，实现了高等教育大众化。此后，日本人口激增，20世纪80年代，日本18岁青年已达160万人左右，1992年达到205万人的峰值。由于担心人口激增引发升学竞争进而成为严重的社会问题，文部省于80年代中期放弃了抑制高等教育规模扩张的政策，日本高等教育毛入学率迅速增长，1995年达到45.2%，1996达到46.2%，1999年达到49.1%，2004年达到55%，远远超过了西欧发达国家的水平①。

（四）以印度、巴西为代表的超速发展型

二战后，巴西、印度高等教育开始实现超常规发展，仅用短短20多年时间，就完成了英国等一些发达国家将近半个世纪才完成的高等教育由精英化向大众化的转变，实现了高等教育规模的高速增长，发展之快为世界高等教育发展史上所罕见。

巴西在二战后走出了殖民统治的阴影，为了巩固巴西在拉丁美洲的教育领先地位，巴西开始致力于发展高等教育。巴西用25年时间（1970—1996年）使高等教育毛入学率实现了从5%到15%的飞跃。但是，巴西并不满足于现状，在看到美国、日本等国通过大力发展高等教育所带来的经济效益后，巴西走上了一条通过发展高等教育壮大国家的道路。2000年，巴西的人口居世界第五位，但经济实力却比较落后，在经济和人口双重压力下，其高等教育走出了一条超常规发展的道路。大学的毛入学率从1990年的11.2%上升到2000年的19%。为了推动高等教育的进一步增长，2004年9月，巴西政府出台了一项新的政策，即"全民大学"（University for all）政策。由于巴西高校中存在着许多空缺的名额，"全民大学"政策就是鼓励这些高校将空缺的名额免费提供给那些贫困的学生。作为回报，它们可以得到免税的待遇。2004年，巴西高等教育毛入学率超过了20%。

独立于二战后的印度政府急于改变国家的落后状况，尽快实现南亚大国之梦，在基础教育极其薄弱而又难以改变的背景下，把国家发展重点寄希望于高等教育的"大扩充"上。在政府的极力推动之下，印度高

---

① 高书国. 后普及时代——知识社会的国家战略［M］. 北京：高等教育出版社，2007：131-137.

校数量急剧增加,在独立后的40年内每年增加100余所;大学生人数也每年增加10%左右,1950年印度高校在校生只有17.4万人,1960年却达到55.7万人,1970年更是增加到195.6万人,年增长率高达12.86%。到了80年代中期,印度的高等教育规模已跃居世界第三位(仅次于当时的美国和苏联),1996年印度的高校在校生增加到676万人,比1950年的26万人增长了25倍;高等教育机构达到目的9900多所,比1950年的780所增长了12倍[①]。1998年,其高校在校生已达707万,仅次于美国。近10年来印度高等教育继续高速增长,至2009年,其高校学生规模已位居世界第三,高校的数量超过18000所,几乎占到世界高校总数的一半,是美国和欧洲高校总数的4倍,是中国高校数的7倍。

四、创新模式确保高等教育质量

1998年10月,联合国教科文组织在法国巴黎召开的世界高等教育大会通过的《21世纪高等教育展望和行动宣言》指出:"高等教育质量是一个多层面的概念",应当"考虑多样性和避免用一个统一的尺度来衡量高等教育质量"。为了保证高等教育质量,国际上创新了许多新的质量监控模式。

(一)西欧模式:国家组织专门的质量评估与监控机构

英国和法国是西欧高等教育水平较高的国家,都非常注重高等教育的质量保障,但在质量评估与监控模式上又各有特色。

英国主要采用政府组织质量监控和社会中介机构参与评价的政策来确保教育质量,其主要做法是政府制定相关政策保证质量监督工作的有效实施,社会中介机构采用较为客观的评价方式对教学质量进行实际评估。英国的评估模式有专业评估、科研评估、英国高等教育质量保障总署(Quality Assurance Agency for Higher Education,QAA)评估。QAA对高校教学质量的评估结果已被社会各界广泛认可,其具体工作包括:制定院校评估和学科评估的程序并组织实施;编制学科教学大纲的起点

---

① 张振助. 高等教育大发展的国际经验及启示 [J]. 外国教育研究, 2003 (4): 36.

标准（bench-mark），颁布学科教学指南（Code of practice），提供教学范例；在学位授予权和大学冠名方面向政府提供建议；为学生、雇主和其他关心高校质量的人士提供有关高等教育质量的准确信息等[①]。

法国是高度中央集权的国家，高等教育质量保障带有很大的国家成分。"不同于英、美等国的高等教育评估，法国高等教育评估不仅仅是对各个高等学校进行评估，而是通过分析各大学的情况，着重评价整个高校管理系统。也可以说，法国高等教育评估首先是对国家教育政策的评估。"[②] 1984年，法国创建了国家评估委员会（Comite National deI' Evaluation，CNE），通过一个独立于政府的第三方机构的客观评价，来帮助政府评价拨款产生的效益，进而调整对大学的拨款额度。法国有关国家评估委员会的法律明确规定，国家评估委员会作为一个独立的行政主体，直接向共和国总统汇报，不受教育部长的领导。国家评估委员会由国家财政拨款，有自己的预算。其使命是对法国教育部及其他部委所属的科研、文化和专门职业高等教育机构进行质量评估。高等教育质量保证机构主要包括国家高等教育研究委员会、国家评估委员会以及国家工程师职称委员会、国家科学研究会等。2006年以后，法国研究与高等教育质量评鉴局（Agence d'évaluation de la recherche et de l'enseignement supérieur，AERES）（简称"拜会"）接替CNE的职责，对全国高等教育进行评估。法国高等教育评估机构不属于教育部管辖，直接对总统负责，具有浓厚的官方色彩。此外，在法国高校内部还设有评估委员会，开展高校内部自评，包括院系评估、教育教学质量评估、学校发展政策评估、学生成绩评估、教师评价、学科发展评价、毕业生情况分析等。

（二）北美模式：政府评估和社会中介组织评估紧密结合

在北美，美国在以评估保证高等教育质量方面积累了丰富的经验，取得了丰硕的成果。从总体上划分，美国的高等教育评估活动来自政府

---

① 金顶兵. 英国高等教育评估与质量保障机制：经验与启示 [J]. 教育研究, 2005 (1): 77.

② 王晓辉. 高等教育评估的另一个视角——法国高教评估特点分析 [J]. 中国高教研究, 1995 (5): 73.

组织的评估和社会中介组织的评估两方面，且以后者为主。高等院校为了进行质量控制，也自发成立一些社会中介组织。学校或专业自愿参加非政府性质的协会，并通过协会自觉地进行自我质量评估。美国高等教育教学质量评估的主要内容是对教师的教学、科研等方面进行全面评估，通过非政府组织的认证、排名和博士点评价等活动来保障高等教育质量。高等教育认证委员会（HEA）是最受认可的美国教育认证组织，全国任何一个高等院校认证机构都必须得到这个组织的承认才具有权威性。认证的目的一是保证院校或学术项目的质量，二是帮助院校或学术项目改进和提高质量。美国高等教育评估还可以按构成要素来进行划分。"如果按照实施评估的主体划分，美国主要有机构认证、民间排行和院校内部评估；如果以评估所使用的方法划分，主要有声誉、资源和价值增值（Value-added）评估；如果以评估的层次和范围划分，主要有学校、专业、学科、院系和个人评估；如果以高教评估的内容划分，主要有教学、科研和社会服务的质量评估；如果以评估的程序划分，主要有自评和外部同行评估。"[①]

（三）东亚模式：构建质量保障的"三大体系"和"一个平台"

作为东亚代表的日本，在构建高等教育质量保障体系上既借鉴了美国的经验，又具有自己的特色，这就是"三个体系"和"一个平台"。"三个体系"分别为高校自我评估体系、社会机构评估体系与政府评估体系：高校自我评估是大学对自己学校的教育水平、科学研究水平、人员素质和办学条件做出评价；社会机构评估是指第三方评价机构对国立大学的质量评价；政府评估是指政府委托第三方评价机构代表政府对大学进行评估。"一个平台"是指大学基准审议制度。为了建立一个公正评估的平台，1999年经文部省修订的《大学设置基准》对高校实施自我评估作出了三方面的具体规定：第一，强调教育质量研究、教育评估的重要性和迫切性，指出进行自我评估是高校的一项基本义务；第二，高校应该公开自我评估的结果，以此获得社会的监督、理解和支持；第

---

① 周廷勇. 美国高等教育评估的演变及其新发展 [J]. 复旦教育论坛，2009 (93)：23.

三,由政府、媒体、民间团体等高校以外的第三方检验大学自我评估的结果①。

五、优化结构提升高等教育效益

高等教育结构是指高等教育系统的内部各要素的构成状态②。高等教育结构分为宏观结构与微观结构。宏观结构主要包括高等教育层次结构、类型结构、形式结构和布局结构。二战后,随着社会经济结构发生巨大变化,发达国家都充分认识到:要提高高等教育效益,必须优化高等教育结构,也就是要使高等教育结构与社会经济结构相适应。美、英、日、法、俄等国都依据本国国情对高等教育结构进行了优化调整,尽管方式不一,但仍然反映出一些共同的特征。

(一) 层次结构:向上拓展与向下延伸并进

进入20世纪70年代后,发达国家经济形态、产业结构、生产生活方式等方面的变迁使社会分层的特点日益明显。社会分层使社会职业结构层级化,粗略地划分,社会职业阶层包括中高级管理者阶层、中高级技术人员阶层、私营企业主阶层、个体户阶层、军人、低级白领阶层、体力劳动者阶层及其他职业阶层。不同职业阶层对受高等教育的程度要求不一,大体包括高级、中级和低级之分。这就要求,高等教育再不能只注重本科教育,而要以本科教育为中心,既向上拓展,扩大研究生教育的规模,又向下延伸,加快专科教育的发展。发达国家都围绕这一目标进行了层次结构的调整。

美国为适应社会分层的需要,将高等教育层次结构调整为三级:第一级是副学士教育,学生在初级学院、社区学院或四年制大学完成前两年的学习任务即可获得副学士学位;第二级是学士教育,学生按规定完成四年但不超过六年的中学后教育即可获得学士学位;第三级是研究生教育,包括硕士生和博士生教育。

日本在战后改变了以本科为重点的取向,1949年颁布《短期大学设

---

① 梅红. 日本高等教育评估体系及自评历程与背景研究 [J]. 世界教育信息, 2007 (7): 21-22.

② 潘懋元. 新编高等教育学 [M]. 北京:北京师范大学出版社, 1996:128.

置基准》，将专科教育纳入重点发展议程。1974年颁布《研究生院设置标准》，又加速了研究生教育的发展。1975年后，日本高等教育形成了专科、本科和研究生教育并驾齐驱的层次结构。到1985年，日本的专科生、本科生和研究生在校生比例已达到0.84∶1∶0.4[①]。

法国高等教育实行双轨制，包括综合大学教育和高等工程技术教育。1984年《高等教育指导法》颁布以后，高等教育层次结构均调整为三级。综合大学教育的三个层次包括：第一阶段两年，接受基础理论教育，考试合格后获得"大学普通教育文凭"；第二阶段为大学三、四年级，接受专业教育，三年结业获得学士文凭，四年毕业取得硕士文凭；第三阶段为深入学习文凭和专业深造文凭，它们都可以通向博士学位。法国高等工程技术教育的三个层次包括：第一层次是两年制的短期技术大学，结业获得"大学技术文凭"；第二层次是五年制的大学，毕业获得工程师文凭；第三层次是二至三年的"工程师博士"教育。

俄罗斯在苏联解体后，于1992年颁布了《教育法》和《高等专业教育标准》，将高等教育层次结构分为三级：第一级是二年制不完全高等教育，这是高等教育的初级阶段，学业完成后学生可以继续接受第二级高等教育，也可以领取《不完全高等教育毕业证书》就业；第二级是四年制基础高等教育，通过考试，合格者可获得《高等教育毕业证书》，同时被授予相应专业的"学士学位"；第三级是五年制的专家资格教育和六年制的硕士学位教育，但博士教育未被纳入俄罗斯高等教育范畴。

（二）类型结构：研究型、应用型与实用型高校共存

20世纪中后期，信息经济开始在发达国家占主导地位。信息经济的发展依赖于科学技术的进步和应用，既要求科研工作者迅速地研发新成果、新产品，又要求产业界能迅速运用新的科研成果研制开发出新的产品，也要求大量的管理人才和技术人员参与到生产过程之中，甚至对普通工人都提出了知识与智能方面的新要求。这就要求高等教育既培养出大量高科技研究型人才，也培养出大量能运用新成果的应用型人才和大

[①] 彭建国. 中、日、美高等教育层次结构及其调整规范比较[EB/OL]. http://www.stustar.com/SZedu/ShowArticle.asp? ArticleID=5229.

批具有熟练技能的实用型人才。为适应这种变化，发达国家都着力调整高等教育的类型结构以适应本国经济社会发展的需要，形成了研究型高校、应用型高校和实用型高校共存的格局。

美国将高等院校分为六类，分别培养不同类型的人才。第一类是博士点大学，如哈佛大学、斯坦福大学、麻省理工学院、普林斯顿大学等，以培养高素质的科研人才为主要目标；第二类是硕士点大学，如明尼苏达大学，其培养目标是教学与科研并重，既培养研究型人才，也培养应用型人才；第三类是本科院校，其工作重点是进行通识教育以培养具有应用能力的合格公民；第四类是专业学院，其工作核心是培养某一专业领域的实用性专门人才，如桥水州立学院，其目标就是培养高素质的教师；第五类是大专学院或联合学院，相当于我国的高等职业院校，如圣荷西学院，也主要培养实用型人才，在教学上偏重训练学生的职业技能，致力于为社会输送熟练工人。

战后日本为了培养多元化的人才，主要发展了四种类型的高等院校：大学、短期大学、高等专门学校和专修学校。大学设置有大学院即研究生院，主要培养研究型人才，同时也培养应用型人才，为社会输送社会工作者；短期大学侧重于培养应用型人才，主要招收女生，培养人文科学者和家政工作者；高等专门学校和专修学校均致力于培养实用型人才，高等专门学校招收初中毕业生，主要招收男生，以修习工科和理科专业为主；专修学校招收高中毕业生，主要培养学生的职业技能，是一种高等职业技术学校。

战后法国为了培养三种类型的人才，将高等教育类型结构分为两大体系，每一种体系在办学思想、专业设置、教学结构、招生办法、培养目标、教育管理等方面都各具特色。第一类是以方向指导为特色的综合大学体系，重点设置文科、理科、法律、经济、医科、牙科等专业，主要培养研究型和应用型人才，毕业生多从事科研工作和教师职业。这些学校包括巴黎的索邦大学、法国南方的图卢兹大学等。第二类是以择优录取为特色的大学校体系，大量设置工业、农林、畜牧、电子、通信、航空航天等专业，其培养目标是造就研究型和实用型人才，毕业生常常成为高级技术人才和熟练工人。这些学校包括巴黎高师、巴黎矿业学校等。

第二次世界大战使德国高等教育受到严重摧残,为了重振昔日的雄风,联邦德国自20世纪60年代开始进行高等教育结构改革,建立了综合高等学校和高等专科学校两种类型的高等教育体系。综合高等学校分学术型高等学校与非学术型高等学校,学术型高等学校主要培养研究型人才,非学术型综合高等学校培养应用型人才,主要为中学毕业生提供高等教育机会。高等专科学校的培养目标旨在培养某一专业领域的实用型人才,对学生进行职业教育,为学生做好就业前的业务知识和技能方面的准备,其课程与专业设置都非常注重实践性,教学特别强调培养学生解决实际问题的能力。

（三）形式结构：正规教育与非正规教育互补

伴随着战争的结束,社会相对稳定,人口不断增加,社会对高等教育机会的需求不断增强,正规高等教育已不能满足这种需求。为了给更多的人提供上大学和工作后继续学习的机会,发达国家在加速发展正规高等教育的同时,也极为重视各种非正规形式高等教育的发展,以补充正规高等教育的不足,函授大学、广播大学、电视大学和开放大学等多种形式的大学在发达国家迅速发展起来,形成了二元互补的形式结构。

英国在战后继续重视古典老牌大学如牛津大学、剑桥大学的发展,同时也大力发展新大学,但促进英国高等教育规模迅速扩大的重要原因是"部分时间制"大学生的数目增长。据统计,1970—1990年间,部分时间制学生数增长了141%,而全日制学生数只增长51%[1]。在1989—1990年度的高校注册生1086300人中,部分时间制学生就占37%。可以说,没有部分时间制办学模式,就不可能有英国高等教育如此快速的发展。

美国不仅重视全日制高校的发展,还加速了函授教育、广播教育、电视教育、电子大学等非正规形式的高等教育的发展。为了使已取得学位、有一定专业经验的人有继续学习的机会,美国从20世纪60年代就

---

[1] 朱镜人.英国高等教育"大众化"述评[J].高等教育研究,1997(6):97.

开始在医学、师资培训、农业等方面开展职后高等教育,到20世纪70年代,几乎所有的美国大学都设有继续教育部或大学推广部,以开展多种形式的职后高等教育。20世纪90年代中后期,"全美已有1000多所正规大学和学院将电视台开设的高等教育电视课程作为本校的部分教学内容,部分正规学院联合开设大学学历电视课程,为公民提供高等教育。"①

法国在战后除正规高等教育发展较快之外,业余高等教育也相当发达。夜校、函授教育、广播电视教育遍及全国各地。法国函授教育拥有20万学生,对象广泛涉及在职教师、职工、残疾者、军人等。函授教育中心遍布格勒诺布尔、里昂、里尔、鲁昂、图卢兹、旺佛等城市。法国全国有21所大学设有广播电视教育中心,广泛设置文、理、社会科学等教育内容②。

日本在战后的30多年里并不重视非正规高等教育,但美国经济发展的奇迹使日本深深意识到,缺少非正规高等教育,社会经济发展就缺少了必要的动力补充。从20世纪80年代开始,日本非正规高等教育受到重视。1983年,日本成立了广播电视大学,1985年正式招收18650名学生。尽管1990年后日本高等教育适龄人口骤减,非正规高等教育招生人数有所下降,但它作为正规高等教育的一种有益补充形式被保存下来。

(四) 布局结构:中心城市与偏远地区兼顾

高等教育布局结构调整是一个缓慢渐进的过程,短期内很难见成效。从美、俄等发达国家来看,高等教育的布局结构因受自然地理条件限制,以及政治、经济、文化、人口等因素影响呈不合理状态。为了促进地区间的高等教育均衡发展,发达国家政府力求通过统筹兼顾,既在中心城市大力发展高等教育,同时也照顾偏远地区,使高等教育布局结构不断趋向合理。

---

① 潘懋元. 高等教育学 [M]. 福州:福建教育出版社,1995:77.
② 李爽秋. 法国高等教育结构 [J]. 贵州师大学报:社会科学版,1987 (3):21-23.

美国高校在二战结束之初分布并不均衡，主要体现在两方面：优质高等教育资源分布不均，主要集中在纽约等中心城市；高校数量分布不均，偏远地区数量较少。为了调整高等教育布局结构，使高等院校分布呈均衡状态，美国采取了两大措施：一是大力发展州立大学。二战后，美国政府因科技、经济发展与国际竞争的需要，日益重视州立高等院校的发展。1900年，州立院校数仅占美国高校总数的7.1%，1950年则上升到34%，1994年又升至45%；州立院校的学生数则增长得更快，1950年州立院校学生数为美国高校学生总数的50%，1994年上升到79%[1]。美国州大学的布局原则是每个州都至少有一所州立大学，其质量相当高，有许多州立大学如伯克利加州大学、洛杉矶加州大学、密执安大学、明尼苏达大学、马里兰大学、威斯康星大学、俄亥俄大学等完全可以与哈佛大学、耶鲁大学相抗衡。州立大学的发展改变了优质高等教育资源分布不均的状况。二是大力发展社区学院。社区学院是美国高等教育的创举，既为美国高等教育普及化立下了汗马功劳，也为美国高等教育布局合理化做出了杰出贡献。1947年，美国高等教育委员会开始使用社区学院（Community College）逐渐取代初级学院这一名称。20世纪五六十年代，美国在第三次科技革命和60年代婴儿潮的影响下，一些正规院校因容量有限而不得不把一些学生拒绝于校门之外，社区学院由此蓬勃发展起来，并迅速遍布美国的每一个角落，实现了美国高校分布的平均化。截至1994年，美国已有社区学院1236所，占美国高等学校的34.1%；社区学院在校生653万人，占美国高校在校生的40.9%[2]。

俄罗斯在1991年以前，领土上三分之一的高校设在中央区和西北经济区，这种不合理的布局分为最集中地区、中等分布地区和稀少地区。高校最集中区为莫斯科市（91所）和圣彼得堡市（42所）；高校中等集中区为北高加索地区（51~61所）、西西伯利亚地区和伏尔加河地区；高校稀少地区为北部地区（15所）和中央黑土区（24所）[3]。为扭转不

---

[1] 王廷芳. 美国高等教育史 [M]. 福州：福建教育出版社，1995：158.
[2] 牛蒙刚. 美国以发展社区学院促进高等教育多样化的启示 [J]. 世界教育信息，2004（12）：13.
[3] 安方明. 九十年代俄罗斯高等教育改革 [J]. 教育科学研究，1999（6）：90.

合理的高校布局，俄罗斯一方面通过发展非国立化大学，使高校更广泛地分布于各联邦。1994年9月，俄联邦总统叶利钦签署《俄罗斯联邦教育领域非国有化非垄断化法》草案后，非国立高校迅速发展起来，从1991年的45所发展到1994年的157所，到2002年已经占到了全国高校的37%[①]。另一项较富成效的措施就是组建大型综合性大学，从1992年起，俄罗斯开始在阿尔汉格尔斯克、布良斯克、瓦洛涅什、伊万诺夫、纳尔奇克、萨马、萨拉托夫、秋明等中小城市建立综合性大学，使高校更广泛地分布于各地。这种布局结构的调整在较大程度上改变了高校过于集中在大城市的弊端，使高校布局更加合理，也更好地促进了高等教育服务地区经济发展和文化进步。

高等教育结构与高等教育效益紧密联系，调整结构谋效益是各国高等教育改革发展的共同特征。不少国家由于优化了高等教育结构，使高等教育的效益得到明显提高。如美国、英国、日本因拓展了层次结构，优化了类型结构，丰富了形式结构、调整了布局结构，使人才总量充分、类型多样、布局合理，从而提高了四大效益：

一是推动了科技的不断创新。美国不仅拥有丰富的高等教育资源，而且通过结构调整，其资源分布呈现出协调发展的态势，由此推动了美国科技的创新。从80年代开始，美国科技创新异常活跃。从1980年到1998年，49项诺贝尔自然科学奖美国就占了33项。1983年美国制定并实施了"星球大战计划"，刺激了国内高科技的发展；1984年开始实施宏大的永久载人空间站计划；1986年发起人类基因组科学研究项目，旨在揭开有关人体生长、发育、衰老、死亡和遗传病变等秘密，最终帮助人类攻克4000多种遗传病、癌症、艾滋病等难治之症，1996年向火星发射了"火星探路者"，人类对火星的考察从此全面开始[②]。2005年9月英国《经济学家》周刊有文章称，美国大学汇集了世界上70%的诺贝尔奖获得者，全球大约30%的科学和工程类论文、44%经常被引用的论

---

① 张艳辉. 俄罗斯高等教育改革述评 [J]. 教育科学, 2004 (3): 57.
② 韩来平. 从美国的经济发展看高等教育的基础性地位 [J]. 高等教育研究, 1999 (6): 100.

文出自美国大学。① 英国通过高等教育结构调整，不仅发展速度非常快，而且科技创新成就特别突出。"英国拥有世界一流的科学研究的辉煌成就，世界许多发现基于英国的研究发现和英国的科学家。英国拥有世界1％的人口，但拥有4.5％的世界科学发明，拥有8％的世界科学论文。"② 日本在战后从废墟中站起来以后，高等教育结构得到了明显改善，各类人才脱颖而出，科技创新成效显著。1995年以来，日本大学申请的专利数连年大幅度增长，2001年一年便达到713项，技术转移率达到15％③。法国在调整高等教育结构的过程中，科技创新也取得了明显的成效。法国研究中心共有1000多个研究单位，其中800多个在大学里④。

二是促进了经济的快速增长。二战结束时，日本国民经济濒于崩溃。但通过高等教育结构调整，日本的人力资源结构得到了优化，经济结构不断优化升级。因而在20年后，日本创造了经济发展上的奇迹。1967年，日本经济总量跃居资本主义国家第二位，成为仅次于美国的世界经济大国。1994年，日本人均国民生产总值已超过瑞士，达3万1千多美元，居世界第一位。现在的日本既是最西方的东方国家，同时也是最东方的西方国家⑤。美国在第二次世界大战后不断地吐故纳新，调整高等教育结构，创新高等教育创新体系，为国家创新体系培育和输送了大量创新型人才，增加了社会的知识存量，提高了人力资源的整体结构，推动了美国经济的调整发展。从20世纪80年代后期开始，高等教育的发展使美国经济结构发生重大变化，知识经济所占的成分日益增长。1996年美国经济增长中约1/3是信息产业发展带动的。信息产业已占美国国

---

① 苗文利. 美国高等教育资源配置对我国高等教育的启示 [J]. 中国矿业大学学报：社会科学版，2009 (1)：100.

② 许长青. 立法促进大学知识产业化的作用透视——发达国家的实践与经验借鉴 [J]. 公共管理学报，2009 (1)：110.

③ 许长青. 立法促进大学知识产业化的作用透视——发达国家的实践与经验借鉴 [J]. 公共管理学报，2009 (1)：110.

④ 赵安娜. 谈高等教育对社会的五大贡献 [J]. 价格与市场，2003 (8)：40.

⑤ 袁鸿. 日本高等教育的若干特点 [J]. 广东工业大学学报：社会科学版，2001 (1)：70.

内生产总值的10%，知识密集服务业的出口相当于其产品出口额的40%。信息技术的运用，加快了新技术等知识信息的转化和利用，使美国科技进步对经济增长的贡献率接近80%，同时使劳动生产率迅速提高。90年代劳动生产率比80年代高出一倍，1992—1997年间，美国劳动生产率以年均2.5%的速度增长，并且科学技术知识的增长占了美国生产率增长要素的80%[①]。

三是引导了社会的全面进步。教育的外部关系规律表明，高等教育与社会的经济、政治、文化、科技存在着本质的联系，高等教育的发展必然推动社会的全面进步。俄罗斯通过在中小城市组建大型综合大学，较好地扭转了高等学校稀少地区经济、文化的发展受到限制的局面，推动了科研、教育、生产的紧密结合。其综合大学的建立有效地发挥出社会职能，在推动社会的全面进步方面做出了重要贡献。一方面，这些大学除为这些地区培养人才、发展科技外，还成为高新技术的孵化器和辐射源，较好地介入了新产品开发，促进了新兴产业的形成。另一方面，大型综合大学是周围地区文化发展、经济繁荣和新兴工业园区与国际接轨的智力依托。综而观之，俄罗斯高等教育结构调整在增强社会发展的人文性、社会性、科技性，在更加理性地处理人与社会的关系等方面都起到了重要作用。美国高等教育结构调整后无论在纵向的层次还是横向的体系上，都很好地适应并推动了美国经济、政治、科技、文化的发展。在经济方面，美国自20世纪90年代取得惊人的发展后，至今在世界上仍然处于绝对的优势地位。甚至有美国人狂喜地预言：21世纪属于美国将成为不争的事实。在科技方面，美国在二战后成为世界科学活动的中心，1946—2007年，在380位诺贝尔物理学、化学、生理学或医学奖获奖者中，有206位是美国人，占了半数以上[②]；在政治方面，美国由于是一个经济大国，又是军事强国，在世界政治上也扮演着霸主角

---

① 韩来平. 从美国的经济发展看高等教育的基础性地位[J]. 高等教育研究，1999 (6)：100.

② 徐万超，袁勤俭. 诺贝尔物理学奖获奖者的统计分析[J]. 科学研究，2004 (1)；葛君，岳晨. 诺贝尔化学奖获奖者的统计分析[J]. 图书馆理论与实践，2004 (2).

色；在文化方面，美国公民是全球受教育程度最高的国家。概而观之，美国高等教育在推动社会进步方面的贡献是无与伦比的。美国在当今世界的地位也证明：高等教育发达，则一个国家和民族强盛；高等教育衰落，则一个国家和民族的前途堪忧。

四是提高了国民的综合素质。科技发达时代，高新技术一统天下，国民综合素质的提高既反映在新产品、新技术、新工艺的开发设计上，也反映在新产品的制造与生产上。通过优化高等教育结构既培养了高素质的创新型人才，又培养了大量的一线熟练工人，是发达国家提高国民综合素质的基本途径。美国通过调整高等教育结构，既培养了高素质的科研人才，又塑造了合格的美国公民，同时培育出大批专门领域的专业人才及熟练工人，从整体上提高了国民的综合素质，成为当今世界高等教育与经济社会相互促进、协调发展的典范。从20世纪60年代后期开始，直接服务于地方经济发展的二年制技术专科学校和社区学院，如雨后春笋般地发展起来，几乎每周就有一所新的社区学院建立，这使美国成为世界上第一个进入高等教育大众化和普及化的国家。社区学院的快速发展使美国走向了学习型社会，国民综合素质由此得到极大提高。1999年，美国人口已有43%接受过高等教育，25岁以上人口中已有23.6%的人进入四年或四年以上的大学学习[①]。2007年，美国3.03亿人口，1800万在校生，毛入学率80%以上，毕业生420万人。美国的高等教育普及率是全球第一，美国有高等教育背景的人口比例也是全球第一[②]。从整体上讲，美国国民的综合素质也应该是全球第一。日本通过调整高等教育结构，使高等院校呈典型的"金字塔"型，位于塔顶的东京大学、京都大学等保证普及化进程中的"精英教育"，而"民间力量"和私立院校则承担起高等教育普及化的任务。在这种教育结构中，日本既培养了大量具有国际竞争力和国际一流水平的顶尖人才，又培养了大量企业、工厂的熟练工人，国民综合素质的提高是战后日本经济复

---

① 高书国. 美国高等教育普及化模式 [J]. 世界教育信息，2006 (9)：35.
② 苗文利. 美国高等教育资源配置对我国高等教育的启示 [J]. 中国矿业大学学报：社会科学版，2009 (1)：100.

苏的一个重要原因。

第二节 当前国际高等教育发展的趋势

高等教育与社会发展休戚相关：一方面，社会发展对高等教育发展提出目标要求与条件保障；另一方面，高等教育也为社会发展提供精神动力与人力支撑。随着人类社会的进步与发展，国际高等教育也呈现出一些新的改革发展趋势。

一、国际高等教育改革发展的背景

当今，世界的政治、经济、科技、文化与教育都在发生着深刻的变革。这些变革都会对高等教育产生重大影响。

（一）科学技术迅猛发展

20世纪80年代以来以信息技术、生物技术为代表的高新技术及其相关产业发展迅速，在当今发达国家，高新技术对经济增长的贡献已占60％以上。与此同时，人类的科技知识也迅速增加，19世纪是每50年增加1倍，20世纪中叶是每10年增加1倍，当前则是每3年至5年增加1倍。科技知识的激增导致新学科不断涌现，原有科技知识的更新速度加快，科学技术应用于生产的周期也大为缩短。面对世界范围内科学技术迅猛发展的浪潮，各国都在努力探寻高等教育与科技、经济融合的途径，以完善其科技创新系统和抢占科学技术发展的制高点，从而在综合国力的竞争中立于不败之地。

（二）知识经济初见端倪

知识经济是以知识和信息的生产、分配、传播和使用为基础，以创造性的人力资源为依托，以高科技产业和知识产业为支柱的一种新的经济形态。在知识经济时代，知识信息已成为财富之源。十几年前，排名前十位的世界富豪几乎全是石油大王，而今天世界富豪的产生绝大多数与信息等高科技产业相关。例如，一个微软公司就造就了拥有510亿美元的世界首富比尔·盖茨，同时造就了两千多个百万富翁。知识经济的出现使人类进入智力时代，使科学技术成为第一生产力，使知识成为占主导地位的资源。以大学为依托发展起来的科技园（区），如美国的"硅谷"、英国剑桥大学科技园区、日本的筑波科学城等，日益成为社会构成的新型元素，并不断创造出高出传统工业几十倍的劳动生产率。知识经济的出现对工业经济时代形成的价值观念、生活方式、分配原则、教育制度、政府政策等提出了挑战，作为知识生产（科研）、知识传播（教学）和知识利用（科技产业）综合体的高等教育必然受到世界各国的高度重视。

（三）政治格局发生重大变化

随着冷战的结束，过去两大阵营对峙的政治格局已不复存在，多极化的政治格局正在形成：苏联解体，美国的实力相对衰落；西欧、日本在经济上与美国的差距逐步缩小，在政治上对美国的离心倾向也在不断加强；中国等第三世界国家的经济迅速发展，并在政治上呈现联合趋势。当今国际政治格局中存在着的美国、日本、西欧、中国、俄罗斯五大力量中心相互竞争、相互制约的关系，有利于世界的安全与稳定，使军事霸权主义受到制约。虽然和平与发展是当今时代的主题，但霸权主义、民族分裂主义、宗教极端主义与国际恐怖主义的威胁仍然存在，政治多极化趋势与美国单极霸权企图之间的斗争远未结束。政治多极化趋势为高等教育国际化趋势增强了动力，德国联邦教育和科学部资深官员伯宁（E. Boning）曾说道："（国际间）高等教育机构的关系常常与政治关系捆绑在一起，并受其左右。"20世纪80年代末90年代初苏联、东欧政治格局的变化，大大促进了德国与东欧国家政治、经济、文化上的联系，西欧国家一体化发展不断加速，特别是统一大市场的进程不断加速，使欧共体国家之间的联系更加密切，也促进了欧洲地区高校之间的联系。

（四）全球化趋势继续增强

国际货币基金组织（IMF）在1997年5月发表的一份报告中指出，"经济全球化是指跨国商品与服务贸易及资本流动规模和形式的增加，以及技术的广泛迅速传播使世界各国经济的相互依赖性增强"。而经济合作与发展组织（OECD）认为，"经济全球化可以被看作一种过程，在这个过程中，经济、市场、技术与通讯形式都越来越具有全球特征，民族性和地方性在减少"。经济全球化的内涵可以从三方面进行理解：一是世界各国经济联系的加强和相互依赖程度日益提高；二是各国国内经济规则不断趋于一致；三是国际经济协调机制强化，即各种多边或区域组织对世界经济的协调和约束作用越来越强。从总体上来讲，经济全球化是指以市场经济为基础，以先进科技和生产力为手段，以发达国家为主导，以最大利润和经济效益为目标，通过分工、贸易、投资、跨国公司和生产要素流动等，实现各国市场分工与协作，相互融合的过程。经济全球化的载体是贸易自由化、生产国际化、金融全球化和科技全球化。全球化是一柄"双刃剑"，它既给高等教育发展带来机遇，如有利于引进国外优质教育资源，有利于推动教育管理体制改革，有利于培养具有国际视野的复合型人才，有利于构建终身教育体系，但也会给发展中国家的教育市场造成极大的风险与冲击。经济全球化导致高等教育全球化。从20世纪末期开始，西欧、北美、拉美、亚太等地区跨国经济组织相继建立并运行，其中尤以西欧共同体完成向欧盟的过渡。世界贸易组织、欧盟统一劳务市场等的建立，使管理和科技人员在各国之间可以自由流动，但这也要求各国高等学校加速调整教学内容，增强彼此了解，相互承认学分、学历和学位，使高等教育国际化成为全球经济一体化的重要组成部分，并成为实施区域内人才自由流动政策的必要条件。

（五）信息通道日益发达

经济全球化已是不可逆转的趋势，而信息全球化的前提是全球信息技术的一体化。信息技术的一体化表现在以下几个方面：第一，世界各国信息交流不断增强，意识形态上的差异将进一步缩小；国界、种族、语言等障碍将被打破，技术壁垒将被消除，信息鸿沟将被跨越。第二，当今世界，科学技术特别是网络技术和信息技术日新月异，信息技术新成果将会更好地为全人类服务。第三，信息技术成果作为全人类的共同财富，由全人类共享，应对那些信息闭塞、经济落后、生活贫穷，迫切需要利用信息改变现状的国家与地区进行"信息扶贫"，促进共同繁荣，构建和谐世界。第四，国家之间、企业之间，既有竞争又有合作，但合作是主流。信息技术的一体化使国际间知识与技术的传播瞬间即成。因此，近年来，由发达国家提供的跨校、跨地区乃至跨国度的学位课程越来越多，跨地区乃至跨国度的网络（虚拟）大学正引起越来越多的国家政府和国际机构的兴趣。不难想象，随着信息社会的逐步实现，终身教育与学习社会的形成，教育信息化将成为新世纪向知识经济与信息社会过渡的一个重要特征。这不仅将有效地推动高等教育的国际化进程，而且将为高等教育国际化提供有力的手段。

（六）多元文化思潮正在形成

文化多元化是指不同特征的文化（如科学、艺术、道德、哲学与宗教等）、不同类型的文化（如儒家文化、基督教文化与伊斯兰文化等）、不同地域的文化（如希腊文化、华夏文化与印度文化等）、不同时代的文化（如古代文化、近代文化与现代文化等），能在同一个地方或不同地方和谐共处，共同发展。文化多元化的前提是尊重本民族文化；文化多元化的实质是在以本民族文化为主体的前提下实现不同民族文化之间的相互尊重、平等对话。文化多元化为化解文化冲突、缩小文化差异提供了交流机制，文化的发展与创新内在于这一机制之中。随着多元文化思潮的兴起，传统的"西方文化中心主义"受到越来越多的抵制。人们越来越清楚地认识到，各种文化都有其特定的价值，只有相互尊重、相互理解、相互吸收，取长补短，才能共生共荣，最终促进人类文化的发展。高校既是文化传承与创新的主要场所，也是文化评价与选择的关键环节，还是文化交流与融合的重要通道。在国际文化交流中，高校有责任促进不同文化之间的相互了解、相互尊重和相互吸收，增进国际文化合作。

（七）高等教育改革已达成若干共识

这些共识反映在近年来联合国教科文组织召开的会议和所发布的文件上，主要有以下几个方面：一是高等教育的规模应不断扩大。伴随着科学技术的发展，民主政治的推进与人权意识的觉醒，人们对接受高等教育的要求不断增强，认识到高等教育不仅是一种消费，而且还蕴藏了巨大的发展价值。联合国教科文组织提交的《教育—财富蕴藏其中》的报告书认为：如果说高等教育大众化是农业社会向工业社会过渡的必由之路，那么，高等教育普及化则是知识经济和信息社会的必然要求。二是高等教育的职能将不断增多。《教育—财富蕴藏其中》一书指出，高校不仅聚集了与知识发展和文化传播相结合的所有的传统职能，而且因时代发展又赋予它四种新的社会职能，即培养学生从事研究和教学工作；提供适合经济生活和社会生活需要的高度专业化的培训；向全民开放，以满足最广义的终身教育各个方面的需要。总之，现代高校凭借人才资源与科研优势，不再仅仅是传道授业与学术探究的场所，而应广泛参与社会经济生活，在推动科技发展、刺激经济增长、引导文化变迁、促进社会公平、扩大国际交往、提升人类文明等方面充分发挥应有的作用。三是高等教育的地位在不断提升。早在1998年10月，联合国教科文组织便发起并举行了首次世界高等教育大会，大会发表了《21世纪的高等教育：展望和行动世界宣言》。该宣言分析，由于社会逐渐变成知识型社会，高等教育不仅可以通过培养人的可持续发展，如使公民获得能满足人类各方面活动的知识技能、思想认识、价值观念，帮助公民理解和适应多元的文化与多样化的环境，为公民提供接受终身教育以获得不断发展和合理流动的机会等来促进社会可持续发展；还可以帮助社会对伦理、文化和社会问题进行思考并采取行动，为社会提供预测、报警和预防信息等，发挥批判与前瞻功能，起着"社会良知"与"思想库"的作用，日益成为社会的中心或"主要组织部分"。四是高等教育的改革应不断深化。首次世界高等教育大会还分析了世界高等教育面临的种种危机，提出高等教育应树立"坚持不懈地致力变革"的理念。大会认为高等教育"必须进行从未要求它实行过的最彻底的变革和革新，以使我们目前这个正在经历一场深刻的价值危机的社会可以超越纯粹的经济考虑，而注重深层次的道德和精神问题"。高等教育改革应当"以针对性、质量和国际化为指导"，也就是高等教育改革要针对社会发展的要求，承担起应有的社会责任。在大众化背景下，高等教育发展既应树立多层次的教育质量观，又要注重提高大学生的综合素质，特别要重视批判性思维和创新能力的培养。因此，高等教育应对办学理念、办学体制、课程设置与教学内容进行深层次的改革，并注重借鉴国际的经验，以提高改革效率。

二、国际高等教育改革发展的趋势

在经济全球化、政治多极化、文化多元化和信息一体化的环境中，尽管世界各地区、各国家的情况各不相同，但国际高等教育仍呈现出一些基本的发展趋势。

（一）国际化与本土化

在经济全球化的过程中，越来越多的国家认识到，在全球化时代，一个国家要想在世界占有一席之地，其高等教育就必须参与全球性的人才市场和智力资本市场的竞争。高等教育发展已很难单凭利用一国内部资源优势保持竞争的优势，在很多方面要求突破国家疆域的限制。克拉克·科尔（Clark Kerr）曾呼吁：我们需要一种超越"赠地学院"观念的新的高等教育观念，即高等教育要国际化。国际高等教育的交流与合作呈现出不断加强的趋势，高等教育国际化的最终目的并不在于建立世界范围统一的模式，而是在尊重国家边界、尊重文化差异、讲求质量塑造、结构互补的基础上，寻求高等教育的共存共荣。当前，高等教育国际化主要反映在：

（1）学生来源国际化。近年来大学生跨国流动趋势日趋明显。赴英的国际学生数量已从1978年的9.64万人增加到2001年的22.5万人，而生源地也由过去的欧洲国家扩展到许多亚洲国家。加拿大近10年留学生人数陡增25.3%。2005年申请澳大利亚留学签证的中国学生达17376人次，比2004年增加10%。美国研究机构在2004—2005年接受留学生131946人，占学生总数的23.4%；2005—2006年接收留学生142923人，占学生总数的25.3%。2005—2006学年，法国的留学生人数达到了26.5万人，占大学生总人数的11.6%。德国的外国留学生10年间增长了71%，也是西方国家中仅次于美、法的大学生"进口"大国。学生来源国际化有几方面的益处：一是有利于学生交往的国际化和多元化，从而形成多元文化交流；二是可以在全球范围内广纳英才，提高学校的国际影响力；三是能增加学校的经济收入，促进高等教育事业的发展。

（2）大学合作国际化。在近20年的发展中，高等教育国际化开始向"院校主导型"转变。欧美各国大学纷纷出台了各具特色的国际合作战略，美国加州的圣荷西学院便是其中的一个经典案例。该校位于美国加州的硅谷地区，为了有效地推广其国际化战略，首先在组织结构上进行了相应的建设，建立了国际拓展与研究部，专门致力于学校国际化战略的执行，力图在挖掘海外教育资源、实施"外向型战略"系列行动上有所作为。面对不断变化的社会需求和大学本身发展的需要，西方大学还出现了一种新的国际合作组织——大学国际联盟。它的诞生可谓是"院校主导型"国际化的具体行动。大学国际联盟是指由一所或几所大学共同发起，以增进合作、促进交流为宗旨，以服务联盟成员、服务地区或全球为使命，为解决人类共同面临的或全球范围的重大课题而进行合作的大学联合体。大学国际联盟具有以下三个特征：具有正式的组织性特征，管理主体通常是成员学校校长组成的委员会；具有民间性的特征，在体制上独立于政府，不需要对政府负责；具有非营利性特征。

（3）教育政策国际化。通过制定和实施高等教育国际化政策是世界各国高等教育国际化的共同趋势之一。早在1961年，美国国会就通过了《教育和文化交流法案》（《富布赖特—海斯法案》），试图"通过教育和文化交流增进世界人民间的相互了解，从而改善和加强美国的国际关系"。《教育和文化交流法案》规定，资助在国外求学的美国人和在美国学习的外国人进行文化和"特殊方面"的访问交流，通过美国教师去国外访问学习支持美国的外语培训和地区研究。1992年9月，澳大利亚政府在阐述留学生教育新政策时，提出将重点放在教育国际化上，把高等教育国际化作为澳大利亚国际关系的重要组成部分，力图通过高等教育国际化拓展国际间文化、经济和人民之间的交往，促进相互了解，充实本国的教育培训体系及社会体制。

（4）课程设置国际化。欧洲各国为了提高高等教育的兼容性，促进大学课程和学位的相互承认，1999年6月，欧洲29个国家的教育部长签署了《博洛尼亚宣言》（Bologna Declaration），以便达到以下目标：第一，采用容易解读和可比较的学位体系，并实施"补充文凭"，以便提高欧洲公民的雇佣程度和欧洲高等教育体系的国际竞争力。第二，采用以两个主要阶段——本科生和研究生为基础的教育体系。进入第二阶段需要顺利完成第一阶段的学习，第一阶段的学习至少需要3年。将第一阶段的学业完成后所授予的学位作为一个适当的资格水准与欧洲劳务市场相关联。第三,建立学分制,例如 ECTS 制度,作为激励大多数学生流动的手段。如果他们得到有关大学的承认,学分也可以在非高等教育体系包括终身教育中获得。第四,清除有效自由流动的障碍,提高流动性。第五,发展可比较的标准与方法,促进欧洲各国开展质量保证方面的合作。第六,提高高等教育在欧洲区域的统合,特别是课程的发展、学校间的合作、流动计划和学习项目整合、培训以及研究。

(5) 教师交流国际化。在美国哈佛大学、斯坦福大学、加州伯克利分校和麻省理工学院等世界著名大学,每年都要接受数千名外籍教师和学者访问,目的在于寻找世界一流学术水平的教师。近年来威斯康星大学每年聘用的外籍教师也高达 600 多名。德国大学为了提高师资队伍的国际化水平,积极参与 ERASMUS 计划、LINGUA 计划和 TEMPUS 计划,还通过洪堡基金会专门资助高级学者进行国际学术交流,仅 1992 年就资助了 1600 多名外国学者和 2300 名本国学者。澳大利亚为了使课程和教学更具国际竞争力,成立了全国大学校长理事会,专门负责安排教师海外实习或教学旅游,使教学内容和教学质量进一步提高;还专门针对主导课程开办了一个季度性项目,吸引国内外学术人员参加,澳大利亚大学中每年大约有 10% 的新学术职位被海外人士获得。

世界各国在重视高等教育国际化的同时,也注重高等教育的本土化。以美国为例,其本土化首先反映在强化自主办学、自主创新、服务本土三大理念上。在这些理念的指引下,美国采取了一系列举措促进高等教育本土化:一是提出"威斯康星思想",开辟了高等教育为本地社会服务的职能;二是创造社区学院,形成了植根于美国本土、服务于社区发展的美国特有的高等教育形式;三是改革通识教育,通识教育"是将西欧的自由教育与美国的本土实践相结合而产生的一种高等教育思想和实践。它是美国高等教育的创新之举"。非洲的许多不发达国家在注重高等教育国际化过程中,更认识到在全球化境遇中有可能被边缘化的危险,唯一出路就是加强高等教育非洲化,充分发挥非洲内部的潜力,以促进非洲的发展。基于这一认识,非洲许多国家已把高等教育非洲化置于非洲发展的整体框架内,苏丹朱巴(Juba)大学最早创建了"发展大学",新近诞生的加纳发展大学(Ghana's University for Development)等,都是非洲高等教育本土化的成果。

(二) 大众化与普及化

美国社会学家马丁·特罗(Martin Trow)曾按高等教育毛入学率,以15%和50%为指标,把高等教育划分为精英、大众和普及三个阶段。他认为,在精英教育阶段,接受高等教育的学生占该社会适龄人口的15%以下;在大众教育阶段,这一比例为15%~50%;在普及教育阶段,入学率在50%以上。20世纪90年代以来,高等教育大众化已成为世界高等教育发展的大趋势。

伴随着人类社会的进步与中等教育的普及,全民终身教育将成为教育的基本目标。开放式的学习方法、信息和传播新技术等的应用都将为扩大高等教育提供机会,高等教育普及化趋势已见端倪。据联合国教科文组织《全球教育摘要2006》统计,至2004年,除有36个国家实现高等教育普及化外,还有25个国家高等教育毛入学率处于30%~49%之间。美国高等教育毛入学率已超过80%,日本和韩国均超过50%。中等发达国家高等教育毛入学率平均水平已达40%。随着金融风暴的缓解,欧洲绝大部分国家高等教育毛入学率达到了50%以上。拉美国家中墨西哥、巴西、智利等国家也率先步入高等教育普及化。在亚洲国家中,继日本之后,韩国很快实现普及化,新加坡、马来西亚、菲律宾等国家也紧随其后。

(三) 多元化与一体化

联合国教科文组织关于高等教育的变革与发展的政策性文件指出:"各国政府和高等院校本身已经或者正在对高等院校的结构、形式以及教学、训练和学习方法进行深刻的改革,这样做的直接结果之一是,几乎世界各地的高等教育都趋向多样化。"在多元化理念的主导下,美国的高等教育机构是一个由研究型大学、博士学位授予大学、硕士学位授予大学、学士学位授予大学和副学士学位授予大学和不授予学位的社区学院、初级学院等构成的多元复合体。多元化的高等教育体系使美国高等院校可以在十分宽广的领域内为社会提供更为广泛的教育服务。日本的高等教育办学主体也在实现由单一向多元的转化。2005年，日本私立大学在数量上所占的比例已超过76.2%，在校生规模已达大学生总数的73.2%；私立短期大学在数量上所占比例达89.2%，在校生规模已达大学生总数的91.7%。私立高等教育为日本高等教育的大众化和普及化作出了重要贡献。

国际高等教育在走向多元化的同时，也在走向一体化。高等教育一体化既是对全球信息一体化的回应，也是对经济全球化的应对，有利于在尊重各国文化教育多样性的基础上，促进各国的高等教育体制、管理结构和课程设置等方面的协调，扩大彼此的共同性、相容性、相互认可性，实现教师和学生的自由流动，推动各国高等教育和经济社会的全面发展。欧洲高等教育一体化是一个典型的例子。欧洲高等教育一体化的实践是与欧洲经济、政治、文化一体化相伴而行的，欧洲一体化进程是欧洲高等教育一体化的直接诱因。1957年欧共体（欧盟前身）签署的《罗马条约》被公认为是推动欧洲一体化的原始纲领，该条约提出了互相承认文凭、证书和其他学历凭证等的建议。从20世纪70年代初到80年代中期，欧洲理事会先后发表了两份《欧洲理事会决议》，对欧共体高等教育领域的合作框架做了进一步的指引。20世纪90年代，欧洲高等教育一体化实现了较快发展。1999年6月，29个欧洲国家的高等教育部长签署了《博洛尼亚宣言》，明确提出实施博洛尼亚进程和到2010年建立欧洲高等教育区的目标：在欧洲范围内构建易理解、可比较的学士/硕士/博士学位体系；引入以欧洲学分转换系统（ECTS）为基础的学分体系；促进师生的流动性；健全质量保证体系；制订可比较的、可兼容的高等学校毕业资格框架；增强欧洲高等教育区的吸引力；制订终身学习计划等。自1999年博洛尼亚进程实施以来，博洛尼亚进程部长级工作会议一共举办了5次。2009年4月在比利时举行了博洛尼亚进程的第6次会议——鲁汶会议，对博洛尼亚进程已经取得的成果进行评估，并确立了欧洲高等教育区未来十年的优先发展计划。

（四）社会化与个性化

高等教育社会化一方面是指高等学校参与社会，了解社会，适应社会，为社会服务，另一方面是指社会参与、了解、理解高等学校，为高等学校的办学提供支持。高等教育社会化的核心是建立高校与社会密切合作的运行机制，使高等教育与社会融合成为相互依存、相互制约、密不可分的有机整体，实现高等教育的社会化和社会化的高等教育。高等教育社会化是一个高等学校与社会互动的过程，学校要参与社会，给社会的发展带来新的观念与技术；社会也要渗透到学校中去，将社会最先进的技术与观念带进高校，使它们互相促进。在高等教育从社会边缘走向社会中心的过程中，世界各国高等教育社会化的程度在不断加强，高等教育在不同领域发挥社会服务功能，包括决策咨询的智囊作用、经济和社会发展的技术服务和智力支持作用，乃至直接为社区建设和不同人群提供各种服务。高等教育在推动社会全面进步的过程中，也在不断实现自身的变革和创新；社会在参与高等教育的过程中，也在实现不断的发展与进步。从美国来看，高等教育社会化主要反映在六个方面：一是管理体制社会化。美国高校一般都设有董事会或校务管理委员会，其成员为当地的知名人士和社会各界代表，他们直接参与学校的管理和领导。二是办学方向社会化。美国高校根据市场需求确定办学目标和发展定位，遍布美国各地的二年制社区学院接纳了49％的高校学生，既设置了面向本科大学的升学课程，又提供了职业技术文凭课程和地区性的教育培训活动，灵活、实际、高效地利用了各种有限资源。三是质量认可社会化。美国高校质量的认可在很大程度上由独立的、非官方的联合机构完成，如《美国新闻与世界报道》、《普林斯顿评论》、《华尔街杂志》、《消费者文摘》等。随着网络的普及与便利，各种不同的社会机构、团体和个人都主动加入到评估中来，如博士教育评估组织（PhDs. org）在艾尔阿尔达·斯隆基金会（The Alfred P. Foundation）和宝威基金会（The Burroughs Wellcome Fund）的资助下，试图通过评估引导大学的变化和学生的选择，*Mother Johns'* 杂志力图通过第一手的调查实现高等教育评估的社会公正。四是经费来源社会化。美国的公立高校经费主要来自三方面，政府拨款占51％（联邦政府11％，州政府36％，地方政府4％），学费收入占18％，学校自筹（服务收入及民间捐赠）占31％。由于美国的税收政策鼓励个人和企业向学校捐款（可抵税），故在学校自筹资金中捐赠经费所占比重呈逐年增加趋势。如麻省理工学院，企业界5个大公司每年对学校的资助就达8000万美元。五是教师来源社会化。美国兼职教师占了相当大的比例，据了解，美国目前有高校教师近100万人，其中40%是兼职教师，来自企业、医院、政府机关、银行等部门，他们为高校带来了生产、管理、科研第一线的宝贵经验、最新的科技动态和政府的宏观决策，从而使教学内容不断贴近社会发展的需要。六是校园活动社会化。美国大学都投入大量的资金加强学校的硬件建设，以吸收更多的州内州外甚至国外的学生来本校学习。大部分大学都有一流的开放性的室内游泳馆、室内球场、室内田径场等体育设施。

随着高等教育的大众化与普及化，高等教育的竞争性也不断增强，高等院校为了在竞争中获得生存和发展，就必须实现"个性化"。世界最优秀的大学，无论是历史悠久的牛津大学、剑桥大学等老牌大学，还是后来居上的哈佛大学、耶鲁大学等新秀，都有着鲜明的个性。高等教育的个性化包括提出个性化的办学理念、创立个性化的办学模式、设置个性化的课程体系、建立个性化的教学组织等。个性化既是高等教育大众化发展到一定阶段的产物，也是各个大学在竞争的环境中获得生存和发展的必然选择。美国高校为了在激烈的竞争中求生存，谋发展，非常注重个性建设。一是学校定位追求个性化。比如，斯坦福大学看重与工业的结合和应用，加州大学伯克利分校关注科学研究和研究生培养，圣荷西学院注重教学质量的改进，加州大学圣他克鲁兹分校倾向教学与研究并重，圣他克鲁兹卡布里若学院主张为社区服务和提供职业培训等。二是人才培养追求个性化。美国为了实现人才培养的个性化，课程设置极富个性，高校中普遍存在着"个人专业"，即在学校公布的专业之外，由学生个人提出申请并进行课程设计的一种专业。其目的是为了在激烈的市场竞争中充分吸引学生，满足学生的特别学术兴趣，促进学生的个性发展，培养出创新人才和适应市场需要的人才。学校不但为此提供了大量的专业供学生选择，还允许有特别需要的学生提出适切个人特点的学习计划和课程组合，发展个性化的专业和学习方向。

战后日本高等教育改革的一个明显趋势就是个性化。1998年大学审议会《21世纪的日本大学与今后的改革》报告的副标题就是"个性在竞争中闪光"，由此可见个性化在大学发展中的重要性。日本高等教育个性化首先是办学理念的个性化。比如,东京大学等国立重点大学是追求卓越,致力于研究生教育,而一般公立大学与私立大学则立志于适应各地方经济、社会与文化发展的特殊需求。其次高校招生个性化。日本时下正在推行的 AO(Admissions Office)入学考试一改统考的传统,由各个大学设立专门机构来组织考试的实施,其形式打破了以分论才的竞争规则,而代之以面试、论文汇报、个人能力展示等形式,使各个大学可以真正选拔到个性丰富、具有特殊才能的学生。据《朝日新闻》报道,东京大学为了招收适切自身个性的学生,从2009年10月起,开始面向留学生开设亚洲发展分析调查的新研究生专业,采取"美式"招生模式,即取消一般的入学考试,只有英语托福(TOFEL)和美国研究生入学考试(GRE),再加上研究计划书等推荐材料。其三是课程设置个性化。日本于20世纪90年代修改的《大学设置基准》放宽了对各大学在科目划分、学分、修习条件等方面的限制,各大学可以在124个学分的范围内,设置适切大学发展个性的课程编制方式,学生的选修课程因此达到50%之高。学生不仅可以根据自己的兴趣和就业设计选择专业,而且可以自由地选择课程,能够充满激情地学习与实践,个性得到充分发挥。

(五)民主化与法制化

高等教育民主化主要包括三方面的涵义:一是指高等教育入学机会的均等;二是指接受高等教育过程中的公平;三是指高等教育管理过程中的民主。高等教育民主化是社会民主化的重要内容,也是现代教育的主要特征。促进高等教育民主化既是现代社会发展的要求,也是高等教育发展的内在逻辑,有利于形成公平的竞争机制,促进社会合理流动;有利于营造良好的学术氛围,促进学术自由和学术包容;有利于构建和谐的人文环境,促进政治民主和社会民主。人类进入21世纪后,高等教育民主化成为世界各国共同关注的目标。

俄罗斯为了实现高等教育民主化,1992年8月颁布的《社会经济改革条件下俄罗斯教育体系的改革和发展计划》,提出了教育管理体制的"解中心主义"。解中心主义是指资本、权力、资讯的分散过程,即解国家化,也可以解释为权力的分散,主要是让社会来分担权力。高等教育事业的解国家化的一部分含义就是教育的社会化。在国家对高等教育的宏观管理上，解中心主义表现在联邦、地区、市和高校都被赋予一定的权力，而不是集中在联邦的一个层次上。在微观的高校内部管理体制上，解中心主义则是高校各管理层次都被赋予不同的权力，而不只是以某一个管理层次为中心，最明显的就是对过去过于集中的权力进行分散，如以前的领导体制将权力集中于校长一人身上，其他各级管理层次以及教师、学生权力很少，而解中心主义的渗透，就是将高校的管理体制民主化，赋予更多的人和管理层次以权力。

美国在二战后将高等教育民主化提上议事日程。1946年，美国总统杜鲁门下令建立总统高等教育委员会，根据高等教育的社会职能对其目标、方法、设施进行考察，以确定学院和大学在美国民主社会和国际事务中的责任。委员会在1947年底发表了题为《为美国民主社会服务的高等教育》的报告，其中指出："教育在社会中的作用是确保不同个人和群体的平等自由和平等机会"，"普及教育不仅是民主的义务而且是民主的需要。教育是民主自由的基础。没有受过教育、时刻准备扩大和维护自由的公民，自由是不会长久的"。报告第一次提出了以机会平等为原则的高等教育民主化思想，自此以后，美国许多总统都将其作为重要内容加以发展。1960年，艾森豪威尔总统发表了著名的《美国人民的目标》的报告，提出了提高高等教育质量，增加接受高等教育人口数量的目标。1965年，约翰逊总统在致国会的教育咨文中进一步提出"充分的教育机会是国家的目标"。1980年，里根总统上台，将高等教育民主与质量结合起来，开辟了美国高等教育民主化的新时代。

高等教育法制化与高等教育民主化相伴而生。政府通过加强立法来管理高等教育，实现依法治教、依法治校是当今世界高等教育发展又一重要趋势。从实践的角度讲，高等教育法制化主要在于政府治理法制化，即国家出台与高等教育相关的法律法规，一方面界定与规范各级政府、教育主管部门、高校在教育管理方面的职权与责任，确保高等学校的教育质量，另一方面通过简政放权，不断扩大高校的办学自主权，以充分调动其自主发展的积极性。美国自1965年颁布《高等教育法》以来，历经多次重大修改，其总的趋势是从确立联邦政府的教育责任，到完善联邦政府的教育投资。法国政府于 1968 年颁布了《高等教育方向法》，规定了大学的性质、任务和办学原则。20 世纪 80 年代为进一步促进经济增长和科技进步，法国又制定通过了新的《高等教育法》，进一步规范职业培训和继续教育。日本拥有《教育基本法》、《学校教育法》、《研究生院设置法》、《大学设置基准》、《短期大学设置基准》、《高等专科学校设置基准》、《专修学校设置基准》等一系列相当完备的高等教育法规，对大学的教育目的、管理方式以及教员组织、课程设置、校舍建设等作出了十分明确的法律规定。英国大学虽然具有自治的传统，政府较少颁布与高等教育有关的教育法令，但 20 世纪 60 年代以来，也走向了"国家监控模式"，连续发布了 20 多个高等教育法令，如 1963 发布的《罗宾斯报告》强调了"机会均等"；1966 年颁布的《关于多科技术学院与其他学院的计划》把英国高等教育体系分为"二元制"；1985 年发布的《20 世纪 90 年代高等教育发展》白皮书，强调高等教育应该为改善国民经济做出自己的贡献；1991 年发布的《高等教育：一个新框架》白皮书，强调结束大学与多科技术学院和其他学院之间日益严重的人为区分；1997 年颁布了《学习社会中的高等教育》（简称《迪尔英报告》），提出了英国高等教育改革的四大建议，即扩充经费来源、扩大教育规模、完善管理机制与提高高等教育质量。

第三节 国际高等教育发展的启示

国际环境的变化与国内形势的发展，既为我国高等教育改革发展提供了千载难逢的机遇，同时也使我国高等教育面临着制度、规模、结构、质量和效益的全面挑战，为顺应国际竞争和促进自身发展的需要，我国高等教育改革必须结合中国的国情，以科学发展观为指导，以体制改革为突破口，以发达国家的经验为参照，采取相应的改革对策。

一、努力转变高等教育理念

时至今日，我国已成为一个高等教育大国，当然还不是高等教育强国。实现从高等教育大国向高等教育强国的转变，首先是教育理念的转变。改革开放三十多年来，我国高等教育理念发生了深刻变化，但任务依然艰巨。中国高等教育改革必须以进一步更新教育理念为先导。没有深刻的理念变革,便没有真正的教育教学改革。高等教育理念转变是一个持续更新的过程,既需要合理借鉴国外先进的新理念,也需要以科学发展观为指导。

(一)以人为本,确立全人教育理念

提高民族素质,促进人的全面发展是我国全面实现小康社会的根本目标之一。教育作为促进人的全面发展的主要途径,需要以人为本,培养全面发展、具有独立意识和独立人格的人。这一目标与全人教育的理念在本质上是一致的:全人教育作为一种实现人的全面发展的手段,"其基本任务是传授知识,培养智能,陶冶身心,促进学生德智体全面发展,即使以研究高深学问为自豪的高等教育也不例外,它不仅应当使人的诸方面达到更高的境界,而且应当更好地融德智体诸育于一体,从根本上担当起提高高级人才综合素质的重任。"全人教育的目标是造就健全的人和健全的社会,而人生的教育和人性的教育相互交融,不可分割。因此,教育的作用绝不仅仅只是对学生进行有效的训练与培养,使他们获得系统的文化科学知识、专业知识和技能,其根本目的是使一个人在体力、智力、情绪、伦理等方面全面发展,成为一个完善的人,使他拥有健康的体魄、良好的心态、强烈的社会责任感和不断学习进取的动力和方法。为所有接受高等教育的学生提供"全人教育",培养学生在社会中所需要的广博的知识、基本的能力,并和高校其他部门一起努力营造一个学术自由、人文和谐的校园氛围,以利于学生成长、学术繁荣、艺术鉴赏等,促进高校的道德规范、道德教育、生活教育和人格教育和谐发展。

(二)大胆改革,创新人才培养模式

2009年7月29日,国务院总理温家宝在看望我国著名科学家、航天科学的奠基人之一的钱学森先生时,钱学森先生坦诚建言:"现在中国没有完全发展起来,一个重要原因是没有一所大学能够按照培养科学技术发明创造人才的模式去办学,没有自己独特的创新的东西,老是'冒'不出杰出人才。"要培养杰出人才,一个首要的前提就是要大胆改革人才培养模式。实现人才培养模式的创新，从国家层面讲，就要减少限制因素，出台鼓励政策，激励高校勇于突破传统的人才培养模式，大胆改革锐意创新；从高校层面讲，就要实现管理体制创新和教育思想创新，重新制定人才培养规格、质量标准，修改培养方案，进行教学方案、课程设置和课程内容的改革，并构建新的质量控制体系；从教师层面讲，就要坚持教育教学理论和教学方法的创新，不断更新自己的教育教学理念，积极开展对新的教育理论和教学方法的学习研究和应用，将科学的教育教学理念和方法应用于自己的教学实践，提高教学质量。

（三）持续有序，促进高校之间竞争

竞争是市场经济的一个重要特征，社会主义市场经济下，为了提高高等教育的办学质量和投资效益，必须适当引入市场机制，促进高校之间的合理竞争。高等教育内部的竞争有多种竞争形式，高等学校之间的竞争是最主要的，也是一种特殊的竞争形式，主要体现在师资力量、学校规模、高招中学生的成绩、毕业生的就业率、校友的能力大小、毕业生的财富等。为了促进高校之间的有序竞争，政府的选择应是制定竞争规则，改变传统的管理模式，引入市场机制，加大高校的自主权，以提高高等教育的效率，充分发挥高等教育在社会发展中的作用。市场机制是指价格制度和竞争机制。高等院校的自主权主要涉及高校的一些内部活动及一些必要的外部交往活动，包括教学、科研、人事、财务、基建、招生、对外交流等方面的自主权。

（四）统筹兼顾，推动各个领域合作

进入21世纪，国际高等教育与产业界与整个世界生活的关系越来越密切，主要在于高等教育在社会和经济发展中的作用和地位越来越重要，高等教育已从社会的边缘走向社会大舞台的中心，因而高等教育改革要统筹兼顾，促使高校积极融入社会，与社会各个领域建立起广泛的合作关系。在高校与政府的协作方面，二者各有所长，也各有所短，两者之间可以实现优势互补和合作双赢，政府可以通过政策支持和经费投入推进高校的发展，而高校则可以通过服务实现二者的双赢。在高校与社会的协作方面，高校需要通过提高服务质量，吸纳社会资源，赢得社

会支持；在高校与高校的协作方面，高校要有开放办学的理念，广泛进行国内国际校际交流，积极开展领导教师学生不同层次之间的交流，相互学习管理思想、教学方法。

二、积极创新高等教育制度

改革开放以来，我国高等教育事业实现了跨越式发展，取得了举世瞩目的成就，原因是多方面的，但最主要靠的是解放思想和制度创新。由于我国的社会主义市场经济体制仍在建立与健全之中，深化各项体制改革，转变政府职能，激发企、事业单位活力的任务仍十分繁重。同时为了尽快实现从高等教育大国向高等教育强国的转变，我们必须继续推进高等教育体制改革、创新高等教育制度。

（一）大力推进高等教育体制改革

高等教育体制涉及中央和地方、国家与学校，学校内上级与下级之间的纵向隶属关系，也包括学校与社会、高等教育系统与学校内部各子系统之间的横向关系，它不仅反映着一定时期高等教育的性质，而且直接影响到高等教育改革与发展的速度及水平。我国传统的高等教育是在计划经济体制下形成的，具有依附性、强制性、单一性与封闭性等特征。近年来虽然多次改革，且收效显著，但仍在许多方面滞后于时代的要求。当前，我国高等教育体制改革的基本走向应该是：继续转变政府职能，加强宏观调控；继续扩大高等学校办学自主权；继续加强省级政府的统筹决策权；继续促进合并院校实现学科融合，优化资源配置；继续加强院校合作办学，实现优势互补、资源共享；继续加强社会参与办学和管理，加强校企合作；继续优化结构，引导院校正确定位，办出特色。

从宏观的角度看，我国应通过深化办学体制与投资体制的改革，尽快建立和完善以国家办学为主，社会各界共同参与的多层次、多形式、多类型的办学体制和财（财政拨款）、税（教育税）、费（学费）、产（校办产业）、社（社会集资、捐资）、基（教育基金）等多渠道投资的投资体制，大力推进高等教育大众化的进程，努力拓宽办学空间，盘活教育存量，优化高等教育的资源配置。

从微观的角度看,在高校内部的管理体制上也存在着多种影响创新的因素,如党委领导下的校长负责制容易造成党政职责难分,关系不明,制约了校领导创新能力的发挥。重领导的目标责任、轻教职工民主参与的决策模式,重行政权力、轻学术权力的行政管理模式,以及重身份轻岗位、重晋升轻考核、重职级轻实绩的人才管理模式等,都不利于教职工积极性的调动。在学生管理中,重统一要求、轻自由选择,学生在选系、转专业、选课程、选老师等方面的自由度很小。这些在很大程度上压抑了学生学习的主动性与创造性。因此,高校内部管理体制改革的任务仍很艰巨。首先,应在完善党委领导,把握好办学方向和强化校长权威,实行好统筹管理的同时,建立和健全教职工的民主参与制,增强主人翁意识;其次,应深化用人制度改革,定编定员,精简机构,因需设岗,按岗择人,提高用人和办学效益;其三,应积极推行干部目标责任制、教师聘任制和全员合同制,激发教职工智慧,强化其责任感;其四,应加大分配制度改革力度,建立系统、公正、客观的评价体系和按岗位、按业绩、按贡献分配原则,适当拉开分配档次,形成良性竞争机制;其五,应改革学生管理制度,允许合理分流,鼓励自由选修,推行学分制,实行弹性管理;其六,应改革考试招生制度,考试制度改革应坚持以人为本与公平至上的价值取向,把完善现行统考模式与慎重推进分层、分类与分校考试相结合。招生制度改革的方向是加强对考生的核心知识、学习能力与综合素质的考核,打破以分论才、统一招考的格局,真正做到不拘一格选人才。

(二)努力创新现代大学制度

虽然不同国家在办学体制、内部管理机制等方面还存在差异,但大学的本质使不同国家的大学制度仍会显示出一些共性,这些共性较为集中地反映在现代世界一流大学的制度中。我们要创建世界一流大学,必须在合理借鉴世界一流大学制度的基础上不断创新。

大学制度创新包括三个层面,即观念创新、制度创新、实践创新。观念创新是指思想意识层面的更新;实践创新主要指技术、物质层面的革新;制度创新则是观念创新与实践创新的中介,没有制度创新,新观念只能停留在理想阶段,新实践也只能是盲目行为。就三者关系而言,观念创新是先导，制度创新是根本，实践创新是支撑。制度创新是牵一带万的，"制度是发展由可能到现实的中介"。西方发达国家建设一流大学的经验表明，有了先进的大学理念，再辅以一定的物质条件和技术手段，大学制度创新的可能性就会越大，大学发展的效果也就越明显，"威斯康星思想"的兴起，"硅谷"的形成就是很好的例证。

对照世界一流大学建设的经验，反观我国大学发展的现实，当前中国高水平大学的制度创新，需要从以下方面着手：

第一，创新校长选拔制度，为大学发展提供有效保障。校长是大学的核心与灵魂，其办学理念直接关系到学校的发展目标定位，因而创新校长选拔制度，促使校长角色的准确定位是大学高效发展的重要保障。有学者根据我国国情及当前高等教育发展实际，认为我国大学校长的角色定位主要应体现在以下几个方面：合乎国情，做政治方向的把握者；与时俱进，做改革创新的开拓者；突出大学特色，做学术管理的主持者；以追求发展为宗旨，做大学持续发展的推动者；以实现和谐为目标，做大学和谐体系的构建者。

第二，创新教师评聘制度，为大师汇聚创造良好环境。哈佛大学前校长詹姆斯·B.科南特曾说："大学的声誉不在于它的校舍和人数，而在于它一代一代教师的质量。一所学校要站得住，教师一定要出色。"哈佛之所以大师辈出，归根到底在于其良好的人才聘用与评价机制。借鉴哈佛大学的经验，我们在创新教师评聘制度上，首先要实行评聘分开，以促进教师自身的发展。其次是实行公开招聘制度，以学术水平衡量教师的岗位胜任能力。尽量少留或不留本校学生，以避免"近亲繁殖"、学术队伍活力衰退。再次是建立"非升即走"的流动制度，激励教师学术上进。

第三，创新大学组织制度，为学科发展提供有利条件。伯顿·克拉克曾说："当我们把目光投向高等教育的'生产车间'时，我们所看到的是一群群研究一门门知识的专业学者。这种一门门的知识称作'学科'，而组织正是围绕这些学科确立起来的。"按照伯顿·克拉克的观点，大学组织制度可以归类为直接与知识发生关系和间接与知识发生关系的两类因素共同组成。在这种组织制度中，学科和事业单位成员的资格是教师卷入大学组织的动因，因而要促进学科的发展，必须创新大学组织制度，它是教学和科研工作赖以进行的共同基础。良好的大学组织制度应当既有利于学科顺应科学发展的新趋势，又有利于人力资源的调配和教学科研活动的展开。

第四，创新大学管理制度，为学术繁荣构筑坚实平台。大学是一个复杂的管理体系，制度是保证大学机体高效运行的基础。而学术自由、教授治校是大学学术发展的价值基础，因而一切管理活动都应当以此为重要考量准则。针对我国大学管理越来越趋于行政化、职业化，行政权力与学术权力的冲突也愈演愈烈，行政权力越来越膨胀，学术权力越来越萎缩的情况，只有通过管理制度创新，确立大学机体内各种组织的权限范围、职能、责任及利益，将大学办学理念转化为具有治校法规效力的管理制度，才能使学术权力得到根本保障，学术交流才会不断繁荣，大学才会经久不息地发展。

第五，创新人才培养制度，为学生成长铺设平坦道路。我们提出建设创新型国家，核心是创新人才的培养。而要培养创新型人才，就必须改变传统的重继承、轻创新的人才培养制度。人才培养制度包括培养目标、考试制度、教学制度、管理制度、服务制度等方面。实现人才培养制度创新，要以培养学生创新精神为目标，改革教学制度，积极推行学分制，建立教育教学的个性化模式；改革教学方法，面向社会实际，重视综合实践训练，培养学生系统思考能力和创新能力；改革课程设置，重视通识教育，强调学科交叉，最大限度地激发学生的创新欲望、发挥学生创新潜能、锻炼学生创新能力。

三、稳步扩大高等教育规模

纵观世界潮流，无论是发达国家，还是发展中国家，都无一例外地认识到：要提高自己的综合国力，必须扩大本国的高等教育规模，培养更多的具有国际竞争力的高素质人才。高等教育规模的稳步增长的确为不少国家提供了充足的人力资源，积累了丰富的人力资本。对于我国来讲，为了推进高等教育大众化的进程、提高综合国力和实现由人力资源大国向人力资源强国的转变，也必须稳步扩大高等教育规模。

首先，要依据我国国情，制定合理的增长目标。国家"十一五"发展规划提出"十一五"期间我国教育发展的基本方针是:普及和巩固义务教育,大力发展职业教育,提高高等教育质量。所以,在未来一段时间里,稳步扩大规模与切实提高质量是我国高等教育同时追求的两大目标。我国一方面要通过"内涵发展为主与外延适度扩大"实现高等教育规模的稳步扩大,以满足社会与大众需求;另一方面,要通过校内资源共享、高校与社会互动、校与校联手以及国际的交流与合作等途径,切实提高高等教育质量。

其次,要借鉴国外经验,控制好高等教育的增长幅度。从国外的经验来看,在进入高等教育普及化阶段,一般国家均出现学龄人口下降趋势。比如英国,1984~1996年间18~19岁年龄组人口下降了33%。另一方面,经济的增长也是一个重要因素。美国之所以率先实现高等教育普及化,主要是因为市场经济作用下,美国GNP处于很高水平。结合我国的国情,目前我国国民经济正处于快速增长的时期,为高等教育规模的扩大提供了条件。与此同时,我国0~14岁人口呈现下降趋势。根据我国国家统计局2006年公布的第六次人口普查,至2005年底,全国人口中,0~14岁的人口为26478万人,占总人口的20.27%,与第五次全国人口普查相比,0~14岁人口的比重下降了2.62个百分点。因此,只要稳步推进规模增长,我国高等教育毛入学率就能在未来10年达到较高的水平。

其三,要依据不同校情,采取灵活的增长方式。在具体实施高等教育规模稳步增长计划的过程中,国家不仅要注意从整体上控制规模,把握速度,更要因校制宜,区别对待,不能搞"一刀切"。办学条件好的高校可通过内涵挖潜的方式适当增加招生数量,少量基础较差但属需要国家扶持的高校可通过外延扩张的方式扩大招生规模,基础一般且内涵发展潜力不大的高校可维持已有招生规模,部分办学条件差且已出现问题的高校,要减小其招生规模。

四、不断优化高等教育结构

根据国际高等教育发展的经验,高等教育结构应该随着社会经济结构的变化不断调整并使之优化。在社会主义现代化的进程中,我国的社会经济结构也日趋复杂,这就需要我们从以下方面着手来调整和优化高等教育结构。

(一) 预测产业结构的变化趋势，调整高等教育层次结构

随着知识经济的到来与高新技术的发展，我国的产业结构必然发生相应的变化。这种变化的总趋势是第一产业的比重逐渐缩小，但生产中的科技含量在不断提高；第三产业的比重逐渐增加，尤其是以信息技术产业为代表的高技术产业和以信息咨询为代表的智业服务业迅速发展，其在产业结构中的比重将大大增加。这种产业结构的变化对我国的高等教育在层次结构上的要求是：既要大力发展专科层次的地方性高校与社区性学院，着力培养数以千万计的适应现代工农业生产要求的技能型人才；又要高度重视研究生教育和建设一批国际一流的大学，精心培养大批能迎接信息化社会挑战的拔尖人才。

(二) 依据经济社会的发展需求，调整高等教育类型结构

随着科技的进步和国民经济需要的变化，新的学科与专业也不断涌现，这就需要不断调整高等教育的类型结构。这种调整应突出学科专业的特色建设，着力培养视野开阔的经营管理人才、勇于创新的高新技术人才和善于操作的专业应用人才，克服前一阶段盲目攀高升格和热衷向综合性大学看齐的倾向。为此，从国家层面来讲要严格控制专门性的院校合并、升格；从高校自身来讲要立足内涵发展，在所属的专业领域内找准特色、办出特色；从学科专业来讲，有条件的高校应加快发展一批高新技术学科和新兴学科，一般院校则应主动适应人才市场结构的变化，加快发展一些适用性强的专业，以满足社会经济发展对人才的需求。

(三) 顺应终身教育的历史潮流，调整高等教育形式结构

为了顺应终身教育的潮流，以及高等教育大众化与个人学习终身化的大趋势，必须大力调整高等教育的形式结构，尽快形成普通高教、职业高教与成人高教、学历教育与非学历教育、全日制教育与业余教育、学校教育与社会教育相互补充，公办与民办结合，形式多样的终身教育体系。诚然，这一体系具有办学的多主体、机构的多层次、投资的多渠道、培养的多目标、课程的多类型、评价的多标准与管理的多模式等典型特征。构建这一体系的主要措施是：在内涵挖潜与确保质量的前提

下,扩大普通高校的招生规模;按照服务区域、突出特色、强调"应用"的思路,发展高等职业教育;坚持"调整政策、依法保障"和"积极鼓励、大力支持、正确引导、加强管理"的方针,扶持民办高等教育;充分利用各种社会资源和现代化教育技术、兴办开放型大学和网络学院,发展各种类型的业余高等教育。

(四)考虑高等教育的入学公平,调整高等教育布局结构

实现高等教育公平是构建社会主义和谐社会的迫切要求,而高等教育公平的核心问题是入学机会公平。我国现有的高等教育布局结构,因受经济发展极不平衡和地域等因素的影响显得极不均衡。就我国目前的高校布局看,普通高校,特别是部属重点高校主要集中在京、沪等大城市,而一些人口大省(如河南)或经济不发达省区(如新疆、西藏)不仅部属高校少,一般本科院校也不多。同时由于我国实行的是统一高考和按属地进行划线录取的招生制度,使得我国不同区域之间的高等教育入学机会存在严重的不均等。为了实现地区间高等教育的均衡发展,促进高等教育公平,迫切需要以科学发展观为指导,统筹区域之间的高等教育布局结构调整。具体而言,就是要加大政府的宏观调控与对经济、高教相对落后地区的政策扶持力度,优化高等教育的资源配置,鼓励发达地区、中心城市的高校以多种形式支援落后地区、非中心城市的高校,逐渐缩小不同区域之间高校的差距。

五、切实提高高等教育质量

质量是高等教育的生命线和永恒主题。党的十七大强调"优先发展教育,建设人力资源强国"、"提高高等教育质量"、"办好人民满意的教育"。这就给我们提出了一个新的命题:我国的高等教育不仅要实现规模的稳步增长,更要实现质量的不断提高。但提高高等教育质量是一项系统工程,需要政府、社会和大学齐心协力,各司其职、各尽所能。政府是主导,社会是动力,高校则是责任的主体。

从政府的角度讲,首先是要加大对高等教育的投入。我国目前公立大学的日常运行经费主要是按学生人数核拨的,生均经费很低,没有随物价指数的上涨而增加,生均经费远达不到生均培养成本。因为经费短

缺，大学的各种开支都要用这笔经费，于是直接投向人才培养的费用就更少。图书经费短缺，教学实验设施落后，实验经费不足，课程建设经费少得可怜，实习经费得过且过等等，在各校都是普遍的现象。其次，尽快建立我国高等教育质量评价体系。提高质量的前提是保证质量，而保证质量的前提是具有公信力的高等教育质量标准和依据这一标准进行质量评价的工作体系。在我国，有关高等教育质量的争议难以形成共识，重要原因之一是没有建立起严格意义上具有公信力的高等教育质量评价工作体系。近年来由教育部组织的"高校本科教学工作水平评估"、社会某些民间机构发布的大学排名，以及许多高校开展的课堂教学质量评价，虽然同高等教育质量有一定相关，但从性质上讲，皆属于过程与条件评价，而不是高等教育质量评价。这些评价不仅难以作出具有客观性和公信力的高等教育质量评价以求得人们的共识，而且往往因评价信息失真而导致反馈功能失灵，甚至决策失误。为了提高高等教育质量评价的客观性和公信力，充分发挥教育质量评价的功能，推进高等教育的发展与改革，建立我国高等教育质量评价体系已势在必行。其三，政府要加强对有效质量评估活动的引导。政府评估应首先是保证基本质量，然后鼓励各高校根据自身条件优化资源配置，形成育人特色，执行更高的质量标准。其四，政府应充分发挥"985"工程和"211"工程在提高质量中的示范与引领作用。国家为加强高水平大学的建设而实施了"985"工程和"211"工程建设，这些高校在人才培养、科学研究、社会服务等方面的水平提高已初见成效。但为了让这些高校更好地发挥引领我国高等教育整体水平提升的作用，还需要政府采取更有效的措施激励这些高校在体制、机制创新与教育质量提升等方面实现新突破。

从社会的角度讲，加强对大学办学质量的评估、监测是社会应尽之责，也是国外保障高等教育质量的有效手段。高等教育质量评估不仅有评价的功能，还应有咨询的功能，不仅应告诉大学处于何种水准，更应指出大学在人才培养中存在的问题与改进的方向。要实现这些目标，社会中介机构参与评估就非常重要。从我国来看，评估主要是政府主导的行政性评估，忽视了部分直接利益相关群体，如企业、社会、家庭的评估，造成了部分直接利益相关人利益诉求渠道缺失或利益诉求链条过长，进而导致利益诉求信息扭曲的结果，从而难以发挥企事业单位和家庭在评估中的监督制约作用。因此，有必要引导、鼓励社会中介机构参与高等教育质量评估，为保证评估的公正客观，评估结果和资源分配、官员政绩不挂钩，但可作为政府评价大学、制定教育政策、统筹教育资源的重要参考。

从高校的角度讲，高校是高等教育质量保证和提高的主体。高等教育质量反映在各个方面，但学生质量是高等教育质量的最终体现，调动学生学习的主动性是提高高等教育质量的关键。提高教育质量就是要实施素质教育，促进大学生德智体美全面发展，使大学生具有较强的实践能力、创新能力与创业能力。为此，高校首先要更新教育观念，也就是要在以生为本的教育思想指导下，破除传统的"教师为尊"、"课堂为重"、"讲授为主"等观念，树立学生主体、教师引导的教育观，教研并重、学研结合的教学观，全面发展、创新为重的质量观，以及民主合作、共同参与的师生观。其次要改革教学模式，大力推进研究型教学。研究型教学是一种新型的教学模式，其主要特征是：以研究型教学理念为指导，以学生为主体，以培养综合素质尤其是实践能力和创新能力为目的，以问题为中介，以研究为手段，以教师和学生的良性互动为基础。推进研究型教学必须在教学目的、内容、方法、手段及组织形式等方面进行全方位的改革与创新。此外，还应大力加强学科专业、教师队伍与实验设备等方面的建设。提高高等教育质量教师责任重大，但作为一项系统工程，全校所有教职员工都应参与到这一工程的实施中来。

六、全面提高高等教育效益

"效益"原是一个经济学术语，强调的是投入与产出的比值关系：投入低而产出量多质优则为效益高。衡量高等教育效益，一方面要看高等教育投入，即高等教育活动所消耗的有关资源量；另一方面要看高等教育产出，即高等教育活动在培养人才、科学研究、社会服务等方面的数量、质量与效果。基于这样的标准，全面提高高等教育效益，需要从以下方面进行：

（一）贯彻落实科学发展观，提高人才培养效益

党的十七大报告指出："科学发展观的第一要义是发展，核心是以人

为本，基本要求是全面协调可持续，根本方法是统筹兼顾。"以科学发展观指导高等教育人才培养，首先是保证高等教育投入的有效性，这是提高人才培养效益的关键。为此，高等教育投资决策就要讲究科学性，提高资源利用率；人才培养就要具有社会适应性，避免人才浪费；目标定位就要追求品牌性，防止盲目竞争；条件建设就要具有共享性，避免资源闲置。其次，多种高等教育形式互补、降低高等教育成本是提高人才培养效益基本思路。2015年我国高等教育毛入学率已达40%，实现高等教育普及化是我们的远景目标。如果仅靠财政投入，这一目标很难达到，必须探索多元化的办学形式，采取多渠道的融资途径。再次，发挥现代远程教育的优势是提高人才培养效益的有效方法。现代远程教育对生产力的发展有重要贡献。在美国，据有关资料统计，国民总收入增长部分中的33%是由教育带来的，教育资本的收益率是17%。苏联这两项的比率是30%和17%，而日本约为25%和17%。在信息通道日益多样化的时代，现代远程教育在人才培养方面的作用更为明显，我们需要对此高度重视。

（二）高校主动向社会靠近，提高科学研究效益

当今世界，科技含量高、经济效益好、资源消耗低、环境污染少正在成为新型工业的发展基本趋势。高校是新型工业发展的生力军，实现科研与社会相结合，促进新型工业又快又好地发展，是提高科学研究效益的基本路径。在国际上，在高校集中的地区建立高新技术工业园区，通过发展高科技生产推动国家经济腾飞，是许多国家的制胜法宝，如美国的"硅谷"、波士顿工业园区、日本的筑波科学城、韩国的大德科学城等。借鉴国外的成功经验，我国高校的科研应注重同社会需要的结合，提高成果转化为生产技术的比率，不断为社会开辟新产业。科研要以新兴产业发展为龙头，并以之带动职业领域的新发展。同时高校还要通过技术咨询和服务专利、专有技术转让等形式使科学技术间接转化为生产力，通过兴办高科技企业等提高科研效益。

（三）坚持可持续发展理念，提高社会服务效益

1998年10月5日，联合国教科文组织在巴黎召开了首届"世界高

等教育大会",并发表了《21世纪的高等教育:展望和行动世界宣言》,第一条便指出:"我们重申,应保持、加强和进一步扩大高等教育的基本使命和重要作用,特别是促进整个社会的可持续发展和进步的使命。"高等教育是社会可持续发展的重要组成部分,也是实现社会可持续发展战略的关键因素。走出"象牙塔",主动服务经济社会发展,不仅是大学应有的基本职能,也是大学实现自身发展的需要。为推动社会的可持续发展,应树立高等教育可持续发展理念,提高高等教育社会服务效益,具体来说,应做到以下几点:高等教育要建构终身教育体系,开展继续教育,营造学习型社会,为社会可持续发展夯实知识基础;高等教育要为人们提供接受教育的各种机会,推动教育公平,为社会可持续发展奠定文化基础;高等教育要更新发展理念,通过培养各级各类的专业人才、管理人才和合格公民,为社会可持续发展提供动力基础。

第四节 我国高等教育改革发展面临的十大机遇

我们要实现高等教育现代化和建设人力资源强国的宏伟目标,必须认真分析形势、准确把握机遇、有效推进高等教育的改革发展。所谓"机遇"就是契机、时机或机会,也可理解为有利的条件和环境。机遇具有偶然性,它通常出现在人们的预知活动之外;机遇具有客观性,它的存在不以人的好恶而改变;机遇具有时效性,长则数载,短则稍纵即逝;机遇具有不可重复性,"机不可失,时不再来"。机遇的含金量是头重尾轻,先抓后抓不一样。机遇与挑战总是相辅相成、并行而至,善于抓住机遇的人必然是能够从容应对挑战的人。善于抓住机遇是事业与个人成功的重要条件。能否抓住机遇既要靠实力(机遇从不垂青无准备的人),也要靠眼力(必须详细研究、细心观察、准确判断、即时捕捉),还要靠改革的勇气和实践的决心。当前正处于国际形势大变动、中国社会大转型的历史时期。从国际形势看,高等教育改革发展正面临着经济全球化、政治多极化、社会信息化与文化多元化趋势的影响,国际间的科技与人才竞争日趋激烈。从国内形势看,我国正处于现代化建设的新阶段、体制转轨的攻坚阶段、社会矛盾的多发时期,与深化改革的重要战略机遇期，提高国家创新能力和促进社会和谐发展是这一时期的重要任务。综合判断国际国内形势，我国高等教育改革发展正面临着千载难逢的大好机遇。

一、政治多极化趋势为我国加快高等教育强国建设提供了强大的外部动力

当今世界正呈现开出政治多极化的格局，美国、日本、西欧、俄罗斯、印度与中国之间相互竞争、相互制约的关系逐渐形成。第三世界国家的经济迅速发展，并在政治上呈现联合趋势。我国国际地位和影响力显著上升：综合国力增强与世界的关联度空前增加，应对金融危机的果断措施赢得国际社会高度认可，在全球事务中各方对中国的借重和需求显著上升，"中国模式"的影响在全球范围日益彰显。和平、发展、合作成为当今时代的潮流，世界政治力量对比有利于保持国际环境的总体稳定，外部环境总体上对我国发展有利，可以为高等教育发展和社会经济发展创造一个较为稳定的政治大环境。但霸权主义、民族分裂主义、宗教极端主义与国际恐怖主义同时也威胁着世界的和平与稳定。政治多极化趋势与美国单极霸权企图之间的斗争远未结束。20世纪90年代的"中国威胁论"，进入21世纪后有些西方媒体又在宣扬"中国主宰世界论"。这种格局有利于改善中国的国际关系，提高中国的国际地位，但也有可能使国际形势复杂化。政治格局的大调整必然加剧国际间的竞争，各国纷纷把目光聚焦到人才、科技和教育的竞争上，制定了一系列推进科技教育创新的重大政策措施，以努力巩固和扩大已有的优势地位，创新正在成为社会发展的巨大动力。不少国家都把加强教育创新作为占据国际竞争有利位置的基本策略。激烈的国际竞争为我国加快高等教育强国建设提供了强大的外部动力。2011年2月14日，十一届全国人大四次代表会议表决通过了关于国民经济和社会发展第十二个五年规划纲要的决议，批准了《国民经济和社会发展第十二个五年规划纲要》，提出创新驱动实施科教兴国和人才强国战略。2012年3月5日，温家宝总理在第十一届全国人民代表大会第五次会议上作的政府工作报告中指出：大力发展科技、教育事业，培养高素质的人才队伍，是国家强盛、

民族复兴的必由之路。十九大报告进一步提出，人才是实现民族振兴，赢得国际竞争主动的战略资源，将科教兴国战略提升为决胜全面建成小康社会的重要战略地位。

二、经济全球化趋势为我国实现高等教育国际化提供了广阔的国际背景

经济全球化是当今世界经济发展最主要的特点。市场经济的全球化扩张，信息技术的全球联网，生态环境的全球互动，加强了各国生产的联系与合作，优化了全球的资源配置，降低了生产成本，提高了经济效益，促进了经济的增长，从而使人民的生活水平得到实质性的提高，为教育的发展奠定了物质基础，同时信息技术的广泛应用使整个世界形成了全球性的信息一体化趋势，知识信息也实现了突破国境及文化壁垒的束缚，能同步同时自由流动，人们可以更加便利地获取信息资源，这也为教育国际化提供了必要的技术支持和物质条件。随着信息化时代的到来，经济全球化趋势的加强，科技的不断进步，人们的工作、学习和生活方式发生了改变，知识成为提高综合国力和国际竞争力的决定性因素，人力资源成为推动经济社会发展的战略性资源，人才培养与储备成为各国在竞争与合作中占据制高点的重要手段。这些变化对于高等教育提出了新的要求，高等教育已成为衡量一国综合国力的重要砝码，也是新世纪国家发展的重要战略。为了适应知识更新进程及国际化、信息化、知识化的世界发展趋势，我国高等教育国际化成为必然选择。近年来，全球人才竞争和WTO教育服务贸易加速了国际教育竞争，也提升了高等教育国际化的程度。我国高等教育的国际交流空间进一步扩大，各种形式的交流活动，包括互招互派本科生，留学生、教师交流互访，开展国际学术交流，进行信息合作，跨国联合办学，联合研究科研项目等进一步增多。国际高等教育理念的互相借鉴、高等教育内容的互相兼容与高等教育学历互相承认等也在不断地发展之中。

三、社会信息化趋势为我国推进高等教育现代化建设进程创造了新的时空

社会信息化与经济全球化的合流为21世纪人类文明发展展示出新的

时空。这一趋势的纵深发展对世界高等教育改革产生了深刻的影响,它影响着高等教育的专业设置、学科建设和人才培养模式,影响着高等教育教学内容和教学方法的改革,信息技术带来了校园的数字化和智能化,多媒体技术和网络技术正日益成为新的重要的教学技术;它不但使大学的组织结构、师生关系、教学模式发生了根本变化,而且将高校的边界和高等教育的边界无限延伸,形成国际化和全球化的交流网络。这一趋势也为我国高等教育现代化的建设提供了大好机遇。加强高等教育现代化建设既是我国高等教育发展的重要目标,也是国家现代化的重要组成部分。高等教育现代化包括高等教育的观念、制度、内容、方法与手段等各方面的现代化。加强高等教育现代化建设除需要始终坚持对中华民族传统精神的继承与弘扬,需要密切关注社会的职业变化与公民的发展需求外,还需要积极探索培养模式的灵活性和多样性,其核心内容就是加强高校的信息化、数字化、智能化的网络建设,其目的就是构建学习型社会,逐步形成灵活多样便捷的公共学习资源平台,帮助错过适龄学习机会及需要继续教育的人们获得高等教育机会,使其及时获得生存与发展所需的知识技能,实现自身持续发展和社会良性流动。

四、文化的多元化趋势为我国促进高等教育公平营造了新的文化氛围

随着社会信息化与经济全球化时代的到来,加速了文化的多元化发展,世界联系日益紧密,各民族的文化接触越来越频繁。1995年,联合国教科文组织召开了"全球文化多样性大会",大会报告对"多元文化"之内涵做了总结,提出多元文化包含各种群平等享有"文化认同权、社会公平权以及经济收益需求"[①]这一基本内容。文化的多元化是指在世界范围内不同国家、不同地区、不同民族的文化共生共荣的现象。文化的多元化对世界高等教育发展产生了极大的影响,促进了世界多元文化教育的快速发展。面对文化多元化趋势,在高校实现多元文化教育极为重要。多元文化教育是指在多元文化观念指导下,通过改革高等教育的

---

① 李明欢. "多元文化论争"的世纪回眸 [J]. 社会学研究, 2001 (3).

组织结构、课程结构和教学模式，使不同地区、不同民族的学生都有均等的接受高等教育并在学业上取得成功的机会。在我国，《国家中长期教育改革和发展规划纲要（2010—2020年)》已经把促进公平作为了国家基本的教育政策。而进行多元文化教育则是在文化多元化趋势下促进高等教育公平的重大举措，多元文化教育要求我们重新审视不同文化背景下的学生接受高等教育的机会与过程是否公平，认真反思传统主流文化教育的合理性与局限性，深刻思考在高等教育中如何处理外来文化与本土文化、强势文化与弱势文化之间的冲突与交融等问题，尊重不同文化背景下的个人自由发展的权利，满足多元文化群体的个体自由和谐发展的要求，保证各种来自不同文化群体的学生都能获得适当的教育和成功。

五、全面启动实施两大战略为高等教育改革发展作出了新的目标定位

为了推进现代化进程，我国相继提出"科教兴国"与"人才强国"战略。科教兴国，以教为基；人才强国，以人为本，而高等教育既居于整个教育的龙头地位，又是培养高层次人才的专门场所。"科教兴国"战略要求我们加速推动经济、科技与高等教育一体化的进程。高等教育要成为创新人才的"培养所"、经济发展的"动力源"、科技转化的"孵化器"与社会变革的"智囊团"。"人才强国"战略必然要求我国加快从"教育大国"向"教育强国"迈进，从"人力资源大国"向"人力资源强国"迈进，为中华民族伟大复兴和人类文明进步做出更大贡献。十七届五中全会进一步提出"深入实施科教兴国战略和人才强国战略，加快建设创新型国家"的宏伟目标。加快建设创新型国家更多地依靠科技创新驱动，必须全面启动实施《国家中长期教育改革和发展规划纲要（2010—2020年)》、《国家中长期科学和技术发展规划纲要》、《国家中长期人才发展规划纲要》，一系列振兴行动计划和战略工程也将配套实施，这既是深入推进科教兴国、人才强国战略要求的重大举措，又是我国高等教育重新进行目标定位、必须紧紧抓住并且可以大有作为的重要战略机遇，更是加快高等教育强国建设进程、实现高校办学水平整体提升和跨越发展的重要时期。

六、"教育优先发展"战略的全面落实为高等教育发展提供了重要的政策支撑

教育是国家发展的基石。中国未来的发展,创新型国家建设,关键靠人才,根本在教育。党和国家对教育优先发展战略的认识在不断深化。党的十二大把教育提高到现代化建设战略重点之一,党的十三大强调"必须坚持把发展教育事业放在突出的战略位置",党的十四大第一次提出"必须把教育摆在优先发展的战略地位",党的十五大、十六大继续强调坚持这一指导方针。党的十七大报告把"优先发展教育"列为改善民生六大任务之首。《国家中长期教育改革和发展规划纲要(2010—2020年)》再次强调"把教育摆在优先发展的战略地位"是必须长期坚持的一项重大方针。为了切实落实教育优先发展的战略地位,教育规划纲要要求各级党委和政府要把优先发展教育作为贯彻科学发展观的基本要求,切实保证经济社会发展规划优先安排教育发展,财政资金优先保障教育投入,公共资源优先满足教育和人力资源开发需要。同时,要完善社会力量出资兴办教育的体制和机制,不断提高社会资源对教育的投入。这些政策和措施的落实,对优先发展高等教育、加快人力资源强国建设将起到至关重要的作用。

七、科学发展观等理论的确立为高等教育的改革发展提供了正确的指导思想

正确的"理论并不仅仅是对实践经验的概括和总结,更重要的是对实践活动、实践经验和实践成果的批判性反思、规范性矫正和理想性引导,这就是理论对实践的超越"[①]。改革与发展我国高等教育,既要求我们面向现实,深入实际,切实解决问题,又要求我们坚持用正确理论反思、矫正和引导改革。邓小平理论、"三个代表"重要思想,以及《中共中央、国务院关于深化教育改革全面推进素质教育的决定》等一系列文件精神,已经被实践证明是指导我国社会与高等教育改革发展的正确理论。科学发展观的提出,更为我们在新世纪破解发展难题,创新发展思路,全面建设小康社会

---

① 孙正聿. 理论及其与实践的辩证关系 [J]. 新华文摘, 2010 (4).

提供了强大的思想武器,也为我国进一步深化高等教育的改革提供了正确的指导思想。科学发展观是以人为本的发展观,是全面协调、可持续发展的发展观,是促进人的全面发展的发展观。科学发展观之所以科学,在于它认识到人是发展的中心,确立了人的本体地位,并提出了发展的指导思想、任务和终极目标,以及发展的原则和的路径。《国家中长期教育改革和发展规划纲要》正是以邓小平理论、"三个代表"重要思想和科学发展观为指导编制的,它全面谋划了教育体制改革的新方向、新思路,其中大部分内容都涉及高等教育领域。深入理解和全面贯彻《规划纲要》是实现我国高等教育持续健康发展的必由之路和正确选择。

八、经济持续发展与对高教投入加大为高等教育发展提供了必要的物质保障

改革开放以来,我国经济快速发展。2003年至2011年,我国经济年均增长10.7%,而同期世界经济年均增长为3.9%。国内生产总值从2002年的10万亿元跃升到2011年的47万亿元,财政收入从不到2万亿元跃升到10万亿元,已成为世界第二大经济体和第二大贸易国。经济快速发展与综合国力显著增强有效保障了对高等教育的投入。2009年国家财政性教育支出122321亿元,占GDP的3.59%,达到历史的新高,是2000年的4.77倍[①]。随着全球经济增长模式的持续调整,我国经济发展又获得新的机遇:首先,全球化将在新的基础上继续深化,全球贸易和投资将会继续增长,有利于我国继续利用两类资源、两种市场,优化资源和要素配置。第二,发达国家国际产业转移将继续深化,有利于我国积极承接国际产业和技术转移,形成新的竞争优势。第三,全球新一轮技术革命全面启动,也为我国提供了后来居上的机遇。第四,国际金融货币体系的调整,有利于人民币国际地位的提升,有利于我国实施"走出去"战略[②]。面对新的国际经济形势,我国政府提出经济社会发展

[①] 曹剑辉. 对我国高等教育发展的思考 [J]. 黑龙江教育:高教研究与评估,2011 (7).

[②] 金三林. 我国"十二五"经济发展趋势及2011年宏观政策取向 [J]. 学习论坛,2011 (1).

要突出"稳中求进"的工作思路,"加强和改善宏观调控,正确处理经济发展、结构调整、控制通胀的关系,促进经济增长由政策刺激向自主增长有序转变,国民经济继续朝着宏观调控预期方向发展"①。诚然,教育经费的投入并不完全取决于经济发展。令人欣慰的是随着党和国家对教育优先发展战略认识的不断深化,教育经费投入正在逐年增加。教育部、国家统计局与财政部发布的《关于2015年全国教育经费执行情况统计报告》显示,2015年,全国教育经费总统投入为36129.19亿元,比上年增长10.13%;其中,国家财政性教育经费为29221.45亿元,比上年增长10.60%。国家财政性教育经费占国内生产总值比例为4.26%,比上年增加了0.16个百分点,这是2012年实现4%目标以来,连续第四年超过4%。这将有力地促进高等教育办学条件的进一步改善。

九、国民精神需求上升与适龄人口下降为高等教育和谐发展提供了良好的发展空间

高等教育和谐发展是社会和谐发展的重要内容。它主要反映在两大方面:一是高等教育与社会发展相协调;二是高等教育内部诸要素之间的发展相协调。从高等教育与社会发展的协调看,很重要的一点反映在高等教育能够较好地满足社会的需求上。随着高等教育大众化的进程,高等教育的社会供给有了较大的保障,同时因人民物质生活水平的提高精神需求也逐步上升,进而激发了社会对高等教育的有效需求,这就为高等教育实现供求平衡、稳步发展奠定了基础。从高等教育内部诸要素之间的协调发展看,主要反映在能否实现规模、质量、结构与效益的协调发展。高等教育适龄人口(18~22岁)的数量是其发展的重要指标参数,据出生人口情况分析,我国高等教育适龄人口的最高峰在2008年,达到1.25亿人,此后将呈持续下降的趋势,2020年约为8400万人,比2008年最高峰时减少约1/3②。高等教育规模发展压力在逐步减小,高

---

① 曾培炎. 在中国经济年会(2011—2012)年会上的发言[J]. 经济研究参考, 2012 (21).

② 曹剑辉. 对我国高等教育发展的思考[J]. 黑龙江教育:高教研究与评估, 2011 (7).

等教育的工作重心可从规模发展转向以调整结构、提高质量为核心的内涵发展，从而为我国高等教育规模、质量、结构、效益的协调发展提供良好的发展空间。

十、高等教育已有的发展为进一步深化高等教育改革奠定了坚实基础

改革开放以来，高等教育已有的发展主要反映在五个方面：一是五大高等教育体制改革成效显著。首先是办学体制改革，改变了计划经济时代政府包揽办学的格局，初步形成了一个能够基本与市场经济相适应的，以政府为主，社会各界共同参与，公办学校和民办学校共同发展的办学体制；其次是管理体制改革，改变了过去高度集中，中央对高校统得过死的管理办法，扩大了高校办学自主权，增强了高校办学活力，基本形成了中央和省（直辖市、自治区）两级管理、并以省（直辖市、自治区）级政府管理为主的新的管理体制；其三是经费筹措体制改革，改变了过去高等教育经费由政府全包的做法，平稳地实现了高等学校的学费制度从计划经济下的全部由政府提供，到社会主义市场经济条件下高等教育成本分担的转变，基本形成了"财、税、费、产、社、基"多种渠道的经费筹措体制；其四是招生与就业体制改革，把过去单一的国家计划招生，改变为既有国家计划招生，又有委托生、定向生、保送生的各种计划同时存在，以及高校自主招生的新的招生体制。经过艰苦的改革，毕业生就业制度也比较顺利地实现了从完全由国家统包统配模式向毕业生和用人单位双向选择模式的转变；其五是积极推进高校后勤社会化改革，解决了制约高校扩招的"瓶颈"，为高等教育规模扩大提供了物质保障。这五大改革使我国初步形成了一个能够基本适应社会主义市场经济体制的高等教育体制[①]。二是高等教育思想大讨论收到明显效果。思想解放、观念更新是高等教育改革与发展的先导。改革开放以来高等教育改革与发展所取得的每一项成就，都以思想解放为前提。进入新世纪，面临经济全球化、政治多极化、社会信息化与文化多元化的影响和

---

① 谢维和. 当前中国高等教育发展的形势特点与战略选择［J］. 中国高等教育，2006（5）.

冲击，中国高等教育与世界高等教育更加密切互动，高等教育思想发展表现出"丰富多彩、共生互动、多元发展、相得益彰"的特性①。我国始终坚持教育优先发展，实施"科教兴国"与"人才强国"战略，高等教育在"三个面向"和科学发展观的指导下，广泛借鉴世界先进教育理念，不断突破教育发展的思想性和体制性障碍，建立起与现代化相适应的人文化、社会化、国际化和多元化的教育理念体系，积极推进高等教育民主化、大众化、法制化改革，人本意识、公平意识、竞争意识、质量意识、创新意识进一步增强。三是高等教育规模不断扩大带来四大效益。根据社会经济发展的需要，中国高等教育自1999年开始大规模扩招，当年招生人数639万人，是1998年招生人数的5.92倍，在校本专科人数2145万人，是1998年在校本专科人数的6.29倍。从1999年到2003年，我国高等教育经历了一个以迅速扩大规模为主要特征的发展阶段。1965年我国高等教育毛入学率为2.1%，1985年为3.6%，1999年达到9%，后逐年上升，2001年达到15%，2003年达到17%，2004年达到19%，2005年达到21%，2006年达到22%，2007年达到23%，2008年达到23.3%，2009年提高到24.2%。我国高等教育规模先后超过俄罗斯、印度和美国，成为世界第一②。至2015年，我国高等教育毛入学率已达到40%，一些省份事实上已进入了高等教育普及化阶段。伴随着高等教育的快速发展，高等教育聚集了数量巨大的优良教育资源；教职工数量扩大，结构得到了一定程度的优化。高等教育规模扩大带来四大效益：提高了民族整体素质；缓解了"供求"矛盾；拉动了社会消费；促进了经济增长。四是国家采取多种措施使高等教育质量有所提高。1988年国家教委发出《关于加强普通高等学校本科教育工作的意见》，提出了提高本科教育质量的具体建议。1999年1月1日开始实施的高等教育法第二十一条明确规定："高等学校应当以培养人才为中心，开展教学、科学研究和社会服务，保证教育教学质量达到国家规定的标

---

① 潘懋元，肖海涛. 中国高等教育思想发展30年 [J]. 教育研究，2008 (10).

② 赵哲，青青山. 我国高等教育规模发展的历史进程与现实反思 [J]. 高等理科教育，2010 (4).

准."第一次将教学质量问题写入国家法律。为了提高办学水平和教学质量,教育部从1987年开始组织进行评估试点工作,并于1999年颁布了《普通高等学校教育评估暂行规定》,于2008年完成了对全国所有高校的第一轮评估。2007年教育部与财政部联合下发了《教育部财政部实施高等学校本科教学质量与教学改革要程的意见》,启动"高等学校本科教学质量与教学改革工程",推动本科教学改革,促进本科教学质量提高。这些文件的实施促进了我国高等教育质量的不断提高。2003年至2008年,在教育部评估中心组织实施的第一轮"普通高等学校本科教学工作水平评估"中,接受评估的589所高校,本科教学工作水平获得优秀的高校有433所,占参评高校总数的73.5%。高等教育质量的不断提高,为国家培养了大批高质量的人才,为我国社会各项事业的发展做出了重大贡献。五是实施"211工程""985工程"和"双一流"建设带动了重点学科大发展。"211工程"和"985工程"建设是我国高等教育重点建设体系中的重要内容,也是我国高水平大学和重点学科建设的重要手段之一。"双一流"建设则是党和国家为了提升我国高等教育综合实力和国际竞争力而作出的建设世界一流大学和一流学科的一项重大战略决策。通过这些重点建设项目的实施,我国高水平大学建设成效显著:学校整体实力得到较大提高,学科建设取得重大成效,少数学科接近国际先进水平。提升了高等学校的创新能力,高水平大学在不断提升其办学水平的同时,对其他高校的发展起到巨大的辐射带动作用,促进了我国高等教育总体水平的提高,提高了我国高等教育的国际影响力[1]。

第五节 知识经济与高等教育革新

知识经济悄然兴起,既是一场巨大的经济转型,更是一场深刻的社会变革,必然对整个人类的价值观念、思维方式、生产方式和生活方式产生重大影响,也必然对高等教育产生全方位的冲击。高等教育如何应

---

[1] "211工程"部际协调小组办公室."211工程"发展报告(1995—2005)[M]北京:高等教育出版社,2007.

对，这是全人类都应该共同思考的大课题。

一、背景与趋势：知识经济与高等教育关系的理论探讨

教育在任何时候都是时代的产物，知识经济时代的高等教育必须与知识经济时代的特征相适应。

（一）知识经济及其主要特征

知识经济是以知识和信息的生产、分配、传播和使用为基础，以创造性的人力资源为依托，以高科技产业和智业为支柱的一种新的经济形态，是发达国家几百年工业经济社会无数发明和知识财富长期积累的产物，特别是20世纪中叶以来，以电子计算机为代表的微电子技术，以及光导纤维、生物工程、海洋工程、空间技术、新能源、新材料等一系列高新技术发展的成果。这些高新技术的产生与发展，使自然资源在经济发展中的作用与价值日渐衰微，而技术、知识在经济发展中的作用和价值却逐渐突出：历史由此进入知识经济时代。

相对于农业经济与工业经济，知识经济具有下列主要特征：

（1）知识是经济发展的战略资源。知识经济是以现代科学技术为核心，建立在知识和信息的生产、存储、使用和消费之上的经济。与传统的经济形态相比，其最主要的特征在于它的繁荣不是直接取决于资源、资本以及硬件技术的数量、规模与增量，而是直接依赖于知识的积累与利用。

（2）信息是财富增长的重要基础。在知识经济时代，高效率的社会生产主要依赖于以高科技为基础的有效信息的充分运用，社会生产都是围绕信息流通来组织实施。知识经济时代的财富正在从诸如黄金、货币和土地之类有形的东西转换成一种新的无形的财富，而这个新财富的基础就是信息。人类经济活动正沿着"信息高速公路"大步走向信息化。

（3）人才是事业成败的关键因素。人才是知识、信息、智力、能力的载体，人才资源是一切经济资源中最重要的资源。一个公司、一个行业，乃至一个国家的主要优势就在于拥有大量人才。激烈的经济竞争，归根到底是人才的竞争，谁拥有大量高素质的人才，谁就能在未来的发展中居于主导地位。

(4)创新是时代发展的内在动力。知识经济的本质是创新。知识应用于生产过程中,使潜在的生产力转化为现实的生产力,创新是其中的中心环节。知识创新是技术创新的基础,技术创新则是科技进步与经济增长的内在源泉。创新可以弥补资源不足与资本上的弱势,创新的力度直接决定着经济增长的速度。

(5)高科技产业是知识经济时代的支柱产业。高科技产业的迅速发展是知识经济时代的重要标志。有材料显示,20世纪90年代后期,美国的经济增长有27%归功于高科技产业,而工业经济时代的支柱产业——建筑业只占14%,汽车仅占4%,微软公司的产值已超过美国三大汽车公司的总和。高科技产业的发展推动了传统产业的改造,促进了新经济增长点的诞生,加速了社会财富总量的增加。

(6)科技园(区)是社会构成的新型元素。与农业经济、工业经济两种经济形态相适应的社会构成元素分别是家庭与工厂。到了知识经济时代,科技园(区)日益成为社会构成的新元素。它以大学为依托,以发展高科技产业为主旨,以规范化、网络化和多样化的管理为机制,从而创造出高于传统工业几十倍的劳动生产率。

(二)知识经济与高等教育互为动力

教育必须与经济、社会发展的要求相适应。知识经济是以知识为战略主体的经济,是以信息化、网络化为发展基础的经济,是以创新为内在动力的经济,是以人才为关键要素的经济,是以高科技产业为支柱产业的经济,是以科技园(区)为新的社会构成要素的经济。知识经济的上述特征决定了它与教育,尤其是高等教育之间必须具有极为密切的相互信赖、相互促进的关系。这是因为从事高等教育的专门机构——高等学校,是唯一涉及信息过程所有环节的机构,它能够把知识的生产、传播、应用与创新过程卓有成效地整合起来。它不仅拥有一流的图书情报、一流的科研设备、一流的人才群体,而且拥有知识的优势、学科的优势、教学的优势、科研的优势与联合攻关的优势。因而,高校既是储存、传播和运用知识的"知识库",又是厚基础、强技能、善创新的高素质人才的"培养所",还是知识创新、技术创新与观念创新的"发源地",是新知识、新技术、新思想的"辐射源",以及知识物化、科技转化的"孵化器"。因此,没有现代的高等教育也就不可能产生知识经济。

高等教育不仅孕育了知识经济,而且成功地推动了知识经济的发展。纵观世界,无论是美国的"硅谷"、128公路、英国剑桥大学科技园区、日本的筑波科学城,还是中国以北京大学、清华大学和华中科技大学为依托发展起来的各种高新技术开发区,无一不是大学哺育的产物。这些科技园区将高等教育与经济紧密相连,成为社会发展中新的经济增长点。以"硅谷"为例,在这块方圆仅几十公里的谷地中,围绕着斯坦福和伯克利两所主要的研究型大学,分布着3000多家高科技产业和许多研究开发机构,仅1995年的收入就高达850亿美元,其中62%的收入是那些与斯坦福大学有关的人员创造的。

与此同时,知识经济的发展也进一步推动着高等教育的革新与发展,这不仅因为高等教育具有传授现代科学知识、树立新的价值观念、培养人才、开发高新技术等功能,更因为高等教育与知识经济的灵魂——追求创新,有着天然的契合。因此,伴随着知识经济的发展,高等教育的地位在发生着变化,即由"社会的边缘"走进"经济社会的中心",高等教育的功能在不断地拓展。总之,时代的发展需要创新,知识经济在创新中不断对高等教育提出新要求,高等教育在不断的改革与创新中适应和促进知识经济的发展,二者正是在这种相互依存、相互促进的过程中形成一种良性互动关系,共同推动人类社会的进步与经济的繁荣。

(三)知识经济条件下高等教育发展的必然趋势

知识经济的到来,对人类社会的深远影响是全方位的,它不仅改变了高等教育的地位,拓展了高等教育的功能,而且促使整个高等教育向下列趋势发展:

(1)教育对象大众化。当今,知识对生产力的推动作用和对综合国力的增强作用已越来越明显地展示在世人面前。世界各国都把大力发展高等教育,全面提高国民素质作为促进经济增长的一个重要手段。此外,大力发展高等教育还具有推动政治民主与促进文化繁荣等功能。高等教育从精英化走向大众化已成为世界各国高等教育改革的共同趋势。

(2)个体学习终身化。随着知识经济的兴起与知识产业的迅速发展,人类拥有的知识总量将进一步膨胀,知识更新的周期将越来越短。有人预计在2020年人类拥有的知识中,有90%目前还没有创造出来。新的知识将产生新的产业和新的职业,同时老的职业将被逐步淘汰,即便一时还保留的职业,也可能由于新科学技术的不断注入而要求从业者不断学习以掌握新的技能。学习和教育将贯穿人的一生,"活到老学到老"将成为人们的一种基本的生活需要。

(3)办学主体多元化。面对高等教育规模的空前扩张,教学任务的日趋繁重,仅靠传统的正规的高等学校系统,已远远不能满足社会对高等教育的广泛需求。近年来,世界各国纷纷涌现出大批社会高等教育机构,教育社会化与办学主体多元化已成为必然趋势。

(4)培养目标通才化。知识经济时代是一个高度综合的社会,它表现在信息综合、理论综合、产品综合、流通综合、地域综合等方面,其中最重要的是学科与知识综合。因此,新时代最需要的是在信息、知识的获取、运用与创新方面具有综合能力的通才。博才取胜已被众多的实践所证明,且渐成共识,培养目标通才化已成为世界高等教育改革的共同趋向。

(5)教育内容综合化。为了培养适应知识经济时代要求的"一专多能"、"能说会做"的通才,世界许多国家的高校在制定教学计划时,十分强调综合科学的重要性,重视学群、学类与学际领域的研究。在课程设置上,必然要打破学科中心主义,实行"学科综合"、"文理渗透"、"专博结合",以帮助学生形成综合的知识与智能结构,培养学生多角度、广视野分析问题、解决问题的能力。

(6)教育手段信息化。知识经济是微电子技术、信息技术充分发展的产物。在信息社会,信息技术的广泛应用,信息产业的迅速发展,信息网络化的进程加快,不仅使信息、知识的创造、储存、学习和使用的方式产生了第二次革命,而且给教育手段的信息化带来了机遇,电脑化、智能化、自动化与多样化将大大提高大学生的学习效率。

(7)办学模式网络化。信息网络的广泛使用,缩短了人与人之间的距离,模糊了企业与企业之间、学校与学校之间、甚至国与国之间的时空界限。在教育中,即时的师生"在线"沟通正在形成一种新的无距离教育。在世界各地,"网络大学"、"虚拟大学"应运而生,既加快了知识传播与更新的速度，也极大地推进着高等教育大众化的进程。

（8）教育管理高效化。知识经济是基于全球信息网络技术的经济，突破了传统经济再生产的四个环节，使消费与生产融为一体，流动和分配可以在瞬时完成。网络化的流通方式，使产销之间的距离几乎为零。同时，借助网络形成的扁平式的零层级管理结构使上下级的联系快捷、灵活。总之，知识经济是"低耗高效"型经济。为适应这种经济的要求，高等教育活动的组织管理模式也将发生根本性的变化，以电子计算机为基础的管理信息系统将使高等教育的管理机构更具灵活性、适应性和高效性。

（9）教育资源国际化。"全球化"与知识经济并行，伴随着国际分工的进程，统一劳务市场的建立，以及科技与管理人员在国际间自由流动的加剧，不同国家、地区的高校加强合作，在人才、信息、技术等方面进行交流，包括相互交流学生、互聘教师、互相承认学历与合作办学，在国际范围内实现一定程度的教育资源共享已成为不可阻挡的趋势。

（10）教育发展产业化。知识经济改变了传统的只有物的生产才创造价值、才是生产的产业观念，人们逐渐认识到在知识经济时代，人类的三种生产——物质生产、精神生产和教育生产都能创造价值，都是生产。教育生产的主要产品是高素质的人才和这些人才创造的新知识、新技术与新观念，这些产品具有与纯粹物质产品不同的价值，并且能够使物质产品大幅增值。这种生产在知识经济条件下的高等教育中尤为突出。高等教育既然是一种生产，就能够也应该使从事这种生产的高等教育产业化。因此，在高等教育中引入符合教育特点的市场机制，如利益机制、竞争机制、价格机制与供求机制等也就成为必然。

二、机遇与挑战：知识经济对我国高等教育影响的实证分析

知识经济对我国高等教育的影响与冲击是全方位的，既带来了发展的机遇，也提出了严峻的挑战。

（一）知识经济给我国高等教育发展带来的机遇

（1）知识的经济化与经济的知识化趋势使高等教育的地位提升。在知识经济中，知识的拥有同社会经济发展、个人财富与地位升迁紧密相

关，国力竞争与个人竞争在很大程度上变成知识创新和信息运用的竞争。江泽民同志在会见"两院"院士时讲到："推进未来发展动力的要素既不是资本和土地，也不是劳动力，而是知识，是人的素质，这些因素将会创造经济奇迹。"教育，尤其是高等教育已被国家纳入优先发展的战略与现代化建设的整体布局之中。知识因素对国民个人发展的影响日趋明显。有调查显示：知识水平较高的人拥有更多流向职业声望较高的科研、金融与计算机服务等行业的机会。在单位中拥有更多的职务升迁机会，文化程度的差异对收入差距的影响正呈扩大趋势。知识水平还直接影响着人们对社会政治生活的参与度，在人们心目中，知识分子的社会声望居于各阶层前列。

（2）大众化与国际化趋势使高等教育的市场拓展。知识经济激发了社会对知识与人才的需求，加快了高等教育大众化的进程。我国政府原定于2010年高等教育毛入学率达到15%，即实现"大众化"的目标。1999年中共中央、国务院作出了扩大招生规模的决策，当年全国普通高校共招收本专科生159万人，比1998年的108万人增长了47.4%，毛入学率达到11%。2014年毛入学率达到了37.5%，创造了我国高等教育的新纪录。随着对外开放与国际交流的进一步扩大，国外生源市场也不断拓展。据统计，2012年共有200多个国家和地区32.83万各类外国学生来我国学习。随着中国入世，外资企业的扩展与经贸交流的增多，必将给我国带来新的生源市场，尤其是汉语与双语人才等方面的培训市场前景看好。

（3）高教、科技、经济一体化与学习终身化趋势使高等教育的功能扩张。这种功能扩张，首先反映在高等教育原有三大功能的扩张上：一是时间上的扩展。为适应个体学习终身化的要求，高等教育正在从阶段性教学转向终身性教学，各种类型的成人高校、老年大学蓬勃发展。2000年成人高等教育在校生达353.64万人，全国高等教育自学考试的报考达1369.13万人次。二是空间上的扩大。为了满足日益增长的高等教育需求，高校正在从封闭走向开放，各种形式的校外教学、网络教学、合作办学应运而生。三是内容上的扩充。教学的功能已不仅仅是知识的储存与传递，而是集创造、加工、处理、传播与应用为一体。科研也不仅仅是注重基础研究，开发研究与应用研究占有越来越大的比重。不少高校结合科研兴办科技企业，到1999年底全国这样的企业已达2137家，并以平均高于15%的增长速度继续增长，2000年，校办科技企业的销售经营收入总额已达368亿元。高校社会服务的面越来越宽，包括企业培训服务、科技攻关服务与参与政府咨询决策服务等。不少高校与企业联合建立了一大批技术开发中心、生产力促进中心、产学研合作示范中心，1998年，我国高校从各种渠道获得的科技经费达80.1亿元。"九五"期间，高校参与国家科技攻关项目共取得科技成果3050多项，获得国拨经费9亿多元。1992年至1998年间，全国共鉴定成果近6万项，签订技术转让合同3万余项，成交金额28.35亿元。这些成果转化为现实生产力并已产生出巨大的社会经济效应。其次，反映在新功能的产生上。高校凭借人才资源与科研优势，广泛参与社会经济活动，在多方面都发挥着刺激经济增长、引导文化变迁、扩大国际交往、提升人类文明等功能。

（4）综合化与信息化趋势推动高等教育的改革深化。知识经济社会是一个高度综合的社会，它表现在知识的形成与发展、信息的加工与传播、新产品的设计与制作、商品的生产与流通等各个方面。这种综合化的特征也反映在对人才的要求和高等教育培养目标的确立上，进而影响到学科结构的调整，专业与课程的设置，以及教学方法、考试方法等各个方面的改革。从对我国当前高等教育改革的影响来看，必须确立综合化教育思想已渐成共识，"厚基础、宽口径、强技能、善创新"的高素质的复合型人才的培养目标已被广泛接受。按综合化的思想合并学校、调整专业、重组学科、优化培养模式等方面的改革已取得相当的成就。以电脑化、网络化、数字化为主要内容的"信息化"趋势，对我国现行的高等教育的影响不仅仅是教育技术与教育手段的变革，而是从教育观念、教育体制、教育模式到教育管理的全方位的改革。伴随着教育信息化的进程，传统的"传道、授业、解惑"的教育观、"博闻强记"的学习观正在发生改变，注重正规的一次性的学校教育制度和强调整体同步的班级授课模式也将逐步瓦解，取而代之的将是以适应信息化要求的弹性化教育制度与个性化的学习模式。

（5）产业化与社会化趋势使高等教育发展的环境不断优化。在"知识经济初见端倪"的历史条件下，江泽民同志指出教育是先导性、全局性、基础性产业，高等教育的产业化趋势日趋明显。首先，这种趋势反映在高等教育的发展中引入了市场机制。为满足强劲的社会需求，近年来，我国迅速调整了高等教育的布局结构、专业结构，扩大了招生规模，提高了办学效益。其次，反映在高等教育发展中遵循了"谁受益、谁投资"的等价交换原则。2015年，我国大学生在校人数达3700万，按每生每年花费1万元计算，就是3700多亿元。这3700多亿元的注入，不仅有利于突破制约我国高教发展的投资"瓶颈"，有利于改善办学条件，有利于稳定教师队伍和提高办学质量，而且对于搞活整个中国市场也具有重要意义。反过来，知识经济的高增值性所积累的巨大财富又可以为高等教育的进一步发展提供坚实的经费保障。其三，反映在高等教育的发展将获得日益广泛的社会支持。随着产业化带来的开放、竞争、质量与效益等观念的增强，以及人们对高等教育社会经济功能认识的深化，人们越来越关注高等教育，尊重知识、尊重人才、支持高等教育的社会氛围将进一步形成。这一切都可以为高等教育发展创造良好的物质环境与精神环境。

（二）知识经济对我国高等教育发展提出的挑战

（1）国际竞争加剧对高等教育培养目标的挑战。知识经济与高新技术的发展对人才素质的要求越来越高，高素质的人才已成为新的国际竞争的关键因素。高素质人才应具有下列特征：①厚基础，包括宽厚的人文底蕴、广博的科学素养、必要的基础知识与扎实的专业功底；②强技能，包括很强的学习能力、动手能力、研究能力、思维能力、表达能力与组织管理能力；③高品格，包括敬业精神、奉献精神、求实精神与合作精神，以及鲜明的主体意识与强烈的社会责任感等；④有特色，包括知识的特色、才能的特色、兴趣的特色等；⑤善创新，包括强烈的创新意识、超常的创新思维与综合的创新能力等。一句话，高素质人才就是复合型的创新人才。这就对传统的高等教育培养目标及培养方式提出了严峻的挑战。根据武汉大学最近就大学生的质量问题在全国范围进行的一次抽样调查的结果看，我国高等教育在培养目标及培养方式上存在着下列"六重六轻":重成才教育、轻做人教育;重专业教育、轻基础教育;重书本教育、轻实践教育;重科技教育、轻人文教育;重共性教育、轻个性教育;重继承教育、轻创新教育。社会对毕业生的评价是创新能力不强,敬业精神、合作精神不足,身体素质、心理素质相对较差。一份对于北京23所大学6000名学生的调查结果也显示:随着年级的上升,大学生的创造力反而呈下降趋势。另据瑞士洛桑国际管理开发研究院发表的2000年度《国际竞争力报告》显示,我国国际竞争力总体水平排名比前一年度有所下降,竞争力下滑的一个重要原因就是创新能力不足。这种状况警示我们:必须对高等教育的培养目标进行认真反思。

(2)知识高度综合对高等教育人才培养模式的挑战。高度综合的知识经济社会最需要的是具有广博知识和综合能力的通才。国外研究发现:有成就的科学家多是靠博才取胜。当今诺贝尔奖的获得者中,有不少既是某门科学的"专才",也是善于进行综合性研究的"通才"。发达国家都很重视通才教育。市场的需求对我国长期以来注重专才培养的教育模式提出了挑战。人才培养模式由培养目标、专业设置、教育方式、学习方式与评价方式等要素构成。我国传统的人才培养模式的特点可概括为五个字:一是"专",即强调按统一的计划与要求培养人才,培养目标过专;二是"窄",即专业划分过细,专业口径过窄;三是"灌",即教学重灌输,轻启发;四是"死",重记忆,轻思考,学习方法过死;五是"偏",即评价指标片面,评价方法单一,评价结果偏颇。这种模式培养出来的学生在计划经济体制下容易对口安排,但综合素质较差,适应面较窄,创新能力较低。在知识经济时代,这种人显然是难以适应的。

(3)功能迅速扩张对高等教育体制的挑战。知识经济条件下的高等教育承担着时代赋予的多种社会职能,高等教育能否实现这些职能,关键在从事高等教育活动的主体——人的积极性、主动性与创造性的发挥,而人的调动又取决于制度和体制。高等教育体制主要包括办学体制、管理体制、投资体制、招生与分配体制、校内管理体制五个方面。近年来,我国在上述五方面的改革都取得重大进展,但面对知识经济的挑战,仍然存在着许多不相适应和阻滞功能实现的缺陷。仅就校内管理体制而言:从人事制度看,仍带有一定的"管、卡、压"特征,例如,在管理上是重管"人"、轻管"事";在职称评定上是重指标、轻条件;在职务聘任上是重任命、轻竞争;在人才流动上是重安排、轻自愿,忽略了人的主体性。从分配制度看,在很多方面仍反映出重身份、重资历的色彩,离按知识、技术、管理等生产要素和按贡献进行分配的要求还有较大距离,影响了人的积极性。从教学科研的评价制度看,既缺乏分类型、分层次、合理的评价指标体系,也缺乏科学的评价方法,更缺乏健全的评价组织,不能激励教师积极开展教学与科研,压抑了人的创造性。

(4)网络自由传输对高校德育的挑战。教育是培养人的活动。高校德育既是高等教育的重要组成部分,也是培养有理想、有道德、有文化、有纪律的一代新人的重要手段。在信息社会条件下,网络自由传输的自由度大大加强,这一方面有利于信息资源共享,有利于加速国际合作与交流的进程,另一方面也对高校德育提出了挑战。随着信息网络的发展,各种思想文化的交融、碰撞将愈来愈激烈,西方的文化,包括影视、音响、书刊等将大量进入我国高校,各种意识形态和生活方式必然对大学生的价值观念、思维方式产生极大影响,有可能造成观念的冲突与思想的腐蚀。知识经济条件下高校德育工作将愈来愈重要,也将愈来愈复杂、艰巨。

(5)教育资源共享对高等教育市场的挑战。这种"共享"既有利于我们引入优质的教育资源,以提高教育质量,也有利于拓宽生源市场,以提高办学效益。但"共享"带来的挑战也是严峻的。首先是高校人才资源的争夺已成为不争的事实。一位西方学者曾直言不讳地说,"欧美要保证科技竞争实力,非常需要中国的人才。"许多发达国家通过制定一系列优惠政策来争夺全世界的尖子人才,而中国被他们视为抢挖人才的宝库。高校教师资源是人才争夺的重要内容。据报载,2001年已有一批中国知名学者同英国高校签订了年薪30万元人民币的工作合同,即将赴英国任教。其次是学生资源的争夺。当今,欧美许多国家的高校自然科学专业的本科招生正出现迅速下滑趋势,研究生生源更是严重短缺,这些国家正把生源市场的目标转向中国。2000年以来,我国生源流失已相当严重,而且正在出现由研究生层次向本科层次、由高龄向低龄、由小批量向大批量发展的趋势。可以预料,21世纪的高校生源争夺将会更加激烈。

三、改革与创新:回应知识经济挑战的对策思考

面对知识经济对我国高等教育的广泛而深刻的影响,高等教育如何抓住机遇,回应挑战?唯一的对策是从观念、体制、结构、机制到人才培养模式进行全面的改革与创新。

(一)更新观念

观念是行为的先导。为迎接知识经济的挑战,必须更新下列六种观念。

(1)知识观:从诠释过去到探索未知。传统的观点认为,知识就是对已知事物的认识,受教育的过程就是积累知识的过程。新的知识观则认为:知识既是认识的结果,更是探索知识的过程;知识既是事实与概念系统的描述,更是学习和掌握新知识的方法系统。高等教育不仅要给学生必要的知识,更重要的是让学生形成科学的世界观和掌握正确的方法论。

(2)质量观:从知识储存到全面发展。在传统的"仓库理论"的支配下形成的观念是:书读得越多,储存的知识越多,质量就越高。然而,在知识经济时代,面对知识爆炸性膨胀和老化速度加快,以及人际关系、群际关系与国际关系的复杂化等形势,人不仅要学会学习,还要学会生存、学会关心、学会合作、学会处事,只有知识、能力、思想、情感、身体和心理都得到较全面发展的人,才能较好地适应社会。

(3)人才观:从突出精英到关注大众。知识经济是一个知识信息广泛渗透和高新技术普遍应用的社会,各行各业都需要数量众多的技术、管理与服务人才,这就要求改变传统的只注重培养少数精英的人才观,树立重视包括精英在内的各种人才的多层次、多类型的人才观。各种人才各有所长,各有所用,既可以相互补充,又可以相互转化。

(4)目标观:从专业人才到创新人才。知识经济所需要的人才同现有人才的差别,不仅在于专业意识的强弱、专业知识的多寡与专业能力

的高低，更主要体现在创新意识、创新思维与创新能力的优劣上。

（5）教育观：从传授知识到开发潜能。传统的观念认为教育的任务是通过传授知识培养人才，看不到学生具有的巨大的创新潜能。新的教育观坚信人人有创新潜能，也坚信这种潜能类型与层次的差异，更坚信学生是创新教育的主体、教育是开发创新潜能的最佳途径。因此，高等教育应致力于发现和开发蕴藏在学生身上的潜在的创新品质，从传统的专业知识技能教育伸展到学生的精神世界，把培养学生的学习热情、创造欲望、创新思维与创新能力放在首位。

（6）学习观：从被动应付到主动学习。进入知识经济时代，人们逐步认识到学习不是外在的、被动的，而是个体生存的迫切需要，是自身发展的重要前提，是市场竞争的制胜法宝，在学习态度上具有主动性；为了适应急剧变迁的社会，人们需要不断地探索未知，把握未来，在学习时间上具有终身性；为了提高学习效率，人们将充分利用正规与非正规的各种学习形式、电脑与多媒体等多种手段进行学习，在学习方法上具有灵活性。

（二）改革体制

高等教育体制涉及中央和地方、国家与学校，学校内部上级与下级之间的纵向隶属关系，也包括学校与社会、高等教育系统与学校内部各子系统之间的横向关系。它不仅反映着一定时期高等教育的性质，而且直接影响到高等教育改革与发展的速度及水平。我国传统的高等教育是在计划体制下形成的，具有依附性、强制性、单一性与封闭性等特征，近年来虽经多次改革，且收效显著，但仍在多方面滞后于时代的要求。

从宏观的角度看，由于知识经济提高了社会的知识化程度，进而大大刺激了社会各界对人才和高等教育的需求，迫切要求高等教育有较大的发展。我国应通过深化办学体制与投资体制的改革，尽快建立和完善国家办学为主，社会各界共同参与的多层次、多形式、多类型的办学体制和财（财政拨款）、税（教育税）、费（学费）、产（校办产业）、社（社会集资、捐资）、基（教育基金）等多渠道投资的投资体制，大力推进高等教育大众化的进程，拓宽办学空间，盘活教育存量，优化高等教育的资源配置。

从微观的角度看，在高校内部的管理体制上也存在着多种影响创新的因素，如重领导的目标责任，轻教职工民主参与的决策模式，重行政权力，轻学术权力的行政管理模式，以及重身份轻岗位、重晋升轻考核、重职级轻实绩的人才管理模式等，都不利于教职工积极性的调动。在学生管理中，重统一要求，轻自由选择，学生在选系、转专业、选课程、选老师等方面的自由度很小。这些在很大程度上压抑了学生学习的主动性与创造性。因此，高校内部管理体制改革的任务仍很艰巨。首先应在完善党委领导，把握好办学方向和强化校长权威，抓好统筹管理的同时，建立健全教职工的民主参与制。其次应加快机构改革和编制改革，减员增效，提高办学水平和用人效益。其三是深化用人制度改革，积极推行干部目标责任制、教师聘任制和全员聘任制，建立能上能下、能进能出的机制。其四是加大改革力度，在总量增加的前提下，拉开档次和差距，建立按岗位、按任务、按业绩、按贡献分配的激励机制。其五是鼓励学生自由选修课程，推进学分制，实行弹性管理制。

（三）调整结构

首先，应根据高等教育大众化与个体学习终身化的需要，构建多元化的终身教育体系。这一体系应具有培养目标的多样性与多变性、办学的多主体与投资的多渠道、教育机构的多层次与多类型、评价的多标准与管理的多模式等特征。从我国当前的情况出发，构建这一体系应从以下几方面同时着手：在有潜可挖与确保质量的前提下，扩大普通高校的招生规模；按照服务区域、就地招生、突出特色、强调"应用"的思路，大力发展高等职业教育；坚持转变观念、调整政策、依法保障，积极扶持民办高等教育；充分利用各种社会资源和现代化教育技术，兴办开放性大学和网络学院，逐步形成普通高等教育、高等职业教育与成人高等教育、学历教育与非学历教育、全日制教育与业余教育、学校教育与社会教育相互补充，公办与民办结合，层次比较合理，类别相对齐全的新型高等教育体系。

其次，应预测产业结构的变化趋势，调整高等教育的层次结构与专业结构。教育结构必须与经济结构相适应。知识经济的到来，以信息技术产业为代表的高技术产业的发展，以及以信息咨询为代表的智力服务业的发展，其比重将大大增加。高新技术的发展不仅本身孕育产生了一系列新的产业，各产业自身，尤其是第三产业内部的产值比重也将发生变化。我国面临着由农业经济向工业经济与知识经济的双重跨越。第一产业还有较大的比重，但生产科技含量低、竞争能力差。这种产业结构要求我国的高等教育在层次结构上，既要建设一批国际一流的大学，培养一大批能迎接信息化社会挑战的拔尖人才，又要大力发展各种地方性高校与社区性学院，培养数以万计的一般性人才，提高整个职工队伍与农民队伍的素质。从专业结构上讲，有条件的高等院校，尤其是国家重点建设的院校，应加快发展一批高新技术学科和新兴学科的专业，以培养一批能向高新科技发起冲击的人才。一般院校也应主动适应人才市场的变化，加快发展一些实用性强的专业，以满足社会经济发展对人才的需求。

其三，应根据培养复合型、创新型与开放型人才的需要调整课程结构。在课程结构调整中，既要考虑知识经济时代对人才素质的整体要求，注意课程的系统优化，发挥其全面育人的功能，又要考虑有着不同的学习基础与不同的兴趣、特长的学生的需要，使课程便于因材施教，能促进每个学生的发展。优化的课程结构应具有以下特征：①基础性。应通过提炼基础课与专业基础课的内容，突出知识点，使其简约化、结构化。②前沿性。专业课程应该提高起点，内容精练但能反映科技与学科发展的前沿。③综合性。打破专业界限，开设通设课程，促进文理渗透与学科交融，拓宽学生的知识视野。④多样性。增开选修课程与活动课程，尽可能地为学生提供自由选课的机会。⑤创新性。除应开设"创造学"等课程，培养学生的创新意识和创新能力外，还应将创造学的原理与方法渗透在各门课程中，贯穿于学生的所有学习过程。⑥开放性。要增设外语课程与信息技术课程，提高学生的国际交往能力和应用现代信息技术的能力。在增加人文课程，弘扬中国优秀传统文化的同时，注意多元文化的吸收，既要培养学生的爱国主义、民族精神，又要培养学生的国际理解、国际合作与文化包容等精神。

（四）优化人才培养模式

优化人才培养模式，应该以终身教育、素质教育和创新教育为基础，因材施教，努力促进学生的知识与能力、思想与品格、共性与个性的协调发展。这种模式应具有以下特征：

（1）多样性。这种多样性表现在培养目标上，包括规格、层次、类型的多样性，专业与课程设置的多样性，培养途径的多样性，学习方式的多样性，教学评价方式的多样性与教学管理方式的多样性。总之，要给学生更多的自主学习的时间与空间，提供选修、辅修、双学位、多学位等多种机会，引导学生向复合型人才发展。

（2）综合性。这种综合性首先体现在培养目标上，从重视专业素质向重视综合素质转化。其次体现在教育内容上，应充分考虑科学、技术不断交叉与融合，学科之间的不断整合与贯通对人才培养的影响，拓宽面向，淡化专业，打破原来的学科中心主义的课程与内容结构体系，实现学科综合、知识与能力的综合。同时体现在教育方法的广度和深度上，教育过程将愈益成为教师与学生的双向互动过程，教学计划的灵活安排，启发式、辅导式、探索式、讨论式、视听教学与个别化教学等多种方式的综合运用，将使教育过程更符合教育规律与学习者的个人特点，将更有利于学生潜能的开发。

（3）特色性。特色就是"人无我有，人有我优，人优我新"。办学模式的特色性表现在很多方面：一是能客观地分析社会需求，能准确地评价自身的条件，合理地进行专业定位，使培养目标具有特色性；二是能充分发挥本地本校本专业的优势，挖掘其潜能，在课程设置上能弥补他人之不足，或能独辟蹊径，填补某些空白，使专业课程开设具有特色性；三是能因时、因地、因人（学生）制宜地选择和确定自己的教学方法、学习方法、评价体系、管理制度，使教学和管理模式具有特色性；四是能多渠道招生，多形式培养，学生能多方面发展，最后能多门路就业，使毕业学生具有广泛的适应性。

（五）创新机制

高等教育的机制创新应反映在宏观、中观与微观三个层次的各个方面。从微观的角度讲，机制创新的主要目的在于调动教师工作的积极性与学生学习的主动性。教师积极性的调动，只要靠目标引导机制、引入竞争机制和强化激励机制等。这里，着重谈谈建立调动学生学习的主动性与创造性的机制问题。

（1）自主学习机制。主要是通过教学改革，使教学内容由强调专业规范与统一要求，变得具有综合性和开放性；使教学方法从注重"满堂灌"、照本宣科，变得具有启发性和灵活性；使学习方法由缺少自主性、死记硬背变得具有自主性与探索性。通过上述变化增强学生学习的主动性。

（2）合理流动机制。通过课程改革与招生、管理制度的改革来形成这一机制，如减少专业门类，建立跨系、科的专业，在课程改革中确保基础课程，压缩必修课程，重视综合课程，加大选修课程，增加活动课程，以及分学科大类招生、分小专业培养，也就是先学完基础课与专业必修课，再让学生根据自己的兴趣与条件选择专业方向，也允许学生在学习过程中基于学习或其他特殊原因自由转换专业。

（3）激励创新机制。主要是通过开设创造学课程，培养学生的创新意识与创新能力。组织各种创新活动，如课程设计、创作设计、发表小论文、进行创新演讲比赛等激发学生的创新热情。鼓励学生参与各种社会实践活动，在社会上寻找科研课题，要求学生"真题真做"，给学生特设创新学分，评创新奖励，培养学生的创新能力并使之体验创新成功的喜悦，最终达到充分开发学生创新潜能的目的。

第六节　科学发展观与高等教育和谐发展

科学发展观不仅为我们在新世纪破解发展难题，创新发展思路，全面建设小康社会提供了强大的思想武器，也为我国教育的改革提供了正确的指导思想。深入理解和贯彻科学发展观，是使我国高等教育走出困境，实现和谐发展的必由之路和正确选择。

一、把握科学发展观的实质，明确高等教育和谐发展的意义

要正确认识科学发展观对高等教育和谐发展的影响，必须首先把握科学发展观的实质，明确高等教育和谐发展的内涵及意义。

（一）科学发展观的实质

科学发展观是党的十六届三中全会提出的"坚持以人为本，树立全面、协调、可持续的发展观,促进经济社会和人的全面发展"的发展理念和"五个统筹"重要思想的总称。科学发展观弘扬的是一种和谐发展的伦理精神,蕴涵的是一种以人为本的人文情怀,关注的是一种全面均衡的发展目标,倡导的是一种面向未来的价值追求。其实质体现在四个方面:

以人为本是本质。"以人为本"观念主张人不仅是社会发展的目的,也是社会发展的动力,更是对人在社会发展中的主体地位和作用的肯定。坚持以人为本就是要把人的发展置于发展的中心位置,以不断满足人民群众日益增长的物质文化需求和努力实现人的全面发展为各项工作的出发点和落脚点。

全面协调是核心。科学发展观追求的是全面协调的发展:首先是追求作为社会发展主体的个人在德、智、体诸方面的全面发展,以及个性与共性等方面的协调发展;其次是追求社会在政治、经济、文化和生态等方面协调发展;其三是追求个人与社会的全面协调发展。

统筹兼顾是关键。发展是一个综合的过程,涉及社会的各个层面。发展还是一个不断创新、不断分化的过程,多样与差距是发展的常态。为了不断推进改革与发展,我们在谋略上就必须把各个方面兼顾起来,把分化和差距控制在合理的范围内。离开了统筹兼顾,就不可能有社会的全面协调发展。

持续有序是目标。科学发展观强调全面协调的发展,而发展的全面性与协调性是以发展的丰富性与多样性为前提的。多样性必然产生竞争性。竞争有两种基本形式,一为无序竞争,一为有序竞争。无序竞争的结果往往是同类相残、多败俱伤,只有有序竞争才可能实现共生共荣、持续发展。

全面理解和正确把握科学发展观的实质对于促进高等教育和谐发展具有重要的指导意义。

(二) 高等教育和谐发展的特征

和谐社会是在社会主义初级阶段为了全面建设小康社会而提出的一个发展战略,是落实科学发展观的重要体现。实现高等教育和谐发展则是构建和谐社会的教育应答。"和"即和衷共济之意,"谐"有协调顺畅之义。"和谐"就是相互矛盾的各方在一定条件下达到内和外顺、协调发展。高等教育和谐发展是指高等教育在发展中能够协调高等教育内部各要素之间及其与社会之间的关系，突出人的主体地位，实现目标合理、结构优化、功能完善、制度健全、持续有序的发展目标。高等教育和谐发展主要表现在：

（1）目标性和谐。目标是人们在一定价值观念支配下作出的对发展某些事物的选择或是指人们行为所希望达到的结果。正确和谐的目标体系对于实现高等教育和谐发展具有重要的导向作用。高等教育的目标和谐，首先体现在所有的高等教育都要以促进人的和谐发展为目的。教育公平是和谐社会的基石。高等教育的发展要尽可能多地满足人民群众日益增长的文化需求，同时，要把培养同和谐社会的要求相适应的高素质人才作为首要目标。其次体现在各级各类高等教育统筹兼顾、和谐发展。和谐的本质是指异质事物的多样统一。社会需要的多样性与个体发展的差异性决定了高等教育层次不同、类别多样，正是各级各类高等教育机构在发展目标上的合理定位，才能实现高等教育在整体上的相辅相成、和谐发展。其三体现在各高等教育机构自身发展的各项具体目标之间的和谐，也就是能正确处理好改革目标、发展目标与稳定目标之间，教学目标、科研目标与社会服务目标之间，近期发展与长期发展之间，以及硬件建设与软件建设之间的关系，总之要使学校确定的目标与社会要求、人才的全面发展、学校的实际情况相适应。

（2）结构性和谐。高等教育结构是指高等教育系统内部各组成部分之间的联系方式及比例关系。其宏观结构包括层次结构、类型结构、形式结构和布局结构等，微观结构包括学科结构、人员结构、权力结构等。高等教育结构性和谐从宏观上看，体现为层次结构和谐，即专科（高职）、本科、研究生教育比例适当；类型结构和谐，即不同类型的高等教育如民办高等教育与公办高等教育，高等职业教育和普通高等教育，综合性大学、多科性大学和单科性大学共同发展；形式结构和谐，即正规教育、非正规教育和非正式教育，自考、函授、电大、夜大、业大等多种形式的高等教育相互补充；布局结构和谐，即东西部之间、发达地区和偏远地区之间、城乡之间的高等教育的发展差距渐小。从微观上看，体现为高等教育机构内部学科结构更加合理；人员构成在年龄、性别、学历、职称等方面比例协调；权力配置更加科学，行政权力与学术权力之间既有明确分工，又能相互统一。

（3）功能性和谐。高等教育功能是指高等教育系统经过自身运作而产生的促进社会、个人及教育系统自身发展的功用和效能。高等教育的功能相应也可分为外适功能、个适功能与自适功能。高等教育的功能性和谐首先表现为外适功能和谐，即高等教育通过培养高素质人才，起到的优化人才结构、推动科技振兴、维护政治稳定、促进经济发展、增进文化繁荣与建设生态文明等多方面和谐发展的作用。其次表现为个适功能和谐，即高等教育在招生、培养、就业等各个环节与教育、教学、管理等各个方面都能够以生为本，充分调动学生的积极性、主动性和创造性，有效促进学生的和谐发展。其三表现为自适功能和谐，即高等教育能够遵循自身发展的规律，正确处理自身改革、发展与稳定的关系，有效促进规模、质量、结构与效益的协调发展。

（4）机制性和谐。机制是指影响事物运行的各个要素之间的相互联系及互动方式。高等教育的宏观运行机制主要体现在国家、地方、社会和高校四者的关系上。高等教育的宏观运行机制的和谐也相应地反映在上述四方面既能各行其权、各尽其责，又能相互协调、彼此配合，形成健全的宏观调控机制、地方统筹机制、社会参与机制和高等教育的自主适应机制，真正达到政府调控有力、市场调节有度、区域统筹有效、社会参与有序、高校自主有方的和谐运行的局面。

（三）高等教育和谐发展的意义

高等教育的和谐发展，首先是对构建和谐社会的教育应答。高等教育和谐发展不仅是社会和谐发展的重要组成部分，更重要的是能够加速和谐社会主体的培育。和谐发展的高等教育既可以为社会主体创造公平竞争、平等发展、充分发挥其聪明才智的社会环境；又可以为实现社会和谐发展提供数量更多、结构更优、质量更高的人才队伍；还可以通过传播先进文化、创新变革理念和强化价值引导为和谐社会的创建提供重要的舆论支持。

其次是促进社会主体和谐发展的必由之路。作为社会主体的人的和谐发展，既是社会和谐发展的目的，也是社会和谐发展的条件。人的和谐发展包括整体的和谐发展与个体的和谐发展两个层次，而整体的和谐发展又包括数量的增加、质量的提升与结构的优化，个体的和谐发展则包括共性发展与个性发展。因此高等教育的和谐发展应表现在大众化教育与精英化教育的并重，统一性要求与多样化发展的统一。大众化的高等教育有利于满足更多人接受高等教育的要求，精英化的高等教育则有利于少数拔尖人才的培养，高等教育的统一性有利于促进人的共性发展，高等教育的多样性则有利于促进人的个性完善。

其三是解决高等教育发展中各种矛盾的迫切要求。随着规模的扩张、结构的调整与改革的深化，高等教育自身所积累的矛盾也越来越多，如高等教育规模的迅速扩张与办学条件不足的矛盾，政府行政部门监管与高校自主办学的矛盾，社会发展对高层次人才的需求结构与高等教育的人才培养结构、输出结构的矛盾，高等教育的理性追求与现实功利取向的矛盾等。这些矛盾是高等教育发展失谐的必然产物，也只有在实现高等教育和谐发展的过程中，才能逐渐地解决。

二、对照科学发展观的要求，认清高等教育和谐发展的困难

科学发展观的提出，为高等教育发展提供了新的参照系和评价标准。对照科学发展观，有利于深刻认识高等教育发展中存在的问题及面临的困难。

（一）重物轻人，目标偏颇

受传统发展观的影响，高等教育在发展中存在明显的重物本、轻人本的价值取向。表现在发展取向上，重规模扩张，轻育人效益，造成数量攀升而质量下滑；在功能取向上，重派生功能，轻育人功能，在派生功能中，又重经济功能，轻文化功能，造成功能失调，本末倒置；在经费取向上，重硬件建设，轻软件建设，造成大楼林立但大师稀少，仪器设施先进但育人思想落后；在专业取向上，重技术学科，轻人文学科，造成功利思想泛滥，人文精神失落；在职能取向上，重科研，轻教学，而对科研成果的评价是重指标考核，轻积累效应，造成教学环节弱化，学术泡沫泛滥。

价值取向片面，必然导致整个高等教育发展目标的偏颇，如重数量目标、轻质量目标，重结果目标、轻过程目标，重效率目标、轻公平目标，重现实目标、轻未来目标，重精英目标、轻大众目标，重学术目标、轻职业目标，等等。偏颇的目标取向使人的发展目标被对物的发展追求所湮没。

（二）盲目攀比，结构失衡

重物轻人的取向、急功近利的心态，加上国家宏观调控的不足和微观指导的乏力，导致了近年来我国高等教育领域的盲目攀高、升格之风。一时间，大学规模越办越大，大学城越建越多，升格之风愈演愈烈，"跨越式发展"的口号愈喊愈响。有些高校为了达到升格的目的，不惜采用一些非正常手段，造成竞争失序。有些高校不顾条件盲目扩招，造成师资、设施短缺，培养质量下滑。有些高校盲目追求热门专业，造成专业的重复设置。有些高校为了扩张大量借贷，造成巨额负债，极大地影响学校的持续发展。盲目攀比导致了我国高等教育结构的失衡。从层次结构上看，本科教育发展过快，但专科教育独立性不强，研究生教育发展严重滞后；从类型结构上看，民办高等教育发展先天缺失，后天不足；成人高等教育的发展也因取向偏颇、资源短缺而令人担忧；从区域结构看，东部与西部高等教育资源配置极不平衡，中心城市与非中心城市的高校差距越来越大；从形式结构上看，非正规高等教育和非正式高等教育发展缓慢，前景不畅。结构失衡是高等教育难以适应社会需求的重要表现，也是造成高才低用、学非所用、有才不能用等一系列就业困难的重要原因。

（三）使命模糊，功能失调

教育是时代的产物。高等教育功能也应随着时代的发展而不断拓展。急剧变革的现代社会为高等教育的发展提供了前所未有的挑战与机遇。高等教育要在战胜挑战和抓住机遇中发展自己，就不能仅仅被动地适应社会，而应该担负起超越社会、引领社会的使命，并据此重构自身的功能。基于这一认识，就会发现我国高等教育在发展中因使命感不强，而导致了功能的严重失调。首先是外适功能的失调。面对科技迅速发展、经济全球化、信息网络化、政治多极化与文化多元化的现代社会，高等教育机构不仅应成为社会物质领域的"创造源"、"人才库"与"孵化器"，更应成为社会精神领域的"思想库"、"评判场"与"导航灯"。但当前的高等教育受传统发展观和功利取向的影响，过分强调了对经济与科技发展的适应，虚化了对政治方向的引导，弱化了对不良文化的批判，忽视了对精神价值的追求，在一定程度上丧失了引领社会进步，推动三大文明协调发展的功能。其次是个适功能的失调。为了培养适应时代要求、和谐发展的一代新人，高等教育负有开发人的潜能、弘扬人的个性、陶冶人的情操、提升人的生命价值等功能。但客观存在的"四重四轻"现象阻碍了这些功能的释放：一是在观念上重成才教育，轻成人教育，使许多学生成为有高深知识却没有高尚人格的片面人；二是在内容上，重知识灌输、技能培养，轻心灵塑造、人格构建，把学生全面发展降格为片面发展；三是在活动中，重统一要求，轻因材施教，使学生的个性发展受到压抑；四是在制度上，重强制管理，轻自主选择，学生的主体性发展没有得到应有的重视。其三是自适功能的失调。使命意识的模糊使高等教育过多地顺从市场需求而忽视遵循自身的发展规律，不能很好地处理自身改革、发展与稳定的关系，导致自身发展中诸多失调问题，如重外部调控、轻自我调适，重规模扩大、轻结构优化，重数量增加、轻质量提高等。这些都影响着高等教育自身的和谐发展。

（四）体制制约，机制缺失

在传统发展观支配下形成的教育管理体制具有重集权、重规范、重强制等特征。体制是机制的基础。20世纪80年代以来，高等教育体制的变革一直是高等教育发展的焦点问题。虽然这一变革已取得令人瞩目的成就，但因受政治体制与经济体制的制约太深，这一改革并未完结，集权与分权、规范与放开、强制与自主，至今仍然是高等教育体制改革的主要矛盾。这一体制现状使我国高等教育运行机制至今仍然存在诸多缺损。

首先是国家宏观调控乏力。表现为权威性调控机构缺失，教育行政主管部门单打独斗，权力有限；调控手段不完备，主要依靠行政命令和直接干预；调控内容不全面，重经费安排、轻事业规划，重局部平衡、轻整体统筹。其次是区域统筹低效。表现在有些地方没有把区域高等教育发展纳入区域经济社会发展的规划之中；有些地方政府与地方高校之间良性互动机制尚未形成；有些地方政府对高等教育提供的政策、经济支持不够；有些地方高等教育为当地经济社会发展提供的智力、舆论支持不足等。其三是高校自主有限。经过多年的体制改革，高校的自主权有所扩大，但依然有限，主要表现在：招生自主权力有限、专业设置权力有限、教师评聘与干部选调权力有限、学校机构设置与调整权力有限、教师学术自由与精神独立有限等。其四是社会参与不够。一方面，因政府和高校权力空间的出让有限，社会力量参与高等教育的积极性尚未充分调动，另一方面，由于相关法律不健全和教育市场不完善，社会力量参与高等教育的规范性又不够。此外，因政府引导不力、支持不足以及自身发展历史短暂、基础薄弱，我国教育中介组织普遍存在定位不准、专业性差、独立性不强、公允性差等问题，使得社会力量难以真正参与到高教的监督和评估活动之中。

三、落实科学发展观的理念，探索高等教育和谐发展的策略

科学发展观为我们解决高等教育发展中种种失谐问题，实现高等教育和谐发展指明了方向，开拓了思路。我们只有将科学发展观贯彻落实到高等教育发展的行动中去，才能实现我国高等教育的和谐发展。

（一）落实以人为本、全面兼顾的发展观，整合高等教育发展目标

落实科学发展观必须首先落实"以人为本"的发展观念，而落实"以人为本"，前提在落实"以生为本"，重点在抓好"以师为先"。"以生为本"就是要把学生看成学校的生存之本和发展之本，真正树立"一切为了学生，为了一切学生，为了学生一切"的办学观念；就是要在教育实践中把促进学生的和谐发展作为一切教育活动的出发点和教育改革的立足点，在这一观念的支配下确定有利于学生发展的培养目标，建立适应学生共性与个性和谐发展的课程体系，构建多样化、有特色的人才培养模式，形成有利于学生主动参与的管理制度，建设以生为主、师生平等、教学自由的校园文化等。促进学生和谐发展的主体是教师，"以

师为先"就是要认识教师的劳动与价值，充分发挥教师的智慧和才能；就是要尊重教师的学术自由，突出教师学术权力在高校的主导地位，提高教师参与学校管理的积极性与可能性；就是要关心教师的工作和生活，提高他们的福利待遇，关心他们的前途与发展，为他们提供施展才华的机会与条件。

在坚持以人为本的前提下，还应树立全面兼顾的发展观。也就是发展高等教育既要为促进人的发展服务，也要为促进经济发展、科技振兴、政治稳定与文化繁荣服务；既要满足绝大多数社会成员的高等教育需求，又要重视精英人才的培养；既要为实现国家的整体目标服务，也要为缩小区域差距，促进地区发展服务；既要追求近期的发展，更要关注持续的发展。

从我国目前的实际看，全面兼顾主要体现在以下三个"结合"上：一是个人发展目标与社会发展目标并重。个人发展与社会发展是相辅相成的，社会发展是个人发展的前提，个人发展又是社会发展的重要条件，社会发展不仅有助于个人的发展，而且最终目的也是为了促进个人更好地发展。因此，确立高等教育的发展目标，其着眼点不能仅限于满足经济、科技发展或政治发展的需求，而应立足于通过促进人的和谐发展来推动社会的协调发展。从我国当前情况来看，尤其要防止出现教育是为了培养单纯的"经济人"或"政治人"的目标取向，不能以牺牲人的和谐发展为代价来满足社会的某些需求。二是精英目标与大众目标兼顾。个体发展的差异性与自主性决定了对高等教育需求的多样性，社会活动对人才需求的多样性也决定了高等教育供给的多样性。因此在高等教育的发展中要坚持大众教育与精英教育双向并重的价值取向，既要深化改革，继续推进以公立高等教育为主、多种形式的高等教育共同发展的高教模式，以满足社会和人民群众对多层次、多类型、多形式、多规格高等教育的需求，又要通过必要的政策倾斜、投资倾斜和多种激励，办好少量高水平大学和部分重点专业，保证社会对精英教育的需求。三是公平目标与效率目标结合。公平目标是指每个人都享有平等的接受高等教育的机会和可能，效率目标是指实现有限高等教育资源配置和利用的最优化。二者缺一不可。为了实现公平目标与效率目标兼顾，一方面应在高等教育的招生与培养等环节中,坚持"素质本位"、"优胜劣汰"的原则,给综合素质较高者以更多、更好的发展机会,另一方面,要依法保障每个人参与公平竞争与自由选择接受不同形式、不同类型高等教育的权力,真正做到适应差别、合理分流、因材施教,共同发展。同时要在制度设计上给予因地缘、经济、种族等原因造成的弱势群体适当补偿。

(二)树立合理分工、整体优化的发展观,调整高等教育系统结构

不同的价值目标指向不同的教育需求,不同的教育需求要求有相应的高等教育结构来满足,为此必须树立合理分工、整体优化的发展观来调整现有的高等教育结构。所谓"合理分工",是指各级各类高等教育机构应根据社会发展的需求和自身的办学基础及条件,在多元化的目标选择中,明确自己的目标定位,找准自己的发展空间,确定自己的育人重点,创造自己的办学特色。所谓"整体优化",是指各级各类高等教育机构虽各有定位,但又不彼此割裂,而是一个相互联系的有机整体,其效能的发挥不体现为某一机构的作用,而体现在通过各类高等教育之间资源的合理配置、结构的整体调适而达成的整体的和谐运转。

根据这一原则,我国现阶段高等教育结构调整的主要任务是:在层次结构上,大力发展专科(高职)教育,稳步发展本科教育,积极扩大研究生教育,严格控制高等教育机构盲目升格现象;在类型结构上,鼓励、支持和规范民办高等教育与独立学院的发展,努力提高成人高等教育和高等职业教育质量;在形式结构上,在保持正规高等教育持续高效发展的同时,大力推动非正规和非正式高等教育发展;在区域结构上,要坚持分类指导,加强宏观调控,实行向高等教育不发达区域适度倾斜的政策,鼓励高等教育发达地区以多种形式实现对落后地区的支援,努力促进高等教育区域间的均衡发展。

(三)树立扬正抑负、主动适应的发展观,完善高等教育适应功能

高等教育与社会及个体之间呈现出的种种失谐问题是高等教育负向功能,亦即阻碍社会与个人和谐发展的功能的显示。为促进高等教育自身及其与社会、个人的和谐发展,必须树立扬正抑负、主动适应的发展

观，完善高等教育的正向功能体系。所谓"扬正抑负"，就是要坚持运用科学发展观全面认识高等教育的功能，深入研究高等教育负向功能的表现、危害及原因，认真探讨消除负向功能和释放正向功能的环境与条件，以促进高等教育正向功能体系的不断完善。

高等教育功能的形成与释放既具有客观性也具有主观性。如果人们能够正确认识它，就能够有效地抑制其负向功能的形成和促进其正向功能的释放。"主动适应"就是要求高等教育在面临错综复杂的社会影响，尤其是在市场经济大潮的强力冲击时，保持必要的主动性。主动适应首先是自觉的适应，即自觉运用科学发展观来指导高等教育的改革与发展；其次是有前提的适应，即适应市场经济规律时，必须以遵循教育规律为前提；三是有方向的适应，即面临多种功利诱惑的现实社会，永远不忘高等教育自身的育人导向及其对真、善、美的不懈追求；四是有选择的适应，即在适应市场经济的过程中，能够充分认识市场经济的二重性，取其精华而去其糟粕。

在扬正抑负、主动适应的科学发展观指导下，首先需要完善的是高等教育的外适功能，也就是要通过深化对高等教育社会使命的认识，重构高等教育的社会功能体系，使之能够充分发挥对政治的维护、监督与整合功能，对市场经济的适应、支持与矫正功能，对科技的传播、转换与创新功能，对文化的选择、融合与导向功能以及对生态的保护、平衡与协调发展功能；其次要完善高等教育的个适功能，也就是要通过深化对人的发展的意义的认识，不断丰富高等教育的内容，不断创新高等教育的模式，使之能够最大限度地开发人的精神潜能与智慧潜能，提高人的综合素质，促进人的全面发展；其三要完善高等教育的自适功能，也就是要通过深化对高等教育自身发展规律的认识，不断推进高等教育自身的改革，不断增强高等教育自我发展、自我激励、自我调控与自我完善的能力，能够有效促进高等教育规模、结构、质量、效益的协调发展。

（四）树立统筹协调、持续有序的发展观，健全高等教育运行机制

坚持以科学发展观为指导，目的在于促进高等教育和谐发展的持续有序。"持续"就是高等教育发展永远充满生机与活力，持续的前提是有序。"有序"就是影响高等教育运行的各个要素，以及高等教育自身

系统的各个要素之间定位有规范，运行有章法，变革有计划，活动有准则，也就是指高等教育运行机制健全。要形成这样健全运行的机制，必须树立"统筹协调"的发展观，统筹是手段，协调是目的。"统筹"即通盘筹划之意。统筹既是一种思想，即运用系统论的观点来认识和看待某一事物；又是一种方法，即以"系统论为指导，以优化结构与提高效益为目标，对高等教育的发展进行必要的调控；还是一种行为"，即系统内涉及的各种行为主体在行为的目标、对象与方式上的协调性。因此健全高等教育的运行机制，必须在统筹协调的观念指导下，进一步理顺中央政府、地方政府、高校和社会四个行为主体之间的关系。

从中央政府看，需进一步转变职能，加强科学管理，完善宏观调控，也就是调控的方式要从直接调控管理转变为间接调控管理；管理的手段要由行政干预、计划命令转为统筹管理、政策指导、组织协调、信息服务与评估监督；调控的内容主要是发展规划的制定、经费预算与统筹、教育机构的设置、各类证书与学位标准的制定，以及质量标准的监控等等。

从地方政府看，需进一步转化角色意识，强化统筹行为，提高统筹效能。随着高等教育管理体制改革的深化，地方政府已获得了较大的地方高等教育统筹权，但不能认为仅仅是把高校管理主体由中央变成了地方，而是要从过去的"执行"角色转换为切实承担"统筹"重任的角色。地方政府应从协调地方高等教育与地方社会经济发展，以及构建地方学习型社会的需要出发，从创新组织形式，优化高等教育资源配置，形成地方高等教育特色等方面着手，全面统筹地方高等教育的发展。

从高校来看，要在获得一定办学自主权的基础上，进一步深化内部改革。通过改革考试和招生制度，健全自我选择机制；通过提高教育质量，健全自我发展机制；通过改革内部管理体制，健全自我激励、自我约束与自我调控机制，以不断增强高校适应社会的主动性、灵活性与高效性。

从社会来讲，首先要形成一种正确的舆论导向机制和建立有效的激励机制，通过制定各种优惠政策，鼓励社会各界参与办学，进一步深化全社会对科教兴国意义的认识,并把支持高等教育发展从认识水平外化为实际行动。为了促进高等教育数量与质量、规模与效益的协调发展,还需要鼓励各类教育中介组织参与高等教育的质量评估与监督,尽快形成独立的第三方力量,达到政府主管、高校自治、社会参治的高等教育多方共治局面。

第三章　大学治校理念的思考

　　大学治校理念是大学教育理念的重要构成要素，它集中体现在大学领导者关于大学宗旨、使命、任务，以及治校方略等的认识中，支配着大学领导者的思想与行为，并从操作层面影响着大学的发展，是大学的行动纲领。治校理念不同，大学的功能定位不同，其人才培养的目标及模式也具有不同的个性；学科建设的重点和方向不同，社会服务的面向也不同，因而它决定了教育教学和学科建设等标准的选择，随之形成不同大学的教育教学观、科学研究观和社会服务观，形成不同大学的特色。治校理念的实施体现于大学有序运行的管理思想、规程规范和实施方案中。大学是一个结构和功能复杂，其工作任务和组织成员充分体现了智力劳动特性的学术、教育机构。就以大学管理本身而言，它不只是一个实际操作问题，同时也是一个需要整体思维、宏观把握的管理哲学问题，即高层次的复杂管理需要高屋建瓴的治校理念的指导，否则就会就事论事，无法驾控全局。

第一节　治校理念的特征与价值

一、理念的内涵与先进治校理念的特征

（一）理念的内涵

　　理念是一个哲学名词，最早由苏格拉底提出，柏拉图最早运用。康德在《纯粹理性批判》中，将理念解释为"纯粹理性的概念"。在我国古代哲学中，没有"理念"一词，但古代哲学中的"理"字，如战国时

期的义理、天理，秦汉时期的名理，魏晋南北朝时的玄理，宋代的天理、实理等，多把"理"看成是事物的本源或规律，或是道德的原则与规范等，都与西方的理念有一定的相通之处。《新现代汉语词典》把理念注释为"观念"，《汉语大词典》把理念直解为"理性概念"，都是不够确切的。

为了准确把握理念的内涵，有必要对理念与概念、观念、理想等相关概念作一点辨析。我们认为：理念是一个概念，但又不同于一般概念，概念既反映事物的实然状态，也反映事物的应然状态，理念则主要反映事物的应然状态。理念是一个观念，但也不同于一般观念，观念可分为理论形态、制度形态与社会心理形态，而理念主要是指理论形态的观念，即具有明确的表述形式，具有理性化的特点；观念有正确与错误之分，而理念主要是指正确的观念。理念与理想都是表达人们对事物应然状态的追求，在这一点上有相通之处，但二者也有明显的区别：理想对事物应然状态的追求有一定的想象成分，而理念则是经过理性思维形成的对事物应然状态的追求，是可以实现的。根据上面的分析，我们可以将理念界定为：是人们在长期实践中形成的对事物发展的具有本质性、前瞻性与导向性的理性认识。其基本内涵有四：一是理性认识，即是能反映事物的本质特征的认识；二是理想追求，即是人们对事物向好的方向发展的企盼；三是思想观念，即是经理性认识形成的思想、观念、理想、信念、价值观等理论思维的成果；四是哲学观点，即如黑格尔所言"理念是自在自为的真理，是概念和客观性的统一"。理念的主要作用是能够揭示本质、指引方向、凝聚共识。

（二）大学教育理念的序列与层次

理念引入大学教育领域即为大学教育理念。大学教育理念就是大学教育主体对大学教育现象的理性认识、理想追求，及其所形成的思想观念与哲学观点。

大学教育理念是一个内涵丰富的多序列、多层次的理念系统。首先，依据不同的标准可将大学教育理念分成不同的序列，如依据理念的范畴，可将大学教育理念分成宏观的大学教育理念、中观的大学教育理念与微观的大学教育理念；依据理念的形成过程，可将大学教育理念分成借鉴的大学教育理念、改造的大学教育理念与自创的大学教育理念；依据理念涉及的领域，可将大学教育理念分成教学理念、德育理念、管理理念、课程理念与评价理念等。其次，依据不同的主体也可将大学教育理念分成不同的层次，如大学教育家的大学教育理念、办学者的办学理念与管理者的治校理念等。大学教育理念是大学教育家对"大学教育是什么"、"大学教育为什么"，以及"大学教育怎样办"的理性认识，具体反映在对大学教育本质、大学教育宗旨、大学教育目的、大学教育模式的认识上，如杜威认为"大学教育即生活"、"学校即社会"、"在做中学"；陶行知则认为"生活即大学教育"、"社会即学校"、"教学做合一"。办学理念是办学者对"学校是什么"、"办学为什么"，以及"学校应该怎样办"的理性认识，具体反映在对办学价值、学校功能、学校使命、学校定位与学校精神等的认识上。治校理念是校长及其他管理者对如何治理学校，包括如何合理定位、如何科学地管理人、财、物，如何有效肩负起学校使命和实现学校功能等的理性认识。

大学教育理念作为一个复杂的理念系统反映在学校发展的方方面面。首先反映在校长身上，一个学校的校长，应该是一个大学教育家，应该有自己的大学教育理念和治校理念。这些理念集中反映在校长关于办学指导思想、办学目标、学校任务与治校方略等的陈述，以及校风、校训等的表达上，其次反映在全校师生员工身上。校长的治校理念最终必须转化为整个学校的办学理念，才能发挥出应有的作用，也就是要融化在全校师生员工的心灵中，落实在学校工作的各方面，并具体落实在学校的发展规划、改革方案与学校的各种规程规范及实施方案，以及教师的教学、学生的学习之中，真正成为凝聚全校师生员工的指导思想和支配学校改革发展的行动纲领。

（三）先进治校理念的特征

一是科学性与前瞻性。科学性首先是要求大学教育要遵循大学教育的规律，尊重人的个性，每个人都是独一无二的世界。传统大学教育是一种按统一的目标模式迫使学生就范的"模压式"大学教育，与大学教育对象发展的规律本身是相悖的。科学的大学教育理念就是要尊重人的个别差异，使培养出的人既符合共性的要求，也具有独特的性格与品质。科学性就是要符合科学发展观的要求。科学发展观的核心就是全面协调持续的发展,强调可持续发展的能力或核心竞争力也是现代大学治校的重要理念。一所没有特色、没有优势的学校,是最没有竞争力的学校,是最没有发展后劲的学校,社会最终会把它抛弃。所以,可持续发展意味着必须立足于特色建设发展,必须以个性化的治校理念为指导。前瞻性即大学教育要走在社会和时代的前端,使大学教育成为引领科技进步、推动经济发展与促进社会进步的动力。

二是现实性与超越性。所谓现实性就是大学教育要充分体现时代要求、与时俱进。超越性就是要求学校要有一定的超越意识,要求卓越,以创新性为基础。

三是规范性与导向性。规范性是指一个好的治校理念能够规范管理人员以及在校全体师生的思想,可让大家朝着同一个方向一起努力。导向性就是一个好的治校理念会给学校一个发展的远景,对办学起着定向的作用。

四是继承性与发展性。继承性既包括对本校办学传统的继承,也包括对优秀传统文化的继承与弘扬;发展性就是要在继承性的基础上结合社会的变化不断地使学校发展。

五是特殊性与普遍性。特殊性就是个性。个性化的治校理念能帮助学校确定具有特色的发展目标。一所学校的特色既是历史形成的,也是在社会发展中在对自身使命的认识与把握中不断巩固和强化的。个性化的治校理念意味着对外部的机遇与挑战进行充分的分析,对自身的优势与不足有清醒的认识,对学校所应承担的使命有理性的认识,在此基础上准确定位,确定学校发展的突破口,树立起学校发展的标杆,选择最佳发展途径,快速形成优势和特色。个性化的治校理念能帮助学校形成独特的治校方略。治校理念旨在勾画人们对理想学校模式的系统构想,明确学校的角色与定位,指导学校的治校实践,回答诸如"如何办学"、"办什么样的学"等问题。普遍性就是要顺应世界大学教育改革与发展的大势。

二、现代大学必须重视先进理念治校

(一)先进理念治校是时代发展的迫切要求

当今时代是一个经济全球化、社会知识化、信息网络化、文化多元化与人才竞争急剧化的时代，时代变化对大学发展的影响具体有五个方面：

一是科学技术迅猛发展的影响。当今科技发展呈现出下列特点，即科技知识迅速增加；科技应用于生产的周期大为缩短；科技对经济增长的贡献率极大提高；科技创新日益受到广泛关注。科技迅猛发展一方面极大地改变了社会生产方式和人类生活方式。就科学技术发展而言，生命科学技术、电子信息科学技术、新材料科学技术、海洋科学技术、环境科学技术、新能源科学技术、航空航天科学技术，以及先进制造技术等的发展及产业化，促进了众多传统产业的升级换代，催生了大量新型产业，如新媒体产业、软件业等。信息科学技术的发展及其在传统科学技术领域的广泛应用，使传统的科学技术焕发出新的活力，加速了传统的科学技术现代化。另一方面科学技术发展也会给人类带来负面效应。20世纪50年代，原子物理的发展和原子能的应用，为人类改造自然带来了巨大的动力，同时，原子弹的巨大杀伤力和它所造成的辐射污染后果第一次得到了实战检验，人类真切地感受到了核武器像一柄"达摩克利斯剑"悬在了自己的头顶上。今天，科学技术的迅速发展，已经和正在对人类物质文明和精神文明产生越来越多的负面作用，诸如环境污染、能源危机、人口膨胀、人际关系疏远、伦理道德的畸变、人文精神的丧失等。现代社会正受到大自然的报复。更可悲的是，技术不仅没有给人类带来解放和自由，反而变成一种异己的力量束缚和主宰人类，使人处于异化受动中。克隆是一门新技术，但运用不当，将在伦理道德、社会文化、家庭关系等方面产生副作用。因特网文化传播速度超前，但它也传播消极文化，如造成学生的情感反映障碍、人际交往障受阻、人格自我分裂等。科技发展也多方面影响着大学教育的发展，如影响着大学教育的发展方向，影响着大学教育的课程设置和人才培养模式，影响着大学教育教学的内容方法的改革，改变着师生员工的大学教育行为。

二是市场经济的双重效应的影响。市场经济发展对大学教育有着全面影响：首先是从宏观层面通过价格机制、供求机制、竞争机制等影响大学同外部社会的关系。尤其是市场机制下大学将面临生源市场、科技市场、职业市场、信息市场与服务市场等五大市场的冲击。其次是从中观层面影响大学教育自身各子系统之间的关系，这就是竞争机制影响大学教育自身系统的资源配置；供求机制影响大学教育自身系统的课程与教学；价格机制影响大学教育自身系统的内部改革。其三是从微观层面影响大学教育的深层变革。所谓"深层变革"，主要是指市场经济的价值观念、思维方式引起大学的教育者、受教育者的思想变革，具体而言，施教者和受教者的市场意识、质量意识、特色意识、改革意识、开放意识、争先意识、机遇意识与人本意识都将不断增强。市场经济发展对大学教育产生诸多积极影响，如暴露了传统大学教育的四大弊端，即办学体制上的统包统配、领导体制上的条块分割、管理体制上的高度集权与培养模式上的僵化单一。此外，市场经济发展还激发了社会对大学教育的有效需求，打破了传统大学教育的封闭格局，促进了大学教育价值观念的迅速变化，推动了大学教育体制改革的不断深化，促进了大学教育结构的合理调整、运行机制的迅速转化与办学效益的全面提高等。诚然，市场经济也给大学带来了诸多消极影响，如市场经济的自发性容易导致大学教育目的的模糊；市场经济的多边性容易导致大学教育规律难以遵循；市场经济的开放性容易导致师资队伍的不稳；市场经济的本位容易导致大学教育价值取向的偏颇；市场经济的交换机制容易导致大学教育主体行为的扭曲；市场经济的功利性容易导致大学教育功能的萎缩，等等。

  三是知识经济的严峻挑战的影响。知识经济是以知识和信息的生产、分配、传播和使用为基础，以创造性的人力资源为依托，以高科技产业和知识产业为支柱的一种经济形态。知识经济的主要特征是：知识是经济发展的战略资源；信息是财富增长的重要基础；人才是事业成败的关键因素；创新是时代发展的内在动力；智业是知识经济时代的支柱产业；科技园区是社会重要的构成元素。知识经济给大学发展带来五大机遇，即使大学教育的地位提升；使大学教育的市场拓展；使大学教育的功能扩张；使大学教育的改革深化；使大学教育的环境得到优化。知识经济同时也对大学教育提出五大挑战，首先是对传统大学教育培养目标的挑战，传统大学教育在培养目标及培养方式上存在着下列"六重六轻"：重成才教育、轻做人教育；重专业教育、轻基础教育；重书本教育、轻实践教育；重科技教育、轻人文教育；重共性教育、轻个性教育；重继承教育、轻创新教育。而新的培养目标应该是厚基础、强能力、优品格、有特色、善创新，包括强烈的创新意识、超常的创新思维与综合的创新的能力等。其次是对传统大学教育的人才培养模式、教育体制与德育方式等的挑战。

四是政治的巨大变革对大学发展的影响。过去两大阵营对峙的政治格局转变为一超多强的多极化格局，美国、日本、西欧、俄罗斯、印度与中国之间相互竞争、相互制约的关系逐渐形成。和平与发展仍然是当今时代的主题，但霸权主义、民族分裂主义、宗教极端主义与国际恐怖主义同时也威胁着世界的和平与稳定。20世纪90年代，有所谓的"中国威胁论"，进入2010年后美国与欧洲的媒体又开始宣扬"中国主宰世界论"。对我国而言，机遇与威胁并存。这种格局有利于改善中国的国际关系，提高中国的国际地位，为大学教育发展和社会经济发展创造一个较为稳定的政治大环境，但也有可能使国际形势复杂化。政治变革使大学教育面临的形势复杂化。我们应该抓住机遇发展，同时斗争策略要变，坚持社会主义办学方向，强调意识形态斗争，要居安思危，沉着应对复杂多变的形势。

五是文化演变对学校发展造成深层冲击。文化演变呈现多元发展与大众文化兴起（媒体文化、网络文化）两大趋势。多元文化的发展必然导致西方文化渗透，以及现代文化与传统文化、科技文化与人文文化、共性文化与个性文化、教师文化与学生文化、高雅文化与世俗文化等方面的冲突。尤其是西方价值观的广泛传播，西方文化的核心是个人主义的价值观，与我们提倡的核心价值观相冲突，现在文化渗透已逐渐成为西方国家宣扬其价值理念的主要手段。大众文化的兴起必然造成对学校主流文化的冲击。网络文化导致大量儿童与青少年患上"网瘾"，网络的负面影响是：造成情感反映障碍、人际交往萎缩、人格自我分裂，甚至心理变态。为应对文化演变的冲击，大学教育理念必须随着时代的发展而不断更新，只有确立了正确的，如开放的、多元的大学教育理念，提高学生的文化识别力与文化判断力，他们才能对西方的文化渗透有一个清醒的认识。必须重视大学教育的文化选择与价值导向功能，当前应特别注意澄清各种混乱的理论。教学管理理念也必须与时俱进,才能与新的大学教育体系、人才培养模式相适应。

形势在发展,时代在变化,大学如何紧跟时代的潮流,承担起新的历史使命?唯有不断变革。大学治校理念必须随着时代的发展与大学的变革而不断更新,只有确立了正确的,如开放的、多元的治校理念,才能有效应对时代发展的冲击。

(二) 先进理念治校是高等教育改革的强烈呼唤

改革开放以来,高等教育领域实现了三大改革。首先是大学高等教育大开放,包括派遣留学生、恢复高考等,把我国高校带到了改革开放的前沿。其次是高等教育体制的五大改革,即办学体制、管理体制、经费体制、招生与就业体制以及高校后勤社会化改革,打破了传统计划体制下形成的"包统"格局。其三是高校教学大改革。改变了传统高校教学中的专业设置过窄、教学内容偏旧、人才培养模式单一、外语水平偏低、人文高等教育过弱等问题。高等教育改革虽然取得了一定的成绩,但仍面临诸多问题,如教育理念滞后、价值取向偏颇、发展定位不当、经费投入不足、制度建设薄弱、培养模式僵化、教师问题严重、教育质量堪忧、文化冲突加剧与学工难度加大等。首要的问题就是教育理念滞后,理念支配行为,理念指导改革。没有先进的大学教育理念,就不可能有先进的大学教育。从中外著名大学校长的办学成功的经验来看,都是以先进的高等教育理念作为办学导向。如18世纪柏林大学洪堡的高等教育理念是"大学自治"、"学术自由"、"教学与科研统一";北大老校长蔡元培先生的高等教育理念是"思想自由、学术自由、兼容并包"。时代发展到今天,我国的大学提出的新理念并不多。《中国高等教育改革与发展纲要》提出必须把改革创新作为高等教育发展的强大动力。高等教育要发展,根本靠改革。要以体制机制改革为重点,鼓励地方和学校大胆探索和试验,加快重要领域和关键环节改革步伐。要改革创新人才培养体制、办学体制、高等教育管理体制,改革质量评价和考试招生制度,改革教学内容、方法、手段,建设现代学校制度,构建中国特色社会主义现代高等教育体系。而要改革首先就要更新高等教育观念。思想一转思路宽,观念一变格局新。先进的办学思想是实现大学快速发展的保障。

(三) 先进理念治校是学校管理实践发展的必然趋势

无论是从国际上看,还是从我国的高等教育管理实践看,都经历了三个阶段,即从经验管理到规范管理,再到理念管理。改革开放以前,我国的高等教育实行的是高度集权的管理体制,国家对各级各类学校的管理主要是通过指令性计划和行政干预,尤其是高校。学校在改革与发展的目标上缺乏应有的自主权,领导对学校的管理主要是靠个人的经验。学校管理处于经验治校阶段。改革开放以后,西方的管理理论逐渐引入我国。校长们开始学习、借鉴国外的学校管理理论,寻求新时期的治校方略,重视学校规章制度的建设,注重向管理要水平、要效益,追求管理的科学性。学校管理进入规范治校阶段。随着社会的发展,国家相应高等教育法规的出台与国民法律意识的增强,学校管理又进入依法治校阶段。在科学技术迅猛发展,知识经济初显端倪,全球化进程日益加快的时代背景下,学校的功能也在发生前所未有的重大变化,高等教育的地位在不断地提高。在激烈的竞争中,有作为的校长都在追求如何创新治校理念,把自己的学校建成富有特色的一流学校,高等教育管理开始从依法治校阶段进入理念管理阶段。但从当前高等教育管理的实践看,相当一部分校长在运用先进的治校理念来指导本校的改革与发展上还有待加强。

考察中外一些著名大学,其成功无一不与学校确立并长期坚持先进的治校理念紧密相关。在我国论及办学的理念和特色,当首推北京大学和清华大学。北京大学自蔡元培任校长起,循"思想自由"之原则,取"兼容并包"之主义的理念已升腾为北京大学之魂,融化于每位教师的行动之中,渗透于每节课程之中,乃至于北京大学的学生也有一种"天老大,我老二",狂放不羁,不甘平庸,总想改变世界的心态与气质。清华大学老校长梅贻琦先生提出"端赖大师,教授治校",治校理念是"实业救国",校训是"自强不息、厚德载物",校风是"行胜于言",学风是"严谨、勤奋、求实、创新"。因此,清华大学对学生的管理非常严格,课程多而难,学生学好不易,但毕业后很容易适应社会。不同的理念使北京大学和清华大学在教师的教风与学生的学风上各有特色:北京大学特色是求新求活,清华大学特色则是求严求实。

总结中外成功的大学校长,多具有以下十大特征,即先进的治校理念、宽容的民主作风、深切的人文关怀、公正的做人品格、扎实的教育理论基础、突出的创新能力、科学的决策能力、有效的协调能力、坚强的意志性格与完善的人格魅力。

三、先进治校理念在大学发展中的价值

(一) 先进理念是学校发展的行动指南

发展是学校永恒的主题。但学校实现健康、快速发展需要有先进的理念指导,因为先进理念具有正确的导向功能。考察中外一些著名大学,其成功无一不与确立并长期坚持先进的高等教育理念紧密相关。如洪堡的理念与柏林大学(大学自治、学术自由、教学与科研统一,使当时的柏林大学成为世界大学的典范);范海斯的理念与威斯康星大学(大学要忠实地为社会服务;要给人民以信息、光明和指示,从而开辟了大学为社会服务的第三职能);蔡元培的理念与北京大学("大学者,囊括大典,网罗众家之学府也","循思想自由之原则,取兼容并包之主义",使北京大学成为中国大学的楷模);张伯苓的理念与南开大学(张伯苓先生任校长46年,提出"允公允能,日新月异"的理念)。

以华中科技大学的发展为例:1953年创办于一片荒山野岭之中。现在已成为中国一流、世界知名大学。华中科技大学为什么发展得这么快?就因为它的历任校长都有着先进的高等教育理念引导学校发展。以改革开放以来30多年的发展为例,华中科技大学实现了办学方向的五次大转变。第一次是改革开放之初,1978年朱九思提出"大学学科要综合化"、"科研要走在教学前面"、"抢抓人才"三大理念,实现了由机电专业为主向多科性大学的转变,抓住了发展机遇,引进了大批人才;第二次是黄树槐提出"办大学就要办一流的大学"、"培养一流的人才",实现了由教学型大学向教学科研型大学、由只重视本科高等教育向本科与研究生高等教育并重的转变。第三次是1998年杨叔子提出"大学高等教育重在育人"、要"文理交融","重视人文高等教育",认为"没有人文精神的民族不打自垮",由此实现了由只重视专业高等教育向专业与

人文并重的高等教育的转变。第四次是周济提出"只有参与国际竞争才能打造出世界一流大学",实现了以国内竞争为主要目标向参与国际竞争的转变。第五次是李培根提出"要从根基上,也就是从人的存在的意义上认识大学高等教育"、"学校高等教育应坚持以人为本"、"开发学生的创新潜能并非只是个别大学的事儿,同样不能只是少数教师的事儿,也不能只限于科技领域,而是学校的一项系统工程"。由此正在实现从"仅在形式和方法上创新的高等教育"向"全方位全员参与的,旨在促进学生创新潜能全面开发的创新高等教育"转化。

实践证明,先进理念的确立,意味着学校主体以新的眼光重新审视学校的功能与定位,以新的模式重新组织和拓展学校的体系与活动。没有先进的理念指导,学校的目标必定是片面的,学校的发展也必定是盲目的,组织的行动必定是短期的。

(二) 先进理念是学校改革的内在动力

思想支配行动,理念指导实践。因为先进理念具有前瞻性与赶超性,它是指向高等教育的应然状态的,有了先进理念就有了新的目标与追求,也就有了新的动力。所以先进理念是促进学校改革的内在动力。以蔡元培的理念与北京大学的改革为例:蔡元培接手的北大是一个烂摊子,纨绔子弟多,吃喝嫖赌的现象十分普遍。蔡元培的理念是"大学是追求学术的场所,大学培养的是具有完全人格的人"。因此他着力进行教学制度、管理制度的改革,北大的面貌迅速发生了变化。

(三) 先进理念是特色形成的思想基础

当今中国高等教育最主要的问题是什么?就是趋同化现象,所谓"趋同化"就是没有特色,就是所有的学校相互盲目攀比,都向一个方向发展,追求上规模、上档次,注重外在形象的塑造。由此造成千校一貌、千人一面。《国家中长期高等教育改革和发展规划纲要》提出:"鼓励学校办出特色、办出水平,出名师,育英才"。并把它作为提高质量的一项重要措施。什么是特色?在一般意义上讲,"特"为"独特"或"杰出"之意,特色指"事物所表现的色彩和风格等"。"特色"的基本涵义:一是"人无我有",即独特性或个性;二是"人有我优",即杰出性或优质性;三是"人优我新",即开拓性或创新性。办学特色是指学校在一定办学思想指导下和长期办学实践中逐步形成的独特的、优质的、富有开创性的个性风貌。把学校办出特色也是任何一所学校的重要目标。但在现实中,有的学校特色很鲜明,有的则没有特色。为什么出现这样的差别?除了客观条件外,更重要的是学校教职员工,尤其是校长缺乏先进的高等教育理念。

先进治校理念既要能反映高等教育的共性,更要能反映学校的个性。先进高等教育理念诠释着这所学校办学思想的独特内核,展现着这所学校的价值取向,无一不在其办学目标、学校使命,以及校风、校训的陈述中体现着这所学校的个性特征;其次,先进治校理念有助于学校管理者对学校发展作出特色定位。先进治校理念既是着眼于对高等教育外部环境的客观分析,也是立足于对自身优势与不足的清醒认识,任何一所学校都不可能孤立地发展,只有在既对外部的机遇与挑战有了充分的分析,又对自身的优势与不足有清醒的认识的基础上形成的理念,才能对学校发展的特色定位有正确的认识,才能确立起正确的特色目标。其三,先进治校理念有利于形成独特的治校方略。一所学校的特色既是历史形成的,也是在社会发展中在对自身使命的认识与把握中不断巩固和强化的。只有对历史和现状都有了正确的认识,找到学校发展的突破口,选择最佳的发展途径,采取最有效的发展措施,才可能形成独特的治校方略,促进学校快速形成优势和特色。综观中外富有特色的一流学校,无一不是有着独特的治校理念。

哈佛大学创建于1636年,其治校理念是"促进学术,使之永恒,造福子孙",也就是"求是崇真",学校致力于创造知识,养成学生求是崇真的学术精神,以便其在今后的生活中发展知识,增进理解,服务社会。其办学特色主要反映在:致力于克服各种限制,努力形成通专结合的课程特色;注重培养学生独立思考能力、分析能力、批评能力和解决问题能力的教学特色;倡导学术自由,鼓励学生自由探索、创造的环境特色;实行寄宿制和导师制,为学生的发展提供多方指导的教师特色;开展丰富多彩的课外活动,让学生全面参与的活动特色;促进学生最大限度地发展自己的智力和潜能的培养特色。哈佛在其360多年的历史中，毕业生中共产生了 6 位美国总统；在国会议员、政府部长以及大公司财团的总裁中，大约有 1/10 是哈佛的校友；在学术界，哈佛大学是诺贝尔奖奖金获得者最多的美国大学，截至 1998 年，哈佛共有 35 名教师、38 名毕业生获得诺贝尔奖。在美国新闻界和学术界的调查与评估中，哈佛大学多次被评为全国最佳大学。哈佛大学的成功，在很大程度上有赖于它的治校理念。

斯坦福大学创建于 1891 年，已有百余年的历史。建校后不久，斯坦福大学就从一所默默无闻的"乡村大学"迅速进入美国一流大学的行列。据 2006 年世界大学最新权威排名，斯坦福大学仅排在哈佛大学之后，位居世界一流大学第二名。斯坦福大学的成功在很大程度上归功于"追求实用"的治校理念。其办学特色主要反映在：积极致力于培养有文化教养和有实用价值的公民，以促进人类文明和引领社会进步，培养目标有特色；在"实用"高等教育思想的指导下，十分注重教学、科研与生产相结合，逐渐形成了产、学、研一体化的教学模式特色。

举世闻名的斯坦福工业园和硅谷是斯坦福大学的教学、科研与生产的完美结合。工业园成为斯坦福大学师生实习和研究的基地，教授们在硅谷可自办公司或在各公司兼职，学生可在各公司实习和就业，师生们的研究成果很容易在硅谷迅速转化为技术成果或产品。通过教学、科研、生产三者的紧密结合，斯坦福大学在向社会输送合格人才的同时，也为其后来的发展奠定了坚实的基础，并带动了区域甚至整个美国的经济发展。

美国加州理工学院以"小而优"为治校理念，20 世纪中期是美国高校极度扩张期，但该校始终坚持"小而优"的理念，至今办学规模仍为 2000 人，较小的规模并不妨碍它成为世界公认的有特色的一流大学。办学特色是创造出来的，有创新性的治校理念，才能创建有特色的大学。

（四）先进理念是制度创新的理论源泉

制度具有引导、规范、协同人类活动的功能。学校，尤其是大学作为高度分权、结构复杂的学术组织，必须时刻注重创立能够凝聚上下人心、协调师生行为的学校制度。学校制度创新既有赖于对各种阻碍发展的因素的反思，也有赖于先进理念的推动。前面谈到哈佛大学的治校理念是"促进学术，使之永恒，造福子孙"，正是在这一理念支配下，哈佛大学进行了一系列制度创新，如"非升即走"的教师任职制度；不惜重金在世界范围选聘各个领域最杰出教授的制度；不追求急功近利三五年才进行一次的综合考核制度；推荐、考试与教授面试相结合，注重学生特长、潜质与人品的招生制度；尊重学生个性、强调潜能开发的核心课程制度与多次分流制度等。正是这些制度使哈佛大学能建成世界一流的教师队伍和不断获得世界一流的学生。

（五）先进大学理念是组织运行的指导原则

台湾中原大学校长张光正教授说："一个无理念之组织，犹如无舵之舟、无弦之弓。有理念之组织方能长治久安，有理念之组织方能塑造优质之组织文化，有理念之组织方能凝聚组织之共识，有理念之组织方能分享共同之价值观。"高等教育理念作为学校运行的思想基础和指导原则，是由学校的组织属性决定的。学校组织具有学术性和科层性，正确的治校理念应该符合大学的组织的属性，如洪堡提出"大学自治、学术自由"，笔者当校长时提出来六个"以"的理念，都是指导学校组织运行的原则。

第二节　以生为本：大学办学的第一理念

办学理念是人们在长期办学实践中形成的关于大学为谁而办，为追求什么而办，以及应该怎样办等问题的理性认识与目标追求。办学理念是大学的灵魂，它不仅支配着校长的办学行为，而且对教师、员工、学生都具有目标引导和行为激励等功能。办学理念在很大程度上受校长治校理念的影响。一个称职的现代大学校长，必须有一套顺应时代潮流、符合大学办学规律、适应本校校情的治校理念。在这一理念系统中，"以生为本"应该是第一理念。

一、以生为本的内涵

本者，根基，源本也。以生为本，具体包括以下几层含义。

首先，要把学生看成学校生存之本。大学是因大学生而设，办大学就是为了培养大学生。没有大学生，就无需大学教师，无需各种设备与设施，无需各种管理和服务，从而大学也就失去了存在的价值。因此，大学是为大学生服务的机构，是培养高层次、高质量人才的场所。

其次，要把促进学生发展看成学校发展之本。大学要发展，关键在学生是否有质量、有特色，而学生的质量与特色又取决于学生的发展水平。"学生发展"是一个内涵极为丰富的概念。从对象上讲，既包括少数精英的成功，也包括全体学生的成才。从内容上讲，既包括个性发展，也包括全面发展。个性发展是基于个性差异基础上的个人的兴趣、爱好、专长等方面的发展。良好的个性是独特性、自主性与创造性协调发展的结果。全面发展是指学生在体力、智力、活动能力与道德品质诸方面的发展。全面发展与个性发展是辩证统一的：全面发展是社会发展对人的发展的统一性要求，个性发展是社会发展对人的发展的多样性要求。全面发展是个性发展的基础，个性发展是全面发展的核心。没有个性的全面发展是失去特色的同模发展，没有全面发展的个性发展是失去方向的畸形发展。从时间上讲，既包括现时发展，也包括未来发展。现时发展是在大学学习期间，为适应当前社会经济发展的需要，在体力、智力、能力、道德品质及个性特长等方面的发展。未来发展是指着眼于日新月异、飞速发展的未来社会的需要与个人终身发展的需要而得到的发展，也就是学校不能只求学生"学会"，更要教学生"会学"，不能只教学生"适应"，更要教学生"创新"。现时发展是未来发展的基础，未来发展是现时发展的目标。总之，促进学生发展从整体上讲，就是要促进每一个学生发展，促进每一个学生在每一个方面的发展，促进每个学生每一方面现在的发展与未来的可持续发展。

再次，要把"一切为了学生，为了一切学生，为了学生的一切"作为推动学校各项工作改革的动力之本。教学工作要认真研究和遵循大学生的成长规律，尤其是学习的特点与规律，以培养和发挥学生学习的积极性、主动性与创造性。德育工作要关注学生在新形势下的思想状况，特别要重视研究学生的内心世界，研究他们的心灵困扰与价值冲突，以增强高校德育工作的针对性，提高德育工作的实效性。管理工作和服务工作要充分考虑学生的意愿与困难，要急学生之所急，想学生之所想，帮学生之所需，解学生之所难，要让学生享有必要的知情权、参与权与选择权。

二、以生为本的依据

第一，是传统人本主义教育理念的继承。古希腊时期，亚里士多德就提出了"人本自由"的命题，要求通过和谐的体育、德育和智育来促进学生理性的发展与体魄的健全。文艺复兴时期，崇尚自由、解放个性不仅成为新兴资产阶级反对封建、反对神权的思想武器，也成为人文主义教育家改革教育、解放儿童的思想动力。18世纪，启蒙思想家倡导"自由教育"，认为人生来是自由、平等和善良的，只有按照自己的本性，自由地发展起来的儿童才能成为真正的新人。19世纪，两位著名的大学校长纽曼和洪堡虽然在大学功能的认识上存在着分歧，但在大学必须尊重人的自身发展的规律，必须坚持自由教育的认识上却极为一致。在知识经济兴起、知识产业迅速发展、知识更新与科技成果转化周期越来越短，职业更替与社会流动却越来越快的现代社会里，以学生为本，全面提高学生的综合素质，尤其是培养学生广泛的适应能力、灵活的应变能力与持续的创新能力就显得更为重要，更为迫切了。

第二，是马克思主义关于人的发展思想的弘扬。马克思和恩格斯继承和发展了前人关于人的发展的思想，并首次对人的发展问题作出了科学的历史的分析。他们认为，人的发展既是社会发展的动力源泉，如马克思讲"人们的社会历史始终只是他们的个体发展的历史"，"每一个单独的个人的解放程度是与历史完全转变为世界历史的程度一致的"[①]；又是社会发展的最终目的，如马克思和恩格斯在谈到未来社会的基本特征时，就把"每个人的自由发展"[②] 包括个性发展与主体性的弘扬摆在极为重要的位置。他们还认为教育与劳动生产相结合是造就全面发展的人的唯一方法。总之，教育只有促进人的发展，才能真正推动社会发展。

---

① 马克思，恩格斯. 马克思恩格斯选集：第4卷 [M]. 北京：人民出版社，1988：321.

② 马克思，恩格斯. 马克思恩格斯选集：第1卷 [M]. 北京：人民出版社，1988：42.

第三，是新时代高等教育改革的呼唤。知识经济与高新科技的迅速发展以及国际竞争的不断加剧是当今时代的显著特征，世界各国对高校培养的人才素质也提出了越来越高的要求。我们认为，适应新时代要求的高素质人才应具有以下五个特征：一是厚基础，包括深厚的人文底蕴、广博的科学素养、必要的基础知识与扎实的专业功底；二是强能力，包括很强的学习能力、动手能力、研究能力、思维能力、表达能力与组织管理能力；三是高品格，包括敬业精神、奉献精神、求实精神、合作精神以及鲜明的主体意识与强烈的社会责任感等；四是有特色，包括知识的特色、才能的特色、兴趣的特色与方法的特色等；五是善创新，包括强烈的创新意识、超常的创新思想与综合的创新能力等。新时代的要求对我国的高等教育培养目标及培养方式提出了严峻的挑战。根据武汉大学最近就大学毕业生的质量问题在全国范围进行的一次抽样调查的结果来看，我国高等教育在培养目标及培养方式上存在着"六重六轻"的现象，即重成才教育，轻做人教育；重专业教育，轻基础教育；重书本教育，轻实践教育；重科技教育，轻人文教育；重共性教育，轻个性教育；重继承教育，轻创新教育。总之，对大学生的全面、协调与可持续的发展关注不够。在这次调查中，社会对毕业生的评价是：敬业精神、合作精神、文明修养、处理人际关系的能力、计算机使用能力、语言表达能力、学术视野、外语水平、身体素质相对不足；创新能力、科研能力、写作能力、心理素质、自知之明绝对不足。一份对北京23所大学6000名学生的调查结果也显示：随着年级的上升，大学生的创造力反而呈下降趋势。

为了尽快改变我国高等教育的这一状况，不少学者提出应该反思我国传统的教育理念，要变"以教师为中心"为"以学生为中心"，要把学生视为亟待被点燃的"火把"，而不是贮存知识的"容器"；要以创造为本位，培养学生的独立性人格，而不能以继承为本位，培养学生的依附性人格；教育的重点不是教学生"学会"，而应该是教学生"会学"。在新的理念指导下，天津大学提出了"注重全面素质，发展学生个性，培养创造能力"的面向21世纪的人才培养模式，在教学内容与课程体系、教学方法与手段等方面进行了全面深入的改革。东北师大倡导"尊重的教育",即尊重教育规律,尊重人才成长规律,尊重教育对象的身心发展特点和身心发展规律,尊重教育对象的人格人性,目的在于使教育者和受教育者建立一种融洽、和谐、平等的关系,为大学生创造力的发挥提供自由的空间和良好的氛围。南京大学提出树立"以人为本"的管理思想,积极探索并建立科学的管理机制,强调尊重学生意愿,注重因材施教。中国青年政治学院提出树立"全面育人、全程育人、全员育人"的理念,改革育人模式,为学生自主学习、个性发展提供更加宽松的环境。

三、以生为本的实施方略

第一,必须确立有利于学生全面、持续、协调发展的培养目标。这种目标就是不仅要把学生造就成能适应当前社会需要和个人就业需要之"才",而且要把学生培养成体力、智力、创造力、活动能力与道德素质协调发展的"人"。这种人是崇高理想与务实精神统一的人,既能胸怀天下,以国家富强、民族兴旺、人民幸福为己任,又能脚踏实地、兢兢业业、勤勤恳恳做好每一件有益于国家、有益于人民的事情;这种人是自我实现与报效社会统一的人,既有个人的理想与抱负,又有强烈的社会责任感与现实精神,能把未来的职业理想建立在社会需要而自己又能胜任和发挥优势的基础上;这种人是科学精神与人文精神统一的人,既有强烈的求知欲望、现实的批判精神和务实的求真态度,又有广阔的精神视野、完美的人格追求与深厚的人文素养;这种人是专业素质与综合素质统一的人,既具有某一领域的专门知识和技能,又具有广博的知识底蕴和自我表达、自我完善等多方面的综合能力;这种人是个性发展与共性发展统一的人,既能认识和发扬自己的优良个性,又能正视和改变自己的不良个性,同时能肯定和培养许多合乎时代要求的共性,能正确处理好个性与共性的关系;这种人是强健体魄与健康心理统一的人,既有良好的体质、丰富的想象与顽强的斗志,又有积极的心态、乐观的情绪与创造性的思维。

第二,要构建适应学生差异发展需要的课程体系。适应社会发展与学生个人发展需要是构建课程体系的重要依据。我国正处在市场经济发展与知识经济兴起的时期,产业结构与就业结构正在向着多元化方向发展，小批量、多样化、高质量的生产才能使产品竞争制胜，社会对人才规格的需求也在向着这一方向发展。同时，伴随着高等教育大众化的进程，昔日激烈的升学竞争正在转向学生的择校、择专业，甚至择课程的竞争。为适应学生多样化发展的要求，必须从以下几方面着手构建新的课程体系：一是提炼基础课程，突出知识点，使之结构化、简约化，以适当压缩课时；二是提高专业课起点，内容精练但能反映科技与学科发展的前沿；三是开设通识课程，促进文理渗透与学科交融，拓宽学生的知识视野；四是扩大选修课范围，鼓励学生"自我设计"，尽可能为学生构建自己满意的知识能力结构提供自由选择的机会；五是增开科研活动课，引导学生积极参与科研活动、社会调研活动，培养学生的创新意识、创新能力和社会责任感；六是加强实践课，加强学生的知识应用能力与实践操作能力的培养。

第三，要以全面提高学生素质为目标，优化人才培养模式。这种优化的模式具有三个明显的特征：一是多样性。这种多样性表现在培养目标上，包括规格、层次、类型的多样性，专业与课程设置的多样性，培养途径的多样性，教学方法的多样性，学习方式的多样性，教学评价方式的多样性与教学管理方式的多样性。总之，要给学生更多的自主学习的时间与空间，引导学生向多样化、复合型人才的方向发展。二是综合性。这种综合性体现在培养目标上，是从只重视专业素质向专业素质与综合素质并重转化；体现在教育内容上，是拓宽基础，淡化专业，打破原来的学科中心主义的课程与内容结构体系，实现学科综合、知识与能力综合；体现在教育方法上，是教学计划的灵活安排，启发式、辅导式、探索式、讨论式、视听教学与个别化教学等多种方式的综合运用。三是特色性。特色就是"人无我有，人有我优，人优我新"。学校办学的特色性表现为：能客观地分析社会需求，能准确地评价自身的条件，合理地进行专业定位，使专业设置具有特色；能充分发挥本地、本校、本专业的优势，充分挖掘潜能，在课程设置上或能弥补他人之不足，或能独辟"新"径填补某些空白，使课程开设具有特色；能因时、因地、因人（学生）制宜地选择和确定自己的评价体系与管理制度，使教学与管理具有特色；能多渠道招生，多形式培养，学生能多方面发展，最后能多门路就业，使毕业学生具有特色。

第四，要探索并建立一套有利于学生主动参与的管理制度。在计划体制下形成的教育教学管理制度是学校对学生单向要求的"规范性"制度，其特点是群体管理、统一要求、单一模式，学生被动使用学校的资源。新的教育教学管理模式是学校与学生双向要求的"约定性"制度，其特点是个体管理、分类要求、多种模式，学生在一定范围内自主选择和使用学校的资源。这一套制度主要包括：一是根据条件，逐步实行学生自由选课制，以利于学生自主选择学习内容；二是在学生自由选课的基础上，实行班级动态管理制，也就是要打破传统的按专业划分的固定的自然班进行管理的制度，代之以按课程划分的动态的教学班进行管理的制度，以利于学生自主安排学习进程；三是完善学分制，即在尊重学生自主选择学习内容和学习方式的基础上，对学生的专业学分作出必要的质与量的规定，对学科竞赛、科学研究、社会实践、文体活动成绩突出者，奖励学分；四是实行弹性学制，对提前修满学分的学生，允许其提前毕业，对因特殊原因不能按期毕业者，允许延长学习年限；五是实行主辅学制，允许学有余力的学生跨学科、跨专业辅修课程、辅学专业，攻读双专业和双学位；六是实行导师制，对优秀学生配备导师，对有创造潜能的学生给予特殊培养；七是有条件的大学对品学兼优的学生，实行"本—硕连读"制；八是改革考试方法，实行课程重修制，变单一的闭卷考试为课程论文、课程设计、技能操作、笔试、面试与开卷考试相结合，考试成绩不合格者必须重修有关课程；九是按照多样化的质量标准，逐步建立和完善对学生的评价制和跟踪调查制。

第五，要形成以学生为主体、师生平等、教学自由的校园氛围。过去，从强调学校影响、教师职责的角度提"教师是主体"，无疑是正确的。但在强调"教育终身化"、"学习个性化"的今天，则应明确提出"学生是主体"的理念。这就要求形成一种新型的师生关系。在这种关系中，教师对学生没有强求一律的规训，没有"齐步走"的要求，只有师生相互的尊重、平等的对话、自由的讨论；在这种氛围中，教师和学生都遵循着"不唯书、不唯上、只唯实"的原则，教者诲人不倦，循循善诱，学者学而不厌，孜孜以求，课内课外都充满着和谐与温馨。与此同时，还要形成一种新型的教学管理关系。学校的各项管理工作都应树立一切为学生服务的观念，处处为学生着想，时时为学生分忧，努力为学生的学习、生活、娱乐活动创造良好的条件，提供最佳的服务。

第三节　以爱为基：大学应有的人文关怀

爱，如同阳光让人间充满温暖；爱，如同春风给社会带来和谐。从孔子的"仁爱"、墨子的"兼爱"到陶行知的"爱满天下"，爱一直被视为高尚的道德情感。育人重在育心，育心重在育爱，教育的重要任务之一就是培育人的爱心，然而，爱心需要有爱心者去培育。正如鲁迅先生所讲"教育是植根于爱的"，苏联著名的教育家苏霍姆林斯基集几十年基础教育管理经验所形成的治校理念也强调让校园充满"人性之爱"。在大学里，同样需要倡导以爱为基，它是大学应有的人文关怀。

一、爱的丰富内涵及教育爱的主要特征

爱是人类在社会生活中基于某种道德认识而形成的内涵丰富的道德情感。这种丰富性首先表现在爱心产生来源的多样性：有产生于家庭生活与亲戚往来的血缘爱，有产生于社区生活与邻里、同乡交往的地缘爱，有产生于工作关系与同事交往的业缘爱，有产生于教师与学生之间的教育爱等。其次表现在所爱对象的广泛性：在血缘爱中，有夫妻之间的情爱，父亲对子女的严爱，母亲对子女的慈爱，子女对父母的恭爱，兄弟姐妹间的亲爱与亲朋之间的友爱等；在地缘爱中，有对年长者的敬爱，对年幼者的抚爱，对病残者的怜爱，对不幸者的恤爱等；在业缘爱中，有对上级的忠爱，对同事的诚爱，对下级的信爱等。其三表现在爱心发展的层次性。家庭是爱的摇篮，人从来到世间的第一天起，就生活在各自的家庭中，在亲人的照料与关切中体验爱的情感，在亲密和谐的氛围中陶冶爱的情操，在家人的同居共处中学会爱的方式。随着年龄的增长与交往范围的扩大，人也就逐步把施于亲人的爱心扩大到施于朋友，施于近邻，最后达到施于所有的人，亦即达到"博爱"的层次。孔子所讲的"博施于民而能济众"，孙中山先生讲的"拯救斯民于水火"，就是这种博爱精神的体现。

爱的丰富性主要体现在内容上。爱是理解，理解是爱的前提。大千世界，每个人的性格特点、兴趣爱好与认知水平各不相同，没有理解就不可能进行语言的沟通与思想的交流，更不能达到情感上的融洽。爱是同情，同情是爱的基础。缺乏同情心的人，不会去关注生活中的那些不幸者。只有经常地把别人的痛苦与忧伤放在心上，才能爱心常驻，给弱者以帮助，给不幸者以关怀。爱是尊重，尊重是爱的契机。渴望尊重是人的天性，一个人尽了最大的努力而事与愿违时，真诚的赞美与善意的话语可以极大地弥补他的自尊心，使他感受到爱的力量。爱是信任，信任是沟通爱心的桥梁。与人相往，贵在诚信，言而无信，假情假义，只能使人厌恶。肝胆相照，赤诚相见，才能显示出真正的爱心，信人者人恒信之，爱人者人恒爱之。爱是关心，关心是爱的体现。了解对方的需要，关心对方的疾苦，并努力去帮助他。当他觉得自己被人注意、重视时就会产生被喜爱之感。爱是宽容，宽容是爱的润滑剂。冲突是人际交往中不可避免的，以恶对恶，就会加剧紧张的气氛，形成恶性循环，若能以博大胸怀宽容相待，设身处地地替别人考虑，就可以拂去心头的积怨，化解已有的矛盾，显示出人性中的善与爱。爱是要求，合理的要求是爱在实处的保证。真正的爱不是无原则的迁就与无度的娇宠，而是伴随着相应的合理的要求，对方可以从这些要求中感受到被信任、被期待由此激发出克服困难的勇气与前进的动力，没有要求的爱是假的。爱是奉献，无私奉献是爱的本质。爱之所以伟大就在于爱首先要想到别人，利己必先克己，达己必先达人。

在高校里，教育爱是一种应有的人文关怀。教育爱是指在教育教学与管理过程中形成的所有的教育者，从校长、教师到每一个职工对教育事业的忠爱、对学生的关爱，以及每一个受教育者对教育者的尊重和敬爱。教育爱既不是教育者对受教育者"恨铁不成钢"式的恨爱，也不是"严师出高徒"式的严爱与"师徒如父子"式的亲爱，而是一种普遍的、恒常的、理性的、无私的爱。教育爱具有以下几个主要特征。首先，这种爱具有平等性，即爱与被爱在人格与地位上是相互平等的。每个人既有接受爱的权利，也有提供爱的责任，爱与被爱实际上是一种相互交流、彼此激励、共同发展的过程。正如孟子所讲，"爱人者人恒爱之"，

"敬人者人恒敬之",只有爱别人才能赢得别人的爱。学校里所有的人,从校长、教师、职工到学生都要相互尊重、彼此关爱。其次,这种爱具有多样性。一是层次上的多样性,既有校长对所有师生员工的爱,教职员工对学生的爱,也有教职员工对校长的爱,学生对教职员工的爱,还有学校领导之间、教师之间、职工之间与学生之间的爱;二是类型的多样性,有渗透于教学中的爱,有贯穿于管理中的爱,有体现于服务中的爱,有融于环境氛围中的爱等。其三,这种爱具有理智性。教育爱最主要地体现在教育者身上,它是越超父爱、母爱的亲情性与狭隘性的一种最高尚、最无私的爱,它来自于教育者对职业的忠诚感与对社会的责任感。教育爱面对的是全体学生而不是某个人或某些人,教育爱的施予是无私而坦诚、不图任何回报的。这种爱必须遵循教育的规律,符合育人的要求,并反映出时代的特点。其四,这种爱具有稳定性,由于它来自于教育者对神圣教育使命的充分认同,体现在教育教学过程的各个环节中,它不会因个人的好恶与情境的变化而变化,它使教育者时时具有坚定的信念与充沛的精力,处处保持睿智的目光与冷静的头脑,从而能恰当地处理好在学校里发生的每一件事情,妥善解决好教育过程中出现的任何一个难题。

二、在大学倡导以爱为基的重要意义

倡导以爱为基就是倡导师生员工之间要相互关心、相互爱护、相互理解、相互信任、相互宽容、相互尊重。倡导以爱为基首先是弘扬民族精神的迫切需要,党的十六大报告要求必须把弘扬和培育民族精神作为文化建设极其重要的任务,纳入国民教育的全过程中。优秀的中国传统文化是支撑民族精神的文化底蕴,而"仁爱"思想一直是中国优秀传统文化的重要组成部分,早在两千多年前,孔子就倡导"仁者爱人",孟子认为人皆有"恻隐之心",墨子主张人与人之间应"兼爱交利",资产阶级革命先驱者孙中山先生提出"博爱"思想,认为博爱者应胸怀天下,"为四万万人谋幸福",爱一直被视为中华民族的传统美德。当前我们正处于社会大变革时期,不完善的社会法制与市场经济,导致了一些不良社会现象的滋生,如极端的个人主义、利己主义、拜金主义抬头;人际关系疏远,感情淡漠,排斥性增强,亲和力下降;有的人私欲膨胀，甚至不惜以坑害蒙骗手段欺诈他人，由此给人们带来了积怨与痛苦。这些现象不仅违背了社会主义的人道精神，也扭曲了正常的人际关系，妨碍了时代发展与社会进步。倡导以爱为基，弘扬"仁爱"思想，对于净化人们心灵，提升人们的道德情操，扭转不良的社会风气，形成和谐的人际关系，都具有极为重要的作用。

倡导以爱为基也是大学应有的人文关怀。近年来，随着形势的变化，国际国内对人才的综合素质，尤其是人文素质的要求不断提高，而人文素质的核心就是懂得人文关怀。什么是人文关怀？通俗地讲就是关心他人，关心人类，关心人类文明，关心人类文化，包括懂得正义是什么，以及怎样去追求；懂得友爱、责任、勇气是什么，以及怎样去实现等。我国当前的大学生思想品德状况主流是好的，但缺少对他人的关爱，缺乏对人类文明的关心，情感淡漠仍表现在相当一部分学生身上。所以，国内不少有识之士呼吁：面向21世纪的高等教育，必须大力加强人文教育，呼唤人文关怀。联合国教科文组织在提交的名为《教育—财富蕴藏其中》的报告中也明确提出："爱心和同情心，对他人的关心和慈悲之心，友谊和合作均是我们树立新的全球意识之际应予以鼓励的品质。"

倡导以爱为基对办好一所大学，促使教育成功，更具有多方面的现实意义。首先，倡导以爱为基有利于使大学组织形成一个团结战斗的集体。大学的组织成员——师生员工，都是有着丰富的思想情感与强烈的自尊自爱心理的人。倡导以爱为基就是在整个大学校园中融入一种关爱、信任、尊重、理解、宽容与互助精神，并使这种精神渗入到每个人的心灵中，支配每个人的行为，从而把学校建成一个既有很强的凝聚力，又有很强的战斗力，既有必要的纪律性，又有浓厚的人文味的集体。

其次，倡导以爱为基有利于提高整个大学的管理效能。大学管理效能的提高，除了依靠明确的管理目标、精干的组织机构、良好的信息系统与科学的管理原则等因素外，还有一个最为重要的因素，就是在大学管理中融入爱心。这是因为管理目标的设立、管理制度的制定与管理机构的构成都是人，人是管理过程中最活跃、最复杂的因素。管理的效能在很大程度上取决于管理者如何运用有效的手段调动被管理者的积极性、主动性与创造性。大学管理提倡以爱为基，就是要在充分尊重每个师生员工的主体地位的基础上，将大胆运用与悉心指导、关心爱护与严格要求、情感激励与制度约束等密切结合起来，使每个人都能把自己当做主人翁，都能敬业爱校。领导与普通员工、教师与学生都能在各方面相互理解，既有分工又有合作，既有竞争又有协作。以爱为基的管理就是人性化的管理，实施这种管理是现代管理的必然趋势。

其三，倡导以爱为基有利于提高大学课堂教学的效果。课堂教学是大学教育的主要渠道。教师只有真心实意地热爱学生，才能满腔热忱地对待学生，呕心沥血地研究学生，想方设法地教育学生。在课堂教学中，教师就会从学生的实际出发，精心组织教学过程的每一个环节，将深奥的理论变得通俗化，将枯燥的文字变得生动化，这样的老师自然会赢得学生的爱戴，这样的教学自然会受到学生的欢迎。由于有了融洽的师生关系，愉快的工作氛围，更由于"亲其师，信其道"的缘故，自然会收到很好的教学效果。反之，教师如果不爱学生，甚至讨厌学生，那么他就会应付教学。由于没有课前的认真研究，由于不了解学生，教学中就不可能因材施教，就不可能顾及学生的感受，只能采用"照本宣科"或"灌输式"的教学方式，只能运用机械而单调的说教方法，这样的教学自然不会有好效果。此外，教育爱还是打开学生心灵、启迪学生智慧、唤起学生自尊、促进学生自强的钥匙，是消除师生之间的情感障碍，促使学生满怀信心，积极向上的内在动因。

其四，倡导以爱为基有利于提高大学德育的效果。大学德育是使受教育者树立正确的世界观、人生观、价值观，具有良好的道德品质，以及确立与社会主义现代化要求相适应的健全人格与健康心态的教育。德育的途径与方法很多，但以身作则、潜移默化的师德影响是最重要、最直观、最有效的途径与方法。然而师德的核心就在师爱。教师交给学生一颗赤诚的师爱之心，学生一旦感受到这种爱，就会转化为与教师要求相一致的自觉行为。大学生是情感丰富的个体，大学德育必须遵循情理相融的原则。因此，在大学德育中，从道德认识、道德情感、道德信念到道德意志、道德行为的培养都渗透着情感因素。有了教育爱，教育者就会认真地研究每个学生的思想与道德状况，做到"知之深，爱之切"，并用深厚的爱生之情激发受教育者的上进之心，整个德育过程就能做到动之以情，晓之以理，或以理激情，情理交融，这样就有了使受教育者乐于和教师交流，自觉接受老师教育的基础。此外，大学德育的重要任务之一就是培育爱心，也就是要培养学生爱祖国、爱人民、爱他人、爱自然的情感。这种爱心培育应从小开始。在今天的大学生中，为社会、为他人奉献爱心的事例很多，但自私自利、缺乏爱心的事例也屡见报端，这一切说明加强大学生的爱心培育仍不应放松。而爱心培育只有在充满爱的环境中，通过满怀爱心的人才能有效地培育。总之，有了教育爱，才能有效提高德育的效果。

三、大学以爱为基的实施方略

在一所大学里，如何实现以爱为基，笔者认为必须从以下几方面着手。

（一）弘扬"仁爱"思想

当前，传统文化的教育在不少大学里已经受到一定的重视，建议在传统文化的教育中增加有关"仁爱"思想的内容，如孔子的"泛爱众而亲人"的广泛爱人的思想、"己所不欲，勿施于人"的平等待人的思想，孟子的"反求诸己"的克己为人的思想、"舍生取义"的扶危济人的思想，以及中华民族亘古及今的以和为贵、助人为乐、除暴安良、见义勇为、扶正压邪、舍己救人等道德规范都具有历史的恒常价值。弘扬这些思想和道德规范，对于培养学生的仁爱精神与道德情感，对于提高学生的人文素质都具有积极作用。诚然，弘扬这些思想不能孤立地对学生说教，而是要与时代的要求、大学生的思想特点、有关的课堂教学、学术讲座，以及各种校园媒体的宣传结合起来，体现出教育的针对性、内容的丰富性、时代的特色性与方法的创新性。

（二）实施爱心教育

爱心教育是一个从传授爱的知识、陶冶爱的情感、培养爱的信念、磨炼爱的意志到训练爱的行为、学习爱的艺术的长期复杂的教育过程。因此，大学的爱心教育，除了应重视通过课内、课外等多种渠道，让学生接受传统"仁爱"思想与道德规范，不断提高大学生对爱的道德价值的认识外，还应该重视结合大学生的特点，结合社会与学校的实际，为大学生精心设计各种能够表达爱心的实践活动，例如在学校里实施"爱心"工程，组织学生开展"学雷锋活动"等，以培养爱的行为，升华爱的情感。在大学里还需要不断研究爱的艺术，探讨爱的策略。爱既是一种内涵丰富的道德情感，也是一门需要讲究分寸、把握火候的艺术，例如教育者对学生的爱，就要因人而异，对于后进生的关爱，主要是发现闪光点，多正面激励，以增强他们继续努力的信心；对于优秀生的爱，则不能一味夸好，而必须是常敲警钟，严格要求，使他们谦虚谨慎，不断完善。施爱还需要讲究策略，也就是要因地因时因情而异地运用不同的爱的方式，如恰当的赞美、适度的批评、认真的倾听以及在不同场合运用不同的眼神、语调和手势等，都是表达不同爱的方式。

（三）营造爱的氛围

氛围是指大学里面的气氛及所有成员的精神状态。在一所好的大学里，除了应有的浓厚的学术氛围外，还应有互相关爱的人际氛围，也就是让爱心洒满校园。因此要提倡从领导到员工，从教师到学生，每个人都要充满爱心，大家在工作上相互支持，在学习上相互帮助，在生活中相互关心，学校就像一个充满温暖的和谐的大家庭。在这样的环境中，领导的号召就能比较容易地得到大家的认同，老师的教导也比较容易引起学生的共鸣。人们在这种氛围中既能感受别人的爱，也可以学会爱别人，更重要的是长期生活在充满爱心环境中的人们，还可以把这种爱外化和延伸，如学生可以从热爱本班同学延伸到热爱师弟师妹，从热爱熟悉的老师，到热爱学校所有的人。爱屋及乌，他们可以将这种爱转化为对学校的一草一木、一砖一瓦的情感。即使毕业了，他们还会记得母校，并以各种方式回报母校。他们还可以将爱心转化为对未来工作的爱，对事业的爱，对社会的爱，对整个人类的爱。我们如果能够教育出这样的学生，就是我们教育的成功。

（四）提倡爱抚管理

爱抚管理是20世纪80年代以来，为适应社会经济发展的要求而提出的一种新的管理模式，是"人本主义"管理思想的进一步发展。其主要特点是：不是把被管理者仅仅看作管理对象，而是把他们看成伙伴与朋友，不仅仅是关心被管理者的工作条件，而是要全力关心他们的学习条件、生活条件乃至整个身心健康，不仅仅是注意减轻被管理者现有的心理压力，而且要关心他们未来的适应与发展。因此，在大学提倡爱抚管理，首先要用正确的理念和发展的目标指引和鼓励学校里所有的人，这些理念的提出与目标的确定，不能只靠几个领导人，而是要发动广大师生员工共同讨论。正确的理念和目标一旦形成，就会给全校师生员工以坚定的信心和巨大的力量，从而促使他们每个人在各自的岗位上努力学习和工作，在实现学校目标的过程中实现自身价值，在促进学校发展的过程中实现自身发展。其次，要用切实的措施和具体的行动关心学校里所有的人。领导要深入到教室、实验室和教职工家庭，尤其是困难教职工家庭，了解他们的疾苦，尽可能帮助他们解决工作上与生活上的问题。教师和班主任要经常深入到学生中去，要特别关注在生活与心理上存在困难和困惑的学生，尽可能帮他们排忧解难。管理者的爱一旦被被管理者接受，就会转化为感激的心情与奋斗的力量。其三，管理者要用榜样行为影响师生员工。孔子讲："欲政之速行也，莫善乎以身先之。"也就是说管理者要加强自我修养，既仁慈民主、公平正直，又清正廉洁、宽容大度，这样就会在教职员工心目中树立威信。其四，在关心爱护师生员工的同时，必须建立和完善必要的规章制度。凡事做到有法可依、执法必严、违法必究，使管理做到刚柔相济、赏罚分明，严格要求、合理规范也是爱抚管理的重要措施。

第四节 以学为尊：大学根本的价值取向

现代大学承担着培养人才、发展科学和服务社会三大职能。大学的这三项职能都与"学"密切联系：培养人才要以教学为中心，科学研究要以学者为依托，而高层次的社会服务则需要以学术的研究、成果的转化为基础。从这一意义上说，大学的一切活动都是围绕一个"学"字而展开的。

一、以学为尊的丰富内涵

从一般意义上讲，"学"包括"学习、学问和学科"等含义，大学的

"学"则具有更加丰富和完整的内涵，至少有五：一指学生学习，二指教师教学，三指学科建设，四指学术自由，五指学者地位。上述五方面的含义是相互联系的：教书育人是大学的主要活动，学术研究是大学的神圣使命，学科建设是大学释放三大功能的重要基础，而引导学生学习、实施课堂教学、开展学术活动、加强学科建设都是以学者为主体来进行的。在大学里"学"是学校存在之根本，也是学校价值之所在。大学只有牢固树立以学为尊的办学理念，才能培根固本，举纲张目，把握好大学发展的正确方向。"尊"是尊重、敬重和突出之意。大学树立以学为尊的办学理念，就是要重视教学、崇尚学术、尊重学者、突出学科建设。具体的讲，有如下四个方面涵义：

（一）教学为主

教学是由教师的教与学生的学构成的双边活动，教学为主体现在以下五个"地位"：一是在大学的各项工作中，必须坚持教学工作的中心地位，其他各项工作都要围绕教学工作服务；二是在学校的各项改革中，必须坚持教学改革的核心地位，通过教学改革带动其他改革；三是在大学的多种功能中，必须坚持教书育人的基础地位，即要在培养好人才的基础上发挥科学研究和服务社会的功能；四是在学校的各类人员中，必须坚持教师的主体地位，多方激励教师的主人翁精神，使他们在教学科研活动中充分发挥作用；五是在学校的各项投入中，必须坚持教学投入的优先地位，确保教学经费的增长额度与学校事业发展的速度相协调。

（二）学术为上

大学既是传承文化的专门机构，也是创新知识的主要场所。大学承担着探求真理、引导社会变革的责任和使命。当今世界已经进入知识经济时代，社会发展对现代大学所寄予的学术责任越来越重大和迫切，大学应当充分认识这一点，把学术研究和科技创新放在更加突出的位置。所谓"学术为上"，首先是指学术研究是大学的根基。学术是人们对客观世界的系统化理论化认识。大学与中小学相比，在价值取向上的根本区别不是知识的传承，而是知识的创新。大学之所以能够起到引发社会变革、推动社会进步的作用,关键就在于学术研究和学术创新。如果失去了这一点,现代大学就失去了存在的价值,更谈不上对社会进步的推动作用。其次,学术研究是学者的生命。学者的价值在某种意义上就体现为学术价值。没有学问,就不能称其为学者,学问不精不深,学者也会逐渐失去其"生命力"。所以学者一定要潜心学术,正如冯友兰先生所言:"为什么要研究学术呢?一不是为了做官,二不是为了发财。为的是追求真理,这就叫'为学术而学术'。不学无术或者不研究学术就无所谓学者。"[①] 其三,学术水平是大学地位的标志。大学既是传承与创新高深学问的专门场所,那么它的学术水平和学术地位就必然靠它的学术成果来证明和体现。社会评价一所大学的优劣主要是看它的学术地位和学术贡献,没有学术的地位就没有学校的地位。

(三) 学者为重

办好大学固然要靠一定的物质条件,更重要的是靠人,学者则是大学最宝贵的财富。大学的学者,既包括学识功底深厚的老教授,也包括年富力强的中青年教师,还包括精通管理理论、富有管理经验的行政管理专家。所谓"学者为重",就是要在各项活动中尊重学者,发挥学者的作用。这是由学者本身所蕴涵的能量和价值决定的。第一,学者是教学的主力军,他们具有渊博的学识、卓越的才华、丰富的教学经验和高尚的师德师风,他们是教学任务的主要承担者,是保障高质量、高水平教学的骨干力量,还是学生的导师、青年教师的表率。第二,学者是学术的追求者。凡学者都有自己的学术追求。正是在这种追求不断实现、不断提升的过程中,学者实现着自己的人生价值,大学也得到了相应的发展与社会的认同。第三,学者是办学的智囊团。学者不仅熟悉教育教学规律,知晓本学科发展的前沿,而且对本校的传统、优势与特色有着较为深切的了解,因此可以在学校的各项改革和建设中发挥重要的参谋作用。第四,学者是大学水平的象征者。梅贻琦先生曾讲:"所谓大学者,非谓有大楼之谓也,有大师之谓也。"一所有名望的大学必有一批有名望的大学者,大学的学术成就和影响力在很大程度上靠知名学者来

---

① 冯友兰. 我在北京大学当学生的时候 [J]. 文史资料选辑, 1998 (83).

支撑和体现。

（四）学科建设为龙头

大学的工作千头万绪，但最根本最核心的是学科建设。大学发展必须高举学科建设这个龙头。学科建设的龙头作用主要表现在五个方面：学科建设是实现高质量的本科教育和高水平的研究生教育的基础；学科建设是从事高水平科学研究和产生创新成果的基地；学科建设是造就学术大师与使拔尖人才脱颖而出的平台；学科建设是承载培养人才、发展科学和服务社会三大功能的纽带；学科建设是大学实力强弱和水平高低的重要标志。学科建设具有可持续发展的特性，是大学建设和发展的重心。任何大学都只有紧紧抓住这个重心，倾斜投入，重点建设，才能突显自身的优势，形成自身的特色，不断提高办学水平，实现学校的健康与可持续发展。

二、以学为尊的内外依据

大学必须坚持"以学为尊"的价值取向，其依据有三：

（一）"以学为尊"是大学属性的必然要求

大学不是行政机构，不是经济部门，而是一个教书育人的学术机构，学生、学者和学术是其最重要的构成要素。作为学术机构，大学具有如下四个特性：其一，培养人才是根本。大学的根本任务是根据经济社会发展要求，培养数以千万计的专门人才和一大批拔尖创新人才，为经济建设和社会发展服务。其二，教学工作是中心。大学的根本任务是培养人才，而培养人才的根本途径是教学。这就决定了教学是大学最基本的活动，因而也是大学一切工作的中心。其三，学术研究是重点。学术研究既是大学的功能，也是提高教育质量和为社会服务的依托。对现代大学而言，要在日趋激烈的竞争中赢得社会的广泛认可，必须不断加强学术研究，提升学术研究水平。其四，专家学者是支柱。专家学者是大学最重要的资源。没有大学者就无所谓大学问，没有大学问就无所谓大学，大学的其他功能也就无从谈起。大学的上述特性决定了大学必须把"学"放在至关重要的地位。如果在这个问题上认识不清或者摇摆不定，大学就会违背高等教育规律，学校发展就会偏离正确的方向。

(二)"以学为尊"是大学发展的内在动力

大学的发展既有赖于经济社会需求的外部拉力,也有赖于学校自身观念变革引起多方改革的内部推力。以学为尊的办学理念对学校发展具有以下四方面的动力作用:一是有利于推动大学的内涵发展。大学的发展既包括外延扩大,如办学规模的扩张、办学层次的提升,也包括内涵发展,如结构优化、质量提高等等。确立以学为尊的价值取向,真正落实教学的中心地位和教学改革的核心地位,教师的教学与科研就有了内在的推动力,学生学习的积极性就会得到较好的激发,教学质量和水平的提高就有了扎实的基础。二是有利于促进良好学风的形成。当前,市场经济的功利取向给大学学风建设带来一定的负面影响。坚持以学为尊的价值取向,就是充分肯定教学、学术、学者与学科建设等在办学中的地位和作用,必将在全校形成浓厚的学校重学、学者崇学、学生乐学的校园氛围;三是有利于促进科研水平的提高。提高科研水平既需要改善一定的物质条件,更需要激发学者自觉进行科研的积极性与创造性。学者科研的积极性与创造性则主要靠氛围的激发和制度的调动。以学为尊的价值取向在提高对科研工作的重视程度,加大对科研的投入,激励科研人员的进取精神等方面都能发挥出重要导向作用;四是有利于推动各种机制的创新。大学的运行机制包括领导决策机制、目标引导机制、政策激励机制、后勤保障机制和民主监督机制等。上述机制的建立健全要靠全校领导和师生员工共同努力。大学如社会,应有合理分工,但"事事留心皆学问",行行都能出专家。如果能形成以学为尊的价值取向,所有管理干部和工作人员就会把工作当作学问做,自觉加强业务理论学习,不断加强对本职工作的特点和规律的研究,这样就有可能不断创新各种运行机制和管理制度,从而促进管理水平和服务水平的不断提高。

(三)"以学为尊"是中外大学校长的共同经验

伴随时代的发展,大学的形态、功能和任务也在不断地演变和拓展,但中外大学校长集长期思考与探索而形成的大学必须重"学"的理念却始终未变。被誉为德国"现代大学之父"的威廉·冯·洪堡(Wilhelm Von Humboldt)就认为,大学是学者的社团,是高等学术机构,是带有研究性质的学校。"它总是把科学当作一个没有完全解决的难题来看待，它因此也总是处于研究探索之中。"① 美国著名教育家布鲁贝克（John. S. Brubacher）特别强调大学学者的社会责任感，他认为："社会依靠高等学府作为获取新知识的主要机构，并作为认识世界和改造世界的主要机构。就个人而言，对真理的追求不仅出于这种追求具有认识和政治方面的价值，而且也出于个人道德的责任感。"② 2002年7月，在国家教育部组织的"中外大学校长论坛"上，美国哈佛大学陆登庭校长指出："如果我们要创造一所具有国际水平的优秀大学，那么我们就必须意识到，在文理和各个专业学科领域，对教师质量测量的主要指标是具有原创性的学术工作和研究工作的质量。"③ 也就是在这个论坛上，美国波士顿学院国际高校研究中心主任菲利普阿尔特巴赫教授提出："大学的中心都是学术职业。在现代大学体系里，学术职业需要给予认真的对待和支持。"④ 从我国来看，20世纪之初，北大著名校长蔡元培先生就指出："大学者，研究高深学问者也。"⑤ "大学为纯粹研究学问之机关，不可视为养成资格之所，亦不可视为贩卖知识之所。学者当有研究学问之兴趣，尤当养成学问家之人格。"⑥ 同是北大校长的蒋梦麟先生对大学怀抱崇高理想，他说："有真学术，而后有真教育，有真学问家，而后始有真教育家。……今不先讲学术，而望有大教育家出，是终不可能也。"⑦ 清华大学老校长梅贻琦先生说："师资为大学之第一要素，吾人知之甚切，故亦图之至急。"大学发展到今天，其教学、学术、学者和学科的

---

① ［德］威廉·冯·洪堡. 论柏林高等学术机构的内部和外部组织［J］. 高等教育论坛，1987（1）.

② 单中慧，杨汉麟. 西方教育学名著提要［M］. 南昌：江西人民出版社，2001：719.

③ 教育部中外大学校长论坛小组. 中外大学校长论坛文集［M］. 北京：高等教育出版社，2002：14.

④ 教育部中外大学校长论坛小组. 中外大学校长论坛文集［M］. 北京：高等教育出版社，2002：61.

⑤ 蔡元培. 蔡元培教育论著选［M］. 北京：人民教育出版社，1991：14.

⑥ 蔡元培. 蔡元培教育论著选［M］. 北京：人民教育出版社，1991：72.

⑦ 曲士培. 蒋梦麟教育论著选［M］. 北京：人民教育出版社，1995：21.

地位比任何时候都受到倚重和重视。北京大学许智宏校长说:"教学是学校第一位的工作,培养人才是大学的重要任务。"① 清华大学王大中校长认为:"学科对大学的发展具有基础性全局性的影响,应把学科建设作为大学发展的核心。"② 综上所述,尊学、重学、奖学的价值取向是古今中外大学校长的共同经验。

此外,"以学为尊"还是对当下大学中普遍盛行"以官为尊"(即官本位现象)的有力回击。

三、以学为尊的操作策略

在大学里,落实以学为尊的办学理念,应该着重抓好以下几个方面:

(一)加强基本建设,落实教学为主地位

落实教学为主地位,关键在于抓好如下八大基本建设:①以课堂建设为重点,实行课程负责人制,按照规范、高质、高效的要求,加强课程建设;②坚持"三个面向"的总要求,以开展"双语"教学为基础,更新教材内容,加强教材建设;③以打造教学名师为宗旨,按照数量适当、结构合理、素质优化的要求,加强教师队伍建设;④坚持高起点、高标准、高效益和现代化,加强教学设备、设施和图书资料建设;⑤着眼于培养自己的学术大师,搭建让拔尖创新人才脱颖而出的平台,实施"创新人才工程";⑥坚持教育为社会经济发展服务,注重市场取向,在处理好优势学科与新兴学科、特色学科与一般学科、基础学科与应用学科的关系中加强学科建设;⑦突出崇学、重学、乐学主题,以英语通级和计算机考试为突破口,引入竞争机制和淘汰机制,促进校风学风建设;⑧以规范管理、强化服务、提高水平为目标,加强体制性管理、制度性管理和现代性管理,推进制度建设。这八个方面基本囊括了教学建设的方方面面,但其中最紧要的是要切实落实教学的"三大支柱",即师资、设备和图书建设,这是落实教学为主地位的根本所在。

---

① 教育部中外大学校长论坛小组. 中外大学校长论坛文集 [M]. 北京:高等教育出版社,2002:203.

② 教育部中外大学校长论坛小组. 中外大学校长论坛文集 [M]. 北京:高等教育出版社,2002:151.

（二）突出本校特色，高举学科建设龙头

从指导思想上讲，学科建设要坚持整体规划、分步实施、分层管理、重点推进的原则；要实施非均衡发展战略，保证重点，突出特色，提高效益。从操作层面上讲，进行学科建设要认清四种校情，处理好四个关系：一是科学定位学校性质，处理好学校定位与学科建设的关系。学校的定位是由学校的服务面向和现有办学条件所决定的，可以是单科性、多科性的，也可以是综合性的。但学科建设既可以是分门类、分学科发展，又可以是多学科、综合交叉发展。即使是单科性大学也可以集中多方面的优势形成自己的特色学科。二是客观分析自身优势与特色，处理好一般学科与重点学科的关系。一所大学有许多学科，不可能个个都很强，必须坚持倾斜政策，突出重点，让一批重点学科、特色学科优先发展起来。三是正确评价学术骨干的重要作用，处理好学科建设与队伍建设的关系。学科建设离不开学术队伍的建设。要通过学科建设努力培养学术带头人和学术骨干，要为他们发挥作用、扩大影响搭建舞台，要通过人事分配制度的改革切实提高他们的待遇和地位。四是高度重视学校的可持续发展，处理好学校发展与学科发展的关系。学科发展是学校可持续发展的真正内核，离开了学科发展奢谈学校发展无异于缘木求鱼。一个优势学科或特色学科的建设需要长时间的奋斗和积淀，但一旦形成就对学校的发展具有特别深远的意义。

（三）改革分配制度，健全激励学者机制

学者是办学的支柱，学者的积极性发挥得如何，直接关系到大学的教学质量、科研水平和学术地位。调动学者的积极性，要坚持精神激励和利益驱动并举，建立和健全有利于调动学者积极性和创造性的分配制度。可以从以下三个方向努力：在用人制度方面，建立一套符合教师及其他专业技术人员、管理人员和工勤人员各自岗位要求的具体管理制度，形成人员能进能出、职务能上能下、待遇能高能低的充满活力的用人机制；在分配制度方面，坚持以岗定薪、优劳优酬、效率优先、兼顾公平的原则，向教学科研关键岗位倾斜，向优秀的有突出贡献的学者倾斜；在工资构成方面，可以把工资分解成固定部分（由职务工资和国家

规定的政策性补贴组成)、岗位津贴和业绩津贴三部分,加大岗位津贴和业绩津贴的权重系数,以此形成强化岗位、淡化身份、突出业绩的分配导向,充分地调动学者的积极性和创造性。

(四)创新管理制度,营造以学为尊氛围

落实以学为尊办学理念,还必须深化大学内部管理制度改革,探索新的管理制度和运行机制,营造优良的校风。一所大学的校风可以具体化为教师的教风、学生的学风和干部的作风三个方面。第一,创新行政管理制度,形成服从大局、服务中心的作风。干部的作风对教风学风建设具有示范性和带动性,是校风建设的关键。一方面,"学"在大学中的作用要在管理人员的认识与情感态度上得到体现,另一方面,"学"的地位需要通过管理人员的全方位服务才能得到落实。如果管理人员的服务观念不强,高高在上,作风虚浮,就必然影响校风建设的全局,进而影响学校改革发展的大局。管理队伍良好的作风应该包括:服从大局的大局意识、服务中心的服务精神、有为有位的进取精神、清正廉明的政治品格。第二,创新教学管理制度,形成以生为本、教书育人、为人师表的教风。良好的教风包括良好的师德师风,具体要求是:忠于事业,热爱学生;乐于奉献,甘为人梯;教书育人,为人师表;追求真理,不断创新。目前特别要重视教学、科研管理制度建设和师德师风建设,通过开展教学比武、教学名师评选、"师德十佳教师"评比表彰等活动,激发教师的责任感,营造浓厚的学术氛围,淡化世俗的生活趣味,促进良好教风的形成。第三,创新竞争激励机制,形成崇学、重学、会学的学风。学风是学生学习动力的一个极其重要的激发因素和强化机制。学风建设的目标是要形成一种热爱学习、善于学习、以学为荣、以学为乐的价值取向。为此,要通过引入竞争激励机制,激发学生树立正确的学习目的、强烈的学习欲望、认真的学习态度、创新的学习精神、高雅的学习趣味等。如果形成了这样的学风,教学就能收到事半功倍之效。当然,良好校风的形成不可能毕其功于一役,需要一以贯之、坚持不懈地进行建设和发展,需要长时间的陶冶和积淀。

总之,大学作为学术机构,必须坚持"以学为尊"的根本价值取向,必须在学校改革发展全局中正确定位"学"的重要地位和作用,并且在

第五节　以法为序：大学治理的基本方略

大学管理现代化的基础和重要标志就是法制化，如何贯彻"以法治校"的办学理念，使高校管理真正从无序走向有序，从随意性走向规范化，从经验性走向科学民主性，是现代大学管理者面临的一个重要课题。

一、以法治校是大学现代管理的理性追求

高校管理必须摆脱"人治"余毒，追求"法治"。在封建社会中，"人治"就是一人之治，在政治上表现为专制。在传统的行政管理中人治并非没有或取消法律，而是借助法律施行专制和独裁，以建立稳定的统治和社会秩序，法律成为权力的工具。人治的特点是个人权威大于国法，即所谓"法随言出"、"一言立法"、"一言废法"。现代管理的重要特征之一就是法治，即依法治理，也就是"根据法的合理性来制约管理的随意性"①。法治的特点是重法规、重制度、重理性、重民主。"法治"与"人治"是相对立的两种管理模式。"法治"既是一种政治法律制度，也是众人之治，即"已成立的法律秩序得到普遍的服从，而大家服从的法律又应该是制定良好的法律"②，是一种依法办事的社会状态。法治是反映社会进步的一种理性的价值取向。这种理性的价值取向主要体现在：一是法律尊重人民主权；二是法律至上，法律面前人人平等；三是法律承认利益的多元化，对一切正当权益施以同等的保护。我们讲"法治"中的"法"是一种"良法"，与人治中的"法"有着根本区别。首先，在内容上，必须能够体现民意，能够公正、科学、合理地配置权利和义务；在形式上，是和谐的、完备的，具有一般性、确定性、公开性和可诉性。"法治"是理性化的治理方式，依法办事要求人们服从的是一种非人格化的权威，是根据事先设定的规则治理事务，不受具体场合

---

① 藤田宙靖. 行政与法 [J]. 中外法学，1996（3）.
② 亚里士多德. 政治学 [M]. 北京：商务印书馆，1965：199.

影响和当事人的情感、意志所左右。我国宪法规定:"一切国家机关和武装力量、各政党和社会团体、各企事业组织都必须遵守宪法和法律。一切违反宪法和法律的行为,必须予以追究。任何组织或者个人都不得有超越宪法和法律的特权。"依法办事是现代法治社会的基本要求。

以法治校有其特定的内涵。高校以法治校是指高校依据明确、完备的法律、法规和根据法律、法规制定的制度合理地运用治校权,科学全面地对高校进行管理的一种理念以及与之相适应的方法体系。以法治校中讲的"法"包含两个层次:第一个层次是依法治"制"。这里的法应作狭义理解,主要指依照国家的法律法规、地方性法规和国家行政主管部门的规章等,通过法定的程序,结合本校实际制定出来的具有较强的针对性、实用性、可操作性的规章制度。第二个层次是依"法"管理。这里的"法"应作广义理解,它既包括国家的法律法规,也包括在第一个层次中制定出来的规章制度,它是指在依据各种法律法规、规章制度的前提下,妥善处理学校的各种内外部关系,既包括依法实施的内部管理行为,如依法对教学、科研进行管理,依法维护学校正常秩序等,又包括依法实施的外部行为,如对外签订合同、申报专利活动等。依法治"制"是依法管理的前提,依法管理是依法治"制"的归宿,是以法治校实际运作过程和运行结果的体现。高校实行以法治校是高校实施现代化管理的理性追求。

二、以法治校是大学适应时代的必然选择

高校以法治校是依法治国方略的重要组成部分。党的十六大报告指出:"宪法和法律是党的主张和人民意志相统一的体现。必须依法办事,任何组织和个人都不允许有超越宪法和法律的特权。"朱镕基总理在十届全国人大一次会议上所作的《政府工作报告》中,在谈到对政府工作的建议时提出要"发展社会主义民主政治,建设社会主义政治文明"。"加强社会主义法制建设,完善行政法规,提高行政执法水平,增强全民族法律素质。"依法治国作为一项基本的治国方略,作为一项宏大的社会系统工程,必然通过各地区、各行业、各单位具体的依法治理活动来得以实现。以法治校是依法治国基本方略在教育领域的具体实施。以法治校是实现依法治国的实践操作过程。以法治校是以民主管理和自治

为特征的依法治理活动，核心是依法建制，以制治事，民主管理。

以法治校是高校适应社会主义市场经济体制的现实要求。首先，高校必须靠法律保障办学自主权。我国正处在由计划经济向市场经济转型时期，市场经济的特点就是法制性、竞争性。从一定意义上讲，市场经济是法治经济，法治经济的一个基本特点是要求进入市场的每一个主体都能独立地表达诉求，并能承担相应的法律责任。根据《中华人民共和国教育法》、《中华人民共和国高等教育法》的有关规定，学校具有自主管理权、教育教学权、招生权、管理学生权、颁发证书权、管理教师权、管理设施经费权、拒绝非法干涉的权利和其他权利，这是国家法律赋予高校的办学自主权，但是这些权利的边界在什么地方，怎样具体地行使这些权利，通过何种方法、途径和程序来行使这些权利，达到既能在法律所允许的范围内实现权利的最大化，又不致损害他人的合法权益，这就需要更加明确具体、更富操作性的依据和严格的依法办事的精神和态度，而这正是以法治校的内在涵义。其次，高校要主动适应市场就必须遵循市场法则。市场经济同时又是竞争经济。高校为了尽快适应社会主义市场经济特别是加入WTO后的形势要求，必须优化教育资源配置，提升高校的综合实力和竞争力。高校作为一个开放的体系，既面临着市场经济发展带来的机遇，也面临着市场的挑战。高校需要从市场获取办学资源、管理资源与服务资源等，如吸引优秀教师，吸引充足的高素质的生源，都离不开高校规范的运作模式和良好的声誉，只有将高校的管理纳入法治化轨道，才能使各种资源在公平合理的秩序中正常运行，并得到优化配置，以发挥出最大的效益。其三，加入WTO，对高等教育的影响是多方面的，涉及教育制度、教育投资、教育管理、课程与教学、教育法规建设等，但加入WTO也可以为我国高等教育的发展带来机遇。我们不仅可以引入全新的教育理念、先进的办学经验、现代的教育方法与丰富的教学内容，还可以为我们更多地引进国外优质教育资源和资金，而且可以把我们的教育服务贸易打出去，主动到境外办学，吸引更多留学生，以促进国际交流与合作。这一些都迫切地需要运用以法治校的理念和通过法律的手段来协调、处理高校内外的各种关系及利益，规范对高校的各种管理。

高校以法治校是自身改革与发展的迫切需要。依法制定学校各项规章制度，是促进学校改革发展的重要手段。学校规章制度既是国家法律法规的体现，也是在长期办学过程中办学思想和管理经验的总结，在一定程度上体现办学规律。规章制度的制定或修订的过程既是贯彻落实国家教育方针的过程，也是将国家法律法规与学校实际相结合的过程，还是学校对自己管理经验进行总结、完善并上升为规律性认识的过程。树立以法治校的理念，加强建章立制，不仅能为广大师生员工提供一系列稳定的可预期的明确的行为规范，而且可以健全竞争激励机制，以充分调动广大教职工的积极性和学生的学习自觉性，并不断提高学校的管理水平和效益。另一方面，随着教育活动的主体增多，学校与家庭、社会的关系更为密切，也更为复杂，师生的权利义务意识也不断增强，教育方法、教育手段、教育观念也不断更新，面对这些变化，只有实行以法治校，建立起以法治为基础的教育体制和运行机制，才能规范各种复杂的关系和活动，充分保障素质教育的落实。

三、以法治校是大学进行治理的重大举措

从当前我国高校的实际情况看，实施以法治校，必须着重抓好以下三个方面：

（一）强化一个"学"字，牢固树立以法治校的理念

加强法制教育，树立法治观念是以法治校的前提。思想是行动的先导，人们只有通过认真学法、知法，使法治的内容内化为师生员工的思想意识与精神追求，使法治的诸项要求得到广大教职员工的认同和支持，大家才能自觉守法。正如邓小平同志所讲："加强法制重要的是要进行教育，根本问题是教育人。"江泽民同志也强调："搞好法制教育，增强全体公民的法律意识和法制观念，是社会主义法制的基础工程，也是加强社会主义精神文明建设的重要内容。"因此，实行高校以法治校的首要任务是在广大师生中大力加强法制宣传教育。一是要学好教育法律法规，树立法律至上的观念。教育法律法规是国家教育意志、教育目的的具体体现，是国家教育方针政策的集中反映。实现高校以法治校，最基本的要求是必须在各项工作中不折不扣地严格遵守教育法律法规，

全面贯彻落实教育方针政策，这是推进整个学校工作健康发展的根本保证。二是要学习依法制定的各种校内规章制度。校内规章制度是广大教职工认可的校内"法规"，同样具有普遍的约束力。但在很多高校有法不知、有法不依的现象仍然普遍存在。因此要在广大师生中广泛开展学习学校已经制定的教学管理、科研管理、行政管理与人事管理等规章制度的活动，让他们对校内规章制度产生认同并积极支持，自觉维护这些制度。要将这一工作坚持不懈地贯穿于以法治校的全过程，渗透进学校工作的各方面，要结合开展各种富有特色的宣传教育活动，增强师生员工的遵纪守法意识和按章办事的习惯，同时增强他们以法治校的参与意识和参与能力。

（二）狠抓一个"建"字，尽快完善以法治校的法规体系

建章立制，建立全面、科学、合理的学校管理制度以及严格的执行制度，是高校以法治校的关键和基石。只有将学校各种事务规范化、制度化，才能真正做到有法可依，依法治理。

首先，通过建立科学合理的《办学章程》，规范学校办学行为。《办学章程》是一所高校得以设立以及保障学校正常运转的"根本大法"，通过制定的《办学章程》及与其相配套的各项规章制度，将学校各方面的工作及各级各类人员岗位职责置于统一的规范和要求下，可以强化学校的科学管理，推进学校自我发展、自主管理运行机制的形成。在高校的内部管理中尤其要注意程序性问题。"程序瑕疵"是高校诉讼案中反映出来的一个普遍存在的问题。在高校，法的适用的全过程都离不开一定的程序要求，如学校在对违规学生做出处罚时，是否有学生管理部门的调查程序、专门委员会的听证程序、做出行政决定的程序、具体实施处罚的程序，特别是是否给予被处罚的当事人辩解和申诉的机会，这是学校是否以法治校，是否正确适用法律的重要体现。我国自古以来一直存在着"重实体、轻程序"的倾向，"把程序制度化，就是法律"[1]。正当程序直接体现了公平，它不仅是一个重要的法治原则，而且是正确适用法律的关键。在学校所有管理工作中应当建立严格的程序制度，坚持正当程序原则是使学校的管理行为公开、公正、

---

[1] 信春鹰. 美国的程序法学派[J]. 法学研究, 1987 (6).

公平的基本保证。通过正当程序控制管理过程，规范权力的运行秩序，使权力的行使遵循法治精神的规范、步骤和方式，可以避免管理运行的无序性、偶然性和随意性，保证管理行为的合法性和高效性。同时，高校内部规范性文件的制订要符合教育规律，做到科学严谨，保持相对的稳定性，不能朝令夕改，令人无所适从。

其次，通过建立《学校党政议事规则》，协调好高校党政关系。学校党政关系问题是高等学校以法治校的一个基本问题。《中华人民共和国高等教育法》明确规定，高校实行党委领导下的校长负责制。坚持和完善这一议事规则是实现党对高校领导的制度保证，是高校得以高效运转和发展的前提，也是推进以法治校的关键。坚持和完善这一领导体制，要重点解决好两个方面的问题：一是要依法处理好党政两方面的关系，要处理好党委领导和校长负责的关系，明确党委是领导核心，党委是集体领导，校长是法人代表，校长负责是指校长在党委领导下主持行政工作，校长向党委集体负责。要处理好集体领导和个人分工负责的关系，要处理好书记和校长的关系，班子成员之间的关系，重大问题必须经集体讨论，校长享有执行权。明确集体领导重在决策，个人分工负责重在贯彻执行和具体落实。二是要依法建立党委领导的运行机制，以保证党委的领导和校长的行政指挥得以正确行使和充分发挥。要建立党委议事制度、行政议事制度。要建立党委会、党政联系会、校长办公会等各种会议制度，规范决策和研究工作的程序，使民主集中制原则得以贯彻执行，以保证学校重大事项的决策民主和科学。要建立领导分工负责制度，民主监督、检查考核制度，责任追究制度等，增强领导者的责任感。

第三，通过建立《高校学术委员会工作制度》，整合学术权力与行政权力的关系。学术权力是基于行使人，一般是指学者或学者组织的学术水平和学术能力。美国著名的教育管理学家克拉克说："专业的和学者的专门知识是一种至关重要的独特的权力形式，它授予某些人以某种方式支配他人的权力。"[①] 而行政权力的基础是法律的规定及上级组织的授

---

① 克拉克. 高等教育系统——学术组织的跨国研究 [M]. 杭州：杭州大学出版社，1994：128.

予。行政权力的大小，取决于该行政权力组织在整个管理系统中的层次和位置，而不取决于该组织中或相应位置上个人能力的高低。在我国高校中，大学的学术性在许多方面被行政权力所代替，在一定程度上造成了大学校园内"学术本位"与"官本位"的价值冲突，"学术意志"与"行政意志"的权力冲突，"学术群体"与"行政群体"的利益冲突①。在以法治校的过程中，如何整合学术权力与行政权力的关系，重要的是在学校制定的有关学术管理的制度中，明确合理的学术权力、地位和权威，建立发挥其效能的制度保障机制，同时界定学术权力与行政权力各自发挥作用的范围及领域，使学术权力与行政权力在高校管理中形成一种有机的分工、合作和制约机制，既让学术权力得到应有的尊重，又让行政权力得到规范的控制。

第四，通过建立《高校师生权益保护办法》，调整师生与学校的关系。教师、学生与学校彼此间的关系如何，是当前值得深入研究、认真思考的重要课题。在传统体制下，学校几乎采取类似于行政机关的方式进行运作，对教师、学生享有绝对的行政管理权。随着改革开放的不断深入，人们的法律意识、权利主体意识逐渐增强，开始认识到学校与行政机关是性质完全不同的两个组织，学校不能完全靠行使行政权力进行管理；学校与教师的关系也并不完全是简单的行政管理关系，而应当是通过签订劳动合同形成的劳务关系。学校与学生之间，既有基于收费而形成的主体地位平等的合同关系，又有学校基于教育、教学管理权而形成的管理与被管理的准行政关系。目前国际上流行一种"特别权力关系说"，即既不是普通的民事关系，也不是普通的行政关系，而是主体双方的权利、义务不完全对等的特别权力关系，这些错综复杂的关系都需要利用有效的法律手段来调节和规范。

（三）贵在一个"严"字，切实执行教育法规和制度

有法必依，执法必严，这是法治的根本要求，也是实施以法治校的根本保证。一是要努力树立法律法规及学校规章制度的绝对权威性和严肃性，法律至上是法治的必然要求，要让每个教职员工和学生对其权威

---

① 宣勇. 大学内部管理体制改革的价值取向 [J]. 高教管理, 2002 (1).

性和严肃性认同并自觉维护，不能因人而异，因事而异，也不允许随意变通。对于涉及学校制度严肃性的每一件小事都应"较真"，决不能因情废制。柏拉图曾说过："如果一个国家的法律处于从属地位，没有权威，我敢说，这个国家一定要覆灭。然而，我们认为一个国家的法律如果在官吏之上，而这些官吏服从法律，这个国家就会获得诸神的保佑和赐福。"① 过去那种"人情大于法"，"一把手说了算"的观念与行为应该坚决摒弃。二是对权力进行严格的监督和制约。西方学者约翰·阿克顿勋爵曾深刻地揭示了这一规律："权力有腐败的趋势，绝对的权力会导致绝对的腐败。"② 因此，对学校的任何权力都必须建立制约机制，法不授权即无权；对师生的任何权利都必须建立维护制度，法不禁止即自由。在以法治校过程中，不仅要加强制度建设，更要严格执行监督和制约机制，以保证各项规章制度落到实处。为了监督与制约学校管理者的权力，要充分发挥监察、宣传、人事、工会等组织或部门的职能作用，建立健全并认真落实群众举报、信访接待和舆论监督等制度，如建立校务公开制度，增强工作透明度，使师生员工关心和监督学校事务；建立健全干部述职和考核制度，加强对干部的民主测评。健全党内民主生活会制度，促进领导干部互相监督和教育，提高思想水平和素质。要高度重视和发挥学术委员会、团代会、学代会等组织的作用，增强决策和管理的科学性、民主性。特别是要注重发挥教代会的作用，充分发挥高校人才云集的资源优势，做好科学决策。监察人员要参与对学校的法纪检查、财会检查、资产普查、收费清查和领导干部离任审计、学校事故处理等工作。凡考试招生、基建采购等重大事项，都必须有监察部门参与监督。三是执法必严，违法必究。在我国有些高校内虽然制定了方方面面的规章制度，却往往执行时走样，使制度的权威性和严肃性悄然丧失。如在人事制度上，虽早已明确"因事设岗"、"依岗定人"、"能上能下"等原则，但"因人设岗"的现象仍普遍存在。这正是我们有法不

---

① 张中秋. 中西法律文化比较研究 [M]. 南京：南京大学出版社，2009：306.

② 张中秋. 中西法律文化比较研究 [M]. 南京：南京大学出版社，2009：315.

依、执法不严的表现之一，也是我们与世界一流高校如哈佛、剑桥等因注重维护学校制度的权威而塑造出"百年不败"的声誉与品牌的差距所在。因此，高校一旦制定了较为完整的校内法规体系，就应该严格遵守，严格执行。

总之，以法治校作为依法治国的有机组成部分，应当成为现代大学管理的理性追求，成为大学的办学理念。大学只有不断强化师生员工的法制意识，建立健全各类规章制度，以法治校，照章管理，才能不断提高管理水平和管理效能，真正形成既依法管理，又充满活力的局面。

第六节 以变应变：大学发展的动力泉源

人类进入21世纪以来，科学技术突飞猛进，知识经济悄然来临，这既是一场巨大的经济转型，更是一场深刻的社会变革，必然对整个社会的价值观念、思维方式、生产方式和生活方式产生重大影响，也必然对大学教育产生全方位的冲击。新世纪的头二十年是我国大有作为的重要战略机遇期，也是我国大学发展难得的战略机遇期，面对种种机遇和挑战，以变应变，不断创新，已成为现代大学回应时代要求、引导社会进步和谋求可持续发展的动力泉源。

一、以变应变是一种内涵丰富的辩证思想

马克思主义认为，世界上一切事物都处在运动变化之中，运动变化既是一切物质的固有属性，也是物质存在的根本形式。同时，一切事物的运动变化都是相互联系、相互制约的，任何事物要想生存和发展，就必须不断地变革自身，以适应不断运动变化的外部世界。这就是以变应变，适者生存。

以变应变自古以来就是一种重要的思想方法。早在春秋时期，伟大的思想家孔子就提出了为人处世"无可无不可"和"毋固"（不固执己见）、"毋我"（不唯我独是）等因地制宜、随机应变、具体问题具体分析的思想。

古代著名军事家孙武在《孙子兵法》中亦写道："兵无常势，水无常形，能因敌变化而取胜者，谓之神。"也就是要求指战员善于根据敌我

形势的变化，作出相应的判断和选择，因势利导，顺势而为，方可致胜。在现代西方的管理学界有一句名言："管理的智慧从你认识到世界上不存在唯一最优的管理系统时开始。"20世纪70年代后，西方学者更明确地提出了"权变管理理论"。该理论强调在管理中要善于根据组织所处的内外环境的变化作出不同的判断，寻求不同的管理方式。好的管理必须是因事、因人、因时、因地而变。可见，古今中外的思想家与管理者都认同"变"是不变的真理，以变应变既是事物生存发展之道，也是组织管理成功之道。

以变应变包涵着丰富的辩证思想。这种辩证思想主要体现在以下几个方面：一是局部与整体的统一。对一个事物或一个组织来讲，以变应变不是只考虑事物或组织自身的问题，而是要从事物或组织所处的整个环境出发，要从影响事物或组织生存发展的各种因素之间的变化关系来权衡利弊，统筹考虑。二是被动与主动的统一。从事物或组织应变的角度看，环境改变了，不应变就无法生存，更不能发展，所以是被动的；从事物或组织自变的角度看，又反映了主体对变革的探索性，这种"变"既不是盲目的随心所欲，也不是无奈的随波逐流，而是在对外部事物变化的规律及发展趋势有了充分认识以后，有目的有计划的能动反映。三是变与不变的统一。以变应变作为一条重要的处世或管理原则，强调了变的主动性，但这种"变"不是绝对的，在变中包括着不变的成分，也就是对原有的事物不全盘否定，而是在全面、客观分析基础上的"取其精华，去其糟粕"。四是适应与超越的统一。应变的目的，首先是适应，但适应不是消极的应对，而是机动灵活的回应。适应可分为三个层次：最低层次可称为"维持性适应"，即对存在的"再生"或"复制"式的反应；中层次可称为"改造性适应"，即根据环境的变化对自身和环境的关系作出必要的改造与调整后的适应；最高层次可称为"超越性适应"，即对外部环境的变化趋势作出预测后，主动超前地改变自己，以建立一种更有利于形成自身与未来环境良性互动的新关系，更好地促进自身发展的适应。

二、以变应变是大学发展的客观要求

随着社会经济的迅速发展和对大学教育的要求不断提高，大学之间的竞争日趋激烈，大学只有坚持改革，促进发展，才能内聚人心，外塑形象，才能赢得社会的信任，占领较大的教育市场，最终才能在激烈的竞争中获胜。

大学不能独立于社会之外，大学发展与社会发展是互动的关系，大学发展必须遵循与社会发展相适应的规律。纵观教育发展的历史，就是教育对人类社会的"适应—不适应—新的适应—新的不适应—在新的基础上再适应"的过程，也就是以变应变，不断改革，不断创新，不断适应的历史。

当前人类社会正处于急剧的变迁之中，这种变化主要表现在以下几个方面：从国际上看，一是科学技术迅猛发展，以及由此带来的生产力构成要素中科技比重的日益增加；二是知识经济初见端倪，以及由此形成的社会价值观念、生活方式、分配原则的深刻变化；三是国际政治格局的改变，以及由此而形成的在意识形态领域的错综复杂的斗争局面；四是全球化趋势的增强，以及由此引起的信息、贸易、技术、资金与教育等多方面的全球互动；五是多元文化思潮的形成，以及由此而造成的不同国家、不同民族之间的价值冲突。从国内来看，一是"全面建设小康社会"的目标提出，使我国现代化建设跨入新的发展阶段；二是经济体制转轨进入关键时期，对我国整个社会经济生活产生着极大的影响；三是社会转型速度加快，导致新的社会矛盾加剧；四是国际环境的变化、国际教育竞争的激烈，促使各界人士对高等教育体制改革进行反思。急剧的社会变迁给大学发展提供了许多机遇，反映了知识经济化、经济知识化与我国现代化建设的迫切要求，使大学教育的地位迅速提升；科学技术经济一体化的趋势使大学教育的功能不断扩张；全球化趋势使大学教育的市场有了较大拓展；综合化与信息化趋势使大学教育的效率极大提高；产业化与社会化趋势使大学环境得到不断优化。社会大变革也给大学发展提出了一系列严峻的挑战，如科技与经济的发展、产业结构与就业结构的变化、全球化趋势的增强与国际竞争的加剧对大学的培养目标、专业结构、培养模式等都提出了新要求。全面建设小康社会目标的提出，要求大学对自己的历史使命与社会功能进行重新定位。信息的共享与网络传输的自由，暴露了传统大学教育中存在的许多薄弱环节。体制转轨与社会转型过程中出现的价值取向偏颇、社会分化加剧等也使大学教育面临着许多值得研究的新问题。

形势在发展,时代在变化,大学如何紧跟时代的潮流,承担起新的历史使命,唯有不断改革,以变应变。正如江泽民同志所指出的那样:"当今世界,科学技术突飞猛进,知识经济已见端倪,国际竞争日趋激烈。我们的大学应该成为科教兴国的强大生力军,教育应该与经济社会发展密切结合,为现代化建设提供各类人才支持和知识贡献。这是面向21世纪教育改革和发展的方向。"① 联合国教科文组织在其发表的《21世纪的高等教育:展望和行动世界宣言》中也指出:"由于变革的范围广、速度快,社会已经逐步变成了知识型社会,因而大学教育和研究正作为个人、社区和国家的文化、社会经济和环境方面可持续发展的主要组成部分发挥着作用。所以,大学教育本身正面临着巨大的挑战,而且必须进行从未要求它实行过的最彻底的变革和革命。"

三、不断创新是大学应变的永恒追求

大学发展必须确立以变应变的理念,在今天就是要坚持与时俱进、不断创新的思想。以变应变的目的就在于与时俱进:"时"就是时代的发展,"进"就是通过变革自身而得到的进步和发展,没有自身进步和发展的"应变",只能是维持性适应,不能称之为与时俱进或"超越性适应"。以变应变的方式就是不断创新。创新既是推动民族进步的不竭动力,也是大学实现可持续发展的永恒追求。

教育创新是包括大学教育、中学教育、小学教育等多层次多侧面的一个系统工程,大学教育创新居于整个教育创新系统的最高层次。大学教育创新可分为观念创新、理论创新、体制创新、机构创新、机制创新与环境创新等多方面,其中观念创新是核心,体制创新是关键,机制创新是重点。为适应当今国际国内形势变化的要求,大学必须突出以下几个方面的创新。

---

① 江泽民. 在庆祝北京大学建校 100 周年大会上的讲话 [N]. 人民日报, 1998-05-05.

(一) 观念创新

思想一转思路宽，观念一变格局新。先进的办学思想、趋前的办学理念是实现大学快速发展的保障。

首先，在办学观念上要实现从单纯地追求社会经济发展的要求向努力成为社会经济的"动力源"和"思想库"转变；从追求大学的规模数量向追求质量效益转变；从"重形式，轻特色"向"抓重点，创特色"转变。总之，办大学不能盲目攀高求大，而应根据整个社会和所在社区发展的需要及条件，根据学校自身发展的历史与现状，找出自身的强项和弱势，合理定位，以特色求发展，以质量求效益。

其次，在治校理念上要实现以下四个转变，即从"以书为本"向"以人为本"转变，改变传统大学以知识传授与文化继承为中心的思想，把培养学生会学习、会生活、会工作、会合作、会创造作为主要目标。从教师主体向学生主体转变，通过育人模式的改革，变学生被迫接受教育为教育主动适应和促进学生的发展；从注重人治向注重法治转变，不断增强学校依法自主办学的能力和师生的民主意识、参与意识；从注重静态管理向注重动态管理转变，学校要经常研究社会经济发展的需求、生源市场与就业市场的变化，不断调整教育教学计划，不断改革学校内部的各项管理。

其三，在人才观上要实现下列转变：从只重精英人才向多层次人才并重转变；从只重专业人才向重"宽口径、厚基础、广适应"的复合型人才转变；从只重会读书、会考试的继承型人才向重会运用现代技术手段获取新知识、会将知识转化为现实财富的创新型人才转变；从只重人才的共性培养向重共性与个性协调发展的人才转变。

此外，大学还应在质量观、教育观、教学观、教师观、学生观等方面进行全面创新。

(二) 体制创新

大学教育体制涉及中央与地方、国家与学校、学校内上级与下级之间的纵向隶属关系，也包括学校与社会、大学教育系统与学校内部各子系统之间的横向关系。它不仅反映着一定时期高等教育的性质，而且直接影响到高等教育改革与发展的速度及水平。我国传统的大学教育是在计划体制下形成的，具有依附性、强制性、单一性与封闭性等特征，近年来虽经多次改革，且收效显著，但仍在多方面滞后于时代的要求。江泽民同志在庆祝北京师范大学建校百年的大会上讲："进行教育创新，关键是通过深化改革不断健全和完善与社会主义现代化建设要求相适应的教育体制。"体制创新可从两方面考虑：

从宏观的角度看，我国应通过深化办学体制与投资体制的改革，尽快建立和完善以国家办学为主、社会各界共同参与的多层次、多形式、多类型的办学体制和财（财政拨款）、税（教育税）、费（学费）、产（校办产业）、社（社会集资、捐资）、基（教育基金）等多渠道投资的投资体制，大力推动高等教育大众化的进程，拓宽办学空间，盘活教育存量，优化大学教育的资源配置。

从微观的角度看，在高校内部的管理体制上也存在着多种影响创新的因素，如党委领导下的校长负责制，因对"领导"和"负责"的内涵及二者的关系界定不清，容易造成党政关系不明、职责难分，从而在一定程度上制约了校领导创新能力的发挥。现行的重领导的目标责任、轻教职工民主参与的决策模式，重行政权力、轻学术权力的行政管理模式，以及重身份轻岗位、重晋升轻考核、重职级轻实绩的人才管理模式等，都不利于教职工积极性的调动。在学生管理中，重统一要求、轻自由选择，学生在选系、转专业、选课程、选老师等方面的自由度很小，这些在很大程度上压抑了学生学习的主动性与创造性。因此，高校内部管理体制改革的任务仍很艰巨。首先应在完善党委领导，强化校长权威，实行好统筹管理的同时，建立和健全教职工民主管理学校的制度；其次应加快机构改革和编制改革，减员增效，提高办学水平和用人效益；其三是深化用人制度改革，积极推行干部目标责任制、教师聘任制和全员聘用合同制，建立能上能下、能进能出的机制；其四是加大改革力度，在总量增加的前提下，拉开档次和差距，建立按岗位、按任务、按业绩、按贡献分配的制度；其五是允许学生进行二次分流，鼓励学生自由选修，大力推行学分制，实行弹性管理制度。

（三）机制创新

大学机制创新内容涉及诸多方面，但最重要的是要创新激励教师和学生的机制。首先，从教师来看，办好一所大学，必须有一批好教师。他们必须具有良好的职业道德和敬业精神、广阔的学术视野和深厚的学术功底、高超的教育艺术和强烈的创新意识，他们是教学的骨干、科研的核心与改革的主体。为了形成这样的教师队伍，为了调动他们工作的主动性、积极性与创造性，大学应建立一套让优秀人才脱颖而出的机制，也就是要给各类优秀人才创造宽松的学术环境，提供良好的科研条件与丰厚的生活待遇。诚然，对他们也要有一定的规范与必要的约束，特别要注重通过加强师德教育，不断增强他们的社会责任感、历史使命感与职业光荣感。还应逐步完善科学的考核机制，以便客观公正地评价每一名教师，充分尊重他们的劳动成果，切实保护他们应享受的各种权益。

其次，从学生来看，其学习的积极性与创造性的调动，需要创新三大机制。一是通过教学改革来形成学生自由学习的机制。这种改革的目标是使教学内容由强调专业规范与统一要求，变得更具有综合性与开放性；使教学方法由注重"满堂灌"、照本宣科，变得更具有启发性与灵活性；使学习方式由缺少自主、死记硬背变得更具有自主性与探索性。二是通过课程改革与招生、管理制度的改革来形成学生合理流动机制，如建立跨系、科的专业，实行按大类招生；在课程改革中压缩必修课程，重视综合课，加大选修课，增加活动课，允许学生根据自己的兴趣与条件第二次选择专业，或因其他特殊原因自由转换专业等。三是通过活动方式的改革形成激励学生创新的机制，如通过开设创造学课程，以培养学生的创新意识与创新能力。组织各种创新活动，如课程设计、创作设计、发表小论文、组织创新演讲比赛等以激发学生的创新热情。鼓励学生参与各种社会实践活动，在社会上寻找科研课题，要求学生"真题真做"，给学生打创新学分，评创新奖，以培养学生的创新能力，最终达到充分开发学生创新潜能的目的。

第七节 以和为贵：大学追求的文化品位

大学既是继承与创新文化的重要基地，也是造就高层次文化人才的专门场所，因此，不同的大学应有不同的大学文化。一所大学的文化是该大学在长期发展过程中逐渐形成的，由精神文化、制度文化、行为文化和环境文化所构成的文化体系，它体现在大学领导的教育思想、管理思想，广大师生员工的价值与行为取向，以及学校的硬件建设与文化氛围等方面，它起着统一思想、凝聚人心、指引方向、鼓舞斗志的作用。提高大学的文化品位，关键在于引导大学组织成员形成正确的价值观念与行为方式，尤其是要提高他们精神追求的层次。大学应追求怎样的文化品位呢？从价值观念与行为取向的角度讲，应追求"以和为贵"。

一、贵"和"思想的内涵与价值

贵"和"思想萌芽于原始先民在实践活动中对自然界的观察和认识。古代先民在改造自然界的过程中形成了对自然界和谐状态的认识，催生了原始的贵"和"思想。这一思想萌芽经过漫长时期的发展，历夏商至春秋，逐渐完成了从经验形态到理论形态的转化。先秦儒家的经典著作中就已经有了许多对"和"的思想的论述，如孔子说"礼之用，和为贵"，"君子和而不同，小人同而不和"；孟子说"天时不如地利，地利不如人和"；《老子》讲"知和曰常"，《中庸》讲"和也者，天下之达道也"等等。在现代汉语中，"和"字被理解为和平、和美、和缓、和气、和谐、和睦、和乐、和解、和衷、和议等，并被广泛运用，如人们常讲"家和万事兴"、"和气生财"等，都是对古代贵"和"思想的继承和发展。

从古代思想家的论述中可以发现，贵"和"思想有着丰富的哲学内涵。首先，贵"和"思想是先人在对大自然及生活的长期观察中概括出的一种价值判断。《周礼》讲"和则安"，《论语》讲"和为贵"等都是对具体事物认识的一种超越，是对"和"的功能的概括，是被人们普遍认同的价值取向。其次，"和"的本质是异质事物的多样统一，如晏婴讲"和如羹焉……君子食之，以平其心"，意思是说"和"就像厨师煮肉汤，把水、盐、酱、醋、梅和鱼肉放在一起，文火细烹，火候到了，味道也就自然出来了。其三，"和"是多种事物之间具有的相辅相成的关系，如史伯讲"以他平他谓之和"，就是说，任何一种事物都要与其他事物相配合。其四，认识到"和"是促使事物发展的内在动力，如史伯讲"和实生物"，《管子》讲"和乃生，不和不生"等，这些都表明古代学者已认识到异质事物相济互补是产生新生事物的内在动因。

当今社会强调"和"的思想具有非常重要的现实价值。随着时代的发展，人类社会面临越来越多的矛盾和冲突：一是人与自然的冲突，如大气污染、土地退化、灾害频繁，使人类面临着种种生态危机；二是人与社会的冲突，如人与社会制度、人与社会环境、人与社会变迁等方面的冲突导致许多社会危机；三是不同文明的冲突，如东方文明与西方文明、现代文明与传统文明、高雅文明与世俗文明等不同文明之间的冲突形成了种种价值危机；四是人与人之间的冲突导致各种道德危机；五是人自身心灵的冲突形成的种种精神危机。怎样化解这些冲突直接关系到人类社会的生存和发展。1999年，世界上一百多个国家和地区的数百名学者云集北京，隆重纪念孔子诞辰2540周年。会议的主题就是阐发孔子的"和为贵"的思想。2000年底在中国人民大学召开的"东亚'和'思想与21世纪国际学术交流会"上，与会学者一致认为，东亚传统中的贵"和"思想对解决人类面临的冲突与危机有着极为重要的现实意义。

我们今天认识"和"的意义，要特别注意两点。一是要注意区分"和"与"同"的关系，重"和"不是求"同"："和"是丰富多彩，"同"是雷同单一；"和"是相生相克，"同"是相同相似；"和"是辩证法，"同"是形而上学。孔子讲"君子和而不同，小人同而不和"，是从道德修养的层面阐述"和"与"同"的关系。孟子讲"天时不如地利，地利不如人和"，则是将贵"和"思想从道德修养层面扩展运用到普遍的人际关系上了。二是要注意区分"和"与"争"的关系，重和谐不是不要竞争。竞争是自然界和人类社会的普遍规律，古人云："并逐曰竞，对辩曰争"，竞争就是相互争胜，竞争的结果是优胜劣汰，适者生存。竞争具有两重效应：一方面具有激励人才奋进，促进人才成长，形成系统活力，提高管理效益等积极效应；另一方面也可造成系统内耗，相互欺诈,甚至同类相残等消极效应。出现前种效应的竞争是良性竞争,出现后种效应的竞争是恶性竞争。为了促成良性竞争,必须以和谐为前提,也就是在相互竞争者之间还必须有相互协调的关系。所以,"和"与"争"不是相互割裂、绝然对立的,而是相辅相成的矛盾统一体。在人类社会中,只有竞争与和谐共存,在竞争中促协作,在和谐中有竞争,才能既有特色发展,又有整体效应。

二、大学提倡以和为贵的目标和意义

大学追求以和为贵,其主要目标有四:

一是"和而不同"的价值取向。大学的价值取向,概括而言,一是求真,二是求善。求真就是培养学生的科学精神。科学所追求的目标是研究和认识客观世界及其规律,我们的行动越符合客观事物发展的规律就越科学。求善就是培养学生的人文精神。人文所追求的目标是满足个人与社会需要的终极关怀,它带有强烈的情感色彩,我们的活动越符合社会、国家和人民的利益就越富有人文色彩。求真与求善,二者既相同相通,又相异互补,这就是"和而不同"。大学是培养高层次人才的专门场所,从育人的角度讲,大学追求"和而不同"的价值取向,就是首先要确立求真与求善并重的理念,在整个教育过程中,要尽可能实现科学教育与人文教育的统一,促使学生智能发展与人格发展的统一,共性发展与个性发展的统一。

二是"和谐发展"的目标定位。大学对和谐发展的追求有四个层面。第一层面是个体自身的"和",即指每个师生员工在生理、心理、知识、能力、思维、意志等方面都能得到和谐发展。第二层面是群体之间的"和"。大学是知识分子集中的地方,他们在教学和科研上都有着自己独到的见解,这一方面有助于形成百家争鸣的学术繁荣局面,另一方面也容易形成门第之争、文人相轻等不良倾向。因此,在学术群体之间,要努力形成和谐的人际关系、愉快的工作氛围,要提倡文人相亲、互学互帮。第三层面是学校内部的"和",这一方面是指学校内教学、科研、行政、后勤等各项工作要协调配合,另一方面是指学校内部的各项管理制度要相互配套。第四层面是学校与外部环境的"和",包括学校与其他学校、学校与所在城市、学校与整个社会,乃至学校与世界都要形成一种良性互动的和谐发展的格局。

三是和睦相处的行为规范。在大学工作的教职员工是在整个社会中科学与文化综合素质较高的人,他们的行为不仅应该是学生的榜样,也应该是社会的楷模。所以,大学教职员工之间的互动,应该遵循和睦相处的行为规范,这一规范具体包括:仁爱为本的人际交往规范,也就是教职员工相互交往应以团结为重,互相关爱,真诚相待,不能搞得刀光剑影,刺刀见红;竞争与协作并存的学术规范,学术研究既要提倡大胆创新,百家争鸣,又要提倡取长补短,互相学习;公平正直的行政规范,大学的各级领导在管理中,不是仅仅依靠权力,而主要是靠自身的德、识、才、学形成的权威来领导学校,领导对任何人都要公平、公正;团结向上的学习规范,大学生不仅要学会求知,学会科研,学会创造,还要学会合作,学会吃苦,学会忍耐。总之,要学会做人。

四是和美交融的校园环境。"和美"主要是指因多种事物的和谐统一而使人获得的一种美的感受。大学校园环境包括硬环境与软环境。大学追求和美交融的校园环境,主要体现在"文"、"雅"、"序"、"活"四个方面:"文"指浓厚的文化氛围与科学、人文交融的气息;"雅"指校园环境的文明雅致与师生举止的高雅文明;"序"指校园的一切活动都井然有序,有章有法;"活"指学校的各项工作都富有特色,充满活力。

大学追求以和为贵的文化品位,首先是时代发展的强烈呼唤。随着社会的不断发展,大学将会具有越来越多的功能。但其文化的传承与创新、评价与选择、交流与融合等功能,不会因为时代的发展而减弱,反而会不断加强。因为文化是一个相互影响的复合体,任何文化都是个性与共性的统一,不同文化虽然存在很多差异,但绝非水火不容。随着世界交往的扩大,人们越来越清楚地认识到各种文化都有其特定的价值。因此,现代大学只有在文化的选择与创新功能上追求以和为贵,使科学文化与伦理文化、传统文化与现代文化、东方文化与西方文化、校园文化与社会文化相互交融,取长补短,才能较好地完成现代大学的使命。从时代发展对人才素质的要求来看,随着科学技术与知识经济的发展,社会对人才的综合素质,尤其是对人的创新思维和创新能力的要求也越来越高,对人才知识结构的要求也发生了变化,进而要求大学培养出宽口径、厚基础、广适应、专通结合的复合型人才。为适应这种形势的要求，大学在培养目标与课程设置上就要强调以和为贵，也就是多种教育要协调兼顾，不能重智能教育轻人格教育，重专业教育轻基础教育，重科技教育轻人文教育，重书本教育轻实践教育，重继承教育轻创新教育，重成才教育轻成人教育。

其次是大学自身发展的迫切需求。当今中国正处于社会大转型时期，政治、经济、文化体制等都在发生极大的变化，产业结构与就业结构都有了重大调整，这些变化对大学教育提出了许多新的要求。大学要更好地发展，就必须主动融入社会，多种功能并重，努力充当好科技发展的"动力源"，经济增长的"促推器"与社会变革的"智囊团"。此外，为了提高大学的办学效益，我国高等教育的改革力度在不断加大，不少大学进行了合并与重组，这些大学在新的发展中，必须高度重视不同学科、不同校区、不同校园文化的互补与融合。没有合并的大学也都在进行学科专业的调整与资源的重新配置，在这一过程中免不了发生摩擦与冲突，强调以和为贵对于减少摩擦、加快整合也具有十分重要的意义。

三、大学实现以和为贵的思路与对策

（一）坚持和而不同的价值取向，全力推进素质教育

素质教育，简言之，就是以提高人的综合素质为目标的教育。综合素质包括思想道德素质、文化科学素质、劳动技能素质、身体素质、心理素质与审美素质等。就大学而言，素质教育是相对于现实中过分强调学生要适应社会经济发展需要的"工具性教育"，以及过分强调上大学为个人就业谋生服务的"功利性教育"而言的。诚然，大学教育不能不考虑社会经济发展的需要，也不能不考虑个人的就业与出路。但如果在上述考虑中忽略了人自身的和谐发展，则是大学教育中最大的误区。坚持和而不同的价值取向，就是要坚持促进大学生的思想、道德、知识、能力、身体、心理、人格等多方面都能得到全面协调发展的教育观，坚持个性发展与共性发展统一、个人发展与社会发展统一的发展观。全面推行素质教育就是要在大学教育中，妥善处理好科学教育与人文教育、理想教育与现实教育、专才教育与通才教育、个性教育与共性教育的关

系，不能顾此失彼，而应相互兼顾，努力把学生培养成为崇高理想与务实精神统一，自我实现与报效祖国统一，科学精神与人文精神统一，专业素质与综合素质统一，健康心理与强健体魄统一的人才。

（二）重视校内团结和校外合作，落实和谐发展的目标定位

大学的和谐发展具有多层次的目标定位，这里着重谈谈学校内部的和与学校外部的和。学校内部的和谐在很大程度上取决于一致的目标与高度的团结。因此，首先是要用通过努力可以实现的发展目标来统一思想，凝聚人心。其次是要做到四个"尊重"，即尊重知识，尊重劳动，尊重人才，尊重创造，以增强教职员工的主人翁感。其三要通过思想教育和开展交心谈心活动，增进教职员工相互之间的理解，做到思想通、感情通、关系顺、人心顺。其四要提倡相互支持。学校虽有分工，但要努力做到相互配合。工作中也可能发生分歧，但要努力做到相互理解。能否实现学校与外部环境的和谐，除了要有现代开放意识外，还与对校情的认识及形势的分析是否准确、是否能合理定位、是否能抓住机遇有关。首先，学校要根据自身的特点及国家高等教育发展的整体状况，结合社会发展对人才需求合理定位，以实现同其他各类大学的和谐发展，学校发展不能丢失特色，盲目攀高。其次，要努力形成与学校所在地区的良性互动关系。一方面，大学要坚持为地方服务的方向，把大学办成地方高层次人才的教育培训基地和科学技术创新的源泉，不断提高地方的竞争实力和文化品位。同时，大学也要努力争取得到地方更多的支持，以实现学校与所在地区的和谐发展。其三，要认真研究我国社会经济发展趋势对高层次人才需求的变化，不断调整培养目标与教学计划，以实现大学与整个社会的和谐发展。其四，大学教育要做到"面向世界"，紧跟世界高等教育发展的步伐，吸收并借鉴国外大学的办学经验，紧密关注全球科技、文化发展的前沿，构建与国际接轨的目标与课程体系，大力加强国际交往，充分利用国际教育资源，培养出大批具有国际战略眼光，适应国际竞争需要的人才，以实现大学与国际高等教育的和谐发展。

（三）加强校风与师德建设，形成和睦相亲的人际关系

首先是学校领导成员之间的和，其要点有三：其一，思想建设是根

本。也就是要通过加强领导成员的理论学习，不断提高他们的政治理论素养，牢固树立"立党为公、执政为民"的思想，相互之间能做到目标一致、认识一致。其二，作风建设是关键。领导成员要发扬理论联系实际的作风，在工作中坚持走群众路线，都能做到一心一意谋事业、谋发展，不谋权、不谋利、不谋庸俗的人际关系。办事讲原则，对人讲宽容。其三，制度建设是保障。要始终坚持党委领导下的校长负责制。校长作为学校的法人代表，在学校党委的领导下，全面负责学校的教学、科研和其他行政管理工作。党委必须支持校长行使职权，同时校长也应在这一制度下，充分尊重学校党委对学校行政重大问题和重要事项的决策权。其次是教师之间的和。促进教师之间的和也要抓住三个关键：第一，教师个人要有崇高的精神追求，处处要以事业为重、大局为重。第二，教师要有良好的个人修养，好学、谦虚、大度、宽容、善于合作、不斤斤计较。第三，学校要有宽松自由的学术氛围，教师之间有机会要经常相互切磋、相互学习、取长补短。其三是教师与管理人员之间的和。办好一所大学，需要有好的教师队伍，也需要有好的管理干部队伍与服务人员队伍，三支队伍的工作性质不同，但目的一致，虽有分工，但更需要合作，不应在心理上相互轻视，利益上相互对立。因此，要提倡相互尊重、相互理解，即使有了矛盾，也要能换位思考，学会彼此宽容。第四，是师生之间的和。最重要的是老师要师德高尚，学识渊博，教艺高超，处处坚持以生为本，值得学生尊重。随着时代的发展，现代大学生在价值观念、思维方式上都发生了一些变化，有些学生喜欢标新立异，有的甚至喜欢挑老师的毛病，这不是学生的缺点，反而是一种进步。所以，要做到师生之间的和，老师要心胸开阔，能善待这样有个性的学生。

（四）认真制定校园建设规划，营造和美交融的校园环境

校园是学校文化的载体与培育高素质人才的基地。能否形成和美的校园环境直接关系到教学科研的水平与人才培养的质量。和美的校园环境，体现在硬环境与软环境自身的和谐，以及两种环境相互的和谐。硬环境包括大学的教学、科研、生产、生活环境。硬环境的建设要精心设计，一山一石、一草一木都要突出特色，体现出不同的风格，显示出高

雅的格调，整体的布局又十分和谐，能给人以美的享受。软环境是指通过大学的教学、科研活动营造出的一种氛围。良好的软环境主要体现在生动活泼的学习环境、自由民主的学术环境、整洁舒适的工作环境与充满爱心的育人环境等方面。营造这样的环境既要靠具有正确的办学理念、宽容的民主作风、深切的人文关怀、完善的人格魅力与有效的协调能力的领导群体，更要靠忠于职守、关心学校、热爱学生、善于创新、注重团结的教职工群体。这样的环境不仅可以激发师生的自豪感，形成师生的凝聚力，还可以产生催人奋进的推动力。

第四章 大学目标管理的考察

随着高等教育的迅猛发展，我国的高等教育管理体制改革也不断深化。但是，高等教育缺乏活力、效率低下、质量滑坡等问题日益突出，因此国家提出"坚持以改革为动力，通过教育体制与制度的不断改革与创新，增强教育发展的活力。改革管理教育的方式，努力提高教育管理的能力和服务水平。"《国家中长期教育改革和发展规划纲要（2010—2020年）》也提出，"改进管理模式，引入竞争机制，实行绩效评估，进行动态管理"。目标管理作为一种管理制度，产生于中世纪的欧洲大学，随着大学的完善而完善，现已成为世界大多数国家的管理形式。我国高校内部管理体制改革经历了20世纪80年代中期的试点探索、21世纪初的逐步推进，现在进入深层改革阶段。同时，伴随着我国高等教育从"精英教育"向"大众化"迈进的步伐加快，高校的组织结构、功能、规模也发生了深刻变化，如何适应新形势下大学规模、结构、功能的变化，正确认识和深化校院两级管理体制改革，创新高校内部管理体制和管理模式，完善现代大学内部治理结构，增强大学办学活力，全面提高高等教育质量和管理水平，实施目标管理便成为当前及今后高校管理体制改革需要深入探讨的一个重要的现实课题。华中师范大学从2004年开始实施单位目标管理工作，迄今已有十多年，在实施过程中，深感面临的理论困惑与实践困扰很多。2007年，学校分管人事工作的校领导提出由笔者牵头成立课题组，专门研究高校目标管理问题，笔者带着研究生作了一些实证调查与理论研究，本章是上述调研的部分成果。

第一节 高校目标管理的特征与价值

一、高校目标管理界说

（一）目标管理解析

目标一般是指一种行动期望达到的最终目的或结果。目标作为一种预期达到的结果，实际上是主观见之于客观的观念形态的东西。目标具有控制性、层次性、网络性、多样性、时间性、可考性、导向性、系统性、预测性与可塑性等特征。目标总是与人的需要及需要的满足相联系，既是行动的目的，又是成功的尺度。有意义的切实可行的目标是一种外在动力因素；对人起激发动机、指导行为的作用，对群体组织可增强其凝聚力。彼得·德鲁克曾指出，如果一个领域没有目标，则这个领域必然被忽视。因此目标一直为管理者所重视。目标是管理的基本要素，是规划行动的先决条件，也是衡量行动是否合理的标志和尺度。目标是管理的起点，是最重要的战略决策，它规定着管理活动的方向。目标有正确与错误之分。正确的目标符合客观的规律，它通过人们的主观努力，一般会得到满意的结果。部分符合规律的目标，有部分结果。完全违背规律的目标，必定毫无结果。

管理是一项复杂的活动，因此对管理的理解也是众说纷纭，但有两种观点最有代表性：一种观点是把管理看成是一种工作程序，如古典管理学派的主要代表人物之一法约尔在《工业管理与一般管理》一书中写道："管理就是实行计划、组织、指挥、协调和控制的活动。"另一种观点是把管理看成是一种处理人与事的艺术，如西方现代管理理论社会系统学派的创始人巴拉德就认为，管理的对象是人和事，而人是万物之灵，事是千变万化的，管理就是根据形势的变化，运用创造性的方法调动组织成员的积极性来适应变化的形势，最终实现组织的目标。我们认为"管理就是运用有效的手段使别人把事做好"。从这一概念出发，可以析取管理的四个要点：第一，管理的对象主要是"事"与"物"。"事物"是客观的、硬性的，可以用量化的方法来测量和描述，可以用逻辑的方法来分析和调控。"事物"也是复杂的、变化的,"事"与"物"之间既有千丝万缕的联系,又有千变万化的态势。第二,管理的核心是人。人是"事"与"物"的支配者或操作者,人具有思想感情和主观能动性,对于人的管理往往要依靠经验和直觉来认识和把握,主要是运用定性的方法来描述。第三,管理的目的就是最大限度地调动人的主动性、积极性和创造性。管理就是要创造条件充分发挥人的潜能,使他们能够合理地利用好各种资源,因时、因地、因情制宜地把错综复杂的事做好。第四,管理的手段是灵活的。管理既是科学,也是艺术,科学要求精确,艺术则讲求分寸或火候,对于事的管理需要遵循严格的科学的程序,对于人的管理则需要运用高超的艺术。管理的层级越高,处理的事越复杂,艺术的成分也越多。

所谓"目标管理"就是管理者通过各侧面、各层级目标的科学确立,引导执行者一步步实现各层级目标以实现最终目标的管理方法。目标管理最早由美国著名管理学家彼得·F. 德鲁克提出。德鲁克认为,所谓目标管理,就是管理目标,也是依据目标进行的管理。其要义为:"组织中高层管理人员与职员共同商定发展目标,职员按照目标确定各自分目标。组织以目标为中心实行全员管理,将目标完成的程度作为评价和激励职员的杠杆,促使他们自我约束、自我控制,达到自我管理。其核心在于激发职员自我努力、追求卓越的愿望,其宗旨在于塑造积极、灵活、和谐的组织风格,任何企业必须形成一个真正的整体。"[①]

目标管理具有下列特征:一是管理目标明确。目标管理的最重要特征就是目标明确。明确的目标能使管理者看清使命,有效经营和管理,增加成功的机会。二是重视员工参与。目标的实现者同时也是目标的制定者,即由上级与下级一起共同制定目标。首先确定总目标,然后对总目标进行分解,逐步展开,通过上下协商,制定出各部门的分目标,用总目标来指导分目标,用分目标保证总目标,形成一个"目标—手段"链。三是注重权力下放。集权和分权的矛盾是组织的基本矛盾之一,唯恐失去控制是阻碍大胆授权的主要原因之一。目标管理的指导思想就是

---

① 德鲁克. 管理的实践 [M]. 上海:上海译文出版社,1999:31.

要协调这一矛盾，促使权力下放，有助于在保持有效控制的前提下，让局面更活跃一些。四是强调权责共担。目标管理的一个明显特征就是善于授权，将权力下放，而同时又委以员工更多的责任，员工在增强满足感的同时也愿意担负更多的责任，这种方法调动了员工的积极性，增强了组织的凝聚力，使目标能在和谐的氛围中实现。五是强调"自我控制"。德鲁克认为，员工是愿意负责的，是愿意在工作中发挥自己的聪明才智和创造性的。要控制人，就要对其动机进行控制，而不应当控制其行为，也就是说以对动机的控制达到对行为的控制。而目标管理的主旨在于用"自我控制的管理"代替"压制性管理"，它使管理人员能控制自己的成绩，可以激发管理人员把工作做得更好。六是关注客观评价。传统的评价方法，对下属的表现，往往是根据印象、本人的思想和对问题的态度等因素来进行评价，主观感情色彩浓厚。目标管理后有了一套完善的目标考核体系，从而能按员工的实际贡献大小如实地评价一个部门、一个人。

目标管理理论一经提出，很快在欧美及日本等国家的企业产生反响，并广泛应用于公用事业、政府机关、金融等行业和部门，并收到了很好的效果。我国自20世纪80年代初期引进目标管理理论与方法以来，结合经济体制改革，逐步建立起"中国式的目标管理"，并取得了可喜的成果，例如首都钢铁公司、东风汽车公司等单位都有不少成功经验。

（二）高校目标管理的目标与类型

因为目标管理在企业中获得的成效，以及高校管理与企业管理存在一些相通之处，20世纪60—70年代被引入西方高校管理中。高校目标管理是一种以整个高校为管理对象，并且与高校内部多方面管理都有关联的综合性的管理方法。目标管理在整个高校的管理中处于十分重要的地位。在国外，目标管理素有"管理中的管理"之称，这充分反映了目标管理的地位和作用，也高度概括了目标管理与其他各种管理方法的关系。

中华人民共和国成立以来，我国一直实行高度集权的中央行政管理体制，计划管理主导各行各业，高校也一直实行计划管理。1978年，我国经济体制发生重大改革，全面质量管理开始渗透到各行各业的管理之中，量化管理、绩效管理成为大众关注的热点。我国高校也不断探索新的管理模式，量化管理、绩效管理在高校找到了合适的土壤，开始兴起。1995年国家人事部下发《事业单位工作人员考核暂行规定》(人核培发〔1995〕153号)，为高校绩效考核提供了政策依据，许多高校加强了高校教师的考核力度。1999年，清华大学迈出人事制度改革的第一步，通过绩效考核实行岗位聘任制。进入21世纪，随着社会主义市场经济体制的建立和高校内部管理体制改革的深入，高校的组织结构、管理体制正在发生明显的变化。高校规模的扩大、市场的冲击、社会制度的变迁以及管理观念的更新，均要求高校实行高效率的管理。2003年北京高校教师人事体制改革引起了全社会的关注，推动了高校管理改革的浪潮。2016年是我国高校"十三五"规划的开局之年，有些高校力图将"十三五"规划目标的制定与分解、组织实施与监控考核纳入目标管理之中。在当今高校管理改革的实践中，除目标管理方法备受关注外，还有计划管理、量化管理、绩效管理、全面质量管理等多种现代科学管理方法引起了人们的重视。

20世纪90年代以来，随着我国高等学校的合并和重组，学校规模变得越来越大，过程管理已经不能满足效率和效益的需要。目标管理作为一种现代管理方法逐渐受到高等学校的关注。近年来，在一些高校也开始实行目标管理，并对目标管理工作做了大量有益的探索。但对于目标管理思想在高校管理改革中的全面推广和系统运用，则是一个需要不断探索和研究的课题。

高校目标管理是指高校管理者引导二级单位（行政管理部门、院、系等）共同确定学校工作目标及其体系，并以总目标为指针，确定各单位的分目标，各单位在获得适当资源配置和授权的前提下，积极主动，自我控制，为自觉承诺的目标而奋斗，从而使学校的总目标得以实现的活动。高校目标管理是一项复杂的系统性工程，它主要由主体、客体、目标、条件、阶段、手段和职能七个要素构成。主体是指按照一定的目的认识和改造客观对象的人。高校目标管理的主体是指在高校目标管理活动及其过程中起着能动性主导作用的因素，主要是指高校校长、职能部门、直属机关以及教职工和学生等。客体是指被认识和被改造的客观对象。高校目标管理的客体指的是高等教育宏观管理主体在高等教育管理活动中所具体指向和作用的对象。在高校目标管理中，管理客体主要包括高校的教学单位，如学院（系、所）、教职工和学生等，同时也包括职能部门、直属机关等。高校目标管理的客体具有对象性、客观性和对主体的制约性三方面的本质属性。目标即组织预期要求达到的目的或结果。高校目标管理的目标指高校在实施目标管理过程中预期要求达到的目的或结果。条件指制约事物存在和发展变化的内部条件和外部条件。高校目标管理的条件即制约高校目标管理存在和发展变化的诸因素。阶段即事物发展进程中划分的段落。高校目标管理过程主要分为四个阶段，即目标制定、目标实施、目标考评、总结反馈，再到新一阶段的目标制定、目标实施、目标考评、总结反馈，依次循环往复。第一个阶段是目标制定，包括三个环节：一是论证决策；二是协商分解；三是定责授权。第二个阶段是目标实施，包括三个环节：一是咨询指导；二是监控督察；三是调整纠偏。第三个阶段是目标考评，包括两个环节：一是绩效考核；二是实施奖惩。第四个阶段是总结反馈，包括两个环节：一是反馈考评结果；二是指出改进方向。

手段是为达到某目标所采用的方法。高校目标管理的手段主要包括计划手段、反馈手段、调节手段、激励手段等。职能是人和事物以及机构所能发挥的作用与功能。高校目标管理的职能即高校目标管理所发挥的作用。这七大要素相互作用产生的合力推动目标管理运行。

高校目标管理中最核心的要素是目标。高校目标管理中的目标既包括高校制定的整体目标，又包括从整体目标出发而制定的各级组织的分目标。依据不同的标准可以对高校目标管理中的目标进行不同的分类：

以目标周期为标准，可分为长期目标、中期目标、短期目标。长期目标指与目标管理的根本宗旨、价值观或者组织的根本利益、整体利益相联系的总体发展目标，是比较原则和抽象的目标，通常更多地表现为一种质的规定性或相对较为笼统的量的规定。从实施的时间看，这样的目标规划通常要5年以上才能完成。中期目标指围绕长期目标而制定的较长期努力方向和指标。通常，中期目标不完全包含实现组织的长期目标的内容，但可以在一个或几个方面实现长期目标，或者为彻底实现长期目标奠定良好的基础和准备条件。从实施时间来看，中期目标通常以2～5年为期限。短期目标是结合某一时期所处的环境和主客观条件的实际而制定的必须在短期内变成现实的努力目标。从实施时间来看，短期目标的实现期限通常以1年或半年为准，因而短期目标又可称为年度工作计划。短期目标是比较具体的规划，具有比较强的可操作性。

以目标性质为标准，可分为定性目标和定量目标。定性目标又称战略目标或软性目标，主要是指高校目标管理中那些不能或不必用数字或数据来表示，只能从性质上说明高校目标管理活动应达到的基本要求。定性目标的基本特点是侧重于质的阐述，如高校目标管理中的长期目标、中期目标，以及一些具体目标中的难以量化的目标等。定性目标侧重于宏观指向，如"要使学校达到一流水平"、"要建立一支高水平的师资队伍"等。

定量目标又称战术目标或硬性目标，即行为具有具体指向，如"要使学生就业率达到95％"，"要使师生比例达到1∶10"等。硬性目标量化明确，没有弹性，易于操作和落实。软性目标难于量化要求，弹性较大，落实困难，但对发展有宏观的方向指导，即使不能量化，也要尽可能实化、具体化，否则将会流于形式。

以目标层次为标准，可分为高层目标、中层目标和基层目标。高层目标是指高校管理决策层的具有战略性、综合性、预见性的目标。在现代高校管理主体系统中，校长是核心，以校长为首的校务委员会是最高决策层，因而高层目标通常也就是学校目标。高层目标的功能偏重于决策方面，涉及有关整个学校发展的重大问题的决策，因此，高层目标的范围广、变量大、时间长，具有战略意义。中层目标是指高校管理中层依据高层目标所制定的具有指导性、协调性和一定的可操作性的目标。在高校目标管理主体系统中，院系领导和一些职能部门领导等是中间层，因而中层目标也就是院系目标、职能部门目标。中层目标较之高层目标，范围相对较窄、变量相对较小、时间相对较短。基层目标是指高校基层组织或群众根据高层和中层目标而制定的具有执行性、可操作性、基础性的目标。基层目标的最大特点是具有执行性或可操作性，因而它对高校目标管理工作的指导也就较为具体或直接。基层目标较之高层和中层目标来说，范围窄、变量小、时间短。

以目标内容为标准，可分为一般管理目标、具体工作目标和领导工作管理目标。一般管理目标也可称为要素管理目标，指将高校目标管理过程中的要素作为专门的管理对象，分别对其进行管理。从高校目标管理的要素构成来看，通常有对人的管理目标、对物（学校财产等）的管理目标、对财（教育经费的筹措和支出）的管理目标、对事（教学、科研、社会服务）的管理目标、对时间的管理目标、对信息（高校组织管理过程中的信息、公共信息等）的管理目标等。具体工作目标是指高校目标管理中某一类或某项具体工作在一定时空范围内应达到的预期结果，如人才培养目标、教学科研工作目标、师资队伍建设目标、招生就业工作目标等。领导工作管理目标是指高校领导层为了实现组织的目标而在组织中进行管理活动所要达到的预期结果，如合理的领导班子结构、建立和健全教育管理系统、管理工作的科学化和民主化、领导人员素质培养和提高等目标。

当然，按不同的标准，还可以从不同的视角对目标进行各层面的分解。从责权利关系看，可以按照组织的层级分解为总目标和子目标；从目标的特征来看，可以分为战略目标和战术目标；从实施管理任务的对象来看，又可以分为组织共同目标和个人目标；从目标的高度来看，可以分为维持性目标和突破性目标等。

二、高校目标管理的特征

高校目标管理是以目标为导向，以人为中心，以成果为标准，使高校内部组织和个人取得最佳业绩的现代管理方法。它反映了高校与社会、人、文化之间的基本关系，对高校管理现代化具有重要的导向作用。同传统的过程管理相比，高校目标管理具有独特的属性和特征。

（一）方向的明确性

目标是人们在一定条件下，在预测的基础上，根据需要和可能，所向往和追求的预期效果。从这种意义上说，目标就是办学的方向，目标的确定为管理指明了方向。失去目标，学校管理工作就无法控制，工作就会失去努力的方向。在大方向上，我国高校目标管理必须坚持社会主义的办学方向，全面贯彻党的教育方针，运用马克思主义理论和科学管理规律以及党的政策，并按照高等学校的教育教学工作的客观规律，合理地组织教育教学和科研工作，全面提高教育教学质量，从而培养社会主义现代化建设所需要的适应新时期要求的各类专门人才。这一目标是我国高等教育的总体目标，各高校必须要围绕这一总目标来开展工作，制定具体的实施目标。具体而言，高校目标管理要以科学发展观为指导，以改革大学制度建设、完善大学基本职能为努力方向。

（二）校情的适应性

校情是指学校的整体情况，它包括学校地域环境、历史传统、办学基础、院校性质、办学层次、管理模式、领导体制、师资力量、办学规模等方面，以及各个方面之间的相互联系。"适应"意为"适合"或"合宜"等，即指对新的环境、情况、需要等的适应。校情的适应性是高等学校内、外部环境相互作用和历史与现实相互融合的一种动态表现。在高校目标管理中，校情的适应性研究就是分析一所高校的过去、现在和将来，分析高校在改革发展中形成的办学特色和水平。在认识学校共性的基础上进行学校个性的探索，揭示每所学校在自己特定环境中所创造的新鲜经验以及产生的新问题。其基本目的就是使目标管理适合该校的实情，能通过目标管理促进学校的发展，提高办学水平。虽然校情是个体学校发展的程度的体现，反映的是某一学校的历史变迁，但其成功的经验、存在的问题往往蕴含着许多具有普遍启发意义的内容。因此，只要从个别上升到一般，从局部扩展到整体，就可以揭示出目标管理在适应高校发展中的规律性。所以，校情的适应性分析对高校目标管理具有现实意义。首先，校情适应性分析是实行高校目标管理的前提条件。高校实行目标管理与否，怎样根据校情实行有效的目标管理，其前提就是看此高校是否适合实行目标管理，适合哪种类型的目标管理，此所谓"知己知彼，百战不殆"。其次，校情适应性分析是改进高校目标管理的有效途径。通过对影响高校目标管理的因素进行探究与分析，可以发现利于高校实行目标管理的潜在条件，改进有待完善的因素，剔除不利于高校实行目标管理的因素，从而促进高校目标管理的发展。再次，校情适应性分析是促进高校目标管理模式多样化的客观要求。高校目标管理不可能只依赖于一种模式,通过对影响高校目标管理诸因素的分析可以得出结论,各个高校应根据自身的校情、不同时期的客观情况的变化,以及学校的管理氛围来选择适合本身发展的目标管理方法。

(三) 目标的多元性

目标的多元性是指在高校管理越来越复杂化,信息流通越来越发达的情况下,目标的种类层次更新转型也日益加快,各种目标的发展均面临着不同的机遇和挑战,新的目标也将层出不穷。在现代复杂的社会结构下,高校组织结构日益复杂,必然需要各种不同的目标服务于不同组织的发展。这些目标服务于高校组织的发展,就造就了高校目标管理中目标的多元化,也就是复杂高校组织结构中目标的多元化。这些多元化的目标,是从不同的视角对目标进行各层面的分解。在现实中,针对高校中不同的管理客体和不同的管理过程,有不同的管理目标,或者一所高校管理总目标可以分解为若干个子目标,从而形成一个高校目标管理的科学体系。

(四) 设计的整体性

目标管理是一项系统工程,必须在整体规划下明确分工,在分工的基础上有效综合,这就是现代管理的整分合原理。按照系统论的观点,任何事物都是由相互作用、相互依赖的若干要素结合而成的具有特定功能的有机整体,同时这个整体又是更大系统的一个要素。因此,高校组织作为一个整体,在实行目标管理时要有整体概念,要在整体规划下明确分工,又在分工的基础上有效综合,以求达到整体的最佳效益。高校系统是一个相对独立的整体,它由其内部各类要素组成,但并不是这些要素的简单相加,其整体功能也不表现为其内部各子系统功能的简单相加之和,而是以立体交叉的网络结构作为其存在形式,以综合效果表现其功能。当高校系统内部的各子系统结构合理、配合得当的时候,其整体功能往往大于各子系统的功能之和。因此,实行以整体性为基础特征之一的高校目标管理,就必须注重整体设计。但反过来说,整体功能又不是凭空产生的,它最终体现在各子系统的具体功能及其结构上,这又要求人们在研究高校目标管理时顾及其内部各子系统的分目标。因此,合理的高校目标管理研究首先应该把着眼点放在高校系统的整体运行方面,然后根据该系统整体运行的要求设计其子系统的目标。但各子系统的目标并不能完全取决于整体目标,而必须同时考虑各子系统自身的发展需要和可能,以及它们相互之间的协调和配合。

(五) 全员的参与性

"全员"是指高校内的全体员工,上至学校高层管理者,下至普通教职员工,当然也包括高等教育的对象——学生。高校目标管理是一种高境界的管理,不仅在于其管理思想的哲学意蕴,而且在于其以人为本、民主办学的管理方法,是一种兼容并包的管理艺术,将学校领导、部门领导、基层职工等均囊括于目标体系中。全员参与是指高校目标管理由高校组织中上级和下级管理人员一起制定共同的目标,同每一个人的应有成果相联系,规定他的主要职责范围,以这些规定为指导,评价一个部门或每一成员的贡献情况。由于这种做法特别适合于对各级管理人员的管理,故被称为"管理中的管理"。这种管理的特点在于它既纠正了古典管理学派偏重以工作为中心、忽视人的一面,又纠正了行为科学学派偏重以人为中心、忽视同工作结合的一面,把工作和人的需要统一起来。它能使教职员工发现工作的兴趣和价值,在工作中实行自我控制,通过努力工作满足其自我实现的需要,组织的共同目标也因此得以实现。因此全员的参与性是高校目标管理的本质属性和基本特征,它与传统的高校管理的片面性是相对立的,摒弃了"唯我独尊"的霸权主义,秉承了"得道多助,失道寡助"的民本精神,彰显了"无敌于天下"的管理谋略。这种智慧主要体现在学校领导主动参与、部门领导充分参与、基层群众积极参与三个层面上。

(六) 操作的灵活性

操作的灵活性是指在目标管理中,设定的目标在面对外界客观条件的变化时所具有的可塑性和适应能力。目标是未来一年、两年或更长时间里所要达到的期望值,随着形势的变化,组织内部和外部的物质、能量与信息的交换及环境变化,原来难以实现的目标,现在可能已失去努力实现的意义,原来对自身的生存和发展没有影响的因素,现成为迫切要实现的任务，所以，目标的实现是伴随着目标作适当的调整的过程①。目标的灵活性使目标在发展方向、发展重点、发展速度等方面能与时俱进，确保目标成为促进整体和部门发展的动力，使整体和部门始终充满积极向上的生机和活力，体现出目标的动态特性。关注操作的灵活性是高校目标管理推行中要注意的一个重要问题。条件变了，目标操作起来可能变容易，也可能变得更加困难，甚至变得根本不可能完成，这就要求制定弹性目标，能根据条件的变化而做出修改，保持操作的灵活性与合理性。弹性的目标一般具有三个特征：一是如果客观条件向有利于目标实现的方向转变或比预测的情况好时，预定的目标可以超额完成；二是当客观条件与预测的情况相符时，所设定的目标经过努力能够达成；三是客观条件向不利于目标实现的方向变化或比预测的情况坏时，有达不到预定目标的可能性，但也不会相差悬殊，通常只是在基准水平与预定目标水平之间的一定范围内波动②。目标具有弹性，才能在千变万化的形势下有充分回旋的余地，才能在目标管理的推行过程中实现动态管理。如果目标僵化了，不具有弹性，就不能适应客观条件的变化，可能导致效益下降，使目标管理的推行失败。

（七）激励的科学性

所谓激励，是激发、鼓励的意思。从心理学角度是指激发人的行为动机并使之朝向组织特定目标的过程，即通过各种客观因素的刺激，引发和增强人的行为的内在驱动力，使人达到一种兴奋状态，从而把外部的刺激转化为个人自觉的行为，实现组织的目标③。美国哈佛大学教授威廉詹姆士研究发现，在缺乏激励的环境中，每个人的潜力只能发挥出一小部分，即20%～30%。如果受到充分的激励，每个人的能力可以发挥出80%～90%。并且，科学的激励机制能够激发人的创造性思维，而

---

① 郭必裕. 对高校目标管理中目标的本质探讨 [J]. 煤炭高等教育，2004 (5).

② 苏俊. 卓有成效的目标管理 [M]. 广州：广东经济出版社，2008：245.

③ 徐向农，韩同远. 建立高校目标管理中的激励机制 [J]. 理工高教研究，2004 (6).

创造性思维是创造力的源泉。高校在实施目标管理的过程中,决不可忽视激励的科学性。可以说,科学的激励机制是学校总体目标得以实现的推动器。要做到激励的科学性,就要做到激励适度,即要注意"过犹不及"。"度"即尺度。"度"从哲学角度来说就是量变和质变的关系,是质和量的统一,是事物保持自己质的数量界限。激励适度即是激励的尺度均衡。尺度均衡是公平的规制所在。在高校目标管理实施激励的过程中,协调统一就是尺度均衡的最佳表现。能够恰如其分地把握好激励的广度、梯度、力度等,适时地体现和最大限度地满足人们心理和生理实际所追求的平衡,称为最佳适度的量。高校目标管理中的这种最适度的量体现于目标考核后的激励广度、激励梯度等方面。所谓激励广度,就是针对目标实现的情况,激励实施的活动范围,即管理主体对管理客体实施激励的对象比例要求。任何事物都有其数量的表现形式,激励亦不例外。激励面的分布就是激励比例的确定。激励比例是客观存在的,保持激励的适当比例,也是不断实现激励科学化所必需的。所谓激励梯度,就是目标考核后按照业绩划分的等级。等级不仅能区分目标的类别,而且可以反映出目标实现的强弱、大小、多少、高低等。等级的划分表明了目标执行的情况,为单位与单位、个人与个人的比较提供了依据,同时也是激励先进、鞭策后进的重要手段。

三、高校目标管理的价值

加强高校目标管理具有重大的理论价值:一是能够丰富高等学校的管理理论。随着整个社会经济政治体制改革的深入,高等学校改革也在全面展开。尤其是提高高校内部管理效率的改革备受人们关注,各种不同管理理论的应用与研究逐渐进入管理者和高教研究人员的视野。激励理论、绩效理论、量化管理理论、公平与效率理论、全面质量管理理论等成为高等教育管理文献中的高频率词汇。但相对于丰富多样的高校管理实践来说,理论研究的深度和广度显得比较欠缺。伴随目标管理在高校中的实施和推广,关于目标管理的理论研究也受到人们重视,但是从文献分析看,除了少部分从高校目标管理的基本概念、实施环节等方面进行了粗浅的探讨,大部分文献仅限于管理实践经验或教训的总结,还没有上升到理论高度。本课题力求在实证调研和理论论证的基础上理清高校目标管理的相关概念，探讨高校目标管理基本原则，探究高校目标管理理论依据，分析高校目标管理主要环节，揭示高校目标管理的基本规律，构建比较完善的高校目标管理理论体系，丰富高等学校的管理理论。

二是能够提高高校目标管理决策的科学性。高校组织目标的多样性与复杂性、实施环节情境的不确定性、评价的高难度性，尤其是高等教育产品（人与知识）的特殊性，更需要整个生产过程的严密性和科学性，任何一点小的失误都将对社会、学校和个人造成巨大的损害，因此，只有在科学的高校目标管理理论指导下，才能减少高校目标管理实践中的失误，提高决策的科学性。首先，学校总目标的达成需要科学理论指导。在目标管理中决策层应依据学校内外环境、教育发展的规律和学校发展态势，审时度势，充分论证，确保目标达成的准确性；其次，目标分解中需要理论引导。目标分解既要考虑目标实施主体的能力，还要权衡目标实施主体之间的公平性，做到人能尽其才，物能尽其用，这一切凭经验和靠拍脑袋是无法实现的，需要有相关理论引导，形成严密的目标链；第三，目标评估中需要理论指导。评估标准的确立、评估模式的选择、评估等级的裁决都需要在科学理论指导下才能顺利实施。

三是能够增强高校目标管理实施的自觉性。目标管理作为一种管理制度和方法，它是行为科学与科学管理思想的"交合"。一方面，它吸取了科学管理的思想，强调目标在学校管理过程中的作用，以目标指导行动，要求把任务转化为目标体系；另一方面，又继承了行为科学的精髓，重视人的作用的发挥和人的思想因素的作用，把目标作为联结"人"与"事"的核心要素，使人通过完成目标去指向"事"。只有每个教职工都了解了高校目标管理的理论内涵，才能改变传统计划管理中"等、靠、要"的被动局面，主动承担责任，创造性地完成学校下达的目标。高校目标管理理论强调在确定目标过程中，由上、下级沟通制定目标，反对上级摊派任务；在完成目标过程中，反对上级或外部的过多干涉，主张变"他控"为"自控"，独立自主地完成任务；在考评过程中，采用上级考评与教职工自我评价相结合。这种自主管理有利于建立工作责任感，有利于发挥下属的主动性、积极性和创造性，改变了管理只是上级的事的观念。通过建立纵横交错、整合一致的目标链，使个人目标、部门目标与组织目标融为一体，以目标为轴心把学校全部管理资源统一起来，特别是把各层次的管理者与被管理者的积极性都调动起来，形成一个整体的合力，真正产生"1+1>2"的整合效应。

加强高校目标管理研究具有深刻的现实意义。首先，是对高等教育大众化形势的积极应对。从20世纪末期开始，我国高等教育规模经历了持续扩张，实现了跨越式发展。1999—2011年间，我国普通高校数从1071所增长到2305所，增长了1.2倍。普通高校在校学生人数从4085874人增长到22851512人，增长了4.6倍。普通高校教职工从1065093人增长到2111451人，增长了1.0倍，我国高等教育从"精英化"阶段进入"大众化"时期。然而，大众化高等教育与精英型教育的根本差异，远远超过了数量变化的纬度。高等教育数量上的扩张必然引发一系列关于高校发展与高校管理的新问题和新思考，包括我们为什么要大力发展高校、未来的高校将如何发展、众多的大型乃至巨型高校将如何管理等。高校的规模日益扩大，高校的内部结构与外部关系日趋复杂化，高校的管理愈加专业化且带有更多的企业化特点，以及高校庞大的非线性系统使得传统的高校管理方式已不能胜任大众化形势下的高校管理的需求，高校管理必须寻求新的目标管理以适应社会与高等教育的变迁。

其次，是深化高校内部管理体制改革与提高管理效率的强烈要求。高等教育规模不断扩张无疑对我国经济社会的发展具有重要推动作用，但不断扩张所引发的高校管理问题也不容忽视。一些合并高校因多校区并行运转给高校行政、后勤管理工作、教学与学生管理和服务工作带来了诸如发展目标、学科融合、管理成本、文化重构、资金筹措等一系列新问题，一些高校因为管理中的信息不对称而导致管理风险的不断增加，高校内部矛盾越来越多；一些高校因为管理的层次过多、管理的链条过长而导致管理成本的不断上升，凡此种种都指向了高校内部的管理体制与管理效率问题。传统的高度集权的高校管理体制已经明显不能适应高校快速发展的形势需要，我们必须探索一种以"遵循规律+提高效益"为目标的，能够充分激发高校的内生潜力的管理体制，而推行目标管理为我们进行内部管理体制创新找到了重要的切入点。开展目标管理，可以通过层层建立目标责任体系，使各单位、个人都有确定的工作目标，划清责任，明确要求，有利于充分激发基层单位的工作主动性、积极性与创造性，为实现学校目标和单位目标而作出最大努力；推行目标管理有利于减政放权、下移管理重心，有利于促进高校管理机器高效、协调、有序运转；推行目标管理还有利于帮助基层单位负责人凝练工作思路，明确努力方向，分清矛盾主次，把握轻重缓急，突出重点，兼顾大局，是培养和加快干部成长的有效途径。一些推行目标管理的高校在实践中不仅收到了良好的管理效果，而且极大地提高了管理效率。

其三，是建设现代大学制度的必然选择。改革开放以来，我国经济体制发生了重大改变，市场经济逐渐占据主要地位，绩效问题提上管理日程。然而，众多的高校依然遵循传统的大学制度，在绩效管理方面存在重数量轻质量、方式大于目标、眼前重于长远等弊端，越来越不适应现代大学发展的需要。在近年来高校内部管理体制改革中，许多高校试图通过推行岗位责任制提高工作效率，但由于激励的手段单一、考核与结果脱节、效益与激励割裂，加之物质激励的区分度不明显，仍旧带有传统的理想化的精神激励为主的色彩，激励作用效果不显著，缺乏长久的动力机制，没有长远利益，不能适应市场经济的需要，与建设现代大学制度的要求相去甚远。现代大学制度的一个重要方面就是大学自身层面的内部制度设计，主要表现为大学的内部治理结构的完善，亦即在大学利益主体多元化以及所有权与管理权分离的情况下，能够有效协调大学各利益相关者的相互关系，降低代理成本，提高办学效益的一系列制度安排。不少高校根据自身的特点和运行规律，借鉴企业目标管理，合理配置决策控制权，协调相关者的相互关系，极大地促进了高校有序竞争的良好状态与朝气蓬勃的精神风貌的形成，以及适应力与竞争力的提升，同时也降低了管理成本，提高了办学效率，有力地推动了现代大学制度的建设。

第二节 高校目标管理中的过程与规律

高校目标管理就是高校管理者依据党和国家规定的教育管理目标及

方针政策，结合高校实际（如高校类型、管理体制、培养任务、办学条件、学生情况及社会发展需求等），制定高校的总体目标，并将总体目标分解为校内各部门目标和个人目标，形成有机的目标链，使个人目标、部门目标和高校总目标融为一体，高校管理者通过目标对所有部门和个人进行管理的一种管理方式[①]。这种管理方式围绕"一个中心"、"四个阶段"和若干环节形成一个完整连续的循环运行系统。一个中心，即所有工作都要以实现学校总目标为中心。四个阶段，即目标制定、目标实施、目标考评、总结反馈。每个阶段又包含若干环节，这些环节和阶段环环相扣，构成一个有机的目标系统。任何一个环节出现问题都势必影响目标管理的成效。

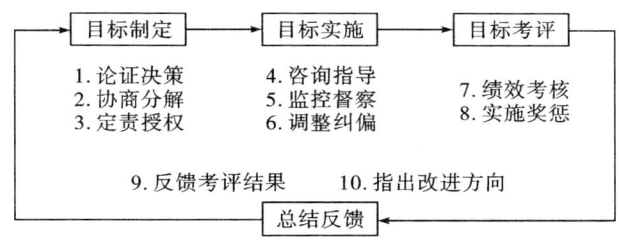

图 4-1 高校目标管理的具体过程（四个阶段，十个步骤）

列宁说，"规律就是关系"，就是"本质的关系或本质之间的关系"，即体现了事物本身所固有的、内在的根本性质和发展过程。第一，规律是事物的必然联系。规律和必然性也是同等程度的概念，它代表着事物必定如此、确定不移的趋势。第二，规律是事物的稳定联系。规律是变动不居的现象中相对稳定的联系。规律的稳定性也就是它的重复性。只要具备一定的条件，某种合乎规律的现象就必然重复出现。在高校目标管理的过程中，必须遵循的规律就是必须处理好下列十个方面的关系：主体与客体的关系、过程与结果的关系、集中与分散的关系、公平与效率的关系、适应与超越的关系、刚性与柔性的关系、个性与共性的关系、定性与定量的关系、激励与约束的关系、重点与一般的关系。

---

① 董泽芳，张继平. 高校目标管理的主要特征及实施策略［J］. 高等教育研究，2008（11）：39.

一、主体与客体的关系

主体是指为实现高校目标管理的行为、目的、价值、功能而活动着的人。这里的"人",或者是个人,如学校领导、教职员工,或者是由个人组成的群体、组织,如职能部门、机关团体、教学院系。客体是指高校目标管理活动中主体的实践活动所具体指向和作用的对象。由于高校目标管理主体的多样性,能够纳入高校目标管理客体的对象也是相当多样的。主体与客体的关系划分不是绝对的,此一时的主体彼一时就是客体,在一种层次、一种关系上的主体,在另一种层次、另一种关系上就是客体。从高校目标管理的目的来看,高校教学、科研和学习的客体是知识,它以学科的形式而存在。对教师来说,它是加工、整理和传承的对象;对学生来说,它是接受、理解和掌握的对象。在本质上,主体与客体是辩证统一的关系,它们的关系处于动态变化中。①主客体相互依存。在目标制定中,作为主体的学校领导层与作为客体的单位、部门及教师个人之间是利益共同体,处于"你中有我,我中有你"的相互依存关系。一方面,作为主体的高校管理层虽然是高校总目标的提出者和最终决策者,但总目标的最终分解和实现,都需要客体——学校各单位、部门或个人的积极参与、协商和努力。另一方面,作为客体的各单位、部门、个人,其目标也只有在学校总目标实现的前提下才能实现,所以通过目标制定,把主体与客体"捆绑"在一起了。②主客体相互促进。在目标实施过程中,作为管理主体的学校领导、职能部门和其他二级单位及个人处于"你帮我忙,我助你力"的相互促进关系。一方面,作为客体的教学院系的工作目标一经确定,院系负责人自然要组织力量去实现目标,但如果教学院系本身的力量不足以完成时,作为主体的学校领导和有关职能部门要积极创造条件帮助院系完成工作目标。而另一方面,只有教学院系的各项工作顺利完成,才能有效保证职能部门的目标顺利完成,从而使学校的总体工作目标圆满完成。③主客体相互制约。在目标实施过程中,主客体之间还存在着"你控制我,我监督你"的相互制约关系。从作为管理主体的学校领导来说,要对各个二级单位的目标实施情况进行全面监控,而同时二级单位也要对职能部门的执行情况进行监督,所以主体与客体都是控制的受众。④主客体相互转化。在目标考核过程中，主客体之间是"你即是我，我即是你"的相互转化关系。学校领导、职能部门、直属机关作为考核主体，要对每一个教学单位进行评定，而同时他们又是被考核者，要接受下属单位或教师对他们的评价。

二、过程与结果的关系

过程反映的是高校目标管理发展与变化事件的组合，包括"四个阶段"和若干个环节。结果表达的是高校目标管理所取得的成果，表明目标的实现程度。过程与结果互为因果，结果从过程中来，到过程中去。结果是诱因，是导向，是宗旨；过程是手段，是条件，是实现目标的保障。离开了过程，结果就会成为无源之水、无本之木；离开了结果，过程就会成为无目标方向的盲目行动。结果的实现取决于每个具体过程的到位，结果的实现又是过程的结束，新目标的确定又是新过程的开始。如果好的过程没产生好的结果，要么是高校目标管理的过程还不够好，需要进一步改进；要么是外部不确定性环境影响，下一次继续坚持做就会有好结果。如果不好的过程产生了好结果，说明这种结果是偶然得来的或是投机取巧获得的，不可能重复，不具有普遍性和必然性。

高校是一个多维参数相互作用的复杂系统，对其进行目标管理，需要运用系统论、控制论和信息论等方法，把过程和结果有机结合起来。首先，要规范制度，注重环节。目标的实现依赖于整个过程的各个环节，只有各个环节的最优化才能达到目标的整体优化，为此必须建立相应的配套制度，强调规范管理、标准管理、依法管理，才能追求更好的结果、更多的结果、更持续的结果。其次，要重视过程，精心指导。高校目标管理强调自主、自治和自觉，这不等于说领导可以放手不管。在目标实施过程中，学校各个部门、个人都在行动，必然会出现各种矛盾、问题与困惑，甚至是困难的局面，影响目标的实施进程。所以，学校领导在目标管理实施过程中，要经常到基层去视察，掌握目标实施过程中的各种情况、信息，并针对下级所遇到的各种困难、问题给予指导，提出建议。最后，要及时反馈，追踪调节。高校目标管理强调结果管理，实施的关键是总体目标和各级子目标确定的科学性，这在目标管理的起步阶段是很难做到的。因此在操作过程中，要特别注意各个层面的情况反馈，不断进行调控修正，把过程管理的长处有机结合到目标管理中去。主管领导要利用信息反馈渠道及时掌握目标实施情况，做好检查工作，对下级工作中出现的问题不要轻易训斥、指责，更不能推卸自身的责任，而是要多给予支持、协助，要了解具体情况，搞好调节工作，甚至在必要时根据环境的变化适当修正与调整目标。

三、共性与个性的关系

高校目标管理是共性与个性的统一体。共性体现的是高校目标管理的普遍性规律或共同性特征，主要表现为全员的参与性、设计的整体性、成果的实效性和实施的阶段性。个性体现的是高校目标管理所具有的特殊性规律或差异性特征，主要表现在高校层次、类型、性质、条件等的多样性。高校目标管理不仅有特殊性，而且有普遍性，这就是共性和个性的问题。"共同性不是存在于差别性之外，而是寓于个性之中。一切矛盾由于个性而分别表现为单个的具体事物，又由于共性而隶属于一定的种类。具体事物的个性不能脱离同类事物的共性。"① 高校目标管理中的共性与个性相互联系、相互包容。共性寓于个性之中，并通过个性表现出来，没有个性就没有共性；个性是共性的特别化，并借助共性显示出来，没有共性就不存在个性。

在高校中实行目标管理，就是把目标管理的理念和方法应用到高校内部管理过程之中。无论是哪所高校，要想实现目标管理的效果，都不可避免地要遵循目标管理的一些基本理念和方法要求，但各个高校在校情上的差异性又使我们在推行目标管理的过程中不得不考虑各自学校的特殊性，因此高校目标管理既要遵循目标管理的普遍规律，借以体现共性，又要创新目标管理的学校特色，借以突出个性。从体现共性的角度而言，目标管理的每个环节都有着成熟的理论支撑和普遍的发展规律，每所实施目标管理的高校，无论在层次、类型、条件、性质上存在多大的差异，都必须遵循目标管理的一般规律，凸显目标管理的参与性、整体性、实效性和阶段性，只有这样，目标管理才能达到预期目的。从突

---

① 湖北省辩证唯物主义与历史唯物主义编写组. 辩证唯物主义与历史唯物主义 [M]. 武汉：湖北人民出版社，1980：8.

出个性的角度而言，由于各高校在地域环境、历史传统、办学基础、院校性质、办学层次、管理模式、领导体制、师资力量、学校规模等方面存在巨大差异，高校目标管理在目标确定上，应根据自身的校情来选择发展目标，既不要盲目跟风，看风向随大流，也不要随意拔高，盲目攀比，而要"量体裁衣"，突出特色，并使确定的目标能够"跳一跳，够得着"。

四、适应与超越的关系

高校推行目标管理，既需要对现实的适应，又需要对现状的超越。适应是指所有高校目标管理活动都应以适应社会发展为目标，以适应学校实际为行为起点，以适应个体的需要为动力之源。超越是指高校目标管理所提出的目标适当超前社会发展，适度突破学校现实条件，适度超越个人发展现状，充分挖掘潜能，推动高校的发展。适应与超越是一组"互为递进"的概念，适应是超越的基础和前提，而超越的阶段性成就又需要适应来加以维持、巩固和发展，超越的目标应指向新的适应，适应和超越是进化、发展过程中互为工具、互为目的、互为环节的"结"[①]。在高校目标管理中，适应是必然的，一种长盛不衰的管理理念与管理方法必然是与社会发展相映生辉的；超越是应然的，一所可持续发展的高校应当具有高瞻远瞩的眼光。因而对一所高校来说，拒斥适应，就是使自己处于社会的边缘；放弃超越，就是放弃发展。

适应与超越的递进关系表现为一种螺旋式上升的过程。从适应的角度出发，在宏观层面上，高校必须适应社会发展，承担起为社会服务的使命。高校因而不能独善其身，必须与社会结为伴侣，其发展目标的制定必须适应社会发展的需要，为社会经济的发展起着人才库、知识库、思想库和产业孵化器的作用。在中观层面上，高校必须适应学校实际，其发展目标的制定必须与高校类型层次相适应，根据不同的平台树立不同的理想；必须与高校办学的基础相适应，根据不同的条件描绘不同的蓝图。在微观层面上，高校必须与个体发展相适应，其发展目标的制定

---

① 杨昌勇. 也论教育之适应与超越：对鲁洁教授"超越论"的商榷[J]. 教育研究，1997（3）：32.

必须与教职工发展的要求相适应，努力提高他们的成就感；必须与学生的发展要求相适应，不断提高教育教学质量。从超越的角度出发，大学不是"风向标"，不能社会流行什么就迎合什么，大学应该是理性的堡垒，大学应该有自己的思想，大学应该在完成过去目标的基础上不断提出新的目标。一方面，大学发展目标的制定要适度超越社会现实，把创新性目标摆在比较重要的位置，在教学内容上追踪学术最前沿，手段上不断采用新技术，科研上不断推陈出新，不仅要有数量上的突破，更要强调质的飞跃。另一方面，大学发展目标的制定要适度超越学校现实，在充分论证、合理决策的前提下，提出具有挑战性的目标，从而推动大学的可持续发展。此外，大学发展目标的制定要适度超越个人现状，目标设置要略高于执行者的能力水平，须经过一定的努力才能实现。如果在一个许可的范围内制定一个较高的目标，往往可以发挥出教职员工较大的工作潜力①，推动他们满足成就需要。

五、定性与定量的关系

定性与定量是两种基本的分析方法。定性，即对事物进行质的描述；定量，即对事物进行量的表达。辩证唯物主义告诉我们，任何事物都同时具有质和量两个方面，是质和量的统一体，所以高校目标管理既要运用定性考核，又要运用定量考核。所谓定性考核，就是考核主体针对考核客体的行为，采用定性指标，从质的方面来考核目标的执行情况，常用划分等级的方法来评价业绩。定性考核适用于不可量化的考核指标，侧重于工作过程的考核。采用定性指标进行考核，可以对整个工作进程进行评价，流程简单，适用的范围较广。所谓定量考核，就是考核主体将与绩效有关的数量指标作为衡量业绩的标准，运用数学公式，从数量方面测算目标的实现情况，将抽象描述转化为具体分数的方法。马克思说："一种科学只有在成功地运用数学时，才算达到了真正完善的地步。"为了弥补定性考核界限不清、难以比较的缺点，人们常运用数学工具进行定量考核。定量考核适用于可量化的指标，侧重于考核工作的

---

① 莱瑟姆. 个人、班组和组织的目标设置 [M]. 芝加哥：科学研究学会，1984：85.

结果，在考核指标明确的情况下，简单扼要、容易实施，量化考核的结果可以在组织的横向与纵向之间进行比较。定量考核与定性考核是目标考核的两种基本方法，它们相互补充，相互依存，均不可缺少。定性考核是定量考核的前提，没有定性考核，定量考核就会失去意义；定量考核是定性考核的量化，没有定量考核，定性考核就难以准确表达；定性使定量有意义，定量使定性表达更准确、简洁、具有可比性①。

高校目标管理必须将定量考核与定性考核有机结合起来，用联系的、发展的观点来对高校各部门、个人进行考核，以促使不同的学科、单位和部门加强联系。第一，以定性考核为主轴。定性考核是针对目标的质量进行的考核，而质量是一事物区别于另一事物的内在规定性。古希腊亚里士多德认为质量是事物存在的本质，"现在所称'是'的事物，其本义是指'这个'，其别义是每时量，又指质"②。在这里，质量是作为"物质多少的量"而被引入的，如人才培养质量、教学质量等。对质量进行考核即是对"目标多少的量"进行考查核实，做出评价，它是定性考核的本质，也应该成为目标考核的主要方面。第二，以定量考核为副翼。没有量化就没有管理，数字是最公正的"判官"。定量考核是考核方法的一个重要的进步，大大降低了考核中的主观性，使得考核结果更科学、客观、公正，所以要使考核客体"头脑中有数字，肩上有目标"，就必须辅以定量考核，对一些可量化的指标，如毕业生就业率、学生论文获奖率等可以采用定量考核。第三，定量考核与定性考核彼此融通。定量考核与定性考核各有优势，但其缺陷也在所难免。为了发挥各自的优势，弥补彼此的不足，需要将二者结合起来，既看数字又不唯数字，既有"规定动作"又有"自选动作"。在定性与定量考核相结合的基础上，要进行综合分析，并对目标考核工作进行再考察、再认识、再评价，进而概括出"经验定性—抽象定量—综合定性"的考核模式。

六、刚性与柔性的关系

高校目标管理中的"刚"主要是指制度、规范；"柔"，即管理所依

---

① 郭必裕. 对高校定性绩效考核的探讨 [J]. 理论界，2004（4）：141.
② 冯契. 哲学大辞典 [M]. 上海：上海辞书出版社，1992：1032.

据的思想，是一种随机应变的准则。刚性目标即是以目标为中心，管理者靠严密的组织结构、硬性的规章制度、纪律监督和奖惩制度来保证高校目标管理工作的正常进行。其优点在于利用国家各项政策、法规，建立起高校内部规章制度、岗位职责、行为规范，使教职员工的一切行为有章可循、有据可依，对教职员工产生一种自我约束、自我控制、自我调整的外驱力。其弊端是过分强调目标的实现，缺乏"人本性"和"情感性"，把教师当成冷冰冰的管理对象，忽视教师的情感，缺少横向的沟通与协调，用硬性的标准和尺度评价目标，缺乏灵活性，不利于最大限度地调动广大教职员工的积极性。柔性目标是以人为中心，以尊重人的人格与尊严为前提，以提高向心力与凝聚力为出发点，依据组织的共同价值观和文化、精神氛围制定的人格化目标。柔性目标坚持人的自然属性、社会属性、精神属性的辩证统一，注重目标的伸展性，采取非强制性方式，在组织成员心目中产生一种潜在的说服力，从而把组织意识变为教职员工个人的自觉行动，形成强大的情感凝聚力，使全体员工积极朝着一个目标共同努力，推动学校总目标的实现。时至今日，等级森严和官僚体制下传统的"刚"性管理已越来越不合时宜，"胡萝卜加大棒理论"不再适用于现代管理。"学院和大学正在向其他方向发展，需要更多的管理控制，并且'权威是管理控制的不可缺少的重要手段'。大学正变得更像服务企业、高科技企业或者专业公司。所需的权威不是传统的发号施令，而是决定现实目标、设计精明战略以及制定公司成员赞同实施的长期目标。这就要求采取一种全新的'柔'性管理，即目标管理。"① 但一味强调柔性管理也会使组织原则丧失殆尽，所以，高校目标管理需要刚性与柔性的有机统一。

刚性目标与柔性目标的有机统一在于刚柔相济。这种方法重在"济"字，强调替代与互补，体现"和谐"，强调"柔"字，要求"以柔克刚"，"水滴石穿"，"四两拨千斤"，"不战而屈人之兵，是为上策"。刚柔相济的核心是"两手都要抓，两手都要硬"。具体而言，一是要刚中

---

① 凯勒. 大学战略与规划：美国高等教育管理革命[M]. 别敦荣，主译. 青岛：中国海洋大学出版社，2005：59.

有柔地制定目标。在不需要"柔"的时候,那就念好"刚"经,目标的制定需要有一定的稳定性,即要坚守刚性目标,不能朝令夕改,一旦形成,就将成为高校的行动指南,但在操作细节上要能屈能伸,要由大家来制定,不能由管理者在办公室"拍脑袋"产生。二是柔中带刚地展开目标。这就要求管理者胸中有丘壑,"内用黄老,外示儒术",对局势洞若观火,内不失刚劲,外不失柔和,既有效地做好思想工作,让人心悦诚服,又不能逾越一些有形的规则,使目标"下放"有序,从而保证目标层层分解有条不紊,层层落实责任明确。三是有刚有柔地实施目标。在高校目标管理实施的过程中,对目标的控制要刚,否则会使目标管理工作放任自流,但指导方法要柔,要充分考虑下属的可接受性,否则会激化矛盾,堵死回旋的空间。四是亦柔亦刚地评价目标。把握刚柔相济的要领就是:对定量的考核要刚,"一就是一,二就是二",对定性的考核要柔,优与良的划分有时不是绝对的,该通融时要通融。信息的处理要刚,收集到的资料要真实,不能弄虚作假,绩效面前要柔,即使有的单位在目标管理中表现不佳,但学校管理者要做好思想工作,以有情的沟通代替刻板的说教,激发其努力的动机。在兑现奖惩时,坚守原则是刚,要严格按目标管理制度执行,赏罚分明。

七、集中与分散的关系

高校是一个松散联结的组织,它合而又分,聚而又散,从而形成了集中与分散交汇中和的局面。所谓集中,即意味着高校目标管理的权限较多地归属于学校,具有对总目标的决策权。集中管理具有成本低、反应快、效率高的优点,能有效地防止目标游离,发挥权威的作用。W. H. 考利曾说过:"随便举一所伟大的美国学院或大学为例,你都会发现,在其历史上,曾有一位或多位权威的领导担任过校长。"一位领导不能不行使权力,就像他不能不对组织中所发生的事情负责一样。但集中管理的弊端是要求管理者熟悉每一个下属单位的情况,以便进行目标分解,而高校是一个多学科群体、多部门联合体,管理工作千头万绪,各单位的目标也很不一致,管理者不可能通晓一切,实行集中管理难免会有力不从心之感,而且易形成统得过死、管得过多的被动局面,不利于调动下属单位及教职员工的积极性。所谓分散,即被管理部门享有较多的自治权，既具有对分目标的执行权，也具有对总目标的建议权。伯顿·克拉克认为："分散控制导致高效竞争，竞争的焦点获得相对声誉。"分散管理具有自主灵活、适应性强的优点，能根据不同的部门和单位有针对性地进行管理，有利于形成特色目标，其弊端是易导致目标零乱、各部门与单位各自为政、管理涣散的局面。在高校目标管理中，集中与分散是两个彼此对立而又互相依存的概念，其间的"矛盾是绝对的"，其统一是相对的。集中在于适应一般管理工作的规律，分散在于描述不同院系的特点。集中，因为相比较而存在；分散，因为相斗争而发展。分散是集中下的分散，集中是分散基础上的集中，不存在绝对的集中，也没有绝对的分散，过度集中不可取，过度分散也同样不合适。

集中与分散的有机耦合在于构建"合分并重"的目标体系，选择一种集中统筹、分而治之的管理方案，主要体现在三个层面：在宏观层面上，集中要兼顾分散。从系统管理的观点来看，目标的集中性在于保持系统运转的最终目的性和方向性，目标的分散性在于目标系统中各子要素的独特性。从这一点出发，高校目标管理要以培养高级专门人才、进行科学发明创造和为社会提供服务为总目标，在这个总目标下，各院系根据自身的实际情况制定出各有特色的办学目标。在微观层面上，分散不离集中。高校作为一种团队组织，有一个目标群体，这些目标分散于各个部门、单位、个人，要使这些分目标有机地统合起来，发挥组合效应，就必须集中于学校的总目标。换言之，就是各个部门、单位、个人的分目标的实现必须以学校总目标的实现为前提。在操作层面上，集中要关照分散。高校目标管理中有许多共性目标，如师资队伍建设、组织建设、学风建设、教学质量、招生就业等，对它们可以采取集中管理，目的是便于用同一个标准、评价参数进行评价。高校目标管理中也有许多个性目标，如科研创新、学科建设等，由于各院、系、所具体情况不同，则不能"一刀切"，要采取分散管理的方式，用不同的标准、评价参数进行评价。

八、公平与效率的关系

高校目标管理存在着公平与效率的博弈。公平指的是高校目标管理中"人与人利益关系及关于人与利益关系的原则、制度、做法、行为等合理之义"①，包括规则公平、过程公平、分配公平等，是保障高校目标管理和谐发展的基础价值。公平理念的提出，有助于在高校目标管理中形成有序竞争的局面，能充分调动广大教职员工的积极性和主动性。效率阐明的是高校目标管理中资源利用、资源配置的有效性或产出率。高校目标管理活动的实质就是提高效率，就是使组织成员以最有限的时间、精力、资金和物质等实现组织的目标。高校目标管理既追求学校整体工作效率，也重视教职工个人效率，从而有助于打破平均主义，盘活有限的资源，优化资源配置，革新僵化的管理体制，提高竞争意识。效率与公平是高校目标管理两个不同维度的价值追求，效率是绝对的，是实现公平的保障；公平是相对的，是提升效率的基础。二者互补互激，缺一不可，没有公平的效率是畸形的效率，没有效率的公平是扭曲的公平。

高校目标管理既要追求效率，又要兼顾公平，公平与效率统筹兼顾要坚持三个原则：一是整体性原则，即在高校目标管理中，管理者要有全局观念，在制定规则、提供机会、实施奖惩时，都应全盘考虑，对"弱势群体"在政策和机会上要适当倾斜，在奖惩上要切实破除"四个一样"（即干与不干一个样、干多与干少一个样、干好与干坏一个样、绩效显著与业绩平平一个样）和"两多两少"（即多干工作的不多得、少干工作的不少得）②，而且要注意重奖轻罚，奖要奖在多数，罚只罚在少数。一般情况下，奖励幅度与惩罚强度不能大起大落，要注意奖励的持续性，从而持续地调动教职员工的积极性。二是实质性原则，即要从本质上去把握公平与效率的关系，而不仅满足于效率与公平关系的表象，有了成绩就要奖，该奖多少就奖多少，成绩大就要重奖，但奖励不能失度，如果奖励的程度大于被奖励者与其他人贡献的差别程度，则会使其他人产生不公平感。三是发展性原则，即把效率和公平看作一个不断提高、发展、丰富的动态过程。随着高校目标管理的推进，新的效率

---

① 戴文礼. 公平论 [M]. 北京：中国社会科学出版社，1997：41.
② 李春杰. 关于当前高校青年教师流失现象的思考 [J]. 南都学坛：哲学社会科学版，1999 (1)：92.

问题和公平问题会不断出现，管理者要应时而变，适时改变"游戏规则"，在动态变化中保持公平与效率的平衡。

九、激励与约束的关系

高校目标管理是一种激励和约束相容的过程。激励是使组织成员产生并增强工作动力的管理活动的总称。激励之所以重要，是因为在现实条件下，高校教职员工的基本物质需要已得到满足，他们更注重追求事业上的成就，总是希望达到一定目标，取得一定成绩后，得到报酬（尤其是精神上的回报）和奖励，得到社会的承认和同事的赞许。目标管理作为一种管理上的激励技术，通过目标设置、实施奖惩能有效地激发教职员工的工作动机，满足个体需求，发挥个体潜能，在个体目标实现的基础上推动学校总目标的实现。约束是组织为防止和减少组织成员偏离组织目标、损害组织利益的行为和促使管理成员努力工作的管理活动的总称，其载体常常是制度、规范等。约束之所以必要，是因为高校目标管理的活动对象在活动过程中有可能偏离或违背活动方向，如果不用制度、规范加以约束，就会与预期目标分道扬镳。而且，使的力越大，可能离学校的总目标相去越远。因而只有通过约束，规范个人行为，提高个体素质，协调相互关系，才能维持高校目标管理的良性运行。激励与约束是高校目标管理的两翼，是一个事物的两个方面，它们通常以一种完整、统一的形式存在于高校目标管理的实践之中，二者不可分割。只讲激励不讲约束，就会滋生腐败的温床，只讲约束不讲激励，就会扼杀创造的精神。

激励与约束存在的意义是并行不悖的，为了确保高校目标管理活动的有效性，必须把激励与约束在具体的形式上、反映的内容上、实施的对象上有机结合起来。从激励与约束相结合的形式而言，高校目标管理活动的每个环节都包含着激励与约束的内容，但在具体的运行上，一时以激励为主，一时以约束为主，反之亦然。在目标制定环节中，由上而下的目标制定方式是约束力大于激励力，由下而上的目标制定方式则以激励占上风，以约束居下风。在目标分解过程中，从上往下的目标分解是约束明显，激励有限；从下至上的目标选择则宜彰显激励，消减约束。在目标实施活动中，固定的操作模式是强化约束，而自由的目标实施则不能弱化激励。在目标考核中，考核标准的一一对应是约束作用大，而灵活的适情考核则激励作用大。从激励与约束的对象而言，只有基于活动对象的行为表现，激励与约束的内容才得以实施。活动对象在高校目标管理活动过程中一旦表现为偏离或违背目标方向，则必须实施约束，约束的方式可以是警醒、告诫、指导等。活动对象如果在实现目标的活动过程中表现为积极的行为取向，为了予以肯定和提醒其他表现不够积极的活动对象，则往往对积极的活动对象实施激励。激励的方式可以物质激励，如颁发奖金、奖品，也可以是精神激励，如授予荣誉称号等。此时，激励与约束在对象上的差异则十分显著，激励的对象应该是表现积极的活动者或组织，而约束的对象则相反。

十、重点与一般的关系

高校目标管理既关注工作重点，又要保证常规运转，与之相对应，就有重点目标与一般目标。重点目标是指在高校发展中具有战略地位、起关键作用的目标。重点目标确立了高校目标管理工作的战略重点，使目标管理工作主次分明，行动有轻重缓急。一般目标是指在高校发展中具有主要地位、起根本性作用的目标。一般目标贯穿于高校目标管理工作的始终，规定着学校工作的本质，并对学校发展战略起支配作用。重点目标与一般目标紧密联系，都很重要。重点目标关系到学校的战略部署，是学校的发展之机，一般目标支持学校的常规运转，是学校的生存之计。重点目标与一般目标互为存在的基础。

在实际操作中，重点与一般的关系往往表现为点与面的关系，二者的协调在于统筹兼顾，整体推进，重点突破，既要考虑到日常工作、维持常规运转，保证一般目标的顺利进行，又要明确工作重点、突破工作难点，确保重点目标的顺利实现。细而言之，其一，目标的制定必须立足全局，围绕中心，突出重点，兼顾一般，努力做到重点中有一般。比如一所高校为了创建国内有知名度、国际上有影响力的研究性综合型大学，把教学上质量、科研上水平、管理上台阶作为重点目标时，会围绕教学目标、科研目标、管理目标展开工作，但通常还要明确一些一般目标，如研究生教育、科研经费、科研成果、学生管理等目标。其二，目标的实施与考核必须以点带面，以面促点，努力做到整体推进中有重点突破，确保重点目标项项有保证，一般目标事事有落实，防止"眉毛胡子一把抓"。如果把学校总体目标比作一棵大树，一般目标就是树根，重点目标就是树干。抓住一般目标，就抓住了学校工作的根本，抓住重点目标，就抓住了学校工作的核心。重点目标常常以核心指标的形式体现出来，一般目标常常以基本指标的形式体现出来，所以高校目标管理要对核心指标实行重点监控与考核，对基本指标实行常规监控与考核。

第三节　高校目标管理的原则与方法

高校目标管理原则是进行高校目标管理时应遵循的行动准则和基本要求，它源于人们对目标管理规律的认识，是管理哲学中的权威论、方法论、艺术等问题的综合体现，它贯穿于高校目标管理工作的全过程，是对高校目标管理实践经验的概括。方法一般是指为获得某种东西或达到某种目的而采取的手段与行为方式。它具有哲学、科学及生活层面的多种解释。在这里主要是指在遵循目标管理原则中所采用的方式与手段。高校目标管理中，应该遵循以下六大原则，即目标兼顾原则、行动协调原则、过程监控原则、适时反馈原则、有效激励原则与合理授权原则。

一、目标兼顾原则

目标兼顾是指此目标的实现无损害于彼目标的落实，甚至是相互促进的。在当今中国高等教育的二维坐标上，在横的方向是实现高等教育的大众化，极大地满足民众的学习需求，在纵的方向是提升教育质量和学术水平，更好地服务于社会。在这场整体性的演进中，高校目标管理被详加考量，竞争既在当下，又在长远；既在重点领域，又在一般领域；既维持传统，又提出创新。

实现这些关系的有机统一，要用系统的方法，把诸多目标结合起来，做到目标兼顾。一是长期目标与短期目标兼顾。长期目标是根据学校的远景规划而制定的战略目标。短期目标是根据学校的近期发展而做出的短期规划。高校的主要任务是创造知识，传授知识，培养高级专门人才。高校若要在今后的竞争中占有一席之地，就需要重视学术声誉、毕业生质量、教师资源、学生资源、经费资源等，这是高校工作的长期目标。为实现这一目标需要分步完成许多工作，这是短期目标，如每年学校要在有影响力的期刊上发表多少论文、做出多少科研成果、需要争取多少科研基金、需要完成哪些实验、达到什么预期结果、需要开设多少新课程等，对某一阶段工作业绩的目标考核，都需要考虑它与长期目标的关系。二是重点目标与一般目标兼顾。重点目标是学校工作重点的体现，一般目标反映的是学校的常规工作。重点目标关系到学校生存之计，发展之机，是学校工作的核心。一般目标支持学校的常规运转，是学校工作的基础。重点目标要以一般目标为基础。就高校而言，为了创建国内有知名度、国际上有影响力的研究性综合型大学，把教学上质量、科研上水平、管理上台阶作为最重要的目标同时存在，相辅相成。围绕教学目标、科研目标、管理目标等重点目标，通常还要明确一些一般目标，如为实现科研目标，可以制定教师科研成果目标、学生成果目标等，这些目标都可以通过具体的指标来体现。指标的设定将使管理围绕指标转，制定科学的考核指标是目标考核系统高效运转的保证。三是刚性目标与柔性目标兼顾。刚性目标就是制度性目标。刚性目标的实现是管理者依靠一定的行政指挥系统，通过制定一系列章程、规定和规则，采取强制的方式与手段使职工遵守和执行。刚性目标是通过稳定的规章制度来保障实施的，具有一定的强制性。如果有违反规章制度者，则采用行政方式与经济手段予以惩罚。柔性目标即人性化目标，是指在研究人们心理行为规律的基础上，采取非强制的方式，在职工心中产生一种潜在的说服力，从而把组织意志变为人们自觉行动的目标。由于高校目标管理中的问题是多种多样、千差万别的，不能一味地用制度去堵、去禁，有些现象或问题可以堵得住、禁得住，但有些问题是禁也禁不住、堵又堵不住的，那就得充分发扬人性，用疏导的方法，采取疏与堵结合的方式。要实现刚性目标和柔性目标相协调，关键在设置目标时要考虑目标的性质。在诸多设立的目标中，有的目标是基础性、前提式的，有的目标是伸缩性、比较式的。如反映办学质量的毕业生初次就业率，就是柔性目标，而教师岗位目标中教师接受教学任务的态度就属于刚性目标。学校管理者要根据目标项目的性质，科学地、准确地对目标进行定位，然后针对不同性质的目标采用不同的管理方法。四是组织目标与个人目标兼顾。组织目标即学校目标。组织目标与个人目标互相影响、互相制约。目标管理的最终目的是促进学校的发展，提高学术水平，为社会培养更多优秀的专业人才，而组织目标需要组织中的成员共同来完成，所以，要实现目标就必须使个人目标和组织目标得到有机的统一，形成最小阻力。首先，管理者要正视二者的差异性，使组织目标尽可能地覆盖、包含个人目标，使教职员工能从学校所设立的目标中看到个人利益，并且通过群众参与制定的方式促使大家接受并把组织目标转化为个人目标。其次，对于与组织目标方向上不矛盾的个人目标，如教师的自选科研课题、开设新课程的愿望等，应该为它们的实现创造条件，提供机会，开辟可能的"用武之地"，从而使之纳入组织目标体系。再次，对于与组织目标利益不一致的个人目标，要分析情况分别处置。对于性质上错误的，要教育、批评、引导使之修改；对那些于本单位无益却对国家有利的目标，则帮助他们另谋实现渠道。五是维持性目标与创新目标兼顾。维持性目标就是控制增长、保持现状的目标。创新目标就是超越现实，使规模、水平不断拓展，甚至达到前所未有的水平的目标。在高校目标管理中，目标既是预期可达到的，也是需要经过一定的努力才能达到的，目标的实现有效地满足了高校教职员工的个人成就动机，而动机是引起个体行为活动的直接原因。高校教职员工大多受过高等教育，多有较高的成就动机，在高校实施目标管理可以更有效地激励教职员工努力工作。目标是一种期望值，不同的期望值构成不同的目标，要形成目标管理的压力和动力效应，要求目标的设定既不能太高，也不能太低。如果过高，教职员工无法达到，与期望值相差悬殊，就失去激励和评价考核的意义。同样，目标也不能太低，否则教职员工就可以轻松达到目标，远远地超过期望值，设定这样的目标就等于没有设定。富有突破性的目标是激励教职员工努力工作的驱动力，但是突破性目标又必须是部门成员通过努力可以达到的目标，这就要求确定目标时，应充分考虑内、外环境的影响，综合考虑为实现目标所需要的条件和努力。六是功利目标与精神目标兼顾。功利性是团队目标设定的核心特征，体现这一目标对社会和团队本身的根本价值，如学校要培养优秀人才和出科研成果，这一目标从学校角度看就是功利性的。精神目标是非功利性的，是指团队目标实现过程中获得的除根本价值外的其他价值。在市场经济的冲击下，高校目标管理必须考虑教师的利益追求，这些追求有物质的、精神的，目标的设置要对这些因素进行全面考虑。同时，要利用目标管理强化教师的奉献意识，鼓励教师"十年磨一剑"、"甘坐冷板凳"，多出创新性研究成果。

二、行动协调原则

目标是由多个子矢量构成的一个相互联系、相互制约而又相互支撑的系统，此目标的实现往往会促动彼目标的实现，此目标的缺损往往会影响彼目标的实现，因此要发挥系统的整体功能，目标管理就要把全校整体管理目标与各部门乃至个人目标连成优化的目标系统，从制定全校目标到具体分解落实到部门和个人目标，以及实施与考核目标，全过程都要求全校所有成员参加，协调一致，共同完成，以利于调动各方面的积极性，把每个部门、每个人的积极性都集中到实现学校总体目标上来，提高全体教职员工队伍的整体素质，建立一套较完善的考核体系，提高科学管理水平。

遵循行动协调原则，首先，要注意目标制定时集思广益。目标管理强调人人参与和上下同欲的重要性，要求各级人员都参与目标的制定工作，而且以上下级人员直接协商的方式来进行。从理论而言，目标管理属于管理的计划职能范畴，它不是用目标来控制，而是试图将个人的奋斗目标与组织目标结合统一起来，从而达到对被管理者的较好的激励效果。在高校目标管理中尤其要如此，因为高校目标管理的客体是教师，教师的自尊心强、自制力强、求知欲强，在如何提高教学水平、搞好科研等事项上，他们往往比学校领导更具有发言权。这就要求在目标制定时不仅要发挥领导者的才智，也要广纳全体教职员工的合理建议，注重上下级之间的交流沟通，以此来获取全体成员的自觉承诺，保证目标的可行性和科学性，增进全体成员对目标的理解和提高接受目标的程度，并在参与目标的制定中发现自己的价值和责任，提高对实现目标的积极性。其次，要做到目标分解时各展其长。学校发展总目标确定以后，首先形成长远目标、年度目标并确定实施步骤，同时，将目标分解为各部门、各学院、各系所直到教职员工个人的岗位目标。分解时要根据每个单位的实力、教职员工的实际能力，扬其所长、避其所短，确保其通过努力能够完成。如果分解的目标与单位、责任人不相符，目标过高，脱离实际，会使目标可望而不可即，失去激励性。如果目标太低，仅凭举手之劳就能实现，则缺乏挑战性，不能充分发挥每个单位、每个教职员工的潜力。其三，目标实施时要做到群策群力。目标管理注重整体管理和成果管理，"生产成果"的集体性和教师劳动的个体性是高校目标管理的重要特征。高校培养人才、发展科学、服务社会所取得的成果是全体教职员工共同劳动的结晶。由于高校具有多学科、多专业、多层次、多规格的特点，仅有管理人员和少数教师的努力是无法实现目标的，一位教师只能教好一门或几门课程，进行某些学科领域的科研工作，而不可能精通各类学科、各种专业的教学科研工作。然而，每一个人都有既定的工作，因此每一个人都纳入了目标管理体系。学校总目标的实现既依赖于每位教职员工的努力工作，又促进个人目标的实现。个人子目标的实现既依赖于学校总目标的实现，也推动学校总目标的实现。因此，在目标实施的过程中，只有教职员工之间、各类教师之间、各学科之间、各专业之间实现有效配合，形成一种具有统一目标，并组成整体的教育力量和科研力量，才能更好地发挥综合优势。其四，目标考核时多元参与。目标管理以制定目标为起点，以考核目标完成情况为终结。从目标制定、目标实施到目标考核是一个动态的循环上升的过程。目标考核是目标管理一个周期的最后一环，也是动态过程再启动的准备阶段，对目标起着总结、提高的作用。只有多元选择考核主体，才能对目标进行全方位、多视角的考核，考核结果才能更为客观公正。这些考核主体应当包括学校领导、部门领导、一般教师、学生代表、校外专家、社会团体等。

三、全程监控原则

监控即监督控制的意思，按照控制理论的理解，控制是指按照既定条件和预定目标，对受控对象施加主动影响的行为过程，目的在于保持事物的稳定状态或促进事物由一种状态向另一种状态的转换。控制作为管理的一项基本职能，其存在主要是管理人员为了保证实际工作与计划相一致而采取的管理活动。一般是指通过对计划执行情况的监督、检查等方式，及时发现目标偏差，找出原因，采取措施，以保证目标实现的过程。在高校目标管理过程中实施全程监控原则，就是要在高校目标管理的所有环节实施全程监督，减少损失，促使目标顺利实现。

实施全程监控，一是可以化解矛盾冲突，保障系统和谐稳定。目标管理中的目标具有弹性，即目标在面对内外客观条件的变化时所具有的可塑性和适应性。条件变了，目标执行就有可能变得更加容易，也可能更加困难，甚至变得不可能，这就要求做出相应调整以保证系统的和谐稳定。全程监控一方面是为了监控人，另一方面也可以监控环境，这样就可以在关键情况下化解矛盾冲突。二是可以强化责任意识，激发教职工的积极性。在德鲁克的管理思想里，"组织使命"是非常关键的概念。所谓的"组织使命"也就是一种责任意识。在目标管理中出现形形色色的弊端或危机，常常与"责任心"密切相关。俗话说：角色无大小，关键是责任。责任意识是一种潜藏在教职工内心世界的物质存在，通过实施监控，可以强化教职工的责任意识，促进教职工积极主动完成目标。三是注重过程质量，保障结果高效。高校目标管理是一个完整的、连续的循环系统，由目标制定开始，经目标实施、目标考评，直至总结反馈，每个环节紧密联系、环环相扣，任何一个环节出现问题都势必影响目标管理的成效。因此，把握好过程质量，才能确保结果的高效。

实施全程监控的原则，应从以下几方面做起：一是目标制定时要明确职责。高校目标管理是个极其复杂的系统工程，只有环环相扣，才能保障整个系统正常运转，所以，监控的前提是明确职责，确立每个项目的负责人，责任层层分解。在目标制定时一定要明确指出校级总负责人是谁，中层各职能部门的责任人是谁，院系的责任人是谁，每个单项的负责人是谁，做到事事有人做，人人有事做，职责明确。把目标管理与岗位责任制有机结合，可以减少"踢皮球"。列宁曾说过："管理的基本原则——一定的人对所管的一定的工作完全负责。"只有目标明确，责任到人，实施监控才有针对性、实效性。二是目标实施时要关注境况。首先，应成立专门的目标管理小组，严格遵照相关的标准对各单位进行定期与不定期的检查，并通过信息反馈机制严格监控整个管理过程，对各级目标实施中出现的偏差、达标情况以及目标体系中各层次分目标的实施情况，进行查看、指导、协调和督导，同时广泛收集并整理各种信息，及时提醒相关人员。其次，应因情制宜，给予教职工必要的帮助。教学院系是高校的最基本单位，各项工作任务的最终落实大都在教学院系。教学院系的工作目标一经确定，院系负责同志自然要组织力量去实现目标，支持和帮助教学院系的形式不拘一格，应依具体情况而定。最后，应因时而变，及时调整。目标管理是一个不间断的反复的动态的循环过程，应随着工作环境和条件的变化及时进行调整和完善。三是目标考核时要维护公正。目标考核环节的监控主要是维护目标考核过程中的公正性，监控的主要内容包括：考核主体是否具有权威性和代表性；考核程序是否具有严密性；考核的内容是否具有全面性；考核的标准是否具有科学性；考核的结果是否具有认同性等。监控的主要形式是学校纪检部门、工会组织或教职工、学生代表参与考核的全过程，保证考核过程一定程度的透明度。为此，必须建立一个比较完备的监控系统，使其具有导向性、适时性、针对性和灵活性。

四、适时反馈原则

反馈就像一个监视器，时刻根据内外环境的实际情况，通过对反馈回来的信息不断调整、完善，从而不断更准确地应对内外环境的刺激。高校目标管理中的反馈主要指在目标制定、实施和考核的过程中，通过一定途径把相关信息传达到目标管理的主客体，以便采取针对性措施实现学校目标的一种活动。适时反馈就是要求在目标管理全过程的每个环节中把握时机，及时反馈信息，以顺利推进目标管理。高等学校的目标并不能一蹴而就，而且为达到目标，投入的绝大多数要素是不可再生、不能重复使用的，因此从追求效益最大化、避免风险或损失进一步扩大的角度出发，适时反馈是必要的。而且适时反馈能集思广益，提高决策的科学性；能准确掌握信息，提高快速反应能力；能促进交流，形成凝集力。如果在目标管理中不坚持适时反馈原则，不仅于事无补，而且会严重挫伤教职工的积极性，造成不必要的损失，因此，适时反馈是高校目标管理中不可忽视的一项重要原则。

做好适时反馈，一是目标制定时要加强双向沟通。目标制定是高校目标管理的第一个环节，也是最基础性环节，目标制定不准确将直接影响目标实施效果。目标太高不能完成，打击教职工的信心；目标太低，起不到激励的作用。而高校目标管理中目标的确立极其复杂，既要考虑外部环境，又要权衡内部实力；既要准确定位学校总目标，又要合理分解各部门、个人目标，所以，制定目标仅凭某一个人拍脑袋是行不通的，只有发挥集体的智慧才能找准目标，确定方向。因此，在制定目标时，要重视双向沟通，使学校广大教职工对学校的发展目标有统一的认识，并将教职工的事业心和发展欲望转化成具体的目标、信条和行为准则，形成教职工的精神支柱和精神动力，为学校共同的目标而努力奋斗。二是目标实施中要加强信息通报。目标实施中的信息通报首先要把各单位及个人目标实施情况及时收集汇总到学校决策层或目标管理领导小组，然后综合会诊，梳理出哪些目标进展势头良好，哪些目标遇到困难，最后分析目标受阻的原因，如果是目标设定不当，就要及时校正；如果是学校提供的资源不足，则要补充一定资源；如果是单位或个人工作方法欠妥，努力程度不够，则要加强指导和督促。目标实施信息通报也包括上传和下达双向道。上传可以通过各二级单位定期工作总结，也可以由各职能部门在常规管理中随时收集相关信息，整理归类上报决策层。下达可以以简报的形式定期下发到各二级单位，也可以由有关领导和专家到各二级单位进行现场调研。更科学的办法是利用现代化技术，开发目标管理网络系统，各层级人员都可以随时登陆管理系统，查阅目标实施现状，提高信息反馈的即时性。三是目标考核中要加强得失交流。绩效反馈是目标考核中的一个重要环节，只有合理及时的绩效反馈才能让被考核单位和个人了解自己的考核结果及其背后的原因，增加共识，减少误解和猜疑，另一方面为改善今后工作，提高绩效，为被考核单位和个人的发展提建议，还可以为下一轮目标管理确定新目标奠定共识的基础以及完善目标考核细则。反馈沟通需要技巧，不恰当的方式有可能得到事与愿违的结果。有学者研究提出了具有参考价值的绩效反馈策略和技巧，即维护自尊，加强自信，提供有针对性的反馈，使教职工参与反馈，直接的反馈比间接的更好，反馈前先做准备，从教职工角度多考虑等。在反馈人员的选择上，最好是群众基础好，有一定权威的学校领导，这样才能使反馈更规范，使教职工对考核结果更信服。总之，适时反馈是加强学校组织与教职工之间有效沟通，改善管理者与被管理者之间相互关系的重要机制。有效的反馈机制能减少信息传递过程中的失真现象，避免猜疑与误解，在组织中建立相互信任的关系，营造和谐融洽的氛围，促使组织目标顺利实施。

五、有效激励原则

高校引入目标管理，实质上是引入一种竞争机制，是深化内部体制改革的必然选择，其目的是充分调动广大教职员工的积极性，最大限度地挖掘每个人的潜能，提高学校的教育质量、科研水平和办学效益。但广大教职员工的积极性能否真正调动，关键在于激励是否到位。管理的根本是管心，只有基于人性的分析，采取有效的激励方式，才能真正使每一条管理制度切合人心、实用有效。

对高校广大教职员工的激励，必须充分考虑其成就需要、荣誉需要、发展需要、交往需要等特点，抓好以下几方面的激励。

一是物质激励与精神激励相结合。物质激励是以金钱留人、福利留人，精神激励则是以事业留人、感情留人。物质激励和精神激励对于教职员工积极性的发挥都有不可替代的作用，是引导员工实现子目标，进而实现总目标的动力基础。物质激励是基础。物质激励即通过物质刺激的手段，鼓励职工工作。它主要表现在工资的增长、资金的发放、福利的提高等方面。但物质激励应与相应的制度结合起来，也就是要通过建立一套制度，创造一种氛围，以减少不必要的内耗，使组织成员都能以最佳的效率为实现组织的目标多做贡献。同时物质激励必须公正，也就是对所有职工要一视同仁，按统一标准奖罚，不偏不倚，否则将会产生负面效应。此外，必须反对平均主义。平均分配奖励等于无激励。精神激励是关键。精神激励包括目标激励、参与激励与荣誉激励，是在较高层次上调动下属的工作积极性，其激励力度大，维持时间也较长。只有将物质激励与精神激励紧密结合，才能充分调动每个教职员工的积极性和创造性。

二是正向激励与负向激励相配合。正向激励伴随着的是物质奖励、晋升职务、公开表扬、授予荣誉称号等，其目的是通过肯定的方式，使员工正确的行为重复发生。负向激励伴随着的是物质惩罚、公开批评、降级、处分等,其目的是通过否定的方式,限制或修正员工的不正确行为。正向激励是根本。正向激励具有认同、导向和鼓励等功能。正向激励有目标激励、榜样激励、荣誉激励、关怀激励、参与和竞争激励等多种方式。高校目标管理的一个重点,就是注重正向激励,以最大限度地调动和发挥教职员工的主动性、积极性和创造性。负向激励是手段。负向激励是对人的行为进行负方向的强化,适时对过失、违纪、违法行为等性恶的异化现象给予必要的惩罚。但惩罚并不是恣意妄为,而应将惩罚与教育相结合,要准确掌握惩罚时机,要根据动机、情节与态度,慎重进行,做到有理、有度、有节。

三是外在激励与内在激励相贯通。根据双因素理论,人有内在需要,也有外在需要,所以激励也要实行内在激励与外在激励的结合。但两种激励方式的重要程度并不是相等的,内在激励侧重于激发人的内在动力,也就是说,内在激励是发自人的内心的,因而激励更持久。而外在激励注重物质、职位等方面,因而是肤浅的。高校目标管理在强调外在激励的同时,更要强调内在激励。所以只能创造一种外在激励的环境,使员工能够在适宜的土壤里自由创造内在激励,这也是内在激励与外在激励的结合点。高校目标管理的最大优点也许就在于它能使员工控制自己的表现,即实现"自我控制"。自我控制的本质体现就是内在的自我激励,其中更蕴含着一种更强大的动力:它追求卓越而不是仅仅要求过得去,它意味着更高的业绩目标和更广阔的视野。任何一种激励,只有内化为自我激励才能起作用。任何一种外在的激励形式如果不能够被激励对象内化,从而形成自我激励,则空乏的形式是不能建构实质的内容的。

四是显性激励与隐性激励相补充。在高校组织中,有许多显性因素,也有许多隐性因素,激励也要因情况而定,采取隐性激励与显性激励相结合的形式。但由于隐性激励的隐蔽性,其公正性受到人们的质疑,而显性激励是公开透明的,其公正性受到更多的认可。所以高校目标管理要以显性激励为主。显性激励是指当事人预期在一定时限内可获得的实质性补偿的总和,包括由合约规定的绩效补偿关系(如工资、奖金等货币收入或其他实物收入），以及合约明确规定之外的但可预期的物质或精神方面的补偿等。显性激励的作用是直接而重要的，管理客体付出什么就收获什么，一切都清清楚楚、明明白白，客观公平，说服力强。显性激励对部门行为起着规范和约束作用，也集中反映了一个组织的文化、战略和追求，是管理者调节和管理的"一只看不见的手"。以隐性激励为辅。隐性激励是指在公开的显性收入、荣誉等之外，采用非公开的隐蔽方式进行激励的一种方式，如隐性的职务消费，非公开、没有既定标准的各种津补贴，上级红包等。运用隐性激励有利于维护组织的和谐氛围。激励标准具有一定灵活性，但也存在激励效果有局限、价值导向不明确等明显的副作用，必须少用和慎用。

　　五是成就激励与期望激励相联系。成就需要是高校教师的首要追求，对于未能如愿以偿的教师，给予激励，让他们心存期望，并激励他们为之而努力，对于目标的实现具有重要作用。在对高校的目标管理中，首先要重视成就激励。"成就"就是完成工作并达到预期的目标，小则做出成绩，大则立德立功立言成名成家。在目标理论系统中，成就目标是指个体为了获得或达到某一有价值的结果或目的参与成就活动的原因。成就目标主要包括任务目标和能力目标两种类型。任务目标是指个体把完成任务作为行为的目标，考虑的是自己是否完成了任务，重视工作的过程和个人努力的作用，把完成任务的过程作为提高能力的手段，对自己能力的评价不受外界环境的影响。能力目标是指个人能胜过他人，以回避对能力的负性评价为目标，把完成任务作为表现能力的手段，重视横向比较。高尔基说："一个人追求的目标越高，他的才能发展就越快，对社会就越有益。"因此在目标管理中，要把目标定得高一点，以便激励教师不断克服困难，教学创新、科研创新、管理创新，不断提高能力和水平，避免浅尝辄止。同时要正视期望激励。期望理论认为：人之所以努力工作，是因为他觉得工作可以达到某种结果，而这种结果对他又能有足够的价值。即某一目标对人的激发力量，取决于该目标的效价和预计达到目标的期望值的乘积，用公式描述为 M（激励力量）$= V$（效价）$\times E$（期望）。其中，激励力量是指激励水平的高低，它表明个体为实现工作目标所做努力的大小。效价指目标对于满足个人需求在价值上的主观估价。效价主要受人的需要结构和个性特征影响。期望值指个体对某一目标实现可能性的主观估计。由上述公式可以看出，目标对个体的激励强度，由期望值和效价二者的合力决定。效价和期望值的不同结合，会产生不同的激励力量。要想激励力量高，必须是效价和期望值都高。因此，实施目标管理，在注重成就的基础上，还要注重重构期望目标，从而最大限度地提高教职员工的积极性。

六、合理授权原则

所谓授权，是指由上级授给下属一定的权力和责任，使下属在有效的监督之下，有相当的自主权、行动权。合理授权可以把领导者从琐碎的事务中解脱出来，专心处理学校重大战略规划决策问题；可以激发下属的工作热情，增强下属的责任心，提高效率；可以增长下属的能力才干，有利于培养干部；可以充分发挥下属的专长，弥补领导自身才能的不足。同时，这种相对宽松的管理方式能充分激发教职工主人翁意识，使他们不断挖掘自身潜能，保证达标计划得以顺利实施。那么在高校目标管理中如何授权呢？一是明确授权范围。合理授权的前提是授权者应把哪些权授给下属。有研究发现，企业主管80%的工作都是可以授权的，他只需做事关企业命运和前途的20%的工作即可。目标管理强调分权管理，我国高校管理传统又形成了比较严密的层级条块管理模式，因此，在高校中推行目标管理领导也完全可以把80%的工作授权给下属，比如日常事务性工作、具体业务工作、专业技术性工作、一般人员接待等。二是选准授权对象。下放的权力能否被有效利用，很关键的一点就是领导者所选的受权人是否合适。为此，领导者在授权前必须对受权人的忠诚度、工作态度、素质能力以及发展潜力有比较准确的认识和把握。优秀的受权人一般有以下一些特点：熟悉组织业务、管理方式和组织文化，容易接受指挥和领导，易于沟通和协调，易于发挥组织效能，在组织中有较高的威信，这样他被赋予的权力才能获得其他员工的认同，他才能树立"合法的权威"，进而顺利开展工作，有效地调整和改善组织机构的运作状况，为学校带来效益。三是符合授权要求。下属履行其职责，必须要有相应的权力，领导者必须善于授权。授权既是一种艺术，也是一种技能。合理授权必须符合目标明确、权责相应、量能授权、有效配合、逐级授权等要求。四是选择授权方式。领导者授权不仅要遵守一定的要求，还必须掌握正确有效的授权方式。正确有效的授权方式主要有：充分授权，即目标一旦下达，就要充分信任下属能办好，因为信任具有无比的激励作用，是授权的精髓和支柱；部分授权，即下属了解情况后，由领导者做最后的决定；弹性授权，即综合使用充分授权和部分授权两种形式而形成的一种混合的授权方式。它一般是根据工作的内容将下属履行职责的过程划分为若干个阶段，在不同的阶段采取不同的方式；制约授权，即领导者将职责和权力同时指派和委任给不同的几个下属，以形成下属之间的相互制约。这种授权形式只适用于那些性质重要，容易出现疏漏的工作，制约授权有时会抑制下属的工作积极性，不利于提高工作效率，所以一般不宜采用。五是掌控授权状况。有效的授权控制是目标最后完成的强有力保障，也是实行合理授权的一个重要环节。领导者要依据工作目标和绩效标准进行过程控制，过程控制主要方式有：（1）目标追踪，即领导者一旦确定了工作目标，就要定期地对下属目标追踪，其方式可以是按预先约定的时间和效率，由下属递交公文或报表，或当面汇报工作的进展，接受领导者的咨询。需要注意的是，领导者不能仅仅依靠看下属的报表或听下属的报告，还必须走动管理和实际调查，否则可能看不到真实的情况。（2）态度支持，领导者要摆正心态，让下属大胆地去尝试，对下属的轻微错误抱宽容态度，尽量不干涉下属的具体工作，让下属不再有授权就是控制的感觉。（3）奖惩并行，即当下属的潜能得到发挥，业绩突飞猛进时，领导者一定要适时奖励，对其出色部分予以充分肯定，对不足部分提出意见并进行指导。当下属行为已经远远偏离原来轨道，甚至给学校带来严重损失时，或下属能力太低，根本无法完成任务时，领导者应立即停止授权，以免造成更大的工作损失。

第四节　高校目标管理研究的现状与走向

我国部分高校的目标管理是随着高等教育的迅速发展与高教管理体制改革的不断深化而推进的。我国原有的高教管理体制是在高度计划经济体制下建立起来的一种国家集中计划,中央部门(俗称"条")和地方政府(俗称"块")分别办学并直接管理的体制。部门和地方高等学校"条块分割",低水平重复设置,造成我国高等教育在结构和布局上严重不合理、高教资源严重浪费。为了适应高等教育发展与管理体制改革的需要,1993年2月26日中共中央国务院发布的《中国教育改革和发展纲要》指出:"在政府与学校关系上,要按照政事分开的原则,通过立法,明确高等学校的权利和义务,使高等学校真正成为面向社会自主办学的实体……学校要善于行使自己的权力,承担应负的责任,建立起主动适应经济建设和社会发展需要的自我发展、自我约束的运行机制。"《中国教育改革和发展纲要》的出台为高校推行目标管理奠定了一定法律基础,高校法人地位的获得,不仅意味着高校要承担一定的义务和责任,更意味着高校拥有一定的自主改革、自主发展、自我约束的权力。20世纪90年代后期,我国高等教育的迅速发展,同时开始了以"共建"、"合作"、"合并"、"协作"、"划转"等方式进行的宏观层面的管理体制改革,一个新的高等教育运行规则和制度体系正在我国逐步建立与形成。随着高校的大扩招,高校的规模和内部的组织形态发生了很大的变化,许多高校以学科建设为核心进行了教学科研组织的调整和重组,理顺校院系关系,从最初的院系并存的管理体制逐渐过渡到以学院为实体,实行校院两级管理的体制,以减少教学、科研、行政工作的层次。高校体制、高校规模和组织形态的变化,势必要求学校进一步转变管理思想,变革管理模式。在经历各种尝试之后,目标管理以其自身蕴含的符合现代价值理念的管理特征开始为许多高校管理者所青睐,但在实施中尚处于摸索阶段。步入21世纪,我国几乎绝大部分的高等院校实行了目标管理,但面临的问题与困惑甚多。关于高校目标管理的理论及其应用研究逐渐增多。2010年6月颁布的《国家中长期教育改革和发展规划纲要(2010—2020年)》,明确提出了"改进管理模式,引入竞争机制,实行绩效评估,进行动态管理"的要求,必将推动高校目标管理研究的进一步深化。

一、我国高校目标管理研究的成绩

回顾20多年来我国高校推行目标管理的历程,我国关于高校目标管理研究及其实践已取得了下列成效。

一是高校目标管理的理论研究获得重要突破。理论是行动的指南。近年来，我国学者立足高等教育管理体制改革的实践，在高校目标管理的理论研究方面突破了传统管理的局限，具体表现在三方面：（1）对高校目标管理的内涵有了较为明确的认识。我国学者、专家们对高校目标管理曾下过不少定义，如徐振鲁将高校目标管理定义为"人们通过确定目标、实施目标和按照目标的实施结果进行考评、奖惩的活动，是逐步实现'自我控制'的一种管理方法，包括目标制定、目标实施、部门考评、奖励与惩罚和反馈结果五个方面"。姜莹认为高校目标管理就是"领导和职工共同参加目标制定，在工作中实行'自我控制'，并努力完成工作目标的一种管理制度，是'参与管理'的一种方式，是一种动态管理过程"。这些定义使我们对高校目标管理的本质有了更清晰的认识，对高校目标管理的内容有了更准确的了解。（2）对高校目标管理的主要特征有了更科学的把握。此类研究包括"三特征说"，如任义总结出高校目标管理的系统性、实效性和局限性等特征；"四特征说"，如董泽芳、张继平将高校目标管理的特征概括为主客体关系的辩证性、目标的多元性与一致性、条件的适应性与设计的整体性、全员的参与性与手段的灵活性；"六特征说"，如吕皖将高校目标管理的特征归纳为超前性、有序性、集合性、微分性、多边性和向量性。（3）对高校目标管理的重要意义有了更深入的探讨。如张步新认为，"强化目标管理，是调动工作积极性、创造性的重要方法，是管理工作科学化、系统化、规范化的重要途径"；姜莹认为在高等学校中引入目标管理，"有利于激发大家的主动性、积极性和创造性精神，有利于完善各种责任制，提高工作质量，有利于实现高校决策科学化和民主化"。分析这些研究成果可以看出，尽管高校目标管理理论研究存在不同的学术观点，但其理论创新与发展的生命力是不容置疑的，其实践应用的价值是不可否认的，它对于高校管理模式创新和运行机制改革的指导作用是显而易见的，对于高校健全教学质量保障体系、完善科研考核制度、促进科研与教学互动、培养拔尖创新人才、形成国际一流学科、产生原创性成果等的价值也是不可忽视的。

二是高校目标管理的比较研究形成丰硕成果。国外关于目标管理的研究是结合企业管理而展开的。1954 年，美国管理大师彼得·德鲁克（Peter F. Drucker）在《管理的实践》一书中首次提出并阐释了目标管理、自我控制与提高效能的关系。他认为"管理者的工作必须要卓有成效"，为此，书中提出根据组织使命制定奋斗的总目标，并根据总目标确定各子单位的分目标，尔后将分目标落实为各子单位属员应完成的目标任务，使组织活动根据规定的目标进行，以保证总目标的实现。德鲁克在推广目标管理时指出："在各个领域内，目标是必需的，它在很大程度上影响组织的生存与繁荣。"这是国外高校推行目标管理的源头和理论根基。1960 年，美国行为科学家道格拉斯·麦格雷戈（Douglas McGregor）在《在企业中的人的因素》一书中将该思想发展为"企业应制定自下而上的管理目标，以实现综合与自我调节控制"。1970 年，乔治·S. 奥迪奥恩（George S. Odione）发展和完善了德鲁克目标管理的思想。他指出目标管理是一个上下级共同参与、相互协作的系统过程，这种管理的优点在于实行"参与式管理"，通过上下结合的方式进行反复协商和综合平衡，以使所确定的目标更加具有动员性和激励性，更加便于目标的实现。目标管理从此成为激励师生参与学校管理的一种理念。1981 年，美国旧金山大学商学院教授理查德·巴布柯克（Richard Babcock）对目标管理给予了高度评价，他认为，目标管理这一概念具有波兰天文学家哥白尼"日心说"般的突破性效应，目标管理"注重管理行为的结果而不是对行为的监控，这是一个重大贡献。因为它把管理的整个重点从工作努力——输入，转移到生产率——输出上来"。英国高校运用目标管理思想创立了绩效拨款制度，建立了教学、科研双重考核体系，确保创造性成果的产生和创新人才的培养。美国的高等教育机构从企业目标管理运作中学到了更多有用的东西，包括完善的预算系统、有效的资金投入与合理的财务管理办法，以及高度专业化的人力资源管理手段等。

三是高校目标管理的调查研究取得积极进展。调查研究不仅是做好学术工作的一项基本功，也是关系到高校目标管理成败的一个重要方面。我国学者、专家在推行高校目标管理的过程中，不断改进调查研究方法，努力提高调查研究水平，在宏观调查研究、中观调查研究和微观调查研究方面都取得了积极进展。从宏观调查研究来看，学者、专家们致力了解目标管理在全国范围内或较大区域内的推行情况，如对国内83所大学（包括中南地区75所，其他不同地区8所）的调查发现，已有42.9%的大学正在实施目标管理，有20.8%的大学计划实施，也就是说，有将近2/3的大学在实施和研究高校目标管理，凡在实施的学校都有结合自己校情而提出的方案。对中南地区75所高校调查结果显示，正在实施目标管理的院校为32所，占该地区高校总数的42.67%，计划实施院校的为17所，占该地区高校总数的22.67%，计划实施目标管理和正在实施目标管理的院校比例高达65.34%。有学者在中南地区选择了10所"985"、"211"高校和地方高校的调查研究发现，高校目标管理是管理模式创新的有益尝试，高校目标管理是一项极其严密的系统工程，高校目标管理在一定适应范围内行之有效，高校目标管理不能简单代替其他管理方式。从中观调查研究来看，研究者们侧重探测目标管理对高校管理所带来的具体变化，如对黄石理工学院学生目标管理工作的调查研究发现，通过几年目标管理的实施，该校学风发生了明显变化，"早操出勤率稳定在98%，上课出勤率达到99%以上，98%的学生能够按时上自习，校园环境得到净化，宿舍脏乱差老大难问题得到根本解决，卫生合格率达到100%，优秀率达到90%，争创文明宿舍、争做卫生标兵活动向深层次发展"。从微观调查研究来看，研究机构或研究人员着力于构建完善的目标管理体系，特别是绩效考核体系，如有人通过实证研究，证明高校教师绩效考核中引入ANP的方法构建具有网络层次的指标体系，可以解决高校教师绩效考评过程中评价指标之间不完全独立的问题。针对高校教师绩效考核的重要方面——高校教师教学工作评价，采用问卷调查等方法，对某省10所样本高校的学生、教师进行了实证分析。为了对高校教师的绩效进行研究，以改进现行高校教师绩效考核体系，使其更为科学、合理、有效，民盟北京市委调研组对在京15所院校的117位教师进行了问卷调查。

四是高校目标管理的应用研究产生明显实效。高校目标管理的应用研究是在开辟新的应用途径的基础上获得的，是对理论研究、比较研究和调查研究的扩展，为解决高校管理中的实际问题提供科学依据。我国高校目标管理应用研究在学校领导的重视下，在学者专家的积极参与下，取得了系列研究成果。（1）在深入开展高校目标管理理论研究的基础上，创造性地开展了院系实体化管理模式的研究。如宁夏大学在推进学院实体化管理改革进程中，进行了大胆探索与实践，采取了"目标管理"这一科学管理方法，在对学院实行目标管理进行可行性分析的基础上，走出了一条适应形势、符合实际、实现学校科学管理的新路子。又如长江大学根据自身的实践，推行的院系目标管理着重突出一个"中心"——服务和提高人才培养质量，围绕一个"目标"——学校工作的总体目标，抓住几个关健"环节"——构建科学合理的目标体系，加强目标管理的过程控制，实施科学有效的目标考核与绩效激励。（2）依托高等教育研究机构，建立健全学校党委直接领导的目标管理组织，使目标管理直接为大学发展服务。如武汉理工大学、广东外语外贸大学、广州大学、宁夏大学、荆州长江大学等依托高等教育研究机构组建高校目标管理领导小组与研究组织，根据学校发展的年度目标，征求职能部门及院系意见，制定目标管理评估指标体系，组织协调相关部门年初下达考核任务，监测考核评估指标动态，加强过程管理和校情调研，建立学校考核评估指标数据库，年终提供目标管理考核和绩效评估结果，撰写学校发展报告。（3）基于目标管理的基本规律，实现了总目标与分目标的有机结合，为各院系、职能部门创造性地开展管理工作提供了新方法，这些研究涉及学校管理的方方面面，如刘绍勤认为高校教学目标管理必须坚持系统观，做到计划、执行、检查、改进四位一体，发挥整体作用。有学者介绍了沈阳大学现阶段财务管理的整体目标，阐述了实行高校财务目标管理的主要措施，为高校切实抓好财务管理工作提供了有益借鉴。有学者从图书馆实际出发，阐述了图书馆推行目标管理的必要性以及目标管理实施的方法，并分析了目标管理的效能。有学者结合大学生辅导员和班主任的工作，探讨了大学班级目标的制定、实施、评估及量化考核等方面的可行性。这些研究突破了传统绩效管理、量化管理的局限，更为客观真实地揭示了高校管理体制改革的发展方向。许多学校从中受到了实惠，使学校管理从无序走向有序，教学质量上升到新的台阶,科研成果上升到更高的水平。

二、我国高校目标管理研究中的问题

随着人们对高校目标管理的认识逐步加深,我国高校目标管理研究取得了突飞猛进的发展,在理论研究、应用研究等方面均取得了一定成绩,但也存在着不少问题,值得学者、专家们进一步思考。

一是高校目标管理的理论研究相对薄弱。经过10多年的发展,目标管理在高等教育管理体制改革中发挥了重要的作用,大量的管理实践对各类管理活动起到了价值发现和衡量的作用,积累了丰富的实践操作经验。但与此相比,高校目标管理理论方面的研究却相对滞后,特别是基础理论的研究更为匮乏,由此使目标管理理论研究面临多方面的问题:(1)分散的实践导向与整体结构缺失的冲突,即现行的目标管理研究过多关注具体操作方法、技术的研讨,而忽视了对目标管理整体理论结构和基础理论问题的思考,难以从根本上解决高校目标管理理论体系的构建、功能定位和内在机理等核心问题;(2)逻辑起点定位模糊与核心概念混杂的博弈,主要表现为高校目标管理生搬硬套企业目标管理理论,使得高校目标管理理论在整体上缺乏统一的理论范式,进而导致高校目标管理的核心概念存在着众说纷纭的现象,许多研究甚至将目标管理与计划管理、量化管理等混为一谈;(3)理论界定虚化与高校管理实践脱节的冲突。针对高校管理体制改革的具体特征,探索与之相对应的目标管理的理论成果文献还是凤毛麟角。理论假设所描述和界定的内涵与高校的现实状态不符,构建于该假设之上的目标管理理论在指导实践时也就缺乏足够的解释力和说服力。这些都在一定程度上影响了高校目标管理的发展,制约了管理水平的提升。

二是高校目标管理的价值认识比较模糊。许多高校意识到了目标管理的重要性,在内部逐渐开始推行目标管理。然而,不同高校实施目标管理的成效却大相径庭,一些高校实施目标管理的效果不理想,个别高校还出现了失败的现象,究其原因,并非出在目标管理本身,而是出在目标管理的推动者即各级管理者身上。学校主管领导、部门及院系甚至是基层并未真正理解目标管理的本质,对目标管理存在认识上的误区,错误的思想使得决策偏离正确轨道,进而导致在实践中出现错误的做法。有的人认为目标就是工作结果,实现目标就是有好的工作结果,从而出现了过分强调结果,使教职员工只注重结果而忽视结果的形成过程的做法;有的管理者将目标管理和目标考核混为一谈,认为目标管理就是目标考核,从而忽视了目标制定中的上下沟通、目标实施中上级对下级的指导、目标考核后的信息反馈;有的高校用目标管理取代绩效管理、常规管理等其他管理,认为目标管理是无所不能的、立竿见影的,对高校目标管理的适用范围和局限性缺乏正确分析;有些高校则认为高校不宜实行目标管理,对目标管理的实用性和有效性缺乏理性认识。

三是高校目标管理的过程研究不够深入。高校目标管理的过程是在西方目标管理过程经验事实的基础上总结出来的,是一个由目标制定开始,经目标实施、目标考评,再到总结反馈的循环系统,自20世纪90年代移植到国内,已逐渐为高等教育界所熟悉和接受,已有学者、专家开始从"过程"的视角去思考我国高校目标管理问题。但遗憾的是,学者、专家们在研究中却存在着重某些过程而轻另一些过程的倾向。从目前国内的研究状况看,学者们研究的重点多集中于目标制定过程和目标考核过程,对目标的实施过程维度的研究则相对薄弱且主要集中于考核结果的公布环节,而对考核结果的反馈过程的关注程度较弱,研究也不够深入,以至于目标实施和总结反馈的最佳模式等都无人问津。这一方面反映出我国高校目标管理过程研究还不够成熟,另一方面也反映出在实践层面上我国高校目标管理过程中的目标实施环节还不够成熟。由此,我们要在加强高校目标管理过程研究的同时,把目标实施环节作为一个研究重点,这在理论和实践上都是必要的。

四是高校目标管理的方法探讨略显单一。我国高校目标管理自产生以来,在研究方法上通常采用以定量为主的研究,以定量与定性相结合或多种方法混合研究为中心的研究相对薄弱,研究方法略显单一,有待改进。在以定量为主的研究中,研究者们将高校目标管理的问题与现象用数量来表示,以数字化符号为基础去测量目标的实现状况,进而去分析、考核、解释高校管理工作的成效,从而获得有意义的结果。在具体方法的运用上,研究者们常常以现状调查取代发展趋势预测,简单地把调查结果作为高校发展定位的依据,从而导致高校发展定位失准、发展方向和趋势把握失误，难以从根本上解决高校可持续发展的问题。也有极少研究者意识到定性研究在高校目标管理研究中的重要性，但却不知从何着手实施，往往套用定量研究的指标体系，使定性研究陷入误区，结果导致定量研究与定性研究不能有机结合。

五是高校目标管理的研究视角有些狭隘。高校目标管理源于管理学，因而学者、专家们多从管理学的视角开展研究，缺乏多种学科的理论观照。研究者们基于管理学的技术科学属性，分析国内外高校目标管理理论及实践研究成果的特征，在管理研究成果的基础上设置相应的考核指标体系，构建目标管理模型。然而，高校目标管理研究既与管理学有着千丝万缕的关系，也与教育学、社会学、历史学等学科密不可分，所以高校目标管理不属于纯管理学的研究，也兼有教育学的研究特性，管理学的研究原理和高校目标管理之间存在的共同规律与价值并不能完全解决高校目标管理所面临的具体问题，即使高校目标管理研究中遇到类似于管理学中的问题，采用相似的研究原理往往也不能合理地解释高校目标管理的特殊性，因而高校目标管理的研究视角应该从单一的管理学视角向多学科视角转换。

三、加强高校目标管理研究的取向与策略

加强高校目标管理研究应该遵循三条原则：

一是坚持以科学发展观与和谐发展论为指导。科学发展观是"坚持以人为本，树立全面协调、可持续的发展观，促进经济社会和人的全面发展"的发展理念和"五个"重要思想的统称，它蕴涵的是一种以人为本的人文情怀，关注的是一种全面均衡的发展目标。和谐发展是一种价值追求。"和"即和衷共济之意，"谐"有协调顺畅之意。"和谐"就是相互矛盾的各方在一定条件下达到内和外顺、协调发展。传统的高校管理模式在一定程度上存在着重物轻人的倾向，束缚了人的个性和创造力。研究和加强高校目标管理必须坚持以科学发展观与和谐发展论为指导，目的在于创造一种以人为本、顺应人性、尊重人格的新的更高境界的管理模式，人人都是管理的主体，既是决策的参与者，也是决策的执行者与评价者。从而促成一种高度和谐、友善、亲切、融合的气氛，使高校在发展中能够协调内外各要素之间的关系，突出人的主体地位，实

现目标合理、结构优化、功能完善、制度健全、持续有序的发展目标。

二是坚持理论探讨与调查研究并重。理论的茫然必然导致实践的困惑。当前目标管理在理论上仍面临诸多困惑,如高校目标管理逻辑起点的模糊、核心概念的虚化与理论体系的混杂等问题,在一定程度上影响了高校目标管理的发展,制约了管理水平的提升。要科学地实施目标管理,必须首先从理论上对这些问题进行研究,厘清理论误区。对于高校目标管理的现状,则需要通过有效的实证调查,拿出切实可信的材料来加以说明。

三是坚持探寻规律与总结经验相结合。规律是事物之间的关系,或事物之间普遍的、稳定的、本质的联系。研究某一事物的目的就在于去发现这一事物与其他事物的关系,实质上就是探寻规律。而科学的规律必产生于实践之中。因此,在着手对高校目标管理进行理论探讨与调查研究的同时,还要注重从不同角度对不同层级、不同类型高校的目标管理改革试验成果进行总结,既要重视高校目标管理的个别经验,即探寻规律的特殊性,也要提炼出在较大范围内具有适用价值的经验,即探寻规律的普遍性。

加强高校目标管理研究应该坚持五个取向:

(1) 加强理论探讨,构建高校目标管理研究的恰切框架。我国高校目标管理思想的简单化源于目标管理理论框架的暗昧,而目标管理理论框架的暗昧源于学术自性的缺略,学术自性的缺略则根源于理论研究的效度不够。这种因果关系预示我国高校目标管理理论研究取得突破的方向,即摆脱其简单化困境的关键,是确立一种反映我国国情和高等教育管理实践的理论研究框架。研究者们已注意到这一关键性的问题,除了对高校目标管理内涵进行深入研究以外,有研究者试图对科学发展观指导下的高校目标管理优化进行探讨,有研究者则将价值理论运用于高校目标管理研究中,还有研究者将心理契约理论与高校目标管理结合起来探讨,尽管这些研究依然没有超出移植性理论范式和经验性解释的框架,但它们为高校目标管理理论体系的形成提供了有益启迪。展望未来,我们需要在进一步加强这些研究的基础上,构建适合我国国情和不同高校校情的目标管理理论体系。

（2）重视价值分析，澄清高校目标管理研究的模糊认识。目标管理作为一种卓有成效的管理方式，在有的高校得到了顺利推行，而在有的高校却步履维艰，这和人们对高校目标管理价值认识的模糊性有关。要澄清这些模糊认识，应重视高校目标管理的价值分析，澄清目标价值与事实的相互关系，辩证地看待高校目标管理的正向价值与不足之处。我国理论界在这方面做了不少研究，但对这一模糊认识的解答却不尽人意。要科学、合理地解答该问题，必须秉持辩证的价值观，认识到高校目标管理对于容易度量和分解的目标是有非常明显的价值的，而对于技术不可分的团队工作则难以收到立竿见影的效果。高校目标管理对促进职责分工的价值是重大的，但在集中管理方面却又存在授权不足的缺陷。高校目标管理在启发自觉方面的价值是突出的，然而对人的关照显然存在不足。厘清这些模糊认识，有利于人们更清楚地认识到高校目标管理的可行性、必要性、科学性与局限性。

（3）深化过程剖析，建立高校目标管理研究的统一范式。过程反映的是高校目标管理发展与变化事件的组合，包括目标制定、目标实施、目标考核、总结反馈四个阶段和若干个环节。由于高校是一个多维参数相互作用的复杂系统，对其进行目标管理，需要运用系统论、控制论和信息论等方法，把过程和结果有机结合起来，深化过程研究。基于目标管理都有一个相对统一的模式，不同高校目标管理过程的研究在观察角度、基本假设、概念体系和研究方式方面都应当具有同一性，因而高校目标管理过程的研究也可以形成一个相对统一的研究范式，具体包括：加强目标制定过程研究，使目标制定有充分的科学依据；加强目标实施过程研究，使目标的控制与监督有更合理的机制；加强目标考核过程研究，使考核指标体系更加合理，使考核方法更加规范；加强总结反馈过程研究，使目标激励与沟通能有效融合。

（4）重视方法创新，提升高校目标管理研究的实际成效。当代科学研究方法呈现出多元化的发展趋势，为人们在现实生活中全面认识高校目标管理问题创造了条件。为了提高研究成效，高校目标管理研究应不断引进新的科学方法，吸纳创造性思维，以辩证唯物主义抽象思维法则作为研究的认识论基础，具体来说有以下几种方法：坚持历史考查的方法，追寻高校目标管理的发生发展规律；采用定性分析与定量分析相结合的方法，优化高校目标管理的指标体系；采用行为科学方法，结合案例研究法，为现实的高校目标管理提供思想和理论源泉；运用比较研究的方法，在立足国情与高校实际的基础上，吸取国内外高校、企业的优秀研究方法，为高校目标管理提供可资借鉴的经验；坚持理论联系实际的调查研究方法，一切从实际出发，开展广泛的调查研究，以及对调查所得的感性认识的材料去粗取精、去伪存真，上升到理性认识的高度等。

（5）拓展分析视角，形成高校目标管理研究的多维格局。在一个开放的社会里，高校目标管理研究不能局限于封闭的管理理论，而是需要开放的管理理论，开放的管理理论需要在多学科研究中形成与发展。目前高校目标管理面临的种种复杂的新矛盾和新问题，封闭性的管理学思维无法提供解决问题的答案，只能在多学科的研究中寻求新的解释。中国高校目标管理的理论研究应改变以往寻绎辨认、注疏解读的研究范式，运用多学科的理论与方法，在研究中融入历史学、社会学、教育学、管理学、统计学等学科的理念，造就多学科的思维方式，形成多维综合的研究格局，在浩如烟海的文献资料的梳理分析和实践探索中生产出一种真正名为高校目标管理的独特内容。

第五节　高校目标管理实践中的问题与对策

为了适应新形势下大学规模、结构、功能的变化，创新高校内部管理体制和管理模式，增强大学办学活力，近十多年来不少大学实施了目标管理工作。在实施过程中，深感面临的理论困惑与实践困扰很多。为了了解这些问题，我们对不同地区、不同层次、不同类型的正在试行目标管理的高校开展了调查与研究。

一、高校目标管理的现状调查

近年来，我们分别从宏观、中观与个案三个层面对正在试行目标管理的高校开展了调查。

（一）宏观层面：75所院校目标管理实施现状的问卷调查

本调查以问卷形式对中南地区高校进行抽样调查，共发放问卷86

份，收回有效问卷83份，涉及不同层次和类型的高校75所。

（1）调查院校的层次分布。从调查院校的层次上看，部属院校9所，省属院校48所，地方院校14所，其他类型院校4所（其中3所为省部共建院校、1所为省市共建院校），具有一定的代表性。从调查院校的所属地域上看，调查院校广泛分布在湖北、广东、广西、河南、湖南五省，所在城市也涵盖中心城市和一般城市，基本反映了目前不同经济水平地区高校发展的总体水平。调查院校主要集中在省属院校层次，占所调查院校总数的64%，部属院校、地方院校和其他类型院校分别占所调查院校总数的19%、12%和5%。如果将其他类型院校进行细分，其中3所为省部共建院校，1所为省市共建院校。

（2）院校类型与实施目标管理对比分析。在调查的75所院校中，正在实行目标管理的院校为32所，计划实行的院校17所，实行后中止的院校2所，未实行的院校24所。其中，计划实行目标管理和正在实行目标管理的院校占调查总数的65%。首先，从院校层次的角度进行考量，实行目标管理的院校中，省属院校数量最多，其次是部属院校、地方院校和其他类型院校。在计划实行目标管理的院校中，省属院校最多，其次是地方院校和其他类型院校。在实行目标管理后中止的院校中，主要集中于省属院校。在未实行目标管理的院校中，省属院校数量最多，其次是地方院校、部属院校和其他类型院校。从不同层次院校对目标管理实行情况的内部进行分析，部属院校中，正在实行目标管理的院校7所，占调查总数的78%。省属院校中，正在实行目标管理的院校23所，占调查总数的48%；未实行目标管理的院校13所，占调查总数的27%；计划实行和实行后中止的院校分别为10所和2所，分别占调查总数的21%和4%。地方院校中，未实行目标管理的院校共8所，占57%，计划实行的有5所，正在实行的有1所。其他类型院校中计划实行目标管理的院校2所，占调查院校总数的50%；正在实行和未实行目标管理的院校各1所，所占比例分别为25%。

调查结果显示：实施目标管理的高校数呈上升趋势，目标管理的实施与院校层次成正相关。目标管理的推崇者一般认为，目标管理的优点至少有以下五个方面：其一，形成激励。当目标成为组织的每个层次、每个部门和每个成员自己未来时期内欲达成的一种结果,且实现的可能性相当大时,目标就成为组织成员们的内在激励。特别当这种结果实现后,组织还有相应的报酬时,目标的激励效用就更大。其二,有效管理。目标管理方式的实施可以切切实实地提高组织管理的效率。目标管理方式比之计划管理方式,在推进组织工作进展,保证组织最终目标完成方面更胜一筹。因为目标管理是一种结果式管理,不仅仅是一种计划的活动式工作。这种管理迫使组织的每个层次、每个部门及每个成员首先考虑目标的实现,尽力完成目标,因为这些目标是组织总目标的分解,故当组织的每个层次、每个部门及每个成员的目标完成时,也就是组织总目标实现之时。其三,明确任务。目标管理的另一个优点就是使组织各级主管及成员都明确组织的总目标、组织的结构体系、组织的分工与合作及各自的任务。这些方面职责的明确,使得主管人员也知道,为了完成目标,必须给予下级相应的权力,而不是大权独揽,小权也不分散。其四,自我管理。目标管理实际上也是一种自我管理的方式,或者说是一种引导组织成员自我管理的方式。在实施目标管理的过程中,组织成员不再只是做工作,执行指示,等待指导和决策,组织成员此时已成为有明确规定目标的单位或个人。其五,控制有效。目标管理方式本身也是一种控制的方式,通过目标分解后分项目标的实现,最终保证组织总目标实现的过程就是一种结果控制的方式。调查结果还表明:目标考核是管理实施中的最大难点,上下协商是目标达成的最佳策略,监控机制是提高管理效能的必要措施,实地考察是目标考核的有效方式,专家组是最值得期待的考核主体。根据调查分析提出了营造上下欲同的组织氛围、构建科学合理的目标体系、形成权责利一致的授权机制等改善高校目标管理的建议。

(二)中观层面:九所高校目标管理的综合调查

(1)调查对象:主要是湖北和广州市九所高校。湖北高校代表了内地部分高校,广州高校代表了沿海开放城市高校。在我们选取的这九所高校中,有综合重点高校,有偏文科性质或偏理工性质的高校;有"985"、"211"高校,同时也选取了一所省属地方重点综合大学;有从20世纪90年代中期就开始实施目标管理的大学,也有新近才开始实施目标管理的大学；有实施了一段时间后终止了的高校，也有计划采用目标管理的高校；有仅对教学科研院（系）进行目标管理的高校，也有对全校所有的二级单位（包括机关和直属单位）实施目标管理的高校，还有对学术团队和具体教职工个人实施目标管理的高校，应该说这九所高校对我们展开研究具有广泛的代表性。

（2）调查方法：本次综合调查主要采用了三种方法：一是专家访谈。主要是各校负责组织、策划、实施目标管理的主要负责人，如有的是人事部门分管领导，有的是学校办公室分管领导，有的是学校规划部门领导，还有的是直属学校校长或书记领导的目标管理专门机构负责人等，因为这些人员不仅参与了学校的目标管理，而且是实施目标管理的直接策划者，通过对他们的访谈，能较全面地了解各校目标管理的实施情况以及他们在实施目标管理过程中的一些深切的体会。调查记录了三本访谈笔记，录制了20多个小时的访谈录音材料。二是文献调查。为了更加深入地了解各校实施目标管理的具体操作程序，我们还收集了九所学校的相关资料，并通过网络收集了其他院校相关文献，通过对文献资料的分析，捕捉到更多参考信息。三是实地考察。除了访谈和收集文献资料外，我们还参观了各校校园，走访了部分二级单位，召开了部分职能部门负责人及教师座谈会，通过考察使我们真实地了解到各校实施目标管理的现状。

（3）调查结果：通过综合调查发现，目前高校实施目标管理主要有三种模式，大部分高校对实施目标管理有比较理性的认识，高校推行目标管理取得一些成效，但存在的问题亦较多。

关于高校目标管理的主要模式：主要有二级单位目标管理、团队目标管理和个人目标管理三种模式，但大多数学校实施二级单位目标管理模式，尤其是院系目标管理模式。

（1）二级单位实施目标管理模式——以某省属 A 高校（简称 A 高校）和中部某"211" B 高校（简称 B 高校）为例。二级单位主要包括三类：教学科研单位（学院或系）、学校党政机关、学校直属单位（后勤服务部门）。这种目标管理模式一般都是在年初向二级单位下达任务书，中期检查，年终考核与奖励，但在具体操作上又有不同。总的来说，有两种形式：一种是把二级单位的主要工作作为一个整体，把各项工作分别设置成各种目标，并以不同的权重构成二级单位目标管理内容，综合考核二级单位目标完成情况；另一种形式是把二级单位主要工作设置为不同目标项，每项目标不分权重，分别考核，然后以单项考核结果总和来评价目标完成情况。二级单位实施目标管理模式又分综合模式与单项模式。

A 高校是比较典型的综合模式，其目标管理指标体系分为两大部分，即：综合部分（核心指标＋基本指标）、个性部分（个性指标），以综合部分为主。综合部分是院（系）年度工作的目标任务。包括：核心指标 5 项，满分 50 分，分别为英语四级合格率、考研录取率、毕业生就业率、公开发表论文数（篇）、学费收缴率；基本指标 11 项，满分 50 分，分别为本科教学、纵向科研经费、学生事务、学生信息与注册管理、人才引进、实验室建设与资产管理、共青团工作、党组织建设、宣传思想工作、党风廉政建设、工会工作。个性部分是院（系）年度工作的绩效与特点。共有个性指标 22 项，分别为获省（部）级及以上教学成果奖、新增省（部）级及以上精品课程、公开出版教材、新增省（部）级及以上教学示范中心、获省（部）级及以上科研成果奖、国际主要检索系统收录论文、国内权威报刊收录和登载论文、获国家专利、公开出版学术专著、横向科研经费、新增省（部）级及以上重点实验室、新增省（部）级及以上工程技术中心、科研管理、大学生公开发表论文（含国际主要检索系统收录论文、国内权威报刊收录和登载论文）、大学生公开出版学术专著、大学生获国家专利、新增省（部）级及以上重点学科、新增学位（博士或硕士）点、新增硕士专业学位授权领域、研究生培养。个性指标按单项累计积分，不设上限分值。

B 高校是比较典型的单项模式。以《B 高校院系工作目标责任制任务书》和考核实施细则为例，其目标内容包括九大方面：本科教学（高职称教师授课、日常教学质量、毕业论文质量、教学改革、建设及成果、卓越人才培养特色与效果）、学科建设与研究生培养（学科建设、培养质量与培养效益、导师队伍建设、招生规模与结构）、科学研究（科研经费、科研项目、科研基地、科研成果）、队伍建设（高层次拔尖人才建设、团队建设、两个能力建设、教师队伍整体优化、人事管理规范化建设)、学生工作(本科生教育管理、队伍建设、学风建设、就业工作、研究生教育管理)、党的建设(含党风廉政建设)、行政管理、民主管理、安全稳定。单项考核等级分为四个等级：优秀(≥90分)为A、良好(80分≤总分＜90分)为B、合格(60分≤总分＜80分)为C、不合格(＜60分)为D。考核总结果计算办法：考核每获得1个业务工作目标考核为A，人员经费上浮1%；每获得1个业务工作目标考核为B，人员经费上浮0.5%。业务工作目标考核每个为C的，人员经费不变。每1个业务工作目标为D，人员经费下浮1%。

(2) 对团队实施目标管理模式——以某"985"高校(简称C高校)为例。这种管理模式是以团队为管理对象，目标任务下达到团队，由团队负责人组织实施，带领团队成员完成团队目标，学校负责资格审核、聘任和考核，学院负责各学院团队的规划、组建、协调和组织实施工作，合理利用学院资源，保证本院各团队的均衡发展和总体目标的顺利完成。以C高校为例让我们来看看该模式的操作程序。C高校的团队目标管理分为两大类：学科团队和教学团队。

学科团队目标管理操作程序：首先，学院以学科为主线组织团队申报。申请组成学术团队的人员，向学院申报所在学科的学术方向，并提交学术团队申请表。团队申请表包括团队组成人员和负责人基本情况，近三年团队在教学科研等工作中的业绩，未来三年的工作任务与目标等。其次，学院对申报的学科团队进行评议。第三，经过评议后选拔出符合申报条件的团队。学科团队原则上至少要有三个下属学术团队才能申报，对于学科团队学校将进行严格评审与总量控制。第四，学校组织评议。符合条件的学科带头人候选人要参加学校组织的答辩。答辩内容包括学科中的团队情况，近三年的教学、科研情况及聘期内的目标与规划等。学校答辩专家组由学术委员会及有关专家组成。专家组将答辩与评议结果提交给学校"兴华人才工程"协调工作小组审议。第五，"兴华人才工程"协调工作小组审议通过后提交校长办公会议讨论，确定学科带头人和学术负责人。第六，团队成员必须按照上岗条件进行招聘上岗。由学科带头人、学术负责人与所在的学院对每个团队的各种岗位进行招聘。招聘程序为"个人申报、平等竞争、择优聘任",由学科带头人与学术负责人提出名单,学院评审通过后报学校审核。第七,学校与学院、学科带头人签订聘任合同书(相当于目标任务书)。

教学团队目标管理操作程序:学校以本科生、研究生公共课和部分学科大型基础课程为主线,建立教学团队。C高校根据学校实情,2006—2009学年度,教学团队设置原则上不超过420个。每个教学团队设置一个首席教授岗位,所负责的系列课程中有一定规模的课程原则上可设置一个责任教授岗位,责任教授岗位下设1~2个主讲教师岗位,主讲教师岗位下设若干骨干教师岗位。具体操作程序:首先,由教务处(或研究生院)会同人事处、各学院共同设定设岗课程,经"兴华人才工程"协调工作小组审批后向学院下达。其次,学院将学校下达的设岗课程,采用个人申请与学院推荐相结合的办法,平等竞争,择优聘任。第三,应聘上岗的首席教授和责任教授应符合规定的上岗条件,并根据教学改革与建设的需要,提出切实可行的教改与课程建设的聘期方案。第四,教务处(或研究生院)会同人事处组织学校教学指导委员会专家,对学院上报的首席教授和责任教授人选进行答辩和审议,确定上岗人员名单,报学校"兴华人才工程"协调小组批准。第五,教学团队的其他岗位人员,由学院会同首席教授根据教务处(或研究生院)下达的设岗指标数,按照上岗条件,平等竞争,择优聘任,并报送教务处(或研究生院)、人事处复核。第六,学校、学院与首席教授签订聘任合同书(相当于目标任务书)。合同书要明确教学任务、确保教学质量及提高教学质量的措施与办法、教学改革及教材建设的情况,还要提出取得标志性教学与研究成果、杰出教师(例如全国及全省的教学名师等)的培养目标。

(3)对个人实施目标管理模式——以某"211"高校(以下简称D高校)为例。对个人实施目标管理就是学校直接把目标下达到教职工个人,由个人与学校签订目标责任书(有的学校以合同书的形式代替),学校提供必要条件,个人在规定的时限内完成目标,享受相应的待遇。在我们考察的学校中,某"985"高校实施的合同制管理有点类似个人目标管理,因为他们把个人应完成的任务目标以合同的形式呈现,完成了目标就意味着履行了合同，就可以享受相应的待遇，但这并不是真正意义上的目标管理。D高校总体上实行的是一种量化管理，把所有的工作都以工分的形式量化，对教职工的评价和待遇都以其挣的工分多少为标准，严格来说这也不是真正的目标管理，但他们在一定范围内实施了个人目标管理：

一是对特聘教授的目标管理。特聘教授目标管理的大概程序：首先，由各学院根据学科建设规划和学科建设现状提出特聘教授岗位申请，学校组织专家评审委员会对设岗申请进行论证评审；然后，学校通过新闻媒体向国内外（包括校内）公开特聘教授岗位的学科、岗位职责、岗位的任期目标、招聘条件等；接着，学院学术委员会严格按照条件对应聘人员履行岗位职责及完成岗位任期目标的能力和水平进行考核、评议，遴选出拟推荐的人选，人事处受校长委托聘请三名以上国内外著名同行专家对候选人会议评审，学校学术委员会根据同行专家的评审意见进行审定，校长办公会审核，确定特聘教授人选；最后，特聘教授岗位实行严格的聘期目标管理。受聘人员接受学院和学校共同管理。学院建立受聘人员的业绩档案，对其工作业绩实行年度跟踪管理，并建立档案管理信息系统。学校学术委员会对特聘教授进行评审，根据评审结果享受相关待遇或进行奖惩。

二是对高层次人才培养的目标管理。D高校为培养和造就一批具有创新能力和发展潜力的高层次人才，选拔一批中青年教师，经过3年培养，力争培养出30名50岁左右、能把握学科发展方向、具有创新能力、在国内外有较大影响、可以冲击长江学者、珠江学者、国家杰出青年科学基金的第一层次培养对象；60名40岁左右、具有博士学位、了解本学科发展前沿、有发展潜力的第二层次培养对象。对高层次人才培养实行严格的目标管理：首先，根据规定条件选出符合培养的人选；其次，学校与培养对象签订培养协议。培养协议包括阶段性目标、培养期目标、提供的条件及服务年限等；再次，学校与学院为培养对象提供各种必要条件（包括学习进修、科研经费支持及优先参与各种评选活动等）；最后，高层次人才培养目标管理在学校与学院两级进行，学校考核工作由学校学术委员会负责，各职能部门参加。学院考核工作由学院学术委员会负责，院、系领导及专家参加。

调查结果显示，参与专家对高校目标管理基本都有比较理性的认识。有四点比较集中的观点：一是目标管理具有必要性。随着高校合并和校园扩张，我国高校内部管理面临着严峻的挑战，多校区并行运转给高校行政、后勤管理工作、教学与学生管理和服务工作带来了很多新问题，如发展目标问题、学科融合问题、管理成本问题、文化重构问题、资金筹措问题等等。高校引进目标管理是一种有益尝试。高校目标管理是减政放权、下移管理重心、提高基层单位工作主观能动性的有效手段，是实现规范管理、科学管理的迫切需要，是帮助基层单位负责人凝练工作思路、明确努力方向的重要途径。二是目标管理具有复杂性。目标管理是个极其严密的系统工程，从目标的制定到目标的实施以及目标的考核，环环相扣，任何一个环节出现问题都势必影响目标管理的成效。制定的目标既要保持目标的系统性、完整性，同时也应使目标具有多样性、多层性；目标管理是一种量化特征显著的管理。目标管理要求管理者尽量把目标任务准确量化，以使目标更加明确，考核评估更容易操作。但与经营性企业不同的是高校中许多工作要做到精确量化是很困难的，如何掌握量化目标的"度"是极其复杂的一项工作。目标管理是一种分权式管理，强调"自我控制"、"自我突破"，这里涉及如何给二级单位授权以及授权的度如何把握等问题，这些问题都是极其复杂的问题。三是目标管理显示了有效性。目标管理作为一种较为成熟和有特色的管理思想，相对传统的高校管理方法仍具有一定的先进性和科学性。从效果上看，比起传统的管理方法，通过科学的目标管理能对提高高校管理效率起到更好的作用。高校目标管理是对"人"的管理，培育和解放"人"是整个高校管理的核心，这与目标管理的本质要求正好相互契合。高校目标管理的有效性还在于重视成果评估，在一定程度上能形成独特的成果效应，能充分调动教职工的积极性、主动性和创造性。四是目标管理存在局限性。目标管理从本质上来讲是注重结果的管理，而不注重实现目标的具体过程。高等教育运行有自身的规律，在高校的现行管理体制下目标管理不能涵盖学校的所有工作，目标管理工作僵化有余、弹性不足，不能很好地适应形势的发展。行政管理、组织管理、过程管理、制度管理、纪律管理等传统的管理方式仍然不可或缺。

（三）个案层面：华中师范大学目标管理的实证调查

华中师范大学实行十余年目标管理，取得了一定成效，但在理论和实践上仍存在一些问题。为了解制约该校目标管理效能的问题及产生问题的原因，为改进和完善目标管理提供依据，对该校各类人员进行了抽样问卷调查和访谈调查。

1. 调查的对象与方法

此次调查以问卷形式和分组访谈的形式对该校各类人员进行调查。其中，调查问卷共发放774份，收回626份，有效问卷614份。从调查对象身份上看，全校各类人员按照比例发放：副处级以上全体干部、教师、一般干部、教辅人员、其他人员按照10％的比例发放问卷（包括附属单位）；学生按照1％的比例发放问卷（不包括附属单位，涉及本科、研究生等不同层次）。从调查对象所属单位的性质上来看，涉及院系所、党政机关、直属单位、附属单位等不同类型的二级单位。从调查问卷的表现形式上看，本次调查问卷采用匿名方式，包含封闭式选择题、开放式选择题和开放式问答题，有利于真实、全面体现调查对象的意愿。针对结果中反映出的问题，课题组分别对学校直属部门领导、院系领导和教师进行了20余人次的访谈，访谈结果较好地补充和丰富了调查问卷中的不足。

2. 调查的结果与分析

（1）对高校实行目标管理作用的看法。调查结果显示，10.26％的调查对象认为"非常有用"，66.94％的调查对象认为"有用"，19.54％的调查对象认为"作用不大"，仅有1.95％的调查对象认为"完全没用"。在教师中，有29.37％的调查对象认为高校实行目标管理"作用不大"，4.90％的调查对象认为"完全没用"，较之其他类别调查对象反差明显。教师作为学校目标管理的参与者，却提出了较之其他组成员明显的反对之声。

（2）对实行目标管理过程中最大的难点的认识。调查结果显示，72.48％的调查对象认为最大难点在于"考核难以科学、公平、公正"，47.72％的调查对象认为目标管理的实行"容易导致各个单位盲目追求结果",39.25%的调查对象认为难点还在于"目标难以确定",23.62%的调查对象认为"程序过于繁杂"也是难点之一,5.05%的调查对象亦提出了一些其他难点,如"目标的平衡性"、"院系间目标的可比性"、"流于形式,缺乏落实"等。调查对象认为,高校目标管理很难做到公平、公正的原因,一是每个人站的角度不同;二是高校工作绩效不像企业单位那样清楚具体,很多工作既难于量化,也很难质化,当然也就不好作出科学的评价;三是各单位性质不同,基础不同,发展历史各有不同,用同一标准对所有的单位进行评判,本身就显得很不公平。

(3)对高校目标管理中存在问题的基本看法。调查对象认为,学校实行目标管理在调动全体成员积极性的同时,也有利于提高工作效率,虽然在形式上是一种进步,但要实现真正意义上的目标管理还需解决三方面问题:一是目标的确立重在构建科学的考核指标体系;二是目标管理不只是定量管理,而应该是定量管理和定性管理的结合;三是实行目标管理"不要层层控制老师,而是要给老师以极大的自由度,发展他们的学术思想"。

(4)对目标下达的依据的看法。调查对象认为应综合考虑"教育部对院校的要求"、"学校中长期发展规划"、"学校每年的工作要点"和"本单位发展实际"。同时,部分调查对象也提出,应关注"学生、教师、工作人员的要求和期望"、"行业发展趋势"和"社会对院校的要求"。部分调查对象在开放试题中表示,在目标下达中"应重点考虑一下被考核单位的具体情况,如教学单位办学时间的长短、办学条件、学校的投入、教师结构、高级职称所占的比例、单位所占学校的资源情况等","由于各单位的发展本身就不平衡,有的单位底子好,发展快,目标应定得高一些",只有这样才能在"考核时结合上年度考核情况,重点考察本单位是否进步,是否有特色",而"目前评定先进的老是那些单位,难以体现公平、公正"。

(5)对下达方式应遵循原则的看法。问卷将目标下达方式遵循的原则分为三种,即自上而下、自下而上和上下结合三种。所谓自上而下,即学校根据总体目标或年度目标将任务分解,直接下达给各二级单位;自下而上,即二级单位依据学校发展目标以及自身的工作职能、发展目标与条件，确定年度目标，然后上报学校审批；上下结合，即学校和二级单位依据总体目标与各单位实际充分沟通，共同制定目标。从整体上看，76.55%的调查对象认为应采取"上下结合"方式，17.10%的调查对象认为应采取"自下而上"方式，7.33%的调查对象认为应采取"自上而下"方式。

（6）对目标下达的年限的看法。关于目标下达年限，仁者见仁，智者见智。调查对象认为，短期目标利于监督，中期目标贵在达成，长期目标立足发展。调查结果显示，30.94%的调查对象认为下达年限以"3年"为宜，26.55%的调查对象认为下达年限应为"2年"，21.34%的调查对象认为下达年限应为"1年"，11.56%的调查对象认为下达年限应为"4年"，9.61%的调查对象认为下达年限应为"5年及以上"。在谈到教师考核时，还有调查对象认为，高校实行目标管理与企业不同，因为企业里的产品是物质产品，而高校的"产品"是精神产品，不能用一年、三年还是五年来衡量，应采取一种宽容的态度，而不能给学术一个时间限制。

（7）对目标定性与定量关系的看法。39.53%的调查对象认为应以"定量为主、定性为辅"，60.47%的调查对象认为应以"定性为主、定量为辅"。大部分干部认为能够量化的应尽量量化，不能量化的只能定性，不过要尽可能具体。与此同时，有领导认为只追求数量有可能忽视对质的重视，作为学校目标管理一方面要尽可能量化，另一方面又要"反量化"，过分追求量化，会起到一些错误导向作用——是考核任务就使劲抓，而不是考核任务有可能受到忽视。二级单位领导则认为，目标的量化应根据学科基础，能量化的尽量量化，但也要结合定性分析。而教师组则认为：在企业中以目标为导向、把目标下达到个人，能够提高工作效率。在高校很多东西是无法量化的，量化容易导致学术腐败、学术霸权的产生。相反，以任务为导向的管理方式在高校也许效率更高，只要把任务下达下去，以服务对象为评价主体，这才符合宽松、宽容的精神，才能更好地提高教师的创新意识。

（8）对监督机制的看法。在对目标管理中是否应有监督机制的调查中，全体调查对象形成了较为一致的看法。93.37%的调查对象认为目标管理中应有必要的监督机制。他们认为目标管理并不是目标分解下去便任由组织成员执行，事实上组织高层在目标管理过程中要经常检查、对比目标，进行评比，看谁做得好，如果有偏差就及时纠正。从另一个方面来看，一个组织如果有一套明确的可考核的目标体系，那么其本身就是进行监督控制的最好依据。

（9）对考核主体的组成人员的看法。考核主体的构成涉及考核结果的公平与否。调查结果显示，81.76%的调查对象选择"专家组评"，80.29%的调查对象选择"教师代表评"，68.08%的调查对象选择"学生代表评"，64.98%的调查对象选择"校领导评"，60.59%的调查对象选择"单位自评"，57.82%的调查对象选择"单位互评"，还有调查对象认为应"关注行业发展，引入行业人员"和"社会人士"，从而形成多元的考核主体。

（10）对考核方式的看法。目标管理的关键在于可验收或评价其绩效。目前该校目标考核的方式主要有深入二级单位考察、看收集的相关材料、听被评单位汇报、凭整体印象四种。调查结果显示，89.41%的调查对象认为"深入二级单位考察"是行之有效的方法，57.00%的调查对象认为，"看收集的相关材料"，46.58%的调查对象认为需要"听被评单位汇报"，而"凭整体印象"考核仅占15.31%。

（11）对目标考核后优秀面比例的看法。为充分发挥激励作用，目标管理在考核后必须科学设置恰当的奖励比例。大部分访谈对象认为奖励面是个值得研究的课题。该校实际分别设立综合奖和单项奖，一般认为综合奖励面不宜太大，以20%～30%为好；大部分调查对象认为单项奖的覆盖面应适当增加，每个单位应该有自己的亮点，单项奖面适当扩大，可以肯定每个单位在各个方面取得的成绩。单项奖的比例不宜限定，根据具体考核结果进行奖励。

（12）对目标考核奖励类型的看法。在该校目标管理中，目标考核奖励类型主要有"综合奖"、"单项奖"、"进步奖"、"特色项目奖"等。从整体上看，六成以上的调查对象认为上述四项奖项有必要设置，"综合奖"有利于衡量二级单位目标管理实行情况的整体水平，"单项奖"、"特色项目奖"则能有效突出二级单位在某方面的突出成果，而"进步奖"更能有效地激励基础处于较低水平单位在管理效能上的提高，从而呈现出良性、动态的竞争局面。

（13）对获奖单位重点奖励对象的看法。72.49%的调查对象认为应奖励"全体成员"，14.22%的调查对象认为应奖励"党政一把手"，13.29%的调查对象认为应奖励"全体领导"。

（14）对奖惩力度的看法。主要有两种观点。一种观点认为目标考核奖励力度不宜太大。一是因为把工作做好是每个人的基本要求；二是因为奖励的必然是少数，而且受奖的有可能经常就是少数的几个部门，力度过大不利于整体的平衡与和谐，不利于调动多数人的积极性；三是不能保证考核结果完全客观公正。另一种观点认为，从奖励对象内部而言，单位内部正职、副职和一般教职员工的奖金差距不宜过大，要鼓励团体精神和团体意识。有教师认为达到要求的就要奖，领导和教职工的奖励应该比较平均。也有教师认为不应奖励领导，否则领导一味追求利益，会给教师更多的负担，学术自由的氛围将荡然无存。

二、高校目标管理实践中的主要问题

（一）机构设置不合理，指挥系统失灵

高效的组织机构是推行目标管理的基础。从调研看，大多数学校目标管理机构的设置是不合理的，如很多学校没有设置专门的目标管理常务机构，而只是挂靠在学校办公室或人事处，由这些部门的某个领导或职员兼管目标管理这项工作，这种机构设置方式的弊端是：(1) 不能突出目标管理在学校的各项管理中的地位。因为是挂靠，是兼职，不仅上级领导不重视，就是执行者本人也不会常放在心上，因为他们有许多其他工作要做，所以使目标管理在许多学校"貌似神非"，只管年初下达目标，"秋后算账"，中途从不过问具体实施情况；(2) 缺乏权威性和科学性。目标管理的对象主要是学校各二级单位，而挂靠的校办或人事处同样是学校的二级单位，同一级别实施纵向管理常常缺乏行政的权威性，尽管每所学校都成立了相应的目标管理领导小组，但都是临时拼凑，没有明确的责、权、利，也就没有什么实质性的领导力。

（二）目标达成不科学，目标分解失衡

目标管理的前提是制定目标，包括目标的向量性、系统性、预测性

和挑战性。如果对学校目标缺少科学的论证，必然与理想的目标制定应定位准确、方向正确、指标明确等要求相距很大，造成目标过高或过低，且主次不分等弊端，使目标难以考核，失去导向和激励作用。调查发现，目前高校一般的做法往往是先由高层管理者根据内外环境分析和上级主管部门的意见，设定本校的整体目标，再"分解"到下属院系等基层单位。"目标分解"变成了"目标分摊"，这与传统的下达硬性的考核指标没有多大区别，自然，被管理者对达到目标也就不会有任何自觉的承诺，行动上也就缺乏"自我控制"的可能性。造成目标确定不科学的主要原因是目标的商定过程缺乏民主参与性。

（三）过程管理不到位，信息反馈失真

调查显示，大多数高校在实施目标管理过程中，认为目标管理是重视结果，强调自主、自治和自觉的管理。在年初或学期初，根据学校发展目标制定出各部门的目标，各部门再制定出个人目标，目标制定后各部门一定会自觉实施。对下属目标实施过程中的相互牵制、互为条件缺少相应的管理，没有对下属目标进行过程中的定期检查，信息反馈渠道不畅，下属在工作中遇到困难问题，出现意外、不可测事件影响目标实现时，没有相应的目标调控机制。

（四）考核程序不严密，考核结果失信

据调查，大部分高校目标考核方面的方法陈旧，缺乏相应技术手段，致使考评中存在的问题难以及时有效解决。很多高校对教职工的考核采用的是填写考核表，众多的考核指标、大量的考核数据的采集需要耗费大量的人力和物力，考核成本很高。考核的目的是促进学校整体目标的实现，但繁重的考核任务又会影响工作的正常进行，一些高校的人事部门花费大量的时间和精力进行考核，但其效果并不理想，没有从目标考核中促进目标体系的实现，实现目标的调整，调动人员积极性。为降低考核成本，一些高校实行年度目标考核，目标下达后没有进行有效的过程监督控制，不注重数据资料的积累和信息的反馈，影响考评的及时性、准确性、严密性、公正性。不当的考核往往会产生很多的矛盾，挫伤教职工的积极性，劳民伤财，考核不如不考核，而目标实现的情况如

果不考核,目标管理就失去了意义。考核方法的陈旧、考核理论的缺乏制约了目标管理的有效实施。

(五) 奖惩方法不公平,奖惩依据失当

采取适当的奖惩措施,能起到奖优罚劣、奖勤罚懒、充分调动教职工积极性的作用,是目标管理顺利进行的重要手段。然而如果奖惩不当,势必挫伤教职工的积极性,目标管理只能流于形式,不能真正得到落实。从调研情况看,奖惩方法不公平主要表现在:一是奖惩力度不当,少数学校只是把其中的20%或更少拿出来与奖惩挂钩,多数学校没有将校内绩效工资与目标管理奖惩挂钩。有的学校里,一个超额完成目标任务的职工一年只多拿3000~5000元奖金。这种奖惩对那些认真完成任务的单位和个人都是不公平的,也很难达到激励的效果;二是奖惩项目设置不公平。如果按综合考核排名先后设置奖惩项目,假如考核指标完全相同,表面看起来比较公平,可对那些基础比较差或新建院系来说又显得极其不公平。

三、改进高校目标管理的实践策略

(一) 设置合理的管理机构

任何管理都需要相应的组织机构去组织、推动和落实。目标管理是一种极其复杂、难度较高的管理方式,更需要设置一个高效的组织机构来组织实施目标管理。设置高校目标管理机构,首先要遵循责权一致原则。要根据机构在目标管理体系中所处的位置明确组织机构的责任,按照组织机构的责任授予适当的权力。其次要遵循上下贯通原则,即在机构设置时要确保学校最高决策机构的指挥协调、执行、监督等上下对接、传达清晰、落实到位,形成管理机构链,以保证目标管理推行的顺畅,若某个链条中断会使某个层次的机构承受的压力过大而不能完成目标任务。其三要遵循任务归一原则。任务归一原则指同类性质的活动和任务应归到同一组织机构中,这样才能克服多头领导或有事无人管理的状况。

(二) 营造上下同欲的组织氛围

组织气氛是关于一个组织内部环境的相对持久的特性,是一系列可

测量的工作环境属性之集合。组织中的成员对良好组织气氛的感受会引起满意度、生产率的提高和员工离职率的降低。组织气氛具有约束、凝聚与激励等作用，可以帮助管理者掌握和改进组织行为模式，提高成员有利的行为动机，进而有效地达成组织目标。为营造一个宽松、融洽、团结、积极的工作氛围，首先要建立一种高关怀的领导模式，即领导要以身作则、平易近人、敢于创新、善于纳谏、一视同仁、与人为善，同时要充分信任、支持部属，鼓励参与，上下沟通公开，广泛听取员工意见等。其次要建立良好的沟通机制，让组织成员畅所欲言，促进相互之间的合作交流，增强教师对组织的认同忠诚，提高工作绩效水平。其三要建立规划灵活的管理体制与行之有效的规章制度，使组织内的资讯传播更加顺畅，有利于分工授权，让员工对任务有更强的参与感，提升员工对工作的责任感和使命感。

（三）制定科学的目标体系

目标达成是目标管理工作的基础和前提，确定什么样的目标和怎样确定目标是目标管理工作首先要考虑的问题。制定科学的目标，首先要做到论证决策的科学性，即制定学校的长远目标时，需要组织各方面的专家从战略的高度把握学校的发展方向，科学严谨地分析有关情况，充分考虑现有资源和社会发展速度，以尽可能达到目标定位准确、方向正确、指标明确、能够分解和便于操作。其次要注重协商分解的民主性。目标管理是一种民主管理，有别于其他管理的根本点就在于把管理目标内化为职工的自觉行动，对实现目标产生内在的需求。因此，目标分解的主要形式必须是上下级共同参与，反复沟通，共同制定。其三要强调定责授权一致性。目标体系的建立和计划的展开，明确了各级管理人员以及教职工的职责和任务，为保证各级单位和教职工职责的履行和任务的完成，必须给以相应的权力作保证，同时，还要给相应的利益作为承担责任的报酬，从而实现责、权、利的统一。其四目标表达形式要具有多样性。如何具体设定这些指标，主要有数量表现法、程度表现法、比较表现法与要求表现法四种形式。

（四）合理选择考核主体

高校目标管理考核有其特有的复杂性，不同的考核主体对同一工作的判断各有不同，因此，在高校目标考核的实践中，应尽可能多地选择与被评单位接触的组织或个体作为考核主体。考核的主体不仅要包括自上而下的学校领导、自下而上的教师学生群体或服务对象，还应该包括单位外部的考评专家和单位内部的自我评估等。专家在目标考核中占有很大一部分的比重，因此在考评专家的选择上更要慎重。一是专家应该具有一定的管理经验，对被评单位有一定的了解，且对考核工作十分重视，责任心非常强；二是在专家考核时应对其进行一定的培训，以统一操作、明确标准；三是目标管理考核一般安排在年终，所以要考虑专家的时间是不是能够充分保证。此外，考核主体在考评过程中，可能会因为一些心理因素的干扰导致评分的不公正。因此，可以采取服务对象匿名评分，领导专家独立打分等方式，把心理误差的影响降到最低。目标管理考核仅仅考虑考核主体是不够的，得不到考核客体的积极配合，同样也无法达到考核的目的。因此，要引起考核客体的重视，应从激励入手，提高其对考核的认识。首先，学校要对目标管理考核工作进行深入宣传，使各部门、单位和个人了解考核的目标意义。并且在实施这项工作过程中广泛听取考核客体的意见和建议，使他们正确认识到目标考核不仅仅是为完成学校发展目标，提高学校管理水平，同时也是促进单位和个人的发展。其次，要把目标实现程度与被评单位和个人的奖惩结合起来，使之有为实现目标积极向上的工作热情。最后，目标考核应该充分吸收考核客体参与到考核过程中来。在考核的各个环节尽可能做到公平、公正、公开，使考核客体产生公平感，增加对目标考核工作的认同。

（五）运用多元化的考核方式

首先，坚持相对考核与绝对考核相结合。相对考核是学校各单位或个人完成工作的数量和质量与学校下达给该单位的工作目标的比较。绝对考核也称无条件考核，具有不受外界影响而能保持其存在、性质、大小等特征，具有高绩效性。相对考核是学校各单位之间完成工作的数量和质量的比较。相对考核也可称为参照考核，反映了目标和标准之间的粗略比值。对于定性的工作目标或者考核结果、确定优秀等级的个数等不宜量化的考核点适合采取相对考核的方式，对于目标数量和质量等明确定量的考核点适合采取绝对考核的方式。其次，要多种考评相结合。

自我评定是指目标管理下的各部门主要负责人对本部门的工作实绩做出评估。同行评定是指由与被考核的部门工作相近或相关的部门负责人作为考核主体的一部分。同行评定可以避免对某些不熟悉的部门的评价不够公正、客观。专家评定是指专门聘请有资深管理经验的专家组成专家考核小组，根据考核指标体系和统一的操作规程进行考核，能够得到更为客观的考核结果。领导评定是指由领导对各自分管的部门进行考核，因为他们最熟悉各部门的工作状况和工作结果。服务对象考评主要是指对面向考核客体的服务对象开展关于考核客体的满意度调查。由以上五部分所构成的360度考核模式可以开展全方位的考核，各高校可以根据自身不同情况，将以上五部分或其中几部分，按照一定比例构成最终的总得分。比如，由考核客体进行自我考核并形成书面材料，相关数据形成电子表格，供校外同行以及专家组和领导组考核参考。对服务对象进行满意度考察后根据得到的结论按照其所占总分的比例转化为得分。专家组、领导组在参照自我评定、服务对象评定、同行评定的基础上进行评分。

（六）适时反馈考核结果

考核结果的运用并不是一件简单的事情，它涉及部门、单位或个人的绩效改进和利益分配。如果处理不当，很容易造成单位与单位、个人与个人或者单位与个人的矛盾。因此，在考核结果的处理上应当格外谨慎。首先，适时反馈结果。结果反馈可以从宏观、微观两方面进行。宏观方面，相关职能部门应该通过考核及时总结经验，为学校下一步工作的开展以及相关决策提供参考依据。微观方面，相关职能部门一方面可通过校园网、内部资料、召开会议的形式公布考核结果；另一方面将考核过程中发现的问题加以整理，使被评单位了解到自己的优缺点，为下一步工作的提高和整改提供参考建议。其次，有效地进行奖惩。在目标考核中，只奖不惩，便会淡化责任，只惩不奖，就会淡化激情。只有奖惩结合，正向激励与负向激励并用，才能取得良好的效果。在实施奖惩时，一定要注意公平，该奖当奖，该罚当罚，对学校各单位和员工都一视同仁，按照相关制度规定的统一标准进行奖惩。当然，注重公平并不等于平均主义，平均分配奖励无异于扼杀高校被评单位的热情。此外，不仅仅是对优秀进行奖励，对不合格进行惩罚，还要关注处理中间层的大部分，充分调动他们在目标考核中的积极性。

目标管理是一种现代管理思想和方法，但它不可能"一肩担尽千古愁"，也不能"包治百病"。尽管如此，对于当前高校的管理工作来讲，目标管理仍不失为一种新的思路、一股清新的空气。它对于改变基层工作"等、停、靠"的被动局面，明晰各级领导干部和单位的责、权、利，充分调动广大干部职工的积极性，进而提高高等教育质量，办好人民满意的高等教育，提高全民族素质及建设创新型国家都是很有裨益的。

第五章 大学制度建设的思考

大学制度是大学生存与发展必须遵循的某种规范体系。中国现代大学制度是指与社会主义市场经济体制和高等教育发展需要相适应的大学外部关系、内部组织结构及大学成员行为规范的体系。20世纪90年代以来，我国高等教育经历了巨大的发展，发生了翻天覆地的变化，已进入了快速发展时期。大学在快速发展中必然会遇到许多新问题、新情况。与此同时，喧嚣纷繁的外部社会，也对大学提出了越来越多的要求，这些要求的无序和杂乱，使大学的发展陷入困惑之中，面临着诸多的"十字路口"。这些问题交织在一起，不仅使大学开始处于迷茫的状态，而且也使大学处于急剧变革之中。因此，大学就需要通过制度建设，寻找解决问题的突破口，拨开大学实践纷繁复杂的"迷雾"，以体现大学制度的创造性。

第一节 我国高等教育决策模式的反思与建构

一、高等教育决策模式的内涵与意义

（一）高教决策模式的内涵

模式又称为样式、方式、模型、"范式"等，人们关于组织、领导和政策的思考，通常都是在模式或理论（有意识或无意识地）指导下进行的[①]。高教决策模式是指在高教决策过程中所依照或所表现出来的具有典型意义的、可效仿的、简约性的、相对稳定的理论模型和操作样式。

[①] 布什. 当代西方教育管理模式 [M]. 强海燕, 译. 南京：南京师范大学出版社, 1998：31.

教育决策模式既是一种科学思维方法,即通过模式分析来研究教育决策过程,也是一种科学操作方法,即通过模式分析来构建一种教育决策过程的模式①。高教决策模式既是高等教育政策的决策过程模式,也是高等教育决策研究的思维方法和决策实践的基本路径。

决策模式构成要素包括决策目标,即价值取向、决策主体、决策依据、决策过程等。价值取向就是决策主体基于自己的价值观在制定政策时所持的基本价值立场、价值态度以及所表现出来的基本价值倾向。决策主体是指对未来实践的方向、目标以及为达到目标所采取的方式、途径、策略等作出决定的个人、群体或组织,反映了社会制度的细小的量的变化。决策依据就是决策时的价值、理论或现实根据。决策过程就是从问题到决策方案确定所经历的过程,包含若干程序或环节。

(二) 高教决策模式的意义

(1) 提升高教决策水平。我国高教政策与决策的现状与其他公共决策一样,没有超出个人出众才能的界限。决策正确与否,是与决策者个人的才能、技艺联系起来的,还表现为决策者超群的一种智慧与艺术,并没有达到规范化、程序化、科学化而被大多数人所掌握的程度②。个体在政策工具选择中的作用往往与一个国家当时的决策模式有关。在我国高教政策工具创新和选择上,主要体现为政治领导人的意志和想法③。决策呈现主观主义、唯意志论、独断专行的作风和倾向。决策模式可以把决策理论、方法与实践结合起来,形成一个格式化、标准化、工程化的决策程序,以减少决策失误,保证决策的科学性、质量和效率等。

(2) 促进高教发展。改革开放以来,我国高等教育发展迅速。中华人民共和国成立以来,特别是改革开放以来,我国高等教育发展迅速。高校学生规模从1982年的约115.4万人发展到2012年的约3200万人,

---

① 祁型雨. 利益表达与整合——教育政策的决策模式研究 [M]. 北京:人民出版社,2006:54.

② 贺仲雄,王伟. 决策科学——从最优到满意 [M]. 重庆:重庆出版社,1988:5.

③ 吴合文. 高等教育政策工具分析 [M]. 北京:北京师范大学出版社,2011:182.

同期，毛入学率从1.2%到超过27%，实现了从精英教育到大众化教育阶段的跨越式发展①。2015年我国高等教育入学率达到40%，一些省份已进入了高等教育普及化阶段。我国在校大学生规模达到3700万人，位居世界第一。我国高教发展是由政府大力推动的，国家能否有效地规划和指导教育的发展与改革，取决于其教育政策对教育发展方向和目标的准确把握。高教政策与决策不仅直接影响高教改革与发展方向，还最终会影响其质量。

（3）指导高教改革。我国公共决策系统及机构方面存在缺陷，政策研究人员的整体素质欠佳，公共决策过程的科学化、程序化和法制化程度不高，公共决策的方式方法较为单一、陈旧。研究人员的整体素质欠佳②。由于教育决策失误而造成的教育质量下降，以及教育资源浪费的现象不胜枚举。从我国60多年来高教发展逻辑，我们不难发现，我国高等教育究竟如何发展，决策带有一定的偶然性，常常缺乏可行性论证，从而导致我国高教发展轨迹呈现出波动性，而且幅度很大。我国高教决策受政治因素影响很大。这一方面反映了我国教育决策机制不够完善，另一方面也显示了相关教育决策理论研究还不够深入。近些年来我国高教决策模式研究渐趋深入，其研究成果影响并指导着高教改革。

二、对我国现行高教决策模式的反思

我国高教政策曾多次出现政令频发、频出、频改的现象，这事实上包括两种情况：一是决策本身立足公共利益，但操作上缺乏科学依据，以致停留在纸上，沦为一纸空文；二是政令本身对利弊权衡和利益的复杂性估计不足，以致民意激烈，造成政令频改。这两种情况，对应的是两种机制：一是政策的出台机制问题，二是政策的落实机制问题③。相对来说政策的出台机制问题更大，也就是决策模式的问题亟待解决。决策模式是影响中国发展的关键变量之一④。高教决策模式能帮助人们理

---

① 王义遒. 百尺竿头，更上一层楼 [J]. 中国高教研究，2013 (5): 1-3.
② 陈振明. 政策科学 [M]. 北京：中国人民大学出版社，2002: 536-538.
③ 李琼. 公共管理的转型 [N]. 长江日报，2011-09-05 (7).
④ 王磊，胡鞍钢. 结构、能力与机制：中国决策模式变化的实证分析 [J]. 探索与争鸣，2010 (6): 3-8.

解和解释教育政策现象,加强人们对特定教育政策问题的认识,分析教育政策动因和效果,并预测教育政策的未来发展。

(一) 价值取向选择出现偏颇

我国高教决策模式的价值取向还存在许多偏颇之处,主要表现在以下三个方面[①]:决策权力配置上的集权主义取向,决策目标指向上的工具理性主义,决策进程和决策目标对现存状态的调整程度上的激进主义取向。集权模式又称精英模式、官僚模式、封闭模式、谋断从属模式。集权模式具有决策速度快、决策成本小、决策运行有力等优点,但它也存在自身无法克服的缺点,如社会回应性低、易导致一刀切、"内部人"决策、滋生个人主义及各种腐败等,从而影响决策的科学性和合理性。高等教育的工具价值是指高等教育发展对于高等教育外部主体的功能和作用,高等教育成为其他主体实现自身目的的工具,高等教育本体价值特别是培养人才受到忽视。激进主义取向是指那种在高等教育决策过程中和在高等教育决策目标的设定上具有"急、大、快"特征的价值倾向性和行为倾向性,曾给我国高教发展带来很大危害。我国高教决策矛盾焦点仍是公平和效率之争,重效率轻公平现象屡见不鲜,忽视多元价值需求也使高教政策颇有争议。

(二) 决策模式框架存在的问题

问题之一:从决策依据讲,倚重经验决策。我国改革开放前的政策制定模式既不同于改革开放之后的政策制定模式,也不同于其他国家的政策制定模式,而是呈现出我国那一时期独有的一些特征,即"政策制定的价值取向以政治浪漫主义为主,政策制定主体主要是政治领袖和少数政治精英,政策制定权属于中央高度集权,政策制定方式以经验决策为主,政策制定的动力主要来源于政治领袖的言论"[②]。这种决策方式如过于倚重经验或独断专行则导致决策失误,带来灾难性后果。如果决策

---

① 黄建雄,卢晓梅. 我国高等教育决策模式的价值反思与重构 [J]. 现代教育管理,2012 (2):16-19.
② 刘昌雄. 改革开放前中国政策制定的模式分析 [J]. 理论探讨,2004 (6):104-107.

者或决策研究者知识结构单一,教育理论和政策理论水平偏低,就无法保证决策的科学性和合理性。

改革开放之后,特别是20世纪80年代初期推行政治体制改革以来,我国加速了决策科学化和民主化进程。高教重大决策开始注重咨询、调研及论证,决策程序有了某些改善。但正如有学者指出的,中国改革初期的政策变迁从逻辑程序上讲是不规则的,而最终的结果却是:某些自发的、偶然的、不规范的和不确定性事物和现象都演变成自觉的、必然性的、规范性的和确定性的政策①。这一状况造成我国在高教政策制定与决策机制上至今尚未建立起一套科学规范的程序。很多重大决策仍是采用经验的方法——依据前人和自己积累的知识,甚至是主观臆断进行决策。还有一个很大的特点就是长官意志、家长作风会左右我们的决策过程。如高校扩招政策主要是用教育政策、教育资源解决经济问题,拉动经济增长,很大程度上忽视了教育事实。再就是重点高校建设以领导讲话为契机和发轫,并未进行严格调研便迅速推行,致使问题和诟病频出,争议不断,发展后劲不足。

问题之二:从决策过程讲,缺乏理性论证,也不符合渐进决策。在决策过程上,我国高教决策大都倾向采用严格的程序化方法,自上而下推行。尽管沿袭理性的程序,但我国高教政策却缺乏理性,缺乏长远性、根本性的考虑,政策目标不断调整,缺乏连续性和稳定性,经常造成既定事实后的被动局面。那种由问题确认、目标设定、方案评估和最后决策式的历时性步骤在实际生活中,特别是在变革时期难以得到按部就班的使用。相反,更多的情形是一种"有组织的无政府"状态。这一过程在张小劲关于中国国家知识治理制度方式变迁的考察中得到证实②。理性模式固然重要,但存在缺陷。它追求最优化,但是由于各种主客观条件限制,计划赶不上变化,处于社会环境中的政策可能被忽视、抵制、抗议或变通,政策不仅是基于理性制定出来的,从某种程度上说是

---

① 张晓峰. 我国转型初期改革政策决策的超常性特征 [J]. 哈尔滨市委党校学报, 2002 (2): 32-35.

② 陈振明. 政策科学——公共政策分析导论 [M]. 2版. 北京:中国人民大学出版社, 2003: 241-242.

逐步"摸着石头过河"的，执行过程也牵涉到各方面利益①。这点或是渐进决策的特征，不过就渐进模式而言，多数决策和精英决策都是由外部力量对政府施加压力和要求的结果，其前提是一个利益高度分化的社会，而在当今中国，社会结构分化程度较低，社会利益的表达与综合并非由各种社会结构来承担，而是由政治系统内部权力精英通过分析、研究和调查将他们所认定的社会利益输入到公共政策中去，这就必然造成政策的失重和偏颇。

我国高教决策也不符合渐进决策，只是呈现其表面特征。以经济改革为例，改革的所谓"渐进性"更主要地表现为政策对现实生活"生动创造"的选择过程，现实生活不断"创新"，政策界定又不断通过"灵活地选优"使现实的"创造"制度化，这才是我国改革的实际过程②。但渐进模式适合相对稳定的社会，我国目前却处于社会转型的激烈变革时期，新旧体制的转换还未完成，社会各阶层利益冲突加剧。我国高等教育既要追求效率和跨越式发展，但又不得不兼顾各方利益，逐渐走均衡发展的道路。所以说，我国高教决策体制只能是具有渐进模式的特点，在具体操作层面则又或多或少融入了本土特征，这与我国既有的政治、经济体制和文化传统密切相关。而且，渐进主义只是指出了一个宽泛的方向作为改革目标，改革的最终目标和转型的步骤并没有被精确地描述出来，这样做虽然可以避免出现政治分歧，并保证各部门统一发展，但相互之间的妥协很可能使这种变化过程不是一种渐进主义的改革，而是一种机会主义的做法。决策者在改革中只追求政策的可行性，而缺乏必要的调节与过渡③。如高等教育教学评估制度出发点是好的，但负担过重的"跑评"工作使学校学术骨干疲于奔命，往来于政府与学校之间，不仅无法安心学校的教学与科研工作，还滋生出一批专事评估、评审的专家来，严重地扭曲了教学与科研的激励机制，甚至导致机

---

① 杜小英. 理解教育政策：现象、问题和价值 [J]. 北京大学教育评论，2007 (4)：42-52.

② 程天君. 教育改革三问 [J]. 教育研究与实验，2011 (5)：1-6.

③ 阿卢瓦利亚. 渐进主义的功效如何？——1991年以来印度经济改革的回顾 [J]. 刘英，译. 经济社会体制比较：双月刊，2005 (1)：55-64.

会主义的盛行①。

问题之三：从决策主体讲，官方独大，缺乏多元参与。我国教育决策者主要是政府、教育管理和行政部门的人员、高校管理人员等具有官方背景的人员，而非官方的教育理论和政策研究人员、中介组织、利益主体（如教师、学生、家长等）往往被排除在决策体制之外。如扩招、高校合并等重大决策的主体毫无争议是政府官员。教育决策主体单一性可能会限制教育决策过程中的价值冲突，使利益主体的价值选择和利益要求不能得到充分的表达。如此会使民众丧失教育决策的热情，转而反对或抵制教育政策。教育政策实施中出现了政策替换、政策架空和政策浮夸等问题。究其原因，主要在于教育决策没有广泛吸纳各类利益相关者参与，不能很好地反映各利益主体的客观要求，使得政策实施或被变通或受阻碍，效果不佳，导致整个教育政策的失真。如果不通过教育决策对各种利益主体特别是对政府的角色进行约定，不首先通过教育决策对不同主体的利益进行制度安排，而是仅仅寄希望于政府依据其政治合法性或者道德自觉，通过对既定教育政策的推行来维护有关教育权益，那么只会使人们反复陷入"恶法亦法"的怪圈，最终走向对自己利益失落的悲观的宿命认同②。

（三）我国高教决策模式呈现某些新特征

（1）高教决策逐渐形成并依赖模式框架而程序化。在长期的计划经济影响下，我国教育决策总体来说是一种政府主导行为模式，这种模式追求政治利益，不能很好地协调政府和高校、民众的关系，尤其是利益关系。随着计划经济向市场经济的转型，民众需求在高教决策中越来越受重视。近些年来，随着我国教育决策研究不断深入，对高教决策的影响日益加深，我国高教决策不自觉地逐渐在契合某种决策模式。中央的决策行为主要还是在追求理性的基础上做出的，具有理性决策模式的对全局战略性的、长远完整性的考虑（如几年周期就制定的各类教育规划

---

① 康宁. 中国经济转型中高等教育资源配置的制度创新 [M]. 北京：教育科学出版社，2005：226.

② 祈型雨. 利益表达与整合 [M]. 北京：人民出版社，2006：130-131.

纲要），并体现了渐进决策模式中持续推进、摸索前进的发展特色（如摸着石头过河）。在实践中，也能顺应环境，遵循有限理性模式的适时满足原则。决策能将宏观与微观相结合，重视民众参与，兼具综合模式的某些特征。我国 2010 年《国家中长期教育改革和发展规划纲要》的出台过程便体现了这些特征。

（2）决策模式逐渐开放。我国高教决策模式一经形成，便逐渐由封闭转向开放。最明显的就是近些年来，媒体对高教决策的影响逐渐增加。在社会问题变为政策问题的过程中，媒体的影响力会越来越大。媒体作为政策过程的一个行为主体，是社会问题的报道者、分析者，也是解决方案的鼓吹者[①]。当社会问题经过媒体的宣传形成一定的舆论氛围时，社会问题变为政策问题的可能性就增加了。在我国高教扩招、质量工程、高水平大学建设、收费及资助等政策的形成过程中，媒体都起了不可或缺的作用。大众传媒具有覆盖率高、信息量大、影响面广、冲击力强等特点，是现代社会最强有力、最直接、最方便的沟通手段，因而对教育决策有着非常重要的影响，可以说，它是教育主体的一个重要组成部分。特别是改革开放三十多年来，我国高教决策也正逐步摆脱计划经济时期封闭的思维模式，走向开放。一方面，专业性决策咨询机构和智囊机构如雨后春笋般出现，并和政府有良好的互动；另一方面，政府也逐渐重视决策咨询，开始迈向决策的科学化和民主化，政策质量也在不断提升。

（3）决策模式逐渐转型。从 2010 年《国家中长期教育改革和发展规划纲要（2010—2020 年）》制定过程看，我国高教决策模式出现了明显转向：在权力配置上，从集权模式向集权和分权相结合模式转向；在目标指向上，从工具理性模式向工具理性和价值理性相结合模式转向；在决策依据上，从经验为主模式向理性模式转向；在决策过程上，从激进模式向以渐进为主模式转向。未来我国高教决策模式必将向着科学化、民主化和法治化相结合的方向变迁和发展[②]。这些都说明我国高教决策

---

① 豪利特，拉米什. 公共政策研究：政策循环与政策子系统［M］. 北京：生活·读书·新知三联书店，2006：102.
② 黄建雄，付义朝. 我国高等教育决策模式的转向与前瞻［J］. 高教发展与评估，2012（3）：12-17，50.

的发展趋势正从经验决策转向科学决策。虽然经验决策并非一无是处，经验决策简便灵活、迅速及时，要求条件低，成本低廉，具有启发性、创造性、可模仿性等长处，在某些特定场合能缩短决策过程，提高决策效益。但毕竟对于大多数场合，经验决策往往容易忽视新的环境，以经验统领现实，抱残守缺，因循守旧。与经验决策相比，科学决策多为程序化决策，但当前的科学决策往往又误读了"科学"的概念，重计划轻变化，重量化轻人性，而一个合理的决策模式则应在诸多方面取得平衡。

三、建构我国高教决策模式的思考

（一）确立统筹兼顾的价值理念

我国高教决策现实中很多决策问题所面对的问题、目标、价值标准等是多元的，甚至决策影响因素和利益主体也是多元的。当存在多个有利益矛盾的决策主体时，就会产生相互竞争和博弈的情况。我国传统教育决策模式是一种单向度政策模式，即突出了决策者在教育政策中的地位，而忽视了公众对教育决策过程的参与。该模式很难适应正在发生的社会转型所带来的新问题。重视多样化社会中人的需要和价值的多样化，重视教育决策的公众参与问题，这实际上也是一个价值多样化建构的过程，价值多样化是价值民主化的前提和保证。

以公平为决策价值基础适应我国国情，也是当前理性选择的必然结果。虽然人是"经济人"，但也是"社会人"，他们不仅会从成本和收益角度考虑经济效益，而且还会从整体和大局考虑社会效益。另外，教育政策的效率评价必须纳入对公平的考虑。这种有效率的公平配置不是对眼前教育利益简单的"存量分派"，还需要有发展性，是对教育利益和教育资源的"增量公平"。这种效率价值要求教育政策对人们教育利益的分配和满足能够在相对广的范围内和相对短的时间内真正促进更多人相对高程度的发展。不公平的教育发展，无论"比率"、"总量"的发展有多快，都可以判断为无效率[1]。教育决策模式应明确地提出公平的政策目标，这是我国教育决策模式价值的根本选择，但公平并非唯一尺度。

---

[1] 范国睿，杜成宪. 教育政策的理论与实践 [M]. 上海：上海教育出版社，2011：27.

(二) 建设多元参与的决策主体

多元决策主体应包括政府、基层、专业化决策研究队伍、社会中介机构等。决策环境错综复杂使决策内容涉及广泛的领域，要求决策内容包含对多种变量因素的分析和对事物发展趋势的把握。来自基层的第一手信息为科学决策提供了依据。在我国高教发展进程中，凡是涉及高教发展、关乎百姓切身利益的重大决策，政府都应深入一线，搞好社会调研工作。应建设专业化决策研究队伍，正确处理决策者和决策研究者之间的关系建立并完善决策研究及咨询专门机构，切实加强决策调研等。

建立民主参与、多元制衡的决策机制，突出决策的民主性和多元性。应建立社会中介机构，健全社会问责制度，应当发展多样化的非政府组织，拓宽民间和政府之间的沟通渠道，形成多层次的疏导机制和对话平台，使社会不同阶层和利益群体（特别是社会弱势群体）都能享有平等的表达意愿和参与公共事务的机会①。

(三) 构建以有限理性为依据的决策分析框架

"有限理性"是西方社会科学领域的重要成果，其内涵非常丰富，它汲取了理性主义和非理性主义决策理论中的合理因素，也符合教育活动的特点，可成为教育规划和决策的认识论基础。它"动摇了传统政治、经济和组织理论的基础，挑战了所谓科学实证理论，极大地丰富了政策分析的范式，让人们可以立足于不同的解释，了解人类如何解决复杂问题"②。教育规划和决策应在有限理性思路指引下，探索一种协商模式的教育规划，把教育理解为一个开放的人类系统，它处在一个不确定、不连续、甚至复杂的环境中。理解是有意义的前提，教育变革成效取决于参与变革的各方对变革意义的理解与接受程度，成功的教育规划与决策

---

① 卢中原. "十一五"至 2020 年经济社会发展的突出矛盾、基本任务、前景展望和政策取向 [M] // 王梦奎. 中国中长期发展的重要问题（2006—2020）. 北京：中国发展出版社，2006：41-43.

② FEUER M J. Moderating the debate: rationality and the promise of American education [M]. Cambridge, Mass: Harvard Education Press, 2006: 6.

取决于沟通、理解、协商，而不是政治权力和专家知识①。

创新仍要以理性和渐进结合为基础。应加强理性和制度建设，增强决策科学性。从博弈论的观点看，一个社会的最终决策都是个人决策。制度只不过对个人在技术提供的各种可能选择的范围施加了进一步的限制，以实现从制度设计者角度来看的最佳社会目标②。决策的理性行为在合理制度的保障下能将损失性代价控制在较小程度。完全理性割裂了目的与手段的联系，而决策具有复杂性和多样性，是随环境变化而变化的，割裂了目的与手段的决策失去了既定意义。为更好地张扬理性，解决实质性政策问题，同时又顺应环境，我国高等教育政策框架必须以有限理性作为依据，遵循渐进规则。

创新分析框架还须重视非理性决策的作用，理性和非政治性的因素并不是教育决策和教育政策的唯一决定因素，相反，教育决策和政策在很大程度上受情感和政治因素的影响。一项教育政策的出台，常常是决策者自身的价值观、政治信仰以及各利益团体利益争斗等多种力量互动的结果③。直觉、灵感、顿悟等因素对决策的作用不容小觑，非理性决策于政策创新的功用是其他决策模式难以企及的。

（四）完善科学民主的决策过程

决策离不开理性，理性其实蕴含在深厚的文化传统中。教育政策与决策的科学化与民主化所作的各种努力归结为一句话——实现决策文化的更新。这种更新由三股力量组成：一是决策主体的多元化，二是行政体制的重建，三是决策程序的建立。这三方面的建设，均是适应时代挑战，主动塑造新的教育政策和决策模式，不同于决策领域原有的行政官僚决策与个人经验决策的狭隘主义、个人专断主义、本本主义、教条主义，它将促使一种新的决策文化的形成与定型，即从对个体完全理性的

---

① 陈建华. 论有限理性视野中的教育 [J]. 教育学报，2011（3）：18-25.

② 丁利，刘远生. 柏拉图与亚里士多德法律学说知识论基础比较 [J]. 现代法学，1999，21（4）：130-133.

③ 冯大鸣. 沟通与分享：中西教育管理领衔学者世纪汇谈 [M]. 上海：上海教育出版社，2002：282-283.

依赖转向对集体意见的协商,从自上而下的行政命令转向上下互动的政策对话,从主观判断、文本拟定的决策方式转向议案论辩、民众参与的民主决策。简言之,人们期待实现的是从对政治精英、个人经验、理性依赖的政策制定转向正当程序规范下多元决策主体共同参与的认同型决策文化的形成[1]。落实到高教实践,就是要采取决策主体多元化,改良决策体制和机制,实现教育决策过程程序化等系列措施。

(五) 凸显"三化"并优的决策特征

所谓"三化",即结构化、制度化和人性化。一个好的教育决策模式应体现这些特征。

(1) 结构化。结构化基本思想是把一个复杂问题求解过程分阶段进行,而且这种分解是自顶向下、逐层分解的,使得每个阶段处理的问题都控制在人们容易理解和处理的范围内。当前高教决策的一个趋势是采用综合决策模式。它不只是几个决策模式的简单相加,而是一种有机的结合,所以显示出一定的结构特征,这种结构化特点使其具有现实的可操行性、可行性等。这种决策模式也可理解成一个分层模式,决策者可被理解为处于一系列的意识层面,这些意识层面包括:追求目标的价值倾向、有限理性的分析框架,问题导向的分析途径、制度分析方法、非理性决策的影响等等。

(2) 制度化。制度化就是要建立健全完善的决策机制,理顺决策子系统中的各种决策主体关系,明确各自的决策权限、职责和范围,协商利益关系,以实现决策的科学化和民主化。在我国,大量的教育决策活动没有建立相应的明确的决策系统、咨询制度、监督制度和听证制度等,决策权力和行为缺乏体制内和体制外的监督,决策过程具有很强的随意性,政策合理性和有效性也因此大打折扣。我国在利用制度安排来维护教育秩序和保障教育权利方面并没有完全建立新思维,因为缺乏制度规范,所以诸如高校扩招政策、高校合并政策等,其间无不贯穿着社会主体的利益矛盾与冲突,使政策效果大打折扣。决策作为一种思维活

---

[1] 吴遵民. 基础教育决策论——中国基础教育政策制定与决策机制的改革研究[M]. 上海:华东师范大学出版社,2006:130.

动，必然带有一定的决策者的主观色彩。这种主观色彩过重，就会导致主观主义、经验主义。在改革实践中，政府要逐渐将非制度化政治力量参与纳入制度化政治参与轨道上来，对公民参与高教决策在参与主体、内容、方式、程序等方面作出明确规定，并用法律的形式固定下来，建立健全政府与社会良性互动的高教决策模式与机制。

（3）人性化。人性化就是在决策中充分体现人性化决策特点。尊重人性、体现人性、使人在决策中的主体地位得到最大程度的张扬，它是克服领导独裁一种很重要的方式。以往很多决策忽视人性因素，只把人当作追求经济利益的经济人，注重功利，忽视情感等更高层次的需求。人性化决策是在科学决策基础上发展起来的一种新的决策模式，既是对科学决策的必然依托，又是对其的自然超越，是一种更为有效的决策模式。它的理念因为反映了人力资源是第一资源的社会现实，因而更具有先进性，但难度也更大。管理决策的人性化可以从两个方面来认识：第一，决策目标从最优化准则向满意性准则转变。第二，决策程序要求决策的科学化必须以民主化为基础，实现人性化决策。尽管人性化决策是一种时代潮流，但在实施过程中，还应理论联系实际，根据具体情况，选择一种主导决策模式。

无论如何，高教决策模式建构必须穷其理论基础、反思价值标准、现实诉求、构建策略。也就是应平衡理想和现实的关系，兼顾理论和实际，使其具更强现实针对性和可操作性等，以切实提高高教决策质量和效益，发挥更强的现实意义。

第二节 完善大学治理结构的思考与建议

为促进我国高等教育健康发展，必须加强现代大学制度建设。而现代大学制度建设既涉及规范和理顺大学与政府、社会的关系问题，更涉及大学内部治理结构的完善和改革。当今我国公立大学内部治理结构主要是政治权力、行政权力、学术权力、民主权力等四种公共权力的配置与制衡关系。但由于种种原因导致大学内部权力配置不当，党、政、学关系不顺，学生、教工民主参与途径不畅，极大地阻碍了高校的发展。完善大学内部治理结构是新时期促进我国高等教育科学发展面临的一个亟待解决的重大的理论问题和实践问题。

一、完善治理结构是高等教育改革的强烈呼唤

《国家中长期教育改革和发展规划纲要（2010－2020年）》正式提出了完善中国特色现代大学制度的要求，并把完善大学内部治理结构作为重要任务。刘延东在出席教育部直属高校工作咨询委员会第二十次会议时也指出："要建设中国特色现代大学制度，形成新型的高校内部治理关系。要在坚持和完善党委领导下的校长负责制的基础上，探索高校理事会制度和内部治理结构改革，建立高校自我发展、自我管理、自我激励、自我约束相结合的管理和运行机制。要探索教授治学的有效形式，推进高校科学民主决策。"[1]

完善大学内部治理结构是建立现代大学制度的微观基础。现代大学制度的核心是在政府的宏观调控下，大学面向社会，依法自主办学，实行民主管理。它主要包括两个基本层面：一是国家层面的关于大学的制度安排，涉及大学与政府的关系、大学与社会的关系、大学与大学的关系等方面；二是大学自身层面的内部制度安排和设计，主要表现为大学的内部治理结构，涉及校内政治权力、行政权力、学术权力、民主权力之间的关系。建立现代大学制度的根本目的就是要处理好校内外两方面的关系，形成现代大学法制体系和与之相应的现代大学运行机制，促进现代大学理念的落实，弘扬现代大学精神，营造和谐共生的大学氛围，优化大学的资源配置，充分调动大学主体的主动性和创造性，以保证人才培养、学术研究和社会服务以及引领社会发展的现代大学功能的实现。而这些目标的实现都有赖于大学内部治理结构的完善。因此，构建合理的大学内部治理结构是建立现代大学制度的微观基础，是政府部门转变职能、实现有效调控的必要前提。

完善大学内部治理结构是突破内部管理体制性障碍的必然选择。我国高校内部管理体制经多次改革，最终确立为"党委领导下的校务委员会制"，并得到《中华人民共和国高等教育法》的认定。应该说这一体

---

[1] 刘延东. 加快建设中国特色现代高等教育，努力实现高等教育的历史性跨越[J]. 中国高等教育，2010 (18)：4-9.

制的确立既是对中华人民共和国成立60多年来高等教育管理体制正反两方面的经验总结,也是经过反复探索而形成的高校内部管理模式。然而,随着高等教育体制改革的不断深化,在实际运行中却仍然暴露出下列问题:一是权力配置不当。党政组织权力过大,学术组织声音微弱,"人治"特征十分明显;二是党委和行政责权界定不明。对党委与校长的"领导"与"负责"的规定缺乏操作性,在现实中极易产生"踢皮球"现象;三是民主决策不够。强调了"党委"与"校长"的决策权力和地位,忽视了教师群体、学生群体与社会各界人士参与治校的作用,决策主体单一、决策过程封闭;四是多种关系不顺。政治权力与行政权力错位,行政权力异化、学术权力弱化,以及学校衙门化、职能官位化、作风衙门化、学术行政化等现象严重。上述问题导致大学难以遵循大学自身的发展规律,极大地影响了高校办学的整体效率。只有进一步完善内部治理结构,优化权力配置,协调各主体的利益关系,才有望突破高校内部管理体制中的障碍。

完善大学内部治理结构是大学全面履行自身职能的客观要求。现代大学的三大基本职能是培养人才、科学研究和社会服务,核心职能是促进人的全面发展。而大学要实现上述功能,有赖于对内部治理结构的进一步完善,也就是要进一步完善"党委领导",以保障社会主义的育人方向;进一步明确"校长负责",以全面实现学校发展的总体目标;进一步落实"教授治学",以确保人才培养的质量和科学研究的水平;进一步加强"民主管理",以切实保障决策的科学民主与师生的切身利益。可见,为促进大学科学发展,全面履行大学的职能,进一步完善大学内部治理结构势在必行。

二、完善大学治理结构必须高度重视系统制度设计

任何一项改革都要经历系统制度设计—组织结构调整—运行机制建设三个阶段,缺一不可。胡锦涛在"充分认识推进教育改革和发展的重大意义"的讲话中也指出"改革是教育事业发展的强大动力",特别强调要"重视改革的系统设计和整体安排"[①]。回顾我国近年来的大学内部

---

① 胡锦涛. 在全国教育工作会议上的讲话[N]. 人民日报,2010-09-09 (2).

改革往往是就事论事多，对系统制度设计关注较少，注重于组织机构的调整，忽略系统的运行机制建设，具体表现在：改革缺乏系统思维和学理性基础，决策体制不明，制度性摩擦严重，决策主体单一，决策过程封闭，缺乏对体制发生作用的制衡机制等方面①。从而导致改革在组织结构调整中遇上各种阻力使进程减慢，或运行机制建设中出现偏差达不到预期效果，甚至使改革陷于流产。

完善大学治理结构首先必须高度重视系统制度设计。所谓系统制度设计主要包括两个层面：一是顶层制度设计，也就是大学内部改革需要最高决策层，亦即教育主管部门站在一个战略制高点上，弄清楚大学治理的完善的主要目标，包括合理的权力结构、相互的制衡机制等，然后分类研究，分层设计，由上而下，逐步推进。二是大学自身的制度设计。大学自身的制度设计是大学内部制度创新、组织变革和管理完善的重要内容，涉及大学的选拔制度、领导制度、教师制度、组织制度与管理制度等方方面面，最主要目标是实现大学内部权力的合理配置与形成有效的制衡机制。这是一项复杂系统工程，不能仅限于学校领导层的研究讨论，而必须有专门研究人员运用系统论的思维与方法，从收集中外相关信息入手，进行全面、深入的分析比较、学理探究、推导论证，提出若干方案，为学校最终决策提供咨询服务。

制度设计的重要基础是学理性分析，也就是要认真研究完善大学治理结构必须遵循的规律和原则。进行大学治理结构的制度设计必须充分考虑大学的以下特点与治理规律：一是必须明确大学的组织特性，使大学治理符合大学的办学规律。大学是一个集知识创新、知识应用、知识传播于一身，融教学、科研、社会服务于一体的学术性机构，又是一个目标多元、职能多样、管理复杂的社会组织，大学组织的主要特性是学术性与科层性的统一。有效的大学治理应该是既充分重视学术的自由发展与发挥教授的权威作用，又要有明确办学方向的指导与有力的党政管理，只有将大学的行政管理与学术管理协调好，大学内部管理体制才能

---

① 康翠萍. 我国公立高校内部管理体制的实践反思与现实选择 [J]. 教育研究与实验, 2010 (4): 70-74.

最大程度地发挥效率。二是必须明确大学的学术属性，使大学治理遵循学术发展的内在规律。大学从其诞生之日起，就与学术结下了不解之缘，尽管现代大学与传统大学有了很大改变，但大学作为学术组织的性质并未改变。学术性是大学的根本属性，学术活动是大学的本质活动，大学的人才培养、科学研究和社会服务等职能都必须以学术为中轴。因此，遵循学术发展规律，真正把大学作为学术组织来建设和管理，是我国大学追求卓越的必由之路。三是必须明确大学的社会特性，使大学治理遵循大学与社会发展相适应的规律。大学发展与社会发展相互制约、相互促进，必须适应特定政治国情和特定的政治制度，必须充分考虑社会经济发展、民族文化繁荣、个人升迁流动等多方面发展的需求，这是大学发展的现实基础。完善大学治理结构的目的就在于既能使大学充分履行好自身的社会职能，又能获得社会的多方配合与支持，使大学与社会形成良性互动与协调发展的关系。因此，一个有效的大学治理结构"应该根据利益相关者组织属性并区分战略利益相关者和一般利益相关者，将决策控制权按照实际需要，合理地分布于不同的治理主体手里，并使不同主体之间产生权力依赖和制约关系"[①]。

从操作层面讲，完善大学治理结构应该坚持三条原则：一是整体设计与局部试验结合。完善大学内部治理结构，涉及面广、难度大、矛盾多。因此，首先要求教育主管部门注重整体制度设计，也就是既要按教育规划纲要的精神，全面思考，统筹谋划，提出改革的大思路；又要重视大学自身在大学内部治理结构上的改革试验，鼓励先行先试，大胆突破，在局部试验成功的基础上，逐步扩大影响力，形成对教育主管部门的压力，迫使他们主动地改革。既有从上而下的指导，也有自下而上的推动，上下配合，良性互动。二是立足国情与合理借鉴结合。现代大学发展具有明显的国际性与本土性相结合的特征。从完善大学治理结构来看，就是既要顺应国际高等教育改革发展的潮流，又要充分考虑中国国情，也就是既要合理借鉴国外完善治理结构的经验，又必须坚持党和国

---

① 龚怡祖. 大学治理结构：现代大学制度的基石 [J]. 教育研究，2009（6）：22-26.

家的根本制度，不能完全照抄照搬国外的做法。三是适度突破与稳步推进结合。完善大学治理结构必须解放思想，勇于创新，但创新不是对过去的全盘否定。改革必须坚持从实际出发，必须重视总结过去改革的经验教训，必须采取由易而难、循序渐进、典型试验、适度突破、及时总结、稳步推进的方法。历史的经验告诉我们，理论准备不足，试验总结不够，盲目推进往往会欲速而不达。

三、完善大学治理结构必须重视组织机构优化

大学的内部治理结构，是指大学内部组织机构的设置、隶属关系和权限划分等，大学内部治理结构反映了大学内部制度静态的一面。基于上述制度设计，我国大学内部组织机构优化的指导思想是既要重视学术的自由发展，又要强调有力的党政管理；既要重视精英治校，又要强调共同参与；既要重视合理借鉴，又要强调立足国情。基于此，优化的大学组织机构应该是由党委领导、校长负责、教授治学、共同参与、全委决策、民主管理六大要素构成。

（1）党委领导。党委领导是指党在高等教育事业发展中起着统领全局和指引方向的作用。这种领导作用既体现在高等教育事业发展中执行党的路线、方针、政策，坚持社会主义的办学方向上，也体现在树立科学、进步、现代的教育思想和办学理念上，并以此教育全体教职员工，在学校发展的各个环节贯彻和体现党的教育方针。比如：领导和建立与现代大学制度相适应的民主决策、民主管理模式的具体制度；领导和营建有利于知识创新的学术环境和积极向上的文化氛围；领导和建立科学有效的激励机制和评价体系，促进管理和学术两支队伍的人才建设以及健康高雅的校园环境等。党委在教育思想、办学理念、制度设计等方面的领导作用对于发挥高校党组织的政治优势、贯彻执行党的基本路线、确保高校沿着社会主义方向健康发展起着根本性的作用。

（2）校长负责。校长负责，首先是对国家负责。校长是学校的法人代表，既代表着国家举办的大学法人资产的所有权，又代表大学法人资产的经营权，是国家举办的大学法人资产所有者和经营者的统一。其次是指对学校党委领导下作出的各项决策负责。在党委领导下作出的涉及学校发展的重大决策必须通过校长来分解，转化成各职能部门的具体工

作目标、行政措施和行政行为。校长负责的效果最终是由校长及其负责的行政系统的行政效果来体现的。其三是对学校的教学、科研、社会服务和其他行政管理工作全面负责。实施党委领导下的校长负责制，是构建现代大学制度，完善大学内部治理结构的必然选择。这种运行机制体现了集体领导与个人负责的结合，有利于充分发挥决策层与执行层的作用。加强和改进党委领导下的校长负责制，不仅需要校长认真执行党委和学校发展委员会的决策，更重要的是要发挥校长的行政领导职能，处理好政治权力、学术权力和行政权力之间的关系。

（3）教授治学。教授、专家是大学的学术权威群体和大学学术成就的代表及智慧的象征。教授治学是指教授、专家不仅承担教书育人、科学研究等方面的工作，而且具有直接参与教学、科研、学科建设、专业设置、教学改革、教学评价、人才培养等方面的决策和管理的权力。教授治学既是落实教授主体地位的客观要求，也是大学的生命力和活力的关键所在。教授们长年工作在教学和科研的第一线，对教学及学术研究的方法、学科发展的规律和具体要求、学科梯队建立的切入点等问题有更深入的了解和认识。因此，在这些方面的决策和管理应该充分听取教授的意见和发挥教授的作用。实现教授治学也是完善高校民主管理体制和决策机制的根本，只有发挥教授的优势，依靠教授参与治学，才能进一步形成管理合力，健全完善党委领导下的校长负责制。

（4）共同参与。大学组织是一个特殊的"异质组织"，由于组织构成中人员、目标多样，权力结构多元，大学组织也相应地呈现出学术属性、行政属性和社会属性等多重属性。从教育经济学的视角看，大学组织还是由管理者、教职工和学生三大基本群体构成的利益共同体，这三大群体相互制约、相互促进、相互协调，既具有共同的利益取向，又有不同的利益关切。大学的这些特征"要求大学在程序上做出对其有约束力的规制和程序，自觉体现、维护社会公正。在自身利益或局部利益与社会公正发生冲突时，作为有良知的理性组织，大学应当选择社会公正，成为体现、维护、促进社会公正的自律的场所"[①]。然而，在现实的

---

① 蒋凯. 社会公正与大学角色［J］. 高等教育研究，2007（3）：13-19.

大学内部治理结构中,由于利益相关方的缺失和参与不充分,导致学校在制定相关制度时在程序和结果上往往会失去一定的公正。

大学之于社会如此,那么在大学内部更应如此。事实上,这就客观要求建立高校管理者、教职工、学生这三大群体互惠共赢的管理、决策机制,并形成相关制度。利益相关方的有效和充分参与,是构建现代制度的重要内容。现代大学治理结构中的共同参与,就是大学内部的利益相关方在大学场域中基于大学发展和自身利益发展的需要,在重复博弈的情况下,进行个人行动选择的过程。这种共同参与是一整套处理大学内部各种利益关系,规范大学组织及成员的各种行为规则的沟通平台和对话机制。

(5) 全委决策。这里的"全委"不是指全体党委委员的大会,而是在党委的主导下由学校党委常委、校务委员会主要成员、教授委员会主要成员、教职工代表大会的主要成员以及教师代表、学生代表、校外代表等组成。全委会是在学校党委领导下的常设的最高行政决策机构。全委会所决策的是事关学校发展大局、全局的事务,诸如学校发展战略规划、办学方针、年度工作计划、学校重大改革措施以及学校规章制度、师资队伍建设、年度经费预决算等重大问题。提出"全委决策"与坚持"党委领导"并不矛盾。首先"全委会"是在党委领导之下,领导并不等于决策,正如我国的政治制度中既强调坚持共产党的领导,又强调人民代表大会是最高的决策机构一样。

"全委决策"是优化大学内部治理结构、提高决策科学性的一种新的制度设计。"从治理的角度看,高校管理体制存在政府与高校、高校内部各个部门之间、高校与社会三层关系,良好的大学治理结构是按照大学的逻辑来理顺它们之间的关系。"① 当前大学内部治理结构的主要问题是政治权力、行政权力、学术权力以及社会权力配置不合理,决策机制不健全。要解决好这一问题,必须有一个能反映各方利益,得到各方公认的权威决策机构。全委会是学校党委领导下的政治权力、行政权力、

---

① 汤萱. 我国公立高校内部权力研究——基于治理理论的视角 [J]. 大学教育科学,2009 (3): 62-66.

学术权力以及社会权力的一个复合体。全委决策不仅是重新配置、协调学校内部政治权力、行政权力、学术权力等不同利益主体关系的过程,也是学校统筹处理与社会关系的过程。

(6)民主管理。民主管理,首先是制度民主。要健全和完善大学民主管理制度,就要加强教职工代表大会、学生代表大会建设,充分发挥群众团体积极参与议事、管理和决策的作用,努力推进大学民主的制度化、规范化、程序化[①]。其次是决策民主。凡是涉及学校改革发展全局、事关广大师生员工切身利益问题的决策,都要以人为本、广开言路,通过多种渠道广泛征求意见,尊重民意,集中民智,保证决策的科学化、民主化。其三是行政民主。大学的管理者要能自觉地坚持公开、公平、公正的行政原则,使广大师生员工拥有知悉校务、参与管理、有效监督的权利。

民主管理既是构建现代大学制度的重要内容和大学内部治理结构的基本要素,又是大学的本质体现和办好一所大学的关键所在。

四、完善大学治理结构必须加强大学自身的制度与运行机制建设

"制度"是一个宽泛的概念,一般是指在一定的条件下形成的关系和行为的相对稳定的规范体系。机制是指各要素之间彼此依存,有机结合和自动调节所形成的内在关联和运行方式。制度是基础,是运行机制建设的根本。机制是制度运行的基本表征,在实现制度目标的同时又维护和促进制度的发展。制度具有规范性,机制具有灵活性,制度是强制执行,机制是自动调节。完善大学治理结构与加强大学自身的制度建设、运行机制建设相辅相成。当前,加强大学自身的制度与运行机制建设应当在以下几个方面进一步加强。

(一)加强高校党委的制度建设,建立和健全坚强有力的领导机制

在当前条件下,贯彻落实党委领导下的校长负责制,一方面要求学

---

① 刘国瑜. 生态视野下的中国特色现代大学制度建设[J]. 国家教育行政学院学报,2011(6):53-56.

校党委充分发挥在学校事业发展中的主导作用和核心作用，协调各方利益，健全党委和学校发展委员会的议事规则和决策程序，坚持重大问题、重大决策的党委主导、专家咨询、共同参与和学校发展委员会决策的程序，支持校长独立行政职权，充分调动校长和其他行政领导的积极性、主动性和创造性。另一方面，学校校长作为学校的法定代表人和负责人，在决策执行过程中要对学校党委和学校发展委员会负责，负起落实党委领导、执行党委和学校发展委员会决议，把党委和学校发展委员会的目标决策化为切实的行动措施和行动行为的责任。

一是健全党的集体领导和个人分工负责相结合的工作制度。首先要在学校党委领导班子中健全民主集中制，完善党内民主生活会制度，以及重大问题和重要事项决策前的咨询制度。这是坚持党委领导下校长负责制的根本保证。因为，"'党委领导'是利用集体智慧组成的集体决策机制。但党委领导非书记领导，不能偷换概念，大学校长作为大学的法人代表必须在党委的领导下，对大学行政管理行使最高权力并负最终责任，依法治校"[①]。其次学校重大问题和重要事项由集体讨论决定后，由分管领导负责组织实施。

二是制定"党委常委会议事与决策制度"。建立和健全民主科学的决策机制，在重大问题决策上，要增强透明度，充分发挥专家的决策咨询作用，做到重大问题和重要事项没有进行专家论证不决策，没有充分听取群众意见不决策。为此，学校党委应当对党委常委会议、党委书记办公会、校长办公会的议事规则、决策程序和领导行为加以规范，同时还可以成立"党委决策咨询委员会"等专家组织，邀请有关专家学者参与学校重大决策的咨询论证工作，确保决策的科学性和合理性。

三是党政领导定时沟通制度。正确处理党委领导与校长负责的关系。党委是学校的领导核心，总揽全局，统一领导学校工作。校长作为高校的法定代表人，在校党委的领导下，积极主动、独立负责、依法行使职权。党委应遵循"不抢事，不推事，做实事，抓大事"的原则，充分尊

---

① 赵俊芳. 现代大学制度的内在冲突及路径选择 [J]. 高等教育研究，2011 (9)：30-35.

重并支持校长、副校长行使职权,使班子中的每一个人都有具体明晰的职责范围和充分的行政决策权力。校长也必须尊重党委对学校行政重大问题和重要事项的决策权,例如学校发展目标与规划问题、财务问题、机构设置问题等。学校的重大问题和重要事项,由行政领导班子负责提出意见和方案,提交党委(常委)会集体讨论决策。党委讨论决定后,由最高行政决策机构讨论通过后,再由行政领导班子负责组织实施。

(二) 加强全委会制度的建设,建立和健全民主科学的决策机制

全委会是在党委的领导下吸收多元主体成立的一个常设决策机构。大致可由20~30人构成,具有制定学校章程、监督学校章程实施、制定诸如发展规划等事关学校发展方向的重要决定的决策权,具有制定事关学校发展全局的重大决议和事项等的决策权以及上述决策执行的监督检查权等。

全委会作为学校最高行政决策的常设机关,与当前大学已经或正在筹建的董事会和理事会有着根本的不同。全委会的组成人员主要以校内成员为主,吸收少量的社会官员、名流或精英参与,是学校的行政决策机构,有着具体且科学的权利边限、议事规则。其目的是在校党委的领导下,能够吸收校内各利益主体形成一个最高决策机构,通过民主协商和民主决策,在事关学校发展的重大问题上能够照顾学校发展相关利益主体的利益,是一个为建立科学民主且和谐持续发展的校内环境而设的行政决策机构。而董事会或理事会则是一个沟通学校与社会关系的重要机构,其成员主要由学校校友、社会名流、政府官员和企业家组成,组成人员主要来自校外,本质上是一个学校与社会沟通、互动、对话协商的机构,主要是为学校争取校外资源和支持,为学校发展提供一个良好、和谐的外部环境。在决策方面,全委会可以全体会议的形式进行集体决策,决策议题既可以是常规的议题,如学校年度重点工作、财务预决算、重大建设项目等的决策、年终检查,也可以是党委提请全委会进行讨论决策的重要议题,或者是全委会一定数量的成员、校领导认为有必要提请全委会讨论的议题,还可以是校长办公会认为需要提请全委会讨论决策的重要事项,等等。总之,全委会作为学校发展的最高行政决策机构,负责学校一切重大事项的决策权、检查权和监督权,其决策、决议具有最高的行政约束力。

(三) 加强学术委员会制度建设，建立和健全行政权力与学术权力和谐共舞的发展机制

《中华人民共和国高等教育法》第四十一条规定："高等学校设立学术委员会，审议学科、专业的设置，教学、科学研究计划，评定教学、科学研究成果等有关学术事项。"学校行政领导可以以专家学者的身份参与活动，但不得以行政权力的方式干预委员会工作。在组织结构上，各学术委员会不能采取行政首长负责、下级服从上级的组织结构，而应采取权威教授负责、平等协商的组织模式。学术功能仍然是其最为主要和不可撼动的部分，是大学成其为大学的关键[1]。说明了大学学术组织及其功能的作用。因此，应进一步落实《中华人民共和国高等教育法》，建立健全学术委员会制度，明确学术委员会的职责与权限，确保学者专家参与学术事务决策的权力落到实处，充分发挥学术委员会等学术组织的作用，加强学术权力[2]。然而，在当前，高校的行政化倾向越来越严重，侵害了学术自由和学术发展。行政权力不仅主导着学校的整体管理和资源配置，还不断地通过行政化手段侵犯学术权力的领地，比如职称评聘等，严重弱化了学术权力在高校决策中的地位。因此，在大学内部治理结构中必须在制度层面建立起行政权力与学术权力分工明确、相互协调和制约的管理机制。清晰界定哪些属于学术权力，哪些属于行政权力，然后制订明确完备的制度和流程，保证各自权力的有效实施，并协调好两者之间的关系。同时，进一步明确作为学术权力重要表达渠道的学术委员会的地位、职责和人员构成。学术委员会作为学校一级的权力机构，必须在学术事务中拥有独立的发言权、决策权和监督权。并通过制度确保其在行政事务上的咨询和制衡作用，在独立履行学术职能的同时，真正杜绝行政权力向学术权力的扩展和渗透。

---

[1] 张爱淑. 我国高校内部管理体制改革的动力探究 [J]. 中国高等教育，2009 (9)：30-32.

[2] 汤萱. 我国公立高校内部权力研究——基于治理理论的视角 [J]. 大学教育科学，2009 (3)：62-66.

同时，赋予教授委员会在学校教学、学术研究和学校管理方面的决策权和管理权。一方面，在学校一级成立学校教授委员会，赋予学校教授委员会在学校教学、学术研究和学校管理方面的权力；另一方面，还要建立院系一级的教授委员会，使得学校的管理中心下移。比如，国内大学二级院系率先实行教授委员会的东北师范大学，就在《教授委员会章程》中明确规定，学院教授委员会是学院改革、建设、发展中重大事项的决策机构，是学校建立"党委领导、行政管理，教授治学"新型高校管理领导模式的重要基础和保证学院自主管理与自主发展的必要组织形式。章程还明确规定，二级院系实行教授委员会集体决策基础上的院长负责制。东北师范大学通过《教授委员会章程》明确了教授委员会的构成、议事规则和权限，是大学内部治理结构的一个重要创新。因此，要建立现代大学制度，必须进一步完善教授治学的基本途径，进一步明确教授委员会的职责，通过规章制度赋予教授委员会在学校教学、学术研究和学校管理方面的决策权和管理权，充分发挥教授在大学发展中的作用。

（四）加强教职工代表大会制度建设，建立和健全深度对话与平等协商的共同参与机制

要充分调动教代会、工会、民主党派、学联、学生会等群体的民主监督作用。"我国高校内部民主监督的本质是'以权力制约权力'，其基本形式是教职工代表大会制度。新形势下教代会制度作为高校内部民主监督基本形式的地位不会改变，但其面临的问题和挑战导致高校内部民主监督乏力。强化高校内部民主监督效能，必须进一步明确教代会制度的功能，完善教代会制度的内容，创新教代会制度的形式，加强教代会制度的法制化、规范化建设，逐步构建以教代会制度为核心的高校民主监督机制。"[①] 因此，高校应进一步完善教代会具体工作制度，明确教代会工作机构内部管理制度，重点完善教代会代表选举和教代会日常工作程序，充分保障教代会成员的广泛性和代表性，积极探索教代会代表旁

---

① 毕宪顺，赵凤娟. 高等学校的民主监督与权力制约——以教职工代表大会制度为基本形式 [J]. 教育研究，2009（1）：86-91.

听学校重大决策性会议的相关制度。充分发挥工会、民主党派、学联、学生会等群体的民主监督作用，建立起学术的、群众的、经济的等多种监督机制。此外，还要在大学内部建立起深度对话和平等协商的机制，以公共利益为载体的多种权力相互制衡的权力运行机制，让多种权力在相关领域平等、有序地参与学校事务管理决策。

深度对话与平等协商是实现大学内部治理共同参与的基本机制。因为大学内部治理结构的形成和大学重要决策的形成是制度博弈参与人在经过多次重复博弈之后，从对立走向相互合作的过程。深度对话是指在大学制度、政策和决议制定与实施的过程中，采取全体会议或者代表会议等各种可行方式，围绕大学决策所涉及的各方面内容，在制度设计者或决策者与利益相关者之间进行面对面的深入交流，使各个方面的观点及诉求能够充分地表达出来，"一方面谋求大学制度的利益相关者对大学制度预案或者正在运行的制度有全面深刻的理解，另一方面也为大学制度设计者（处于领导地位的个体或者集团）提供了解该制度所约束的对象或利益相关者的不同意见的良好机会，进而为制度预案的科学化、正义化奠定坚实基础，并且可为建构心理契约创造有益条件。"[①] 平等协商则是指在深度对话的基础上，通过制度设计者或决策者与利益相关者之间的对等交流，并就制度、政策、决议所涉及的所有问题达成共识，协调处理好制度运行、决策执行过程中产生的各种利益矛盾或冲突，确保制定的政策、制度或者决议能够最大限度地体现利益相关方的利益。

（五）加快大学章程的制定和各项具体管理制度的修订，建立健全公开透明的权力调控机制

科学设置高校权力运行流程，严格按照程序行使权力，主要包括程序控制和公开透明两项内容。科学设计人事、内部财务管理、基建（修缮）项目、物资设备采购、科研经费管理、招生、国有资产管理等权力运行流程，融入制约环节，实现过程控制。深化校务公开，将公开透明运行的措施纳入权力运行流程管理。

---

① 陈彬. 大学制度正义：旨趣、机制与行动——基于罗尔斯和马格利特正义理论的双重视角 [J]. 清华大学教育研究，2008（5）：37-42.

《中华人民共和国教育法》第26条规定："设立学校及其他教育机构，必须要有组织机构和章程。"教育部《关于实施〈中华人民共和国高等教育法〉若干问题的意见》规定，"在《高等教育法》施行前设立的高等学校，未制定章程的，其章程补报备案工作由其教育主管部门制定规定逐步进行。"大学章程就是对办学活动中重大、基本问题作出全面规范而形成的基本文件，其地位相当于一个国家的宪法。大学章程应当明确规定学校的宗旨、权力配置、主要机构设置、议事规则等学校管理中的重大问题，是对大学制度体系的顶层设计，在促进现代大学制度建设中具有积极的作用，有助于从根本上解决目前我国大学存在的制度建设的民主性、科学性等问题。

及时清理和修订各项具体制度。根据《中华人民共和国高等教育法》的有关规定，大学有权就管理事项制定内部规章制度，规定学校的科研、教学、财务、学生管理等具体事项。但从实际情况来看，大学内部规章制度的立、改、废工作往往滞后，有些问题缺乏有效的制度约束，有些早期的规章制度已经不适合现在的形势，有的规章制度之间相互冲突，还有的甚至与国家法律法规不一致，导致大学管理水平和效率低下。因此，必须对大学及其办学的相关制度进行清理。一方面，国家行政机构对大学办学的相关制度进行清理，确保大学真正能够按照《中华人民共和国高等教育法》的规定，获得办学自主权。另一方面，对高校内部的相关制度进行清理，清理所有与现代大学制度不适应的制度，同时按照现代大学制度的要求建立一批制度，逐步建立和健全科学、公开透明的权力调控机制，真正实现依法治校。

第三节　全球化时代中国高等教育管理的困境与出路

当今世界已经进入了全球化深入发展的时代。经济全球化、文化多元化、信息网络化和管理分权化成为全球化的主要特征。高等教育也正在以前所未有的深度和广度融入全球化的浪潮中。全球化正在对高等教育的管理理念、管理体制、管理制度、管理模式产生着全面深刻的影响。全球化背景既给中国高等教育管理发展带来了新机遇，也使中国高等教育管理的改革面临一系列新挑战。研究全球化时代中国高等教育管理的困境与出路具有重要的时代价值。

一、全球化推动国际高等教育管理的改革与创新

时代的发展必然影响到高等教育管理的变革，全球化时代也对高等教育管理提出了一系列新的要求。这些要求具体反映在以下四个方面：

（一）经济全球化要求高等教育在管理制度上增强市场取向加快制度接轨

经济全球化的实质是市场机制在全球范围的推行。高等教育管理制度从宏观上讲是指规范高等教育管理主体管理行为的规则体系。

经济全球化首先要求高等教育在管理制度设计上增强市场取向。经济全球化推动了高等教育的市场化改革，使市场与高等教育的关系更为密切。高等教育市场化趋势主要表现在：政府减少公共拨款，降低高等教育经费在GDP中的比例；改变对高校的经费拨款方式，引入竞争机制；举办私立高校，扩大私立高等教育规模；高校拓宽经费渠道，实行学费政策和提高学费水平；激励高校进行技术转让、开展培训、网络教育和其他有偿服务、招收自费留学生，拓展海外教育市场等。高等教育市场化趋势的加强，首先是受新自由主义思潮兴起、知识商品观与高等教育私人产品观的理论影响。20世纪70年代凯恩斯主义在西方遭到广泛批评，新自由主义乘势而起，首先在英国、美国产生重要影响，其影响进而扩展到西欧、北欧、加拿大、日本、苏联以及拉丁美洲和东欧等许多国家。新自由主义的主要政策就是私有化、市场化、放松管制和削减社会福利等。其次，高等教育市场化有着高等教育规模扩展与高等教育财政紧张等现实根源。过去几十年，许多国家面临高等教育大众化或普及化的压力，高等教育财政紧张是一种世界性的普遍现象。表现在：高等教育经费占GDP比例下降，如1993年到2000年英国高等教育经费占GDP比例从1.2%下降至1.0%，1975年到1988年澳大利亚公共高等教育经费占GDP比例从1.36%下降至0.99%；高等教育经费中公共经费比例下降，如1980年至1990年十年间，美国州政府高等教育经常

性经费下降了4.3个百分点,英国、澳大利亚下降比例比美国更快①。其三是国际货币基金组织、世界银行、世界贸易组织等国际经济组织的大力推动。这些组织在推动各成员国在高等教育管理制度设计上增强市场取向,包括出台学费制度、发展私立高校、开放教育市场,消除贸易壁垒,推动教育服务自由化等方面发挥了极其重要的作用。

经济全球化要求加快高等教育管理制度国际接轨的进程。经济全球化促进了高等教育市场的全球化,也推动了包括学生和教师的国际流动、科研项目和教育机构的国际合作、教育信息的国际交流等在内的跨境高等教育的蓬勃发展。以生源的国际流动为例,统计显示自2000年以来,全球的留学生人数增长了75%,2009年,世界上有343万跨境学习的外国学生,据预测2025年将达到720万人②。但由于各国原有的高等教育管理制度在办学资格认定、学位认证、质量标准等方面的规定不同,给跨境高等教育的开展造成了一定的制度障碍。为消除这些障碍,区域性和国际性的教育合作协调组织出台了一系列的共同管理或指导制度文件,如2004年,国际大学协会与美国教育理事会、美国高等教育认证委员会、加拿大大学与学院联合会共同起草了《分享优质的跨境高等教育:一份代表世界范围内高等院校的声明》,该文件界定了跨境高等教育的基本原则,并对各国实施跨境高等教育提出了合理建议。2005年,联合国教科文组织联合经济合作与发展组织制定了《跨境高等教育提供质量指南》,旨在保障跨境高等教育质量,保护利益相关者权益,推动跨境高等教育健康发展。这一系列文件的出台目的在于促进跨境高等教育等管理制度的国际接轨。

(二)文化多元化要求高等教育在管理理念上强化开放包容实现自主创新

经济全球化必然打破文化强权的旧世界文化格局,冲决文化封闭和文化隔离的樊篱,带来全球文化前所未有的大交流、大冲突,并呈现出

---

① 蒋凯.高等教育市场及其形成的基础[J].高等教育研究 2013(3):9-20.
② OECD. Internationalization and trade of higher education—challenges and opportunities [R]. Paris, 2004.

排斥与融合并存、同化与坚守同在的文化多元化局面。文化多元化必然要求以选择、交流、传播与创新文化为重要功能的高等教育,在管理理念上作出新的调整。

文化多元化要求进一步增强开放包容理念。不同国家和民族在自身的发展历史中形成了各具特色的本土文化,这些文化之间既有差异又可互补,都是人类共同的精神财富。全球化推动各种异质文化间的交流、碰撞与融合,进而形成更具生命力的世界文化和本土文化。当今高等教育发达的国家和地区,无不对多元文化采取开放包容的态度,以吸收不同文化的精髓,形成推动高等教育发展的文化合力。各国大学更应该成为多元文化荟萃的熔炉,让不同文化在大学中平等竞争、自由发展、相互学习、不断完善。美国许多大学都注重通过多元文化教育来促进文化的多元化,如要求学生选修一定数量旨在了解异域文化的课程,规定学生必须熟悉一种非西方文化。哈佛大学在 2010—2011 学年中就开设了 43 门外国文化课程,课程内容涉及欧洲、亚洲、非洲以及拉丁美洲等各个地域的宗教伦理、社会发展、政治体制、文学艺术成就等[①]。除了课程设置外,美国大学在学生文化社团活动等各种教育教学活动中均给予各族裔学生、教师宣传本民族文化的自由,从而促进学生形成平等的人际观念、开放的全球意识、持续的创新能力。美国是当今世界高等教育最发达的国家,在英国《泰晤士报高等教育副刊》(Times Higher Education)与 IDP 教育集团发布的 2011—2012 年世界大学排名中,美国拥有前 200 所大学中的 75 所,占据世界第一位置[②]。其发达正是得益于多元文化在大学中的碰撞与融合。

文化多元化要求进一步强化自主创新意识。全球化意味着文化,尤其是价值观念与话语体系理念在全球的传播。在高等教育领域最强大的全球化文化力量包括市场理念、政治理念,以及相应的话语体系。全球化进程中,市场化理念已经渗透到高等教育的各个领域,政治理念也通

---

① 周海燕,周景辉. 美国大学的多元文亿教育及其启示 [J]. 外国教育研究, 2011 (9):60-64.

② 新浪网. 泰晤士报 2012 世界大学 200 强 [EB/OL]. (2011-10-08) [2016-08-12].

过政策变革彰显其力量。全球化的话语体系"构成了高等教育全球化的理念模型,包括认知的和本体的现实模型,指出了世界各国应该吸收的合理建议,包括高等教育本质、目的、资源分配、治理等方面。这些理念'存储'在政策文件中,从国际组织以及高等教育强国那里传播开来"。诚然,"全球化不能被简化为将同样的政策统一强加给所有国家",全球化"影响国家高等教育制度或政策的过程及机制本身就是多元化的",也是"一种内化和本土化的过程"①。因此,各国在推进高等教育管理改革过程中,必须处理好"移植与创新"的关系,也就是既要合理借鉴广泛传播的理念模式,更要注重将本国国情与高等教育管理的理念、制度与模式自主创新结合起来,形成本土化的特色。

(三)信息网络化要求高等教育在管理模式上建立共享网络实现高效透明

经济全球化与文化多元化的进程为信息网络化的形成提供了强大需求和动力,而信息网络化快速发展又为经济全球化与文化多元化提供了更为先进的技术与手段。信息资源的广泛开发和网络技术的充分利用,不仅改变着社会的组织与管理方式,也极大地影响着高等教育的管理模式,亦即要求高等教育管理主体改变传统的管理方式、方法与手段。

信息网络化首先要求在高等教育管理模式上建立共享网络。传统高等教育管理模式在信息的收集、整理、分析和传递上基本是手工操作,管理的效率低下,管理信息传播的速度和广度非常有限。网络信息技术使现代高等教育管理摆脱了传统手工操作的束缚,实现了管理信息收集的自动化、信息分析的智能化并使信息的发布和获取突破时空限制,使人们能够随时随地实现信息的交流沟通,为建立高等教育管理信息的校际乃至国际共享网络奠定了技术基础。近年来,为实现高等教育质量保障信息的国际共享,国际性和区域性的高等教育质量信息共享网络相继成立,如国际高等教育质量保证机构网络(INQAAHE)1991年成立于香港,目的是形成一个高等教育外部质量保证机构的共同体,收集并传

---

① 毛亚庆,吴合文.多维视角下的高等教育全球化[J].清华大学教育研究,2012(2):48-54.

播高等教育质量评估、改进和维护等方面理论与实践的信息。北欧质量保障机构网络组织（NNQAA，1992）、亚太地区质量保障网络组织（APQN，2003）等区域性质量保障网络组织也发展迅速。这些机构对跨境高等教育机构的办学资质和教学质量进行评估，并将评估结果在网络上公布，从而为世界各国政府、高校和个人开展跨境高等教育活动提供了重要的决策参考[1]。

信息网络化还要求增加高等教育信息的透明程度和提高管理效率。信息传递的超时空化拉近了高等教育管理者和被管理者的距离，扩大了公众对管理过程的知情权和参与权，客观上要求高等教育管理过程要公开透明。世界贸易组织对各成员间的贸易活动包括高等教育服务贸易的一个重要原则就是保证相关法规、制度和商品信息的公开透明。如在跨境高等教育中，教育输出国和输入国都重视信息的收集和公开。美国高等教育认证理事会（CHEA）作为一个高等教育认证协调机构，建立了一个经美国认证机构认证的、包含有31个国家的高等教育机构的数据库。美国还规定所有招收留学生的院校都必须加入学生和交流学者信息系统。澳大利亚政府也创建了跨境高等教育项目目录，该网站公布澳大利亚各院校及其境外的跨境高等教育项目的有关信息。一些国家和地区公开了其引进的跨境高等教育项目的信息，如中国香港特别行政区为引进的跨境高等教育项目开发了专门的数据库，并在香港教育局官方网站上公开，公众可直接检索查询相关信息[2]。伴随着信息网络全球化的进程，世界高等教育管理模式也日益呈现出公开性、民主性、科学性、规范性等特征，从而使高等教育管理效能获得极大提高。

（四）管理分权化要求高等教育在管理体制上减少政府干预扩大高校自主

全球化浪潮对世界各国都带来挑战和压力，为适应经济全球化及由此形成的新的竞争规律和态势，必须不断改革原有的行政管理模式，这

---

[1] 张进清. 跨境高等教育研究 [D]. 西南大学博士学位论文，2012：84-85.
[2] 张进清. 跨境高等教育研究 [D]. 西南大学博士学位论文，2012：125-126.

就是从集权走向分权。管理分权化也是管理民主化的重要标志。高等教育管理体制亦称高等教育行政管理体制，主要是指各级政府对各种形式高等教育的管理和监督方式，主要反映大学、政府、社会三大主体在高等教育资源配置上的权力划分关系。

管理分权化要求高等教育在管理体制上减少政府干预。管理分权化的实质就是要求政府合理分权，减少活动范围，提高管理效率。20世纪70年代，西方许多国家开始奉行新自由主义，政府由"无限政府"转向"有限政府"，同时进行高等教育管理体制的改革，改革的趋势是注重发挥市场机制的作用，减少政府对高等教育的直接干预，增强高等教育机构的自主权力，如不少国家政府将对大学的财政资助政策由原来的直接投入转变为竞争性投入，即按照大学的绩效完成情况给予资金资助。美国、澳大利亚等国家将一部分资金以教育券或助学贷款的形式发放给学生，将学生作为政府投入的直接对象，有效提升教育资源投入的效益。有些国家政府为了鼓励大学提高办学质量，鼓励民间性质的专业机构来对大学进行资格认可和质量评估等工作并认可其评估结果，如英国的中央教育审议会和地方高等教育审议会、法国的高等教育及研究审议会、日本的中央教育审议会，其组成人员除行政官员和专家学者外，还包括教职员、社会各界人士和专业团体代表等，从而保证了评审的客观性和专业性。

管理分权化同时要求高等教育在管理体制上扩大大学的自主权。高等教育全球市场竞争要求大学提升资源利用效率，降低运行成本，增强对环境的适应性，形成办学特色。当前各国政府均注重通过改革减少对大学的财务、人事、课程等方面的管制，由学校自行制定收费标准、规划课程、协商各类合作契约。如日本于2004年开始对国立大学进行法人化改革，旨在改变以往日本国立大学作为政府行政机构的身份，赋予其管理自主权，并推动大学财政自主[①]。美国高等教育系统素有分权、自主和多样性等三个明显的制度特征，美国前总统奥巴马颁布的《力争

---

① 蒋凯. 全球化时代的高等教育政策走向及其批判性分析 [J]. 大学教育科学，2013 (3).

上游计划》更是空前强调了教育分权。澳大利亚联邦政府给予大学根据自身的成本核算，对学费做出适当调整的自主权①。

二、全球化使中国高等教育管理面临新的困境

全球化既给中国高等教育管理发展带来了新机遇，也使中国高等教育管理的改革面临一些新的困境。

（一）重计划轻市场、重物本轻人本导致高等教育在管理理念上的偏颇

改革开放以来，中国在推进社会主义市场经济发展上取得了巨大成就。市场机制逐渐成为社会资源配置的主要手段，市场竞争理念深入人心。加入世界贸易组织后，中国各个行业的市场化改革进一步向纵深发展。中国在高等教育领域也进行了局部的市场化改革，但由于教育行业的特殊性，有些改革还停留于表面，在管理理念上还存在诸多偏颇之处，进而阻碍了高等教育的健康发展。

一是重计划轻市场的管理观念阻碍了高等教育公开、公平竞争环境的形成。

我国实行从计划体制向社会主义市场经济体制转变的主要目的是为了创造一个公平、健康的市场竞争环境。在重计划轻市场的观念支配下，我国高等教育运行中仍然存在许多不公平的现象：一是高等教育办学体制上，基本还是以政府举办为主，民间资本由于缺乏系统有力的法制和政策保障，在参与办学的竞争中往往处于不利的地位；二是在办学资源的配置上，很大程度上仍是以政府直接投入为主，尚未建立以绩效为基准的竞争性投入机制，更由于政府在经费投入上突出按"钦定身份"（亦即人为将高校分等定级），向重点高校倾斜的配置政策，使不同高校在获取财政拨款和科研资助等方面存在明显差异；三是在高校生源配置上，由于"钦定"的学校级别，使得不同高校招生的质量和数量存在不公平；四是在高校学习过程中，尚未形成学生自主选择、自由转换专业或学校的机制，导致大学生在受教育过程中的不公平；五是在毕业

---

① OECD. Organization for economic cooperation and development—education in a changing economy and society [R]. Paris, 1989.

生就业上,由于缺乏一个公正、客观的评价标准,用人部门只能按照学校级别选人用人,造成毕业生就业上的不公平。

二是重物本轻人本的管理观念阻碍了高等教育全面、协调发展的进程。

受传统发展观的影响,我国高等教育在发展中存在明显的重物本、轻人本的观念,造成高等教育发展取向的偏颇,进而阻碍了高等教育全面、协调发展的进程。其表现为:在发展取向上,重规模扩张,轻育人效益,造成数量攀升而质量下滑;在功能取向上,重派生功能,轻育人功能,在派生功能中,又重经济功能,轻文化功能,造成功能失调,本末倒置;在经费取向上,重硬件建设,轻软件建设,造成大楼林立但大师稀少,仪器设施先进但育人思想落后;在专业取向上,重技术学科,轻人文学科,造成功利思想泛滥,人文精神失落;在职能取向上,重科研,轻教学,对科研成果的评价重指标考核轻积累效应,造成教学环节弱化、泡沫学术泛滥[①]。

(二)重集权轻分权、重约束轻自由导致高等教育在管理体制上的僵化

减少中央对高等教育的集中控制,赋予地方政府和大学自主权,促进地方政府和大学因地制宜,发挥自身优势,彰显办学特色,提高办学竞争力是当前各国在应对高等教育全球化竞争时进行高等教育管理体制改革的共同特征。经过多年的体制改革,中国高等教育管理体制基本上形成了"中央和省级政府两级管理、以省级政府管理为主"的权力分化格局,省级政府在专科层次高校设置、硕士学位点设置、高校专业设置等方面拥有了实质性的自主权。但政府对高校的管理手段仍较落后,管理体制上的缺陷越来越成为制约我国高等教育创新发展的主要障碍。

缺陷之一是重集权轻分权限制了高校办学自主性的充分发挥。"我国高等教育管理体制虽已形成'集中领导、分级管理'模式,但在实际管

---

① 董泽芳,张国强. 科学发展观与高等教育和谐发展 [J]. 高等教育研究, 2006 (1):1-6.

理中仍存在集中领导易、放权管理难的特点。"① 这一特点突出地反映在省级政府和地方高校的权利划分上，省级政府的权力过于集中，对地方高校"管得太细、统得过死"的状况未能彻底改变，地方高校在招生办法与名额确定、校长任免与教师评聘、机构设置与结构调整、产学合作与国际交流、教授治学与教学自由等方面仍然自主有限。由此压抑了地方高校的自主办学主动性，造成了部分高校决策者认为在办学理念、发展模式上不需要花更多心思的想法。这是当前中国高校办学理念雷同、盲目跟风攀比、相互简单模仿、争相开设热门专业、同质化现象严重的重要原因。

缺陷之二是重约束轻自由妨碍了高校制度的自主创新。通过制度创新促进高等教育发展是全球化背景下世界各国的共同举措，虽然不同国家在高校的制度上存在差异，但高校的本质使不同国家的大学制度仍会显示出一些共性，这些共性较为集中地反映在现代世界一流大学的制度中。一流大学制度除了应该在政治组织体制上具有一定独立性外，还应该在学术思想上具有较大的自由性。而我国当前保持公办大学正常运转的各种资源，如经费来源、专业设置、招生计划等主要由上级教育主管部门控制，使公办大学依附性太强，独立性不够。同时，由于大学被外部力量赋予了越来越多的职责，其自身的发展思路必然受到挤压。大学为了得到政府和各相关利益集团的资助和庇护，不得不将现实社会与相关利益集团的目标作为或混同于大学自身的发展目标。过多外力的限制，使得大学的学术自由受到过多限制，进而使人才培养和科学研究机制逐渐失去活力。

（三）重人治轻法治、重行政轻学术导致高等教育在管理制度改革上的滞后

经济全球化与文化多元化一方面推动了大学规模的膨胀与"巨型结构"的发展，另一方面又促进了大学多种亚文化的发展与异质程度的加深②。规

---

① 李海鹏. 新时期发达国家高等教育管理体制改革特点及启示 [J]. 国家教育行政学院学报，2012 (9)：91-95.

② 姚加惠，李泽彧. 冲突与协调：现代大学管理的民主化与科层化 [J]. 江苏高教，2006 (2)：25-29.

模扩大与文化多元势必要求高等教育管理制度作出变革。然而在我国有两大因素阻碍这种变革：

一是重人治轻法治的传统使经验式管理继续大行其道。在我国，由于传统人治思想根深蒂固，尽管近年来在依法治教上做出了很多努力并取得了一定成效，但从整体看，高等教育管理制度仍然具有突出的重人治轻法治的特征。人治意味着管理的目标、方式和评价成果的标准取决于管理者个人的观念、喜好，管理者的更换将对管理工作造成巨大影响。从当前中国高等教育管理看，人治现象依然较为普遍。如高等教育发展规划的执行、经费投入、项目建设等常因政府管理部门的主要领导的思想变化或职位易人而遭遇变数。而人治通行则必然弱化法律的权威，导致诸多方面的问题，或无法可依，或有法不全，或执法不严。这种管理制度"缺点在于过分依赖传统的习惯和个人的判断，一旦管理者的道德取向、分析能力出现问题或者形势的变化超越了现有的经验，就会使管理活动陷入混乱。经验式的行政管理大行其道，这就从根本上忽视了大学的学术性特征，抹杀了思想上的活跃性，使大学失去了不断发展创新的生命力，而且容易滋生官僚体制"[①]。

二是重行政轻学术的现实使科层式管理仍占据中心地位。大学是一个集知识创新、知识应用、知识传播于一身，融教学、科研、社会服务为一体的学术性机构，学术性是大学的根本属性，学术活动是大学的本质活动，大学的人才培养、科学研究和社会服务等职能都必须以学术为中轴。因此，遵循学术发展规律，真正把大学作为学术组织来建设和管理，是现代大学追求卓越的必由之路。而大学又是一个目标多元、职能多样、管理复杂的社会组织，有效的大学治理应该是既充分重视学术的自由发展与发挥教授的权威作用，又要有明确的办学方向与有力的行政管理。只有将大学的行政管理与学术管理协调好，大学内部管理体制才能最大程度地发挥效率。近年来，我国在协调大学内部行政权力与学术权力的关系上虽采取了不少举措，并取得了一定进展，但长期以来形成

---

① 李鑫. 谈我国高等教育管理中的人本管理理念[J]. 企业家天地：理论版，2011（1）：18-31.

的以党政为重心的大学内部管理体制，不断膨胀的行政权力产生的惯性并未减少，"长官作风"、"一言堂"、"以权代法"等管得过多过死的现象仍然存在，通过行政命令、领导指示、政策规定等方式干预学术事务的现象屡见不鲜。重行政轻学术的现实不仅使科层制管理仍在多数大学占据中心位置，而且使大学发展偏离了目标，悖离了本质。

（四）重分设轻整合，重保密轻公开导致高等教育在管理模式上的困境

信息网络化要求高等教育在管理模式上建立共享网络，提高运作效率，增加透明程度。为了适应这一形势，中国教育部于2002年颁布实施了《教育管理信息化标准》，同时采取一系列措施加快高等教育管理的信息网络化建设。经过10多年的努力已取得较快的进展，如创建了高等学校办学基本信息数据平台、教育事业信息统计制度、高等学校人才培养年度报告发布制度、大学生就业状况发布制度、留学预警发布机制等。这些举措对优化高校组织结构和工作流程、提升管理效率、推进管理模式由传统向现代转变起到了巨大的推动作用。但从总体上看，中国高等教育在管理模式改革上仍然存在一些困境。

一是在高等教育管理信息平台建设上重分设轻整合造成信息流通不畅。目前中国高等教育管理信息平台分设的种类繁多，涵盖教学建设信息、学生信息、后勤与资产管理信息等多个方面，但由于缺乏前期整体规划，各信息平台又执行不同的信息收集和编码标准，导致信息无法对接整合，形成"信息孤岛"，不仅造成了信息重复收集和管理成本增高等问题，还因相同信息数据口径不一而导致管理的混乱。由此阻碍了管理信息与国际的接轨和国内的共享，造成中国与国际高等教育协调组织或高等教育大国之间在高等教育管理信息上的流通不畅、分享困难，给中国政府与社会大众及时掌握国际高等教育，特别是境外高等教育机构的真实信息造成极大障碍，增加了不少中国高校开展对外合作办学的困难，以及中国学生出国留学上当受骗的几率。

二是在高等教育管理信息的发布制度上重保密轻公开导致信息分享困难。一个国家管理信息的公开透明程度往往要受该国政府对自身角色定位的影响。"服务型"的政府以满足公众的需要为宗旨，认为为公众

提供全面准确的信息服务是政府的重要职责之一。"管理型"的政府认为披露过多的信息会对公民安全和社会稳定造成危害。虽然中国政府机构正在实现由"管理型"角色向"服务型"角色转变，但在信息服务、政务公开等方面还存在诸多障碍，信息的发布还没有充分利用现代信息网络技术的优势。具体到教育管理部门来看，近年来信息公开的程度有所提高，但多局限于概述性的报告和信息，对于高校的专业与课程设置、教师的管理与调动、学生的招生与就业等详细信息则往往不予公开，极大地阻碍了信息提供对利益相关者的决策参考作用，也在很大程度上限制了公众对高等教育管理的民主监督。

三、中国高等教育管理适应全球化要求的主要方略

为适应全球化的要求，中国高等教育管理改革应该遵循四大方略。

（一）确立"以人为本""和而不同"的高等教育管理理念

尊重人的主体地位，促进人的发展是全球化时代各国高等教育的共同追求。中国高等教育管理要适应这一发展要求，首先要实现管理理念的创新。

一是要确立"以人为本"的管理理念。坚持"以人为本"，前提是落实"以生为本"，重点在抓好"以师为先"。"以生为本"就是要把学生看成高校的生存之本和发展之本，真正树立"一切为了学生，为了一切学生，为了学生的一切"的办学观念，就是要在管理中把促进学生的和谐发展作为一切教育活动的出发点和教育改革的立足点。在这一观念的支配下确定有利于学生发展的培养目标，建立适应学生共性与个性和谐发展的课程体系，构建多样化、有特色的人才培养模式，形成有利于学生主动参与的管理制度，建设以生为主、师生平等、教学自由的校园文化等等。促进学生和谐发展的主体是教师，"以师为先"就是要认识教师的劳动与价值，充分发挥教师的智慧和才能，就是要尊重教师的学术自由，突出教师学术权力在高校的主导地位，提高教师参与学校管理的积极性与可能性，就是要关心教师的工作和生活，提高他们的福利待遇，关心他们的前途与发展，为他们提供施展才华的机会与条件。

二是要确立"和而不同"的管理理念。所谓"和"就是以开放平和

的态度对待国外的管理理念和方法,辩证分析其优势和缺点,借鉴吸收其对中国高等教育管理水平提高有促进作用的部分,实现中西管理的优势互补,交流融通。所谓"不同",就是在学习他人的同时不能失去自我。要在"立足本土"的基础上"拥抱世界",博采众国之长,结合中国国情,开创具有中国特色的高等教育管理之路。例如效率为本的管理理念,强调管理过程的科学化和标准化,对于克服中国传统高等教育管理主观随意性强的缺点具有现实意义。人本主义管理理念强调个体的自主发展,强调个人对组织决策的参与,对消除中国传统高等教育管理重集体目标轻个体目标的缺陷具有重要启示。后现代教育思潮下的多元整合管理理念,强调对话、理解、交流、解释等在管理中的作用,对于化解中国传统高等教育管理中集中有余、民主不足的困局同样具有指导作用。同样,中国悠久文化中也蕴藏着丰富的管理智慧,值得在新形势下发扬光大。如"以德为先,以德治国"的管理思想强调道德感化、价值引导,在当前功利主义泛滥的管理现状中更彰显其现代价值。"以和为贵,中庸为道"的管理智慧对处于内、外部复杂多变环境的高校实现自我和谐仍然具有深刻的启示意义。

(二) 建构"宏观调控""自主灵活"的高等教育管理体制

要适应全球化的激烈竞争,中国高等教育管理体制要进一步理顺中央政府、地方政府、高校和社会四个行为主体之间的关系。

首先要求中央政府和地方政府进一步转变职能。从中央政府看,需进一步加强科学管理,完善宏观调控,也就是调控的方式要从直接调控管理转变为间接调控管理;管理的手段要由行政干预、计划命令转为统筹管理、政策指导、组织协调、信息服务与评估监督;调控的内容主要是发展规划的制定、经费预算与统筹、教育机构的设置、各类证书与学位标准的制定、质量标准的监控等。从地方政府看,需进一步转化角色意识,强化统筹行为,提高统筹效能。随着高等教育管理体制改革的深化,地方政府已获得了较大的地方高等教育统筹权,但不能仅仅是把高校管理主体由中央变成地方,而是要从过去的"执行"角色转换为切实承担"统筹"重任的角色,优化高等教育资源配置,协调地方高等教育与地方社会经济发展的关系。

同时要落实高校法人地位使之真正成为自主灵活的办学实体。应借鉴西方的契约理论和委托代理理论构建政府与高校的契约关系。从法律和制度上增强和明确高校在人事管理、机构设置、学科专业设置等方面的自主权。引导各类高校依法制定学校章程，依据章程进行自主管理。要通过各种改革不断增强高校适应社会的主动性、灵活性与高效性。如通过改革考试和招生制度，健全自我选择机制，通过提高教育质量，健全自我发展机制，通过加强内部管理体制改革，健全自我激励与约束机制。要发挥社会中介组织作为政府与高校之间关系缓冲器的作用，鼓励各类教育中介组织参与高等教育的质量评估与监督，健全社会参治机制。

（三）完善"刚柔相济""内通外联"的高等教育管理制度

"刚柔相济"即严格的管理制度与宽松的管理氛围相结合。高等教育管理必须有健全的制度体系。大学制度体系建设应着力于三个层面。在核心制度上，应通过理顺大学与政府、社会的关系，使自主管理、学术管理的理念落到实处；在一般制度上，应通过健全学术民主管理的组织机制，改革现行权力分配结构，强化大学运行中的学术权力；在具体制度上，应建立既有分工又有协作、责任明确的大学法人制度，组织人事制度，教育与科研制度，学科建设与学术保障等制度。同时必须明确加强制度建设不是为了约束人、管制人，而是要通过制度来解放人的思想、引导人的行为、激发人的潜能。因此在各项制度中要充分体现人文精神，制度制定要充分发扬民主，真正反映民意，制度执行要让大家心情舒畅。总之，以和谐的理念与方法关心人、激励人，使管理人格化、弹性化。

"内通外联"即国内相关管理部门在制度设计上要协调沟通，同时能与国际上的相关制度联通对接。一方面要做好"内通"，就是涉及高等教育国际合作事务的教育、商务、外汇、外交、出入境管理等各个部门，在修订、完善各自的相关管理法规和制度时，要加强协调沟通，避免法规和制度的相互冲突。另一方面做好"外联"，就是要在维护国家教育主权的前提下，根据高等教育参与全球竞争的需要，结合国际通行原则，对《中华人民共和国教育法》、《中华人民共和国高等教育法》、《中华人民共和国教师法》、《中华人民共和国民办教育促进法》和《中外合作办学条例》等相关法规、条例进行修订、完善并出台具体配套的实施办法。同时要依据国际高等教育协调组织的相关规定和标准，抓紧高等教育具体管理制度的建设，如修订学位制度，制定境外高等教育机构来华办学资质认定标准、教学质量评估标准、学分认证与换算标准等，以实现中国高等教育法规和管理制度与国际的有效接轨。

（四）创建"信息共享""高效透明"的高等教育网络化管理模式

首先要尽快创建和完善"信息共享"的网络平台。主要对策有三：一是要落实规划。中国《教育信息化十年发展规划（2011—2020年）》已对中国教育管理的信息化建设作出了总体部署，当前重在落实。二是要统一标准。各信息收集统计责任单位要认真执行教育信息化标准，保证数据的口径、信息编码格式等方面的标准统一，以有利于信息共享和提高信息资源使用效率。三是要对接国际。一方面要尽快加入国际高等教育质量保证机构网络和亚太地区高等教育质量保障网络组织，获取国外高等教育机构的办学资质、教学质量等真实信息，及时向公众发布，为国内高校开展跨境高等教育合作，为学生留学申请或选择其他境外高等教育交流与合作项目，提供准确及时的信息参考。另一方面要将国内高等教育的真实办学情况、人才培养特色、科研水平、政策环境等信息通过国际或区域组织的权威网络平台向世界发布，以展示中国高等教育的发展成就，加深世界对中国高等教育的了解，吸引更多国外高水平大学与中国高校开展合作，吸引更多的优秀学生到中国大学留学或参加各项交流活动。

其次要利用现代网络技术改造传统管理模式，实现"高效透明"。所谓"高效"就是利用现代网络技术推进高校服务与管理流程的再造，推行网络化办公，以提高管理效率。所谓"透明"即打造阳光政府，推进管理的民主化和透明化。一方面要充分利用现代网络信息技术提高管理信息的公开程度，除了确属于国家秘密依法不予公开的信息之外，其他高等教育管理的法规、制度、标准等信息都应网上公布，特别是涉及高等教育招生办学资质、专业设置、教学质量、学生奖助学金、学生就业等方面的信息应该尽量详细公开。另一方面要提高信息服务质量，除了加强信息网站建设外，还应鼓励高校利用微博、微信等新兴网络信息工具，让公众随时随地都能够获取相关信息，以增强公众获取信息的便捷性。

第四节 关于高考改革取向的思考

取向是指人们对某些事物的发展方向作出的选择或是对事物发展结果的期望。改革取向影响着人们的改革态度，支配着人们的改革行为。在政策层面的高考改革取向一旦确定，就会转化为指导高考改革的基本理念或指导思想，并直接影响我国高考改革的预期目标和改革政策的制定。我国高考改革应该有怎样的取向？本文将从改革的目标、价值、过程以及考试与招录两个环节作出理性探讨。

一、以人为本：高考改革的目标取向

目标取向是人们在一定价值观念支配下形成的对事物发展的理想境界的期望。正确的目标取向对于整个高考制度的改革具有重要的导向作用。在大力推进素质教育和努力提升高等教育质量的背景下，我国高考改革的目标取向应凸显以人为本，即把人的发展置于高考改革的中心位置，以发挥高考"以考促教、以考促学、以考促发展"的根本作用，以努力实现人的全面发展为高考改革的出发点和落脚点。高考改革凸显以人为本的目标取向源于三大诉求。

首先是促进人的和谐发展的强烈呼唤。构建和谐社会是在社会主义初级阶段为了全面建设小康社会而提出的一个发展战略，是落实科学发展观的重要体现。教育和谐发展不仅是社会和谐发展的主要构成部分，更是加速和谐社会主体培育的重要途径。作为社会主体的人的和谐发展，既是社会和谐发展的目的，也是社会和谐发展的条件。人的和谐发展包括整体的和谐发展与个体的和谐发展两个层次，而整体的和谐发展又包括数量的增加、质量的提升与结构的优化，个体的和谐发展则包括共性发展与个性发展。从这一视角出发，高考改革追求的目标应该是普适性与多样性的结合。所谓普适性就是高考的时间、方式，特别是内容，能让绝大多数考生较好地适应，而不能只迎合少数人的需求。高考的普适性有利于满足人民群众日益增长的文化需求，让更多的人能够上

大学和促进人的共性发展，也有利于高等教育的规模扩大。高考的多样性就是考试的时间与形式多样化，选拔的策略与维度更灵活，作为利益主体的学生有更多自主参与、自由选择的机会，从而有利于促进学生的个性发展和推动高等教育的质量提升与结构优化。

其次是全面推进素质教育的必然选择。当前，我国基础教育的主要任务是全面推进素质教育、促进人的全面发展。素质教育是塑造品质、培养能力的教育，是一种过程性教育，它注重用科学的教育理念和方法对受教育者施加影响，因此素质教育的这种非功利性质，决定了它应该而且必定是"以人为本"而非"以考为本"的教育。如果我们的考试制度"以考为本"，即一切从考试出发，教师"为考而教"，学生"为考而学"，就与素质教育的要求相去甚远。高考改革凸显以人为本的目标取向，蕴含的是一种以人为本的人文情怀，追求的是一种全面均衡的发展目标，倡导的是一种面向未来的价值追求；在以人为本理念的指导下，要把考试变成促进学生全面发展的手段，使考试真正成为实施素质教育的有力助推器。

其三是高考制度自身改革的迫切要求。在我国通过高考改变个人命运，实现"鲤鱼跳龙门"式的地位变迁，有着复杂的历史文化根源与现实政策根源。即使是在高等教育逐步走向"普及化"的今天，高考仍然被一种"神圣"的光环所笼罩，广大考生仍然是把通过高考接受高等教育进而实现改变命运、阶层流动乃至人生价值的最佳途径。高考逐步被异化为实现个人向上流动的工具，乃至整个基础教育的目的，并由此演化出种种弊端。"一考定终身"、"一分定高下"的考录模式把学生引进书山题海，使不少学有专长的学生不得不割舍自己的爱好和特长，把有限的学习时间和精力分散到众多考试科目中，从而压抑了学生的兴趣爱好，扼杀了学生的创新精神，摧残了学生的身心健康，阻碍了学生的素质养成。

凸显以人为本的改革取向，目的就在于克服高考的种种弊端，使考试形式变得灵活多样，考试评价和选拔录取方式趋于多元，考生在参与考试及选拔中的主动性更高，最终使高考回归到考试自身，合理发挥考试应有的考查、评定、反馈、预测、激励、导向和优化等功能。

二、公平至上：高考改革的价值取向

价值取向是人们在对一定事物的价值认识的基础上作出的价值选择。不同的价值取向满足不同价值主体的不同需求，并直接影响着价值主体对改革的不同态度和行为。在我国，关于高考改革价值取向的争论主要集中在公平性、科学性与效率性三个方面。公平性的价值取向，侧重于满足对考生权利的保障，它强调考生在享受公共教育资源，尤其是高考机会时受到公正和平等的对待；科学性的价值取向，侧重于满足对学科及人才成长规律的尊重，它强调的是在高考中科目的设置、内容的确定、方法的选择、指标的投放与选拔标准的确定是否科学合理；效率性的价值取向，侧重于满足高校对新生选拔的有效，它强调的是如何在降低考试成本的情况下获得最大的考试效益，其中，"考试成本"是指高考中人力、物力和财力的投入，"考试效益"是指考试的效度、信度和区分度。

这三种价值取向在理论上应该相辅相成，但在现实中又往往是相互矛盾的。从公平性与科学性的关系看，百万考生同用一张试卷应该是体现了公平，但显然有违考试选才的科学性；推行统一高考成绩与高校自主招生相结合的招录制度虽然增加了科学性，但实施过程中产生了许多问题又使公平性受到一定的质疑。从公平性与效率性的关系看，高考科目设置少有利于提高效率，科目设置完整有利于显示公平。拓宽试题内容，突出能力考查有利于提高考试的效度与信度，但对文化背景不同的考生客观上存在偏见。可见，这三种价值取向在事实上存在着博弈关系。

我国高考改革在价值取向上应该是公平至上，也就是高考改革必须在保证公平的前提下，追求科学与效率。公平自古以来就是引领人类社会发展的基本理念，更是构建和谐社会的坚实基础。只有把追求公平作为社会发展的首要价值目标，作为处理社会矛盾和问题的根本原则，才能有效解决社会活动中的种种矛盾，协调好各种利益关系；才能充分发扬社会民主，落实依法治国的方略；才能调动各方面的积极性，保障经济社会的协调发展；才能真正建立诚实守信、秩序良好的社会风气，形成平等友爱、融洽相处的社会局面。由于高考上连高等教育，下引基础教育，事涉千家万户，影响到每个人的发展前途，关系到国家的人才战略，因此，高考公平是社会公平和教育公平的基石。尤其是在我国当前，高考竞争依然激烈，而社会的法治与诚信却仍有待健全和完善，在人情与关系还大有市场的社会条件下，高考改革必须坚持刚性的公平竞争原则，并用法律手段确保这一原则的实现。

诚然，我们所追求的高考公平，既不是"绝对的、大一统式的"平等主义公平，也不是"追求蛋糕越做越大受益者就越来越多"的功利主义公平，而应该是追求高层次的社会公平，即绝对公平与相对公平统一的公平，也就是体现在报考条件的规定、考试内容的选择与高考成绩的认定等方面公平合理，以保障参与高考的权利和机会上的绝对公平，同时充分考虑不同阶层、不同地区、不同家庭与不同层次、不同类型考生的条件与需求，以及不同高校对学生的特殊要求，坚持承认差别、合理补偿、因材施教、合理分流的四大原则，尽可能为更多的考生提供进入高校就读的机会，最大程度地为"合适的学生找到合适的大学"创造条件。

三、稳中求进：高考改革的过程取向

高考制度必须改革，这是民心所向，大势所趋。但高考本身又是一项系统工程，具有高关联性、高复杂性、高影响性、高风险性的"四高"特征，因此改革必须稳中求进。所谓"高关联性"是指我国高考制度的形成既受社会的政治、经济、文化发展所制约，也与现行的高等教育、基础教育制度密切相关，涉及多层面的利益主体，存在多方面的价值取向，受到政府部门、招考机构、高校、基础教育机构等各个方面的高度关注。所谓"高复杂性"是指高考包括命题、预测、组卷、运输、保密、施考、阅卷、评分、登分、公布成绩、录取、核查，以及最终形成统计分析报告等众多环节，每一环节都有许多需要改革的地方，每一项改革都需要认真论证、反复实验、逐步推进，每一个环节的失误都可能直接影响到整个高考的成败。所谓"高影响性"是指我国高考规模大、人数多、影响广。中国高考素有"世界第一考"之称，近年来每年参加高考的人数都在千万左右，高考的每一项改革都会对社会的方方面面产生广泛的影响。所谓"高风险性"是指高考改革的成败不仅影响到每个社会成员的发展、众多家庭的幸福，而且关系到基础教育的改革方

向、高校的生源质量、整个教育考试制度,而且关系到国家的人才培养与社会的和谐稳定等,具有牵一发而动全身之效应。

对待影响如此重大的高考改革,不能只凭热情和激愤,更需要理性和冷静。高考改革应遵循认真研究、整体设计、反复实验、逐步推进的原则。当今,我们还面临着许多亟待解决的问题,如何解决这些问题并没有现成的答案,必须靠我们去研究探索。高考问题的"四高"特征使高考问题错综复杂,它们不是简单的教育问题,而是一些极其复杂的社会问题。因此要把这些问题放在复杂的社会系统中,对其产生的原因进行社会学的分析。每项改革都应该充分考虑我国的国情,综合分析国情、教情、社情与民意,不能仅站在某一主体的角度或从某一方面的价值来考虑,而是应该认真研究国家、高校、家长与考生等各个方面的因素,多方权衡利弊得失,异中求同。如高考内容的改革,既要考虑长远目标,也要考虑现实状况;既要考虑城市方面,也要考虑农村方面。中国的高中生64%目前是在县及县以下中学,而不是在地级市或者省会城市,突出考能力、考素质的改革就不宜推得过快,否则会对处于弱势地位的农村考生造成不公平。高考改革方案必须在做好前期调研和论证的基础上进行整体设计。要认识到高考改革的成功,除了有赖于教育系统自身的努力,如深化教育教学改革、改革高考与招生制度、完善合理的分流体制、构建科学的教育质量评估体系等以外,在很大程度上还取决于全社会的共同配合,如加强舆论引导,统一思想认识,更新考试观念,构建学习型社会,改革不合理的人事制度,鼓励自学成才等。所有改革方案都应在个别省(市)先行试验,再逐步推进,并在试验和推进中不断修正,不断完善。

四、统分结合:高考模式的原则取向

纵观高考模式的历史演变,"统分交替"是其发展主线。所谓"统"者,即高考采取全国统一命题、统一考试、统一录取的招生模式;所谓"分"者,即高考采取分省命题考试、高校自主命题考试,或区域联合命题和高校联合命题考试,抑或分类考试录取的招生模式。事实上,自1985年上海试行高考分省命题考试以来,我国的高考模式即打破了单纯的或"统"或"分"的招生模式,而是进入了统分结合的考试招生模式

时代。笔者认为，高考模式的改革取向应坚持统分结合这一原则，就是在进一步改革、完善现行以统考为主要模式的基础上，科学统筹分省、分类、分校考试的改革与试验。

客观而论，统一高考有其不可替代的合理性，如经济、高效以及直观上的相对公平。统一考试，不仅能集中全国优势进行试题命制和试卷设计，确保考试质量，维持标准统一，使考试成绩可比，而且还能在很大程度上抵制权力、人情、关系等利益因素的干扰，为全体考生提供同等的考试机会和竞争环境，确保高考的客观性与公正性。但统一考试也有其先天缺陷，如考试功能片面化、考试内容教材化、考试方式单一化等，尤其是用一张试卷、一次考试来选拔不同类型、不同层次高校所需之新生，其考试信度与效度难以保证。这不仅不利于高校精准选拔人才，还会在很大程度上助推应试教育，误导学生的学习目的，抑制学生的个性发展，阻碍学生的创新思维。此外，在网络已高度发达的今天，大规模统一考试也存在考试安全风险全国化等问题。因此，必须通过丰富考试形式、改革考试内容、增加考试次数等措施来革除高考制度中的不合理成分，以分散考试风险和提高高考的信度与效度。

自《国务院关于深化考试招生制度改革的实施意见》颁布后，目前大多数省份均已回归全国统一命题考试的行列，仍有部分省市继续实行自主命题考试，普通高等学校和职业高等院校招生分类考试也已推行，部分高等院校实行高考后的自主招生考试。可以说，现今的高考改革正在尝试构建一种合理的统分结合考试招生模式。这既是时代发展对人才选拔培养模式转变的迫切需要，也是消解"应试教育"、"一考定终身"等统考弊端的有效措施。另外，统计表明，我国已进入高等教育大众化阶段，预计到2030年我国将进入高等教育普及化阶段，而多样化、综合化的考试招生模式也是适应高等教育大众化乃至普及化的客观要求，更是满足多元化、创新型人才选拔与培养的必然要求。因此，当前高考模式改革应注意把握"统分结合"的尺度，包括"统考"与"分考"在功能设计、成绩比重、时间顺序、内容结构等方面的系统设计。从世界发达国家大学入学考试之共性来看，相对统一的大规模考试一般具有绝对的权威性和参考性，在招生录取中处于主导地位，而分校考试（高校自主招生考试）一般作为反映和体现高校办学特色的选择性与补充性考试，在"生校互选"中发挥着重要的引导性作用。总之，高考应坚持以统考为主、以多类分考为辅的模式向前稳步推进。

五、刚柔相济：招录制度的策略取向

录取是高考的最后一环，也是最为重要的一环，因为它关乎考试评价结果的运用和人才选拔的效率。然而，长期以来，对于高校应该如何录取新生，一直以来存在一定的争论，即"刚柔之争"。"刚论"者认为，高校招生录取应以硬性指标为重，严格以考试成绩定高下，强调考试公平；"柔论"者认为，高校招生录取应有一定的弹性，要不拘一格选人才，强调选才的客观性，也就是做到兼顾选录偏才、怪才，不遗才。笔者认为，这两种观点各有其理，在兼顾公平和唯才是举的理念下，高考招录制度的改革取向应采取刚柔相济之策，既要有刚性指标，又要不拘一格，具有适度弹性。

事实上，现行的高考制度之所以能有较高的社会认可度，除了其具有促进学生学习、利于社会流动、高效选拔人才等正向功能外，最主要的原因还是在于它坚持录取中的刚性指标，强调程序严格和过程规范，体现了大规模选拔考试的公平性与公正性，让广大考生及其家长感到放心。在中国这样一个注重人情、关系和面子的社会，在社会诚信体系尚不健全的条件下，一旦失去人才选拔的刚性指标，就极易出现考试不公和教育腐败，如前些年在保送生和自主招生选拔中出现的"集群窝案"，极易致使高考异化，甚至沦为权力、金钱、关系的争夺场。诚然，凡事皆具两面性，高校招生录取过于强调刚性指标，势必造成弹性不足。以分定取舍虽然保障了选才公平，但从科学的角度来看，它并不能全面衡量一个考生的综合素质，难免不发生"漏才"现象。以至于时至今日，人们还常常以民国时期清华大学低分录取吴晗、钱钟书等为例，来说明当今高考存在一定的功能性缺陷。

《国家中长期教育改革和发展规划纲要（2010—2020年）》明确提出，要构建"分类考试、综合评价、多元录取"的考试招生制度。其中，多元录取包括择优录取、自主录取、推荐录取、定向录取、破格录取五大录取通道，且每一录取通道都有各自的人才定位和选拔功能，彼

此互为补充、有机结合，编制了一张立体、多维、系统的高校人才选拔网，为做到不拘一格选人才提供了重要保障。当然，在实践中要真正做到"不拘一格"，其前提是要有"格"，这个"格"就是学生的核心素养与关键能力。而要做到有"格"不出"格"，而且"不拘一格"，又重在做到三个"不拘泥"："一是不拘泥于单一的评价尺度——高考分数，要注重考生高中阶段的学习、文体、社会实践等活动记录及其成果等的调查材料，要对考生进行多元评价；二是不拘泥于单一的选拔方法——笔试，要运用多种方法考察学生的各种能力、兴趣特长与发展潜力；三是不拘泥于某一次的考试——高考，应适当弱化高考成绩在决定考生是否录取时所占的权重，提高已获得一定认可程度的各种考试的综合成绩的权重。"总之，刚性与弹性有机结合是实现高校人才选拔效益最大化的内在要求。

上述高考改革五个方面的取向之间是彼此关联、相互影响、互相促进、不可分离的有机整体。其中"追求公平"是前提，"以人为本"是目的，"稳中求进"是方法，"统分结合"是手段，"刚柔相济"是策略。五个方面必须同时兼顾，才能相得益彰，最终将高考改革引向正确的轨道。

第五节 关于博士生招生制度改革之我见

改革博士招生制度既是创建世界一流大学提高博士生培养质量的强烈呼唤，也是提高我国的国际竞争力、建设创新型国家和实现人才强国的战略目标的迫切要求。为此，近年来有些大学取消了传统的"入学统考"的博士招生制度，试行新型的"申请审核"制度。近日，有国家重点大学官方网站发布消息指出，自2015年起博士生招生将全面启用"申请审核"制度，目的在于加大对高校优秀生源的吸引力度，选拔出创新精神、创新能力、科研素质和综合素质较高的生源，并逐步建立与国际接轨的博士生招生选拔制度，意义特别重大！但因事关国家创新性人才培养与教育招生改革价值取向等大局问题，不可不全盘思考，统筹谋划。本文试就此谈三个观点，以供讨论。

一、传统的"入学统考"制度弊端甚多但不能全盘否定

我国自20世纪80年代开始招收博士生，逐渐形成学校组织的统一考试制度。这种制度表现为两个段制，即初试和复试。初试的方式为笔试，一般要求测试外语、专业基础课和专业课三门科目，主要考察考生是否具备广博的基础知识和精深的专业知识。复试的方式为面试，主要是对考生学术水平、思想品德素质，尤其是对学术研究态度、学术研究兴趣、研究创新能力与发展潜能等综合素质进行全面考核。但由于制度设计不够合理、操作过程不够规范，导致博士生招生中出现诸多问题，主要有三：

（1）考试方式不科学。表现在笔试命题的偏颇性与复试评分的随意性。招生单位在笔试环节中都有外语考试，并规定外语的单科最低分数线，外语未达到这一分数线就意味着失去了进入复试的机会。很多招生单位和导师为了能保证录取名额，往往采取降低专业课试题难度和评分要求的办法，致使考生在笔试环节中过分重视外语，无法从根本上衡量考生的基础课和专业基础课的水平和能力。复试在选拔考生中本具极为重要的作用。按规定博士生复试需由包括指导教师在内的、不少于三人的专家组成专家小组进行，原则上不少于30分钟。但实际上面试时间往往较短，在有限的时间内很难对考生的综合素质与能力进行全面考查。同时，面试评价标准难以确定，专家打分主观性较大。面试过程责任不明，缺乏必要的监督机制，最后的录取与否基本上是招生导师一人说了算。这些原因使复试很大程度上流于形式，达不到全面考察考生专业素养和综合素质的目的。

（2）选拔标准不全面。现行的过分统一的入学资格考试，导致博士选拔标准上的五重五轻：一是重外语、轻专业。上述考试方式使博士生考试在很大程度上演变成了考生之间的外语水平之争，专业的水平和能力的测试让位给了外语水平的较量。二是重笔试、轻面试。复试的形式主义使部分优秀考生的学术兴趣、理想抱负、研究视野、合作能力与发展潜力等无法通过现行的考试方式得到考查。三是重分数、轻素质。这样的考试在一定意义上演变成了考生之间的分数之争，使综合素质的考察成为空话。四是重计划、轻自主。这样的考试必然导致招生单位和导

师只能按照计划依据考分择人，无法根据导师的意愿和考生素质择优，想招的学生招不进，不想招的却必须招，招生的自主性大大降低。五是重规范、轻灵活。在注重公平取向的当今社会，教育往往被作为推进公平的重要手段，社会更重视对博士考生的刚性的统一评价制度，传统的考试方式难于不拘一格录取选拔人才。

（3）保障机制不健全。机制是指事物各要素之间彼此依存、有机结合和自动调节所形成的内在关联和运行方式。健全的机制是制度实现的重要保障。现行博士生招生机制不健全主要反映在以下几方面：

一是缺乏招生质量的目标引导机制。目标是活动的出发点和依据，也是活动的归宿。博士生招生目标受制于博士生培养目标，它对于建立博士生教育制度、明确博士生培养方向、确定博士生教育内容、选择博士生教育方法、组织博士生教育活动、进行博士生教育管理、评估博士生教育质量等都起着决定性的指导作用。由于博士生培养是一项复杂的活动，涉及国家、培养单位、导师、导师组、家长、学生及管理者等多方面、多层次的主体，应该制定一个相对明确的生源质量目标，给各教育主体指出共同遵循的方向，使大家紧密协作，保证博士生培养质量。在我国，虽然有《中华人民共和国学位条例》对博士研究生的基础理论、专门知识、科研能力等提出了明确要求，也有《国家中长期教育改革和发展规划纲要（2010—2020年）》提出"以考试招生制度改革为突破口，克服一考定终身的弊端，推进素质教育实施和创新人才培养"等改革方向，但并未能紧密围绕提升博士生培养质量这一根本任务，因时制宜地提出新时期优质博士生生源的质量目标，也没有根据新形势的要求设计新的招生政策和考试方式，为优化生源结构、提升生源质量提供必要的招生政策操作空间。

二是缺乏对优秀生源的吸引机制。我国博士生生源主要是应届硕士毕业生，但一部分优秀硕士毕业生因博士研究生奖学金数额偏少、待遇偏低等原因而无意报考，部分优秀应届生直接选择就业或者出国深造，又造成了一部分优秀博士生源的流失。一些导师为了保证生源鼓励自己所带的硕士生报考自己的博士生，导致不少培养单位"近亲繁殖"现象严重。一些优秀的在职人员有继续深造的愿望，却缺少继续深造的条件。同时因社会对博士学历的片面、虚假需求，导致部分在位的政府官员虽无大的学术兴趣，却有强烈的报考动机和录取的条件。另一方面，部分招生单位把博士生招收数量作为自身发展水平的一个标尺，尽可能地完成国家的招生计划，甚至会超额完成，摈弃了"宁缺毋滥"的原则。上述种种情况，既导致当今学历泡沫的形成，也极大地影响了博士生的生源质量。

三是缺乏招生过程中的监控机制。当前我国博士研究生招生过程中，一方面缺乏应有的调控机制，致使招生中存在诸多不规范的地方，如各个招生单位考试时间不一致，有的考生同时报考多个招生单位，导致缺考现象严重、招生单位和考生在人力、物力及财力上的浪费，也给博士生招生工作带来一定程度的混乱。有些招生单位专业课考试按研究方向设置考试科目，甚至同一方向设置了几组考试科目，这样不仅命题量大，而且不同导师对知识的考察各有侧重，结果导致出题科目多，但可比性不强，容易影响博士研究生招生考试工作的规范性和权威性。另一方面缺乏必要的监督机制，主要表现在：招生单位以及招生管理工作者缺乏统一的制度性规范，各自为政，监督无据。博士生指导教师责、权、利不明，奖惩机制不完善，更没有形成导师组集体把关、集体讨论、集体负责的良性制度安排。对考生缺乏学术品格和诚信考试的规范，部分考生仅仅为了职称、职务、学历的提升，通过某些不正当手段获取攻读博士学位的机会，与博士生培养目标相悖离，造成社会上"博士不博"、"官员博士"等现象的产生，严重影响了博士生整体培养质量的提升。

传统的"入学统考"制度虽然弊端甚多但不能全盘否定的原因，在于作为"社会公平"重要载体的"统考"的价值。"公平"自古以来就是引领人类社会发展的基本价值观念，这一价值观在我国更是根深蒂固，它既受传统文化的深刻影响，也是时代发展的强烈呼唤。自古至今，中国人都是"不患贫而患不均"，在考试方面则是"不怨苦而怨不公"。历史之所以选择考试，正是因为它作为一种崇高的、具有可信性的正义程序的执行过程，在各种选拔人才的途径中最为公平和有效。《国家中长期教育改革和发展规划纲要（2010—2020年）》也强调指出

"把促进公平作为国家基本教育政策,教育公平是社会公平的重要基础",教育公平的关键则是考试机会公平。中共中央总书记习近平同志以《改革创新社会体制,促进公平正义,增进人民福祉》为题,谈到对考试招生制度改革的看法,他强调"要在不断发展基础上尽量把促进社会公平正义的事情做好"。在过去的博士生招生的初试阶段采取笔试的方法,更多地显示出"机会公平",亦即在"分数面前人人平等"的价值取向。

总之,在考试传统深厚、人情关系复杂、社会诚信缺失、高层次教育资源稀缺的当今社会,多数人还是相信没有必要的考试,录取的公平和公正就很难保证,唯有考试遵循"分数面前人人平等"的公平规则,才可以杜绝"人事因缘"和"属托之冀"。

二、试行的"申请审核"制度值得期待但不宜全面铺开

针对传统"入学统考"制的种种弊端导致博士生生源质量与教育质量下降的问题,我国部分高校通过借鉴国际经验,开始探索新的招生选拔方式,"申请审核"制改革应运而生。"申请审核"制的要害即将申请和考核结合起来,要求申请人先提交能够证明其学习能力、知识结构和科研潜质的申请材料,由学科专家根据申请材料进行初审,并进一步面试考核,确定拟录取名单。据悉,北京大学、清华大学、复旦大学、厦门大学、山东大学等70余所院校都试行了这一制度。北京大学研究生院官方网站发布消息指出,自2015年起,博士生招生将全面启用"申请—审核"制度。

"申请审核"制同传统的"入学统考"制相比,其创新有四:一是招考理念创新,将注重对专业知识、科研能力的考查转向对创新精神、创新能力和综合素质等方面的考查。二是选拔机制创新,将以考试为基础的选拔机制转向以素质能力为基础的申请和审核相结合的选拔机制。三是管理体制创新,将传统"重心在上"的管理体制转向"重心下移"管理体制,亦即打破了传统的"行政权力过大而专业权力过小"的招生权责关系,将选拔的权力下放或者回归学术共同体。四是选拔方式创新,将"考试分数"为重转向"导师意见"为重,也就是让基层学术组织,尤其是导师在确定考试内容、评价申请材料、确定录取名单等环节拥有

更大的话语权。

试行"申请审核"制之所以值得期待,在于它与传统的"入学统考"制相比具有下列优势:

首先是它有利于落实国家选拔拔尖创新人才的重要目标。大力推进创新型国家建设,不仅是实现我国科技进步、社会发展的需要,更是提高我国国际竞争力、实现中华民族伟大复兴的需要。建设创新型国家需要大批具有开拓精神和创新能力的创新型人才。博士生作为高等教育培养的高级专门人才,是国家创新的重要后备力量,世界各国都将博士生创新能力的培养置于国家战略的高度。在我国有关博士招生的政策文件中,一直强调要选拔科研创新人才,2010年教育部更明确要求将选拔拔尖创新人才作为博士生招生的重中之重。试行"申请审核"制可以为落实国家选拔拔尖创新人才的目标提供制度上的保障。

其次是它有利于发挥专业权力在博士招生中的主导作用。我国传统的博士招生历来都是先由教育部,后由招生单位制定文件,对招生方式、组织管理、专业目录、报名方式、报考条件、报名手续、考试与评价、初试科目和复试过程及复试内容、录取等做出详细的规定和指导。试行"申请审核"制就是将招生的决定权下放给导师学术共同体,让他们在甄别、选拔和专业培养中发挥主导作用,减少行政等非专业权力的干涉。

其三是它有利于保证博士考生的基本权益。博士生录取事关博士生的前途命运,是其切身利益所在,以人为本的博士生招生除了要根据国家和科技的发展需要来确定目标和条件外,还应该尽力保证博士生作为人的全面发展的需要和自我实现的权益。试行"申请审核"制强调自主选择最能展示自己的创新能力和综合素质的材料作为申请报考材料,从而较好地保证了考生的自主选择权。"申请审核"制可以避免一次考试的偶然性带来的弊端,凭借充分的申请材料(包括之前的研究成果,今后的研究计划等),很容易让那些真正有科研潜力的学生脱颖而出。试行"申请审核"制还可以"缩短考生的备考时间,降低考生的时间成本,考生将有更多时间潜心于学科专业前沿知识的学习和参与科学研究。对于非本地考生而言,他们不再需要东奔西跑地参加考试,直接递交申请即可，降低了考生的经济成本"。

其四是它有利于营造良好的学术生态环境。良好的学术生态环境主要包括民主自由的学术环境与和谐共进的人际环境。学术自由是现代大学普遍的精神和培养创新性人才的强大动力。学术民主则是创造开放包容与人际和谐环境的重要基础。营造良好的学术生态环境更离不开学术人员的主体精神。试行"申请审核"制强调了申请与审核程序的开放与公正，较好地体现了学术民主自由精神。"申请审核"制将申请的主动权交予考生，将选择考生的权力交予导师，就等于赋予了考生在报考上的自主选择权和导师在招生上的自由裁决权。赋予了这种自主选择权与自由裁决权同时就在道义和良心层面将责任赋予了考生与导师，考生与导师会更慎重地对待自己的权力。这种制度实质上是一种"双向"自主选择制度，它有利于形成研究目标与研究旨趣相近的学术共同体，有利于调动师生双方学术研究的主动性与积极性。

"申请审核"制的上述优势已经在部分试行的高校中得到显示，但同样面临诸多挑战与风险。有研究指出"申请审核"制面临的环境挑战：首先，中国是一个注重人情的社会，改革后人情因素的压力会很大；其次，中国行政的惯性力量依然强大；其三，中国社会的诚信缺失，申请材料的真实性，审核材料的客观性难以得到有效保障。同时存在三大风险：一是因来自于招考过程中的人性弱点，而导致申请考核制自身存在的巨大风险；二是因导师招生自主权的增大，而内部监督机制不健全带来的风险；三是在实际操作中难以平衡平等与公正关系的风险。也有研究从信号理论的视角，分析"申请审核"制有可能导致误选的三个原因：一是"入学申请制"仍是一种短时性考查选拔机制，考生的负面私有信息同样不能通过这一机制得到充分表达与传递；二是由于申请人提交的相关材料是招生单位对其进行评价、考核的重要依据，但在当前的学术生态中材料的质量与真实性往往难以保证；三是在提高导师自主权的同时，甄别选拔过程中权力寻租行为发生的可能性也随之增加。正因为如此，"申请审核"制尚不能全面启用，只宜在部分博士招生单位先行先试，在局部试验成功的基础上，才能逐步推广。

三、博士招生制度改革与完善必须系统设计、稳步推进

博士招生制度改革事关大局，势在必行。但博士招生制度改革涉及面广、难度大、矛盾多，是一项复杂的系统工程，不可能一蹴而就，必须重视制度上的系统设计和实践上的稳步推进。

所谓系统制度设计主要包括两个层面：一是宏观（国家）层面的制度设计，也就是国家教育主管部门立足于国家战略制高点上所进行的宏观制度设计，包括确立博士招生制度改革的主要目标，明确改革的指导思想与基本原则等。二是微观（招生单位）层面的制度设计，也就是招生单位按照国家的改革思路，结合自己的校情进行的有关博士招生的具体制度设计，包括对符合国情、校情的理想的招生模式的设计、操作程序的规定与运行机制的健全等。

首先从宏观层面来看，关于博士生招生制度改革的总体目标已经明确，就是要落实选拔和培养大批拔尖创新人才的战略目标。具体目标主要有二：一是科学性与公平性兼顾。科学性与公平性是博士生招生制度改革的两种不同的价值取向。公平性侧重于满足对考生权利的保障，尤其是考博过程中受到公正和平等的对待。科学性侧重于满足对学科及人才成长规律的尊重，它强调的是考博过程中科目的设置、内容的确定、方法的选择、指标的投放与选拔标准的确定是否科学合理。这两种价值取向在理论上相辅相成，但在现实中又往往相互矛盾。在一个有着深厚科举传统、注重伦理本位、强调人际关系的国家里，在社会急剧转型、社会矛盾复杂的环境中，在博士学位需求旺盛、教育资源相对稀缺的条件下，博士生招生制度的改革涉及太多的社会影响因素，我们必须妥善处理二者的关系：既要尊重博士成长规律，采用科学的方式与合理的标准选拔出最合适的人才，又要关注选拔程序的公平公正。完全取消考试显然是不能被社会认同的，在当前的社会环境下没有必要的考试，录取的公平和公正就很难保证。兼顾科学性与公平性既要有考试，但又不能唯分数而论，必须按照公平、公正、科学、严格的程序，降分破格录取一些确有发展潜力与培养前途的考生。二是自主性与规范性并重。改革博士生招生制度的又一目标是扩大导师在招生选拔过程中的自主选择权，但与此同时，导师面临的人情因素的挑战与由于录取权力过大而滋

生腐败、降低学术声誉的风险也随之增大。因此，应该有相应的制度规范与机制约束。也就是严格命题、考试、阅卷、评分等环节的操作程序，充分发挥导师组的集体作用，规范过程管理。同时要通过"学术声誉约束"和"学术道德规范"使博导形成危机意识，使那些对权贵考博开绿灯的博士生导师不敢为、不愿为、不能为，自觉保证招生的公平公正。

关于博士招生制度改革的指导思想，总的讲是要全面贯彻落实十八大精神和《国家中长期教育改革和发展规划纲要（2010—2020年）》的精神，具体来讲应该是质量为本、创新为重、统筹规划、系统设计。《国家中长期教育改革和发展规划纲要（2010—2020年）》提出"必须把提高质量作为教育改革发展的核心任务"，"必须把改革创新作为教育发展的强大动力"。教育部等三部门于2013年3月底下发的《关于深化研究生教育改革的意见》中也提出"改革研究生招生选拔制度，以提高研究生招生选拔质量为核心，积极推进考试招生改革，建立与培养目标相适应、有利于拔尖创新人才和高层次应用型人才脱颖而出的研究生考试招生制度"。进一步提高博士质量已经成为当前我国博士招生制度改革的主要任务，淡化招生考试环节的应试性，将科研创新能力作为选拔首要考虑因素。博士生招生制度改革既然是一项综合的系统性工程，就必须统筹规划、系统设计，也就是既需要国家在博士生招生制度与政策上进行宏观统筹，也需要单位内部进行制度改革与机制创新，还需要通过社会的整体性改革提供相应的环境支持。既需要招生观念的更新，又需要考试内容与方式的变革，还需要有保障机制的建设。只有这样，才能确保这项制度在理论上逐步完善，在实践中稳步推进。

从操作层面看，博士招生制度改革应该遵循三条基本原则：一是整体设计与局部试验结合。这一改革涉及面广、制约因素多，因此首先要求教育主管部门注重整体制度设计，也就是要按教育规划纲要的精神，全面思考，统筹谋划，提出改革的大思路；又要重视培养单位结合自身实际进行的改革试验，鼓励先行先试，大胆突破，在局部试验成功的基础上，逐步扩大影响力。既有从上而下的指导，也有自下而上的推动，上下配合，良性互动。二是立足国情与合理借鉴结合。包括博士生教育在内的现代高等教育发展,具有明显的国际性与本土性相结合的特征。改革博士生招生制度,要顺应国际高等教育改革发展的潮流,合理借鉴美、德等国家博士生招生制度的经验,如美国采用的是导师、研究生院、大学校务会议的多级审批制,没有入学考试,但有较为全面的考核制度;德国采用的基本上是导师自主决定,既没有入学考试,也没有考核制度,只是通过导师对学生的面试,考查学生是否值得录取为其科研助手而进行博士培养。两种制度存在差异又有其共性:"德国的模式从程序上看似不公,但关注培养效率,选拔最具有科研能力的合适人才,体现实质公平;美国模式的多级审批制度,程序上更加严谨和公正。"事实上,两种模式都以选拔具有科研素质和培养潜质为终极目标,差异只是在选拔形式和程序上。而这些差异又与各自所处的社会环境、历史文化背景和后继的博士培养模式密切相关。所以,借鉴国外但不能完全照抄照搬,必须充分考虑中国国情,择善而从。三是适度突破与稳步推进结合。改革与完善博士招生制度必须解放思想,勇于创新,但创新不是对过去的全盘否定。改革必须坚持从实际出发,必须重视总结过去的经验教训,改革必须采取由易而难,循序渐进,典型试验,适度突破,及时总结,稳步推进的方法。历史的经验告诉我们,理论研究不足,试验总结不够,盲目推进往往会欲速而不达。

基于上述分析,完善我国现阶段的博士生招生制度必须进一步明确选拔和培养拔尖创新人才的目标,坚持质量为本、创新为重、统筹规划、系统设计的指导思想,遵循整体设计与局部试验结合、立足国情与合理借鉴结合、适度突破与稳步推进结合的原则,同时对"入学统考"制与"申请审核"制进行改革,也就是将两种制度有机结合,扬二者之长,避二者之短,发挥出最大的综合优势。

从微观层面的制度设计来看,主要任务有三,即招生模式的设计、操作程序的规定与运行机制的健全。鉴于"入学统考"制与"申请审核"制各自的优势与劣势,理想的博士招生模式应该是自愿申请—导师审核—笔试为辅—面试为主。博士报考者首先必须提交一份包括硕士阶段成绩单、已发表论文、已有科研成果和获奖证书等内容的能够证明自己学习能力、知识结构和科研潜质的申请书,然后由导师组根据申请材料进行初审，并确定参加考试的名单。所谓"笔试为辅—面试为主"，首先强调了两种考试都很重要，但地位有所变化，也就是变重笔试为重面试。笔试不可缺少。笔试既是被历史证明了的选拔人才的成功经验，也是当今中国社会与教育环境的必然要求，但需要在笔试的内容与方式上作些改革。笔试目的在于考查考生的知识结构，重在考查外语、综合知识与专业知识的基本水平。笔试改革的思路可概括为三句话：一是外语考试要立足于"活"，要改变传统的不分学科，不分专业，统一划线，用英语一刀切，导致考生重外语、轻专业，本末倒置，阻碍创新人才发现的荒谬做法，建议初试外语要分学科和专业设置考题。外语考查的重点应在专业外语的文献阅读能力和口头表达能力上，建议将外语水平的考查重心放在面试环节，并提高其权重，可以将外语成绩纳入总分数线考查，只要考生的总分达到一定分数就可以参加面试。如果考生的专业水平、综合素质和创新能力较强，即使外语成绩稍差也可考虑录取。二是综合知识考试要立足于"博"，重在考核考生的专业知识面和专业基本功，为提高效率和节省成本可按一级学科统一命题，统一评分。三是专业知识考试要立足于"专"，也就是要充分考虑未来博士生的研究方向，建议同一试卷设置多套不同专业方向的试题，由考生自选作答，可在一定时间内进行开卷考试，每个方向的命题和批改均由该方向导师完成。强调"面试为主"，既是由博士生招生以选拔拔尖创新人才为目的决定的，也是由面试具有全面性、直观性、灵活性、真实性等特点决定的。通过面试组专家与考生面对面的交流，既让考生获得充分展示自己的知识、智慧与才能的机会，又让面试组专家获得全面、深入考查考生的知识基础、专业素质、思维能力、创新潜力与口头表达能力等笔试难以考查出的综合素质的机会。强调"面试为主"也必须改革传统的程序不规范、面试时间过短、评价标准不一、专家打分主观等弊端。改革的基本措施是加强规范管理，如增加复试时间、拟定评价标准、做好详细记录、专家共同评分等。规范博士招生的操作程序，主要是通过合理的决策程序来严格管理招生的全过程，让导师在复试、录取等环节发挥决定性作用，让评审专家组通过科学的方式和流程在材料审核、综合面试等环节发挥必要的监督与公正的评价作用。针对我国现行博士生招生的问题，必须同时健全四大机制，即结合博士生培养的战略性目标、学科建设规划以及研究生教育发展规划，提出新博士招生标准，健全博士生源质量的目标引导机制；通过出台优惠的招生政策、改进博士招生的宣传策略，健全对优秀生源的吸引机制；通过规范博士招生制度、创新博士招生技术，健全博士招生过程中的监制机制；通过规范过程管理、发挥导师组的集体作用和强化导师的学术道德规范等，健全招生过程中的约束机制。主要任务有三，即招生模式的设计、操作程序的规定与运行机制的健全。鉴于"入学统考"制与"申请审核"制各自的优势与劣势，现阶段理想的博士招生模式应该自愿申请—导师审核—面试为主—笔试为辅。规范博士招生的操作程序，主要是通过合理的决策程序来严格管理招生的全过程，让导师在复试、录取等环节发挥决定性作用，让评审专家组通过科学的方式和流程在材料审核、综合面试等环节发挥必要的监督与公正的评价作用。针对我国现行博士生招生的问题，必须同时健全四大机制，即结合博士生培养的战略性目标、学科建设规划以及研究生教育发展规划提出博士招生新标准，健全博士生源质量的目标引导机制；通过出台优惠的招生政策、改进博士招生的宣传策略，健全对优秀生源的吸引机制；通过规范博士招生制度、创新博士招生技术，健全博士招生过程中的监制机制；通过规范过程管理、发挥导师组的集体作用和强化导师的学术道德规范等，健全招生过程中的约束机制。

第六章 大学教师问题的思考

第一节 大学教师专业发展的目标与路径

随着社会的发展与教育地位的不断提升,教师专业发展已经引起世界各国的广泛关注。教师专业发展既是一个内涵不断发展的概念,也是一个教师不断自我追求、自我实践、自我反思与自我提升的过程。大学教师专业发展的首要目标是培养出合格的大学教师,最终目标是培养出优秀的大学教师。

一、大学教师的合格目标

(一)守住底线——明确并坚守做人的基本规范

教师应鲜明地确定自己的底线,表现出一种责任感、自尊感,还有警戒"某种逾越底线的行为及其结果"的危机感,明确自己做人的底线并守住底线,表现出人格操守,表现出一个教师的道德认知、道德情感、道德意志、道德行为的高下,衡量出此人是否还有资格做教师。北京大学何怀宏教授将道德底线分三个层次:一是所有人最基本的自然义务和社会义务,是最基本的道德底线;二是与制度、法律有关的公民义务;三是各种行业的职责或特殊行为领域内的道德,教师的底线属于教育行业的底线。在中国,当教师没有上限(小学教师可到大学讲课),但是有下限,有底线:第一,不能做危害学生身心健康的事。教育活动以学生身心健康发展为目的,对学生身心健康发展的态度是古今中外能否为师的试金石。第二,不能在专业上出现科学性错误。教学上出现科学性错误,尤其是在任教课程上出现科学性错误,是"硬伤",谁都救不了你。第三,不能因个人行为而败坏自己乃至教师队伍的道德声誉。出名获利也许不难,难的是永不遭到"沽名钓誉、损人利己"的鄙弃。这是为人师表的社会责任与尊师重教的社会信誉决定的。[①]

(二) 达到合格线——符合国家对大学教师知识、能力的基本要求

一个合格的大学教师在知识方面的基本要求包括以下三个方面:一是通用性知识,即每一位青年教师都必须具备的知识,主要包括哲学功底、语言修养、人文底蕴和科学素养。通用性知识是合格教师的文化基础;二是所任学科知识,是青年教师从事具体学科教学所应具备的专门知识;三是教育科学知识,是青年教师搞好教育科研,促进教学水平提高的必备知识。

大学青年教师在能力方面的基本要求主要包括:教学能力、教育能力、科研能力与通用能力四个方面。

(1) 教学能力。所谓教学能力是在一定教学思想指导下,教师运用教学手段、完成教学任务的能力。这是大学教师的核心能力。教学能力主要包括:①教学设计能力。是指教师在课前根据大学生的特点,对教学内容进行组织和再加工,并选择恰当的教学模式和教学方法以取得最佳教学效果的能力。其基本内容包括:分析学生特点与组合教学内容的能力,制订恰当教学目标的能力,选择教学模式与教学方法的能力,预测课堂情形变化的能力等。②教学语言能力。教学语言是教师对学生实施教育教学的最重要手段,即使在现代化多媒体技术广泛应用于教学领域的今天,课堂教学中教师语言的功能仍然不可替代。我们不可想象,如果没有生动而富有激情的教学语言,课堂教学将会是什么样的情景。所以,教师在课堂教学中的语言表达能力,是衡量教师教学能力水平的重要方面。充满知识性、智慧性、启迪性且准确、明了、生动的教学语言,是提高教学质量的一个重要条件,也是成为合格青年教师的一个必备素质。③教学调控能力。是指教师为了保证优良的教学效果,达到预期的教学目标,在教学的全过程中将教学活动本身作为控制的对象,对

---

① 陈敬朴. 大学新教师从哪里起步 [J]. 大学管理教育,2007 (3): 43.

其不断进行积极主动的规划、检查、评价、反馈、控制和调节的能力。这种能力主要包括三个方面：一是教师对自己教学活动的事先计划和安排能力；二是对课堂教学活动进行有意识的监察、评价和反馈能力；三是对课堂教学活动进行调节、校正和有意识的自我控制能力。④现代化教育技术的运用能力。教学设备的现代化和教育信息的技术革命，使教师教学工作的技术含量大幅度增长。大学青年教师必须率先转变观念，提高对科学技术发展的敏感性和适应性，学会用计算机技术、多媒体手段以及其他先进的教育技术来辅助教学，并利用先进技术不断改进教学手段和教学方法，提高教学效果。⑤教学测评能力。就教师的教学活动而言，教学质量的测评，既是对教师成果与效率的反馈，也是总结经验、改进教学的重要依据。就学生的学习活动而言，教学质量测评则是激发学生学习热情和强化教学效果的手段。教师的测评能力主要包括三个方面：一是布置、批改和讲评作业的能力；二是编制与分析试卷的能力；三是综合评判教学效果的能力。

（2）教育能力。教书和育人是不可分离的。大学教师的教育能力主要包括：①思想教育能力。善于对各种教育影响做出正确的价值判断与合理选择的能力，善于对学生进行细致观察和分析的能力，善于对学生进行适当引导、适时启发、恰当沟通的能力，善于掌握以情感人、以言动心的方法引导学生的能力，善于进行自我情感调控、妥善转化各种矛盾的能力等等。②心理辅导能力。包括对学生心理、生理的研究，对学生早恋、孤独、烦恼、忧郁、困惑甚至伤人或自虐等心理问题进行研究与和实施辅导的能力。③学生管理能力。管理学生是教育学生的重要环节。教师管理学生的能力很大程度上体现在建立和依靠一支优秀的学生干部队伍的能力上。教师的管理能力之一就是选拔和培养优秀的学生干部，对学生干部进行实践锻炼和教育培训，以此提高学生干部的创新能力、组织协调能力和实践能力，让他们在班级管理工作中发挥作用。④组织活动能力。大学教师教育学生除了需要有善于依靠学生干部的能力外，还需要有很强的组织活动能力，包括对班组活动的组织策划、语言沟通、实践操作与多方协调等方面能力。

（3）科研能力。在教育、教学过程中，每位教师都会遇到这样那样的问题，如何改进教学方法，怎样提高课堂教学效果，怎样做有心理问题的学生的思想工作等。面对诸多的教育问题，迫切需要工作在第一线的广大青年教师参与教育科研。同时，科研过程也是青年教师学习理论、积累经验、提升自我的过程。科研能力将成为衡量现代大学青年教师素质的一项重要指标。大学教师的科研包括三个方面：一是学科研究，即对所教学科的基本理论问题或前沿问题的研究；二是教学研究，包括对课程设置、教材建设、教学改革等的研究；三是教育研究，包括有关加强学生思想教育、提高管理效能等方面的研究。随着学科的迅速发展与大学工作的日益复杂，教育内容的更新与方法改革的速度也不断加快，对教师的科研能力的要求也越来越高。

（4）通用能力。指教师教学、科研能力之外的应具备的其他能力。这些能力包括：①协调人际关系与有效沟通的能力。教育的活动在本质上是人与人的相互作用。所以，如何有效处理人际关系是大学青年教师面临的一个重要问题。一位合格的大学青年教师必须具备有效协调人际关系的能力，与人沟通及表达的能力，这样才能为教育教学活动创造一个良好的环境。②发现问题与解决问题的能力。在教育教学活动中能够及时发现问题、分析问题并找出解决问题的途径与方法，使教育教学过程得到及时的调整，从而有效地提高教育教学质量和效益。③创新思维与实践的能力。创新是社会发展的灵魂，是民族发展的动力，是支撑国家崛起的筋骨。没有创新，我们就难以在国际上争取平等地位，就难以获得应有的国家尊严，甚至难以自立于世界民族之林。而创新的关键在人才。大学是培养和造就高素质创造性人才的摇篮。《中华人民共和国高等教育法》第5条也明确规定"高等教育的任务是培养具有创新精神和实践能力的高级专门人才"。大学要培养出具有创新精神和实践能力的人才，教师必须首先具有创新精神和实践能力。④批判性反思与不断学习能力。批判性反思是指教师必须不断地对各种教育的观念、言论、资料、现象进行价值判断，并进行优劣的抉择比较或提出改进意见。不断学习则是批判反思的直接要求，教师不断地学习，有助于教师对其批判性反思的结果进行处理与解决，也可以增强青年教师批判性反思的能力。

（三）维护生命线——认真负责保证教书育人质量

任何生命体都有赖以维系生存的"生命线"，大学作为一个社会组织，其"生命线"就是教育质量。高等教育质量问题是高等学校的生命线，教学质量是评价高等教育质量好坏的核心指标，关系到学校的声誉和发展，而教学质量的重点在于课堂教学。课堂教学是学生在校期间学习知识、进行思想教育的主渠道，作为教学组织者、引导者和参与者的教师，应该充分认识课堂教学对提高高等教育质量的重要性，切实抓好课堂教学。

课堂教学质量的提高，受很多因素影响。其中最关键的是两大因素：一是教师，二是学生。教师是影响高等教育质量的关键因素，这种影响的产生何以可能？显然，源于教师在教育活动中所处的主体地位及所起的主导作用。从根本上讲，教师对高等教学质量所产生的影响，是通过教师的科研与教学对高等教育的主体——学生施加影响而实现的，具体地讲就是以自己的职业道德、学术水平及教学艺术影响着教学乃至整个教育质量。因此，教师首先必须是为人师表、爱岗敬业、教书育人等职业道德的践行者；其次需要掌握系统的高深知识，而且还要善于运用教育知识与教育技能，将其所拥有的知识转化为学生所能掌握的知识，并引导学生不断探求、创造以及运用知识；其三教师还应该有高超的教学艺术，也就是在教学活动中以遵循教学客观规律、适应学生学习能力、促进学生身心健康成长为前提而使用的各种富有审美价值的教学技艺。具体包括教学准备的艺术、教学过程的艺术、教学组织管理的艺术、教学的语言艺术和非语言艺术、教学的板书艺术、教学风格、教学机智与幽默等。在此基础上，不断更新自己的教学观念，融洽师生关系，努力形成活泼有序、浓淡相宜、松紧得当的课堂气氛。

提高课堂教学质量还必须改变学生的学习方式，注重对学生学习能力的培养。素质教育要求大学生不仅要学习大量的现代科学知识，而且要能够综合运用知识解决实际问题。这就要求大学生不仅要解决好学习知识的问题，而且要解决好怎样学习的问题，即培养"学会学习"的能力。而"学会学习"必须掌握一定的科学学习方法。培养科学的学习方法重点就是要变革现行的单纯接受式、机械训练式的学习方式，引导学生进行自主学习、合作学习和研究性学习。自主学习是指学生能够根据自身认知水平和需要自主确立学习目标，选择适合自己的学习方法，自觉调控学习状态，并能作出有效自我评价的学习行为。它具有独立性、主动性、自励性与创新性等特征。合作学习就是在教学中运用小组，使学生共同开展学习活动，以促进他们自己以及他人学习水平提高的一种学习方式。合作学习是20世纪初兴起于美国，并在20世纪70年代中期至80年代中期取得实质性进展的一种富有创意和实效的教学理论与策略。由于它在改善课堂内的社会心理气氛，大面积提高学生的学业成绩，促进学生形成良好的非认知心理品质等方面实效显著，很快被广泛应用于许多国家的学校课堂。研究性学习是指在教学过程中创设一种类似科学研究的情境或途径，让学生在教师引导下，从学习、生活及社会生活中去选择和确定研究专题，用类似科学研究的方式，主动地去探索、发现和体验。同时，学会对信息进行收集、分析和判断，去获取知识、应用知识、解决问题，从而增强思考力和创造力，培养创新精神和实践能力。研究性学习与传统学习方式相比，具有学习内容的综合性与开放性、学习过程的参与性与自主性、学习成果的创造性与多样性、学习评价的多元性与社会性等特征。研究性学习以创新精神和实践能力双轮驱动，打破了过去教师传统僵硬的教学模式，充分发挥学生的主动性、创造性，激活学生内在潜力，不仅能提高课堂教学质量，更有助于培养学生终身学习的能力。

二、大学教师的优秀目标

胡锦涛同志曾在全国优秀教师代表座谈会上讲："推动教育事业又好又快发展，培养高素质人才，教师是关键。没有高水的教师队伍，就没有高质量的教育。"他认为优秀教师和教育家是高水平教师队伍的主要组成部分，并对广大教师提出四点希望：①希望广大教师爱岗敬业、关爱学生；②希望广大教师刻苦钻研、严谨笃学；③希望广大教师勇于创新、奋发进取；④希望广大教师淡泊名利、志存高远。这四条是针对全国优秀教师代表讲的，应该符合优秀教师标准。习近平同志多次讲到："教师是立教之本、兴教之源。"2014年9月9日，习近平在北师大提出了四点好老师的共同特质："做好老师，要有理想信念、要有道德情操、要有扎实学识、要有仁爱之心。"这些都反映了国家和社会对全体教师的希望与要求。与中小学教师相比，大学教师专业发展应有更高的目标追求。

（一）高深知识的研究者

知识是一个多层次、多类型、多形态的极其复杂的体系，"高深知识"是处于较高层次的、系统的、专门的、深奥的，亦即"还处于已知和未知之间的交界处"或"过于深奥神秘，常人的才智难于把握"的知识①。大学既是高深知识积累的时代产物，也是传播、探寻和发展高深知识的专门场所。高深知识是构成大学的核心要素，研究高深知识是大学一切活动的逻辑起点。大学的使命决定了对大学教师的专业发展要求，这就是要成为大学教师，必须研究高深知识。而要研究高深知识，必须经过严格的学术训练，掌握一定的学术知识，具有一定的学术研究能力。总之，没有高深知识，便没有现代意义的大学，没有学术研究的能力，就称不上合格的大学教师。学术性是大学教师的职业特性，学术能力发展是大学教师专业发展的核心目标，学术水平的不断提高是大学教师的终身追求。随着时代的发展，大学的学术有了更为丰富的内涵。美国学者博耶认为，现代大学学术包括教学的学术、应用知识的学术、探究的学术和综合知识的学术四个方面②。教学的学术是大学教师通过教学过程中的师生互动，激发学生学习和探究高深知识的热情，实现学科知识的传承与创新。应用知识的学术是指大学教师在将学科知识运用于实践、服务于社会的过程中促进新知识的发现与已有知识的整合。探究的学术是指大学教师在研究高深知识的过程中，不断提出新问题，获得新发展，形成新思想，进而促进学术的更新与繁荣。综合知识的学术，是指大学教师在教学、研究、服务与交流的过程中寻求不同学科知识的交叉与融合，以便发挥多学科知识的综合优势。研究高深知识要求大学教师始终处于引领学术的前沿地位。

---

① 布鲁贝克. 高等教育哲学 [M]. 3版. 杭州：浙江教育出版社，2004：2.
② 博耶. 学术的使命——关于美国教育改革的演讲 1979—1995 [M]. 涂艳国，方彤，译. 北京：教育科学出版社，2002：88.

在科技迅猛发展、知识急剧增长、信息传播方式发生重大改变的现代社会，大学教师要实现这一目标，首先，必须强化科研先于教学的专业意识。雅斯贝尔斯认为"最好的研究者才是最优良的教师"[1]，朱九思校长更是明确提出"科研要走在教学的前面"[2]。科研先于教学，可以保证大学教学内容始终吸纳文化科学技术的最新成果。教师亲身的科研经历有利于引导学生进行研究性学习。教师带领学生科研更有利于培养爱思考、会动手、善创新的人才。其次，必须树立终身学习理念。面对新的挑战，为完成学术研究的角色使命，大学教师唯有终身学习、奋力拼搏，才能站在学术前沿，不断创造，不断提升。其三，应努力形成专通结合的知识结构。为了提高学生的专业水平，教师必须精通所教学科的专业知识，才能在教学中取舍得当、驾驭自若、把握重点、突破难点。为了促进学生的全面发展，大学教师还必须具有广博的文化科学素养，包括文学素养、史学素养、哲学素养、数学素养与美学素养等，才能在教学中得心应手，游刃有余，触类旁通，举一反三。深厚的知识底蕴也有利于大学教师拓宽学术研究的视野，打破传统的思维定式，在学术研究中高屋建瓴、把握前沿。其四，应不断提升科研的创新水平。培养创新型人才是时代赋予大学教师的重要任务。大学教师在科研中既要尊重科学规律，又要敢于向传统观念、权威结论挑战，善于从新的角度着眼，从新的方法入手，勇于探索未知的新领域，形成自己的新思路，提出自己的新观点。

(二) 高尚师德的追求者

师德是教师在长期的教育实践活动中形成的比较稳定的道德观念、行为、规范和品质的总和，是社会对教师职业行为提出的基本道德要求，是教师思想觉悟、道德品质和精神面貌的集中体现。师德既受特定社会政治、经济的制约，也具有一定的继承性。早在两千多年前，孔子就提出了"以身作则"、"闻过则喜"与"诲人不倦"等师德要求。汉代学者扬雄更是坚信"师者，人之模范也"。黑格尔指出"教师是孩子心中最完美的偶像"。第斯多会也认为教师"是最直观和最有效益的模范，

---

[1] 雅斯贝尔斯. 什么是教育 [M]. 邹进, 译. 北京：生活·读书·新知三联书店, 1991：152.

[2] 肖海涛. 高校的理念 [M]. 武汉：华中科技大学出版社, 2001：63.

是学生活生生的榜样"。在我国现阶段，师德的基本内容是：热爱祖国，献身教育；热爱学校，忠于职守；热爱学生，诲人不倦；尊重他人，团结合作；以身作则，为人师表；尊重科学，治学严谨。同一般教师相比，大学教师应具有更高的师德要求。这首先是由大学教师的特殊作用决定的。大学教师的基本任务是培养高级专门人才，这些人才是未来科学技术与社会发展中的中坚力量，大学时代是这些人才一生中最重要的成长时期，而这一时期对大学生影响最大的莫过于教师。教师的道德信念、品德情操，无时无刻不对大学生产生着潜移默化的影响。其次是由大学教师作为知识分子的社会使命决定的。现代意义上的"知识分子"是指那些以学术研究为基础，以高深知识为载体，以理性思维为中介，以体现公共良知、维护社会公正为宗旨的一群文化精英。大学教师作为知识分子，有权利也有义务应用自己的知识和理性思维来维护社会公正。这就要求大学教师不仅要有高度的社会责任感，还应有顾全大局、无私无畏、实事求是、坚持真理等高尚的道德品质。此外，随着时代的发展，大学同社会的联系日益广泛，人们对大学教师的道德期望也越来越高。在社会主义市场经济的迅速发展和不断完善的今天，我国大学教师的师德状况总体良好，但受市场经济的负面影响，也存在着师德行为欠佳、学术道德失范等现象，大学教师加强师德修养因此具有重要的现实意义。

　　大学教师的道德建设既有赖于合理的制度规范、有效的舆论监督与良好的氛围渲染，更有赖于教师的道德自律。这种自律表现在：一是树立坚定正确的政治信念，包括马克思主义的人生观、社会主义的价值观，正确认识个人与社会、奉献与索取、功利与道义等方面的关系，坚持走德才兼备的道路，坚定为社会主义现代化建设服务的思想等。二是培养无私奉献的敬业精神，能够深刻认识到大学教师的价值在于奉献，甘当"蜡烛"，乐为"人梯"，许身孺子，无怨无悔。三是养成诲人不倦的爱生态度，既关爱、尊重、理解学生，又能严而有格地要求学生，孜孜不倦地教育学生。四是遵循团结协作的伦理规范，能认识到大学教师的劳动既具有个体的独立性，又具有集体的协作性，作为大学教师必须处理好教师之间的关系：能处处以育人为重，彼此以真诚相待，既有相互间的竞争，又有彼此间的协作。同时还应处理好与管理人员的关系：

在人格上相互尊重,在权利上相互平等,在工作上相互支持,在发展机会上相互兼顾。五是塑造为人师表的职业形象。既要重大节,如具有强烈的事业心、高度的责任感与顽强的拼搏精神等,也要重小节,如作风正派、待人真诚、处事公正、举止文明等。在诚信普遍遭遇危机的今天,特别要注重学术诚信,诚信是一切美德的根基,更是追求高尚师德的大学教师必须坚守的道德关口。

(三) 高超教艺的创造者

教育是一门最辩证、最灵活的科学,也是一门最复杂、最多样化的科学,教育科学内在地需要教育艺术。教育艺术不同于一般艺术:一般艺术的对象是物,而教育艺术的对象是人;一般艺术是人对物的单向塑造,而教育艺术则是教师塑造与学生同时塑造自我的过程。因此,教育艺术是教师在教育教学活动中遵循教育科学规律,根据教育对象与条件的特殊性,因时、因地、因情制宜地创造性地组织教育与教学,让学生在愉悦中接受教育的技能技巧。教育艺术需要在长期的教育实践中去总结,春秋时期的孔子就总结了"因材施教、启发诱导"的教育艺术。《学记》更是对启发诱导的艺术做了精妙的阐释:"君子之教,喻也。道而弗牵,强而弗抑,开而弗达。道而弗牵则和,强而弗抑则易,开而弗达则思。和易以思,可谓善喻矣。"[①] 古希腊的"苏格拉底教学法"至今仍闪耀着教育艺术的光辉。教育艺术具有激发认知、陶冶情操、促进学生发展,提高教育效率,提升教育质量等功能。

现代大学教师在专业发展上,不仅要追求高深学问、高尚师德,还要追求高超的教育艺术。这是因为大学的教育对象具有思维的成熟性、学习的自主性与选择的多样性;教育内容具有学科的前沿性、知识的高深性与学习的探究性;教育方法具有形式的多样性、手段的先进性与更多的师生互动性。总之,大学教育过程具有更大的灵活性与更多的创造性。教育艺术的本质在创造,高超的教育艺术更是科学性与创造性的结合,因而具有鲜明的个性特点。从梁启超的旁征博引到鲁迅的诙谐深刻,从严济慈的激情洋溢到唐敖庆的美妙推导,从钱钟书的淹博恣肆到

[①] 毛礼锐,等. 中国古代教育史 [M]. 北京:人民教育出版社,1979:155.

缪越的清疏淡远,从方汉奇的娴熟典雅到孙正聿的挥洒自如,从金正昆的生动精练到韩庆祥的激扬鲜活①。高超的教育艺术能给学生以知识的启迪、情感的陶冶与心灵的震撼,倾听这些老师的讲授,会使学生深感其真理殿堂之奥妙、人类思想之宏大、道德境界之崇高,同时能领略历史的斑斓,透析现实的异形,并预测未来之辉煌。

大学教师教育艺术的创造,虽受制于一定的外部因素,如正确的目标引导、有效的激励机制、必要的物质条件与宽松的学术氛围等,但更主要的是教师自身的素质。高尚的师德是教育艺术创造的活力之源。强烈的事业心、高度的责任感、深厚的师生情,能够使教师永远保持积极向上、不断创造的良好心态。合理的知识结构是教育艺术创造的基础,深厚的专业功底、广博的文化素养能够使教师在教育中旁征博引、左右逢源,从而增强教师自信和激发教师的创造力。系统的教育科学知识更能为教育艺术的创造提供理论的指导。创造性的思维品质是教育艺术创造的核心。创造性思维具有新颖性、深刻性、概括性、生动性与结果的可感性。大学教师应不断强化自己的创新意识,培养自己的创新思维,善于创造性地运用教育条件与方法,灵活地处理各种教育问题。此外,长期的教育实践、认真的教育反思、扎实的教育研究、不断的理论升华也是教育艺术创造的重要条件。

(四) 高度自主的实践者

人的自主主要表现为人对自然、社会及自己本身的自由上,人的自主也就是人的自由②。哲学上把人认识了事物发展的规律性并自觉运用到实践中的行为称作自由,法学中则把自由理解为"在法律规定范围内,随着自己意志活动的权利"③。随着社会分工与专业化运动的发展,教师是否拥有较大自主权已成为衡量教师专业化水平的一项重要指标。学校组织作为一种高度专业性的社会组织,其成员本身的行为和他们之

---

① 段庆祥. 高校教师教学艺术特征刍议 [J]. 教学研究, 2006 (6): 52.
② 董泽芳. 人力资源开发与管理 [M]. 武汉: 华中师范大学出版社, 2000: 87-88.
③ 中国社会科学院语言研究所词典编辑室. 现代汉语词典 [M]. 北京: 商务印书馆, 1996: 1669.

间的互动,应该具有较大的自主性。联合国教科文组织在《关于教师地位的建议》中,就提出教师自主应包括在专业范围内的学术自由、判断自由、评价自由、选择自由与开发自由等①。大学教师作为高深知识的研究者与深刻关怀社会的知识分子,应该有更高的自主追求。这种追求主要反映在:一是高度的专业自主。大学教师职业需要掌握一套高深的专业知识,需要接受较长时间的专业训练,具有较高程度的垄断性和难以替代性,由此决定了该专业人员必须具有较大的专业自主性,即拥有对专业问题较大发言权,包括有权作出独立的专业判断,有权决定专业的各种政策、组织和程序,有权采取特别的专业行动等。二是较大的学术自由。S. 布鲁贝克认为"作为研究高深学问主体的大学教师理智上应该是自由的"②,因为他们最清楚高深学问的内容,最有资格决定应该开设哪些科目,谁最有资格学习这些高深学问,谁已经掌握了这些学问并应该获得学位等。学术自由也是学者超越自我、关注社会的必然要求。真正的学术应该是主动的、独立的,而不是被动的、依赖的。假如一种学术,或是政治的工具,或是文明的粉饰,或为经济所左右,那么这种被动的学术就不是真正的学术,就丧失了学术的本质及其神圣的价值。三是高度的人格自立。人格自立主要是人权平等、个性解放、意志自由与责任承担,它是人格解放的标志与"国格"尊严的基石③。当今中国,社会主义制度的建立与市场经济的发展,为实现人格独立提供了良好的条件,但我国仍处于社会主义初级阶段,社会主义市场经济还未得到充分发展,传统文化的双重影响依然存在,自立人格的构建仍然面临诸多制约。但是大学教师作为社会的精英,他们有着"天下兴亡,匹夫有责"、"先天下之忧而忧,后天下之乐而乐"的使命感,他们有理想、有责任,也有能力将个人的发展与国家昌盛、社会进步结合起来,引领时代的潮流,率先实践人格的自立,抱定学术宗旨,坚定道德信仰,不为外物所动。

当然,大学教师追求的高度自主不是绝对自主,而是应该处理好以

---

① 佚名. 关于教师地位的建议 [J]. 万勇, 译. 外国教育资料, 1984 (4): 27.
② 布鲁贝克. 高等教育哲学 [M]. 杭州: 浙江教育出版社, 2004: 31.
③ 朱义禄. 从圣贤人格到全面发展 [M]. 西安: 陕西人民出版社, 1992: 156.

下几方面的关系：一是专业自主与权利规训的关系。任何专业都不可能孤立地存在于社会之中，国家不可能不对其进行管理，市场不可能不对其施加影响，职业之间不可能没有竞争，这些都可能对专业自主形成制约。在任何时代、任何国家，权利规训都是不可避免的。大学教师应该在正视和接受合理规训的基础上行使自己的专业权利。二是学术自由与学术责任的关系。社会赋予大学以学术自由，大学必须通过履行相应的学术责任以回报社会。放弃了学术责任的学术自由，不仅会成为失去生存活力的无根之木，有时还会成为危害社会的思想之源。三是人格自立与社会规范的关系。人格自立既是个性发展的强烈呼唤，也是社会发展的迫切要求。大学教师追求的人格自立不是超越现实社会要求的自我膨胀，而是立足于社会需求的合理定位，是在纷繁复杂、诱惑甚多的现实中坚持的独立思考，是在忠于科学、报效祖国的努力中实现的自我追求。

大学教师专业发展的四大目标都有各自的价值定位：研究高深知识是大学教师专业发展的前提条件，追求高尚师德是大学教师专业发展的精神动力，创造高超教艺是大学教师专业发展的本质特征，实践高度自主是大学教师专业发展的综合要求。四大目标又是相互联系、相辅相成、彼此促进的统一整体：大学教师只有明确专业发展目标，强化专业发展意识，抓住各种专业发展机遇，不断提升自己的专业知识、专业能力与专业道德水平，才有望成为一名优秀的大学教师，为繁荣学术与育才兴国作出自己最大的贡献。

三、大学教师专业发展的路径

创新的时代呼唤创新的教育，创新的教育又呼唤创新的教师。21世纪的网络信息技术、新思想、新技术、新学科的不断涌现，以及社会经济、政治格局、价值观念、文化教育、生产生活等各领域的广泛而深远的变化等，都对大学教师的专业发展提出了更新、更高的要求。然而，相当一批大学教师对时代发展、信息革命与教学改革带来的挑战、对自己的专业化发展仍存在诸多认识误区。同时由于现有相关制度不够完善、大学管理模式不尽合理等原因在某种程度上阻碍了大学教师专业发展。因此，促进大学教师专业发展应该是一个系统工程，需要从创新大学制度、改革大学管理与加强教师个人修炼三方面共同努力。

(一)创新大学制度,健全六大机制

大学是一个复杂的管理体系,制度是保证大学机体高效运行的基础。创新大学制度包括创新大学教师的入职认证制度、评聘制度、培养制度、组织制度、奖惩制度等,目的在于形成正确的导向机制,包括知识能力导向、师德师风导向、教学科研导向等;有力的保障机制包括解决好教学科研投入,培养经费到位;有效的激励机制包括工资激励、奖金激励、福利激励、精神激励、情感激励等;健全的约束机制,包括严格的准入制、任职资格证书制等;科学的评估机制指通过科学评价,引导大学教师既重智能发展又重师德提高,既重科研又重教学,既重教学科研的量又重教学科研的质;社会的参与机制包括鼓励大学教师积极参加各种社会实践活动,在实践中成长等。

(二)改革大学管理,营造发展环境

学术自由、教授治校是大学学术发展的价值基础,因而一切管理活动都应当以此为重要考量准则。在大学管理中,制度约束固然重要,但随着我国大学管理越来越趋于行政化、职业化,行政权力与学术权力的冲突也愈演愈烈。针对行政权力越来越膨胀,学术权力越来越萎缩的情况,改革传统的以理性为原则的科层管理模式,构建以民主治校、以人为本、学术自由、情感激励为特色的新型管理模式已是势在必行。只有在自由的学术环境、和谐的人际关系、宽松的组织氛围中,广大教师自我发展的意愿才会更强烈,自我提升的积极性与创造性才能被充分调动起来。大学还应该改革教学管理模式,以激发教师的教学热情;改革组织管理模式,以大学教师发展中心为依托,通过项目安排、构建教研共同体促进教师的专业发展;改革教师管理模式,把新教师的引进与"师徒制"结合起来,健全新教师的助教制度,通过老教师、卓越教师的"传、帮、带"来加快新教师的专业成长过程。

(三)加强教师个人修炼,增强发展内力

大学教师专业发展的关键在自己。首先,大学教师应站在时代的高度,强化自己的角色意识,增强大学教师的光荣感、使命感和责任感。其次,要顺应时代发展要求,科学制定不断提升自我的成长计划,不断

提高自己的理论素养。其三，要加强教学与科研反思，努力提升实践智慧。传统的教师专业发展较为重视的是在校学习、在职培训等外塑路径，但有些教师专业发展的素质内容是无法培养的，它需要教师自身内部的努力与提高才能完成，像学科教学知识生成、教学实践性知识的生成，都是教师自身努力的结果。因此，必须高度重视内炼路径，也就是要努力激发教师自己从事教学与科研改革的热情，在改革中不断进行反思，在反思中不断调整实践改革的策略与方案，这种路线是"实践—反思与调整—再实践—再反思与改进"，如此循环永无止境，教师专业发展就是在这样的循环中螺旋式、逐步提高的过程。

第二节 大学教师学术交往的调查与分析

所谓学术，按照欧内斯特·博耶的学术概念，包括发现知识的学术、传授知识的学术、综合知识的学术和应用知识的学术四个方面。所谓大学教师学术交往，是指大学教师以学术信息为媒介、以提高学术能力和享受学术乐趣为目的的交往活动的总称。不同大学组织或不同教师的学术交往态度、学术交往模式，其最终的学术交往效果也往往存在不同，三者又是相互紧密影响的。学术交往态度是指教师对学术交往活动的认识评价和行为意向。学术交往模式就是指不断重复产生的交往行为所体现出来的形式规律性，主要表现在交往范围、交往频率、交往方式和交往结构等几个方面。其中，交往范围指学术交往所涉及的教师数量以及空间分布，交往频率指在一个周期内教师之间交往的次数，交往方式指交往活动采用的形式和方法，交往结构指交往关系网络中主体之间的相互联结状况。学术交往效果是指学术交往活动对于教师学术需求的满足程度和对于学术发展所起到的促进作用。大学教师开展学术交往具有重要意义。正如人离不开社会交往一样，大学教师离不开学术交往。英国学者比彻曾说道，学术研究最根本的就是交流[1]，没有交往就没有交流。

---

[1] 比彻，特罗勒尔. 学术部落及其领地：知识探索与学科文化 [M]. 唐跃勤，等译. 北京：北京大学出版社，2008：110.

一、调查的对象与方法

大学是一个学术性组织,大学教师以学术为志业,学术交往理应成为大学教师的基本存在方式和活动方式。大学教师学术交往有利于教师个体的专业发展和大学组织整体功能的提升,有利于大学教育目标的实现和办学实力的提高。但目前国内学术界和实践界对教师交往尤其是学术交往关注甚少。本节试图通过调查了解我国普通本科大学教师队伍内部之间的学术交往的基本状况、存在问题及其影响因素展开调查,并对调查结果进行讨论,进而提出相应的对策和建议。

本次调查对象为我国中西部地区普通本科大学教师。样本所在大学的分布是,中部 6 所、西部 3 所,211 工程大学 2 所、地方本科院校 7 所,省会城市大学 7 所、地级市大学 2 所。样本教师分布是 211 大学占 37.7%、地方大学 62.3%;男占 54.7%、女占 45.3%;自然学科教师占 31.1%、社会学科占 40.3%、人文学科占 28.6%;博士占 37.2%、硕士占 44.5%、本科等占 18.3%;教授占 10.2%、副教授占 34.3%、讲师占 47.8%、助教等占 7.7%;35 岁及以下占 52.0%,36~45 岁占 34.3%,46 岁及以上占 13.7%,虽然 35 岁以下教师比例较大,但与目前我国大学教师队伍总体年轻化相一致。可以看出,样本特点和我国目前普通本科大学教师队伍的总体特征基本一致,因此样本具有较高代表性。

表 6-1 调查样本主要特征分布

	大学层次		性别		年龄			学历			职称				学科		
	211	地方	男	女	≤35	36~45	≥46	博士	硕士	本科等	教授	副教授	讲师	助教等	自然	社会	人文
人	303	501	440	364	418	276	110	299	358	147	82	276	384	62	250	324	230
%	37.7	62.3	54.7	45.3	52.0	34.3	13.7	37.2	44.5	18.3	10.2	34.3	47.8	7.7	31.1	40.3	28.6

调查采取集体问卷和个别访谈相结合方式。问卷采用匿名填写,包括单项选择题和多项选择题,问卷除了调查教师的性别、年龄、学历、职称、学科等一般信息外,问题设置还包括了学术交往意愿、学术交往范围、学术交往频率、学术交往渠道、学术交往方式、学术交往结构、

学术交往收益、学术交往影响因素八个方面。问卷调查采用非概率偶遇方式，每批问卷的发放和回收时间间隔在三小时以内，回收及时，确保数据的客观和有效性。问卷共发放900份，回收有效问卷804份，有效问卷回收率为89.3%。调查于2012年1月初开始实施，前后在一个月内完成。为了弥补调查问卷的不足，课题组在每所大学分别对3名教师（其中一名为院领导）进行单独访谈，以获取大量第一手资料。

二、调查的结果与分析

对调查问卷所收集到的数据，采用统计软件SPSS 18.0进行统计处理。调查结果显示我国普通本科大学教师队伍内部性学术交往的总体状况如下。

（一）教师对学术交往的价值认识甚高，但交往的意愿相对偏低

教师对学术交往的价值认识和交往意愿影响着交往行为的发起、过程和效果。访谈中获知，教师对学术交往对个人、大学和整个学术事业发展的重要意义都有较高认识和较深感受，怀念美好的交往时光，向往用纯粹的专业语言和同行进行令人激动的交往，有些老师还认为"有多少交往就有多少进步"。但同时也认为，由于诸多原因，现实中教师学术交往往往激情受挫、期望落空，导致教师交往意愿相对较低。问卷调查中在问及"您是否乐意跟本单位同行进行学术交往"时，选择"很乐意"的教师占14.9%、"比较乐意"27.9%，但意愿"一般"教师占了五成（50.2%），另选择"不太乐意"5.7%、"很不乐意"1.2%。从性别比较看，女教师的交往意愿高于男教师，前者选择"乐意"（包括很乐意和比较乐意，下同）的比例为45.6%、后者是40.4%，前者选择"不乐意"（包括很不乐意和不太乐意，下同）的占4.9%、后者8.7%。从年龄比较看，年轻教师交往意愿最高，其次是中老年教师，最低是中年教师。其中，选择"乐意"的教师比例，前者占48.3%、中者占41.8%、后者仅占34.8%，三者差距较大；选择意愿"一般"的教师比例，前者占45.5%、中者占50.9%、后者占57.3%，三者相差也较明显；选择"不乐意"的教师比例大小顺序正好相反，但三个比例相差不大。从学历比较看，学历越低，乐意交往的教师比例越高，不乐意交往的教师比例越大。本科及以下教师队伍中，"乐意"占49.3%（其中很

乐意19.2%),"不乐意"为9.6%;硕士学历教师"乐意"占49.8%(虽然比本科及以下教师比例稍高,但很乐意仅占16.8%),"不乐意"为8.9%;博士教师"乐意"占31.4%(其中很乐意仅占10.7%),"不乐意"3.4%。博士教师"乐意"和"不乐意"的比例都比其他学历教师队伍低很多,而博士教师意愿"一般"的比例高出其他学历教师二十多个百分点,达65.3%。从职称比较看,职称越高,乐意交往的教师比例越低,不乐意交往的教师比例越小,意愿"一般"的教师比例越高。从低职称到高职称排序,选择"乐意"的教师比例分别为54.8%↘48.5%↘34.8%↘34.1%,选择"不乐意"的分别是9.7%↘7.3%↘6.5%↘4.9%,意愿"一般"的分别是35.5%↗44.3%↗58.7%↗61.0%。从学科比较看,选择"乐意"的教师比例,人文学科>社会学科>自然学科;选择"一般"的,自然学科>社会学科>人文学科;选择"不乐意"的,社会学科>人文学科>自然学科。从小学科来看,由于医学教师样本过少暂且不讨论外,选择"乐意"的教师比例最高的前三学科分别是哲学、工学和文学,三个比例分别是66.7%、52.5%和49.3%。选择"不乐意"的教师比例,教育学和历史学明显高于其他学科,分别占各自学科教师队伍的14.7%和12.0%,而哲学、经济学和农学在这方面为0。详见表6-2。

表6-2 大学教师学术交往意愿调查

		很乐意	比较乐意	前两项小计	一般	不太乐意	很不乐意	后两项小计	合计
性别	男(%)	14.5	25.9	40.4	50.9	6.4	2.3	8.7	100.0
	女(%)	15.4	30.2	45.6	49.5	4.9	0.0	4.9	100.0
年龄	≤35岁(%)	19.6	28.7	48.3	45.5	5.7	0.5	6.2	100.0
	36~45岁(%)	5.8	29.0	34.8	57.3	5.8	2.2	8.0	100.0
	≥46岁(%)	20.0	21.8	41.8	50.9	5.5	1.8	7.3	100.0
学历	本科及以下(%)	19.2	30.1	49.3	41.1	6.9	2.7	9.6	100.0
	硕士(%)	16.8	33.0	49.8	41.3	7.8	1.1	8.9	100.0
	博士(%)	10.7	20.7	31.4	65.3	2.7	0.7	3.4	100.0

续表

		很乐意	比较乐意	前两项小计	一般	不太乐意	很不乐意	后两项小计	合计
职称	助教及未评（%）	19.4	35.5	54.9	35.5	9.7	0.0	9.7	100.0
	讲师（%）	17.2	31.3	48.5	44.3	6.8	0.5	7.3	100.0
	副教授（%）	10.9	23.9	34.8	58.7	3.6	2.9	6.5	100.0
	教授（%）	14.6	19.5	34.1	61.0	4.9	0.0	4.9	100.0
学科	自然学科（%）	13.6	26.4	40.0	55.2	4.0	0.8	4.8	100.0
	社会学科（%）	14.8	25.3	40.1	50.6	6.8	2.5	9.3	100.0
	人文学科（%）	16.5	33.0	49.6	44.4	6.1	0.0	6.1	100.0
合计	计数（个）	120	224	344	404	46	10	56	804
	比例（%）	14.9	27.9	42.8	50.2	5.7	1.2	6.9	100.0

影响学术交往意愿的因素很多，之所以出现教师交往意愿偏低而且男比女低、中老年教师比年轻人低、高学历比低学历低、高职称比低职称低的状况，以下三个方面因素不可忽视，其一是一般而言男性在性格上独立性更强，中老年、高学历、高职称教师自主发展能力更强；其二是学术界长期以来过于强调学术活动的独立自主；其三是当学术研究方向越细、研究深度越深时，对等性潜在交往对象就越少。在年龄方面，为什么36～45岁中年教师学术交往意愿比其他年龄段低，是否由于处于该年龄段教师学术工作量更大、承受压力更大，有待进一步探讨。此外，学科性质也是影响教师学术交往的重要因素，比如，专注于范围小、持续时间短的问题的学科教师往往有较低的学术交往需求[①]，而偏爱全球性话题、需要持续长时间研究的教师则需要更多交流与合作[②]。

（二）教师学术行为的独立性普遍较强，但交往的范围较为狭窄

学术活动贵在独立自主，缺乏独立自主的学术交往往往意味着交往

---

① 比彻，特罗勒尔. 学术部落及其领地：知识探索与学科文化 [M]. 唐跃勤，等译. 北京：北京大学出版社，2008：113.

② 比彻，特罗勒尔. 学术部落及其领地：知识探索与学科文化 [M]. 唐跃勤，等译. 北京：北京大学出版社，2008：116.

过程的强制性和表面化,导致学术上的唯书唯上和人云亦云,这是学术创新的大忌。但与此同时,要正确区分学术行为的独立自主和学术思想的独立自主,因为学术交往的一个重要目的就是开阔学术视野、相互学习借鉴。因此,教师学术交往应尽量扩大范围,不能只局限于同学好友或本院系几个同行,并在整个交往过程中保持自主性。调查结果显示,我国大学教师学术行为的独立性普遍较高,但是交往的范围比较狭窄。其中,学术交往范围狭窄,其一表现在教师更倾向于和同学好友或导师交往,其二表现在交往所涉及的教师数量偏少。在回答一道"如遇到学术困惑最先想到的处理方式"的多选题时,选择"自主查阅资料"的占46.3%,选择"向同学好友请教"占18.3%,选择"向自己导师请教"占15.1%,选择"向单位同行请教"仅占16.6%;在问及"如遇到学术困惑自己又无法解决时最先想到的处理方式"时,选择"继续自我思考"的仍占30.4%,22.6%选择"向同学好友请教",4.8%选择"放弃",只有37.3%选择会跟同行交往以求教。详见表6-3所示。在一项同类和异类(分别以年龄、学历、职称、学科和学缘为划分标准)教师学术交往涉及教师数量调查中,选择"少"的教师比例显著高于选择"多"的教师比例,总体平均情况是:选择"很多"的教师比例为2.2%、选"较多"的为16.3%、选"一般"的为46.0%、选"较少"的为24.5%、选择"很少"的占11.0%。最典型例子是不同学缘教师之间的交往,选择"很多"的仅占2.5%,选"很少"的达到20.4%,后者是前者的八倍;选择"较多"的占11.2%,选"较少"的占23.9%,后者是前者的两倍多。详见表6-4所示。

表6-3 大学教师学术交往范围调查(多选题)

项目	问题	人数(个)	百分比(%)
有学术困惑最先想到的处理方式	自主查阅资料	698	46.3
	向同学好友请教	276	18.3
	向单位同行请教	250	16.6
	向自己导师请教	228	15.1
	其他方式	56	3.7
	小计	1508	100.0

续表

项 目	问 题	人数（个）	百分比（%）
有学术困惑自己又无法解决时最先想到的处理方式	继续自我思考	430	30.4
	向同学好友请教	320	22.6
	向单位相同层次同行请教	176	12.4
	向单位较高声望同行请教	352	24.9
	暂时放弃思考	68	4.8
	其他方式	70	4.9
	小 计	1416	100.0

表 6-4 大学教师学术交往涉及教师数量调查

	同年龄	同学历	同职称	同学科	同学缘	异年龄	异学历	异职称	异学科	异学缘	平均
样本（个）	804	804	804	804	804	804	804	804	804	804	804
很多（%）	2.2	1.7	2.5	2.7	2.0	2.2	1.7	1.7	2.2	2.5	2.2
较多（%）	20.9	20.1	18.2	22.9	16.7	14.7	12.9	15.4	10.2	11.2	16.3
一般（%）	48.3	49.0	52.0	47.0	45.5	43.8	45.0	47.3	40.3	42.0	46.0
较少（%）	21.1	21.6	18.4	18.9	23.1	30.1	29.6	26.9	31.3	23.9	24.5
很少（%）	7.5	7.5	9.0	8.5	12.7	9.2	10.7	8.7	15.9	20.4	11.0
合计（%）	100.0	100.0	100.0	100.0	100.0	100.0	100.0	100.0	100.0	100.0	100.0

当前，我国学术职业内部存在一种不良倾向，即学术行为的个体独立性过高和学术思想的独立性缺失。前者指教师缺乏团队合作精神，即使是合作课题，也往往是分工细化、独立完成，过程中的交流讨论并不充分，即使是遇到学术困惑，要么受文人相轻观念影响，要么是碍于面子不太乐意向同行求教，如发现学术兴奋点，独食的多、分享的少，以至于即使是隔壁办公室，也不知道对方的最新研究点和学术进展状况。后者指非权威老师在和权威交流过程中，因为怕得罪对方或担心对方不高兴，不敢质疑权威，或者权威的某些学霸作风使得非权威老师不能质疑，只能违心赞美和恭维，从而影响了一般教师与学术权威交往的积极性。行为的过于独立性使得教师学术交往的范围偏窄、交往深度受限。学术思想的独立性缺失影响交往效果，反过来又影响交往意愿、交往范

围等各个方面。

(三) 教师倾向于与高声望的同行交往,但交往的频率相对偏小

紧密性的学术交往有利于双方在学术上的深度沟通、信息分享和合作互助,而紧密交往关系的形成需要通过较高的交往频率才得以实现。而教师和更高声望同行交往往往能带来更多的学术收益,因而教师和高声望同行交往的意愿较高。调查显示,当教师遇到学术困惑自己通过努力还是无法解决时,如表6-3所示,选择"继续独立思考"的频率占30.4%,同时有24.9%选择"向更高声望同行请教"。但是教师总体交往频率相对低下。在问及您和同学科或异学科教师进行学术交往的频率时,从总体情况看,选择"很多"的教师比例为2.6%,选择"很少"为11.3%,后者是前者的四倍;选择"较多"比例也明显低于"较少",前者为15.9%、后者为23.4%;其余46.8%的教师选择"一般"。这种情况在不同学缘和不同学科教师之间的学术交往中表现得最为突出。详见表6-5所示。

表6-5 大学教师学术交往频率调查

	同年龄	同学历	同职称	同学科	同学缘	异年龄	异学历	异职称	异学科	异学缘	平均
样本(个)	804	804	804	804	804	804	804	804	804	804	804
很多(%)	4.5	2.0	2.0	4.0	4.0	2.0	2.0	2.2	1.2	1.7	2.6
较多(%)	17.4	22.6	20.9	24.1	13.7	14.4	11.2	12.4	10.9	11.2	15.9
一般(%)	53.0	46.5	47.0	46.3	47.2	46.8	44.8	50.2	43.3	42.5	46.8
较少(%)	16.4	21.1	22.6	17.9	22.9	26.9	29.4	25.9	28.1	23.1	23.4
很少(%)	8.7	7.7	7.5	7.7	12.2	10.0	12.7	9.2	16.4	21.4	11.3
合计(%)	100.0	100.0	100.0	100.0	100.0	100.0	100.0	100.0	100.0	100.0	100.0

教师和高声望同行学术交往意愿较高,一方面是因为高声望教师拥有一般教师所没有的更多的学术积累、宝贵的学术信息和其他学术资源,拥有学术引领能力,另一方面是因为高声望教师的学术地位较高,对于一般教师而言具有某种吸引力。教师学术交往频率偏低,一方面是因为教师过于强调学术行为的独立性,另一方面是因为受到交往过程中的交流不深、地位不等、收效不大等多种因素的影响。

（四）教师交往过于依赖正式组织活动，个性化的交往行为偏少

从交往活动发起的力量来源的不同，可将学术交往划分为正式性学术交往和非正式性学术交往，后者也称为个性化学术交往。前者是指正式组织开展的学术交往活动，后者是指个体自主自愿发起的学术交往活动。两者是相互补充，但各有优劣。正式性学术交往活动一般参与人数多、规格高、场面大，但也常常存在"听多说少"、"形式主义"等问题。个性化学术交往虽然参与人数少，但灵活便捷，更有利于交往主体间围绕共同主题进行深入的交流互动或"学术闲聊"，更有利于缩短双方心理距离，形成良好交往关系网络。调查结果显示，我国大学教师内部性学术交往更多依赖于正式组织开展的活动，个性化交往偏少。在问及本校教师学术交往的最主要渠道时，选择"正式性交往"的教师占80.7％、选择"个性化交往"的教师占16.9％，前者是后者的4.8倍，另有2.4％选择"其他"。详见表6-6所示。

表6-6 大学教师学术交往渠道调查（多选题）

	项　目	人数（个）	百分比（％）
正式性交往	学术讲座	584	33.1
	学术沙龙和学术茶会	276	15.6
	各种学术委员会召开的会议	242	13.7
	学位论文开题答辩会和科研项目开题结题会	206	11.7
	学术辩论会	116	6.6
	小　计	1424	80.7
个性化交往	办公室、实验室等校园公共场所的自由式交往	154	8.7
	电话和网络交往	90	5.1
	家庭活动、餐馆等非正式渠道	54	3.1
	小　计	298	16.9
	其他方式	42	2.4
	合　计	1764	100.0

我国大学出现教师过于依赖正式组织活动参与学术交往，个性化交往方式偏少的状况，究其原因，其一是我国学术活动存在重视组织轻视

个体、强调一致轻视灵活的管理定势，大学对于面向教师的学术活动，一般都要对教师提出纪律性要求；其二是参加各种学术会议和开题答辩会等其他活动是教师的本职工作，教师必须参会；其三由于诸多原因导致个性化交往学术收益不高，个性化交往偏少。所以，教师只有更多依赖正式组织开展的活动来参与学术交往。访谈得知这样一种情况，各校组织开展的学术活动偏少，其一是学术讲座不仅开展次数少而且多是请外校知名人士主讲，学生参与多教师参与少，对促进本单位教师内部性学术交往作用不大；其二是部分大学很少开展学术沙龙、学术茶会和学术辩论会；其三，虽然在各种学术会议中教师有表达思想、聆听观点的机会，但参加此类活动有"资格"限制，一般老师被排除在外。因此，单位组织活动次数有限，教师个性化交往习惯没有形成，教师之间就缺乏交往渠道，必然导致交往结构松散化。

（五）教师学术交往方式发生较大改变，电话网络交往渐成主角

科学技术新发展改变了人们的工作方式和生活方式，也改变了大学教师的学术交往方式。在问及"教师开展学术交往采取最主要的方式"时，有14.4%的教师选择了"正规场合面对面"、33.9%选择"非正规场合面对面"、30.7%选择了"网络方式"、15.1%选择了"电话方式"，选择"面对面"的比例为48.3%、选择电话和网络方式的占45.8%，两者已经相差无几。详见表6-7所示。

表6-7 教师学术交往方式调查（多选题）

问 题	人数（个）	百分比（%）
正规场合中面对面	104	14.4
非正规场合面对面	245	33.9
网络方式	222	30.7
电话方式	109	15.1
纸质书信	10	1.4
其 他	32	4.4
合 计	722	100.0

为什么调查结果中会出现教师学术交往过于依赖正式组织、个性化交往较少，但又出现选择"正规场合面对面"交往方式的教师比例远低

于选择"非正规场合面对面"方式的教师比例的状况呢?访谈得知,这是因为很多教师认为在参加学术讲座时,虽然能听到很多的学术信息,但能跟主讲者个人面对面交流的机会很少、时间很短,因此很多老师并不认为参加正式性学术交往活动就是面对面交往。由于电话和网络交往方式不仅跨越了空间限制,而且网络交往还具有信息量大、可以储存等多种便捷功能,因此成为教师进行学术交往的首选。

(六)教师学术交往网络联结不够紧密,队伍学术交往结构偏散

大学教师学术交往是在不同教师之间产生的,它和其他形式的社会交往一样,交往行为的不断发生就在交往个体之间形成一个相互联结的关系网络。当群体中各主体相互之间在空间上交往渠道多样,在时间上来往次数频繁时,主体间联系就得到不断加强,整个群体就成为一个紧密的交往关系网络,否则就是松散关系网络。调查显示,我国大学教师内部性学术交往总体结构过于松散甚至存在某种程度的疏离状况,在问及"您对本校教师学术交往结构的总体印象"时,17.7%的教师回答是紧密型(其中包括2.2%的强制紧密型、9.5%的自主紧密型和6.0%的强制—自主紧密型)、21.4%认为是中间型、48.8%认为是松散型、5.0%认为是疏离型、4.5%认为是封闭型,还有2.7%认为是其他型。详见表6-8所示。

表6-8 大学教师学术交往总体结构调查

		人数(个)	百分比(%)
有效	强制紧密型	18	2.2
	自主紧密型	76	9.5
	强制—自主紧密型	48	6.0
	中间型	172	21.4
	松散型	392	48.8
	疏离型	40	5.0
	封闭型	36	4.5
	其他型	22	2.7
	合 计	804	100.0

学术交往关系网络不够紧密，教师队伍交往结构偏散，是前面交往意愿偏低、范围偏窄、频率偏小、个性化交往偏少等多种因素的综合结果。

（七）教师对学术交往的收益评价甚低，交往效果有待提高

交往效果不仅影响当次交往心态，而且影响下一次交往行动的发起。调查显示，教师对学术交往的收益的总体评价不高，交往效果有待提升。在一项同学科和异学科教师"学术交往给您带来的学术收益"问卷调查中，平均选择"很多"的教师比例仅占5.2%、选择"较多"为18.0%，而选择"一般"、"较少"、"很少"则分别占了45.3%、20.9%和10.6%。详见表6-9所示。

表6-9 大学教师学术交往效果调查

	同年龄	同学历	同职称	同学科	同学缘	异年龄	异学历	异职称	异学科	异学缘	平均
样本（个）	804	804	804	804	804	804	804	804	804	804	804
很多（%）	4.5	2.7	4.2	4.2	3.0	5.2	4.7	4.2	8.5	10.7	5.2
较多（%）	21.1	20.6	17.9	21.1	15.9	19.2	17.7	18.9	14.2	13.2	18.0
一般（%）	48.5	48.5	49.3	47.5	45.5	45.0	42.3	46.5	39.6	40.3	45.3
较少（%）	17.4	19.4	19.7	18.2	21.6	20.6	26.6	21.9	24.1	19.4	20.9
很少（%）	8.5	8.7	9.0	9.0	13.9	10.0	8.7	8.5	13.7	16.4	10.6
合计（%）	100.0	100.0	100.0	100.0	100.0	100.0	100.0	100.0	100.0	100.0	100.0

教师学术交往的总体效果与学术交往的意愿、过程、模式、结构密切相关，交往意愿的低下和交往过程的不佳必然导致交往效果的低下。

（八）制约教师学术交往的因素复杂多样，学术氛围不浓影响甚大

影响教师学术交往的因素很多，但调查发现，"学术氛围不佳"是制约目前我国大学教师内部性学术交往的首要因素，其中，选择此项的人次接近三成达28.4%。另外，选择"学术活动组织少"频率为26.6%，从这里也可以反映出教师学术交往较多依赖于正式组织活动。选择制度因素和观念因素影响也较大，其比例分别为18.6%和10.4%。详见表6-10所示。

表 6-10 大学教师学术交往制约因素调查（多选题）

项　目	人数（个）	百分比（%）
机构设置不合理	138	8.2
制度安排不科学	312	18.6
学术活动组织太少	446	26.6
学术氛围不佳	476	28.4
教师观念因素	174	10.4
教师性格因素	58	3.5
其他因素	72	4.3
合　计	1676	100.0

学术创新是一种高级精神活动，它离不开一种特殊的激情、心悟、灵感和心态等精神层面的东西，它不是机械的模仿和重复，也不宜大批生产和拔苗助长，学术是长出来的，而不是造出来的，因而它需要某种适宜的气候和土壤，这就是所谓的环境、氛围、软件。学术氛围往往看不见、摸不着，但它深刻影响着教师学术交往的整个过程和总体效果。

三、促进大学教师学术交往的思考与建议

交往是人类特有的存在方式和活动方式，是个体间交换物质、能量、信息的基本途径[①]。学术交往应该成为学术职业从业人员——大学教师的基本存在方式，特别是在全球化、信息化和大学科发展时代，学术交往愈显得重要。鉴于调查所得结果，大学要促进教师队伍形成良好学术交往生态，应树立正确观念，提高交往意愿，健全学术制度，激发交往行为，创造多样机会，优化交往结构，营造良好氛围，提升交往效果。

（一）树立正确交往观念，增强交往意愿

一是树立学术发展的团队合作观念，改变目前教师队伍中普遍存在的过于强调独立完成和独食、轻视协作互助和分享的不良观念，使广大教师真正认识到只有交流合作才能共赢，只有协助互助，整个队伍才能得到不断成长。二是树立学术交往过程的思想自由、人格平等观念，改

---

① 中国百科大辞典编委会. 中国百科大辞典[M]. 5版. 北京：华夏出版社，1990：11.

变学术交往过程中"欺行霸市"、人身依附、唯书唯上等不良现象，让广大教师拥有自由、平等、双向的学术交往环境。三是树立文人相敬观念，改变文人相轻思想，敬重文人就是敬重学术，教师之间只有相互尊重对方的自由人格、思想、观念和生活方式而不是相互看不起，才有可能促进教师之间更多的平等交往、多方式交往和深入交往。只有这样，教师学术交往意愿才能得到不断激发。

（二）健全学术管理制度，激发交往行为

一是改变学术组织过于科层化的管理模式，健全学术组织扁平化管理制度，疏通制约教师学术交往的制度性瓶颈，拓宽学术交往制度性渠道，激发教师参与更多学术交往活动。二是改变学术事务的行政化管理模式，健全民主协商的学术管理制度，目前存在的主要问题是以行政方式管理学术事务，学术权力卑微，导致真正交往激情衰竭，交往行为变形，因此应调整相应制度体系。三是改变学术事业 GDP 管理模式，健全柔性为主刚性为辅的学术管理制度，重视创新和卓越，宽容失败和挫折。目前过度量化的学术管理模式使得教师花费过多精力用于"非学术"甚至是"假学术"活动，扭曲教师正常的交往心态和交往行为，制约了教师良好学术交往活动的展开。

（三）创造多样交往机会，优化交往结构

一是搭建更多学术讲座平台，在教师队伍内部开展更多的教学科研研讨会或经验交流会，开展更多的你主讲我提问的主题讲座，以及学术辩论会。二是搭建更多项目合作平台，包括院系内部和院系之间的项目合作，项目合作不是简单任务分化各自完成，应该有过程中的多次讨论。三是搭建更多的学术机构平台，比如设置多学科研究中心、教师专业发展中心、教师学术咨询服务中心、各种类型教师研讨会等。四是建立和完善学术帮扶机制，使资历不同的老师有更多交往机会。此外，搭建更多的其他平台，比如院系组织或由名师主持开展的半正式性的学术沙龙和学术茶会等。

（四）营造良好学术氛围，提升交往效果

一是改善外部环境，即在整个社会形成尊重真理、尊重人才、尊重学术的良好风尚，不用经济、政治的思维和标准看待和要求学术事业，改变行政化的政府管制模式。二是优化内部环境。首先要按照教育规律和学术规律办学，完善内部制度体系，使大学处处呵护学术灵魂、彰显学术本性。其次要抵制物质主义、拜金主义等不良社会风气的冲击，打击学术腐败、克服学术不端。再次是倡导热爱科学、崇尚真理、追求卓越、自由民主、平等协商、合作互助的学术氛围，学校领导和名师要成为楷模，作出表率，在全校教师中展现出优秀的学术交往风范，引领和感染广大教师养成良好学术交往习惯。以良好学术氛围促进教师灵活性、多样化、广范围、常态化、个性化学术交往活动的开展，以及促进正式性学术交往活动效果的提升。北京大学前校长许智宏曾指出："如果大学的土壤变得非常肥沃，总有一天诺贝尔奖会在中国出现。"① 大学"百花齐放，百家争鸣"和谐氛围形成之日，就是大学教师良好学术交往生态形成之时。

第三节　大学教师队伍学缘结构的调查与分析

高水平的师资是建设一流大学的根本保障，有一流的师资队伍才能进行一流的科研和培养一流的学生。在我国大学师资队伍建设过程中，结构问题已引起广泛关注。

一、研究大学教师队伍学缘结构的意义

合理的教师队伍结构是大学实现学术创新和人才培养的坚实基础，学缘结构作为教师队伍结构的一个重要组成部分，已日益成为衡量教师来源合理程度的一个重要指标，它反映着师资队伍的整体质量，预示着其科研创新能力的高低。尤其是最近20年，我国教师队伍中学缘结构的"近亲繁殖"现象愈加明显，严重影响着学校人才培养的质量和学术的发展。教师来源单一，过度地迷信并依赖权威，老师和学生之间相互

---

① 许智宏. 北大原校长：中国目前没有世界一流大学，建设急功近利 [EB/OL]. (2010-04-15) [2012-03-20]. http://edu.ifeng.com/news/detail_2010_04/15/526043_0.shtml.

"提携"不仅阻碍学术公平和学术创新，滋生利益共同体，也使得大学管理举步维艰。有学者认为，"这个问题已经严重地阻碍着一流水平大学的建设，正在窒息着学术研究中的民主自由学风，最终将影响到学术批评与学术创新"。学缘结构问题在教师队伍建设中的重要性不言而喻，但是一直被人们所忽视。无论是在理论上还是实证上都迫切地需要更加广泛的关注和更加深入的研究。总之，强调对教师学缘结构的理论研究既是时代发展的强烈呼唤，也是高等教育自身发展的迫切要求。而重视大学教师学缘结构的概念研究，则是大学教师学缘结构研究的逻辑起点。

近年来，关于大学教师队伍学缘结构的实证研究甚多，但对学缘结构的界定却是众说纷纭。综合资料显示，至少有五种解释：一是"毕业学校结构"说，即认为"所谓学缘结构是指一所学校、一个学院或一个教学单位全体教师最终学历的毕业学校的构成状态"，或"学缘结构是教师队伍完成某一级学历或学位教育的毕业大学（科研院所）、类型、层次等的分布情况"。二是"教师来源构成"说，即认为"学缘结构指某教育单位（比如高等院校中的系、教研室、研究所）中，从不同学校或科研单位取得相同（或相近）学历（或学位）的人员比例"，"学缘结构是专指高等学校教师的来源构成状态"。三是"专业知识系统构成"说，认为大学教师队伍学缘结构"不仅包含学校类别层次等构成，还包括不同专业分布与构成"，或"是指教师队伍成员完成某一级学历（学位）教育的毕业院校、所学专业等……既有学基础、传统专业的，又有学新兴、边缘专业的，也有学综合、交叉专业的知识系统"。四是"近亲繁殖构成"说，即"教师队伍学缘结构是某单位从不同学校或科研单位取得相同或相近学历的人数，指教师队伍中在校外完成某一学历或学位与在校内完成其他学科学历或学位教育的构成情况，主要应当是本校毕业生与非本校毕业生之间的比例关系，以及教师最初学历与最高学历的毕业院校情况。"五是"学术利益共同体结构"说，即认为"学缘关系是指通过师徒、同学、同门师兄弟姐妹等关系纽带而组建的利益共同体"，"学缘结构是指通过师徒、同学、同门师兄弟姐妹等关系纽带而组建的利益共同体"。

笔者认为，合理界定学缘结构关键在于正确理解"学缘"。《辞海》

注释："缘"有起源、人与人的遇合或结成关系的原因，顺着、沿着等意思，即指"人与人的遇合或结成关系的原因"。"学"则是指学习的人、学校、学问和模仿学习等意思。所谓"学缘"就是指在各种学习过程中结成的学术人脉与学术思想缘脉关系。大学是大学教师学缘来源最主要的组织。每所大学都能形成自身的文化精髓，这种文化思想的影响是由多名教师和整个的学校气氛决定的。虽然工科与文科来往较少，学术上极少有交集，但是受共同教育理念指导下共通的公共课和学术讲座等的文化形式的影响，无形中形成了一种共通的学术思想缘脉，只是亲近程度有所差异，但是这种缘脉相对于其他机构又相当的明显。更重要的是校友关系一旦形成并在大学中相遇，学术人际缘脉就能发挥极大的作用，产生与学术无关却能作用于学术的影响，如学术资源共享与分配。因此师生学术缘脉传承中的师生可以看作一种大的师生概念，师即一个学校的老师的统称，生即学校学生的统称。所以教师来源大学就成为了两种学缘最主要的综合呈现形式。因此，教师学术来源的不同大学或其他组织的构成状态就是一种学缘结构的外在形式。

考察学缘结构主要有三个向度：一是亲缘度，即反映某一大学教师队伍来自本校或同一大学的集中程度；二是优缘度，即反映某一大学教师队伍学历层次的优化程度；三是广缘度，即反映大学教师队伍来源的广泛程度。

（一）亲缘度

亲缘度是指教师团体与本校学缘的亲密程度。主要反映本校教师队伍所继承的学术流派中本校学缘的集中程度。当本校学缘独大，其他学缘所占比重微小时，则说明本校教师队伍的亲缘度非常高。当本校学缘所占份额非常小时，亲缘度则非常低。近亲繁殖现象就是因为学缘过于集中在某一种学缘，而我国相当大部分本科院校都有同样的现象，那就是集中于本校学缘，因此亲缘度实际上反映的是主要学缘的集中程度。长期以来中国大学教师队伍学缘结构中亲缘度过高，导致亲缘度的研究有代替学缘结构的趋势，因此亲缘度仍然是大学教师队伍学缘结构不可忽视的构成要素。亲缘度过高不利于学术发展，亲缘度需要根据自身的情况适度的控制。针对大学教师队伍学缘结构的亲缘度而言的，在优化亲缘度时，不可一味地追求数值的绝对零化，而应根据世界优秀大学的平均水平和本校教师管理的特点降低到适度的水平。对于没有灵活科学淘汰机制的大学，就需要保持较低的亲缘度，而对于具有灵活科学的淘汰机制的大学则不必要刻意保持很低的亲缘度。总之亲缘度本身并不是绝对的，应根据大学的实际适度性进行调整。

（二）优缘度

优缘度是指教师团体学缘质量的优异程度。不同学缘在学术体系中的总体地位和声望不同，反映着教师队伍所传承的学术流派的前沿性、先进性和影响力。优缘结构决定大学教师队伍学缘结构的纵向深度，影响大学教师队伍的学术实质性水平。一般而言，来自高水平学术单位的教师越多，学缘结构的优化程度就越高。优缘度要素是大学教师队伍学缘结构的一个立体面，虽然大学教师队伍学缘结构不是完全由优缘度决定，但是它是大学教师队伍学缘结构的三大支柱之一，它影响着学术创新的深度，是优化学缘结构的质的基础。因此优秀学缘越多，优缘度越高，则一所大学教师队伍的学缘结构越优化。追求学缘优异，不代表排斥学缘层次低但个人学术水平高的教师进入大学，因为优异性原则归根到底就是追求学术优异。

（三）广缘度

广缘度是指教师团体学缘地理来源的广泛程度。其主要反映着教师队伍所继承的学术流派的发祥地（即学缘组织）的地理分布格局，一定程度上反映的是大学教师队伍学缘结构的开放程度，影响着大学教师的国际化程度。学术思想来源的广泛性影响学术思想差异性和多样性，进一步影响学术创新。同时广泛的学缘构成可避免"后门"关系的形成，更有利于维护学术的公平、公正。大学教师队伍学缘结构的广缘度要素是在类别和层次基础上的统一，是综合反映大学教师队伍学缘结构的一个重要因素。学缘来源的广泛性是思想多元化的一个重要支柱，虽然地域上的差别并不起到决定性的作用，但是国际化合作、跨地区跨行业的合作更能促进成果的产出。学术发展和人才的培养需要广泛的思维路径，需要不同思维模式的碰撞，即使差别微小仍然不可忽视。

二、调查的目的与方法

大学教师队伍的学缘结构是指大学教师队伍中，完成某一级学历（学位）教育的毕业大学在类别、层次和空间等方面的构成状况。其中，类别构成是指教师队伍包含有多少种学缘，其主要反映着教师队伍所继承的学术流派的多样性大小。层次构成是指教师队伍学缘来源大学在学术体系中的总体地位和声望状况，其主要反映着教师队伍所传承的学术流派的前沿性、先进性和影响力。空间构成是指教师队伍学缘来源大学的地理状况，其主要反映着教师队伍所继承的学术流派的发祥地（即毕业大学）的地理分布格局。教师队伍学缘结构的类别构成、层次构成和空间构成三者是密切相关的，并同时对大学的学术氛围、学术活力、学术产出产生重要影响。

一般而言，优化的学缘结构应该是学缘类别构成的丰富多样、学缘层次构成的高位优质、学缘空间构成的五湖四海。但现有相关研究视角单一，多从近亲繁殖视角展开，而近亲繁殖只是学缘类别构成和空间构成的特例。为更好地了解我国普通大学教师队伍学缘结构的真实面貌和存在问题以及问题成因，本文从类别构成、层次构成、空间构成三个视角展开实地调查，并在此基础上提出优化大学教师队伍学缘结构的若干建议对策，以期为相关改革提供一些有益参考。

本次调查对象为我国中西部地区普通本科大学教师。样本所在高校的分布是：中部6所、西部3所，211工程大学2所、地方本科院校7所，省会城市大学7所、地级市大学2所。样本教师的主要特征如表6-1所示。可见，样本特点和我国目前普通本科大学教师队伍的总体特征基本一致，样本具有较高代表性。为全面了解某一学院的教师队伍学缘结构，本研究对上述样本大学中的一所211工程大学（下称A大学）的1个学院和一所地方大学（下称B大学）的1个理科学院的教师队伍分别进行完全式调查，两所大学都处于省级城市，其中A大学办学实力在全国排名35位左右，所调查学院共有教师81人。B大学是一所办学历史较长的地方高校，所调查学院教师为49人。调查采取问卷为主和个别访谈为辅相结合方式。问卷采用匿名填写，由两种问卷组成，第一种问卷教师个人填写，内容包括教师学缘以及性别、年龄、学历、职称、学科等信息，其中学缘信息包括本科毕业大学、硕士毕业大学和博士毕业大学三个层面，每一级学历毕业大学下面又分别设置有本校毕业、本市非本校毕业、本省非本市大学毕业、国内非本省大学毕业、国外大学毕业等五个次级问题。个人问卷调查采用非概率偶遇方式，每批问卷的发放和收回时间间隔在三小时以内，收回及时，以确保数据的客观性和有效性。个人问卷共发放900份，收回有效问卷804份，有效问卷收回率为89.3%。第二种问卷采用完全调查方式，由学院主管人事档案老师填写某一学院所有专任教师毕业大学的具体名称。为弥补调查问卷的不足，调查小组在每所大学分别对3名教师（其中一名院领导）进行单独访谈，以获取更多的第一手资料。调查于2012年1月实施并完成。

三、调查的结果与分析

对调查问卷所收集到的数据，采用统计软件SPSS 18.0进行统计处理。在分析过程中，以教师总数和学缘类别数之比表示学缘结构类别构成的多少，以低于本校层次学缘、同于本校层次学缘、高于本校层次学缘分别占总学缘数的比例表示学缘结构的层次构成高低，以本校学缘、本市非本校学缘、本省非本市学缘、国内非本省学缘、国外大学学缘分别占总学缘数的比例或者学缘在国内各省市（地区）的具体分布以及在国外的分布状况表示学缘结构的空间构成大小。另外，辅以近亲繁殖度来说明学缘结构的类别构成和空间构成。调查结果如图6-1、图6-2、表6-2、图6-3、图6-4、图6-5所示（图中数字均为百分比的分子数值）。

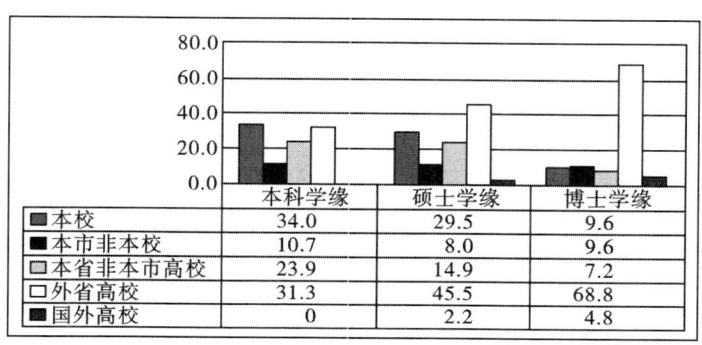

图6-1 804名抽样教师队伍三级学历学缘的空间构成状况

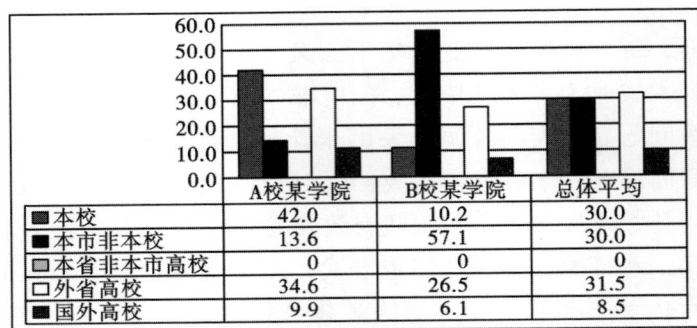

图 6-2　A、B 高校样本教师队伍最高学历学缘的空间构成状况

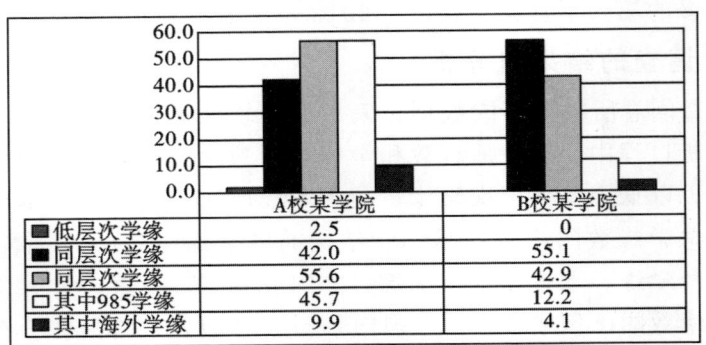

图 6-3　A、B 高校样本教师队伍最高学历学缘的层次构成状况

说明：为分析简便，本书将国内学缘层次划分为地方高校学缘、211 工程高校学缘和 985 工程高校学缘共三个层次，并将海外高校学缘层次视为高于我国地方高校和 211 工程高校。

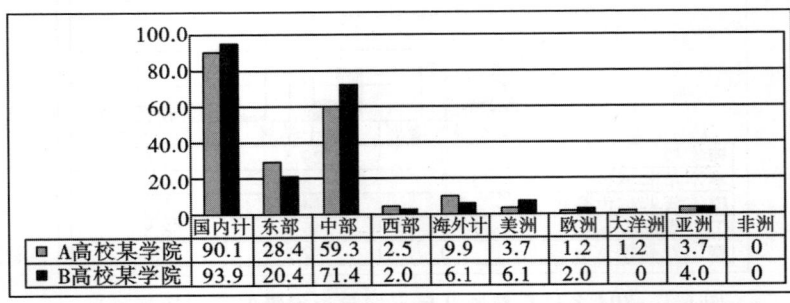

图 6-4　A、B 高校样本教师队伍最高学历学缘的国内外空间构成状况

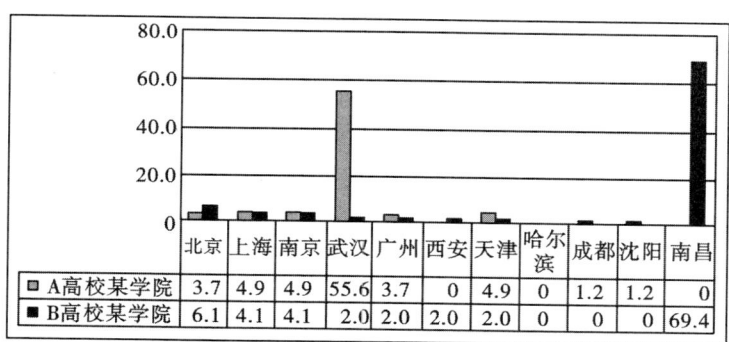

图 6-5　A、B 高校样本教师队伍最高学历学缘在国内十大高等教育重镇的地理分布状况

说明：A 高校位于武汉市，武汉市学缘比例占 55.6%；B 高校位于南昌市，南昌市学缘比例占 69.4%。表中列出的前十座城市是"网大 2011 中国大学排行榜"公布的中国高等教育重镇前十名。分析发现，我国普通本科大学教师队伍学缘结构具有如下特点和问题：

（一）近亲繁殖有所缓解，但学缘类别构成有待丰富

学术活动重在交流与创新，学术交流是学术的命脉[①]。而交流只有在不同的观点、不同的方法、不同的思维方式和不同的信息之间进行才能起到互益作用和更有成效。学缘多样性有利于大学形成"百花齐放、百家争鸣"的学术氛围，有利于教师之间的学习借鉴、取长补短，进而激发创新。调查显示，我国大学教师队伍近亲繁殖有所缓解，尤其是在地方院校和博士学缘层面上。地方大学 B 校某学院的最高学历学缘近亲率仅为 10.2%，804 名样本教师中博士学缘近亲率仅有 9.6%。但与此同时，学缘多样性仍有待提高。首先表现在部分大学尤其是高层次大学的近亲繁殖还比较严重。在 804 个样本教师中，本科和硕士学缘近亲率分别到达 34.0% 和 29.5%，211 工程大学的 A 校某学院教师队伍最高学历学缘近亲率达 42.0%，都接近或超过三成。

如图 6-1、图 6-2 所示。另根据本课题组 2011 年 6 月在武汉市三

---

① 比彻，特罗勒尔．学术部落及其领地：知识探索与学科文化 [M]．唐跃勤，等译．北京：北京大学出版社，2008：110．

所 211 工程大学调查发现，H 大学共有专任教师 1426 人，获得最高学历学缘信息 1420 人，其中毕业于本校占 44.6%；M 大学四个学院共有专任教师 217 人，最高学历在本校获得占 5.0%；N 大学五个学院共有专任教师 217 人，最高学历在本校获得占 72.8%。可见，不同大学近亲繁殖状况虽不尽相同，但存在着这样一个规律：第一，学历越高，该级学历学缘的近亲率一般越低。这是因为除了综合性很强且办学实力超群的极少数大学外，对于一般大学而言，很难有能力培养本校所需要的各门类学科师资；第二，学校层次越低，近亲繁殖越低。这是因为层次越低的大学，由于没有研究生教育或者研究生教育非常薄弱，当教师招聘的学历标准普遍提高时，低层次大学就逐步丧失了近亲繁殖的条件。所以地方高校尤其是新建地方大学的近亲繁殖问题得到不同程度的缓解。

其次，学缘类别构成偏低还表现在教师总数与学缘类别数之比较高。比如，211 大学 A 校某学院的 81 名教师中，最高学历学缘分别来源于 31 所不同的大学，教师总数与学缘类别数之比为 2.6；地方大学 B 校某学院教师 49 名，分别毕业于 21 所不同的大学，教师总数与学缘类别数之比为 4.2。两者比例都偏高。相比之下，美国加州大学伯克利分校生物工程专业教师 27 人，分别毕业于 19 所不同的大学[①]，教师总数与学缘类别数之比仅为 1.4。

目前我国大学教师队伍学缘类别构成偏低，其主要原因一是历史遗留问题太多，211 工程以上层次大学由于长期以来的近亲繁殖，积累了较为沉重的"包袱"，要大幅度降低亲缘度仍需要一段较长的时间；二是教师招聘过程中的近亲惯性仍较为突出，部分导师将自己培养的学生留在本校任教的欲望仍较高；三是受到异地繁殖现象影响，即当某一大学毕业生到另一所大学任教并拥有一定话语权后，往往乐于推荐或招聘母校毕业生，从而形成"物以类聚、人以校分"的局面，在一定程度上制约了教师队伍学缘多样性的提高。

---

① 阎光才. 精神的牧放与规训：学术活动的制度化与学术人的生态 [M]. 北京：教育科学出版社，2011：104-105.

（二）优质学缘有所充实，但学缘层次构成有待提升

学缘不仅有类别之分，还有品种优劣或称层次高低之别，优质学缘就是指毕业于名牌大学的学缘。本文为便于分析起见，将国内学缘划分为地方大学学缘、211工程大学学缘、985工程大学学缘三个层次。学缘的层次性与学术观点、学术方法、学术流派的先进性、前沿性和影响力密切相关，也和某类学术资源有密切联系。大学只有不断提高学缘层次性，才能有更多机会了解主流学术信息或参与学术体系中心开展的各种活动，才能更好提升自身的实力、地位和声望。调查显示，在A大学某学院81名教师中，最高学历学缘来源于同层次及以下大学比例占42.0%，来源于更高层次大学占55.6%，其中985工程大学学缘占45.7%、海外学缘占9.9%。B大学某学院49名教师中，最高学历学缘来源于同层次大学比例为55.1%，来源于更高层次大学占42.9%，其中985工程大学学缘占12.2%、海外学缘占4.1%。详见图6-3所示。可见，随着教师招聘学历标准的逐步提升，教师队伍的优质学缘有所充实，但总体学缘的层次构成有待提升。

比如，211工程高校的世界一流大学学缘比例很低，地方大学的国内著名大学或国外知名大学学缘比例偏低。可见，大力提高大学教师队伍学缘结构的层次构成，是各大学提高自身综合实力和影响力的重要举措。我国大学教师队伍学缘结构的层次构成偏低，与学缘近亲繁殖或学缘本地化相关，因为这意味着教师队伍的学术水平只能是本校水平或本地水平，不可能是全国水平或国际水平（除国内顶尖大学能处于全国水平外）。另外一个重要原因是国内大学学术氛围普遍不佳，工作条件和生活条件与发达国家同类大学相比仍存在较大差距。211工程以上大学对国外一流大学毕业生吸引力有待提高，引人力度有待加强。而地方大学由于资源缺乏、平台缺失或地理位置较偏等原因，在招聘重点大学毕业生方面遇到较多困难。

（三）远缘杂交渐受重视，但学缘空间构成有待展

经过近十年的快速发展，我国大学教师的地理来源不断多样化，外省和国外学缘比例有所增加。在804名样本教师中，31.3%本科学缘来

自省外，49.7%硕士学缘来自省外（其中海外2.2%），73.6%的博士学缘来自省外（其中海外4.8%）。在调查的A大学某学院81名教师队伍的最高学历学缘中，23人来自东部8个省市大学，48人来自中部3个省市大学，2人来自西部两个省市大学，另有8人来自欧美亚澳等不同国度，其中外省学缘占34.6%，海外学缘占9.9%。B大学某学院49名教师的最高学历学缘中，也分别来自国内东、中、西部不同省市以及亚欧等地区，其中外省学缘占26.5%，海外学缘占6.1%。可见，外省学缘和海外学缘都有一定的比例，远缘杂交渐受重视。但同时也应看到，教师队伍学缘结构的空间构成仍较为狭窄，首先表现在本地学缘所占比重过大。比如在804名样本教师中，68.7%的本科学缘源自本省，52.4%硕士学缘来自本省，26.4%的博士学缘来自本省。A大学某学院81名教师中，最高学历学缘来源于本市占55.6%，来源于本省58.0%，都接近了六成。B大学某学院49名教师的最高学历学缘中，本市学缘占69.4%，接近七成。详见图6-1、图6-2所示。其次表现在国外和省外学缘分布点既较少又很小。分布点少指学缘分布只在国外的极少数国家，国内的少数省的少数大学。分布点小指毕业于省外和海外各地区的教师比例较低甚至很低。比如，804名样本教师中，海外的本科学缘为0、硕士学缘为2.2%、博士学缘为4.8%。A大学某学院样本教师学缘中，海外占9.9%（其中欧美澳亚非分别占1.2%、3.7%、1.2%、3.7%和0）；国内外地学缘中，东部占28.4%、西部占2.5%，而样本所在地区的中部占59.3%。B大学样本教师学缘中，海外占6.1%（其中欧美澳亚非分别占2.0%、0、0、4.0%和0）；国内外地学缘中，东部占20.4%、西部占2.0%，而样本所在地区的中部占71.4%。详见图6-4所示。此外，从A、B大学样本教师学缘来源的国内城市分布也可以看出学缘空间构成的不合理问题。根据"网大2011中国大学排行榜"公布数据，北京、上海、南京、武汉、广州、西安、天津、哈尔滨、成都、沈阳是2011年度中国高等教育实力最强的前十大城市[①]。按理说，

---

① 2011中国高等教育重镇榜[EB/OL]．[2012-03-20]．http://edu.sina.com.cn/gaokao/2011-06-07/2131299498.shtml．

各大学应注重从这些城市的大学中引进教师,但从 A、B 大学样本教师学缘来源的城市分布看,绝大部分学缘集中于某一城市,而其他九个高等教育重镇的学缘比例很小甚至为零。详见图 6-5 所示。进一步分析发现,大学教师队伍学缘结构的空间构成存在这样一个规律,即学历越高,学缘本地化程度一般越低;大学层次越高,学缘空间构成一般也越广。这一是因为学历越高,培养大学的数量越少,这类大学在全国的地理分布一般越分散;二是因为层次越高的大学,教师招聘的学历标准越高,并有更大吸引力和更高能力从外地和国外引进师资。我国大学教师队伍学缘结构的空间构成较窄,原因之一是教师招聘过程中中国特殊的"人情"因素和招聘双方较强烈的家乡观念使得本地毕业生更容易留在本地任教,或大学毕业生更容易到"名"校友所在单位工作,从而形成了本地(本校)繁殖或异地繁殖的学缘分布格局;原因之二是招聘范围局限性,一些大学为了降低招聘成本,往往在本地或附近省市招聘;原因之三是财力等资源局限性,大学没有更多财力和条件从国外招聘教师。

四、优化我国大学教师队伍学缘结构的对策思考

(1) 树立正确的学缘结构优化观念,提高调整学缘结构的自觉性。学校领导和人事部门要深刻认识到优化学缘结构不仅有利于克服教师队伍中的近亲繁殖问题,还有利于丰富学缘类别、提升学缘层次、拓展学缘空间分布。优化学缘结构就是优化学校的学术资源结构,优化学术创新氛围,促进学校创新能力的提升。因此要高度重视,提高学缘构优化自觉性,加强教师队伍建设的预测与规划,加大教师队伍建设资源投入,要根据学校的发展定位和任务,围绕学科建设,制定科学合理的长远规划和切实可行的用人政策,加快学缘结构优化步伐。

(2) 继续克服近亲繁殖现象,丰富学缘结构的类别构成。近年来大学近亲繁殖现象虽有所缓解,但过去长期积累下的"包袱"使得学缘结构优化的担子依然很重。因此,一要扩大人才招聘的视野,注重从外地、外校招聘。二要严把新聘教师入口,在保证质量的基础上,尽量不直接留用本校毕业生,不过分注重校友身份,更不应局限在本省市大学招聘。三是加大对在校中青年教师的培训力度。一方面要采取国内访问学者、高级研修、攻读学位等多种方式,多渠道选派中青年教师到外校

研修；另一方面要进一步扩大中青年骨干教师赴国外学习深造的规模，使他们在学术上能紧跟国际学术前沿，又能在这一过程中逐步实现学缘结构优化。

（3）营造氛围吸纳名校学生，提升学缘结构的层次构成。学术氛围是以追求比较专门的、系统的学问为目标的相关学术群体在学术活动中形成的影响人心理行为的人造气候。良好的学术氛围是促进学校学术水平提高的重要因素，也是真正学术研究者的重要精神需求。大学为了吸纳名校学生，要特别重视营造良好的创新氛围。首先要倡导树立崇尚真理、追求卓越、学术自由等理念，营造良好的学术氛围。其次要高度重视对新进青年教师的培养，使其尽快提高教学水平和科研能力，同时要尽可能让他们有更多进行高层次研修和高水平学术活动的机会，促进其快速成长，营造良好的学习氛围。其三学校要采取有效措施与合理的评价制度，一方面鼓励学术创新、重奖创新成果，为学术创新提供充分的制度保障；另一方面要旗帜鲜明地反对学术不端，遏制学术腐败，营造良好的科研氛围。

（4）筑巢引凤招揽八方名师，拓展学缘结构的空间构成。要想引来金凤凰，必须栽好梧桐树。"筑巢引凤"就是要栽好大学的"梧桐树"，也就是要全面建设好包括生活环境、学术环境、制度环境与人文环境在内的大学环境。世界一些著名大学成功经验之一就是能够创造一流的大学环境以吸引一流的人才。要优化学缘结构的地理构成，必须创造出最佳的大学环境才能招揽到八方名师。为此，大学必须在用环境凝聚一流人才、用感情留住一流人才、用事业造就一流人才、用机制激励一流人才、用制度保障一流人才上下真工夫。只有这样，才能吸引八方高才，实现人才引进的海纳百川，拓展学缘结构的空间构成。

第四节 大学教师队伍组织文化建设策略探析

大学教师除了"个体身份"之外，还是各种正式或非正式组织的成员。大学教师队伍的组织文化是教师组织在形成和发展过程中所积累的价值观念、伦理规范、思维与行为方式等的总和，是大学教师队伍内部相对稳定而独特的社会心理环境。大学教师队伍的组织文化包括精神文化、行为文化和制度文化三个层次。组织的行为和制度既受组织文化的深层次影响，又在一定程度上渐进地改变着组织文化，使组织内部特定的行为方式、制度规范最终沉淀为组织文化的重要组成部分。在当前创新型国家建设、高等教育强国建设等时代背景下，大学教师队伍的创新潜力备受期待，而"组织文化的营造"也是增强大学学术创新实力的重要途径。这就需要我们加强对大学教师队伍组织文化建设策略的研究，从而营造优良的组织文化，以激励大学学术创新。

一、大学教师队伍的精神文化建设策略

高等学校的精神文化色彩非常浓厚。"大学天然是由'爱'维系的不可分割的组织……与公司、公共机关、工会和大多数其他组织相比，大学的情感联系更为强烈……作为一种类型，学术系统在象征方面是富有的，它的成员献身于特定的象征物，常常依附于更广泛的坚定的思想意识，同时异乎寻常地为爱所联系，尽管也可能与自称的情况相反。"[①] 大学教师队伍为了形成优良的精神文化，需要探索"学术化生存"的实现策略，需要关注"共同愿景"的构建方法，这样才能使精神文化建设既有方向又有策略，既有长远目标又有短期任务。

（一）大学教师队伍"学术化生存"的实现策略

大学教师队伍的"学术化生存"包括两种含义，一是指大学教师要超越"以学术为谋生手段"的较低级境界，把学术当作自己的生活方式，发自内心地热爱学术、献身于学术；二是指大学教师不仅要在工作中具备学术知识、能力与技艺，而且要使自己的整个生活与生存都体现出学术的味道，符合学术的要求，实现"生存的学术化"与"学术的生存化"，使学术精神、学术追求"内化"到日常生活中去。这种"学术化生存"可以通过以下策略来实现：

首先，大学教师工作与生活高度关联的特性有助于实现"学术化生存"。大学教师是高级知识分子，他们的工作与生活富于探索性和反思

[①] 克拉克. 高等教育系统——学术组织的跨国研究 [M]. 杭州：杭州大学出版社，1994：85.

性，这种不间断的思索使得他们的工作与生活难以截然分开，不存在"工作日"和"休息日"、"工作内"与"工作外"的鲜明区分。"教师的生活与工作很难划分为截然不同的两块，即便在家庭生活中，他们可能仍在思考着，很多创造性乃至日常性的工作并不完全在办公室和教室里完成。表面看起来教师的工作是自由的，但并不是清闲的。他们可以支配自己的时间，但绝大部分时间都用来思考。教师在社会生活中持有双重态度，往往以善意的眼光看待人，又以批评的眼光看待社会，本性上有一种乐观的精神，现实又常使他们忧国忧民。"① 这种情怀使他们在工作之外也难以停止自己的学术思维活动，成为一种物理意义上的"学术化生存"，体现为学术活动在学者生活的时间和空间上的拓展和延伸。

其次，大学教师对于学术职业的深刻认同有助于实现"学术化生存"。"学者全是这样一种人，他们的活动本质上并不追求实用目标，他们是在艺术、科学、形而上学思考中，简言之，是在获取非物资的优势中寻求乐趣的人。也就是以某种方式说'我的国度不属于这个世界'的人。"② "许多人从教学工作中可以得到最大的满足。对另一些人来说，研究活动则是关键；它能满足知识分子的好奇心，培养科学发现的快乐感和荣誉感。"③ 对于大多数教师而言，学术活动的最大魅力就是充实的精神生活本身。另外，大学本身对于教师而言也是极具魅力的。大学拥有宜人的风景、优雅的氛围、奋发上进的青年学生、有所成就的各类人才，更有丰富的精神文化生活。这种优裕的人文地理环境和充实的精神生活，使大学教师沉迷于其中，忘却了劳动与生活的界限、谋生与求智的区别，大学因而就成为他们实现学术化生存的"飞地"。

最后，大学教师"自我实现"的心理需求也有助于实现"学术化生存"。大学教师作为社会的学术精英，基本上都有强烈的"自我实现"

---

① 赵文华. 试论高等教育系统学术活动主体 [J]. 江苏高教, 2000 (6): 7-11.

② 科塞. 理念人——一项社会学考察 [M]. 北京: 中央编译出版社, 2001: 1.

③ 罗索夫斯基. 美国校园文化——学生·教授·管理 [M]. 济南: 山东人民出版社, 1996: 141.

需要，他们所追求的往往是精神需求的最大满足和个人价值的充分体现。有研究表明，受过高等教育的教师心理比较成熟，具有一种延迟满足感——即甘愿为更有价值的长远结果而放弃即时满足的抉择取向——以及在等待中展示的自制能力。事业对于他们来说是第一位的，真正的人才永远是事业型的[①]。正是由于这样的特性，大学教师才能"两耳不闻窗外事"地沉浸于"象牙塔"内的学术探究，才能甘坐冷板凳，十年磨一剑，为了心中的理想而无视现实中的艰辛与困难。他们在学术之外所追求的东西并不多，只是希望自己的劳动价值得到承认，能够和一群志同道合者共同开展学术活动，追求探究真理的乐趣。学术活动所蕴含的充实感和愉悦感，是他们实现学术化生存的最主要动力。这种内在的成就感会强化他们对自身生存方式的认同，使他们为了精神上的满足而甘愿降低或放弃一些物质利益，也就实现了一种精神和情感意义上的"学术化生存"。

（二）大学教师队伍"共同愿景"的建构策略

共同愿景（shared vision）是指被组织成员接受和认同的组织的愿景，它对组织凝聚力具有至关重要的意义。共同愿景就像一面旗帜，指引着组织成员前进的方向。它能激励组织成员主动真诚地奉献和投入，可以激发个体自我超越的动力，使之能够集中全部力量，促进组织的发展。对于大学教师队伍而言，建立共同愿景的关键环节是融合个人愿景和组织愿景，这也是共同愿景的根本特征和生命力所在。管理科学的艺术性决定了建立共同愿景没有统一的路径和步骤，只能根据组织的规模大小、成员结构、学术实力、任务多寡、外部要求等因素来设计，但在设计中也存在一些共性经验值得借鉴。

首先，共同愿景要建立在个人愿景的基础之上。在大学学术活动中，个体的劳动具有相对的独立性，个体离开了集体也还是可以开展工作、发挥作用的。劳动的个体性以及组织成员较高的成熟度使得个体对共同愿景依赖较少，甚至对建立共同愿景没有多大热情。这样，共同愿景能否真正发挥作用，是与这个愿景的质量密切相关的。高质量的共同愿景

---

① 黎海兰. 谈"引进人才优惠政策"[J]. 煤炭高等教育，2001（1）：17-18.

能凝聚人、激励人，低质量的愿景就会沦为形式上的愿景，成员很可能会置之不理。而共同愿景质量的高低，最根本地取决于它是否与成员个人的愿景紧密结合。只有组织成员把共同愿景视为个人愿景的体现，才会为共同愿景的实现贡献自己全部的智慧和力量。

其次，建立共同愿景不能采用自上而下的单一路径，而要有一个反复酝酿、不断提炼的过程。传统的组织目标制定往往遵循自上而下的原则，把组织总体目标层层分解，这样就会沦为"官方愿景"、"上级意愿"，只会在纸上陈述而非发自成员内心，也很难使愿景在组织内扎根。因此，大学教师队伍在建立共同愿景时要自下而上地进行，让组织成员充分参与，从而认同它，执行它，心甘情愿地努力实现这种愿景。同时，自下而上的路径可以使愿景在组织内得到充分的探讨和检验，从而使愿景不断革新，增强共同愿景的科学性、可行性和感召力。但是，避免由上而下建立并不意味着共同愿景不能来自上层。由于在组织中所处的特殊位置，上层人员往往比其他人更容易从宏观上把握成员各自的愿景，并把各种愿景整合起来，提炼出一个切合实际的共同愿景。因此，愿景提出以后，更重要的是要为组织成员共同分享，这种分享要通过组织上下反复酝酿、不断提炼来实现。

最后，建立共同愿景要以扶持成员的成长为前提。组织成员能够"得益于组织"，才能热爱组织、愿意奉献，才能对组织产生认同感、责任感、荣誉感，才会有"组织忠诚"、"组织责任"甚至"组织规训"。正如费尔斯通和威尔逊所说："教育组织中的组织文化对界定教师对任务的奉献起了很大作用，它激发了教师完成组织任务的活力，对组织的忠诚和奉献精神，它代表着对组织和组织理想的感情依附。这些不仅激发了教师遵守组织中制约他们行为的制度和规范的意愿，而且也促使他们把组织理想作为实现个人价值，从而为实现组织的预期目标而精神饱满地工作。"[①] 所以，扶持成员成长是共同愿景建立的最重要前提。

---

① FIRESTONE W A, WILSON B L. Using bureaucratic and cultural linkages to improve instruction: the high school principal's contribution [M]. Eugene: University of Oregon Press, 1983: 14-15.

二、大学教师队伍的行为文化建设策略

大学教师队伍为了形成优良的行为文化,需要探索"分享知识"的行为策略,需要关注"团结协作"的达成策略,这样才能革新以知识为基础的劳动工具,同时借助他人和组织的力量取得更大的学术创新。

(一) 大学教师队伍"分享知识"的行为策略

大学教师以知识为劳动工具,其成长依赖于知识工具的提升,而提升的最好策略是实现最大限度的分享,这样才能在组织内部引发知识的成倍复制,甚至引发知识和思想的爆炸式增长。各种显性和隐性知识的交流和共享,能够改变组织成员单枪匹马、闭门造车的工作方式,对于大学教师队伍的发展是极为有益的。但是,"分享知识"在大学教师队伍这种知识性组织中并非易事,面对知识共享的要求,很多人可能会本能地提出质疑:"为什么我要把自己所知道的东西告诉你?"知识共享难度巨大的主要原因就在于,知识具有自身的价值,是大学教师个体力量的源泉,他们拥有的独特知识越多,自身的价值就越高。因此,把自己的知识公开、与对方交流和共享,对于个体而言就有降低自身对组织价值的风险。

为了降低知识共享的难度,达文波特(Thomas H. Davenport)和普鲁萨克(L. Prusak)提出了三个促进大家愿意将自己的知识共享的条件,即互惠、声望和承认。他们在《营运知识》(Working Knowledge)一书中所提出的"组织内部知识市场的价格体系"包含互惠、声望和承认等。声誉和威望是关键的激励因素,使得人们愿意共享知识。协作共享系统"是一种松散的会计系统,记忆着每个参与者的贡献。只有索取,可能会被抛弃;付出很多,可能得到丰厚的回报,例如会被公认为专家。奖励或承认带来的回报具有重要意义"[1]。我们也可以从互惠、声望和承认这三个方面提出促进教师队伍"分享知识"的策略:

第一,让知识分享成为一种互惠的行为。当大学教师认为自己公开知识,在现在或将来能够得到相应的回报时,就会非常乐意提供自己的

---

[1] DAVENPORT T H, Prusak L. Working knowledge: how organizations manage what they know [M]. Cambridge: Harvard Business School Press, 1998: 30.

知识。如果每位组织成员都能保持知识"索取"和"付出"的相对平衡，而不是自私者因隐瞒而得利、开明者因慷慨而吃亏，就能让知识分享成为一种互惠互利的行为。

第二，给公开知识的成员特定的名声。只有每位成员都能得到保证，其他人承认和尊重知识的来源，并不会把知识首创权等相关声誉占为己有时，他们才愿意分享知识。尊重知识提供者的名声，不侵犯他人的知识产权，这是大学教师队伍分享知识的基本保障和首要前提。另外，当学识存在较大差异时，知识渊博者在学术交流中很难保持知识的"收支平衡"，这种"名声赋予"就显得更加必要，更有一种奖励性的激励意义。

第三，积极倡导无私奉献精神。即使有了各种条件保障，是否在学术活动中公开知识，还是取决于知识拥有者的个人意愿。尤其是在回报可能无法对等的情况下，更需要组织倡导无私奉献的精神，从组织成员的责任意识和集体荣誉感出发，呼吁成员无私地提供知识和信息，甚至把这种奉献看作是一种快乐。尽管这种无私心态和奉献精神不能强求，但组织进行积极倡导，还是能够营造出有益于分享知识的氛围，创设出促进和奖励知识分享、阻止和惩罚知识隐藏的组织氛围。

大学教师队伍内部实际上存在着一种知识市场。知识在处于"买方"和"卖方"地位的不同成员之间进行交换，而以上三个条件则在其中起着支付机制的作用。其中"信任"是这一市场顺利运作的必要条件，也就是说，成员之间彼此信任是以上三个条件得以实现的前提。知识分享源于信任，信任可以存在于成员个人之间，通过同事间密切的工作关系而发挥作用，也可以存在于组织的层面，通过一种促进和奖励知识共享、阻止和惩罚知识隐藏的组织氛围来发挥作用。所以，信任是大学教师队伍最需要培养的人际交往态度，大家彼此信任、坦率、真诚，知识分享就容易实现。同时，组织要对知识分享行为给予奖励和认可，并把对组织做出知识贡献的程度作为个人考评的重要部分。

（二）大学教师队伍"团结协作"的达成策略

大学教师队伍良好的组织业绩离不开团结协作的组织氛围，这样才能保证群体成员之间感情融洽、心情舒畅，工作上相互帮助、协调一致。欧文斯在《教育组织行为学》中给出了一段颇能给人以启发的文字:"质量是通过合作而不是通过竞争赢得的。这就需要发展组织文化,在这种组织文化中,重视共享信息和思想的开明、信任、诚实,而诸如每年的成绩评估的做法则削弱了这些因素。戴明这样说:成绩评估、功劳等级或年终总结只是奖励短期表现,而忽视长期计划,制造恐惧。破坏团队工作,主张竞争和政治,使人们痛苦、被征服、受伤、搏斗、不安、失望、沮丧,觉得低人一等,甚至绝望。"① 所以,在大学教师队伍中营造团结协作的组织文化,远比强化短期竞争更为有效。

团结协作的行为文化是大学教师队伍发展的重要保障。团结与合作能够消解由于不良竞争所引发的负面影响,确保组织成员为了理想中的事业而齐心协力、共同奋进、锐意进取。这样的行为文化不仅有利于成员之间疏通感情、密切交往,使群体保持强大的凝聚力,而且有利于提高科学研究的水平和绩效。有研究表明,在信息交流、思想沟通、观点切磋等知识交流与协作过程中,存在着典型的"报酬递增"现象,即每个人拥有的知识不仅没有在交流中减少和丢失,而且能够获取和吸收别人的知识,甚至能够产生各方都不曾有的新知识。芝加哥大学校长雨果·宗南沙因(Hugo Sonnenschein)就曾指出:"在芝加哥大学,我们引为自豪的是:我们学者团体的成员们深感交流观点和互相评论是我们的重大职责。这不是一个'斯文'的过程,它会使那些疏懒、软弱、僵化的人感到不安,同时还能活跃一部分人的思维,使他们变得富有朝气和精力充沛。交流观点和相互评论将使我们重新审视我们的观点是否合乎逻辑,学会如何坦率地就敏感问题发表意见,并且从旁人的观点中获得启迪。这种做法能够促使大学这一知识混杂物的大锅'沸腾'起来,……这比我们单独提出的观点具有更强的影响力和生命力。"② 有学者形象地指出,学术交流是"研究能力的黏合剂",是"智力的弹性碰撞",是"知识的播种机"③,可见大学教师队伍成员之间的团结协作是非常重要

---

① 欧文斯. 教育组织行为学[M]. 上海:华东师范大学出版社,2001:289.
② 张敏,杨援. 芝加哥大学[M]. 长沙:湖南教育出版社,1994:2.
③ 朱九思,蔡克勇,姚启和. 高等学校管理[M]. 武汉:华中工学院出版社,1983:216.

的，由此而形成的学术交流能够激发群体的智慧和创造力，大力促进学术创新。

大学教师队伍的团结协作可以通过多种途径来实现，其中大型项目是多学科合作必不可少的形式，可以提供机会和场所，为学术合作与交流创造有利的条件。另外，团队组织也能有效地促进协作，以团队的形式开展学术工作，更能激发成员对学术工作的执着、热忱和全心投入，激励他们在理由充分、详细论证的基础上挑战权威，鼓励同行面对面地交流、辩论，形成学术争鸣的气氛，也有助于开展集体讨论和师徒式的学习，使交流协作的频率与质量都得到保证。

三、大学教师队伍的制度文化建设策略

大学教师队伍为了形成优良的制度文化，需要加强"同行评议"来减少"量化学术"的不良影响，需要探索"扶持创新"的制度策略，这样才能遵循学术规律、改善学术管理、促进学术创新。

（一）大学教师队伍需要加强"同行评议"来减少"量化学术"的不良

当前我国大学量化评价盛行，被称为"量化学术"，为了刺激学术产出而制定了数量导向的学术成果评价标准。量化评价的盛行是与学术评价中质量标准的欠缺密切相关的。我国大学的学术评价主要由行政管理部门做出，"外行评内行"的状况使得学术评价的标准必须简单、易操作。但"质量标准"显然是学校管理者难以深入把握的，而"数量标准"却极为简单，所以现行的评价方法就变成计算文章数量及核对期刊级别。当然，除了"质性评价"难以操作之外，对于"数量"的有意"引导"也是量化评价盛行的原因之一。学校管理者都很明白，如果侧重追求成果的质量，势必会降低成果"数量"的增长，而这是不利于彰显短期的办学政绩的。所以，学术评价的"不得已"量化，或者是"故意"量化，都使得"数量"成为第一追求。而成果数量的炮制，却耗尽了大学教师宝贵的时间精力，致使学术成果质量难以提升、学术工作的可持续发展难以保证。

为了改变这种不合理的状况，大学的学术评价应当更多地采用"同行评议"的办法，由学术专家和同行来做出评价，因为他们才真正具有

所需的学术资格。事实上,"由于分工而带来的专业化、专门化,一项研究成果只有同行才能较真切地了解到它的理论价值和意义,所以同行评议具有较高的可靠性。科学家们都很注重同行们对自己的理论和著作的看法。"① 只有发挥学术同行的作用,开展以同行评议为主的学术评价,才能突出质量要求,提高学术评价的信度和效度。

同行评议历史悠久,是学术共同体中普遍开展的一种活动。相对于量化评价而言,它是一种定性的评价。虽然同行评议也有不少缺点,比如太耗时、太费事,操作起来较为复杂等,但从整体上看,它历来都被人们视为最可靠、最基本的评价方法②。比如,美国的学术评议主要通过同行评议的形式来进行。这里的"同行"是指一个由本专业教师和研究人员构成的"学术共同体",既包括本院系的同行,也不排除其他院系的同行。同行评议是以一个学术共同体的存在为条件的,共同体内的学者认同一些基本的学术价值和学术规范。同行评议最重要的意义在于为大学内部的学术评议提供了一种可供参考的基准,既可以避免"外行管内行"对教师造成的伤害,也可以避免因大学内部"一派独大"而压制不同的学术观点。因此,从这个意义上讲,同行评议为教师的学术地位提供了一种独立的合法性来源,有助于增强其学术自主性。当然,同行评议作为一种行使权力的活动,也需要相应的监督制度来保证公平和公正,这种监督包括三个方面:一是对评委组建的监督;二是对评审程序执行的监督;三是对评审结果的监督③。正确的执行与必要的监督,更能保证同行评议的应有效果。

(二)大学教师队伍需要加强"扶持创新"的制度激励

"扶持创新"的制度文化关注大学教师队伍的知识特性,尊重组织成员在专业领域的权威地位,依靠成员的智慧主动谋求学术工作的创新式

---

① 马俊峰. 评价活动论 [M]. 北京:中国人民大学出版社,1994:183.
② 高军. 我国大学教师学术评价制度研究 [D]. 南京:南京师范大学教育科学学院,2008.
③ 颜钰梅,邓磊. 刍议我国高等教育管理体制改革下的学术自治 [J]. 攀枝花学院学报,2008(4):106-107.

发展，突出了发展的主动性和创造性。"扶持创新"的制度文化能够促使组织成员充分认识到"创新"的重大意义。大学本身就是以开放坦诚和欢迎新思想、新挑战为特征的，大学教师队伍应该倡导及时应变、不断创新，并且这种创新应当是全员创新、系列创新、连续创新，而不是某些教授、某些领导等资深人员的非全员创新、局部改革与一时创造。在这种思想认识的基础上，"扶持创新"的制度文化会非常注重弹性适应和成员发展。一方面，"扶持创新"注重组织的适应性与创造性，而不是特别强调统一与稳定。大学教师队伍面临着外界复杂的情境和内部多学科的具体问题，因此组织的规范可以具有一定的弹性空间，以规范的"开放性"和"多元性"保证组织能够根据外部环境的变化和内部的特定需要而及时调整策略。另一方面，"扶持创新"的制度文化关注组织成员的创新与成长。组织强调以人为本，强调人文价值与人性尊严，关心和尊重每一位组织成员，无论其地位、身份、职权如何。"扶持创新"的大学教师队伍文化有利于发掘组织成员的潜力、信仰、抱负和创造性，是一种重视全员参与、重视人的潜能开发的制度文化。

大学教师队伍为了形成"扶持创新"的制度文化，需要借鉴以下三点经验：首先，组织成员之间要互相尊重和认可。不仅要尊重彼此的人格，还要尊重彼此不同的观点和意见，尊重彼此的专业特长、知识、技术、能力及对组织的贡献，而不能以歧视的眼光看人。互相尊重和认可有助于组织成员摒除彼此之间的学派之争、门户之见，形成和谐、坦诚而亲密的组织氛围。其次，大学教师队伍要鼓励成员的质疑和创新。组织要保护和鼓励成员个体的问题意识和质疑精神，激励成员求同存异、适当竞争，使组织成员之间既能协调合作，又有自我发挥的空间。为了扶持创新，大学教师队伍对于成员的尝试及失误要保持宽容的态度，使其敢于求异创新、敢于在失败中追求成长，以最大限度地开发自身潜能。组织提供的这种自由宽松的氛围，能够为成员的质疑、批判和创新提供良好的环境，有利于学术绩效的提高。最后，大学教师队伍要培养民主氛围。拥有民主之风的组织具有开放、坦诚的沟通气氛，组织成员身处其中会感觉轻松惬意而非情绪压抑，能够接受意见而非拒绝批评。在这样的组织氛围中，信息能够充分沟通和共享，成员可以经常从组织得到反馈,并能坦然接纳其他成员的意见和建议。这样才能确保组织具有足够的信息沟通和反馈,使成员之间关系更融洽、合作更顺畅。

从静态来看,上述大学教师队伍的组织文化建设策略(如图 6-6 所示),体现为"学术化生存"的人生追求、"共同愿景"的成长模式、"分享知识"的成长策略、"协作互助"的工作方式、"同行评议"的保护策略、"扶持创新"的制度激励。

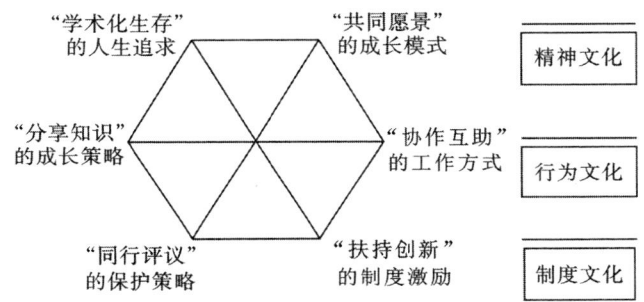

图 6-6　大学教师队伍的组织文化建设策略

从动态来看,大学教师队伍的发展有赖于组织的精神文化、行为文化和制度文化的协同优化,三者既要保持自身的优良,又要通过良好的组合状态来形成良性循环,其发展机制如图 6-7 所示。

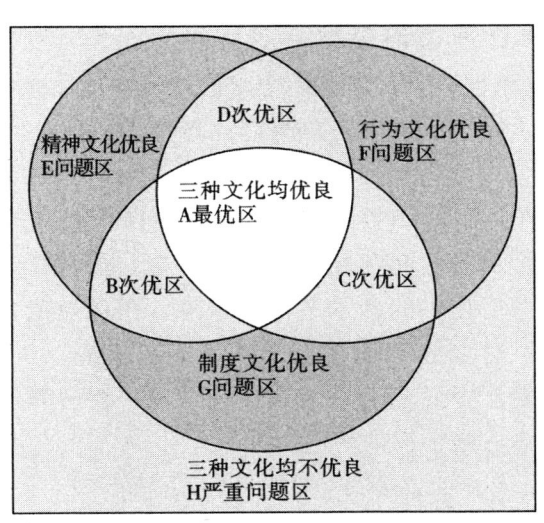

图 6-7　大学教师队伍的组织文化演变机制

图中"三种文化均不优良"是最差的状态,可以称为"严重问题区";单一的"精神文化优良"、"行为文化优良"或"制度文化优良"稍好一点,可以称为"问题区";"精神文化和行为文化优良"、"精神文化和制度文化优良"或"行为文化和制度文化优良"更好一点,可以称为"次优区";"三种文化均优良"是最好的状态,被称为"最优区"。三种文化互相影响,形成"递增式"良性循环或"递减式"恶性循环,而三者中的"短板"常常就是文化改良的"最佳切入点"。所以,大学教师队伍需要依据具体状况采取适宜的文化建设策略。

第五节　教师的角色冲突与调适

从社会学的角度看,教师既是以传递文明、施行教化、造就人才为宗旨的专门职业,也是角色冲突情景最多的一门职业。在急剧的社会转型期,受社会变革与教育变革的双重压力,教师的角色冲突也日趋激烈,并对教师的自我发展与队伍建设产生着极大的影响。客观分析、正确认识这些冲突,并在此基础上探讨合理解决这些冲突的思路与对策,对于稳定教师队伍、提高教师素质、实现教育转型具有十分重要的意义。

一、教师角色冲突的类型与表现

"角色"和"角色冲突"都是社会学的重要概念。"角色"亦即"社会角色",是指与人们的某种社会地位、身份相一致的一整套权利、义务的规范与行为模式。角色期望、角色义务、角色权利和角色规范是构成社会角色的核心要素。角色期望是指社会对特定角色的希望和要求。角色义务是指社会对特定角色社会责任的规定。角色权利是社会为特定角色履行角色义务所提供的基本条件和保障。角色规范是社会对特定角色规定的行为模式。角色冲突是指个体不能满足某一角色的多重期望,或个体同时扮演若干个角色而这些角色在义务、权利和规范之间存在矛盾时,所造成的内心或情感的矛盾与冲突。

(一) 教师角色冲突的研究

20 世纪六七十年代以来,关于教师角色冲突问题的研究在国外受到了重视。韦斯特伍德曾将"模型变量"运用于分析教师角色，并指出："来自模型变量的困境，在教师角色中比其他大多数职业角色中更加突出。"威尔逊从教师的角色责任、角色定势、角色所在机构的特征、角色价值观的转变等不同方面论述了教师角色冲突的可能性，他认为："所有对他人高度负责的角色都要经受相当多的内在冲突。"[①] 在我国，教师同样是一个令人困扰的职业。自古以来教师就被认为是传递文化、施行教化、培养人才的社会角色：从传递文化的角度讲，教师既是旧文化的维护者，又是新文化的启蒙者；从施行教化的角度讲，教师既要扮演学者，又要扮演圣者；从培养人才的角度讲，教师既是知识的传授者、道德的示范者与纪律的执行者，又是学生集体的领导者与心理困扰的治疗者；从教师自身来讲，既是社会化的承担者，又是社会化的承受者，既是特殊的社会成员，又是普通的社会成员。各种期望交织，常常使教师陷入角色冲突的苦恼之中。吴康宁分析了教师作为"社会代表者角色"与"同事角色"的冲突后讲："没有任何其他社会成员在群体中兼有的不同角色像教师在学校群体中兼有的这两种角色这样形成鲜明对照，而且，也没有任何其他社会成员在群体中的角色转换像教师在学校中的这两种角色的转换这样频繁。"[②]

（二）教师角色冲突的类型

教师的角色冲突可分为两种基本类型：一是角色内冲突，即个体在扮演某一社会角色时，角色自身产生的冲突。因原因不同，角色内冲突有多种表现形式：有因这一角色同时承受着多重期望且难于契合，甚至相互矛盾时所产生的心理困惑；有因角色扮演者对理想角色的领悟与实际角色的行为之间存在差距而发生的矛盾；有因时代要求角色变迁而产生的新旧角色之间的冲突。教师角色期望的多重性是导致教师的角色内冲突的主要原因。首先作为学生社会化的承担者，教师不仅是教育者、引导者、管理者，而且还要充当严父慈母、心理医生或者顾问、体育教练、艺术指导，甚至"公安人员"等角色。其次作为社会代言人，教师

---

① 瞿葆奎. 教育学文集：第 12 卷 [M]. 北京：人民教育出版社，1991.
② 吴康宁. 教育社会学 [M]. 北京：人民教育出版社，1998.

还应该是道德行为的典范、文化知识的拥有者、青年行为的楷模等。其三作为学校组织成员的教师，相对于学校领导是服从、执行与配合的角色；相对于同事是竞争与合作的角色；相对于学生又是组织、管理与协调的角色。总之，当教师同时面临多种且难于协调的角色期望，而又必须作出抉择时，或当教师对规定的角色行为有不同的看法，而又必须履行时，就会出现角色内冲突。二是角色间冲突。角色间冲突是指个体同时承担多种角色而引起的冲突。在现代社会里，教师不仅在学校里承担多种职责，如教学与科研、教学与管理、教学与服务等之间就有着不同的规范，在社会舞台上也扮演着多种角色，而这些角色在很多情况下不具备时空统一性。当要求一个承担多重社会角色的教师，同时履行几种具有时空分离性的角色义务时，或当教师在执行其中一种角色规范时又认识到这一规范与另一角色规范之间存在不相容时，就会产生角色间冲突。如我国曾一度提倡学校搞"创收"来实现自我改善，有些学校就采取向教师分指标的办法，致使教师一方面要完成教书育人的任务，另一方面又要充当商品经销员之类的角色，教书育人的工作本身就非常辛苦，且责任重大，再加上创收的压力，势必分散他们有限的精力，使他们陷入两种角色间的冲突之中。这种冲突更多地体现在先进教师、特级教师等角色身上，他们除了要出色地完成本职工作外，还必须应酬校内外各种社会活动，扮演多种社会角色，如公开课、示范课、观摩课的承担者，学术团体的负责人，人民代表、政协委员、各种会议的报告人等。多种角色交织而产生的冲突，往往使先进教师和特级教师终日应接不暇，甚至疲于奔命。

（三）教师角色冲突的表现

上述两种基本类型的冲突因不同时期，以及不同教师对角色的期望、义务、权利和规范有不同的认识等原因，往往有着不同的表现形式。从我国当前的情况来看，教师角色冲突主要表现在以下几个方面：

（1）在教师角色追求的目标上，有表现型角色与功利型角色的冲突。表现型角色以追求对社会主导价值观念与共同行为规范的表现为目标。功利型角色以追求个人功效、实际利益为目标。教师的职业性质与劳动特点决定了教师应是一种表现型角色。随着改革开放的深入与市场经济的发展，整个社会向着求实、竞争、自主、开放、多元的趋势转化，面对社会各种行业角色的分化，如20世纪80年代流传的"红路红彤彤，黄路黄灿灿，黑路黑洞洞"时，传统的道德价值观念就受到了较大的影响。作为社会普通成员的教师，同样具有物质与精神上的需求，而社会仍期待他们当十全十美的"完人"、洁身自好的"圣者"，显然不合时宜，也是不公平的。因此，有些教师心中的天平开始倾斜，无私奉献的信念受到冲击，但真的要他们像某些人那样去追逐功利，又觉得与自己的神圣职责不合，由此陷入角色目标追求的冲突之中。

（2）在教师角色规范的程度上，有规定型角色与开放型角色的冲突。规定型角色是指社会对某些角色在权利、义务、思想、言行等方面有明确的规定，充当这类角色的人要受到角色规范的严格制约。而开放型角色则没有严格的角色规范要求，角色承担者可以根据自己对角色的理解而自由活动。教师显然是一种规定型角色。在经济成分、社会意识、价值观念日趋多元的今天，在人们从思想到行为日益开放的社会，教师对固有的角色规定也开始有了不同的理解。有些教师认为，充当其他角色可以潇洒自如地生活，而教师却总须"一本正经"；有些行为表现在其他角色身上被社会视为当然，而表现在教师身上则会使人惊叹，被指责为"不合身份"，甚至被斥之为"越轨行为"。由此教师深感"活得太累"，以致陷入开放的愿望与规范的要求相冲突的境地。

（3）在角色行为的态度上，有执着型角色与自由型角色的冲突。执着型角色是指角色承担者在深刻认识角色社会价值的基础上，从行为上表现出对该角色的无比热爱、执着追求，态度坚定、无怨无悔。自由型角色是指角色承担者注重个人自由发展的价值，在行为上表现出对理想职业的不断追求，流动较多。教师的角色特点要求教师成为执着型角色。然而随着社会流动机会的不断增多，较多的人们希望充当自由型角色。同时，人事管理制度的改革打破了过去那种高度集中的人才管理模式，也为教师的自由流动创造了较为宽松的制度环境。自20世纪80年代以来，我国中小学教师外流一直呈上升趋势。流走的教师大多是中青年骨干教师，造成教师队伍的巨大损失。面对这种现实，部分教师陷入何去何从的痛苦选择之中。

（4）在教师角色适应的倾向上，有社会中心型角色与学生中心型角色的冲突。教师的角色行为既影响着社会的进步，也关系着学生的发展，因而既要充分考虑满足社会的期望，又要尽可能满足学生的期望。从理论上讲，教师角色的活动应尽量兼顾社会与学生两方面的需求，但在现实中又很难兼顾，侧重于适应社会期望的教师可称之为"社会中心型角色"，侧重于适应学生期望的教师可称之为"学生中心型角色"。在我国，教育长期被视为追求理想未来、塑造理想人格的途径。在教育目标上，突出培养人的超越性与精神性。而在社会转型期，人们的行为，包括学生的追求都日益趋向于现实性与物质性，由此使教师角色行为陷入两难境地。教师作为国家意志的代言人，角色行为应努力达成社会目标，但众多学生的个人期望对教师角色活动构成了巨大压力，如果个人的现实追求被忽视，势必影响到学生入学的积极性与国民办学的积极性，进而使学校的生存与发展受到威胁。

（5）在教师角色功能的形态上，有专一型角色与复合型角色的冲突。专一型角色是指教师的角色功能较为单一，仅局限于一所学校内部和特定的专业范围。复合型角色则具有多层次、多序列的特点，除在学校内完成特定的角色功能外，还要在社区，乃至大社会中承担一定的角色。在社会全面开放并要求教师广泛参与、学校办学也日益呈现社会化趋势的今天，教师的角色功能也发生了相应的变化：从学校内部的角色功能看，教师的角色任务已不限于传授学科的知识与相关技能，还要向学生传授新的社会生活知识、培养一定的劳动技能、指导学生的职业定向和进行必要的心理咨询等；从加深学校同社区的关系看，当今的学校不仅仅是社区中纯粹教书育人的专门机构，还是传播新的科学技术、促进社区经济发展的主要场所，以及进行社区精神文明建设和帮助社区举办各种服务活动的重要阵地，教师的角色功能也就相应地扩大到承担新科学技术的咨询者、经济发展的推动者、先进文化的传播者与社区教育的指导者等；从扩大学校同整个社会的关系看，教师还应该是公共事业的关心者、社会各界关系的协调者等。教师若不能成为复合型角色就很难适应时代的要求，但从我国教师素质的现状看，要使所有教师都成为复合型角色又绝非易事，相当一部分教师为此而陷入进退两难的惶惑之中。

（6）在教师角色情感的反映上，有自尊型角色与自卑型角色的冲突。自尊心与荣誉感人皆有之，教师处于教书育人、为人师表的位置，自尊心与荣誉感又最为强烈：希望学生尊敬他们，在学生心目中享有崇高的威信；希望学校领导及同事信任他们，重视他们，工作能得到认可；希望学生家长及社会尊重他们，关心他们，在工作与生活条件上得到更多的支持。目前我国部分地区教师的经济收入和社会地位依然偏低，与社会其他职业形成了鲜明的对比。尤其是在功利思潮抬头，奉献有时不能被人理解的情况下，教师的心态难免会发生变化。一些教师常常因自己的职业不能给自己带来光荣而产生屈辱感，由此陷入事业上的自尊需要与现实中的自卑心态的冲突之中。由于教师角色活动无时无刻不受到社会生产力发展水平、社会关系、社会思潮与现行政策的制约，因此在社会急剧变迁的时期，教师的角色冲突会更为激烈。

二、教师角色冲突加剧的内外原因

社会经济、科技、政治与文化的全面转型与价值观念的深刻变化是导致教师角色冲突加剧的外部原因。社会转型的实质是社会新旧体制的转换、新旧组织的更替、新旧思想的交锋。这其中，既有新的合理的因素的增长，也有旧的不合理因素的阻抗，还有新的不合理因素的滋生。新旧变量的交互作用必然引起社会多方面的振荡，导致各种矛盾的激化，这些矛盾不可能不反映到教师活动的领域中来。与此同时，社会转型打破了教育赖以生存和发展的社会基础和固有秩序，并对教育改革提出了一系列新的要求，而社会秩序的建立与教育的适应性变革都需要一个较长的过程，这就使得教育的发展与教师的角色活动在一段相当长的时期内处于无所依托和无固定值价观念可遵循的状态。因此在社会转型时期较之惯性运作的常态社会有可能使教师产生更多的角色冲突。

随着社会的全方位转型，旧有秩序的打破与新生活空间的拓展，促进了社会价值观念的急剧而深刻的嬗变。从我国20世纪80年代以来社会转型的历程来看，价值观念的嬗变主要体现为：在价值主体上由传统的甘当"革命砖"、"铺路石"、"螺丝钉"等社会本位取向向强调"自我存在"、"自我塑造"、"自我实现"的个人取向转化；在价值目标上由虔诚地为"远大的"、"神圣的"目标而奉献的理想主义向讲求功利、注重实效的现实主义转化；在价值选择上由热衷于"大一统"、"标准化"、"赶时髦"的单一主义向"人各有志"、"条条大路通北京"的多元主义转化。社会价值观念的嬗变对教师角色行为产生着多重的影响：尊重个人的价值取向有利于增强教师的自主自强意识和奋发向上的精神，也容易淡化教师的集体观念，甚至诱发出极端的个人主义；注重现实的价值目标，有利于激发出教师的求真精神和务实作风，也容易导致教师产生急功近利思想与唯利是图的行为；倾向多元的价值选择有利于拓宽教师的思维视野和发展机会，也容易引起教师的思想混乱与行为失范。教师价值观念的上述变化为教师角色活动制造了许多新的冲突情境。各种角色期望之间的分歧及其与角色规范差距的加大是导致教师角色冲突加剧的内部原因。为了成功地扮演自己的角色，教师应正确理解社会对教师的角色期望，并努力将其内化为角色品质，进而支配自己的角色行为。由于教师的角色行为不仅关系到社会的进步与学生的发展，也直接影响到教师自身的前途与利益。因此，社会、学生与教师三方面都对教师角色寄予较高的期望。

首先是社会的期望。教师作为人类社会中最古老的职业之一，在整个社会发展进程中，一直充当着传承文化、继往开来的重要角色，可以说没有教师就没有人类社会的文明与进步，也正因为如此，社会和人民一直对教师寄予较高的期望。我国古代，教师在社会中的形象就非常完美，在文化知识上最渊博，国学教师被称作"博士"；在道德观念上最正统，教师被视作"道"的化身，"道之所存，师之所存"；在行为规范上最完美，"师者，人之模范也"，被公认为世人的楷模；在物质生活上，最安贫，能做到"谋道不谋食"，"忧道不忧贫"。自古以来形成的对教师角色的种种期望与教师对社会发展的实际贡献，使今天的人们依然对教师寄予厚望，他们把教师喻称为"蜡烛"、"春蚕"、"人梯"或"铺路石"。从这些亲切的称呼中，一方面看出了人们对教师奉献精神的讴歌和赞美，另一方面，也反映了人们对教师过分理想化的角色期望。有些人甚至觉得教师只能无私奉献、安贫乐道，否则，便不足以为人师。社会对教师的期望直接影响着人们对教师职业的情感、态度和行为。适当的社会期望，能够转变为教师工作的动力和责任感，但是过分理想化的期望却会引起教师心理的压力。教师作为现实社会中的人，其思想、意识与价值观念不可能超越现实,他们同样有物质上与精神上的需要与追求。如果他们的合理需要不能得到满足,甚至不被理解,就会使教师陷入角色困惑之中。

其次是学生的期望。学生对教师有怎样的期望,受三种因素的影响:一是教师的地位与作用。在学生的心目中,教师不仅是知识的源泉、智慧的化身与行为的示范,而且是影响他们的学业成绩、身心发展与个人前途的决定性人物,因此,学生对教师的期望一般都比较高。二是学生的认识水平。小学生一般比较喜欢"情感型"的教师,对老师的外表、性格和态度比较在意。据北京师范大学的一项调查表明:小学生喜欢的老师通常具有以下特点:年轻漂亮、情感丰富、态度可亲、理解学生、善于交谈、能和学生打成一片、能帮助学生解除烦恼、经常表扬鼓励学生、公平、不告状、讲课生动、课下辅导细心、不骂人、幽默风趣。较多中学生期望的教师形象是"教学型"的教师,其特征是精通所教学科、热心教学、讲课生动、指导有方、能帮助学生提高学习成绩。大学生对教师的期望比较全面,他们所期望的教师形象是"知识型"、"能力型"与"人格型"的教师,也就是更在意教师的知识层次、教学水平与人格魅力,其特征是知识渊博、人格高尚、头脑聪明、兴趣广泛、视野开阔、见解深刻、善于打开学生的思路、培养学生的创新能力等。可见,不同层次、不同认识水平的学生对教师的期望是不同的[①]。三是社会的价值取向。由于社会的发展与变迁,不同时期人们的价值取向是不同的,如读书无用或读书有用就是两种不同的价值取向。它不仅影响着整个社会对教育的态度,也直接影响到学生对教师的期望。20 世纪 50 年代,我国学生对教师的期望主要集中在教师的道德品质与师生关系方面,而 80 年代却普遍出现非道德化倾向。从我国在 80 年代后期所进行的一次较大规模调查的材料中可以看出,当时中小学生对教师的期望是"教学方法好,讲课清楚、动听",摆在最后一位的才是"五讲、四美、三热爱,说到做到",这种期望显然与当时社会普遍出现的重升学教育、

---

① 张人杰,等. 中小学教育与教师[M]. 广州:广东教育出版社,2003.

轻思想教育价值取向是密切相关的①。学生对教师的合理角色期望，有利于教师角色意识的发展和不断调整自己的角色行为，而不切实际的期望则易使教师产生角色冲突。

其三是教师的自我期望。在社会生活中，教师往往对自己所承担的角色有一定的自我期许，但由于个人和环境中多种因素的影响，每个教师对自己所承担的社会角色都有不同的认识和理解，这就构成了四种类型的教师自我期望：一是道德维护型。认为教师的职责是传递社会的文化价值与道德规范，教师最重要的是树立自己的道德形象，能成为学生道德与生活的辅导者。二是教学中心型。认为教师的首要任务是搞好教学，具有熟练的教育技能、技巧比具有道德修养更重要。三是学术中心型。认为教师固然必须教学，但教师不能仅做"教书匠"，而应成为某一学科的专家或学者，教学只能是应用自己专业知识的过程。四是教学—研究型。认为教师要搞好教学，就要不断研究教学，教师不仅要能够做科研，而且要能够将科研与教学紧密结合起来，实现教学与研究一体化，并在此过程中不断自我反思，自我完善。教师形成不同的自我期望既有社会原因，如社会的价值取向与对教师期望等，但更主要的是现行政策的导向，例如近年来在评职晋升中重科研、轻教学，就是导致目前绝大多数教师期望成为专家而不太重视教学的重要原因之一，也与教师所处的学校环境及个人的价值取向有很大的关系。一般地讲，在中、小学校里，期望作一个教学能手的人较多，而在高等学校里，则绝大部分教师期望成为学者。教师的自我期望既是影响教师角色行为的关键，也是影响教师群体形象的重要因素。当教师的自我期望与社会及学生的期望一致时，教师的角色行为就能得到广泛的肯定与支持；当教师的自我期望不能实现，或是与社会及学生的期望分歧扩大时，教师的角色冲突就会加剧。

三、教师角色冲突的功能与调适

教师角色冲突的加剧在一定程度上损害了传统的教师角色认知的一致性、行为的协调性，加深了教师价值观与社会价值观的鸿沟。但是并

---

① 严永晃．普通学校教师管理［M］．西安：陕西人民出版社，1987．

非一切教师角色冲突都具有破坏性。按照辩证唯物主义的理解，任何矛盾和冲突都是对立的统一，教师角色冲突也具有二重性。所谓"二重性"包括两层意思：其一是指教师角色冲突的构成具有积极与消极两方面的影响。我们在关注教师角色冲突造成教师队伍不稳等消极影响的同时，要看到有些冲突的激化恰好暴露了现有教育运行机制中和教师队伍建设中的问题和弊端，从而给教育改革和师资建设提出了一系列课题。只要我们能正确对待，因势利导，恰当处理，就有可能化冲突为推动教育改革和促进教师队伍建设的重要动力。其二是教师角色冲突的结果可能使教师角色的社会化形成正、负两方向的功能。从正向功能看，适当的冲突可以使角色扮演者依据社会的期望与职业活动的要求，以及特定的教育情境，不断反思自己的角色行为，不断审视自己的角色形象，不断衡量自己的角色扮演能力，促使教师进修学习，提高从业能力，加快教师角色社会化。从负向功能看，过度的冲突可能影响教师的身心健康、造成教师的心理焦虑，进而影响到教学效果与工作效率，还会降低教师对职业的满意感，甚至可能诱发部分教师角色退出的行为。

大量调查表明，教师角色冲突加剧已成为导致教师心理健康状况不佳和出现职业倦怠的重要原因。据一项对3340名教师的"亚健康"状况进行的调查，发现中小学教师心理亚健康检出率为66.17%[①]。另一项对北京市昌平区中小学教师的职业压力与心理健康状况的调查，结果显示有28.6%的教师压力非常大，有49.6%的教师压力比较大，两者相加有压力的教师竟高达78.2%[②]。因冲突多、压力大，在中小学教师中有50%的人表示"如果有机会就考虑换工作"[③]。高校教师心理健康状况同样令人担忧，一项由浙江大学进行的调查表明，有21.36%的高校教师表现出中等严重程度以上焦虑症状，有15.45%的高校教师表现

---

① 刘晴，刘文华，向浩，等. 武汉市3340名中小学教师心理亚健康状况及其影响因素 [J]. 中国学校卫生，2007，28 (3).
② 何丽芳. 北京市昌平区教师职业压力与心理健康状况调查分析 [J]. 中小学心理健康教育，2007 (21).
③ 姚立新. 中小学教师心理压力过大——浙江杭州市中小学教师心理健康状况的调查分析 [J]. 中小学管理，2002 (11).

出中等严重程度以上抑郁症状①。而影响高校教师心理健康的主要因素大多与教学、科研、工作中的冲突有关,如常接受超过自己能力的工作,每天工作超过10小时,睡眠时间少于6小时,节假日经常加班,没有体育锻炼,工作得不到足够的认可,成就、自我实现、履行责任、尊重、归属与爱等需要不能满足,感觉生活没意思,在知识突增、信息爆炸的今天,教师在很多知识上不再比学生"闻道在先",威信受到动摇,由此产生一定的心理压力等②。上述调查研究的结论显示,当前我国教师角色冲突已达到比较严重的程度,应当引起学校和社会各界的关注和重视。

解决教师角色冲突的有效办法是进行角色调适。由于教师角色冲突加剧既与教师活动内外环境的急剧变化有关,也与教师对自身的角色认识不清及角色行为失范有关,教师角色调适也必须从社会、学校与教师本身三方面同时着手。

社会调适的基本思路是:通过增加投入、完善法制、实施相应改革等途径,为教师角色社会化提供必要的条件和创造良好的氛围,增强教师角色的使命感和光荣感。其对策有四:一是强化战略意识,增加教育投入。教师社会地位的提高与全社会的教育意识密切相关。只有全社会真正认识到"百年大计,教育为本"的意义,真正把教育摆到突出的战略地位上来,教师的社会地位才能真正提高。而落实教育的战略地位,关键在增加投入。为此,政府和社会要加强宣传教育,提高人们对教育作用的全面认识,克服各种急功近利、重物轻人的思想,即使再困难,也要千方百计保证教育投入。二是采取切实措施,提高教师待遇。为消除教师角色的失落感,稳定现有教师队伍,并吸引社会上的优秀人才投身教师队伍,必须全面提高教师的政治、经济待遇,使教师的收入水平达到或高于国家公务员的工资水平。为此,政府应在增加教育投入的前提下,有计划地提高教师工资,同时应调动社会各界投资教育的积极

---

① 杨宏飞. 高校教师压力、心理健康现状及对策研究 [J]. 技术经济与管理研究, 2008 (2).

② 刘红梅. 高校教师心理压力的调查分析及对策研究 [J]. 中国成人教育, 2009 (8).

性，不断改善教师的待遇。三是完善法规体系，保障教师权益。各地应根据中央的有关法律、法规，建立和健全适合本地情况的教师法规体系，明确规定各类教师的规格、地位和待遇，以保证教师的资格，保障教师的地位，保护教师的权益。同时，在教师的工作条件、住房、医疗、子女就业等方面，采取倾斜政策，多方面调动教师的积极性。四是提倡尊师重教，弘扬师道精神。要从提高民族素质、增强综合国力的战略高度出发，大兴尊师重教之风。应借助各种新闻媒介，弘扬教师甘当"蜡烛"、乐为"人梯"的献身精神，鼓励教师树立以教为荣、终身从教的观念。

学校调适的基本思路是：抓好学校内部的管理体制改革，建立引导机制，强化激励机制，实现科学管理，通过组织调整教师的角色关系，减轻教师过重的角色负担，消除教师的角色紧张。具体而言，应抓好以下工作：一是加强对教师的角色教育，全面提高教师的角色素质。教师素质的高低不仅仅影响着学校的教育质量与学生的成长，而且直接关系到民族的兴衰与国力的强弱。社会转型时期，环境的复杂化、观念的多元化对教师角色的素质提出了更高要求。学校要大力加强对教师的角色教育，使教师明确自身角色的价值所在及规范要求，增强教师角色的自豪感与责任感，帮助教师提高角色认知，端正角色行为，缩小角色差距。二是调整教师的角色任务，帮助教师消除角色紧张。学校应根据实际、通盘考虑、合理安排教师的角色活动，同时要根据情况的变化，随时调整教师的角色任务，对同一角色在不同情况下应承担的多种任务作出比较明确的顺序安排，使教师在抉择时不产生困扰。学校还应注意运用组织权力对角色的活动进行适当制衡，对具有较大时空分离性的多种角色兼职进行严格限制，以减少和避免角色冲突。三是协调教师的角色关系，帮助教师形成良好的角色活动氛围。良好的工作氛围主要取决于学校的角色关系，包括教师与领导的角色关系、教师与同事的角色关系、教师与学生的角色关系等。要协调好这些关系须从多方面努力：首先领导自身要以良好的人格，如作风正派、工作认真、待人真诚、处事公平、严以律己、关心他人等，为教师树立理想角色的榜样；其次要帮助教师认识教师之间相互配合、相互支持的意义，克服"文人相轻"的角色心理；其三要帮助教师严格要求自己，客观评价、公平对待学生，以形成民主、和谐的师生角色关系。四是改革学校内部管理体制，健全教师角色活动的机制。逐步建立对教师的筛选、培养、考核、聘用、辞退等一系列科学的管理制度，形成淘优汰劣机制。允许教师合理流动，变过去单纯使用行政手段管理教师为综合利用经济、政治、法律和宣传等多种手段管理教师，吸引社会上的优秀分子流向教师队伍，形成双向流动机制。建立科学的评估制度，打破评职中的论资排辈，大力破格提拔优秀教师，强化公平竞争机制。以科学评估为基础，改革工资制度，健全工资激励机制，使教师工资与教师工作的质与量挂钩，适当拉开优秀教师与一般教师的工资差距，在使教师成为令人羡慕的职业的同时进一步使优秀教师成为一般教师羡慕和追求的目标。

教师自我角色调适的关键在于通过主观努力，不断提高自我解脱角色冲突的能力。为此，首先要重视角色学习，不断提高自己的角色领悟水平。教师对角色的领悟水平，直接影响着对教师角色的价值取向与目标追求。因此，教师要注重角色学习，领悟角色期望的正确含义，掌握角色行为的规范要求。也就是要对人类发展的趋势、国家的前途与社会整体利益有正确的认识，对教师职业行为规范有明确了解，注重树立正确的世界观、人生观与价值观，重视相关知识的积累与角色能力的培养。在此基础上不断调整角色行为，缩小角色差距。其次要建立角色系统，合理调整自己的角色行为。转型时期，社会对教师的角色期望日趋复杂。教师应根据各种期望的正确性、合法性、可行性及自身条件，建立起一套角色系统。当面对多种角色行为需求时，能分清先后主次，合理安排。再次要培养角色精神，有效抵制非本质角色行为的诱惑。纷繁复杂的现代社会会给人带来种种诱惑，因此，教师尤为需要培养自尊、自强与自律的精神。教师在任何时候都要热爱教育、热爱学生、为人师表、不断进取，在任何场合都要头脑清醒、理智处世、遵纪守法、防微杜渐，以教师角色应有的高尚品格抵制一切非本质性的角色行为对本质性角色行为的冲击。

第七章　大学人才培养的探索

我国高等教育在快速实现大众化后，面临着一系列新的课题与挑战。创新培养模式，提高教育质量，已成为当今时代发展的强烈要求、政府关注的焦点与大学必须认真研究的课题。创新人才培养模式，必须着眼于未来，注重培养学生自我学习能力；必须注重学思结合，培养学生善于发现问题和自我解决问题的能力；必须注重知行统一，培养学生的各种实践能力；必须注重因材施教，关注学生的个性差异，充分发挥每个学生的优势潜能。

第一节　创新人才培养模式是时代发展的强烈呼唤

一、人才培养模式的本质是人才培养质量

当今高等教育面临的最大挑战是质量危机，而人才培养质量与人才培养模式有着密切的关系。人才培养模式的本质是人才培养质量。人才培养模式和高等教育质量标准至今仍是高等教育中的一个"黑洞"，国际国内都没有一个人才培养模式和高等教育的质量标准。按照一般的理解，人才培养模式包括人才培养观念、人才培养制度、人才培养过程、人才培养评价四要素。当前高校人才培养模式存在三个主要问题：

一是培养理念缺乏先进性。大学理念是大学组织的思想灵魂、大学发展的行动指南、大学改革的内在动力、特色形成的思想基础与制度创新的理论源泉。先进的大学理念具有科学性与前瞻性、现实性与超越性、规范性与导向性、继承性与发展性、特殊性与普遍性。大学理念的普遍性至少包括：大学是研究高深学问、传授知识和发展知识的专门场

所；大学应有学术的独立和自由，应当追求真理，做社会和时代的先锋，而不是盲从者、媚俗者，也不是单纯的所谓"服务器"；大学应是社会的良心和智慧之所在，应当服务于人类社会的整体利益，服务于国家、服务于民族的进步和社会的进步；大学应该具有开放性等。受目前社会上普遍存在的"泛市场化"和"急功近利"思潮和行为的影响，不少大学在理念上都存在"重物轻人"、"重产轻学"、"重术轻道"、"重技轻政"等倾向，难以把大学办成真正"追求真理、追求光明、追求进步"的圣洁的殿堂，难以培养出具有远大理想、创新精神和实践能力的一代"社会栋梁"。

二是培养制度缺乏灵活性。在我国，大部分高校依然实行的是学年制，学年制的高度结构化扼杀了学生的个性，学生必须按学校的统一安排进行学习，没有自由发展的空间。学分制与学年制相比，学生有了更多的自主权，有利于学生的个性发展。但很少有高校能实行完全意义上的学分制，大多实行的是学年制与学分制相结合的组合制度，学生只有一定程度的自由学习与发展的空间。而且，我国高校的一些培养制度其基本目的还是控制，强调学生学习和行为以及教师教学的标准化和制度化，弹性和灵活性不足，不利于学生个性的发展和创新意识的培养。

三是培养过程缺乏创新性。表现在过度重视知识传承与规范，注重对知识的系统掌握，忽视了学生主动学习能力和创新能力的培养。教学内容和课程体系虽经过了多年的改革，但内容陈旧、结构不合理的状况依然存在，新的知识往往不能及时反映在教材中，不能很好适应现代知识更新的速度，与国际先进水平相比差距明显。教学方法单一，教学手段落后，许多大学还存在教师单向"灌输式"和"填充式"的教学方法，注重向学生灌注现成的知识结论，造成学生学习缺乏积极性和主动性。在学生学习评价体系和评价导向上，缺乏全面性、前瞻性和导向性。学生学习评价体系仍存在以考代评、缺少前置评价、缺少形成性评价与发展性评价等问题。评价导向注重对知识的系统掌握，缺乏对创新的评价和学习能力的评价。笔者曾将现行培养模式的问题概括为六个字：一是专，即强调按统一的计划与要求培养人才，培养目标过专。二是窄，即专业划分过细，专业口径过窄。三是全，即专业设置求全。近些年来，随着高校招生数量的不断扩大，专业规模也在迅速膨胀。一些院校以学科专业是否齐全为重要追求目标，搞"大而全、小而全"的学科专业建制。一些院校追求短期效应，不顾本校自身实力和发展优势盲目开办一些热门专业。一些院校的专业办学规模小，重复设置，人才培养方向模糊。四是灌，教学方法重灌输，轻启发。笔者曾将大学课堂教学用三句话概括："信息上的大容量，方法上的满堂灌，互动上的形式化"。五是死，学习方法重记忆，轻思考，"上课记笔记、下课对笔记、考前背笔记、考后扔笔记"的人还大量存在，学习方法过死。六是偏，评价指标片面，评价方法单一，评价结果偏颇。

二、创新人才培养模式是社会发展的强烈呼唤

创新人才培养模式首先是社会的呼声。随着改革开放的不断深化，社会主义市场经济体制的建立和完善，以及社会经济、科技的迅猛发展，传统的专才人才培养模式的弱点也逐渐暴露出来。在竞争日益激烈、就业压力越来越大的今天，那些知识面较窄、适应能力差、创新能力低的大学生愈来愈难找到合适的工作岗位。因此，重新审视传统的人才培养模式，改革势在必行。2005年7月，温家宝总理看望上海交通大学老学长钱学森时，钱老曾意味深长地说："现在中国没有完全发展起来，一个重要原因是没有一所大学能够按照培养科学技术发明创造人才的模式去办学，没有自己独特的创新的东西。"钱老的话一针见血，既对我国高校人才培养中存在的不足提出了尖锐批评，又对改革高校人才培养模式提出了殷切的希望。"钱学森之问"的价值，就在于他以一个大科学家的理性和良知，直面现实，直面问题。他毫不客气地用了一个全称判断：不是个别院校、部分高校，而是"没有一所大学"按照有效的人才培养模式去办学！事实上，只要不讳疾忌医，不自欺欺人，作出这样一个事实判断，并不是非常困难的事情。

创新人才培养模式也是时代发展对高校的强烈呼唤。今天以人才为第一资源的21世纪，对人才素质及培养提出了更高的要求。我国应该走出一条21世纪高校人才培养模式创新之路。然而，长期以来，我国的高等教育却一直注重知识的传授，把教学过程理解为知识的积累过程，对大学生的评价立足于掌握知识的多少，而忽视了学生潜能、创新能力和

实践能力的培养，致使创新人才缺乏。有一个比较直接的统计，"国家最高科学技术奖"自2000年设立以来，至2008年共有14位获奖者（其中2004年度空缺）。获奖者的平均年龄为80岁，大多数毕业于1949年之前。近些年来，尽管我们在国防科技、工程技术、基本建设等领域取得了巨大成就，但在真正体现原始创新能力的基础科学领域，自20世纪80年代初陈景润的"哥德巴赫猜想"之后，就几乎没有取得达到世界前沿的高水平成果。一个特别发人深省的事实是，1977年恢复高考之后接受高等教育的一代学人，至今也未能产生世界级的优秀人才，而他们已陆续进入退休之龄。显然，我们不能再推诿于外因。新中国前30年的教育发展，由于受到"左"的错误路线过多的干扰，教育和科学发展备受挫折，大家都能理解。进入改革开放的新时期，我们提出"早出人才，快出人才"的口号，开始了科学技术和教育现代化的竞争。20世纪90年代设立了"211工程"、"985工程"，提出了建设世界一流大学的目标，采取了诸多刺激政策，开展各种人才工程，如长江学者、创新团队、"百千万人才计划"，设立国家科技大奖等。我们对大师、杰出人才的渴求从没有如此强烈过，然而，我们离世界一流大学的目标究竟是日益接近，还是渐行渐远，一直是个难以回答的疑问[①]。

三、创新人才培养模式是落实规划纲要的迫切要求

时代的呼唤引起了国家的高度重视。国家规划纲要中明确提出要"创新人才培养模式"，要"遵循教育规律和人才成长规律，深化教育教学改革，创新教育教学方法，探索多种培养方式，形成各类人才辈出、拔尖创新人才不断涌现的局面"，同时提出三条原则：一是"注重学思结合"。倡导启发式、探究式、讨论式、参与式教学，帮助学生学会学习。激发学生的好奇心，培养学生的兴趣爱好，营造独立思考、自由探索的良好环境。二是"注重知行统一"。坚持教育教学与生产劳动、社会实践相结合。开发实践课程和活动课程，增强学生科学实验、生产实习和技能实训的成效。充分利用社会教育资源，开展各种课外、校外活动。加强中小学校外活动场所建设。加强学生社团组织指导，鼓励学生

---

① 杨东平. 关于"钱学森之问"的遐思 [J]. 大学：学术版, 2010 (1).

积极参与志愿服务和公益事业。三是"注重因材施教"。关注学生不同特点和个性差异,发展每一个学生的优势潜能。推进分层教学、走班制、学分制、导师制等教学管理制度改革。建立学习困难学生的帮助机制。改进优异学生培养方式,在跳级、转学、转换专业以及选修高一学段课程等方面给予支持和指导。健全公开、平等、竞争、择优的选拔方式,改进中学生升学推荐办法,创新研究生培养方法,探索高中、高等学校拔尖学生培养模式。2010年8月25日,国务委员刘延东在教育部直属高校工作咨询委员会第20次全体会议上指出,高等教育战线要充分认识高等教育在建设现代化强国中的崇高使命,要深入学习、全面落实《国家中长期教育改革和发展规划纲要(2010—2020年)》,加快高校改革创新、科学发展,加快建设中国特色的现代高等教育,全面提升高等教育质量,实现人才培养模式改革的新突破,为经济社会发展、建设创新型国家和培养全面发展的拔尖创新人才作出新贡献。

第二节 高校人才培养模式的概念界定与要素解析

近年来,关于人才培养模式概念的界定是见仁见智,关于人才培养模式构成要素的表述也是莫衷一是,从而影响了对人才培养模式的理性认识和改革创新。

一、重视高校人才培养模式及其概念的研究势在必行

随着改革开放的不断深化,社会主义市场经济体制的建立和完善,以及社会经济、科技的迅猛发展,传统的专才人才培养模式的弱点也逐渐暴露出来,大学生适应能力差、创新能力低等现象日益引起全社会的广泛关注。许多学者在研究高等教育质量危机时也纷纷反思传统人才培养模式的弊端,提出创新人才培养模式是培养创新人才的核心。钱学森先生曾意味深长地说:"现在中国没有完全发展起来,一个重要原因是没有一所大学能够按照培养科学技术发明创造人才的模式去办学,没有自己独特的创新的东西。"[1] 钱老的话既对我国高校人才培养中存在的不

---

① 杨东平. 关于"钱学森之问"的遐思 [J]. 大学:学术版,2010 (1):90-93.

足提出了尖锐批评,又对改革高校人才培养模式提出了殷切的希望。新近颁布的国家教育规划纲要也特别强调要通过"遵循教育规律和人才成长规律,深化教育教学改革,创新教育教学方法,探索多种培养方式,形成各类人才辈出、拔尖创新人才不断涌现的局面",以及"注重学思结合,倡导启发式、探究式、讨论式、参与式教学,帮助学生学会学习。激发学生的好奇心,培养学生的兴趣爱好,营造独立思考、自由探索的良好环境"等创新人才培养模式。

模式作为一种科学认识手段和思维方式,它是连接理论与实践的中介,兼有理论与指导培养实践两种价值。任何一种活动的有效开展都有赖于构建合理的行为模式。为了培养创新人才必须改革和创新人才培养模式,而要改革和创新人才培养模式必须首先明确下列问题:如我们应该从哪种视角、哪个层面界定人才培养模式?它的内涵与外延是什么?人才培养模式包括哪些要素?又受哪些因素的影响?它与人才培养目标、人才培养制度、人才培养质量有何关系?我国当前人才培养模式中的实质性问题是什么?导致这些问题的主要原因是什么?改革和创新人才培养模式究竟该如何着手?等等。近年来对于上述相关问题的研究虽然不少,但总体来看,是众说纷纭、莫衷一是。这种状况在一定程度上影响了对人才培养模式的理性认识与创新实践。

要很好地研究上述问题不能不从研究人才培养模式的概念与构成要素入手。因为概念是思维的基本单位,"反映客观事物的一般的、本质的特征"[①],对于研究工作来说,界定概念可以精确研究的范围与基本内容。界定某一事物的概念是我们研究该事物的逻辑起点,概念界定是否准确,直接关系到该事物研究的成效。概念界定的核心是明确内涵与外延:内涵是否明确直接影响到对该事物构成要素的认定,外延是否明确直接影响到认识该事物层面与范围。总之,强调对人才培养模式的理论研究既是时代发展的强烈呼唤,也是高等教育自身发展的迫切要求。而重视高校人才培养模式的概念研究,则是高校人才培养模式研究的逻辑

---

① 中国社会科学院语言研究所词典编辑室.现代汉语词典[M].北京:商务印书馆,2002:404.

起点。

二、高校人才培养模式的概念界定

近年来,关于人才培养模式的研究引起了高等教育界的广泛重视,但仍处于理论探讨的初级阶段,学者们从不同的层面、不同的视角出发,形成了不同的认识和观点。通过文献检索发现,关于人才培养模式概念的表述甚多,可谓仁者见仁,智者见智:

一是"人才培养规范"说,即认为:"人才培养模式是一定教育机构或教育工作者群体普遍认同和遵从的关于人才培养活动的实践规范和操作样式,是直接作用于受教育者身心的教育活动全要素的总和和全过程的总和……"[①]

二是"人才培养系统"说,即认为人才培养模式是一个系统,至少应包括创新人才的培养模式和人才成长环境两大部分。创新人才的培养模式是创新人才培养的核心,是在一定的教学组织管理下实施的,包括培养目标、专业结构、课程体系、教学制度、教学模式和日常教学管理;创新人才成长的环境是创新人才的保证,包括师资队伍、教学硬件和校园文化氛围。高素质的创新人才培养应该是从教师到学生、从观念到制度、从软件环境到硬件环境进行全方位、多角度的综合建设[②]。

三是"教育过程总和"说,即认为人才培养模式是在一定的教育理念、教育思想指导下,按照特定的培养目标和人才规格,以相对稳定的教学内容和课程体系、管理制度和评估方式实施人才教育的过程的总和,由培养目标、培养制度、培养过程、培养评价四个方面组成[③]。

四是"培养活动样式"说,即认为"人才培养模式主要指一定教育机构或教育工作者群体普遍认同和遵从的关于人才培养活动的实践规范和基本样式。它以教育目的为导向、以教育内容为依托、以教育方法为

---

① 魏所康. 培养模式论 [M]. 南京:东南大学出版社,2004:241.
② 朱宏. 高校创新人才培养模式的探索与实践 [J]. 高校教育管理,2008(3):6-11.
③ 翟安英,石防震,成建平. 对高等教育创新型人才培养及模式的再思考 [J]. 盐城工学院学报:社会科学版,2008(2):64-68.

具体实现形式,是直接作用于受教育者身心的教育活动全部要素和全部过程的总和。它反映处于教育模式之下具体教学方法之上这样一个区间的教育现象,它由培养目标、培养过程、培养制度、培养评价四要素组成"①。

五是"教育运行方式"说,即认为人才培养模式是指在一定的教育思想和教育理论指导下为实现培养目标而采取的培养过程中的某种标准构造样式和运行方式②。

六是"目标实现方式"说,即认为"人才培养模式是学校为学生构建的知识、能力、素质结构,以及实现这种结构的方式,它从根本上规定了人才特征并集中地体现了教育思想和教育观念"③。

七是"人才培养结构"说,即认为人才培养模式是在一定的教育思想指导下,人才培养目标、制度、过程的简要组合,是为了实现一定的人才培养目标的整个管理活动的组织方式。它是在一定的教育思想指导下,为完成特定的人才培养目标而构建起来的人才培养结构和策略体系,它是对人才培养的一种总体性表现④。

八是"教学活动程序"说,即认为"人才培养模式是在一定教育理论指导下,在实践中形成的将教学活动诸要素联结起来的结构和实施教学的程序和方式"⑤。

九是"整体教学方式"说,即认为培养模式是教育思想、教育观念、课程体系、教学方法、教学手段、教学资源、教学管理体制、教学环境等方面按一定规律有机结合的一种整体教学方式⑥。

---

① 王晋光. 从当前大学生就业难看人才培养模式的创新[J]. 中国电力教育, 2010 (25): 10-12.
② 龚怡祖. 略论大学人才培养模式[J]. 高等教育研究, 1998 (1): 43-46.
③ 教育部. 关于深化教学改革,培养适应21世纪需要的高质量人才的意见[Z]. 1998.
④ 马国军. 构建创新人才培养模式的研究[J]. 高等农业教育, 2001 (4): 19-21.
⑤ 刘智运. 改革人才培养模式,培养创新型人才[J]. 教学研究, 2010 (6): 1-6.
⑥ 刘红梅,张晓松. 21世纪初高教人才培养模式基本原则探析[J]. 齐齐哈尔医学院学报, 2002 (5): 589-590.

十是"人才培养方案"说,即认为"人才培养模式是在一定的人才观和教育价值观指导下形成的教育活动——人才培养方案,它是在大学理念和大学制度有机结合下才能实现的一个过程。它是基于社会外部需求和自身教育资源配置而形成的教育过程,它体现着办学者的价值判断和自我选择,它是人才成长和培养的一个过程"[①]。

从上述资料引证中可以看出,有关"人才培养模式"的界定甚多。导致这种状况的主要原因是对人才培养模式概念存在误区:一是对人才培养模式的内涵不明,把人才培养模式等同于人才培养,未能突出人才培养模式只是对人才培养过程的设计与建构;二是对人才培养模式的外延把握不准,或是过于泛化,如将人才培养模式界定为"教育活动全要素的总和和全过程的总和"、"培养目标、制度、过程的组合"等;或是过于窄化,如只将人才培养模式界定为"人才培养目标的实现方式"或"教学方式方法";三是将培养模式与培养途径、培养条件混淆,如将人才培养模式界定为"人才培养的系统",在这个系统中不仅包括培养途径,还包括诸如师资队伍、教学硬件、校园文化、学术氛围等培养条件。还有人认为,培养模式纯属方式方法问题,将人才培养模式界定为"实施教学的程序和方式",或"一种整体教学方式",忽视了模式既有其构建功能,也具有对过程一定的解释功能与对结果的预测功能。

为了更客观、更全面地界定人才培养模式,有必要从分析"模式"和"人才培养"的内涵,以及"人才培养模式的特点"入手,把握这一概念。

首先,何谓"模式"?《辞海》解释:"模"有"模仿"之意,即"依照一定的榜样做出类似动作和行为的过程"。从词义学上讲,"模式"即解决问题的范式、范例。"模式"作为一个软科学概念,是指在一定的思想指导下建立起来的由若干要素构成的、具有形态构造和实践指导功能及可仿效性等特征的某种活动的理论模型与操作式样。模式既不属于内容范畴与形式范畴,也不属于目的范畴与结果范畴,而是属于一种过

---

① 邬大光. 关于人才培养模式的若干思考——在"应用型本科院校人才培养模式改革与创新论坛"上的报告[J]. 广东白云学院学报,2010(1):5-8.

程范畴。因此，人才培养模式"是一种对于培养过程的设计，一种对于培养过程的建构，一种对于培养过程的管理，它是关于人才培养过程质态的总体性表述"①。

其次，何为"人才培养"？培养人才是高等教育的首要任务。人才培养必须解决七个问题：一是教育理念的提出；二是人才培养目标的确定；三是人才培养对象的选择；四是人才培养主体的开发；五是人才培养途径的利用；六是人才培养过程的优化；七是人才培养的制度保障。可见，培养人才是一个系统工程，它包括人才培养的理念、主体、客体、目标、途径、模式与制度七大要素。教育理念的含义是指"在什么思想指导下培养什么样人才"，它是对教育育人的本质特征、目标价值、职能任务和活动原则等的理性认识，也是教育主体对人才培养的理想追求及其所形成的教育观念。它旨在回答"人才应该是怎样的"、"人才为谁培养"、"人才应该如何培养"等问题。从哲学层面上讲，人才培养理念旨在揭示人才培养的内在逻辑、终极价值与理想追求。从操作层面上讲，人才培养理念旨在勾画人们对理想人才培养模式的系统构想，明确人才培养的程序与环节，指导人才培养的实践活动。人才培养是一个涉及多方面的系统工程，人才培养理念也具有国家、高校与教师等多个层次。国家层面的教育理念是国家对教育育人活动的价值、功能，以及建成怎样的人才培养生态，怎样进行人才培养活动管理，包括预算投入、管理体制、领导机制等方面的认识。国家人才培养理念是整个国家人才培养活动的"指挥棒"，对国家高等教育发展乃至国家发展都具有极其重要的意义。高校层面的教育理念主要反映在人才培养理念，具体表现在教师观、学生观、质量观、教学观、科研观、活动观与评价观等方面，这种理念既受国家层面教育理念的制约，也受高校主体的思想认识与客观条件的影响。培养主体的含义是指"由谁来培养人才"，大学人才培养的主体是由培养活动的设计者、组织者与实施者所构成的群体，学校是大学生培养活动的设计主体，院系所是大学生培养活动的组织主体，教师和导师（组）是大学生培养活动的实施主体。培养对象的含义

---

① 龚怡祖. 略论大学人才培养模式 [J]. 高等教育研究，1998 (1)：43-46.

是指"培养谁",大学生是培养主体施加教育、教学影响,进行人才培养活动的客体。在人才培养过程中,培养主体——教育者通过教育过程有目的、有计划地对学习主体施加影响,在"教"的方面居于主导地位。同时,培养对象——受教育者也在主动学习的过程中完成知识的内化和技能的外化与品格的升华,在"学"的方面负主要责任。由于内因是事物发展的根本原因,外因通过内因起作用,因此,培养对象在教育、教学活动中同时也是主体。培养对象的主体性主要体现在学习内容的选择性、学习方式的多样性、学习时间的自主性与学习过程的探索性等方面。培养目标的含义是"要培养怎样的人才",如"通才型"或"专才型","学术型"或"应用型","守业型"或"创新型",它是一个纯粹的目的范畴。培养途径的含义是"通过什么方式"或"借助什么载体",如通过课程教学、学术活动、科学实验与社会实践等方式来实现人才培养目标,它所强调的是认识与实践活动的载体。培养模式(亦即培养过程)的含义则是"按照什么样子"去实现人才培养目标,是一种对于培养过程的设计与建构,强调的是认识与实践活动的过程形态,如教师主体在课程教学、学术活动与实践活动中究竟采取何种形式,按照怎样的程序和进行怎样的配置等问题。培养制度的含义是"用什么制度来保障人才的培养",人才培养制度有广义与狭义之分。广义的人才培养制度与大学的整个人才培养过程相关。从人才培养的过程看,学生通过竞争进入大学,经过学校的一系列培养,最终或者进一步深造,或者走向社会,从而形成一个人才培养的全过程。而学生成长的每一步,学校都有相应的一个制度系列相伴随。这个与人才培养相关的制度系列就是广义的人才培养制度,具体说来,包括招生制度—教学制度—研究制度—考试制度—就业制度等,这些制度实际上形成了一种相互递进的制度链又相互交织的制度网,并最终形成现代大学制度体系。狭义的人才培养制度与人才培养的微观过程相关,主要是指与大学教育、教学活动过程相关的重要规定、程序及其实施体系。其核心有专业与课程设置制度、选课制度、学分制度、导师制度、实习制度、分流制度、日常教学管理制度等。人才培养制度是从理性化的角度表达培养主体与培养对象之间的权利—义务关系,是对整个人才培养活动的一种目标引导、行为规范与资源保障机制。人才培养制度在大学制度中处于核心地位。

其三，人才培养模式是"人才培养"系统中最重要的要素系统。人才培养模式与人才培养密切相关，但人才培养模式与人才培养是两个不同的概念。人才培养作为一项系统工程，涉及人才培养的理念、主体、客体、目标、途径、模式（过程）与制度七大要素。为了培养创新型人才，必须同时对上述七大要素进行合理开发与重组，包括进一步更新教育理念、进一步提高培养主体的工作效能、进一步调动培养客体的学习主动性、进一步明确创新型人才的培养目标、进一步创新人才培养模式、进一步丰富培养途径、进一步改革培养制度与优化培养条件等。人才培养模式主要是指对于培养过程的设计与建构，亦即教育主体关于专业与课程设置的选择、教学活动的结构与程序的考虑，以及教学组织与管理形式的确定等方面的思考与安排。从当前高等教育改革与发展看，在人才培养的系统工程中，培养主体与培养客体是相对稳定的要素，培养理念的更新渐成公识，培养创新型人才的目标已经明确，培养途径的选择难度相对较小，而难度最大的是培养模式的创新与培养制度的改革。培养模式是"人才培养"系统中一个最复杂、最富于变化、最有活力的，也是最重要的要素系统。培养过程中专业与课程的设计是否科学，教学制度的制定是否合理，教学的组织形式是否有效，教学的管理是否人性化，这才是它所关心的领域，也是它区别于其他人才培养概念的本质特征。

其四，人才培养模式既具有模式的一般特性，也具有自身的特点。作为一般模式它具有构成要素的复杂性、理论与实践的中介性、实践操作的范型性与可仿效性等特征。从人才培养模式自身的特点看，主要反映在：一是目的性。人才培养是有目的的活动，这个目的就是促进人的个性与社会性和谐发展。二是主体性。人才培养是人的活动，人是整个活动的主体。充分激发和调动各个层面主体的作用是优化高校人才培养模式的内在要求。三是合规律性。人才培养模式必须同时遵循三大规律，即高等教育的外适规律、个适规律与内适规律。外适规律即要求人才培养模式必须与社会发展的要求相适应；个适规律即要求人才培养模式必须与大学生的个性发展要求相适应；内适规律即要求人才培养模式必须与高等教育自身的文化、结构、功能、要素协调发展的要求相适应[1]。四是保障性。除人、财、物的保障外，最重要的是制度保障，包括教学制度、管理制度、考试制度与评价制度等。五是开放性。现代的人才培养模式不可能在高等教育系统内封闭式构建，而必须是在与经济社会发展及高等教育改革发展的互动过程中构建。六是多样性。经济与社会发展对人才的需求的多面性与多变性、大学生个性特点的丰富性与差异性，以及高等教育结构的多样性与高校办学目标追求的特色性等决定了人才培养模式选择的多样性。

综上所述，我们认为所谓"人才培养模式"，是指培养主体为了实现特定的人才培养目标，在一定的教育理念指导和一定的培养制度保障下，设计的由若干要素构成的具有系统性、目的性、中介性、开放性、多样性与可仿效性等特征的，有关人才培养过程的理论模型与操作式样。

三、人才培养模式的要素解析

人才培养模式是"人才培养"系统中一个最富于变化、最具活力的子系统，也是构成要素最复杂的子系统。人才培养模式变化实质上是其构成要素的变化，人才培养模式的创新也主要是对各构成要素的革新或重组。因此，要创新人才培养模式必须认真解析人才培养模式的构成要素。

（1）人才培养理念。这里的人才培养理念是指中观（高校）与微观（教师）层面的教育理念，也就是培养主体关于人才培养的本质特征、目标价值、职能任务和活动原则等的理性认识，以及对人才培养的理想追求及其所形成的各种具体的教育观念，如质量观、师生观、教学观、科研观、活动观与评价观等。人才培养理念旨在回答"在高校人才应该是怎样的"、"人才应该如何培养"等。从哲学层面上讲，人才培养理念的功能旨在揭示人才培养的内在逻辑与终极价值。从操作层面上讲，人才培养理念旨在指导对人才培养过程，包括培养的程序与环节等的设计与构想。人才培养理念对人才培养模式其他要素的选择与确定都产生着

---

[1] 陈新忠，董泽芳. 高等教育规律"三分法"探析[J]. 江苏高教，2008（2）：20-22.

极其重要的影响。

（2）专业设置模式。专业设置模式是人才培养模式的重要组成部分。专业主要是按照学科来划分的，专业设置一般可在设置口径、设置方向、设置时间、设置空间等方面进行形态变化设计。专业口径是指划分专业时所规定的主干学科或主要学科基础及业务范围的覆盖面。设置方向是指在专业口径之内是否分化专攻方向以及分化多少，以刚化或活化专业。设置时间是指专业设置的时间早晚，是一进校就定专业，还是学习到一定阶段之后再专业培养。设置空间是指学生的专业确定之后，还有没有游移的空间和更改的可能，是否允许学生转专业、转系、转院或跨专业、跨系、跨院学习等[①]。

（3）课程设置方式。课程设置是指一定学校所选定的课程类型和课程门类在各年级的安排顺序和学时分配，以及对各类各科课程的学习目标、学习内容和学习要求的简要规定。课程设置必须符合培养目标的要求，它是一定学校的培养目标在一定学校课程计划中的集中表现。评价课程设置主要考虑两个方面：合理的课程结构和课程内容。合理的课程结构指各门课程之间的结构合理，包括开设的课程合理，课程开设的先后顺序合理，各课程之间衔接有序，能使学生通过课程的学习与训练，获得某一专业所在具备的知识与能力。合理的课程内容指课程的内容安排符合知识论的规律，课程的内容能够反映学科的主要知识、主要的方法论及时代发展的要求与前沿。由于传统知识观的影响，我国高校课程设置过于专门化，重理论轻实践，重必修轻选修，课程传授模式单一等，不利于创新型人才的培养。因此，必须改变传统的课程观，使高校课程设置超越专业藩篱和时空界限，淡化专业课程，增加综合课程，大力发展网络课程。

（4）教学制度体系。教学制度体系即前述狭义的人才培养制度，它是与人才培养的微观过程紧密相关的各种规章制度及其实施的体系。其核心有学分制、学位制、导师制、实习制、分流制度、日常教学管理制度等。这些制度又自成一定的体系，如学分制就经历了从"自由学分

---

① 龚怡祖. 大学专业设置模式探析 [J]. 教育发展研究, 2001 (11): 72-73.

制"向"限制学分制"的演进,现代学分制具体包括选课制度、课程体系、学分管理、弹性学制、导师制度、绩点制度等内容。在学位制中又包括双学位制、主辅修制、本加专制、"本硕连读"制等,可为不同状态的学生提供多条学习通道供其选择。教学制度体系在培养模式各要素中是最为活跃的一个变量。

（5）教学组织形式。教学组织形式是教学活动过程中教师和学生的组织方式及教学时间和空间的安排方式。不同的教学组织形式对学生知识的获得、智力的形成与人格的提升产生不同的影响。18世纪初起源于德国的一种名为"习明纳"的教学组织形式,重视教师向学生提出问题或鼓励学生自己发现问题,然后指导学生进行解决问题的活动,教学过程是以学生探讨为主、教师引导为辅的双向、多向的交流过程,充分体现了学生的主体地位。这种教学组织形式在培养学生独立思考和创新能力,以及学生增长才识、活跃课堂氛围方面的作用得到了世界的公认。我国高校传统课堂教学组织形式的主要特征是强调书本知识中心、课堂中心和教师中心。教学目标重在知识灌输,课堂完全由教师主宰,教学方式主要是"满堂灌",学生几乎处于填鸭式吸收知识的被动地位,使学生学习与创新能力的培养受到了极大的限制。近年来我国许多高校兴起的,以学生"自由选题、自主探究和自由创造"为宗旨的"研究型"教学形式,注重突出学生在学习、研究和探索中的主体地位,在培养学生的学习能力、实践能力和创新能力等方面的收效也日益显现。

（6）教学管理模式。教学管理模式是指在一定的教学思想、教学理论、学习理论、管理理论指导下,对教学过程进行组织管理的手段与方法。我国高校传统的教学管理模式,是在国家计划经济体制下形成的行政型教学管理模式,它强调按照行政法规和既定的规范程序实行教学管理,具有集中统一、有章可循、易于操作的特点,可以避免政出多门、任意行事,在我国教育发展史上起过非常积极的作用,但随着时代的发展,其管理系统的封闭性、管理内容的统一性、计划执行的强制性与监控系统的片面性等弊端也日益暴露,与确定师生的教学主体地位、推进教学的民主化进程、培养创新型有个性的现代高素质人才的要求极不适应。为了提高教学管理水平，提升人才培养质量，促进创新人才的培养，创新教学管理模式已势在必行。

（7）隐性课程形式。课程是学生在学校所习得的一切文化的总和。课程可分为显性与隐性两类：显性课程是指有一定的教学计划、教学大纲、教学目标，有一定的教材为依托的课程。隐性课程是指在学校中除正规课程之外所学习的一切东西，是学校经验中隐蔽的、无意识的或未被完全认可的那部分经验[1]。大学隐性课程具有普遍性、隐蔽性、暗示性、非计划性、无意识性、不确定性、感染性、长效性等特点。隐性课程在很大程度上决定着学习者的价值感和尊严感，并具有兴趣上的激发功能、认知上的导向功能、情感上的陶冶功能、意志上的磨炼功能与行为上的规范功能。学校之间的隐性课程形式的差别很大，大学的特色之一就在于其是否形成独特的高质量的隐性课程。隐性课程是内隐的，但并非是盲目的，它可以由教育主体站在教学与非教学的维度上、从规划性和自发性两方面去着意构建和营造。

（8）教学评价方式。教学评价是依据一定的标准对人才培养过程及其质量与效益做出客观的判断与评价。教学评价是人才培养过程的重要一环，也是检验人才培养效果的有效形式和对师生进行激励的重要手段。教学评价涉及中观的对办学的评价和微观对教学中教与学的评价两个层面。无论是在中观层次上还是在微观层次上，目前在教学评价上存在的问题表现为以下四个方面：一是在评价的范围上重结果评价，轻过程评价；二是在评价的目的上，重鉴别、选拔与淘汰，轻反馈、矫正与调控；三是在评价的依据上，重考试的分数，轻创造性思维与实践能力；四是在评价的方法与手段上，重考试，轻其他的方法与手段。这种评价方式限制了师生的教与学的自主选择权，束缚了人的个性自由发展，更不能很好地适应培养创新型人才的要求。更新评价理念，促进从单一评价向多元评价发展是培养创新型人才对评价方式创新的必然要求。

---

[1] 江山野. 简明国际教育百科全书·课程 [M]. 北京：教育科学出版社，1991：92.

第三节　国外一流大学人才培养模式的共同特点及启示

培养大批具有创新精神的杰出人才既是应对国际竞争日趋激烈与我国社会经济快速发展的强烈呼唤，也是高等教育的首要任务与深化改革的客观要求。但"为什么我们的学校总是培养不出杰出人才"？钱学森认为："一个重要原因是没有一所大学能够按照培养科学技术发明创造人才的模式去办学。"《国家中长期教育改革和发展规划纲要（2010—2020年）》在教育体制改革总体部署中，也把创新人才培养模式作为一项重要的战略性课题。对此，我们有必要对我国传统的人才培养模式进行深刻反思。而要突破当前人才培养模式困境，就应在合理借鉴国外一流大学培养杰出人才经验的基础上，结合我国国情构建新的人才培养模式。

一、国外一流大学重视人才培养模式改革

大学人才培养模式是指大学为了实现特定的人才培养目标，在一定的教育理念指导和一定的培养制度保障下设计的，由若干要素构成的具有系统性、目的性、中介性、开放性、多样性与可仿效性等特征的，有关人才培养过程的理论模型与操作式样。它主要由人才培养理念、专业设置模式、课程设置方式、教学制度体系、教学组织形式、教学管理模式、隐性课程形式与教学评价方式八大要素构成[①]。

所谓"世界一流大学"，主要是指能够成功发挥人才培养、科学研究和服务社会三大职能的大学。衡量世界一流大学除了要看是否具有享誉世界的一流学科、拥有一批世界公认的学术大师，是否能够主动为本国和本地区的经济社会发展服务等标准外，更重要的是看是否能够培养出大批社会公认的杰出人才。这里主要依据目前国际上较为权威的大学排行榜，如《泰晤士报高等教育副刊》和《美国新闻与世界报道》近年来所发布的世界大学排行榜上名列前茅的，在培养杰出人

---

① 董泽芳. 高校人才培养模式的概念界定与要素解析［J］. 大学教育科学，2012（3）：30-36.

才上成效显著的大学。所谓"杰出人才"也是一个相对的概念，主要指才能和成就超越同行，能够在各自领域发现规律，运用于实践并不断有所创新的人才。

本书主要选取美国的哈佛、普林斯顿与斯坦福大学，英国的牛津与剑桥大学，德国的慕尼黑工业大学，法国的巴黎高等师范学校和日本的东京大学这8所在培养杰出人才上取得了举世公认成就的大学为研究对象。如哈佛大学共有85名师生是诺贝尔奖获得者，还培养出8位美国总统，以及众多的世界级学术大师、思想家、文学家等①。从普林斯顿大学走出了2位美国总统，44位州长，以及31位诺贝尔奖得主②。斯坦福大学培养了15位诺贝尔奖得主、81位全国科学院院士，以及众多的商界领袖和科技精英③。牛津大学先后产生了47位诺贝尔奖得主、26位英国首相，以及数以万计的科学家、政治家、文学家、企业家④。剑桥大学以"现代科学的摇篮"著称，先后吸引了近百名诺贝尔奖获得者在这里执教或学习，牛顿、达尔文、霍金等都曾在这里求学⑤。慕尼黑工业大学是享有国际盛誉的德国顶尖大学，迄今已培养出20位诺贝尔奖得主，还有以"流体力学之父"普朗特为代表的大批科学家和发明家⑥。巴黎高等师范学校在人才培养上也声名显赫，包括11位诺贝尔奖得主，以及罗曼·罗兰、米歇尔·福柯、萨特等在西方思想文化界有着非凡建

---

① Heads of state [EB/OL]. [2013-05-28]. http://www.harvard.edu/heads-state.

② 教学和研究要平衡发展——专访普林斯顿校长蒂尔曼 [EB/OL]. (2007-04-11)[2012-08-11]. http://news.sina.com.cn/w/2007-04-11/084811614830s.shtml.

③ 王英杰. 在创新与传统之间——斯坦福大学的发展道路 [J]. 北京大学教育评论，2004 (3): 80-86.

④ 别敦荣，蒋馨岚. 牛津大学的发展历程、教育理念及其启示 [J]. 复旦教育论坛，2011 (2): 72-77.

⑤ Facts and figures [EB/OL]. [2013-10-24]. http://www.cam.ac.uk/about-the-university.

⑥ Academic awards and honors [EB/OL]. [2013-10-24]. http://www.tum.de/en/about-tum/awards-and-honors/.

树的巨擘①。东京大学的毕业生中有 8 名诺贝尔奖得主。据统计，日本首相及大臣的 1/3、全国大企业董事长的 1/4、各界知名人士的半数以上均出自该校②。

这些大学能够培养出大批杰出人才固然有多方面的原因，但与他们长期以来形成的极具特色的人才培养模式有着极为密切的关系。如哈佛大学的"以核心课程与导师制为特色，注重素质、崇尚个性、发挥潜能"的"全面发展模式"；普林斯顿大学"以学科交叉和科研创新为特色，注重研究思维启迪和研究方法训练"的"科研激励模式"；斯坦福大学"以校企合作和实践应用为特色，强调创造力培养和学以致用"的"实践提升模式"；牛津大学"以综合性课群和导师个别教学为特色，强调独立思考和心智启迪"的"教学相长模式"；剑桥大学"以模块课程和研讨教学为特色，注重质疑精神和理性思维培养"的"自主探究模式"；慕尼黑工业大学"以跨学科课程和学研产相结合为特色，形成跨学科知识结构和实践应用能力"的"学与术和谐统一模式"；巴黎高等师范学校"以学术自由和前沿科研为特色，聚焦创造性和自由发展"的"科学与人文融合模式"；东京大学"以交叉课程和自由学习为特色，注重文理渗透和基础拓宽"的"通专并重模式"。

二、国外一流大学人才培养模式的共同特点

考察、分析上述 8 所大学的人才培养模式，可以概括出下列共同特点：

（一）突出全人教育的人才培养理念

人才培养理念是培养主体关于人才培养的目标设计与理想追求，以及相应的教育、教学观念，它对整个人才培养活动起着导向与定位的作用。上述国外一流大学在人才培养理念上都十分突出"全人教育"。其核心是尊重学生的主体性，注重培养学生广博的知识、综合的能力与完

---

① Two centuries of excellence [EB/OL]. [2013-10-24]. http://www.ens.fr/spip.php?article278.

② 王晓阳. 东京大学——日本第一学府 [J]. 知识就是力量, 2000 (9)：30-32.

整的人格,促进学生全面发展。实现"全人教育"有两个基本前提:一是通识教育;二是自由选择。

牛津大学秉持的理念,"一直是为培养全人而实施全面发展的教育,这种教育的目的不仅着眼于未来的职业,而更着眼于整个生活"[1]。剑桥大学的"目标则是促进学生在学术成绩、品格、爱好、专长和思维能力上的发展,希望全面了解学生并促进他们全面发展"[2]。为此,剑桥大学和牛津大学都设计了模块化课程和综合性课群来实施通识教育,并通过学生与导师自由交流、自由支配学习时间、自由选择和更换专业等举措来实现"全人教育"理念。哈佛大学也强调"培养全面发展的人,有广泛同情心和判断能力的人,而非瘸腿的专家"[3]。普林斯顿大学要求学生具有广博的知识与融会贯通的能力,其理念是"让学生能够接触多元思想,了解不同的认知方式,对于培育领袖才能作很好的准备"[4]。斯坦福大学虽然重视培养学生的创新精神和实践能力,但同时强调要让学生"受到人道和文明的熏陶,明晓法律约束下自由的可贵,懂得热爱和尊重人生,从而推进公众福祉"[5]。上述美国三所大学为了实施全人教育,既注重构建品牌化的通识课程,又积极创造条件让学生在专业设计、学习方式上自主选择、自由学习。慕尼黑工业大学致力于培养视野开阔的高级工程技术人才,但提出"工程师不能只了解工程,他们必须接受广泛的教育,工程师的事业必须超越专业而涉及整个社会的需要"。因此大学要"能够为学生提供广泛的视野,特别是人文社会科学的视野"[6]。

---

[1] JOSEPH A. SOARES J A. The decline of the privilige: the modernization of the Oxford University [M]. Stanford, California: Stanford University Press, 1999: 44.

[2] 卓然,杨晓昕. 剑桥帮你将理想和现实完美结合——专访剑桥大学校长 [J]. 大学生, 2012 (9): 26-27.

[3] SMITH W B. The Harvard book [M]. 350 Anniversary Edition, Cambridge, Massachusetts: Harvard University Press, 1986: 22.

[4] 蒂尔曼. 培育领袖才能·让青年接触多元思想 [EB/OL]. http://tech.sinchew-i.com/ny/print/58763.

[5] History of Stanford [EB/OL]. [2012-02-24]. http://www.stanford.edu/about/history/.

[6] 林一. 走进世界一流大学 [M]. 北京:当代世界出版社, 2003: 62, 65, 66.

为此，该校大力加强文理融合的通识教育，注重让学生自由选择专业、自由组合课程和自主选择培养方式。巴黎高等师范学校的理念为"提倡和建立基于个人自由选择基础之上的，多学科式培养的教育模式。学生可以自由选择学习内容和方式，学校的任务是让学生找到最适合自己的发展道路"。"学校重视营造学科交叉的学术氛围，教师和学生接触频繁，跨学科的研讨会题材丰富，数量众多。"①《东京大学宪章》提出：要培养有广阔视野，掌握高级专门知识，富有洞察力、实践力、想象力，并具有国际性和开拓者精神的领军人才②。为达此目标，该校规定本科新生必须接受两年的教养教育，然后再自由选择专业、自由选修课程和自由决定学习年限。

（二）促进个性发展的专业设置模式

专业设置模式主要指专业在设置的方向、时间、空间与口径等方面的设计与变化。专业设置的方向与人才培养的方向密切相关。促进共性发展的专业设置，强调"窄"、"专"、"死"；促进个性发展的专业设置，则注重"宽"、"通"、"活"。

国外一流大学在专业设置的方向上，普遍注重适应和促进学生的个性发展，体现出尊重学生的差异性、选择的主动性与发展的和谐性。在专业设置的时间上，注重晚期进行专业分流，早在第二学年晚则在第三学年就开始进行专业分流。要求学生在分流前广泛选修课程以开阔知识视野，发现自己的兴趣与潜能所在，从而可更理性地选择专业。如哈佛大学、慕尼黑工业大学、巴黎高师和东京大学都是在第三学年进行专业分流。在专业设置的空间上，普遍尊重学生在专业选择上的自主权。以牛津大学和剑桥大学为例，学生不但可以自由选择专业，而且在毕业前的任何阶段都允许自由更改专业，只要达到新专业要求，则无需留级和

---

① 王静. 学校的任务就是发挥学生的天才——访法国巴黎高等师范学校校长加伯利埃尔·于杰 [N]. 科学时报，2002-09-07.
② 熊庆年. 站在时代的前列迈向世界知识的顶点——东京大学的战略 [J]. 清华大学教育研究，2007 (5)：84-88.

重修课程[1]。有些一流大学还让学生充分享有自主设计专业的权利。如哈佛和斯坦福大学的学生就可以在学校有关机构指导下，自主设计专业、自主制订培养计划[2]。在专业设置口径，国外一流大学注重突破学科壁垒，促进学科交叉，以进一步拓宽和打通专业。如斯坦福大学的人文科学学院，其学科涵盖了文、理、工等30多个专业，这种大学院制为多领域合作培养交叉学科人才提供了平台。牛津大学和剑桥大学的所有专业都是以综合性课群和模块化课程的形式体现，并且有超过一半的课群是交叉学科课群。慕尼黑工业大学通过文理渗透、理工整合的课程设置让学生在专业发展上触类旁通。巴黎高师则通过认识论学科平台、环境学科平台等交叉学科平台大力扩展专业的覆盖面[3]。

（三）强调学科交叉的课程设置方式

课程设置方式是指课程类型和课程门类在各年级的安排顺序和学时分配，以及对各类各科课程的学习目标、学习内容和学习要求的简要规定。课程结构与课程内容是评价课程设置最重要的两个方面。注重学科交叉和知识综合来培养学生跨学科的视野和综合思维能力是国外一流大学课程设置的最大特色。

首先在课程结构上注重学科交叉。普林斯顿大学采取嵌入交叉学科课程模块和要求跨学科选修两种方式来促进学科交叉，即在进入专业前开设科学整合课程模块，供有意主修科学和工程专业的学生选修。进入专业后则有更高比例的交叉学科课程选修要求，如德语系的专业核心课程为8门，其中4门须从艺术与考古系、经济学系、历史系、哲学系、宗教系等院系开设的13门课程中选，在选修课中还提供了多达40多门的交叉学科证书课程供学生选择[4]。巴黎高师构建了多学科交叉的课

---

[1] 卓然，杨晓昕. 剑桥帮你将理想和现实完美结合——专访剑桥大学校长 [J]. 大学生，2012（9）：26-27.

[2] 王英杰. 在创新与传统之间——斯坦福大学的发展道路 [J]. 北京大学教育评论，2004（3）：80-86.

[3] 加伯利埃尔. 巴黎高等师范学校的专业：怎样共存和竞争 [J]. 北京师范大学学报，2002（6）：36-39.

[4] Undergraduate Announcement [EB/OL]. [2012-05-12]. http://www.princeton.edu/ua/archive/departmentsprograms/index-dyn.xml?dept=his&year=2011-12.

程平台，如认识论学科平台就整合了哲学、语言学、心理学、生物学等多个学科，环境学科平台就整合了地球、大气、海洋物理、数学、经济学等学科。为了适应信息学快速发展的要求，他们又将信息学与传统的考古学专业和数学专业的课程相结合，使之成为培养交叉学科人才的摇篮①。其次在课程内容上强调多元综合。如慕尼黑工业大学为医学工程专业专门设计了一门综合课程，融合了与工程科学相关的包括生物、物理、化学、数学、电子、信息学、医学、体育8个系科的内容②。东京大学则将所有课程整合为基础科目、综合科目和主题科目三类，每一类科目注重不同学科课程的交叉。如基础科目中设置的自然科学类综合课程，是由数学、物理、化学、生物等学科的内容整合而成③。

（四）注重因材施教的教学制度体系

教学制度体系是与人才培养的微观过程紧密相关的各种规章制度及其实施体系。国外一流大学为了突出因材施教发展学生个性，构建了以导师制、导修制、师生合作研究制等为主要内容的教学制度体系。

重视导师制是牛津大学和剑桥大学的本科教育始终保持卓越质量的关键。在这两所学校，导师负责制订和指导每位新生的学习计划，并承担相当一部分教学任务。学生每周至少与导师进行一次交流，包括学生向导师展示并讨论他们已完成的工作，以及进一步学习和研究的主题，导师则要对学生进行有针对性的指导，培养学生自主探究与独立思考的能力④。哈佛的导师制是对牛津大学导师制的借鉴和创新。哈佛每个学生在四年的学习中从专业选择、学业指导、人际交往，到社团活动、职业发展等方面都有导师提供个性化的指导。每位学生不但有与自己生活

---

① 加伯利埃尔. 巴黎高等师范学校的专业：怎样共存和竞争 [J]. 北京师范大学学报，2002（6）：36-39.

② 林一. 走进世界一流大学 [M]. 北京：当代世界出版社，2003：62, 65, 66.

③ Junior Division [EB/OL]. [2014-06-17] http://www.c.u-tokyo.ac.jp/eng_site/undergraduate/junior.html.

④ 杜智萍. 牛津大学本科生导师制教学模式探析 [J]. 大学教育科学，2006（6）：50-53.

在一起的住宿导师，还有专业领域的学术导师[①]。普林斯顿大学的导师制包括"导修制"和"师生合作研究制"两种形式。导修制采取由导师带领10名左右学生组成学习小组的形式，通过导师指导下的个人阅读和小组讨论来弥补课堂教学的不足。导师课前要精心选择并指定阅读内容，指导学生进行有价值的研究。在导修课上，学生要作口头或书面报告，进而在导师引导下开展质疑和答疑活动。师生合作研究制是指高年级本科生在导师的指导下进行科研创新活动的制度，通常要在三年级提交研究报告并在四年级提交毕业论文。每位学生的研究都在教授的密切指导下进行，通过师生间的交流与合作，学生的研究能力和交往能力都得到极大提高[②]。

（五）鼓励交流互动的教学组织形式

教学组织形式是教学活动过程中教师和学生的组织方式及教学时间和空间的安排方式。不同的教学组织形式对学生知识的获得、智力的形成与人格的提升产生不同的影响。

国外一流大学普遍重视通过创新教学组织形式，鼓励以学生探讨为主的双向、多向的交流过程，充分体现学生主体地位。这种教学组织形式在培养学生独立思考和创新能力方面显示出极大的成效。哈佛大学著名的"案例研究课"就是一种教师引导与学生参与相结合、理论联系实际的生动活泼的教学形式。该课采取"体验式"教学方式，引导学生在逼真的模拟情景中体悟真实案例。授课教师必须有深厚的研究基础和丰富的实践经历，并要深入实际亲自撰写案例，上课时鼓励学生自由发言，师生平等，相互切磋，通过不同的观点碰撞使学生形成自己的见解[③]。普林斯顿大学的"模拟训练课"采取小组教学的形式，在教授或专家的指导下模拟解决公共政策和国际关系中有现实意义的复杂问题，

[①] 张家勇，张家智. 哈佛大学本科生住宿制和导师制 [J]. 比较教育研究，2007（1）：75-79.

[②] Undergraduate announcement [EB/OL]. [2014-06-17]. http://www.princeton.edu/ua/archive/departmentsprograms/index-dyn.xml?dept=his&year=2011-12.

[③] 陈尤文. 感受哈佛的研究式教学 [J]. 党政论坛，2007（9）：44-45.

如美国与海湾国家关系、欧盟与中国关系等问题。这种训练课一般分三个阶段：第一阶段由指导教授介绍中心议题，组织大家对议题进行讨论，然后将议题分成若干专项分派给学生进行专项调研并写出调研报告；第二阶段是在所有报告完成后分别进行答辩；第三阶段是全体学员就不同意见进行谈判、磋商和妥协以形成最终报告①。东京大学的特色是"演习"课和"研究讨论课"。课前学生必须围绕主题查阅大量资料做好充分准备。课堂上主要是学生之间的交流与讨论，教师只是在适当的时候进行引导和点评②。牛津大学和剑桥大学最有特色的教学组织形式是"导师个别教学"，其实质是一种促进学生独立思考和自主探究能力的研究性教学，在这种互动中导师能够充分了解学生的个性特点并予以有针对性的指导，同时师生间的质疑问难也有力提高了学生的创新思维。

（六）践行尊重学生的教学管理模式

教学管理模式是指在一定的教学理论、学习理论、管理理论指导下对教学过程进行组织管理的手段与方法。教学管理模式在很大程度上取决于对学生的定位。

国外一流大学在教学管理模式上各有特色，但其共同的原则就是"尊重学生"，注重培养学生的自觉精神与独立能力。哈佛大学毕业生、著名心理学家威廉·詹姆斯曾说："就培植自主及独立思想的苗床而言，除了哈佛大学，无出其右者。哈佛的环境不只允许，而且鼓励人们从特立独行中寻求乐趣。如果有朝一日哈佛想把他的孩子塑造成单一固定的性格，那将是哈佛的末日。"③ 哈佛在教学管理上至今恪守着这一原则，在教学上鼓励学生独立思考，大胆参与。哈佛大家实行寄宿制和导师制，目的也在于为学生发展提供宽松自由的空间。牛津大学在教学管理

---

① Undergraduate program [EB/OL]. [2014-06-17]. http://www.princeton.edu/ugrad/policy_seminars/Final-Descriptions-Fall-2012.pdf.

② Junior division [EB/OL]. [2014-06-17]. http://www.c.u-tokyo.ac.jp/eng_site/undergraduate/junior.html.

③ 向洪. 哈佛理念 [M]. 青岛：青岛出版社，2005：36，82.

上赋予学生极大的自由度，如允许学生自主选择专业课程，允许多学科同时学习并进行相应的学位考试。在导师制的管理中，要求导师遵循教学规律，充分调动学生学习自觉性和积极性。慕尼黑工业大学在教学管理模式上，重视通过研究与教学相结合，学生一入学就被纳入以教学—研究—产业应用为链条的培养体系，且教师和学生拥有极大的教学自主权[1]。巴黎高师的教学管理模式极具开放性和灵活性，为了促进跨学科教学，大力吸引世界一流学者前来开课，很多学院的课程甚至有超过一半是由外校教授开设的。巴黎高师鼓励不同学科的教师自由结合组成研究小组，在掌握学科前沿动态或取得研究进展后，可以在全校组织讲座并开设研讨课，鼓励学生自由选课，允许学生到其他大学注册学习并承认学分[2]。东京大学将促进学生和学术自由发展作为教学管理的首要原则。近年来创立了"大讲座制"这种新的教学管理模式，一个讲座由若干名教授共同完成，其目的在于形成更加开放和谐的师生关系，更好地满足学生的需要和更有效地促进教学质量的提高[3]。

（七）构建特色鲜明的隐性课程形式

隐性课程是指在学校中除正规课程之外所学习的一切东西，是学校经验中隐蔽的、无意识的或未被完全认可的那部分经验[4]。隐性课程具有兴趣上的激发功能、认知上的导向功能、情感上的陶冶功能、意志上的磨炼功能与行为上的规范功能。国外一流大学普遍注重结合自身条件与传统，构建了各具特色的隐性课程形式。

哈佛大学的"宿舍文化"就是一种重要的隐性课程形式。哈佛宿舍楼拥有图书馆、学术和文化活动设施，将学习、交际、娱乐、住宿等诸

---

[1] 林一. 走进世界一流大学 [M]. 北京：当代世界出版社，2003：62, 65, 66.

[2] 王静. 学校的任务就是发挥学生的天才——访法国巴黎高等师范学校校长加伯利埃尔·于杰 [N]. 科学时报，2002-09-07.

[3] Junior division [EB/OL]. [2010-08-17]. http://www.c.u-tokyo.ac.jp/eng_site/undergraduate/junior.html.

[4] 江山野. 简明国际教育百科全书·课程 [M]. 北京：教育科学出版社，1991：92.

多功能融为一体。每幢宿舍楼都有若干住宿导师引导本科生参与智力、文化、体育等课外活动，促进师生互动、同学交往和提供咨询辅导。在这种特有的氛围中，塑造着各种小型的学术团体，培养着学生学术上的理想与追求，形成归属感、集体意识与合作能力[①]。普林斯顿大学的成功不外乎两条：第一是有着一流的学术；第二则是有着能够产生一流学术的文化氛围。它通过创造一种平静和谐的环境，营造了宽容与自由的学术风气，为师生提供了安静、舒适的家园和砥砺学问、怡情养性的舞台。剑桥大学何以精英辈出、长盛不衰，除了具有"让科学家们完全自由地从事科学研究的学术氛围"外，更重要的是通过"导师制"与"住宿学院制"等隐性课程营造了"充满宽容与关爱精神的文化环境"。在每周一次的导师辅导中，一团炉火，两杯咖啡，师生之间坦诚交流。学生向导师提出自己的思考与困惑，导师有针对性地进行启发引导，帮助学生发现自己的潜力和弱点。剑桥大学的学生宿舍住着不同专业和背景的学生及教师，他们经常一起举办文体活动，相互之间进行学术的交流与思想的碰撞。这种小型而温馨的学习生活环境，非常有益于学生综合素质的拓展。

（八）实现全面多元的教学评价方式

教学评价是人才培养过程的重要一环，也是检验人才培养效果的有效形式和对师生进行激励的重要手段。教学评价本质上是一种关于人的发展的价值判断活动，其核心功能是促进人的发展。

国外一流大学普遍注重依据多元智力理论，通过多元的评价主体、多方面的评价内容与多种评价方式，把教学评价的着力点与考核的关键点放在促进学生的全面发展上。普林斯顿大学的评价体系包括课程学习评价、创新成果评价和实践活动评价等。课程学习评价注重将过程评价和结果评价相结合，教师可以采用不同类型的考试和考查，包括学生的课堂发言讨论情况、课后作业、课程结束时的笔试等。创新成果评价是评价学生创造性的重要指标，包括对科研论文和创作作品的评价。实践

---

① Houses at Harvard College [EB/OL]. [2012-11-08]. http://www.fas.harvard.edu/home/content/houses-harvard-college.

活动评价主要以活动的学术、社会价值及学生在活动中的成长为标准。最近，普林斯顿大学正在酝酿新的教学评价方式改革，将关注学生交流能力、分析能力、审美能力、全球视野、问题解决能力、决策评估能力、社会互动能力及公民权利能力8个方面的能力提升[1]。哈佛大学特别重视学生对课程和任课教师的评价，而且对评价规定全面、要求明确，比如课堂的氛围、教师的上课方式和特点、与学生的互动情况等。学生的反馈信息也会及时传达给教师。在学生的学业成绩上，并不以考试成绩为唯一标准，而更多地将学生参与社会实践活动等实际体验作为衡量标准[2]。牛津大学课业评估的特色是形式灵活多样，有书面报告、实践记录、研究论文和设计项目等[3]。剑桥大学的教学评价主要有三个特点：一是邀请外校考官参与，注重评价主体多元化；二是强调对学生分析解决问题能力的考查；三是注重考试分析，强化评价的反馈矫正功能[4]。

三、国外一流大学人才培养模式的启示

认真总结与合理借鉴国外一流大学人才培养模式的特点与经验，对推进我国人才培养模式创新具有重要的启示意义。

创新人才培养模式必须更新人才培养理念。理念支配行为，有新的理念才能创造新的模式。综观国外一流大学，它们之所以能培养出大批杰出人才，首要原因就在于具有符合人才成长规律的科学的人才培养理念，如尊重学生、注重个性、博专结合、文理交融、夯实基础、全面发展等。然而在我国，过分的功利追求、过窄的专业训练、过弱的文化陶冶一直是本科教育的痼疾。而功利化目标势必会扼杀个体的天赋和特长，过早的专业学习势必限制学生的发展视野，过弱的文化陶冶势必妨

---

[1] Making an art form of assessment [EB/OL]. [2013-08-15]. http://chronicle.com/article/Making-an-Art-Form-of/17645/.

[2] 向洪. 哈佛理念 [M]. 青岛：青岛出版社，2005：36，82.

[3] Studying at Oxford [EB/OL]. [2013-08-15]. http://www.ox.ac.uk/about_the_university/introducing_oxford/an_oxford_education/studying/index.html.

[4] 郝翠屏. 剑桥大学本科教育观察与启示 [J]. 中国大学教学，2012（8）：93-96.

碍学生人格的提升与创新素养的形成。只有切实转变落后的人才培养理念，才是推进人才培养模式创新的前提。

创新人才培养模式必须改革专业设置模式。世界一流大学之所以能培养出大量杰出人才，与其高质量的专业教育密不可分，也与其尊重学生差异的专业设置模式紧密相关。近年来，我国面向市场需求设置专业的意识明显提高，但对办学条件和市场的调查研究仍然不足，导致专业设置仍存在一定的盲目性、随意性和趋同现象。更重要的是在专业设置模式上忽视了满足不同学生个性发展的要求，专业划分过细、专业口径偏窄、设置时间过早（如不少大学仍是一进校就分专业）、设置空间过小（如转专业、转系、转院或跨专业、跨系、跨院学习困难等）。只有借鉴世界一流大学注重个性发展、强调"宽"、"通"、"活"的专业设置模式，改造我们注重共性发展的过"窄"、重"专"、偏"死"的专业设置，才能更好地促进学生个性发展，培养出创新人才。

创新人才培养模式必须改变课程设置方式。国外一流大学把培养学生跨学科视野与创新思维能力的理念融合在课程设置之中，确立通识课程、核心课程与选修课程结合，文化基础、实践能力与创新精神并重的课程目标，强调学科的交叉性、关联性与内容的丰富性、严密性的融合。在我国，由于传统知识观的影响，在课程设置上重理论、轻实践，重必修、轻选修，不利于扩大学生的知识视野和创新思维能力的形成。因此，创新人才培养模式必须改变传统的课程设置方式。在课程结构上，应进一步打破专业藩篱和时空界限，淡化专业课程，增加专业选修与自由选修课程，发展网络课程。在课程内容上，要增加通识类课程，促进多学科课程交叉渗透，兼顾自然、社会、人文等诸方面的内容。

创新人才培养模式必须改革教学管理制度。先进的教学制度是国外一流大学人才培养质量的重要保障。国外一流大学为了发展学生个性，培养创新人才，创建了以导师制、导修制、师生合作研究制等为主要内容的教学制度体系，对于我们有着多方面的启发。以导师制为例，近年来，我国高校的导师制受到重视，但在理念上过分偏重于管理，在方法上过分偏重于规范，形成了一种为管理而管理的片面化的倾向，不少导师把大量的精力用于对学生行为的规范、对教学形式的完善，却忽视了

"育人"这个根本。借鉴国外一流大学导师制的经验,首先要明确导师制的核心在于全面育人,要以关注和鼓励学生的个性发展为核心,以师生合作互动为基础,以培养学生探究知识、独立思考的能力为目的。诚然,借鉴国外一流大学教学制度还必须进一步探索小班化教学的辅导制度、师生合作科研制度、国际访学制度、产学研结合的实习制度等。

创新人才培养模式必须推进教学组织形式革新。从国外一流大学看,合理的教学组织形式能够形成和谐的教学氛围,能够激活学生的求知兴趣与创造欲望。但在我国,由于深受传统的书本中心、教师中心、课堂中心、师道尊严等观念的影响,高校教学组织形式普遍存在单向、牵引、静止等状态,师生互动形式化、表面化。这种状况极大压抑了学生学习的主动性、积极性与创造性。借鉴国外一流大学的经验,改革我国现行的教学组织形式,首先应扭转传统教学三"中心"倾向,牢固确立学生在教学中的主体地位;其次要多方激励引导学生自主学习,变课堂上师生的单向传输为多向交流;其三要广泛运用启发性、探究性教学,将注重知识传授的课堂变为研究性课堂;其四要大力开展实践性教学,突出学生实践能力与创新能力的培养。

创新人才培养模式必须加强隐性课程建设。国外一流大学十分重视发挥隐性课程在人才培养中的重要作用。但在我国高校的课程建设中,普遍存在重显性轻隐性的倾向,对于广泛存在却有待开发的隐性课程关注不够。借鉴国外一流大学的经验,一是要充分认识隐性课程在育人上的功能与地位,在政策与制度层面提出隐性课程建设的规划与方案;二是要结合校情,努力发掘校园环境中的各种隐性课程资源,包括营造生动活泼的学习环境、自由民主的学术环境、舒适优美的生活环境与充满爱心的育人环境等;三是以生为本,突出大学制度中的人文关怀。一方面运用各项制度管理,培养学生科学的治学态度、严谨的生活作风与良好的行为习惯,以发挥管理制度中隐性课程的价值导向功能。另一方面要挖掘制度中的人文关怀因素,在"动之以情、晓之以理"的真诚沟通中让学生体会到被尊重、被理解的关爱,最终将外在的制度内化为自觉的遵守,从而充分发挥管理制度中隐性课程的情感陶冶功能。

创新人才培养模式必须重视教学评价方式革新。科学的教学评价作为人才培养过程的重要环节在国外一流大学颇受重视。但在我国由于深受传统的"师道尊严"的价值取向及"大一统"思维的影响,我国高校教学评价方式普遍存在评价目的片面与功能窄化等问题,注重了诊断功能,而忽视了导向功能、激励功能、调控功能与改进功能;评价体系不尽合理,主要采用主观经验法,影响了评价的客观性;评价主体不够全面,忽略了评价主体的多元构成;评价方法与手段相对单一、评价过程忽略对象的差异性、评价结果处理不当等问题。国外一流大学的教学评价方式及其注重全面、发展、多元的改革方向值得我们认真借鉴。首先在评价目的上,要将促进学生自主发展与教师专业发展作为评价的主要目的,充分发挥评价的导向与激励功能。其次要建立多元化的教学评价主体,从多层面、多角度进行评价,保证评价的公正性。其三要重视通过问卷调查、专家评判、实验修正等基本程序,建立科学的评价指标体系。其四要探索多元的评价手段与方法,将定性评价与定量评价,结果评价与过程评价,诊断性评价、形成性评价和终结性评价相结合,努力提高评价的效率。

第四节　提高人才培养质量必须创新人才培养模式

党的十七大报告明确提出要优先发展教育,建设人力资源强国,在此基础上,国家提出了实施以提高本科教学质量为中心的高等教育"质量工程"。十八大报告进一步强调"着力提高教育质量,培养学生的社会责任感、创新精神和实践能力",这是对各级各类教育的普遍要求,更是对高等教育的特殊要求。提高大学教育教学质量的关键在推进研究型教学,而推进研究型教学的关键在创新教学模式。

一、人才培养质量是高等教育的生命线

质量是高等教育的生命线,本科教育是高等教育的主体,不断提高本科教学质量既是高等教育改革与发展永恒的主题,更有着重要的现实意义。

首先是培养时代所需创新人才的强烈呼唤。当今正处于国际形势大变动、中国社会大发展的关键时期。从国际上看,科学技术日新月异,

知识经济方兴未艾，全球化趋势不断增强，综合国力竞争日趋激烈。从国内看，我国不仅提出全面建设小康社会，建设创新性国家与构建和谐社会的发展目标，也提出了科教兴国、可持续发展与人才强国等发展战略。无论是综合国力的竞争，还是国家战略目标的实现，关键都在是否具有大批创新人才。大学本科阶段是培养创新人才的关键阶段。对此，美国学者欧内斯特·L.博耶在《重建本科生教育：美国研究型大学发展蓝图》一文中就提出"本科生教育的生命力影响到所有其他各层次的高等教育"，"是整个教育过程中一个重要的阶段，对于它之前的中学教育和之后的研究生教育都是至关重要的"[1]。然而，在我国当今一些倾向于追求成为研究型大学的学校里，本科教育却未受到应有的重视。其实，没有一流的本科教育就不能培养出一流的硕士和博士，也就不能构建一流的高等教育体系。学生只有在本科阶段掌握了宽厚的基础知识，受到了良好的科研训练，具备了很强的学习能力，培养出创新思维，才有可能在以后的学习和研究中脱颖而出，这是教育的一般规律。纵观世界一流大学创新人才辈出，根基就在于注重本科教学。

其次是促进大学生发展的有效途径。育人是一切教育的本质，促进大学生全面发展，使之成为社会主义事业的建设者和接班人是大学的第一职能。大学处于使学生进入社会的前沿位置，对大学生德、智、体、美的全面发展负有更直接的责任。同时，本科教育阶段是一个人形成世界观、人生观、价值观的重要时期，是奠定一个人知识、能力和品格基础的关键阶段。反思我国当前的教育情况，许多大学生实践能力较差、创新人才不足，原因固然是多方面的，但长期以来形成的基础教育重"应试"、大学教育重"灌输"，教学目标偏颇、教学观念落后、教学内容陈旧、教学方法单一，在教学中不能有效激励大学生的参与，大学生的主动性得不到充分发挥，创造性思维得不到有效培养，全面发展受到了一定程度的抑制，无疑是一个极为重要的原因。提高教学质量就是要全面贯彻党的教育方针，树立正确的人才观、质量观与教学观；营造关

---

[1] 马骥雄. 战后美国教育研究 [M]. 南昌：江西教育出版社，1991：152-153.

心学生学习、关爱学生成长的教学环境，进行课程设置、教学内容与教学方法的改革，增加学生自主学习的时间和空间；激发学生的学习兴趣，拓宽学生的知识视野，完善学生的知识结构，培养学生的人文精神与科学精神，以及包括发现问题、分析问题、解决问题等在内的创新能力和包括学习能力、适应能力、协调能力、沟通能力等在内的可持续发展能力，促使他们的知识、能力、心智与品格等都得到全面发展。

其三是实现高等教育和谐发展的必然选择。高等教育和谐发展体现在很多层面。从高等教育系统的发展层面看，和谐发展主要体现在规模、结构、质量与效益的协调发展上。近年来，由于连续扩招等原因，不少高校已呈现出办学条件紧张、教学质量呈下滑之势。同时，因许多高校在发展中定位不当、盲目"攀高"、"趋同"，还导致高等教育出现结构失衡、特色不明等问题，这也影响到高校教学的质量提升与效益提高。提高本科教学质量，就是要适度控制高等教育发展的规模与速度，切实把发展重点放在提高教育质量上，同时通过深化高等学校的教学模式改革，打造专业特色、课程特色与学生特色，优化结构，提高效益，进而推动高等教育的全面、协调、可持续发展。

其四是办好让人民群众满意的高等教育的迫切要求。随着社会的发展与高等教育大众化的进程，人民群众不仅希望获得更多的接受高等教育的机会，也希望获得接受优质高等教育的机会。而社会对优质高等教育的评价，主要不是看办学条件，在很大程度上是通过考察大学的教学内容、教学方法的变革，进而使大学生的综合素质，尤其是就业能力、创新能力不断提高的实际效果。当今，社会对高等教育的批评、指责，主要集中在大学生的人文精神缺失、创新能力不足、社会适应性下降等方面。因此，更新教学观念，改革教学模式，引导学生自主探究，激励学生的创新学习，不断提高本科教学质量也是改变高等教育的社会形象的需要。

二、提高人才培养质量呼唤研究型教学

长期以来，在传统教育思想支配下形成的传统型教学模式，一直支配着高校的课堂教学，并在很大程度上妨碍着本科教学质量的提升。传统型教学的主要表现：一是教学观念陈旧。具体反映在教学中偏重教师

传授轻视学生研究、偏重书本学习轻视实践操作、偏重知识积累轻视能力提高、偏重课堂教学轻视课外探索等方面。二是教学模式落后。具体表现在，知识上的大容量，材料堆砌，数字与图表繁多；方法上的满堂灌，只顾单方面的知识输出，不顾输出后的学生反馈；互动上的形式化，设问不当或提问过简，不能启发学生深层的思考。三是教学互动不够。教师以"知识先知者"角色自居，忽视学生学习的主观能动性，学生习惯于当"接收器"，缺乏对问题的主动探究，师生之间缺乏良性互动。四是教学评价偏颇。在评价内容上，偏重课本知识，忽视实践能力、创新精神与心理素质等综合素质的考查；在评价标准上，强调共性，忽视个性；在评价方法上，注重笔试，忽视新评价手段的运用；在评价主体上，重教师评价，轻学生的自评与互评；在评价过程上，关注评价结果，形成性评价机制尚未形成。

传统型教学的最大危害是：大一统的教学要求使培养出来的学生千篇一律，压抑了学生的个性发展；封闭性的教学内容阻碍了学生创造性思维的成长；单一化的教学模式使学生习惯于"接受式"的学习，扼杀了学生自主探求的精神。对此，在中国和美国读书教书几十年的杨振宁教授有着极深的感受。他认为，在不同的文化背景与不同的教学模式的影响下，美国与中国的学生在教学效果上有着极大的差异，前者兴趣广泛，后者往往钻入狭窄的专业；前者东找西凑，后者按部就班；前者充满活力，后者安安静静，但能吃苦耐劳；前者的文化培养学生勇敢，后者的文化训练学生胆怯；前者的学生有自信心，后者的学生没有自信心；前者的学生进取，后者的学生退让；前者的学生自大，后者的学生谦虚；前者的学生创新能力强，后者的学生在做研究时往往焦急，显得力不从心[①]。正是传统型教学使我们"失去了爱因斯坦"，使众多的优秀人才得不到充分的培养。瑞士的苏黎世联邦理工大学国际关系部主任提尔斯泰因也做过类似的比较。该校规模不大，有1.3万名学生，但建校152年以来先后有包括爱因斯坦在内的21位诺贝尔奖获得者在这里上过

---

① 宁平治，曾月新，李磊. 杨振宁科教文选——论现代科技发展与人才培养[M]. 天津：南开大学出版社，2001：111.

学或工作过，2006年在该校就读的国际本科生、硕士生与博士生分别占该校同层次学生总数的10%、30%和60%，其中中国留学生100多名。提尔斯泰因在评价中国学生时说："他们天赋高、勤奋、努力，但独立性、创造性不够，独立找到答案、真理的能力不够。"① 应该说，这些评价是比较客观的。

提高本科教学质量必须改革传统的教学模式，大力推进研究型教学。研究型教学是针对传统教学弊端，以研究型教学理念为指导，以培养学生的综合素质尤其是实践能力和创新能力为目的，以问题为中介，以研究为手段，以教师和学生的良性互动为基础的一种新型的教学模式。其主要特征是：

一是以研究型教学理念为指导。研究型教学理念由一系列观念构成，首先是一种新的教学目标观，即从单纯地注重传授知识转向传授知识、训练思维、陶冶情操与培养能力，尤其是实践能力与创新能力等多元目标并重。其次是一种新的教育主体观，即教师不再是知识的权威者、课堂的操作者，而是学生学习的指导者、研究的合作者与活动的参与者。学生不再只是教育的客体，而且是可以自主选题、自主研究、自主开展合作与交流的主体。其三是一种新的教学过程观，即教学过程不仅仅是学生被动接受知识，更是师生共同参与、共同创造、共同发展的过程。

二是以学生为主体。在整个教学活动中，充分尊重学生的主体地位，努力培养学生的主动参与意识，激活学生自主探究、积极思维的主动精神，促进学生主体性发展。

三是以问题为中介。问题是根据教学大纲的要求和学科、学生发展的实际，从相关教材的章节中提炼出来的，聚焦于本学科的基本问题、重大问题或前沿问题。研究型教学的目的就是让学生学会发现问题、认识问题、分析问题和解决问题。

四是以研究为手段。研究的主体包括教师和学生。教师在研究中教，

---

① 邹声文，杨伶. 21位诺贝尔奖获得者出自同一大学的"秘诀"[EB/OL]. [2007-07-16]. http: // news. tsinghua. edu. cn/publish/thunews/9669/2011/20110225231922156587486/20110225231922156587486_.html.

学生在研究中学。研究的方式有师生独自研究、师生合作研究与生生合作研究等。研究的内容师生各有侧重：教师重在会"研"，包括研究教学目标的确定、教学内容的选择、教学情境的创设与教学方法的革新等。学生重在会"究"，包括会提出问题、会揭示矛盾、会理性判断等。

五是以创新为目的。研究是为了激活学生的创造动机，发展学生的创造潜能，培养学生的创造能力。

六是以开放为条件。首先是教学活动时空具有开放性，既可以在课堂也可以在课外，既可以在学校也可以在社会；其次是教学内容具有开放性，既可以运用本学科的知识，也可以借鉴跨学科的理论。

同传统型教学模式相比，研究型教学模式具有多方面的突破：一是课程编制的突破，传统型教学中的课程大都是由国家组织专家进行编制，而研究型教学课程则是由教师根据教学研究的问题和需要进行开发和实施的。二是教学内容的突破，传统型教学在内容上具有规范性、封闭性与单一性；研究型教学则是学生围绕教学问题根据自己的水平选择自己感兴趣的研究内容，从而使教学内容具有开放性、跨学科性与多样性等特点。三是教学方法的突破，传统型教学强调教师的主导作用，主要采用"满堂灌"的方法；而研究型教学则突出学生的主体地位，在方法上强调学生自由选题、自主探究。四是教学组织形式的突破，传统型教学强调以课堂为中心；研究型教学则主张采用开放、互动式的组织形式，鼓励学生自主组建学习小组，倡导师生与生生之间资源共享、充分交流、相互启发、共同提高。五是评价方式的突破，传统型教学注重教师评价、结果评价、有形评价与定量评价，具有评价主体的单一性、评价内容的片面性与评价方式的机械性等特点；研究型教学则强调将教师评价、学生自评与生生互评并重，将过程评价贯穿始终，将有形评价与无形评价、定量评价与定性评价紧密结合。

研究型教学是促进教学质量全面提高的成功模式。其价值首先是在于有利于培养时代所需的创新人才。研究型教学力图改变学生被动接受知识的学习状态，为学生构建自主、开放的学习环境，提供多渠道获取知识和主动实践的机会，而自主求知、主动实践则是培养创新型人才的关键。其次有利于促进学生的发展。坚持尊重学生的主体地位，使学生个性潜能得到充分开发。着眼于学生内在动机的唤醒，使学生的主动探求精神得到不断提升。主张内容开放，使学生自我发展需求得到较好满足。强调认知结构的自主建构，使学生的学习能力能够不断提高。重视学生自主的活动与交流，使学生的主体人格能有效形成。其三，研究型教学有利于构建富有特色的教学体系。它要求以培养学生的实践能力和创新精神为核心，遵循"提高基础、立足研究、规范管理、立体推进"的原则，以更新教学理念为先导，在教学内容、课程体系、教学方法、实践环节与教学管理等方面进行全方位改革，从而为创新型教学模式、形成富有特色的健全的育人机制奠定坚实的基础。

三、推进研究型教学要求创新教学模式

推进研究型教学，关键在于改革与创新教学模式。教学模式是指在一定教学思想（或教学观念）指导下，依据教学规律和教学实践形成的，由教学价值目标、教学内容、教学方式、教学方法、教学组织形式与教学管理方式等要素构成的，在教学过程中必须遵循相对稳定的，具有系统性、简约性、开放性与可仿效性等特征的理论模型与操作式样。

从我国当前高校教学的实际看，改革与创新教学模式首先需要更新教学观念。研究型教学应突出学生在教学活动中的主体地位，强化教师在学生活动中的指导地位。因此，更新教学观念就是要在以学生为本的教育思想指导下，破除传统的"教师为尊"、"课堂为重"、"讲授为主"的教学观念，树立学生主体、教师引导的教育观，教研并重、学研结合的教学观，全面发展、创新为重的质量观，以及民主合作、共同参与的师生观。

其次是重建教学中的师生关系。实施研究型教学必须在新的教学观念支配下，建立新型的师生关系，也就是变教学中教师与学生之间单向的授受关系为师生之间多向良性互动的关系，使教学过程真正成为师生之间信息相互交流、情感相互沟通与智慧相互启迪的过程。

其三是整合教学目标。为了培养学生的探究精神，开发学生的创新能力，在教学目标的取向上，既要将教学目标与科学研究目标结合，也就是要让学生边学习、边研究、边实践，使教学过程成为学生发现知识、探索真理的过程，这是研究型教学重心所在；又要将个性目标与共

性目标、科学目标与人文目标并重，这是创新型教育的内在要求。创新教育的本质是培养个性与训练思维，没有个性就没有创造力，而独特个性的培养关键在思维的训练。逻辑思维训练是保证思维正确性的基础，形象思维训练是原创性思维的源泉，这两类思维能力的训练则有赖于科学教育与人文教育的结合。

其四是优化教学活动。高校的教学活动主要包括课程教学、活动教学、实验教学与实践教学四大类。推进研究型教学必须在上述四方面同时取得突破，总体来说，要按照压缩总学分，减少必修课，重视精品课，拓展选修课，整合通识课的思路优化课程教学；按照丰富学生社团活动，鼓励学科竞赛，加强学术交流，举办高水平人文讲座的思路优化活动教学；按照培养学生发现问题、分析问题、解决问题能力的思路优化实验教学；按照教师指导、自主创新、共同参与的思路优化实践教学。

其五是改变教学组织形式。实施研究型教学需要改变传统的以班级为单位、以课堂为中心的教学组织形式，实现教学组织形式在空间的拓展，即打破封闭的课堂学习环境，建立开放的学习环境，让学生有更多的时间走进资料室、走进图书馆、走进大社会；在时间的延伸，即在继续重视课堂教学的同时，加强师生在教学前的设计与研究，在教学后的评价与反思。

其六是完善教学评价系统。评价系统具有重要的导向功能，科学的教学评价系统能够引导和推进研究型教学的有效实施。完善教学评价系统应从以下四方面着手：一应完善学生评价系统，其思路是使评价主体具有多元性、评价内容具有综合性、评价过程具有全程性、评价方法具有多样性；二应完善教师工作量评价体系，其思路是突出教学质量、注重教学实效、强调教学特色；三应完善职称评价体系，其思路是实行教师职务分类管理、推进专业职务聘任制、规定教授必须教学、加强对教学质量的考评；四应完善教师教学竞赛评价体系，其思路是强调教学的研究型、突出课堂的启发式、鼓励教学活动的创新性。

第五节　博士生创新能力提高与培养模式改革

博士生教育是培养高层次创新人才的重要渠道。但我国当前的博士生教育出现了一些令人忧虑的现象，阻碍着博士生的创新能力的提高。博士生创新能力的提高受制于多种因素。本书着重探讨博士生创新能力与培养模式的关系。

一、加强博士生创新能力培养的时代价值

博士生创新能力是指博士研究生为了适应社会进步、知识创新与自我发展的需要，在导师的指导下，充分利用、开发已有的知识、技能和内外条件，创造出具有价值的思想、观点、方法、理论、技术、工艺和产品等新颖成果的一种综合性能力。

博士生的创新能力是反映博士生教育质量最重要的指标，据谢作栩、王蔚虹对五所研究型大学在读博士生、博士生导师、研究生教育负责人及毕业博士进行的关于"博士生教育质量要素"的抽样调查表明，在所列8个要素中，四个群体均认同"科研创新能力"是第一要素，选择人数所占比例分别高达92.18%、94.50%、94.17%与93.05%[①]。可见，博士生创新能力不仅在很大程度上决定着一个国家高等教育的质量和水平，而且影响着一个国家的科学研究、知识创新和学术水准。

当今世界各发达国家都十分注重通过博士学位论文来评价博士生的创新能力。英国明确指出"博士学位是授予对知识有独创性贡献的人"，菲利普斯教授还归纳和总结了15条衡量"独创性贡献"的标准[②]。德国各大学的博士条例都有"博士论文必须要有尚未发表过的创新成果或独到的见解"的规定。日本大学对博士学位论文的评价也是"以提出问题、解决问题为重点，以论文的独创性、完善程度和延伸性等为标准"。《走向全球：美国创新的新发展报告》更是明确指出，"没有人去创造、应用和开拓新思想，就不会有创新过程。创新事业不仅需要科学家和工程师来推进，而且需要有文化和思想敏锐的人才来经营和管理，创新人才是全球化的主要推动力"。在注重创新的理念支配下，上述各国都采

---

① 谢作栩，王蔚虹. 我国研究型大学师生对博士质量要素的认识研究［J］. 高等教育研究，2008（5）：44.

② 陈学飞，等. 西方怎样培养博士——法、英、德、美的模式和经验［M］. 北京：教育科学出版社，2002：17-18.

取了各种有力的政策措施,加强对博士生创新能力的培养。

在我国,《学位条例实施办法》同样明确规定,博士学位论文应当表明作者"具有独立从事科学研究工作的能力,并在科学或专门技术上做出创造性的成果"。加强博士生创新能力培养已引起各高校,尤其是研究型大学的高度重视,并取得了一定的成绩。但从整体上看,我国博士生创新能力还比较薄弱,难与欧美等教育发达国家相比。2005年,唐敖庆院士曾将中美两国博士生作过比较后,坦诚地指出:"中国现在的博士质量只相当于美国博士的中等水平。"[①] 据2004年对34所重点高校84位博士生导师的问卷调查,在所列12项"博士生的问题与不足"的表现中,认为"创新能力和创新意识不足"居于首位,占26.2%[②]。博士生创新能力主要反映在博士学位论文的创新上,而有关统计我国首届优秀博士学位论文的评选结果的资料显示:在24个省市所选出的559篇博士学位论文中,"理论、方法上的创新"、"创新成果和效益"两项指标的通讯评议结果得分在75分以下的比例分别为13.7%和14.5%,"说明创新性是我国博士学位论文的最薄弱环节"[③]。我国博士生创新能力相对低下,还可以从以下三方面得到证明:一是科研实践参与程度偏低。一项针对教育部直属高校研究生参与科研实践情况的调查表明,2000年至2002年,教育部直属高校研究生参与科研实践活动的比例仅在22%左右,比例明显偏低。二是论文被引用次数偏少。学术成果质量的高低是知识创新能力强弱的重要体现,目前国际上通常用"论文被引用次数"、"每篇论文平均被引用次数"两个指标来衡量一所学校的知识创新能力、研究生创新能力状况。据美国科学情报所(ISI)提供的有关数据显示:1993—2003年哈佛大学论文被引用次数和每篇论文平均被引用次数分别为2043008次、25.59次,而我国著名高校北京大学仅为32797次、3.07次,清华大学仅为24254次、2.20次。国内著名高校与世界一流

---

① 孙大廷,唐余明. 关于我国博士生培养模式的点滴思考 [J]. 大学教育科学,2005 (4):63.

② 孙燕. 高校博士生培养现状与对策 [J]. 大学教育科学,2006 (5):103.

③ 孙大廷,唐余明. 关于我国博士生培养模式的点滴思考 [J]. 大学教育科学,2005 (4):63.

大学在上述两个指标上的差距，间接反映了我国研究生创新能力的真实现状。三是原创性能力不强。1981年以来，我国研究生完成的在国际上有重大影响的发现以及对国民经济发展有重大影响的发明少之又少。此外，近年来，能在 Science、Nature 等国际权威杂志上发表论文的研究生几乎凤毛麟角。有学者将我国研究生创新能力不强概括为"四个简单"，即简单移植，只是对他人方法的应用和重复；简单揭示表面现象，没有深入研究事物发生、发展的内在联系；简单延伸，只是进一步证实他人的工作；简单推理，只是采用一定的实验证实已知的结论。这"四个简单"的概括比较深刻地指出了我国研究生创新能力不足的现实[1]。

创新是一个民族进步的灵魂，是国家兴旺发达的不竭动力。博士生教育是学历教育中的最高层次，是国家培养高层次创新人才的重要渠道，博士学位获得者是我国经济建设、科技进步和社会发展的重要力量。博士生创新能力不强极大地影响了我国科技创新的水平与现代化建设的进程。加强我国博士生创新能力培养，势在必行，刻不容缓。首先是时代发展的强烈呼唤。当今世界，科学技术突飞猛进，知识经济蓬勃兴起，国际竞争日趋激烈。而这种竞争归根到底是教育的竞争、人才的竞争。从国内来看，科教兴国、人才强国战略的落实，以及全面建设更高水平小康社会目标的实现，关键也在于人才，特别是高素质的创新人才。博士生是高素质人才中最有活力、最具潜力的群体，他们也正处于夯实理论基础、优化知识结构、拓宽学术视野、掌握科研方法的关键期。加强博士生创新能力的培养，不仅直接影响着国家科技创新队伍的质量与水平，而且关系到创新型国家建设的进程和国家核心竞争力的强弱，乃至社会主义现代化建设的成败。其次是新时期提高人才培养质量的必然趋势。世纪之交，我们在快速发展高等教育规模的同时，始终关注着高等教育的质量问题，高水平大学的建设从来也没有离开提高质量这条生命线。博士生处于高等教育的顶层，博士生教育质量则在整个高等教育质量中居于核心与龙头地位，而决定博士生教育质量的主要因素

---

[1] 颜建勇. 现阶段我国研究生教育发展的主要问题及对策[J]. 探索与争鸣，2007 (9): 62.

是博士生的创新能力。如果说本科阶段注重的是通专结合的知识教育与创新意识的培养，硕士阶段强调的是通才基础上的专业教育和创新能力的提高，那么博士阶段突出的则是创新能力的全面提高。其三是博士生自我发展的迫切要求。现代社会，新技术革命迅速发展，人类知识不断更新，社会结构日趋复杂对人类生活的各个方面都带来了深刻的影响，对博士生的素质要求也越来越高。只有那些具有强烈的创新意识和高度的责任感、旺盛的求知欲、强烈的好奇心、敏锐的洞察力，以及勇于奉献的精神、敢于冒险的勇气、坚韧不拔的意志等良好品质的博士生，才能成长为适应社会要求的高素质人才。

二、现行博士生培养模式的问题及对创新能力的影响

培养模式是学校为了培养学生特定的知识、能力和品格，在一定思想指导下建立起来的由若干要素构成的，具有系统性、简约性、中介性、可仿效性等特征的理论模型和操作样式。博士生培养模式由以下六大要素构成：一是培养主体。培养主体是博士生培养活动的设计者、组织者与实施者所构成的群体，包括学校、院系所与导师（组）三个方面。学校是博士生培养活动的设计主体，院系所是博士生培养活动的组织主体，导师（组）是博士生培养活动的实施主体。其中，导师（组）是博士生科研创新的示范榜样，他们的知识水平、道德品质、年龄结构和教育、教学方式等是影响研究生培养质量的关键因素。二是培养对象。培养对象是培养主体施加教育、教学影响，进行研究生培养活动的客体，但在教育、教学活动中他们同时也是主体。培养主体对培养对象的选择策略、培养方式，培养对象自身的主、客观条件，以及主体与客体的互动程度，对博士生的培养质量尤其是创新能力的培养有着极大的影响。三是培养观念。培养观念是人们，主要是培养主体对博士生培养活动的本质、功能、目的、原则和方法等的认识，它规定着博士生培养活动的性质和任务。培养观念包括人才观、质量观、教学观、科研观、活动观与评价观等，其中质量观是核心。四是培养目标。培养目标是指培养主体在一定培养观念支配下形成的，通过有计划的培养活动使培养对象在知识、能力、品格结构上所要达到的标准。它规定着博士生的培养方向和规格要求，回答了"培养什么样的人"的问题，是整个培养活

动的出发点和归宿，具有导向作用。培养目标既有因国家的教育方针、时代发展所决定的共性部分，也有因学校、专业与层次等不同而形成的差异部分，如学术型目标、应用型目标和复合型目标等。五是培养方式。培养方式是指培养主体为实现培养目标，利用和开发各种条件形成的对培养对象施加教育影响的各种方式，它要解决的是"怎样培养"博士生的问题。培养方式主要包括入学方式、课程学习方式、导师指导方式、科学研究方式和学位论文方式（选题、开题、指导、答辩）与管理方式等。从纵向视角看，培养方式即为培养过程，故也可分为入学、课程学习、导师指导、科学研究和完成论文五个环节。培养方式是博士生培养模式的核心要素。六是培养评价。培养评价是以培养目标和规格为依据，对研究生培养过程进行监控，以及对培养效果进行的检验与评判。培养评价是一种全程式的评价，包括前提评价、过程评价和结果评价。培养评价是博士生培养模式的调控性因素，贯穿于培养的全过程，是保证博士生培养质量与目标实现的重要手段。

我国当前博士生创新能力不强，除了受到时代背景、国家政策、家庭氛围等外部条件及个人的知识基础、心理素质、研究能力与创新思维等内部因素影响外，在很大程度上还受到了现行博士生培养模式的影响。现行博士生培养模式的问题及其对博士生创新能力的影响主要表现在：

（1）培养观念相对滞后。培养观念取决于社会与教育的价值取向。受传统教育观念与当今急功近利思潮的影响，在我国当前博士生培养中明显存在着重继承、轻创新，重物本、轻人本的价值取向，表现在博士生培养观念上则是重知识积累、轻创新能力提升，重学科本位的知识储备、轻跨学科的知识积淀，重以大学为中心的培养、轻与校外的合作培养，重单一的导师指导、轻跨学科的联合指导，重论文写作中的观点创新、轻创新能力的系统训练，重科研论文数量、轻科研论文质量，重应景文章的写作、轻现实真问题的研究，重学科共同体的内部评价、轻社会与用人单位的评价等倾向，导致博士生培养在一定程度上功利思想泛滥、创新意识弱化。

（2）培养目标存在偏颇。博士培养目标既要与学术发展要求相适应，也要与社会发展要求相适应。随着科技与社会经济的迅速发展，我国博士教育也得到迅速发展，社会对博士教育提出多样化要求，博士培养目标也应多元化。但无论目标如何多元，作为培养高层次创新人才的博士教育，都应把学术目标摆在首位，即使是其他类型目标，也要突出创新能力的培养。然而片面的价值取向使博士培养在目标定位上出现了重职业目标、轻学术目标，重现实目标、轻未来目标，重共性目标、轻个性目标等偏颇。目标模糊或目标不当必然降低博士培养的期望值，抑制教学创新的积极性与主动性，不少导师着力的重点是自己的发展目标，而在指导学生的科研创新上用力不够。相当一批学生把攻读博士学位作为改善就业机会的途径，不愿意选择有创新但难度大的课题。

(3) 培养主体规范不够。培养主体不够规范反映在多个层面，但我国博士生培养主要采取"导师负责制"，因此导师的言传身教对博士生的成长，尤其是创新能力的提高有着极重要的影响。他们不仅仅是博士生学术发展、科研创新的领路人，而且是博士生价值观念的指导者、人格魅力的塑造者与知能结构的完善者，只有导师切实担负起对博士生全面系统指导的责任，才能够真正培养出适应时代要求的高素质创新人才。但部分导师因受市场经济负面效应的影响，价值目标趋向于世俗化、功利化，责任心下降。因教学科研投入不够，知识结构老化加快，教学内容更新不力，同时由于研究生大量扩招，总体质量下降，师生数量却不断上升，导师基本上成了终身制，竞争意识淡漠。有的导师追求行政权力，将教学科研置于次要地位；还有导师在外开公司，以博士生为廉价劳动力，甚至侵占学生科研成果。导师行为不规范必将严重影响博士生创新能力的培养。

(4) 培养对象选淘不严。培养对象良好的基础与潜质，包括丰富的科学知识、深厚的人文功底、合理的智能结构、活跃的创新思维、扎实的研究基础，这些都是创新能力培养的基石。然而，我国现行的博士生在选拔与淘汰环节上都存在把关不严的现象。从选拔环节看，存在重笔试、重分数、重印象、重既有的师承关系等现象，不利于真正优秀的人才脱颖而出。从淘汰环节看，尽管许多高校从入学笔试、面试、开题答辩到中期筛选、预答辩、最终答辩等各环节都制定了颇为繁复的考评程序，但由于监控不严，结果并没有多少实质性的淘汰。缺乏应有的规范与约束机制，必然助长消极应付思想而弱化拼搏创新意识。

（5）培养方式缺陷甚多。从入学方式看，"以分定取舍"不能正确衡量一个学生的全面素质，"偏重理论考试"不易考查学生的创新潜能，"一考定终身"难免发生"漏才"现象，"近亲繁殖"必然阻碍了创新能力的发展。从课程方式看，或过于偏重统一的课程安排，忽视因人而异制订富有个性特色课程计划，或过于偏重专业课程，忽视交叉学科与边缘学科的学习。从教学方式看，不少导师过分强调知识的学习，忽视方法论的指导，"本科化"、"满堂灌"倾向依然严重。从导师指导方式看，普遍存在的"师道尊严"与"导师中心"意识，使平等的师生关系和自由的学术氛围难以形成，很大程度上压抑了学生学习的主动性和创造性。从学位论文方式看，虽然选题、开题、指导、答辩的关口甚多，但把关不严，使多数程序成了摆设。从管理方式看，主要问题是"刚性"的制度规范有余，"柔性"的氛围营造不足。培养方式的这些缺陷必然扼杀博士生的创新思维。

（6）培养评价忽视创新。博士学位论文是博士生科研能力、创新能力、掌握和运用知识能力以及书面表达能力的综合体现，是衡量博士生培养质量、科研能力，尤其是创新能力的重要指标。博士学位论文评价应该是创新能力评价的重点。我国学位条例虽然规定了博士学位获得者必须"在科学或专门技术上做出创造性的成果"，但至今还没有关于博士学位论文质量评价，尤其缺乏关于创新能力评价较为明细的、具有普遍性和可操作性的参考标准。我国的学位管理条例及其实施办法对博士学位论文应达到的学术水平、评议方法等有原则性的规定。各大学对博士学位论文的评审、研究的主要成果和创新性、答辩等环节也都有较为严格的要求。但在具体操作中由于种种原因，这些规定难于落实，如不按时提交论文使论文评审时间越来越短，有些专家不得不应付了事。不少学校采用"通讯评审"或附有博士生研究期间发表的文章等信息的"盲审"方式，出于感情或某种利益或碍于情面等多种因素，导致一些专家不讲真话。由于学科研究方向不断拓宽，博士学位论文选题注重交叉学科且日趋前沿，使被邀请的专家未必是真正的行家，难于作出客观公正的评价。上述原因使得一些缺乏创新的论文得以蒙混过关。

三、改革研究生培养模式的若干思考

提高博士生创新能力是一项系统工程，从改进培养模式的角度讲，应同时注重以下几方面的改革。

（1）树立"以人为本、创新为魂"的培养观念。观念支配认知，制约行为，影响政策。当前我国当博士生创新能力不强既与传统的培养模式有关，也与博士生培养的体制、政策，以及多层次主体的认知和行为相关，而这一切在很大程度上都要受制于培养观念。因此，要改革培养模式，乃至培养的体制与政策，必须首先破除重物本轻人本、重继承轻创新的传统的观念，树立以人为本、创新为魂的博士生培养观念。以人为本是对人性的唤醒和尊重，它主要体现在两个方面：一是"以生为本"，也就是要把促进博士生的发展，尊重他们的个性、自由与尊严作为一切培养活动的出发点，让博士生在学习过程中感受到创造的幸福，体验到人生的价值。二是"以师为先"，也就是要认识导师的劳动价值，尊重导师的学术自由，关心导师的工作和生活条件，以充分发挥导师创新的智慧和才能。创新为魂就是要把培养高层次创新人才作为博士生教育的根本取向，并在这一取向支配下确立新的目标观、质量观、课程观、方法观与评价观。

（2）突出创新能力为重的培养目标。创造性是人们普遍具有的潜能，开发创造性潜能是教育的真谛。博士生教育处于教育的最高层次，更应强调创新能力的培养。根据《中华人民共和国学位条例》，我国对博士生的要求是"在本门学科上掌握坚实宽广的基础理论和系统深入的专门知识；具有独立从事科学研究工作的能力；在科学或专门技术上做出创造性的成果"。从这个条例中不难看出，我国博士生教育的培养目标主要是培养学术型人才，而且应该看到这只是对博士生培养目标的最一般要求。随着时代的发展，要求我们在更高的层次上认识培养博士生创新能力的意义，把博士生创新潜能的开发问题摆到更突出的地位。充分开发博士生的创新潜能，既是博士生教育的首要目标和终极追求，也是衡量博士生教育质量高低的重要标准。

（3）构建能有效激发创新的导师队伍。导师的学识、人品、精神无

时无刻不在影响着博士生的学术成长。当今，高素质的导师队伍就是能够有效促进学生创新能力发展的队伍。因此，要以导师的创新水平为依据，健全导师遴选与考评制度，以保证每个导师的高规格，并激励导师顺应时代潮流，不断调整角色，如从"指挥者"、"老板"转变为"协助者"、"促进者"等。在进一步完善"导师负责制"的基础上，要进一步强化"合作导师制"，采取"个体和导师群体结合培养"或"团队培养"模式，同时以明确的科研项目为依托，实现资源共享和促进学科交叉，以充分发挥学术群体的整体优势在培养博士生中的作用，达到开阔视野、启迪智慧、提高博士生创新能力的目的。

（4）改进对培养对象的选淘制度。改进招生制度，首先是不再把分数作为录取的唯一依据，应将本人申请、导师推荐、前期成果、入学资格考试、面试等相结合，要强化复试与面试，要注重对学生的综合素质，包括专业理论知识、人文素养、科研意识、治学态度、事业心、责任感，尤其是创新能力、实践能力等的考查。其次要变一次考试为多次考试。因为这些考核的重要内容不是一次考试能完成的，必须通过一定时间的接触和了解才可能完成。进一步完善淘汰制度。要针对培养创新能力的要求，制定较为具体的质量评价标准并严格执行，以加大中期筛选的力度，淘汰一部分不合格的学生，以激励学生不断拼搏和进取。

（5）改革现存的培养方式。一是优化课程体系。改变课程教学内容偏重于专业知识或研究方向的局限性，在注重培养扎实的理论基础和专业知识的同时，通过建立优质教学资源共享体系，加强跨学科课程的学习。重视激发创新潜能的课程教学与方法训练，培养学生为真理而求知的热忱，增强探究和创新的自觉性和主动性。二是改革教学方式。应突破"教师讲学生记，教师问学生答，教师考学生背"的传统教学方式，提倡研究型教学，鼓励教师创造多样化的教学方法，更多地采用"讨论式"，使师生围绕主题进行交流与互动，把问题的提出与方法的探讨、知识的获得与创新思维的培养结合起来。三是改革指导方式。导师要努力营造师生平等、关系融洽、学术自由的氛围，定期召开座谈会，倾听学生的想法，检查他们的学习成效；带领学生参与自己的课题或鼓励他们参与其他实践课题，为他们展现聪明才智搭桥铺路；设立博士生学术论坛，引导他们自主开展研究活动，促进他们之间的学术交流。四是改革学位论文方式。选题是学位论文的第一个环节，强调博士学位论文要敢于探索未知的新领域，使研究具有高起点；敢于研究在理论与方法上需要有突破的问题，使研究具有高价值；敢于研究别人没有研究或研究很少，参考资料少的问题，使研究具有高难度①。正是这种具有三"高"特点的选题，才能唤起创新的热情，激发创新的潜力，产生创新的成果。同时，鼓励博士学位论文与研究项目相结合、与课程学习相结合。最后，要健全学校、院系、专业和导师多重责任制度，层层把关，严格评审制度和答辩程序，确保博士学位论文质量。五是改革管理方式。主要是建立和完善校院两级参与的、以培养创新能力为主的"目标管理"与"过程管理"相结合的管理体系，使管理重心下移，效率提高。

（6）完善有效激励的评价方式。首先，应根据学位条例及其暂行实施办法中的有关规定，针对不同学科的特点，突出对学位论文创新性的要求，制定适合各学科的博士学位论文评价标准，对评价指标的内涵、评价等级和权重作出明确的界定，以改变多学科共用一套评价标准评价的状况，减少论文评价的模糊性，增强评价的可靠性。其次，针对目前论文评审过程中的问题进一步改革和完善论文评审制度，主要措施是改公开评审为匿名评审，亦即"双盲制评审"，制订严格的答辩程序，切实按照评审标准完成对论文的最终评定，以确保评审与答辩的客观公正性。其三，健全全校统一的博士生教育督导评估体系，按学科门类分设督导评估组，由具有较高学术造诣、富有培养经验和高度责任感的退休教授担任组员，采用抽查方式，加强平时对博士培养各环节工作的检查与考评，把结果性评价与过程性评价密切结合起来。其四，建立同时注重学科内部评价与外部相关部门评价的全面评价体系，以适应博士培养目标多元化的要求，充分听取用人单位，尤其是非大学用人单位对博士生创新能力的意见。

---

① 董泽芳. 博士学位论文创新的十个切入点 [J]. 学位与研究生教育，2008（7）：12.

第六节　博士学位论文创新的十个切入点

博士研究生教育肩负着为国家培养高层次创新人才的重任。撰写博士学位论文是培养博士生创新能力的重要途径,其创新水平则是评价博士学位论文质量的主要标准。所谓"创新",就是对某一领域的"知识发展作出了原创性的贡献","可以是发现了重要的新信息,也可以是完成了一种新的综合,发展了新理论或新方法,或者把已有方法用于新的研究材料之中。"美国的菲利普教授将博士学位论文创新归纳为15个方面,其中尤为强调"独创性",如做出独创性的工作,进行独创性的设计,采用独创性的方法与视角,提出独创性的观点和解释等。近年来,国内学者也开始关注这一问题。华东师范大学还就此问题对某师范大学的一百多名博士生导师作过调查,调查结果显示,博士学位论文创新主要体现在学术观点、研究方法、选题和理论建构四个方面。上述研究指出了博士学位论文创新的若干表现,但对于博士学位论文创新的切入点却研究不够。本文认为博士学位论文创新可以从以下十个方面寻求切入。

一、探索未知的新领域

培养和造就大批创新型人才是时代赋予高等教育的重要任务。博士生教育处于高等教育的龙头地位。如果说本科阶段注重的是通专结合的知识教育与创新意识的培养,硕士阶段强调的是通才基础上的专业教育和创新能力的提高,那么博士阶段突出的则是创新素质的全面提高。敢于探索未知的新领域就是这种创新素质的重要体现。

探索"新领域",主要是指研究别人没有研究过,或者是现代经济社会发展中事关国计民生又亟待解决的问题。怎样才能够大胆探索新领域?首先要有追求卓越的抱负。读博士不能仅仅为获一纸文凭,谋一份职业,更不只是为了发几篇文章,而是为了获得真知、探求真理。这样,就不会浮躁或贪恋眼前的功利,就能够甘于寂寞,潜心探索未知的新问题。其次要有科学的态度与求实的精神。博士学位论文所探讨的必须是经过认真准备、理性思考,并且与导师及相关学者充分交流后提出的理论上或实践中的一个真问题,是与个人的研究兴趣、研究条件相符合，通过努力可以完成的问题。其三要有强烈的创新意识，创新意识是人们自觉探究"未知"的意向与追求，表现在善于独立思考，不迷信书本，不崇拜权威，敢于入"冷门"、辟"蹊径"。此外，敢于探索未知新领域还需要有高度的责任感、旺盛的求知欲、强烈的好奇心、敏锐的洞察力，以及勇于奉献的精神、敢于冒险的勇气和坚韧不拔的意志等良好的心理品质。

二、论文选题的新高度

论文选题是确定主攻方向、撰写学术论文的第一步。它直接影响着研究的对象、方法、技术路线的选择与学术成果的质量。根据对1999—2001年评选的300篇全国优秀博士学位论文的分析来看，其共同特点之一就是"论文的选题为本学科前沿，具有较大的理论意义和现实意义，涉及本学科研究热点和难点问题，也是国际上比较活跃的研究课题"。概而言之，就是选题要具有新高度。所谓"新高度"，一是指论文所研究的是处于学科前沿的问题，研究具有高起点；二是指该研究有可能获得理论与方法上的突破，研究具有高价值；三是指他人没有研究或研究很少，可参考的资料不多，有时花了大工夫也难有预期成果，研究具有高难度。正是这种具有三"高"特点的选题，才富有挑战性，才能唤起创新的热情，激发创新的潜力，培养创新的能力，最后产生创新的成果。

怎样提出具有新高度的选题？首先，要强化问题意识。问题是人们在认识纷繁复杂的自然、社会与思维现象的过程中产生的、对其进行研究并希望加以解决的困惑与疑难。"科学始于惊奇"，研究起于问题，正是问题激起了人们的好奇心，引导人们去不断地探讨和解决，才推动了科学的进步与社会的发展。问题既是实践活动的基础，也是科学研究的起点与理论发展的先导，问题与社会发展相伴，是现实矛盾的反映。我国当前正处于社会急剧转型时期，也是社会矛盾多发阶段，社会改革与发展面临许多亟待研究的新情况、新问题，博士生应以高度的社会责任感和学术敏锐性去捕捉和提出有意义的问题。其次，要追踪学术前沿。学术前沿是指代表学术发展方向、处于关键地位、对理论和实践都能产生重大影响的问题。追踪前沿就是找到解决关键问题的突破口，抓住了前沿问题，就是抓住了问题的主要矛盾，才能在理论和实践上有所突破。学术前沿有两方面，即理论前沿与实践前沿。从哲学社会科学的研究看，理论前沿和实践前沿往往是重合的，重大的理论问题都是重大的现实问题。所以，要想在学科研究中有所作为，既要能够站在理论前沿，更要深入实践前沿，使理论研究和社会实践有机结合，在结合中不断发掘新问题，这往往是成果创新的切入点。华中师范大学两篇入选"百优"的博士论文，即徐勇撰写的《中国农村村民自治：制度与运作》与项继权撰写的《集体经济背景下的乡村治理》都是在长期深入农村，进行了广泛深入田野调查的基础上完成的。其三，要明确创新目标。面对许多值得研究的前沿问题，必须明确自己的创新目标，亦即找准值得研究且可以有所创新的地方，也就是处理好研究价值与研究难度的关系。博士论文创新可以反映在选题新、视角新、材料新、观点新、方法新、结论新等各方面，创新越多价值越大。但由于精力和条件限制，每个人只能选择其中一个或几个方面作为切入点，小题大做，量力而行。

三、文献资料的新发现

文献资料泛指一切以各种符号形式保存下来的对研究有一定价值的事实材料。收集、整理文献资料既是科学研究的基础环节，也是发现新信息、获取新资料、产生新观点、形成新思路的重要过程。这些新发现对博士论文创新产生着直接影响。据对入选的300篇全国优秀博士论文的分析，一个共同特点就是"占有大量的文献资料，包括最新的研究资料"，"能反映本学科领域的发展情况和最新成果"。

提高文献资料的分析水平，促使更多的新发现，应注重以下几点：一是在全面探索中寻觅新资料。博士生应充分利用各种搜索方法，广泛收集与课题相关，包括古、今、中、外、正、反等各方面的文献资料，在全面梳理、纵横比较中，倘能发现一些鲜为人知而有研究价值的资料，本身就是论文的一大创新。二是在深刻分析中发现新问题。通过对文献资料认真地分类与概括、比较与对照、反思与批判，发现课题研究的空白点，或已有研究中的矛盾点，进而获得课题研究新的生长点，从而做到"人无我有，人有我优，人弃我取，拾遗补漏"。三是在思维转换中提出新思路。思维定式有助于解决熟悉的问题，但不利于提出解决问题的新思路。因此，要学会突破思维定式，变单一思维为多向思维，正向思维为反向思维，全方位、多角度地看待已有的结论，必然会引出新的结论。四是在平时积累中捕捉新思想。功夫在平时，知识在积累。掌握充分的第一手资料是论文创新的重要基础。在日常的学习、阅读、思考与交往中，要细心发现、及时记载各种资料与感受，善于在平凡中捕捉细微的思想火花。

四、观察问题的新视角

立足于特定的学科视角来考察某一社会现象或社会问题，既是必要的也是合理的。任何事物的发展都具有复杂、多维的属性。如果只从已有视角去观察，往往只能看到别人已经看到的某一个侧面。如果能够转换观察视角，就可以引出新发现、得出新结论。2006年评选出的10篇全国《高等教育学》优秀博士学位论文都选择和坚持对高等教育问题的研究，但分析视角多有创新。如谷贤林的论文《美国研究型大学管理研究》，不是按照现有的从制度到制度、从宏观到微观的研究方式，而是从科学社会学的视角，以国家权力、市场和学术权力三角协调模式为分析基本框架，探讨美国研究型大学的发展优势，从而使论文具有创新性。江新华的论文《学术何以失范——大学学术道德失范的制度分析》，也不是按一般人从道德到道德、从社会到个人的思路去研究，而是从制度分析的视角，去探讨学术道德失范现象背后的制度性因素，既从学理上解释了学术何以失范，丰富和发展了越轨社会学和制度学派理论，又能够指导现实制度的改进。新颖的研究视角使作者能够提出许多独到的见解。

博士生怎样才能转换观察视角，获得新的发现？首先，要不断拓宽自己的学科视野。伯顿·克拉克指出："没有一种方法能揭示一切，宽阔的论述必须是多学科的。"所以，应努力在不同学科之间建构起互补整合与建设性的对话关系，把坚持独特的学术立场与多角度审视结合起来。其次，要努力打破传统的思维定式。一般人习惯于聚合思维，即运用人们掌握的一般原理法则去分析事物，注重综合与比较。对于再造性学习而言，这种思维方式是合理而有效的。对于创造性研究来说，则必须运用发散性思维，也就是思维不遵循惯常的逻辑法则，具有灵活性、多向性与批判性等特征。由此使人不断尝试从多角度对某一问题进行想象与求证，也就有可能获得新发现。

五、概念术语的新阐释

概念术语是研究某一类现象的概括性表述，是构建理论的砖石。当一个已有的理论无法解释某种新的现象，或者它与某种公认的理论在逻辑上出现严重矛盾时，就需要对阐释该理论的既有的概念术语进行全面审视，对它进行修正完善，或提出新的概念术语，否则社会发展的新生因素就得不到理论上的合理解释，以及实践上的有力支持。概念术语的创新不仅预示着理论观点的创新，也预示着研究视角与研究方法的创新。

博士论文中概念术语的创新，一般有三种形式：一是创立需要的新概念。我国当前的社会转型与教育变革使教育领域出现了许多仅靠已有的概念无法解释清楚的现象和问题，这就需要根据新的实际创造出新的概念，如随着我国研究生教育规模迅速扩张，如何通过改革研究生课程体系来提高研究生质量问题，已成为社会关注的焦点。罗先成为从"专业层面"和"个体层面"探讨研究生教育课程体系的目标、结构和评价问题，提出了"探究场"概念。随着网络的发展，为阐释传统教育解构不受传统限制的"真实"的现象，张义兵提出了"赛博教育"概念。随着科技与社会的进步，考试已远远超出了学校场域，为了说明这种考试已"延伸到社会活动的方方面面"的状况，张行涛提出了"考选世界"概念等等。二是拓展概念的新内涵。以"现代大学制度"为例，已有的研究大多认为：所谓现代大学制度，就是在政府的宏观调控下，面向社会依法自主办学，民主管理，明确大学举办者、管理者和办学者之间的关系和义务，全面把握和落实大学作为法人实体和办学主体所应具有的权力和责任的一种管理制度。王建华认为第三部门兴起正在改变着现代大学在社会系统中的位置，现代大学有必要通过"第三部门"回归"大学"。在第三部门的框架内，现代大学不是更封闭，而是更开放；不是要远离政府和企业，而是要与之建立合作伙伴关系；不是不能营利，而是要学会经营；不是退守边缘消极自治，而是要积极步入社会中心以图共同治理。因此，从第三部门视角提出"现代大学制度"应具有"自治"、"非营利"与"非政府"三个核心概念。概念的拓展带来了理论的创新。三是赋予概念新的特征。例如"教育公平"，过去人们多是按照科日曼的研究，从起点、过程和结果的角度讨论教育的公平，其理论前提是文化的一元性，强调的是同一性，否定和排斥多样性。有博士论文认为随着我国办学体制的改革、多元办学模式的发展与高等教育大众化的推进，"教育公平"在性质上已有了根本的变化，其理论前提是文化的多元性，承认差异性是实现教育公平的基础，强调的是多样性，否定的是同一性。

六、谋篇布局的新思路

论文的创新既体现在视角的新颖、见解的独到与内容的新意等方面，也体现在论文写作的创新上。写作创新必须立足于规范之上，首先要使论文的摘要准确简明、完整扼要，关键词体现主题、概括恰当，前言提纲挈领、不落俗套，行文逻辑严密、详略适当，参考文献内容齐全，注释标点符合规范等。

在符合规范的基础上，应努力使论文在谋篇布局上有所创新：一是结构谋划出新意。古人讲写文章"定体则无，大体须有"，在大讲学术规范的今天，注重结构的必要程式，如从分析已有的研究—提出问题—分析原因—探讨对策等，似乎无可非议。但问题在于这种程式化的结构，很容易固化作者的思维空间，限制作者的才智发挥，形成与现实相脱离的写作定式。论文结构要有新谋划，就是要将论文写作立足于对时代发展的新思考，发自于心灵的新感受，进而谋划写作的新思路，运用典型生动的新材料，层层递进，环环相扣，重点突出，条理清晰，使自己的新观点跃然于纸上。二是标题斟酌显特色。表现在贴切醒目，即能准确恰当地揭示所研究的主题，让人一看标题便知内容。生动传神，即以意为中心，结合音、形构成意境美、音节美与视觉美，使人读之能产生耳目一新之感。小标题亦应反复推敲，在内容上，既能客观准确地反映各部分的基本观点，又能与大标题的内容相吻合；在结构上，形式多样，长短匀称，上下和谐，前后照应。三是语言推敲展个性。社会经济在发展，文化交流在增进，语言文字的表达也会有所创新。但语言创新不是随心所欲地胡编乱造，而是在遵循语言规范的前提下，引进人文精神，利用智慧语言，讲究句法雕琢，展示独特的语言个性，使语言不仅准确精炼，而且生动形象，富有哲理性、感染性和启发性。

七、研究方法的新探索

研究方法是研究的基础，是衡量学术水平的标志。一篇高质量的博士论文，也离不开研究方法的创新。纵观学术发展的历史，任何一项重大理论的新突破，无不是在研究方法上有所创新。例如，实证主义方法的诞生是对此前形而上学方法的彻底否定，哲学解释学和现象学又是在对实证主义方法的批判中形成。当今的系统论、信息论、控制论、耗散结构论、协同论、突变论等新方法的问世，又卷起了一股创新方法之风，大力推动了科学的进步。

研究方法的创新主要反映在以下三个方面：一是创造性地移植其他学科的研究方法。随着科学技术的发展，各门社会科学的研究方法也日趋多元化。同时，日趋复杂的社会现象有时单靠一个学科、理论和方法难以解释全部，只有创造性地移植借鉴其他学科的研究方法，才能不断拓宽学术研究视野，从多学科的角度审视研究对象，才能在纷繁复杂的事物表象中发现事物的本质和规律。二是批判性继承本学科传统的研究方法。经过古今先贤的努力，各学科都形成了行之有效的科学方法，这是本专业研究者必须掌握的利器。如政治学的阶级分析方法、制度分析方法、权力分析方法等。传统的研究方法论之所以值得继承综合，是因为在"传统中存在着与历史时态相统一的共时性文化积淀"，为了丰富创新我们的研究方法，我们应重视研究和吸收本学科前人研究的思想精华，用前人的思维和智慧拓宽当下研究的视野，开掘现实研究的深度，实现古人和今人在研究方法上的交融。同时我们应认识到传统研究方法中有许多糟粕，这就需要我们坚持以马克思主义的唯物史观与辩证法为指导，对其进行必要的批判、正确的诠释与合理的扬弃。三是开创性建立本学科独特的研究方法。创立新的研究方法是科学取得突破的关键。以教育学科为例，在借鉴学习其他研究方法的基础上，形成教育意见的独特方法，例如叙事研究、民俗研究、"生命—实践"研究等等，这是中国教育科学本土化的关键，也是促进中国教育流派形成的关键。

八、学科知识的新融合

当今世界，科学前沿的重大突破及重大原创性科研成果的产生，大多是多学科交叉融合的结果。近百年获得诺贝尔自然科学奖的334项成果中，近半数的项目是多学科交叉融合的结果。但目前大部分研究生还是习惯于画地为牢地理解和掌握现成的分类知识，倾向于将相关科类的研究方法和研究思想简单地重复，或者将前人的成果稍加推演和论证，因此难于作出有原创性的研究成果。

要在多学科知识的融合中求创新，一是要建构学科交叉的知识体系。既要有专业知识的深度，又要有相关学科知识的广度，还要有哲学的高度和学识的远见。只有具备了这样的知识结构，才能够在多学科的交叉中博采众长，触类旁通。二是要强化知识之间的"兼容意识"。博士生学习要在充分认识真理的相对性和价值的多元性的基础上，对各种学派、学科、理论与方法保持宽容平和的态度与海纳百川的胸襟，并善于从各个方面汲取为我所用的成分，通过新的综合形成新的成果。三是要运用多元综合的方法。一般来讲，人们在思考一个熟悉的知识点或线性的问题时，思路是比较确定的，如果要使多种相关知识形成新的联结或达到一种高度非线性状态，就要使自己的头脑进入"浮想联翩"的高激发状态，使原有的孤立的知识点出现新的联络，由混沌而清晰，由杂乱而有序，新的思路正是产生于这种知识新的融合之中。

九、理论观点的新突破

博士论文重在理论观点有新意、有深度。人文社会科学领域，但凡人们观察到的现象、思考过的问题，前人多有涉猎，亦形成了或多或少的理论观点。但不是所有的观点都是正确的，更不是所有的观点都永远正确。某一理论观点的产生与当时的社会环境、科学技术和理论发展水平密切相关。随着时空的延续与转换，这些理论观点赖以产生的基础可能发生重大变化。此时，不仅有可能实现理论上的重大突破，而且必须实现这种突破，否则，就会落后于现实，最终被变化了的现实所抛弃。人文社会学科的博士论文选题往往立意高远，关注人类个体世界或群体社会长久困扰或日益凸现的理论问题，因此其创新和价值主要体现在理论观点的突破上。

具体来讲，这种理论上的新突破主要表现有三：一是提出有价值的新观点或新命题。在理论和实践上开辟新的研究领域或研究方向，言人所未言，实现"开拓性创新"。二是纠正前人不正确的提法或结论。对相同的问题，不同的人会形成不同的看法，其中难免偏颇。在纠正了别人错误观点的基础上提出自己新的见解，实现理论或实践上的"否定之否定"，纠人谬言，重新立论，形成"否定性创新"。三是补充或完善已有的理论或观点。在前人已做研究的基础上，借鉴其他领域新的研究视角与方法，对已有的理论或观点作进一步研究和拓展，实现"前进性创新"。

实现理论观点的新突破，首先要坚持以马克思主义方法论为指导。"社会科学从一开始就具有鲜明的价值倾向性。"马克思主义方法论是人类有史以来最科学的思想体系，是一种完整的世界观，拥有巨大的真理性。研究者只有以马克思主义方法论为指导，坚持用唯物辩证法的整体观、发展观与实践观去看待各种教育社会现象，研究和解决各种教育社会问题，才能保证研究的科学性和发展方向，才能谈得上实现理论的创新。百篇优秀博士论文项贤明的《泛教育论——广义教育学的初步探索》，就是以辩证唯物主义的实践哲学为理论基础，提出了一个广义框架下的"主体—客体—主体"交往的教育主客体关系模型，从一个新的角度对教育活动中人与人的关系作出了新的解释。其次要敢于怀疑、勇于批判。古人讲："尽信书则不如无书。"任何人提出的任何理论观点都不是绝对正确、无懈可击的。如果一味信从，则只能亦步亦趋，难以创新。只有带着质疑的态度和批判的眼光去阅读，才可能发现前人论点中的疏漏之处，从而提出自己的见解，实现理论上的突破。如有博士生正是对大学为何沦落为纯粹世俗意义的场所进行了批判反思，在对大学面临的诸多问题背后隐含的大学究竟是什么、它的存在意义与价值是什么进行追问的基础上，从而提出大学作为组织存在的文化内涵。其三要敢于标新、善于建构。发现现实社会中或已有研究中存在的问题，只是人们认识事物的第一步，我们必须在发现问题的基础上，分析问题进而解决问题，这才构成认识活动的一个完整环节。在博士论文的写作中也应该遵循和体现这一认识环节。特别是在分析问题的基础上，要勇于构建自己的理论观点和体系，这是实现理论突破和创新的关键点和着力点。项贤明即是在对以往的教育学理论进行深入反思的基础上，从一个全新的"教育"概念出发，进一步提出了建构一个以全部教育现象为研究对象的"泛教育理论"的主张。

十、成果应用的新价值

博士论文创新的最终价值在于应用，其应用价值与论文创新度高度相关，一般而言，博士论文创新有三个层次。第一层次是原创性创新，即研究的是前人没有研究过的问题，提出了前人没有提出过的新观点或新理论；第二层次为持续性创新，即研究是在别人研究的基础上进行的，是对已有理论的补充与深化；第三层次是应用性创新，即借用别人的理论来研究现实中的新问题。对于大多数博士研究生，欲在三年学习期内达到第一层次的创新是困难的，大部分属于第二、三层次。

博士论文的创新价值，首先体现在理论方面：一是修正原有的理论。任何理论都不是终极理论，都会受时空和主客观因素的限制而具有一定的局限性。有的博士论文就是针对原有的理论，根据新时代背景，从新的角度，经过批判性思维，发现理论的缺陷甚至是谬误，然后进行修正完善而取得新的研究成果。二是发展原有理论。有的博士论文是在原有理论的基础上，根据自己的研究而有新的发现或突破，将原有的理论又向前推进了一步。三是自我建构新理论。这种建构有时会起到填补理论空白的作用，是理论价值最高的研究成果。

其次体现在实践方面，许多优秀博士论文都是着眼于社会发展中重大的、受国家重视、被人们普遍关注的问题，也有些论文是立足于社会发展与改革某一方面的问题，这些问题往往是非常复杂、需要深入研究的。一旦对这些问题的因果关系作出了令人信服的解释，对该事物的发展趋势作出了比较科学的预测，就会产生对社会文明的促进作用，对政府宏观决策的咨询作用，对现实各种改革的指导作用。

总之，博士论文创新反映在很多方面，每个人都可以从不同角度、不同层面找到合适的切入点。创新不求面面俱到，但求不拘一格。

第八章 大学文化的思考

大学既是继承与创新文化的重要基地，也是造就高层次文化人才的专门场所。不同的大学造就不同层次、类型的文化人才，因此，不同的大学应有不同的大学文化。大学文化是在大学长期的发展过程中经过历史的沉淀、文化底蕴的积淀而逐步形成的，是大学这个特殊组织在特定范围内形成的有关"文化体"、"文化群"的共同持有的价值判断。大学文化是"大学人"在进行这种传承、整理和发展的文化活动中所产生的关于自身的理想信念、价值追求、处事方式、行为准则等文化成果的总和。大学文化是一种特定的社会文化形态，具有丰富的社会内涵和深刻的社会影响力。大学是传承与创新文化的重要场所。从不同的视角看，大学文化具有不同的功能。弘扬优秀传统文化、构建和谐大学文化、调适大学文化冲突是当今大学的重要任务。

第一节 社会学视域中的大学文化

大学文化是一个国家或特定社会最具代表性的"符号"，而大学文化则是这个国家或社会文化中的精髓。大学文化是大学主体在长期的办学实践中，不断探索、总结、传承和创造出来的包括大学理念、大学精神、大学使命、大学制度、大学环境、大学氛围，以及在此基础上形成的精神形态与物质形态的各种成果的总和。大学文化是社会文化系统中的一种亚文化，它具有文化的所有共性，受社会文化的制约，又是一种极富个性的组织文化。大学文化自身是一个复合、开放、动态的文化系统，具有多主体、多类型、多形态、多层次等特点。在社会急剧转型、文化发展日趋复杂的当今，如何充分认识大学文化的地位和加强大学文化的建设问题，愈来愈受到社会的广泛关注。本书主要从教育社会学的三大主要理论——功能论、冲突论、符号论的视角来研究大学文化，从而更深刻地认识复杂的大学文化现象，更准确地把握大学文化的发展规律及趋势，更好地促进当代大学文化的建设与发展。

一、从功能论视角认识大学文化的目标追求

功能论作为社会学的重要理论，始自孔德与斯宾塞，经迪尔凯姆发展，后由帕森斯、默顿、克拉克等整合而形成。该理论基于两个重要的理论假设：一是强调结构与功能的关系，故又称结构功能主义。"结构"是指构成事物的各个部分之间的比较稳定的关系或构成方式。所谓"功能"是指构成事物的各个部分都有自己的操作机构，并在操作后产生影响其他部分的效果。结构功能主义也是一种方法论，即认为整体是由相互联系的部分所构成，各部分都对整体发挥一定的功能，以促进整体的稳定与各部分之间的协调；二是追求和谐与均衡的目标。和谐是一种思想，即认为世界上的万事万物都是彼此适应、相互协调发展的。均衡是一种发展的状态。功能论认为：和谐与均衡既是社会发展的目标，也是社会的常态。促进社会的和谐与均衡必须借助于一系列规范化的制度手段，包括社会有一套共享的文化价值系统、一套适用的知识技能系统和一套稳定的道德规范体系。功能论的上述思想被帕森斯整合到他提出的"适应—目标达成—整合—潜在模式维持"（AGIL）图式的理论分析框架之中。帕森斯强调，社会系统之所以能保证自身的维持和延存，是由于任何社会系统都履行着由"对外—对内"及"手段性—目的性"这两对功能范畴组成的相互联系、相互影响的四种功能，即外部适应功能、目标达成功能、内部整合功能及模式维持功能。"外部适应"功能主要指社会系统由其外部环境获得足够的资源或能力，以及这些资源或能力在该系统中的配置；"目标达成"功能主要指系统有能力确定自己的目标次序和调动系统内部的能量以集中实现系统目标；"内部整合"功能主要指为了使系统作为一个整体有效地发挥功能，必须将各个部分联系在一起，使各个部分之间协调一致，不致出现脱节和断裂现象；"模式维持"功能主要指在系统运行过程暂时中断时期，原有的运行模式必须完整地

保存下来，以保证系统重新开始运行。帕森斯的这一图式为功能主义学派普遍接受，不仅被用来对整个教育系统，而且被用来对教育的分支系统与分支范畴进行理论分析。

从功能论视角分析大学文化可以得出下列结论：

(一) 大学文化是社会文化的核心构成

大学文化是社会文化系统中的一种子文化，它具有文化的所有共性，受社会文化的制约，又体现出对社会文化的价值认同。大学文化不仅包含着大学自身的理念、精神、使命、制度、环境与氛围等，更包含着人类生存与生活的一些普遍性原则与价值观念。法国哲学家德里达说："大学，与所有类型的研究机构不同，它原则上（当然实际上不完全）是真理、人的本质、人类、人的形态的历史等问题应该独立、无条件被提出的地方。"[①] 德国哲学家雅斯贝尔斯也指出："假如大学里缺少人际间精神活动的背景，只讲书本，不谈哲学；只做实验，不研究理论；只叙述事实，而没有理论概括；只有学术的方法训练，而精神贫困。那么这样的大学必定是一个贫瘠的大学。"[②] 社会之所以需要大学，是因为大学作为一个文化组织，既是社会选择、传承文化的专门场所，又是创新、辐射文化的重要场所，大学文化必须继承人类已有的优秀文化又能不断批判，必须关怀社会而又要反思社会，必须立足现实而又能有所超越。大学文化必须不断创造时代所需要的先进文化，以引领社会的文化风尚，为社会发展注入新的生机与活力。大学始终应处于社会文化建设的前沿，承担着引领社会文化前进方向的使命。

(二) 大学文化的主要功能

大学文化的主要功能是促进大学主体的和谐发展以实现社会的和谐与稳定。大学文化作为社会文化系统中的重要子系统，必须履行外部适应、目标达成、内部整合及模式维持四大功能。而这四大功能的实现都

---

① 德里达.《读书》杂志社座谈记录 [C]. 杜小真，译 // 德里达. 德里达中国讲演录. 北京：中央编译出版社，2003：61.
② 雅斯贝尔斯. 什么是教育 [M]. 邹进，译. 北京：生活·读书·新知三联书店，1991.

有赖于大学文化。大学之所以为"大",关键在于它的文化之大。"大学文化是追求真理的文化,是严谨求实的文化,是追求理想和人生抱负的文化,是崇尚学术自由的文化,是提倡理论联系实际的文化,是崇尚道德的文化,是大度包容的文化,是具有强烈批判精神的文化。"① 大学能否创造出时代所需要的大文化,以引领社会的文化风尚和促进社会的和谐发展,关键在大学能否培养出时代需要的和谐发展的人才。而学生主体的和谐发展在很大程度上取决于教师主体的和谐发展。大学主体的和谐发展,既包括全面发展,也包括个性的自由发展。全面发展是指人的体力和智力的充分发展,人的物质活动与精神活动的能力,以及思想、道德、情操等多方面的发展。个性自由发展是指基于个体差异基础上的个人的兴趣、特长与专业的自由发展。全面发展是社会发展对人的发展的统一性要求,个性自由发展是社会发展对人的发展的多样性要求。全面发展是个性自由发展的前提,个性自由发展是实现全面发展的途径,二者是相辅相成的关系。大学作为社会培育高层次人才的专门场所,不仅仅要培养大学生的一般的价值观念、行为规范、道德品质与知识技能,更重要的是要提升大学主体的文化修养与精神追求。德里达和雅斯贝尔斯之所以特别强调大学的精神活动,不能把大学办成"贫瘠的大学",就是因为贫瘠的大学只能培养出"精神贫困"的学生,也正如西班牙学者奥尔特加·加塞特所讲,这样的大学只能培养"没有文化修养的新生的野蛮人"②。大学有责任为全体大学人提供价值的引导与精神的涵育,为全体教师和学生构建个体精神的家园,从而使他们能够把自我交付给这种价值,并用这种价值来支持生活的行为和选择,构成自身生活的信念、生存的信念和生存与发展的理由,构成他们自身生活的最高原则与最后支点。

(三)大学文化建设的目标是构建和谐的大学文化,大学主体的和谐发展有赖于和谐的大学文化

大学文化的构成非常复杂,追求大学文化的和谐发展,既包括追求

---

① 杨福家. 大学的使命与文化内涵[J]. 科技导报, 2008 (3): 3.
② 加塞特. 大学的使命[M]. 徐小洲, 陈军, 译. 杭州: 浙江教育出版社, 2001: 56-57.

大学文化与社会文化的和谐，也包括追求大学文化各构成要素自身及相互间的和谐。追求和谐的大学文化实质上是追求差异中的相互兼容、矛盾中的对立统一、竞争中的平衡互动、多元中的统筹协调。和谐大学文化的主要表征是：一是和而不同的价值取向。大学主体的多层次性决定了大学价值的多取向性，和而不同的价值取向就是在承认价值取向多元性的同时，坚持价值取向的一元引导，"和"是指共性的表达，"不同"是指个性的追求。和而不同的价值取向反映在大学组织层面，就是既有学校统一的发展理念支配各部门的行为，又有部门自己创新的工作思路，反映在个体层面，就是既有统一的行为规范，又有展示个性的广阔空间，从而形成一元主导、多元并存、百花齐放、异彩纷呈，既生气勃勃、充满活力，又安定有序、快速发展的办学格局。二是和谐发展的目标定位。首先反映在学校能充分考虑自身的传统、优势、潜力等条件，使学校发展的层次定位、类型定位、功能定位、特色定位目标准确、合理，既顺应时代的要求，又符合教育的规律；其次反映在学校的育人目标与社会人才需求目标的和谐，大学教育以促进大学生的知识与人格、共性与个性、生理与心理的和谐发展为目标，以优化人才结构、推动科技振兴、促进经济发展、维护政治稳定、增进文化繁荣与建设生态文明等多方面和谐发展为目的；其三反映在学校发展目标与师生员工个人目标的和谐，即学校能够通过有效的整合方式将组织目标转化为个人目标，充分调动每个人的积极性、创造性与主动性，达到师生员工同心协力为实现学校的目标而奋斗；其四反映在学校发展的各项具体目标之间做到统筹兼顾，协调发展。三是和合相应的制度体系。大学既是一个文化底蕴与学术传统深厚的学术组织，又是一个结构复杂与高度分权的行政组织，矛盾与冲突在所难免，要形成稳定和谐的校园秩序，有赖于构建和合相应的制度体系。这种制度体系反映在：以人为本，即一切制度都充满着人文关怀，有利于激发所有人的聪明才智；刚柔相济，也就是刚性的制度约束与人性化的制度激励相统一；适时而变，即制度具有灵活性，既能因时制宜，也能因情而异；开放包容，即制度创新既能立足校情、符合国情，又能博采众长、吸纳借鉴国外大学制度中的合理因素。四是和谐有序的运行机制。大学发展的内外环境都在不断变化，所谓"调适"是指大学能够主动调整自己的价值取向、目标定位、内部结构与制度体系等，以适应内外环境的过程。五是和睦相处的人际关系。这种人际关系，首先反映在学校领导之间，既分工明确又配合紧密：工作上分，目标上合；行动上分，思想上合；小事上分，大事上合；工作到位不越位，相互"补台"不"拆台"。其次反映在师生之间，教师师德高尚、学识渊博、教艺高超，又能处处"以生为本"；学生则时时"以师为尊"，敬重、理解、信任教师，主动与教师进行学术的交流与情感的沟通，师生关系融洽、配合默契。其三反映在教师之间，每个教师都有着崇高的精神追求，处处以"育人"为重，彼此以真诚相待，在自由宽松、公平公正的学术环境中，既有相互间的竞争，又有彼此间的协作。六是和雅共生的文化互动。即承认文化差异，鼓励百家争鸣，使科学文化与伦理文化、现代文化与传统文化、东方文化与西方文化、民族文化与世界文化、精英文化与大众文化、校园文化与社会文化相互碰撞、相互交融，才能不断创新。七是和美交融的校园环境。主要体现在硬环境与软环境自身的和美，以及两种环境的相互和美，具体反映在"文"、"雅"、"序"、"活"四个方面："文"指校园文化底蕴的深厚与科学、人文的交融；"雅"指校园环境的文明雅致与师生举止的高雅文明；"序"指校园的所有安排都井然有序，一切活动都有章有法；"活"指学校的各项工作都富有特色，充满活力。八是和实生辉的办学特色。办学特色是大学在一定办学思想指导下在长期办学实践中逐步形成的独特的、优质的和被社会公认的个性风貌。"和实生物"是一切发展的共同规律，办学特色也是历史传统与现实实践活动、主观因素与客观因素共同作用的结果。办学思想、价值观念、目标定位是办学特色的灵魂。法规制度、运行机制、校园活动是办学特色形成中最具活力的因素。学科建设、模式创新与环境优化是办学特色形成的重要标志。正是多个主体的共同追求与多种因素的相互交融才能形成具有鲜明个性的办学特色。和实生辉的办学特色是和谐大学文化的综合体现。

二、从冲突论视角分析大学文化的发展动力

冲突理论最早源于马克思和韦伯，20世纪50年代中后期成为西方社会学的主流理论流派，主要代表人物有美国的科塞、柯林斯，德国的

达伦多夫，英国的赖克斯等。他们的共同特点是强调社会生活中的冲突性，并以此解释社会现象和社会变迁。如果说和谐理论强调的是结构与功能、和谐与稳定的话，那么冲突论强调的则是冲突与斗争、变迁与强制。冲突论的主要观点是：①社会体系内每一种成分、每一个部门都是彼此相关联的，在社会系统运转时，各个部门对社会系统的整合与适应程度不一致，会导致不同部门操作及运行方式和过程不协调，造成社会系统运行出现紧张、失调和利益冲突现象，整个社会体系处于绝对不均衡中，社会冲突是不可避免的，而且是社会运行中的常态。②冲突必然引起斗争，斗争导致社会体系内集团间的地位变迁。③变迁后取得优势的集团必然要强制处于劣势的集团与之合作，这种强制，既可以是武力，也可以是布迪厄所讲的"符号暴力"。④冲突既具有负功能也具有正功能①。科塞在《社会冲突的功能》中写道："我们所关心的是社会冲突的正功能，而不是它的反功能，也就是说，关心的是社会冲突增强特定社会关系或群体的适应和调适能力的结果，而不是降低这种能力的结果。社会冲突绝不仅仅是起'分裂作用'的消极因素。社会冲突可以在群体和其他人际关系中承担起一些决定性的功能。"科塞认为社会冲突正功能主要表现在：一是冲突有助于建立和维持社会或群体身份和边界线，对社会以及群体内部具有整合功能。二是"冲突可能有助于消除某种关系中的分裂因素并重建统一。在冲突能消除敌对者之间紧张关系的范围内，冲突具有安定的功能"。三是冲突可以使孤立的个体形成一个联合体，也可以使孤立的团体或联盟形成一定形式的大的联合体。"斗争可以把其他方面毫无联系的个人和团体联系在一起"，对新群体与社会形成有促进功能。四是"作为规范改进和形成的激发器，冲突使与已经变化了的社会条件相对应的社会关系的调整成为可能"，具有对新规范和制度建立的激发功能。五是冲突创立和修改了那些对于双方都非常必要的公共规范，导致一定的力量均等的环境条件产生，从而有助于社会的维持和巩固。⑤制度建设和规则重建是解决冲突问题的根本途径。科塞关于社会安全阀制度的研究对解决冲突颇具启发意义。他认为：社

---

① 科塞. 社会冲突的功能 [M]. 孙立平，等译. 北京：华夏出版社，1989.

会系统往往为人们提供排泄敌对情绪和进攻性情绪的制度，即安全阀制度。安全阀制度通过阻止其他方面可能的冲突或通过减轻其破坏性的影响，而有助于维护这个系统。社会结构越僵化，安全阀就越重要，因为僵化的社会不允许有冲突，如果再取消敌对情绪的发泄，那么对社会结构的威胁就更大[①]。

从冲突论视角，可以更全面更深刻地认识大学文化冲突的价值：

（一）大学文化冲突是不可避免的

由于大学的"任务是知识密集型又是知识广博型的，因此很难陈述综合大学和学院的目的"[②]。知识群的发展和研究都是朝着各个不同方向进行的，表现出松散、自由甚至无政府状态。迈克尔·科恩将大学的这种状态描述为"有组织的无政府状态"，这一现状是从知识为大学运营基础的视角来考虑的，从学术权威的分散性和复杂性来认识的。松散结合的系统观并没有否认大学作为一个秩序整体的存在[③]。大学作为社会组织也是有序的，维持组织有序性的方法是建立在科层基础上的行政权力，该权力根据法律法规与行政条例赋予的权限，处理非学术性事务，为学术事务提供保障和服务。大学的组织特性——学术性与科层性并存，造就了"有组织的无政府状态"，为行政权力与学术权力提供了生存的土壤。

（二）大学文化冲突具有复杂性

大学文化冲突的复杂性主要体现在：从主体上看，大学文化冲突表现在管理文化、教师文化与学生文化之间的冲突上。大学文化主要有三大主体，即管理者主体、教师主体与学生主体，因此相应可分为管理文化、教师文化与学生文化三类文化。文化的核心是价值观念，三类文化

---

① 徐旭初，吴彬. 冲突理论视野中的高校稳定问题[J]. 杭州电子科技大学学报：社会科学版，2006（1）：1-4.

② 克拉克. 高等教育系统[M]. 王承绪，译. 杭州：杭州大学出版社，1994：18.

③ 科恩，马奇. 大学校长及其领导艺术[M]. 郝瑜，译. 青岛：青岛海洋大学出版社，2006：280-290.

的冲突也主要反映为价值取向的冲突。价值取向决定着活动主体的价值选择和行动目标。大学组织的复杂性，不同群体在价值取向、思维方式、心理状态、行为习惯上的差异性，决定了大学组织内部价值取向的多元与复杂，各种文化冲突也就不可避免。从管理文化与教师文化的价值冲突看，管理主体关注的是效率提升，倾向于建立相对统一、清晰的组织目标，用严格的等级规范、有序的程序、有效的责任机制来简化多样性、复杂性和模糊性，进而降低组织的运作成本，并最大限度地实现预期目标。教师主体关注的是学术发展，他们追求的是学术目标的自主、学术活动的自由、学术管理的松散，能够不受或少受行政部门或他人的支配。管理活动的效率观和学术活动的自由观，构成了大学内部文化冲突的焦点。从教师文化与学生文化的价值冲突看，大学教师是大学教育教学和科学研究的专业人员，承担着教育者、研究者和社会批判者三种社会角色，并以自己独特的工作方式履行着人才培养、服务社会和知识创新的社会职能，由大学教师组成的"学者共同体"，尊奉真理至上的价值观念，拥有自己的信念，具有共同的使命感，遵守共同的学术规范，并享有学术职业的自由和限度，由此形成了大学教师特有的学术文化。学生群体在大学中是一个结构复杂、价值取向多元的群体。教师文化与学生文化的价值冲突实质是反映了两种文化的冲突。一是主流文化与多元文化的冲突。大学文化是主流文化的积淀，是对"高深文化"的传递与探索。教师是社会主流文化的代言人，其根本职责依然是通过课程文化向学生传授主流文化，包括教授特定社会认可的知识，宣传特定社会政治统治的合法性，灌输特定统治阶级的意识形态、价值观念与行为规范，以维护既有的社会秩序和社会控制。而学生在接受主流文化的同时，往往要受到现实多元文化的影响，由此导致冲突。二是成人亚文化与青年亚文化的冲突，这一冲突因发生在不同的年代的教师与学生之间，所以也称年代价值冲突或"代沟"，亦即不同年代的人对同一事物的观点看法上存在的差异。这种差异明显反映出不同年代的人在判断事物时所采取的不同价值标准。在大学里，年长一代与年青一代在文化认同上反映出的差异表示着文化连续性的中断。处于青年时期的大学生思维敏捷，易于接受新生事物，可塑性大。他们对社会、对知识、对人生以及生活方式的态度，常常与教师所认同的主流文化之间存在着矛盾，并不时地发生摩擦和冲突。此外，在大学文化中，还普遍存在着学生文化与管理文化的冲突，以及各类文化自身的冲突。如大学管理者根据自己的理解所建立起来的各种行为规范往往难以为学生所认同，在政治信念、社会责任感、道德伦理、理想情操、友谊、爱情以及消费、休闲等生活方式的选择上，学生与管理者的分歧也相当大。从教师文化自身看，知识本身具有的连续性，也由于学术自由而赋予的开拓性、批判性，使得在学术观点、学术规范、学术立场、学术话语、研究范式、研究工具等各个方面，不同年代的教师在传统与新潮之间的价值冲突不可避免。从内容上看，大学文化冲突表现在物质文化、制度文化和精神文化三个方面的冲突上。大学文化是以大学为载体，通过师生的传承和创造，为大学所积累的物质成果和精神成果的总和。因此从广义上讲，大学文化包括物质文化、制度文化、精神文化，但其灵魂是精神文化，它包含价值体系、教育观念、人文氛围等。因为大学作为传播知识、传承文明的重要场所，不仅仅是一种客观的物质存在，更重要的是一种文化存在和精神存在。物质文化是有形的，制度文化也是可见的，完善的制度可以使一个组织合理、高效、规范地运转，但有形制度的作用仍然是有限的，在很多情况下，无形文化的力量比有形制度的力量还要大。制度规范人、约束人、强制人，文化激励人、教化人、引导人。文化触及的，是制度不能触及的人们的思想和价值取向。大学精神文化是大学文化的灵魂所在与本质追求。大学精神的核心是大学理念。大学理念是对大学的本质、功能、教育规律与时代特征的深刻认识与哲学思考。大学作为思想的宝库、培养人才的摇篮，自产生以来一直都在追求一种"以人为本"、"自由发展"的人文精神和"追求卓越"、"求真创新"的科学精神的和谐统一的理念。大学精神文化是"大学理念"的支柱和高度凝练，是一所大学的特色、水平和办学活力的源泉与动力。在正确理念支配下形成的大学精神文化决定着大学的存在方式，引领着大学制度文化创新与物质文化建设的走向。随着时代的发展，从上个世纪末直到现在，我国高等教育实现了跨越式的发展，实现了从精英教育到大众化教育的过渡，这在整个高等教育界不得不说是一个奇迹。在这样的背景下，我国各大学在扩大招生规模的同时，学校的各种硬件设施也在不断加强，于是乎一片片的大学城、一幢幢的大楼拔地而起，在市场经济的大浪潮中，大学在"服务经济社会"的过程中变成了经济社会的"附庸"，在追求设施"现代化"的过程中，在追赶"世界一流"的同时，缺失了可贵的大学精神，丧失了大学的独立性和应有的文化，背上了大学已不像大学的骂名。硬件倒是"硬"起来了，可是大学的风骨却"软化"了。有研究者认为："在大学从社会经济发展舞台的边缘走向中心的过程中，由于多重原因，虽然有一些大学仍在守望着大学精神，但从整体上来看，在大学和社会发展中曾发挥着重要作用的大学精神却日渐失落。"① 有的学者深深忧虑："随着物质无限度的发展，大学中人的灵魂已被物质欲望挤满了。"② 中国大学存在十大缺失，即：大学理念缺失、大学精神缺失、大学教师理想缺失、大学独立性缺失、大学制度缺失、大学行政服务缺失、大学教授话语缺失、大学特色缺失、大学学术评论缺失、大学信任缺失。人们于是发出疑问：一所文化觉醒不够的大学，到底凭什么去争创世界一流？又凭什么能培养出诺贝尔奖获得者？文化从本意上应该是"化文"，而且是"化人文"。所以"以人为本"作为一种响亮的口号响彻了中国的各个角落，大学也在紧随其后。可是如果仔细深入到大学里的各种教育活动和日常事务的时候，我们就会发现当事人在振臂呼喊"以人为本"的同时，却在经常做着与"以人为本"背道而驰的事情，这是何等的荒唐。直接地说，中国大学那种"以官为本"的文化还在肆意横行，这种意识似乎已深深地植入了国人的骨髓之中，可想而知，要想改变，面前有着多少艰难阻碍，这也是中国大学的文化难以"去行政化"最根本的原因。从层次上看，大学文化冲突表现在社会文化、大学文化与学校文化三个方面的冲突上。首先是大学文化与社会文化的冲突。大学文化既要受社会文化的制约，又要适度超前于社会文化的发展。一旦社会文化发展过快，大学文化处于被动发展局面，便形成大学文化与社会文化的冲突。从我国当前的情况看，随着经济社会

---

① 刘宝存. 大学精神的失落与重塑 [J]. 学术界，2004 (1)：194.
② 刘尧. 中国大学的十大缺失 [J]. 当代教育论坛，2006 (7)：52.

的快速转型与高等教育改革的相对滞后，社会对大学的诉求以及大学自身发展的诉求与现行大学制度的冲突逐步凸显，并以文化冲突的形式表现出来。同时由于大学与社会政治、文化的关系越来越密切，社会的政治、文化观念对大学的传统精神的冲击也日益加剧，特别是其中的一些消极成分对大学正在产生广泛而深刻的影响，大学办学出现了一些功利化倾向以及官僚气息和官本位倾向。这些不仅使大学的传统文化地位受到质疑，更没有形成能引领时代发展的强势文化。其次是大学文化与学校文化的冲突。大学文化与学校文化的冲突是作为高校共性的大学文化与具体某一所高校文化的冲突。作为共性的大学文化因为有着共同的文化使命和价值追求，而有着共同的文化特征，如崇尚学术、追求真理、严谨求实、大胆批判、不断创新等。大学文化的这些特征是每一所高校文化建设的目标追求，但是大学文化不能等同学校文化，学校发展的生命在于学校有特色，学校文化建设必须有学校的个性文化特征，当前建设个性化的学校文化显得尤为重要和紧迫。

（三）大学文化冲突是大学文化建设的内在动力

今天的大学文化发展中还面临着其他多方面的冲突问题。受功能主义社会观的影响，人们往往单纯从正面功能的视角去认识大学文化，而对于大学文化冲突持担忧、批评和指责态度。按照冲突论的观点，出现这些冲突不仅是正常的，而且具有积极功能。正如科塞所言："没有哪个组织是完全和谐的，因为那样的话就会使组织缺乏变化过程和结构性。"其实，大学文化冲突在协调大学文化主体的关系、推动不同类型大学文化建设和促进学校组织变革等方面具有不可忽视的积极功能：一是大学文化冲突暴露了大学文化建设中的严重问题。如管理文化、学术文化与学生文化的冲突，既暴露了受传统文化专制制度和长期计划经济体制影响形成的大学文化制度中行政化色彩过于浓厚，行政权力干涉学术权力，甚至替代学术权力的问题，也暴露了大学教师、管理者与学生关系中仍然存在着较为严重"主客体"对立与角色错位现象。物质文化、制度文化和精神文化的冲突使我们深刻地认识到我国大学在快速发展中价值取向的偏颇。二是大学文化冲突激发了大学文化建设的自觉意识。冲突能激发起人们对现存大学文化的危机意识，如果没有激烈的冲突，有些不合理的制度和规则也许被人们视为当然。冲突能激发起人们的变革意识，它可以唤醒冲突的各方重新思考大学应该有怎样的理想与追求，怎样的目标与定位，从而转变教育观念，主动参与大学的文化建设。三是大学文化冲突可以促进大学的文化建设。大学的制度文化建设是大学文化建设的关键所在，而大学精神文化建设则是大学的制度文化建设，乃至整个大学发展的动力之源。当人们深刻认识到大学文化冲突的存在与精神文化价值，必然会对弘扬大学精神、提升大学文化品位、实施精品文化工程、加强大学制度建设发出强烈的呼唤。此外，依据冲突有利于社会和群体的内部整合，有利于促进新群体的形成，有利于增加社会结构的灵活性，有利于提高对社会系统的适应能力，有利于形成重要的社会平衡机制等观点，大学文化冲突还可以成为协调大学不同文化主体关系的"整流器"、化解各类不合理文化冲突的"安全阀"。

三、从互动论视角探寻大学文化的建设路径

互动论的思想渊源可追溯到18世纪苏格兰道德哲学家——亚当·斯密、休谟等人的理论中，他们提出，若欲建立人类的科学，则必须重视人类相互联系的基本事实，并应把注意力集中于人际间的沟通、同情、模仿及风俗上。互动论迅速发展则是在第二次世界大战以后，其代表人物主要有米德、齐美尔、库利、布卢默、埃弗雷特、休斯、戈夫曼等。互动论探讨的是人际互动的方式与过程，认为人们通过互动过程，以象征符号来表达思想、感情、价值观。而符号的意义随情景的变化及个人对情景的定义而有不同的解释，无论此种解释是否正确，都会产生与这种解释相对的结果。为了说明这一复杂的互动关系，互动论者提出了"符号"、"意义"、"符号互动"、"自我互动"、"自我象征"、"情景定义"与"社会互动"等核心概念。符号本意是指传达信息的基本单元，但互动论所谓的"符号"主要是指"有意义的姿势（Gesture）"，如语言、手势、面部表情等在人际交往中都是有特定意义的，"意义"是符号的最核心内容。米德认为，人类社会秩序的基础就是符号，符号在维护社会秩序上发挥了重要的作用，符号是一种社会结合力。"符号互动"是指人们彼此理解"姿势"，并在理解所获得意义的基础上采取行动。米德将自我分为"主体我"和"客体我"，二者相互依赖，客体我是经过社会化的

我,是社会化的结果。"自我"是对社会客观现实的内化和主观解释。"自我互动"就是个体与自身对话,不断地反省自我、重新定义自我的过程。"自我象征"是指一种沟通过程,在这个过程中,个体赋予他所关注的某一事物某种意义,并以此为基础决定自己采取何种行动。实际上,人所意识到的任何客体都是被他赋予了某种意义的东西,人的意识生活是一个"自我象征"的意识流①。"情境定义"意为个人对所处的社会环境的解释,它不仅规定个人的具体行为,且影响个人人格的发展。"社会互动"贯穿于多种社会活动中,是个体心智和自我发展的表征。个体对所处环境或客体形成一个反馈性的解释,得出一个主观性的情境定义,它支配人的行为和发展。互动论视域中的大学文化是一个庞大而复杂的符号媒介系统,大学文化发展就是大学文化主体在大学情境定义中的互动发展过程。互动论的大学文化观关注的是"大学文化的互动过程",着重研究的是大学文化作为符号媒介是如何建立大学文化主体之间的联系以及大学文化主体是如何通过大学文化产生交流、互动的。大学文化互动的因素包括:文化主体、文化客体与互动过程。文化主体指的是管理者主体、教师主体与学生主体。文化客体是指大学的物质文化、制度文化与精神文化。当然,从广义上还应包括与大学文化密切相关的社会文化。大学文化互动过程主要包括两大层面:从宏观层面讲是指文化主体与文化客体的互动过程,从微观层面讲是指文化主体与文化客体自身各要素之间的互动过程。

互动论的思想对加强大学文化建设有着多方面的启迪作用:

(一)构建良好的大学符号系统是加强大学文化建设的基础

互动论者认为"互动产生有意义的学习",并认为大学是一个表达一定社会意义的各种符号所组成的符号系统,大学文化实际上是大学人以符号为媒介的社会互动过程。因此,大学文化的建设与大学实体的运行在很大程度上是通过可操作的符号互动,即通过对符号(主要是语言)的解释与理解达成互识和共识来实现的。大学符号系统包括认知符号系统、语言符号系统与行为符号系统。认知符号系统是关于大学理念、大

---

① 风笑天. 社会学导论 [M]. 武汉:华中理工大学出版社,1997:28-29.

学精神，以及集体目标、发展愿景、团队意识和价值理念等的共同认识和符号表达。语言符号系统是关于大学文化主体之间对话目的、对话内容、对话情境与对话方式的共同认识和符号表达。行为符号系统是关于大学文化主体在教学、科研、学术交流、生活娱乐等互动中活动共享的行为准则和符号表达。良好的认知符号系统的主要特征是遵循大学发展的规律，顺应时代的潮流，与时俱进，符合国情和校情。良好的认知符号系统对大学文化主体能起到目标引导与精神激励的作用。良好的语言符号系统的主要特征是民主对话、尊重包容。对话是两个以上主体的语言交流活动，但并非任何语言交流都是对话。"真正决定一种交谈是否是对话的，是一种民主的意识，是一种致力于相互理解、相互合作、共生和共存，致力于和睦相处和共同创造的精神的意识，是一种对话意识①。同时，对话的过程是一个不断解释、相互尊重、彼此包容和促进理解的过程。大学的文化互动属于学术领域或思想意识形态方面的内容，其发展有自己的规律，其内容有相对独立性，大学的文化互动需要包容，而包容的前提是理解和尊重。只有尊重才能以包容的态度从对方角度换位思考，才能从多方面加深对问题的理解，才能做好进一步的沟通和交流。在大学各文化主体的互动中，管理者与教师的着力点应该是合理选择对话内容，多方激活对话氛围，充分调动对方情绪，有效地达成文化共识。良好的行为符号系统的主要特征是有形的制度与无形的管理相结合，对大学文化主体的各种互动都有相应的准则指导而不是硬性的规定，这些准则已经融入文化主体的心灵之中，化为一种潜在的心理动力和压力，时刻鼓励、也时刻警醒着他们在什么时候该做什么，不该做什么。良好的行为符号系统是自律与他律的统一，有助于提升组织的凝聚力和成员的向心力。

（二）建立平等的对话机制是促进大学文化主体良性互动的前提

加强大学文化建设就是促进大学文化主体在大学情境定义中的良性互动发展过程，而平等对话则是良性互动的主要方式。平等作为公平、诚信、自由、民主等价值理念的构成元素，既是人类从不平等起源以来

---

① 滕守光．文化的边缘［M］．北京：作家出版社，1997．

的不懈追求，也是现代社会的核心理念。平等具有简明朴素、稳定持久的内涵，在互动中，平等对话更是一个具有多方面的实践特征和可操作性的价值判断标准：一是人格平等。大学的管理者、教师和学生在大学文化建设中扮演着不同的角色，承担着不同的使命，但大家在人格上是平等的，而且都是大学文化的参与者、创造者。在所有的对话中任何一方都不能把对方看做可以控制、可以改变的对象。所有师生、员工的关系都是一种地位平等、需要相互尊重的"参与—合作"关系。二是坚持求真。对话的目的在于求真，也就是要实事求是，追求真理；就是要坦诚相待，在互动中追求人的真性。三是宽容鼓励。管理者、教师和学生对大学文化建设中许多问题都有不同的认识，而对话就是一个相互倾听、达成共识的过程。良性互动的对话没有压制，而是以宽容之心来对待他人，鼓励他人发表不同的意见。四是适度妥协。现代大学不仅成员众多，而且组织机构复杂。在对话过程中，由于立场差异与价值取向的不同，意见分歧与矛盾冲突在所难免。为了实现大学文化建设中双赢甚至多赢的整体目标，局部的舍弃与适度的让步是明智的选择。

形成平等的对话机制，一是有赖于平等对话的制度建设。制度具有重要的规范、引导与约束功能。尽管平等对话是每个大学人内心的美好愿望，但同时利己的本能又使得在现实中通往平等之路上障碍重重，平等意识的培养只能在渗透于各种文化互动制度的引导与规约之中进行。科学的制度设计能使大学文化中处于相对弱势的主体在互动中切实地感受到平等、信任和尊重。二是有赖于平等对话的氛围营造。对话不仅是提高认识的过程，也是情感体验的过程。只有在充满真诚合作、相互欣赏、彼此悦纳、认真倾听的互动氛围中，才能实现主体间真正的平等对话。而这样的对话氛围需要所有参与者共同营造。三是有赖于对话主导者的情境设计。尽管对话的所有参与者在人格上是平等的，但在具体对话情境中必然存在主导者（主要指管理者或教师）。为了使沟通成为心灵的对话，主导者应该运用智慧和艺术的语言设计出能让大家敞开心扉的情境，如在对话中把"你们"变为"我们"，或用微笑关注对方，亲切地问"你对这件事有什么想法？"，或用温和的语气讲"我们能不能换个角度再考虑这个问题，也许会有新的感受"。这样的情境往往会被参与者赋予积极的定义，从而有利于调动在场者的情感，达到提高互动效果的目的。

(三) 重视大学的精神交往过程是加强大学文化建设的关键

精神文化是大学文化的核心与灵魂，一所真正的大学应该是一个精神的世界。这种精神对每位大学文化主体都具有潜在的、无形的，但却是深远的影响。在大学这个特殊的精神世界里，每个人都是大学精神的传承者与创造者，也都是大学精神的感受者与熏陶者。正如马克思和恩格斯在《德意志意识形态》中所说："人创造环境，同样环境也创造人。"[①] 这种"传承"、"创造"、"感受"与"熏陶"的过程就是精神交往的过程。大学文化主体之间的交往，从性质分可分为生活层面的人际交往、学习层面的知识交往等，所谓"精神交往"是指注重理性探究、信念培养与情操陶冶等心灵层面的交往，是大学文化主体之间最深层次的互动过程。重视大学的精神交往既是一切教育本质的反映，更是大学文化建设的要求。雅斯贝尔斯认为，"所谓教育，不过是人对人的主体间灵肉交流活动（尤其是老一代对年青一代），包括知识内容的传授、生命内涵的领悟、意志行为的规范，并通过文化传递功能，将文化遗产教给年青一代，使他们自由地生成，并启迪其自由天性"。他认为：真正的教育须有信仰，其目的在于培养人的理性，陶冶人的精神，帮助人实现自我超越。他曾深刻地反思西方社会偏重科技、忽视人文给教育带来的负面影响，认为科技仅仅是运用理解力所作的具体研究，培养出来的科技人员只是服务于某些目的的专业人员，他们并没有受到真正的教育，因为"技能的训练，专业知识的提高还不能算是人格的陶冶，连科学思维方式的训练也谈不上，更何况理性的培养，精神生活的陶冶，以及参与人类每一时代都具有创新内容的历史传承之中"。因此，加强大学文化建设首先要重视大学精神文化建设。大学精神文化的核心是价值取向、办学理念与育人思想。回顾世界大学发展的历史，虽然很多大学在

---

① 马克思，恩格斯. 德意志意识形态 [G] //马克思，恩格斯. 马克思恩格斯全集：第3卷. 中共中央马克思恩格斯列宁斯大林著作编译局，译. 北京：人民出版社，1960：43.

办学中出现过分功利化、实用化倾向，但牛津、剑桥、耶鲁、哈佛等名校依然能成为世界创新思想之源，关键在于其坚守求实、求真、求新的价值理念，以及科学与人文并重的育人目标。在当今中国大学校园里，大学精神的衰微已是一个不争的事实。诚然，大学文化建设在任何时候都不能脱离时代，现代大学依然应该保持科学与人文、理想与现实等多种精神要素的平衡，也就是说，"大学不能无象牙塔精神的恪守者，也不能缺乏经世致用之术的专攻者……如果真的完全丧失了象牙塔精神，大学求真、求知精神以及俯视众生的情怀，为尘世的名利、权势所湮没，大学就不过仅仅是一个抽离了精神的躯壳而已。当然，如果没有务实的入世求存策略，大学也会丧失自身。这是现代大学所面临的两难困境，一个择其两端都无出路的两难抉择"①。总之，使科学精神与人文精神结合、工具理性与价值理性共融在大学精神中已成为时代的要求与所有大学人的共识。其次要高度重视大学文化主体的精神交往。从大学的灵魂与功用来说，大学不仅仅是追求真理，研究学术，通过精神交往培养大学生理想、信念与情操是比知识、学术还重要的东西。因此，"大学教育则是人与人精神相契合，文化得以传递的活动。而人与人的交往双方（我与你）的对话和敞亮，这种我与你的关系是人类历史文化的核心"。精神交往既是有形的，包括反映大学精神的学术典籍、校园典故与名人轶事的宣传活动、研究型开放式的课堂教学、主动而真诚的课后交流、丰富多彩的实践活动等，也是无形的，如反映在学校领导、大师名师的精神气质、行为方式、语言风格、处世原则与学术风范之中。精神交往的核心是各主体之间人格平等、思想自由、彼此坦诚相见，相互能提出挑战性的问题。如果大学文化主体之间仅仅重视学习层面的知识交往，或一般的人际交往，那么大学的精神文化必然衰落。

第二节 文化再生产视野中的大学文化

大学文化是指生活在大学这一共同环境中的群体，由共同的行为习惯、

---

① 阎光才. 识读大学——组织文化的视角[M]. 北京：教育科学出版社，2002：277.

共同的理想和共同的生活方式作用而形成的一系列价值观念、制度和精神追求。大学文化是社会文化的核心组成部分，它记载着一个民族的业绩和习俗，包容着一个民族的传统和社会遗产，标识着一个民族的信仰与精神追求，是一个民族得以繁荣昌盛的资本。在社会转型、文化激荡的当代社会，大学文化再生产问题愈来愈受到社会的广泛关注。本书立足文化再生产的视角探讨大学文化，以期为大学文化建设提供理论参考与实践借鉴。

一、资本积累：大学文化再生产的逻辑起点

从社会学的角度解释，文化是"存在于个体与集体之间特殊的互动关系系统"[1]。文化具有中心的地位，连接着行动体系内的各种要素，在促进系统的和谐发展中起着最重要的作用。大学文化则是文化系统中的一个子系统，其内部又有许多亚文化系统，包括以院校为基础的学院文化、以学者为基础的学术文化、以知识为基础的学科文化。在主要的文化形式中，学院文化是人们"学习环境的系"，常常被视为一种"隐蔽课程"。学科文化被视为一种"身外的存在"，因为学科文化的某些方面确有自治权，每一门学科就是一组次级专门化，这些次级专门化成为学术成员的有一点儿不同的文化之家。学术文化既是遗传的产物，也是环境的产物。大学文化再生产同其他社会文化再生产一样，主要通过传承、传递、传播等方式进行。法国社会学家帕森斯（T. Parsons）认为，"文化是被传承的，它构成了一种遗产或社会传统"[2]。克伯鲁（Kroeber）等人也认为，"文化由显见的和隐含的模式组成，这些模式是行为所具有并通过符号来传递的，构成了人群与众不同的成就，包括他们在艺术方面的具体体现，构成传统观念的必不可少的文化内核，尤其是他们执着的价值。一方面可以被当作是行动的产物，另一方面又是未来行动的条件因素的文化系统"[3]。大学文化作为一种"超级文化"，其

---

[1] KUPER, ADAM. Culture: the anthropologists' account [M]. Cambridge: Harvard University Press, 1999: 69.

[2] PARSONS, TALOOT. The social system [M]. London: Routledge & Kegan Paul, 1951: 15.

[3] KROENER, ALFRED, KLUCKHOHN. Culture: A critical review of concepts and definitions [M]. New York: Vintage Books, 1963: 181.

生产方式也有其独特之处:"大学教师依靠他们工作系统所固有的许多亚文化过活:个别学科的亚文化,特定的大学或者学院的亚文化,一般学术专业的亚文化,甚至整个国家高等教育系统的亚文化。学生也发展他们的文化,学生和行政人员人数众多时通常就建立了他们自己的价值观念和规范。"①

文化资本是大学文化实现再生产的基础。所谓文化资本,是指世代相传的文化背景、知识、性情倾向与技能,此外个体的语言能力、行为习惯,以及对书籍、音乐和美术作品的品位亦属之,特定的情况下,文化资本可转换成经济资本。② 文化资本以三种形式而存在:一是形体化形态,即以精神和身体的持久"性情的形式而存在,这种文化资本的积累是处于身体状态之中的,即采取了我们称之为文化、教育、修养的形式;二是客观化状态,即以文化商品的形式(图片、书籍、词典、工具、机器等)而存在,在物质和媒体中被客观化的文化资本,在其物质方面是可以传递的;三是制度化状态,即以一种客观化的形式而存在,文化资本的客观化可以采取学术资格这一形式,能在教育资历上清楚辨识,它使得文化资本摆脱了具体化状态的生物限制。

文化资本积累是大学文化再生产的动力源泉。马克思认为,资本积累是扩大再生产的源泉。大学文化的发展也一样,也是通过文化资本的积累而得以再生产。无论从个体还是阶层来说,它所拥有的文化资本越大,其增长的规模和能力越大,从而在文化资本中居于优势地位。而可供他们支配的文化资本同资本的膨胀力一样,也由此进一步发展起来。布尔迪厄在《再制:教育、社会与文化的再制》一书中,翔实缜密地分析了教育活动的文化再生产逻辑,其中充斥象征暴力的论调,并依据四个合理展开阐释:一是教学的行动,客观而言即为象征暴力,借由文化专断的强制实行,以专断的权力完成之;二是教学的权威,它是教学行动得以成功之必要条件,作为一种象征暴力,教学行动便蕴含权威的要

---

① 克拉克. 高等教育新论——多学科的研究 [M]. 王承绪,等译. 杭州:浙江教育出版社,2003:16-17.

② 谭光鼎,王丽云. 教育社会学:人物与思想 [M]. 上海:华东师范大学出版社,2009:395.

素，在运作上具相对独立性，让教学行动得以运作顺行；三是教学的任务，它得以让教学行动完成之，由于教学的任务是一种灌输过程，必须历经持久的培养，让专断的文化能内化成为惯习的一部分；四是教育的系统，任何制度化的教育系统，都必须通过系统的生产与再生产本身存在的条件，这些是不可或缺的，借由文化再制的完成，才能促进社会再制。

为了从文化资本的角度来揭示文化再生产对社会结构再生产的影响，布尔迪厄用"惯习"、"场域"和"资本"等核心概念揭示构成社会宇宙的各种不同的社会世界中那些掩藏最深的结构，同时揭示那些确保这些结构得以再生产或转化的机制。"惯习"是"深刻地存在于性情倾向系统中的、作为一种技艺存在的生成性（即使不说是创造性的）能力"[①]。布尔迪厄指出，惯习是一种既成的结构，在功能上，可成为一种开展的结构，能够增加组织、再现，并自然地进行各类行动作为。惯习是过去历史的整合，来自家庭、团体与阶级。在互动的过程中，人们调适自己的行为，使之符合阶级的标准，也就是所谓的"阶级惯习"。"场域"是一种在各种位置之间存在的客观关系的一个网络或位置间的客观组态。场域是一种同时出现的空间结构，场域之间是相互有机联系在一起，而非彼此分明的界线，场域会依据不同的时空条件而有不同的原则，如政治场域、哲学场域、宗教场域都各有其规则，引领其作用。"资本"被布尔迪厄划分为四大类，即经济资本、文化资本、社会资本和符号资本，这四种不同形式资本的等级秩序可以随着场域的变化而发生变化。

二、符号暴力：大学文化再生产的基本体现

在大学这个特定的场域中，由于家庭出身的不同，每一个人所秉持的惯习和文化资本都会存在差异。但是现代社会的大学把来自不同背景的学生看成是同一水平线上的对象，这种缄默实际上抹杀了原本存在的文化资本拥有的差异，进而也抹杀了不平等的社会现实，使大学文化充满了符号暴力。

---

① 余秀兰. 中国教育的城乡差异——一种文化再生产现象的分析[M]. 北京：教育科学出版社，2004：27.

符号暴力,也称符号权力。布尔迪厄将那些统治与支配弱势集团的权力称为象征权力——一种难以识别并得到承认的暴力,并将象征权力称作符号暴力。布尔迪厄认为,不只是高等教育,"所有的教育行动客观上都是一种符号暴力,教育行动具有双重的专断性,它是由一种专断权力所强加的一种文化专断,并通过客观上被承认为合法的教育权威来实施,从而决定了对教育行动合法性的承认"①。布尔迪厄进一步指出,符号暴力是"在一个社会行动者本身合谋的基础上,施加在他身上的暴力"②。尽管大学是传授普遍知识的地方,然而,"在学院和大学成为复杂的现代生活中的一个极其重要的组成部分之前,它们的对象在很大程度上只限于少数学术精英"③。大学所传递的文化更倾向于支配阶级的文化,大学所使用的语言模式也是支配阶级所习惯的用语,因此该支配阶级子女所拥有的文化资本促使他们处于高等教育场域的优势地位。符号暴力的逻辑表明,大学作为社会的一个缩影,其支配秩序依靠的是一种"看不见的、沉默的暴力"。

大学文化作为一种符号暴力,其目标就是再生产统治阶级或被统治阶级的文化专断。大学文化之所以是一种符号暴力,因为它是建立在社会内部集团或阶级之间的权力关系基础上的活动。布尔迪厄认为,在一定的社会构成中,被各组成集团或阶级之间的权力关系置于统治地位的文化总是采取间接的方式,最终完全体现出统治集团或阶级的客观利益。因而,教育活动的进行或展开事实上实现了统治阶级文化和权力关系的"双重再生产"。其途径是统治阶级通过转移或赋予某一个人或机构教育权威,这个教育权威通过教育行动在有很大惯性和再生产性的教育制度下采取各种方式进行符号暴力的灌输。其结果便造就了被教育者的文化资本。在现代社会中,文化资本是进入不同社会阶层的通行证,

---

① 布尔迪厄,帕斯隆. 再生产——一种教育系统理论的要点 [M]. 邢克超,译. 北京:商务印书馆,2002:13-23.

② 布尔迪厄,华康德. 实践与反思:反思社会学导引 [M]. 李猛,李康,译. 北京:中央编译出版社,1998:212.

③ 布鲁贝克. 高等教育哲学 [M]. 王承绪,等译. 杭州:浙江教育出版社,2002:65.

也是文化得以再生产的重要基础。"在剔除了经济位置和个人努力的因素影响以后,那些来自更有文化教养的家庭的学生,不仅有更高的学术成功率,而且在几乎所有领域中,都表现了与其他家庭出身的学生不同的文化消费和文化表现类型。"

在一个阶层分化明显的社会结构中,大学文化再生产更体现出符号暴力的特征。就中国目前的情形而言,根据文化资本的拥有状况,当代中国社会可分为十个阶层:国家与社会管理阶层;经理人员阶层;私营企业主阶层;专业技术人员阶层;办事人员阶层;个体工商户阶层;商业服务业员工阶层;产业工人阶层;农业劳动者阶层;城乡无业、失业、半失业者阶层[①]。来自这十个阶层的学生存在文化资本上的差异,他们进入部属高校、获得研究生教育的机会也是不平等的。拥有更多文化资本的优势阶层子女在获得优质高等教育入学机会上占有优势,而低社会阶层的子女则处于劣势,这种现象的形成与学生的家庭背景和家庭环境成正相关关系。具体而言,父母受教育程度高、父母职业地位高的学生在选择高校类型和层次上具有更多的机会。根据中国的国情,基本上是父亲在家庭中占主导地位,所以本书从父亲的受教育程度和职业视角加以探讨(见表 8-1、表 8-2、表 8-3)。

表 8-1 2001—2005 级十一省、自治区、直辖市大学生入读高校类型与父亲受教育程度关系

高校类型	父亲受教育程度				在高校类型内的比例
	小学及以下	初中	高中和中专	大专及以上	
部属重点院校	19.5%	17.3%	17.2%	29.3%	19.4%
公立普通本科院校	38.9%	32.7%	28.8%	27.7%	31.5%
公立高职高专院校	23.8%	30.4%	28.6%	14.9%	26.4%
民办本科院校	3.0%	2.6%	2.3%	3.0%	2.6%
民办高职高专院校	7.7%	9.0%	11.3%	9.0%	9.7%
独立学院	7.1%	8.1%	11.6%	16.1%	10.4%
合计	100%	100%	100%	100%	100%

数据来源:中国高等教育研究数据库(http://www.hedb.xmu.edu.cn)。

---

① 当代中国社会阶层研究报告披露中国社会十个阶层现状[J]. 党政干部文摘, 2002 (1): 35-36.

表 8-2 2001—2005 级十一省、自治区、直辖市大学生入读高校类型与父亲职业关系

高校类型	父亲的职业									在高校类型内的比例
	国家行政领导干部	经理人员	私营业主	专业技术人员	办事人员	个体户	商业服务业人员	产业工人	农民	城乡无业者、失业者及半失业者	
部属重点院校(%)	32.1	28.1	14.2	26.1	29.1	12.0	17.0	21.9	21.1	20.0	20.9
公立普通本科院校(%)	26.9	18.0	21.2	35.8	31.6	29.1	22.2	30.1	39.1	42.9	34.1
公立高职高专院校(%)	15.8	19.1	15.0	19.8	18.6	22.3	30.6	29.0	30.1	18.1	25.9
民办本科院校(%)	2.5	0.0	5.5	1.3	3.2	4.7	4.2	1.8	0.8	1.0	1.9
民办高职高专院校(%)	9.4	11.2	16.1	6.2	8.5	18.0	15.3	9.1	5.4	10.5	8.8
独立学院(%)	13.3	23.6	28.1	10.7	8.9	14.0	10.8	8.1	3.6	7.6	8.3
合计(%)	100	100	100	100	100	100	100	100	100	100	100

数据来源：中国高等教育研究数据库（http://www.hedb.xmu.edu.cn）。

表 8-3 2002、2003 级北京理工大学学生的家庭背景

层次结构	学生家庭背景				合计
	农民	工人	干部、知识分子	其他	
本科生	10.6%	18.1%	41.6%	29.7%	100%
硕士生	24.8%	9.4%	41.6%	24.2%	100%
博士生	26.3%	14.3%	41.3%	18.1%	100%

资料来源：杨东平. 中国教育公平的理想与现实[M]. 北京：北京大学出版社，2006：230.

表 8-1、表 8-2 分别反映了 2001—2005 级十一省、自治区、直辖市大学生入读高校类型与父亲受教育程度、父亲职业的关系，表 8-3 反映了 2002、2003 级北京理工大学学生的家庭背景。从 3 个表可以看出，高等教育入学机会的阶层不公平，既表现在不同阶层子女进入高校的类型上，更表现在他们进入高等教育系统的层次上。从父亲的受教育程度上看，在部属重点高校，父亲受教育程度在大专及以上的学生占 29.3%，比其他三个阶层的学生分别

高出0.8、12、12.1个百分点。从父亲的职业上看，国家行政领导干部的子女在部属重点高校中所占比例最高，达到了32.1%，比个体户子女所占比重高出20.1个百分点。干部、知识分子的子女在较高层次的高等教育体系中占据绝对优势，本科生占41.6%、硕士生占41.6%、博士生占41.3%，两极落差分别高达31、32.2、27个百分点。对比分析可以作出这样的判断：拥有更多文化资本的国家行政管理干部、知识分子、办事人员、经理人员、专业技术人员的子女在优质高等教育入学机会上更占优势，他们在部属重点高校中占有较大的比例，在硕士、博士等高层次的教育中也占有很大比例。产业工人，农民，城乡无业者、失业者及半失业者，私营业主，个体户的子女则主要就读于普通本科院校和高职高专院校，在部属重点高校中所占比例较低。

三、追求公平：大学文化再生产的终极目标

党的十七大报告指出："教育公平是社会公平的重要基础。"高等教育是教育的重要构成部分，追求公平是当前我国高等教育和谐发展的中心主题，也是大学文化建设的重要内容。消除资本积累对文化再生产的符号暴力，实现大学文化再生产的健康发展，需要从机会公平、制度公平、价值公平等方面着手。

（1）机会公平。机会公平是大学文化再生产的重要方式，也是消除大学文化之符号暴力的根本前提。教育之所以不公，首先在于机会不公。要实现高等教育机会公平，就要充分考虑那些在文化资本上居于劣势的群体，因为"公平表示人与人利益关系及关于人与利益关系的原则、制度、做法、行为等合理之义"①。罗尔斯在《正义论》中提出了教育公平的两项原则，有助于解决大学文化再生产的公平问题。第一个原则是平等原则，即每个人都有接受各种教育的自由权利和机会。从这一原则出发，高等教育资源作为一种社会公共财富，每个人都有机会拥有。高等教育机会也是社会公共资源之一，必须向所有人敞开。第二个原则是差异原则，即在社会成员中确保处境不利者的受教育机会。罗尔斯指出，教育机会均等只是形式上平等，它离事实上的平等相差较远，

---

① 戴文礼.公平论[M].北京：中国社会科学出版社，1997：41.

因为社会成员的天赋、能力是不一样的。所谓"天生"优势和社会优势只是武断的资源分配制度，含有必然的暴力性特征，只有采取社会协商的方法，通过合作体系进行平等分配，对处境不利者进行补偿，才能实现事实上的公平。这相当于告诉我们，高等教育机会只有向弱势群体倾斜才能减少符号暴力，具有真正意义上的高等教育公平。

（2）制度公平。制度公平是指通过建立管理规范和规章制度促进大学文化再生产的公正、平等。制度公平是大学文化再生产公平的重要保障。从制度的角度解析大学文化再生产，"文化有一种似是而非之处，它通过约束人的行为而使人获得解放"[1]。大学是学术的殿堂，探索高深知识是学者的基本责任。为了确保知识的准确与正确，学者的活动必须只服务真理的标准，而不受制度压力的影响。要想享有这种追求复杂的、深奥的高深学问的自由，制度的制定必须以人为本。然而，"学术界不是人人平等的民主政体，是受过训练的有才智的人的一统天下"。制定以人为本的制度，并非面向所有人，而是面向那些掌握了高深学问的人。用人本制度推进高深学问发展，体现了一种新型的文化观，这种文化观的重点不在于制度建设，而在于制度建设之后的运行与参与，其具体内容包括学者对大学制度文化建设的认同，以及制度文化对学者主动性、创造性和实效性的激活。

（3）价值公平。价值是指客观事物所具有的能够满足主体需要的属性。价值公平是大学文化再生产的根本目的。大学文化是一种关系性存在，它包含两个方面的规定性：一方面是能够满足一定价值需要的客体，另一方面是某种具有价值需要的主体。当一定的主体发现了能够满足自己价值需要的对象，并通过某种方式占有这种对象时，就出现了价值关系。崇尚学术，就要以学为尊，把学者、学生视为价值的主体，充分贯彻学术自由的原则。"学术自由之存在，不是为了大学教师的利益，而是为了他服务的社会的福祉，最终则是为了人类的福祉。"[2] 这种文化

---

[1] 眭一凡. 教育发展理论研究 [M]. 北京：高等教育出版社，2001：437.
[2] 金耀基. 大学之理念 [M]. 北京：生活·读书·新知三联书店，2001：173-174.

价值观有利于打破行政化的级别，把大学看作一个纯粹的学者团体，尽管这个团体中仍然有教授和校长、院长之分，也有教师与学生之分，但他们之间没有等级之别，只有分工不同。在这种价值理念中，校长、院长等行政管理者不一定要在学术上做出顶级成绩，但他们可以为学术事业的发展贡献自己的领导才能，而一般行政人员也可以很好地充当学术工作的辅助者。教师并不一定胜于所有学生，那些优秀的博士生、硕士生完全可以超越自己的导师。

第三节 和谐大学文化的特征与建构

当前，党中央提出建设和谐文化的历史命题，对大学文化建设指明了新方向、提出了新要求。全面分析和正确认识大学文化的内涵、和谐大学文化的特征、大学文化中的不和谐现象，以及建构和谐大学文化的实践方略，对于加强大学自身的文化建设，对于更好地发挥大学引领社会和谐文化建设的文化使命，都具有十分重要的意义。

一、大学文化自身是一个开放包容的文化系统

文化是一个使用最多、最复杂，而又最模糊不清的概念。目前学界的解释有数百种之多。现在比较公认的是英国人泰勒的定义，即"文化是一个复合性整体，包括知识、信仰、艺术、道德、法律、风俗以及人类在社会里所获得的一切能力与习惯"。文化不同于文明，文明包括物质财富和精神财富两个方面，而文化是指人类所创造的精神财富的总和。文化具有创造性与精神性、社会性与历史性、民族性与阶级性、整体性与综合性、传递性与习得性等特征[1]。

大学文化是社会文化系统中的一种亚文化，它具有文化的所有共性，受社会文化的制约，又体现出对社会文化的价值认同。大学文化是一种极富个性的组织文化。大学作为一个文化组织，既是社会选择、传承文化的专门场所，又是创新、辐射文化的重要基地。大学始终应处于社会文化建设的前沿，承担着引领社会文化前进方向的使命。大学之所以为

---

[1] 董泽芳. 教育社会学 [M]. 武汉：华中师范大学出版社，1990.

"大",关键在于它的文化之大。"大学的文化是追求真理的文化,是严谨求实的文化,是追求理想和人生抱负的文化,是崇尚学术自由的文化,是提倡理论联系实际的文化,是崇尚道德的文化,是大度包容的文化,是具有强烈批判精神的文化。"[1]

大学文化自身是一个复合、开放、动态的文化系统,具有多主体、多类型、多形态、多层次等特点。从大学的主体看,既有学校、院、系、所等单位主体,还有校长、教师、学生、管理人员等个人主体,他们都是大学文化的创造者,由此形成了学校文化、院系文化、班级文化,以及校长文化、教师文化与学生文化等。不同的主体又承担着不同的文化使命,校长是大学文化的设计主体,历任校长的精神、理念、学识、人格与管理思想对大学文化的建设起着引领方向、凝聚共识的重要作用。教师、管理人员是大学文化的建设主体,在大学文化建设中,他们至少承担着三种角色,即校长思想的实践者,已有文化因素的传承者与新文化因素的创造者。学生是大学文化的参与主体,他们是否积极主动地参与学校的各项教学、科研与校园文化活动,对大学文化建设的成败起着决定性的影响,他们是大学文化的全息载体。

从大学文化的类型看,既有学术文化、人文文化、生活文化之分,也有教育文化、科研文化与管理文化之别。从大学文化的形态看,既可分为显性文化和隐性文化,显性文化包括各种可见的环境文化与行为文化,隐性文化包括各种潜在的观念文化、学术文化与管理文化等;还可以分为静态文化与动态文化,前者是指能起到"润物细无声"的教育作用的各种建筑和环境,后者是指各种因时而变的文化要素。更多的人习惯于从层次上将大学文化分为表层文化、中层文化与核心文化。表层文化亦即上述显性文化,其中环境文化包括校园周边环境、校内的建筑环境、教学环境与生活环境等。行为文化包括大学主体的行为方式、思维方式、活动方式,以及在此基础上形成的各种风气与习惯。中层的制度文化,主要包括大学的各种规章制度与运行机制。核心层的精神文化,主要包括大学的历史传统、价值取向与目标追求等。

---

[1] 杨福家. 大学的使命与文化内涵 [J]. 华中科技大学周报, 2007 (4): 23.

大学文化内涵丰富，但并非相互割裂，而且各部分又相互联系，构成一个有机整体。其中，精神文化是内在的灵魂，环境文化是生长的条件，行为文化是外在的标志，制度文化则是精神文化的体现与行为文化的保障。至此，我们可以认为：大学文化是大学文化主体在长期办学实践中，通过自身努力和对外部文化的调适，逐步创造和形成的由精神文化、行为文化、制度文化与环境文化构成的一种独特的社会文化形态。

二、和谐大学文化的主要表征

和谐，自古以来就是人类的一种追求。"和"即和衷共济之意，"谐"有协调顺畅之义。和谐的哲学依据是"和而不同"的思想，即和谐的前提是承认"不同"，也就是承认事物的多样性、差异性、矛盾性与竞争性。追求大学文化的和谐发展，既包括追求大学文化与社会文化的和谐，也包括追求大学文化各构成要素自身及相互间的和谐。大学文化的构成非常复杂，追求构成要素之间的和谐，实质上是追求差异中的相互兼容、矛盾中的对立统一、竞争中的平衡互动、多元中的统筹协调。和谐大学文化的主要表征是：

（1）和而不同的价值取向。大学主体的多层次性决定了大学价值的多取向性，甚至相互矛盾性。大学在价值取向上的和而不同，就是在承认价值取向多元性的同时，坚持价值取向的一元引导。"和"是指共性的表达，"不同"是指个性的追求。和而不同的价值取向反映在学校层面，就是既要坚持社会主义核心价值观的主导地位，坚持社会主义办学方向和全面贯彻党的教育方针，促进大学生全面发展的育人方向，又能根据时代的要求与对校情的分析，提出本校独特的办学理念。反映在部门层面，就是既有学校统一的发展理念支配各部门的行为，又有部门自己创新的工作思路。反映在个体层面，就是既有统一的行为规范，又有展示个性的广阔空间。从而形成一元主导、多元并存、百花齐放、异彩纷呈，既生气勃勃充满活力，又安定有序快速发展的办学格局。

（2）和谐发展的目标定位。目标是大学主体在一定价值观念支配下作出的对发展某些事物的选择或人们行为希望达到的结果。正确、和谐的目标定位对于实现大学和谐发展具有重要的导向作用。和谐发展的目标定位首先反映在学校能充分考虑自身的传统、优势、潜力等条件，使学校发展的层次定位、类型定位、功能定位、特色定位的目标准确、合理，既顺应时代的要求，又符合教育的规律，既富有个性，又能达到多元的和谐统一；其次反映在学校的育人目标与社会人才需求目标的和谐。育人是以促进大学生的知识与人格、共性与个性、生理与心理的和谐发展为根本目的，大学正是通过培养和谐发展的高素质人才，起到优化人才结构、推动科技振兴、促进经济发展、维护政治稳定、增进文化繁荣与建设生态文明等多方面的作用；其三反映在学校发展目标与师生员工个人目标的和谐，即学校能够通过有效的整合方式将组织目标转化为个人目标，充分调动每个人的积极性、创造性与主动性，师生员工同心协力为实现学校的目标而奋斗；其四反映学校发展的各项具体目标之间的和谐，也就是能正确处理改革目标、发展目标与稳定目标之间，教学目标、科研目标与社会服务目标之间，以及近期发展与长期发展、硬件建设与软件建设目标之间的关系，做到统筹兼顾，协调发展。

（3）和合相应的制度体系。"和"指异质因素的共处，"合"指异质因素的融合。"和"是基础，"合"是目的。"和合相应"是指多种异质因素在动态调适中实现的有机融合。大学既是一个文化底蕴与学术传统深厚的学术组织，又是一个结构复杂与高度分权的行政组织，矛盾与冲突在所难免，要形成稳定和谐的校园秩序，有赖于构建和合相应的制度体系。这种制度体系反映在：一是以人为本，即一切制度都充满着人文关怀，有利于激发所有人的聪明才智；二是刚柔相济，也就是刚性的制度约束与人性化的制度激励相统一；三是适时而变，即制度具有灵活性，既能因时制宜，也能因情而异；四是开放包容，即制度创新既能立足校情，符合国情，又能博采众长，吸纳借鉴国外大学制度中的合理因素。

（4）和协有序的调适机制。大学发展的内外环境都在不断变化，所谓"调适"是指大学能够主动调整自己的价值取向、目标定位、内部结构与制度体系等，以适应内外环境的过程。影响大学发展的内外环境是多方面的，大学的调适也需要多方面的机制。这些机制既能各自发挥不同的作用，又能相互协调、彼此配合，从而有效达成大学和谐发展的目标。和协的调适机制主要包括：正确的价值引导机制，即在多元的价值取向中努力探索大学的核心价值观，以形成共识，凝聚人心；顺畅的意愿表达机制，即一切有关学校发展的重大事项都能广泛征询各方面意见，使决策建立在科学、民主的基础之上；公平的利益协调机制，即能妥善处理不同层面的教职员工的利益关系，化阻抗力量为建设力量；灵敏的预警防范机制，即通过建立完整的校园信息反馈网络，增强对各种阻碍和谐发展问题的预见性与防范的主动性；有效的调控机制，大学的和谐是相对的，只有恰当地运用思想教育、民主协商、利益调节、制度约束与政策规范，及时有效地克服大学发展过程中的矛盾与冲突，才能保障大学发展的和谐。

（5）和睦相处的人际关系。和睦相处的人际关系是和谐大学文化的核心内容。这种人际关系，首先反映在学校领导之间，既分工明确又配合紧密：工作上分，目标上合；行动上分，思想上合；小事上分，大事上合；工作到位不越位，相互"补台"不"拆台"。其次反映在师生之间，教师师德高尚、学识渊博、教艺高超，又能处处"以生为本"；学生则时时"以师为尊"，敬重、理解、信任教师，主动与教师进行学术的交流与情感的沟通，师生关系融洽、配合默契。其三反映在教师之间，每个教师都有着崇高的精神追求，处处以"育人"为重，彼此以真诚相待，在自由宽松、公平公正的学术环境中，既有相互间的竞争，又有彼此间的协作。其四反映在干部与教师之间，干部能克服官本位意识，教师能克服学者优越的思想，在人格上相互尊重，在权利上相互平等，在工作上相互支持，在发展机会上相互兼顾。

（6）和雅共生的文化互动。大学既是文化传承与创新的重要基地，也是多元文化汇聚与交流的主要场所，多元文化虽然存在很多差异，甚至彼此对立，但相反可以相成，多元文化的碰撞交融才有可能产生新的思想、新的文化。北京大学正是继承和发扬了蔡元培"学术自由、兼容并包"的思想，才造就了长盛不衰、特色鲜明的北大文化。当今，全球化的时代背景更强化了大学文化多元发展的趋势，大学只有在文化建设上追求和雅共生，即承认文化差异，鼓励百家争鸣，使科学文化与伦理文化、现代文化与传统文化、东方文化与西方文化、民族文化与世界文化、精英文化与大众文化、校园文化与社会文化相互碰撞、相互交融，才能不断创新。

（7）和美交融的校园环境。"和美"是指多种环境的和谐统一而使人获得整体美的感受。大学校园环境包括硬环境和软环境。和美的校园环境，体现在硬环境与软环境自身的和美，以及两种环境的相互和美。硬环境包括大学的教学、科研、生产、生活环境，硬环境的和美反映在一切建设都经过精心设计，一山一石、一草一木都是特色鲜明，风格各异，又有整体布局的和谐。和美的软环境主要体现在生动活泼的学习环境、自由民主的学术环境、整洁舒适的工作环境与充满爱心的育人环境的和谐统一。两种环境的整体和美，反映在"文"、"雅"、"序"、"活"四个方面："文"指校园文化底蕴的深厚与科学、人文的交融；"雅"指校园环境的文明雅致与师生举止的高雅文明；"序"指校园的所有安排都井然有序，一切活动都有章有法；"活"指学校的各项工作都富有特色，充满活力。

（8）和实生辉的办学特色。办学特色是大学在一定办学思想指导下和长期办学实践中逐步形成的独特的、优质的和被社会公认的个性风貌。"和实生物"是一切事物发展的共同规律，办学特色也是历史传统与现实实践活动、主观因素与客观因素共同作用的结果。办学思想、价值观念、目标定位是办学特色的灵魂，法规制度、运行机制、校园活动是办学特色形成中最具活力的因素，学科建设、模式创新与环境优化是办学特色形成的重要标志。正是在多个主体的共同追求与多种因素的相互交融中才能形成具有鲜明个性的办学特色。和实生辉的办学特色是和谐大学文化的综合体现。

三、大学文化中的不和谐现象

对照和谐大学文化的表征，可以清楚地发现在当前的大学文化中，仍然存在诸多不和谐的现象。从总体上来看，这些不和谐表现为重外层文化建设、轻核心层文化建设，重硬环境建设、轻软环境建设，重理念构建、轻制度创新，重刚性制度的构建、轻柔性氛围的营造等。具体来看，大学文化不和谐主要有下列表现：

（1）办学理念的困惑。大学是追求科学、民主，培养理性精神和批判精神的殿堂。大学应以开发人的智慧潜能，提升人的思想境界，促进人的自由、全面发展为宗旨。大学办学理念应高扬高等教育自身的超越性，注重对社会发展的引导功能。然而，面临市场经济负面因素的冲击与世俗功利取向的压力，不少大学在"育人效益"和"经济效益"、"适应社会"与"超越社会"的选择中困惑了，有的过分看重了经济效益，过分强调了对现实社会的适应，甚至完全以市场为导向来指导学校的一切活动。

（2）价值取向的偏离。受错误的办学理念支配，大学在文化发展中存在明显的重物本、轻人本的价值取向。表现在发展取向上，重规模效益、轻育人效益，造成数量攀升而质量下滑。在功能取向上，重派生功能、轻育人功能，在派生功能中，又重经济功能、轻文化功能，造成功能失调，本末倒置。在经费取向上，重硬件建设、轻软件建设，造成大楼林立但大师缺少，仪器设施先进但育人思想落后。在专业取向上，重技术学科、轻人文学科，造成功利思想泛滥，人文精神失落。在职能取向上，重科研、轻教学，而对科研成果的评价是重指标考核、轻积累效应，造成教学环节弱化，泡沫学术泛滥。

（3）发展目标的错位。大学的合理发展定位是在客观分析高等教育的发展趋势、大学之间的竞争态势，以及自身的潜力与优势的基础上，确定自己的发展目标、发展速度与发展方式。但由于受到偏颇的价值取向和急功近利心态的影响，许多大学在发展理念上明显错位，过分追求规模大、速度快、学科全、专业多、层次高，导致了近年来我国高等教育领域的盲目攀高、升格之风。一时间，大学规模越办越大，大学城建设越来越多，升格之风愈演愈烈，"跨越式发展"的口号愈喊愈响。有些高校为了达到升格的目的，不惜采用一些非正常手段，造成竞争失序。有些高校不顾条件盲目扩招，造成师资、设施短缺，培养质量下滑。有些高校盲目追求热门专业，造成专业的重复设置。有些高校为了扩张大量借贷，造成巨额负债，极大地影响了学校的持续发展。

（4）制度建设的滞后。办学理念、价值取向等作为精神文化要素必须与制度建设紧密结合才能发挥出引导、规范与激励等综合效应。哈佛大学的成功在于形成了一种明确的办学理念以及在这一理念支配下逐步完善的制度体系，包括教师聘任制度、招生制度、核心课程制度等。从我国许多大学来看，虽然也提出了"自主办学"、"依法办学"、"教授治校"、"学生为本"、"学术自由"等理念，但缺乏一套行之有效的制度来保障这些理念的实现，致使大学的办学自主权、教授的治校参与权、学生学习的自主选择权仍十分有限。不少理念仍然是挂在领导的嘴边上，写在学校的文件中。

（5）主体之间的冲突。多层次的主体与多样化的需求决定了大学文化主体之间矛盾的必然性。但这些矛盾如果得不到及时化解与正确处理，就有可能转化为对抗性的冲突。考察当前的大学，主体之间的冲突仍普遍存在。这些冲突既反映在学校与院系之间、学校及院系与教职工之间、教师与学生之间，也反映在学校党委与行政之间、教师与管理人员之间、学术人员与非学术人员之间。各主体之间的冲突既有思想与理念的冲突，也有利益和行为的冲突。冲突表现形式在学校里多为"有令不行、有禁不止"或"上有政策、下有对策"。表现在课堂上则是身心分离，甚至逃课抗拒。这些冲突不仅影响了大学的和谐氛围，而且极大地降低了大学文化的凝聚力。

（6）文化环境的失序。大学文化无时无刻不受社会文化的影响。随着市场经济的发展与社会利益结构的调整，整个社会的形态都发生了深刻变化，并对大学原有文化生态产生着强烈的冲击，由此造成文化环境失序，如在经济全球化的背景下，西方多元价值观念在一定程度上引发了大学生的信仰危机与道德失范。随着信息日益开放化，媒体文化对大学生的思想、精神、学习与生活也产生了极大的影响，引起部分大学生的认知怠惰、情感障碍。大学生结构的变化，以及张扬个性、追求自我的时代特点，使大学生的群体文化日趋多元化。网络的发达使大学生中不同观点有了充分任意发布的机会，由此导致部分大学生思想产生了混乱。这些失序的文化迫切需要正确的引导。

此外，大学文化的不和谐还表现在人文精神的失落、行为文化的庸俗、自身特色的迷失等方面。

四、和谐大学文化的建构方略

（1）坚持以人为本与全面协调的价值取向。坚持以人为本就是确立人在和谐大学文化建设中的主体地位，既要以促进人的和谐发展为根本目标，又要以调动人的积极性、主体性和创造性去开展各项建设活动为主要任务。人的和谐发展，从对象上讲既包括学生的和谐发展，也包括教师的和谐发展。从内容上讲，既包括人的全面发展，也包括人的个性发展。全面发展是指人的体力和智力的充分发展，人的物质活动与精神活动的能力，以及思想、道德、情操等多方面的发展。个性发展是指基于个体差异基础上的个人的兴趣、特长与专业的自由发展。全面发展是社会发展对人的发展的统一性要求，个性发展是社会发展对人的发展的多样性要求。全面发展是个性发展的前提，个性发展是实现全面发展的途径，二者是相辅相成的关系。大学文化重在"化人"，就是要培养和谐发展的人。大学必须坚持贯彻德、智、体、美诸育并重的教育思想，要注重构建多种文化和谐共生的课程体系，要努力营造宽松、自由的环境，为师生员工的和谐发展创造最佳的条件。

坚持以人为本的核心价值理念既是大学教育追求的崇高目标，也是促进大学各项工作全面协调发展的关键所在。大学工作包括校、院、系各个层次，教学、科研、管理、服务各方面，招收学生、指导培养、毕业分配等各个环节。各项工作的协调发展就是要在以人为本的理念指导下全面提升人的素质、充分调动各方面积极性，真正做到教育以学生为本，办学以教师为本。在各项工作中，既能突出教学工作的中心地位，又能使各个层面、各个环节的工作相互适应，和谐发展。实现全面协调发展有赖于科学发展观的指导，也就是在坚持以人为本的同时，还需要坚持发展的整体性、协调性、持续性，既能突出重点、又能兼顾其他，妥善处理好改革、发展与稳定的关系。

（2）确立特色鲜明与统筹兼顾的目标定位。鲜明的特色是和谐大学文化的魅力所在。这一特色主要反映在三个层面：一是宏观层面的办学思想、发展理念，以及在这一理念支配下形成的大学精神；二是中观层面的学科建设、专业布局，以及学校在办学层次、类型，发展的数量、质量、规模、速度等方面的目标定位；三是微观层面的人才培养目标、教育模式、科研范式与管理方式等。判断大学特色定位是否准确的标志有三：一是宏观层面的目标定位是否与学校的历史传统、发展现状及发展潜力相适应；二是中观层次的目标定位是否代表和反映了社会与国家的要求，是否与学校的实力相符；三是微观层面的目标定位是否反映出事实求是的改革的思路，是否使学校充满生机活力。为了能够确立特色鲜明的目标定位，大学一是要以科学发展观和先进的办学理念为指导来设计大学的发展目标；二是要重视三种情势的调查研究，即社会发展对人才需求的态势，同类学校、相关专业与相关学科的发展趋势，纵横比较找出学校自身的优势；三是要充分发挥教师的主体作用，使教师真正成为特色理念的实践者、已有特色的传承者与新特色的创造者；四是要以生本理念为指导，创新培养模式，努力培养有特色的学生。

大学文化发展是一个系统工程，应该在突出特色的基础上统筹兼顾其他目标。这种兼顾，首先是公平目标与效率目标兼顾。大学发展既要尊重历史、承认差别、突出重点、优先发展，以提高效率，又要扶持新生学科、新生专业，完善对弱势学科、弱势群体的补偿制度。其次是大众目标与精英目标兼顾。大学教育不只是追求少数人的发展，而且要惠及多数人的发展。其三是通才目标与专才目标兼顾。大学教育既要促进每个人的自由而充分的发展，又要适应日新月异、纷繁复杂的社会的需求。因此，既要因人而异，促进学生合理分化，提高其专业能力，又要加强通识教育，全面提高学生的综合素质。此外，大学还应追求整体目标与局部目标、现实目标与理想目标、近期目标与远期目标，以及经济目标与政治目标、科技目标与人文目标等多方面的统筹兼顾。

（3）建立刚柔相济与法德并重的制度体系。"刚柔相济"，即严格的管理制度与宽松的管理氛围相结合。和谐的大学文化首先必须有健全的制度体系。制度可以强化规范的行为，制度可以培养自觉的习惯。大学的制度体系建设应着力于三个层面。在核心制度上，应通过理顺大学与政府、社会的关系，使自主管理、学术管理的理念落到实处。在一般制度上，应通过健全学术民主管理的组织机制，改革现行的权力分配结构，强化大学运行中的学术权力。在具体制度上，应建立既有分工又有协作、责任明确的大学法人制度、组织人事制度、教育与科研制度、学科建设与学术保障等制度。大学在加强制度时，必须明确制度不是为了约束人、管制人，而是要通过制度来解放人的思想、引导人的行为、激发人的潜能。因此在学校的各项制度中都要充分体现人文精神，要在制订各种制度和规则时，充分发扬民主，广泛听取意见，反复进行修改。这样，制订出来的制度与规则才具有广泛的群众基础，才能得到师生的支持，大家执行起来才心情舒畅。总之，应以和谐的理念与方法关心人、激励人，使管理人格化、弹性化。

构建和谐大学文化在管理上还要体现"法德并重"，也就是大学既要强化依法治学，又要倡导依德治校。依法治学是大学文化和谐发展的基础。为此，高校领导干部必须不断强化法律意识、加强作风建设、提高谋求学校发展和协调各类关系的能力。学校管理者要牢固树立法治观念，提高依法管理的能力。广大师生要通过法制教育和理论学习，提高法律素质，做到知法、守法。"以德治校"是大学文化和谐发展的更高境界。以德治校就是要通过强化"育人为本、德育为先"、"育人重在育德"、"育德重在育心"等理念，大力加强师德建设，创造性地开展思想道德教育，弘扬师德精神，弘扬学校正气，形成良好的教风、学风和校风，使学生在正确的世界观、人生观、价值观指导下，在和谐的氛围中健康成长。

（4）营造内和外顺与软硬结合的环境文化。构建和谐的大学环境文化离不开内外环境的和谐发展。内部环境的和谐，除了自然环境、人文环境、制度环境的和谐外，更重要的是人际环境的和谐，包括大学领导之间的和谐、干部与教师之间的和谐、师生之间的和谐与学生之间的和谐等。当前最需要建设的是领导成员之间的和谐，因为领导班子是学校的主心骨，是大学文化建设的指挥部，是高校发展的领路人。如果学校领导之间能真正做到相互尊重、相互信任、相互支持、同心同德、齐心协力，就有可能带动干群和谐互敬、师生和谐互动、学生和谐互助，就能把学校各项工作搞好。外部环境和谐包括学校与上级主管部门、社会各相关单位、周边、社区与学生家长等方面，学校应通过主动沟通、多方服务等方式协调好各方面的关系，以实现学校与主管部门的和谐一致，与社会各界和谐一体，与其他大学的和谐共生，与学生家长的和谐互通。

构建和谐的环境文化，在策略上需要软硬结合。一方面，要用软科学指导硬环境建设，即通过科学设计与形象策划来优化、美化、净化学校的教学场所、实验场所，以及所有自然景观与人文景观，使之达到使用、审美、教育与陶冶等多项功能的和谐统一。另一方面，要用硬措施来抓软环境建设，即通过开展扎实的师德建设，严格的作风、学分与考风建设，制订完善的岗位职责、目标考核与大学生行为规范等，营造自由和谐的大学软环境，以培养学生自信、自尊、自强等意识，调动学生积极性与主动性，激发学生的学习欲望与创新精神，从而为学生的健康成长提供精神、智力和文化的支持。

（5）实现理念提升与实践创新的良性互动。办学理念是大学精神文化的核心要素，决定着大学文化建设的价值取向与目标追求。不断提升大学理念是促进大学文化和谐发展的重要环节。随着社会经济的迅速发展，对外交流的日益活跃，教育改革的不断深化，我国大学的办学理念也在扬弃、超越历史传统，吸收、转化世界先进教育理念的基础上不断提升，并逐步形成了反映时代精神和具有中国特色的办学理念，包括以生为本、以师为先、以德为重、以学为尊、以和为贵、自主创新、协调发展、开放兼容、特色办学、质量立校、人才强校等理念。但办学理念并不等于办学实践，理念是一种理想意愿和目标追求，它不可能自动实现。新的理念必须通过实践创新，才能不断地得到检验，不断地完善，才能最终实现。先进的办学理念是在与实践创新良性互动的过程中，逐渐提升而形成的。

大学的实践创新主要有：一是制度创新。大学发展的实践证明，依据新理念设计新制度，并使二者良性互动，才是促进大学不断发展的最重要动力。二是模式创新，包括办学模式、人才培养模式、教学模式、科研模式等等。模式创新之所以能够将理念转化为现实，是因为任何模式都包含着目标体系、结构体系与运行机制体系，具有切实可行的操作路径。三是管理机制创新。从宏观层面讲，管理机制创新就是如何在高校管理中消除计划管理机制的弊端，引入市场机制，激发高校的办学活力，增强高校的竞争力。办学理念转化为办学实践必须把握三个环节：一是要对社会发展的趋势与大学发展的态势有较客观的认识，对学校发展面临的机遇、挑战以及在理念上和实践中要解决的突出问题有较准确的把握。二是要充分利用学校媒体广泛宣传，让广大师生接受和认可学校已确定的理念与改革思路,并将之转化为新的人才观、质量观、教学观与管理观。三是在实践创新过程中,要不断地进行科学诊断,在总结成绩的同时不断地发现问题,不断地修正补充,不断地完善提高。

第四节 论大学与传统文化

人类社会发展至今离不开传统文化,传统文化的继承和发展离不开大学。大学通过文化的选择、传承与创新培养高层次人才,因此必须认真研究传统文化的结构、特点及对大学的影响,才能卓有成效地实现大学的功能。

一、传统文化的内涵与特征

(一) 传统文化的内涵

何谓文化?文化是一个较复杂的概念,使用较多,而又较模糊不清。不仅社会学、人类学、民族学、考古学、社会心理学把文化作为重要的概念,而且哲学、历史学、政治学、经济学、伦理学、教育学、法学、神学以及文学、艺术学等也都在某种意义上使用文化的概念。不同的学科由于专业的狭隘性与知识的片面性,在文化概念使用上各抒己见,相互排斥,甚至反唇相讥。1952年美国人类学家克鲁伯和克拉克洪写了一本《文化:关于概念和定义的检讨》的书,统计从1871—1951年80年间关于文化的定义就有164种。在我国,"文化"一词源远流长,在中国古代《周礼》上就讲:"观乎人文以化成天下","文化"是指文治教化之意。西文"文化"一词来源于拉丁文,意指耕作、培养、发展出来的事物,是与自然存在的事物相对而言的。在我国关于文化的争论已久。既有内涵上的广义与狭义之分,如广义的有梁漱溟在《中国文化之要义》一书中说"文化之本义应在经济、政治,乃至一切无所不包";有狭义的如梁启超在《什么是文化》一文中说"文化者,人类心能所开释出来之有价值的共业也"等。此外,还有"二因素"、"三因素"、"四因素"与"五因素"之说。现在国际上比较公认的是英国人泰勒提出的一个定义。他说:"文化是一个复合性整体,包括知识、信仰、艺术、道德、法律、风俗以及人类在社会里所获得的一切能力与习惯。"

文化具有下列特征：第一是创造性与精神性。任何文化都不是从天上掉下来的，凡是文化都是由人创造的，自然生成的东西不称为文化。但文化又不是指纯粹的物，如认为万里长城、大型编钟就是文化是不妥当的，文化是指体现在这些物中的精神价值与审美情趣。第二是社会性与历史性。文化总是一定现实社会的反映，而现实的文化又是历史文化的继承。第三是民族性与阶级性。文化总是随着民族的产生而产生，随着民族的发展而发展的。在同一个民族当中，文化又有阶级性。第四是整体性与综合性。文化是一个复合性的整体。它包含着多层次、多侧面，这叫作整体性。但是不同的文化又是可以综合的，东方文化和西方文化有很大的差异，但是东方文化和西方文化也可以综合。传统文化与现代文化也可以综合。第五是传递性与习得性。人类的文化是靠传递而延续，文化不延续就没有了。中国的"文化大革命"之所以对中国造成很大的灾难就是因为它终止了文化的传递，"文化大革命"就是"大革文化命"。所谓"习得性"是指个体的文化靠学习而得到，文化与个体的先天因素无关。你生得再聪明，不学习，同样没有文化根基。

何谓传统？一般人认为，传统就意味着过去，这样的解释是不太恰当的。黑格尔认为，传统是"人类所有过去各时代工作的成果，一如外在生活的技术、技巧与发明的积累，社会团结和政治生活的组织与习惯，乃是思想、发明、需要、苦难、不幸、聪明、意志的成果，和过去历史上走在我们前面的先驱者一所创获的成果"。"传统通过一切变化的因而过去了的东西，结成一条神圣的链子，把前代的创获给我们保存下来，并传给我们……这种传统并不是一尊不动的石像，而是生命洋溢的，有如一道洪流，离开它的源头愈远，它就膨胀得愈大。"肖篯夫进一步解释说："传统并非已经死去的历史沉积，而是至今仍然活着的文化生命。它渊源于过去，汇注于现在，又奔流于未来。"① 这句话很形象地描述了什么是传统。它是历史上的东西，但它并非死去，而是至今仍

---

① 王学伟. 试论中国优秀传统文化的科学内涵[J]. 海南师范大学学报：社会科学版，2014 (6)：32.

然活着,所谓"汇注"就是现代人对传统进行不断的反思,不断的改造,把现代的思想加进去。所谓"奔流于未来"就是传统的东西在未来仍有生命力。基于此,李宗桂提出"所谓传统,就是历史上形成的、具有稳定的组织结构和思想要素、前后相继、至今影响着人们的特定的思维方式、价值观念、道德风俗等深层文化的社会心理和行为习惯"①。有学者认为:所谓"传统文化"是相对于"现代文化"而言的,是指产生于自给自足的自然经济基础之上,君主专制或贵族专制等传统政治条件下的文化形态。

传统文化应具有下列特点:一是历史性与现实性的统一。凡传统文化,都是历史遗留下来的,而历史形成的传统文化在现实中仍然有着生命的活力。二是稳定性与发展性的统一。即与传统社会的政治经济相适应的文化,各种制度、社会心理、行为习惯等一旦形成,便具有相对稳定性。相对稳定并非一成不变,其核心要素,如核心价值、基本精神不会有根本性变化,但在表现形式及程度上会随着时代的变化而有所变化。三是进步性与保守性的统一。即传统文化既有积极进取的一面,也有消极保守的一面。

传统文化与文化传统既有联系,也有区别:从内涵上讲,传统文化是外在主体历史凝固了的种种文化事实;文化传统则是民族文化中,世代相延的,被民族成员认同的,具有共性的,支配着民族认知、判断和行为的观念形态或习惯势力。"传统文化包蕴着文化传统,文化传统是传统文化在精神领域的集中体现。传统文化和文化传统都是历史,都可能具有社会作用的两重性,都可能具有生命力,都可能传承到当代。因此,研究、评判和弘扬中国优秀传统文化,应当既包括传统文化,也包括文化传统,而不是把传统文化弃置一旁,仅仅研究文化传统。"②

(二)中国传统文化的影响因素

中国传统文化的形成主要受五大因素的影响:第一是地理环境。存在决定意识,任何一个民族传统文化的形成特点都是这个民族在长期所

---

① 李宗桂. 中国文化导论 [M]. 广州:广东人民出版社,2002:14.
② 李宗桂. 试论中国优秀传统文化的内涵 [J]. 学术研究,2013 (11):63.

处的特殊的地理环境当中所形成的。中国的传统文化是在一个天然地获得隔离机制的、半封闭的大陆环境中形成的。这个天然获得的"隔离机制",东临茫茫大海,西北是漫漫戈壁,西南是险峻的高原,它是个相对封闭的体系,叫作自然隔离。这就使中国的传统文化较早地成为一个相对独立的体系,而不像有的民族文化那样或因外族的入侵而中断,或因交通的方便而被同化。正是这样一种在长期隔离状态下形成的文化,使中国国民具有华夏中心意识、夜郎自大意识和封闭的心理。

第二是经济条件。由于良好的地理和气候条件,促成了早期的农业发达,使我们的祖先在古代就创造了灿烂的农业文化。这种早熟的农业文化,对世界是有贡献的。同时,也是由于这种农业文化,我们民族形成了一种自满自足、过于自尊的心理屏障。长期的小农经济、狭小的生产规模、落后的生产方式,一方面造就了勤劳、朴实、内向的中国农民性格,同时也造就了狭隘、自私、保守的心理倾向,以及重农抑商、轻视知识、轻视人才等传统观念。

第三是宗法制度。中国是一个宗法制度非常盛行的国家,一个人从小到老都生活在一个特定的宗法结构中,所以中国人的宗法意识、宗族观念是非常强的。中国人爱攀老乡,爱讲我是哪里人,你是哪里人,"美不美家乡水,亲不亲故乡人","三个公章比不上一个老乡",这就是宗法意识。

第四是政治结构。中国长期是一个封建专制的国家,如果从秦始皇算起,中国专制政体也有两千多年。这样一种政治结构对中国传统文化的影响是非常大的,最突出的是政治色彩浓厚。

第五是外来文化。尽管中国的传统文化是在一个封闭的环境中形成的,但并非完全没有受到外来文化的影响。从历史上看,外来文化的影响至少有三次:第一次是东汉时期的"佛教东传"。佛教是东汉时期输入中国的,在唐朝达到高峰,这是第一次中印文化的大交流。第二次是明清之际的"西学东渐"。明朝末年,中国是开放的,当时西方有很多传教士到中国来传教,其中最有名的两个人,一个叫作利玛窦,一个叫作汤若望。这些人到中国来传教的同时也带来了西方的文化,包括天文、历法、数学、武器、地图、绘画、自然科学等等,这是东西文化的一次大交流。第三次是鸦片战争以后的"中体西用"。这一次的交流是被迫的,也就是西方人用坚船利炮打开了封闭的国门,中国人被动地接受西方文化。当时有识之士提出来要"放眼看西方"。张之洞明确提出中体西用,就是主张西方的技术可以学习,但中国的政治体制不能改变。这次文化的交流,应该说既有正面的影响,也有负面的影响。

(三) 中国传统文化的主要特点

一是源远流长、博大精深。悠悠五千年中华历史,是令我们感到自豪的。现在专家们又有了一些新的发现,如东北的红山文化,浙江的良渚文化,四川的金沙遗址,湖南的永州舜帝文化遗址的发现,使我们清晰地看到中国早期的农耕文化的历史至少可以提前到八千年至一万年以前,所以说中国传统文化"源远"。中国传统文化有四"多",一是多源头,二是多流向,三是多侧面,四是多层次。"多源头"就是中国历史上形成的源头很多,三代以来就有了中原文化、长江流域文化、淮河流域文化之分。西周以后又形成了宗周文化、齐鲁文化、三晋文化、荆楚文化、吴越文化等区域文化。宗周文化以中原地区为主,处于主体地位。中国传统文化源头多,流派也多,春秋战国时,有儒、墨、道、法,九流十三教,十分繁荣。到了汉武帝的时候,接受了董仲舒的建议,罢黜百家,独尊儒术。但后来的儒家仍然是支分派衍,如宋代理学就有"濂、洛、关、闽"之分,这就是"多流向"。所谓"多侧面"指的是中国传统文化既有农业文化,也有草原文化,还有海洋文化,主要是农业文化。所谓"多层次",就是中国的传统文化既有上层的士大夫文化,也有中层的市民文化及下层的农民、手艺人文化等。有个成语叫作"雅俗共赏",就是在中国高雅文化与低俗文化能共存共荣。

所谓"博大精深"是指中国传统文化的内涵非常丰富,体系十分庞杂。我们至少可以把传统文化分为12类。第一是天道学,这是基本的世界观范畴,包括天道主义、无神论。中国古代是无神论占主流。"子不言怪力乱神",孔子不信神,不讲怪,也不信鬼。儒学是无神论的。第二是法术学,是研究方法论的学问,分权术、中庸学与名辩学三部分。第三是政理学,是研究政治哲理的学问,包括政治制度、政治行为。第四是伦理学,是道德哲学,研究人际关系,中国的道德伦理是非常重和谐的。第五是审美学，是评价事物、美饰事物的学问。第六是养生学，是研究立命、保身、护体、养气的学问，包括营养术、武术、巫术、医术、房中术、道术等。第七是军事学，中国的军事学博大宏富，中国古代有十大兵书，包括《孙子兵法》与《孙膑兵法》等。《孙子兵法》在世界上是很有影响的。第八是百工学，包括各类工程科学，如航海术、爆破术、造纸术、印刷术、陶瓷术、纺织术等等，在中国的历史上都是很有地位的。第九是运筹学，是筹算、计划之学，包括数学、物理学、逻辑学等等，以数学为主。第十是农学，中国的农业有几千年的发展历史，多有高超之计，且经过长期实践检验。第十一是文艺学，中国的文艺学有着与西方迥异的风格，如汉赋、唐诗、宋词、元曲、明清的小说等，都是登峰造极，非常之精彩。第十二是语言学，中国的语言在世界上是最丰富的，国际汉学家高度评价汉语是智慧的语言，是最成熟的语言。

　　二是多元复合，儒学为主。中国传统文化的多源头、多流向、多侧面、多层次构成了中国传统文化多元复合的特色。多元复合中最重要的是三教，即儒学、道学与佛学。在多元复合的传统文化中，儒学以"人"为本位，侧重从人的角度来关照人生，强调人和社会、自然的和谐，重视人的生命的价值。道学以"自然"为本位，侧重从自然出发来关照人生，强调自然是人生的根本，主张顺应自然，回归自然。佛学是以"解脱"为本位，宣扬众生通过修持以求得从迷惑、烦恼、痛苦和生死轮回中解脱出来，进入大自由的境界。三教在中国传统文化中有各自的功能，但多数人认为是儒学为主。儒家的核心思想是"三纲五常"，"三纲"即君为臣纲，夫为妻纲，父为子纲；"五常"即仁、义、礼、智、信。这一套道德伦常正好符合了中国特殊的国情。因为君权有利于维护大一统的政治局面，夫权有利于巩固以血缘关系为基础的宗法制度，父权有利于树立自然经济条件下男性家长权利地位。所以这种思想能在中国成为主流。特别是汉武帝接受了董仲舒提出的三大对策，即"重太学、兴科举、独尊儒术"后，儒学的主体地位得以确立，历朝历代都对儒学非常推崇。儒学为主，对传统文化的影响从总体上来说既有正面的，也有负面的。儒学的特点有"三重"：一是重伦理以兴民德，儒学强调道德礼仪，对国民的道德素质、道德修养历来都是很重视的。二是重政治以行统一，儒学强调政治上的统一，世界上很多国家是很难做到的，我们是有着56个民族的国家，能做到统一是不容易的。三是重教育以开民智，儒家是非常重教育的。这"三重"对于稳定中国社会、提高国民素质、形成礼仪之邦都产生过重大的积极影响。

评论儒家肯定要涉及孔子，因为孔子是儒学的代表人物，儒学的地位不断提高，孔子的地位也不断提高。李泽厚评价，孔子思想已无孔不入地渗透到人们的观念、行为、习俗、信仰、思维方式、情感状态之中，自觉不自觉地成为人们处理各种关系、事物和生活的指导原则、基本方针以及构成这个民族的共同的心理状态和性格特征。孔子的思想有三个特点。一是现实主义的人生哲学。《论语》记载，子不言怪、力、乱、神，说明孔子对鬼和神都是非常淡漠的，但孔子非常注重现实的人生，主张"为仁由己"，即认为每个人要想达到一种高尚境界，都要靠自己，强调发奋忘忧、不断进取，以实现自己的抱负。二是集体主义的价值导向。孔子强调"仁者爱人"、"泛爱众而亲仁"。他指出"爱人者人恒爱之"，也就是一个关爱别人的人就会得到别人的关爱。三是人本主义的道德理想。孔子讲"文武之道，布在方策，其人存，则其政举，其人亡，则其政息"。强调一切行为都靠人，也都是为了人。

三是伦理为先，政治至上。以血缘关系为纽带的宗法社会和以大一统为特征的封建专制社会，使伦理原则与政治原则在中国传统文化中得以紧密结合。

伦理为先对中国传统文化的影响表现在以下五个方面：一是形成了以伦理思想为核心的中国文化，中国许多哲学、政治观念的产生都是以伦理思想为起点的。二是注重了人际关系，但忽视了人与自然的关系。三是形成了重视德治感化的传统，而法治则相对薄弱。四是形成了重人的意识，儒家提出"人为万物之灵"、"天地之性人为贵"，所以有的学者将中国的儒家文化称为"人学"。五是生长出"贵义贱利"的价值观。孔子、孟子都非常强调"义"，特别是董仲舒提出"正其义不谋其利，明其道不计其功"，更把统治阶级的最高利益推崇为"义"和"道"。

政治至上对中国传统文化的影响：一是使中国的传统文化当中具有

浓厚的政治色彩；二是使王权意识特别强烈，中国人讲"国不可一日无君"，君权至高无上，"君要臣死，臣不得不死"；三是文化对政治的依附，教育也就成为政治的附属。中国几千年的教育就是为政治服务，读书就是为了做官。古时候有很多诗句，如"天子重英豪，文章教尔曹。万般皆下品，唯有读书高"，"学成文武艺，货与帝王家"，就是鼓励人们将先读书后做官作为奋斗目标。

四是优劣同存，错综复杂。中国的传统文化经过了几千年的构建，得以世代相沿、万古流传，除了本民族的情感因素以外，更主要的应该是传统文化有它自身的恒常价值，所以有人对传统文化持肯定的态度。但也有人否定，认为中国落后就是因为传统文化。更多的人对传统文化持一分为二的观点。

肯定论者有张岱年先生，他在《论中国文化的基本精神》中讲："中国文化有五千年的历史，中华人民共和国成立以后，文化又获得了新生，进入了中华民族文化发展的新阶段。中国文化能够历久不衰、虽衰而复盛的情况，证明了中国文化中一定有不少积极的具有生命力的精粹内容。"例如刚健有力、和与中、崇德利用、天人协调等基本精神，都具有重要价值，有助于树立民族自信心与自尊心。对传统文化持肯定态度的还有"四大优点论"，即认为传统文化有"强烈的社会现实性、博大的系统观、鲜明的主体意识和高度的辩证思维"。

否定论者则认为，传统文化中存在不少的封建遗毒，如"官贵民贱"的等级原则，"实行人治，提倡家长宗法制度"的观念，"重老轻少重男轻女"、"重共性压制个性"的价值取向，还有经济上的绝对平均主义，政治上的封建王权主义，文化上的专制主义，以及鲁迅先生批判的"奴性人格"，柏杨先生批判的"民族劣根性"等都是封建遗毒。还有人提出传统文化与现代化有十大冲突：第一是建立网络型社会的要求同传统文化中大一统观念的冲突；第二是平等原则同贵贱等级原则的冲突；第三是法治要求与人治传统的冲突；第四是现代民主制度与家长宗法观念的冲突；第五是个性发展的要求与共性至上原则的冲突；第六是创造需求与保守心理的冲突；第七是竞争需求与中庸信条的冲突；第八是物质利益的原则与伦理至上原则的冲突；第九是开放需求与封闭意识的冲突；第十是消费需求与传统的从简反奢观念的冲突。这些应是非常典型的否定论。

二分论认为传统文化错综复杂，优劣同存，不能简单地用肯定或否定来说明，必须要认真地分析，我国的传统文化，经过两千多年的构建，既有许多精华，又有许多糟粕，还有一些精华与糟粕互相掺杂的东西。因此，全盘肯定或全盘否定的态度显然是不对的，传统的"取其精华，去其糟粕"的"二分法"也过于简单，而应该采取具体问题具体分析的态度。即使是公认的精华，也不能取来就用，而应注入新时代的血液。对于往昔已宣判的糟粕，也不应弃者已矣，而应经过一番筛选改造，争取化腐朽为神奇。对于那些瑕瑜相杂的东西则需要爬罗剔抉，刮垢磨光，使之成为无瑕之玉。

（四）中国传统文化的基本构成

中国传统文化有三大基本构成要素：第一是民族精神。民族精神是在长期的历史进程和积淀中形成的民族意识、民族文化、民族习俗、民族性格、民族信仰、民族宗教和民族理想等共同特质，是指民族传统文化中维系、协调、指导、推动民族生存和发展的精粹思想，是一个民族生命力、创造力和凝聚力的集中体现，是一个民族赖以共同生存、共同生活、共同发展的核心和灵魂，是在传统文化发展过程中逐渐形成的引导民族前进和推动社会发展的一以贯之的精粹思想。中国传统文化的基本精神有很多概括，《周易》把它概括为"天行健，君子以自强不息"。有人把民族精神概括为重德精神、务实精神、自强精神、宽容精神和爱国精神。2002年11月8日，江泽民在中国共产党第十六次全国代表大会上的报告《全面建设小康社会，开创中国特色社会主义事业新局面》中阐释了中华民族基本精神"在五千多年的发展中，中华民族形成了以爱国主义为核心的团结统一、爱好和平、勤劳勇敢、自强不息的伟大民族精神"，这种"民族精神是一个民族赖以生存和发展的精神支撑"。

第二是思维方式，就是人们利用观念系统来评价客观事物的思维方法、思维习惯和思维模式的统一。中国传统文化的思维方式主要有三个特征：一是圆道思维，二是同一思维，三是直觉思维。"圆道思维"就是认为世界上的万事万物都遵循着某一特定规律作周而复始的运动，如孟子讲"五百年必有王者兴",即认为社会发展变化从兴盛到衰亡是几百年一个周期,也有人称之为"兴衰周期律"。圆道思维又称封闭思维,其特征是封闭性和保守性,如一条咬着自己尾巴的蛇,虽然在横断面上不断转动,但难以向纵深发展,正如历代王朝更迭,但制度不变,从头再来。西方则是一种外向思维,其特征是开放性与创新性,不追求事物发展的固定模式。中国人办事追求"应该怎样",西方人办事则追求"还可以怎样"。"同一思维"即要求得到一个正确答案的思维,同西方发散性思维即要求得到多个答案的思维相对应。同一思维又称"整体思维",其特征是长于从整体上把握事物,在相互联系中看问题,但弱于具体分析,对细节认识具有模糊性。而发散性思维恰好相反。"直觉思维"就是凭直觉、凭体验直接领悟问题的思维,与西方的逻辑思维相对应。直觉思维的特点是凭借经验,注重感悟,判断迅速。中国古代很多圣人都是用直觉思维来领悟事物或现象,如儒家提出的"心"、"性",道家提出的"道"、"虚"、"无",法家提出的"法"、"术"、"势",阴阳家提出的"阴阳"、"五行"等。这种思维的优点是领悟深、反应快,缺点是不严密、难讲清。

第三是人生价值观。人生价值观分为人生观与价值观:人生观是人们对人生目的、意义的认识和态度,价值观是人们对价值的实质、构成、标准等问题的认识。人生观与价值观的区别在于二者的内涵与范围不同,人生观面对的是社会人生的领域,价值观则指人在个人发展过程中的价值取向。二者密不可分,人生观支配价值观,价值观影响人生观。价值观是一种内心尺度,它凌驾于人性之上,支配着人的行为、态度、观察、信念、理解等。人生价值观代表人生一系列基本的信念,每个人的人生价值观都是一个系统。人生价值观既有层次之分,又有类型之别。从层次上讲,可分为个人价值、社会价值与精神价值。每个层次还可再分层,如个人价值可分为生存价值、发展价值与自我实现价值等。从类型上讲,可分为对自己、对他人、对国家、对民族、对自然的看法与取向等。中国传统文化中的人生价值观主要有三大类:第一类是社会本位论的人生价值观,它强调社会本位,以社会共同利益为最高价值取向;这在中国古代是仁人志士的人生价值观;第二类是个人本位论的人生价值观,它提倡个人中心,鼓吹功成名就,强调人生享乐等;第三种是消极虚无和悲观厌世的人生观,它对待个人利益和社会利益都是以一种消极无为的态度。

二、传统文化对大学的影响

传统文化影响大学的特点:从影响形式看,具有间接性和隐蔽性;从影响效果看,具有广泛性和深刻性;从影响性质看,具有正面性和负面性。

传统文化影响大学的机制。一是通过意识层面与非意识层面。意识形态层面指属于观念的典章制度,经籍文化。无意识层面是指未经思想家加工整理的人们的精神状态,心理定式。意识层面文化对教育的影响是非常明显的,如传统文化中的儒学思想对今天的教育影响就很明显。非意识层面往往被人忽视,但实际上对教育的影响甚大,如"人怕出名猪怕壮"的平均主义思想,中庸之道的民族意识对大学拔尖人才的培养选拔就有很大影响。二是通过对教育客体的影响和教育主体的影响。教育客体指教育的制度、目标、内容、方法等。教育主体指教育者和受教育者。文化赋予人们以特定的思维方式、价值观念与行为习惯等。教育者和受教育者在从事教育活动时都要受这种特定思维方式与价值观念的影响。三是通过教育影响和非教育影响。教育影响是指教育的传统与观念,这对当今教育的影响非常直接。非教育影响是指哲学、道德、宗教、艺术、科学也可以对教育产生影响。

传统文化影响大学的具体表现。首先是对大学教育观念的影响。教育观念是每个教育者或其他个体或群体对教育的看法。它表现为具体的人才观、育人观、教学观、教师观、学生观与方法观等。文化对大学观念的影响主要反映在基本精神与价值观念的影响上。如"自强不息"的精神,不仅被某些大学作为校训,而且更广泛地体现在高校不断改革,锐意创新的教育观念上。"以民为本"、"重视整体"的精神在高校中则体现为以生为本、以师为本、报效祖国、关心社会。孝亲敬长,厚德载物则体现为尊师爱生、团结协作。

其次是对大学目的的影响。教育的目的是教育的出发点与归宿。在教育目的与培养规格上,东方强调向内发展,完善自己。教育的目的是

"明人伦"，培养出的人才应善于"克己"、"自省"。传统文化对教育目的的影响是直接的也是间接的。所谓直接影响，是指传统文化中的基本精神与价值观念已转化到受教育者应该确立的人格目标之中。如古代的自强不息精神、爱国爱民精神和重视整体利益、注重道德修养等都体现在今天的德才兼备、以德为先上。如毛泽东同志讲"德智体全面发展"。邓小平同志讲培养"有理想、有道德、有文化、有纪律"的一代"新人"。江泽民同志讲培养"五种人"，即理想远大、热爱祖国的人，追求真理、勇于创新的人，德才兼备、全面发展的人，视野开阔、胸怀宽广的人，知行统一、脚踏实地的人。习近平同志考察澳门大学寄语大学生："不仅要有求学求知的热情，而且要心系国家、心系特区的担当，做到知行合一、学以致用"等。诚然，传统文化对教育的消极影响也很多，如"修己治人"的观念，一方面重视个人的修身，另一方面又灌输了"劳心者治人"的意识，只有做官才能建功立业，名垂青史。在重视道德礼仪的同时，又轻视自然科技知识的学习，提倡共性至上的同时，又忽视了个性培养等。

其三是对大学的教学内容与教学方式的影响。从对教学内容的影响看，传统文化重视"修己治人"的学问，轻视自然科学，鄙薄职业技术。受这些价值观影响，传统大学的主要内容是"修己治人"之学。中华人民共和国成立后，在很长时间大学仍然片面强调"社会本位"与"政治挂帅"。从对教学方式的影响看，传统文化强调"师道尊严"、"唯上唯书"，注入式教学被视为当然。西方从苏格拉底开始，就注重师生平等、民主对话，启发式方法运用较多。在教育结构与管理体制上，东方一直搞大一统、集权制，西方则比较灵活多样。从学的方法看，传统文化习惯于按老师预先安排的内容进行，习惯于老师问学生，不习惯于用启发式调动学生。传统文化中也有一些好的学习观念，如学思结合、知行统一，这对今天的学习有积极意义。

其四是对大学教育活动的影响。教育活动的主体是教师和学生，传统文化影响教育活动主要是价值观念的影响。如重视整体的价值观，一方面使我们在教育活动中要顾全大局，凡事都要考虑到方方面面；另一方面又容易导致相互观望和等待。追求和谐的价值观有利于形成良好的人际关系，又容易使我们在教育活动中难以超越情感的障碍。"孝亲敬长"有利于形成尊师敬长的风气，但又容易形成师道尊严。教师不习惯用启发式，学生也不习惯问老师，敢与老师表达不一致观点的人，甚至被斥为"忘师卖道"。重整体的思维方式，使我们在大学或高校改革中往往比较善于从宏观上建构改革的大思路，从整体角度设计出比较全面的发展规划，但在具体指标的制定中和落实的措施上缺乏科学的分析与合乎逻辑的构思。改革的领导者也习惯于凭直觉思维进行改革实验，下层执行者也习惯于凭主观直觉或个人的理解来把握政策。所以很多人讲："上面政策很好，但下面一执行就变味。"

其五是对大学环境的影响。一个人的成长受制于四个因素，环境是一个重要因素，环境有大小之分，大环境是影响整个大学的外部环境，小环境是影响个人的外部环境。文化主要是通过文化模式来影响个人发展的教育环境。每个社会、每个民族都有自己特定的文化模式。一种文化的历史愈悠久，时间嗣续愈长，其模式愈稳定，其个性愈突出，价值取向愈明确，对教育的制约作用愈大。文化模式为教育提供了特定的背景，是塑造国民性格的巨大模板。文化怎样影响大学的大环境？如传统文化的观念是"重和谐"、"求稳定"，就影响了大学内部的管理体制改革。社会要保持稳定，很多改革不配套，高校内部的改革就很困难，如"人往哪里去"，下岗、分流难。文化模式所提供的教育背景是影响国民性格的途径，主要是为儿童提供了相同的文化氛围，即教育的大环境。杜威在谈到文化背景所起的教育作用时讲："一切教育都是通过个人参与人类社会意识而进行的。这个过程几乎是在出生时就在无意识中开始了。它不断地发展个人的能力、熏染他的意识、形成他的习惯、训练他的思想，并激发他的感情和情绪。由于这种不知不觉的教育，个人便渐渐分享人类曾经积累下来的智慧和道德的财富，他就成为了一个固有文化资本的继承者。"人的思想、感情、性格行为的特征不是先天赋予的，而是一定社会文化环境中培养出来的。每个人都生活在一定的社会文化环境中，无时无刻不在接受一定社会文化的教化与熏陶。

长期以来，传统文化对大学都施加着双重的影响。从对人才培养目标的影响看：一方面要培养"修己治人"的治术人才，另一方面则要通过社会"教化"造就大批俯首听命的顺民。表面上标榜人人都有"朝为田舍郎,暮登天子堂"的机会,但是实际上,传统教育在统一的教育制度下掩盖了教育的严格的等级性,实施着双重教育目标。统治阶级既要保持本阶级的特权,使教育成为本阶级的专利品,又要不断扩大教育的对象,普及统治阶级的意志,以扩展统治基础,稳定统治秩序,培养统治者,教化民众。从对教育功能的影响看:一方面要求教育发挥传播文化、增进文明、积累知识、发展个性的社会政治与伦理功能,另一方面又束缚、限制着人们对社会经济物质生产和对自然界的全面认识,重视教化与制造愚民功能并存。从对教育方法的影响看:一方面强调教学相长、启发诱导、学思并重、知行统一,另一方面又强调"言必称师"、"师道尊严",随处可见限制,甚至扼杀学生的主动性、积极性和创新精神的说教。在教育现代化过程中如何扬弃传统文化?首先要进行认真的区分和鉴别,分清精华与糟粕。其次要创造性地继承,要咀嚼消化,结合时代的要求,对传统文化进行新的发展和解释,使其为教育的现代化服务。在传统教育的优秀历史遗产中,一类是可以全部继承的,另一类则是可以经过去粗取精、批判改造的功夫,部分地加以利用。总之,作为传统文化,无论其优劣,都会渗透和凝结到传统教育中去,并影响着我们今天的教育。消极地对待是无济于事的,只有抱积极的态度作具体的分析,才能达到发扬优点、克服弱点,使之服务于教育现代化的目的。

三、大学的文化功能

大学的文化功能有三:其一是文化传递功能。文化传递有许多途径,广义的教育无时无刻不在起着传递文化的作用。学校教育,因为它具有明确的目的、周密的计划、专门的场所、集中的时间、精选的内容与适宜的方法等特点,一直被作为传递文化的重要途径。相比较基础教育,大学教育在文化传递功能上具有更多优势。

其二是文化发展功能。大学既是优秀人才汇集的专门场所,又是造就各种有较高素质的文化生产者的重要基地,在促进社会文化发展过程中始终居于重要地位。随着社会与教育的日益开放化,大学在加强国际文化交流中的作用也日益明显。大学通过广泛的文化交流,不断地吸收其他民族的文化精华,补充和更新本民族文化的内容,也是发展文化的一种重要方式。

其三是文化选择功能。大学传递传统文化与吸收外来文化的功能固然十分重要,但要做到有效地传递与吸收,还必须充分发挥教育对文化的选择功能。文化选择主要是对文化内容,尤其是对那些涉及意识形态,包括观念、观点、思想、信仰的选择,这种选择历来就受到重视,汉武帝采取"罢黜百家,独尊儒术"的教育政策就是一例。现代社会是多种文化同时存在,并且相互冲突的社会,为了保证教育的导进作用,大学教育对文化的选择就显得更为重要。同时,为了解决文化迅速发展而人能掌握的文化容量有限的矛盾,也应该加强对文化的选择。对文化的选择,既包括对已有的各种文化进行筛选、取舍,也包括对未来文化的设想与追求。

大学教育对文化的选择要坚持两个标准,把握三个向度。坚持两个标准:一是社会价值标准,即是否能促进社会生产力的持续发展,能否使人的生存状态得到不断改善。二是教育价值标准,即是否符合高等教育规律,是否有利于学生健康发展。

把握好选择的三个向度:一是对传统文化的选择。我国的传统文化,经过两千多年的构建,既有许多精华,又有许多糟粕,还有一些精华与糟粕互相掺杂的东西。因此,全盘肯定或全盘否定的态度显然是不对的。"传统的取其精华,去其糟粕"的"二分法"也过于简单,而应该采取具体问题具体分析的态度,即使是公认的精华,也不能取来就用,而应注入新时代的血液。对于往昔已宣判的糟粕,也不应弃之已矣,而应经过一番筛选改造,争取化腐朽为神奇;对于那些瑕瑜相杂的东西则需要爬罗剔抉,刮垢磨光,使之成为无瑕之玉。

二是对外来文化的选择。既要克服狭隘的民族主义倾向,也要克服全盘西化的倾向,各民族的文化都是各民族人民在各自不同的文化背景下形成的,虽然各有长短,但都是人类智慧的结晶。只有相互吸收、相互补充才能促进本民族文化的兴旺。任何形式的闭关锁国都会导致本民族文化的萎缩。现代教育的最大特点在于它的开放性。因此,它具有强大的选择、吸收与消化外来文化的功能。我们应该充分发挥现代教育这一优势,既要大胆引进西方的科学技术,也要敢于引进西方社会的一些现代化的文化观念与意识。

三是对未来文化的选择。我国正处于社会主义初级阶段,是一个充满矛盾的时期。脱离现实,搞纯理想主义的教育不可能有良好的效果。但是,社会主义教育必须面向未来的本质特征又决定了教育不能一味迁就现实,而应该着力培养年轻一代的共产主义信仰。因此,教育既应该从现实出发,也要善于运用现实生活中的先进思想去引导青年,并逐步扩大它的影响范围,把培养现实精神同培养远大理想结合起来。

第五节　论大学弘扬优秀传统文化的价值与路径

中华优秀传统文化有着深厚的历史底蕴和博大精深的思想内涵,代表着中华民族独特的精神标识,为中华民族生生不息、发展壮大提供了丰厚滋养。实现中华民族伟大复兴的中国梦,必然要实现中华优秀传统文化的复兴。大学所培养的学生,首先必须具有较深厚的文化修养和家国情怀。因此,大学应该充分认识优秀传统文化的价值,利用自身的文化优势,采取有效措施弘扬优秀传统文化。

一、中国优秀传统文化的内涵

内涵的界定是研究的逻辑起点和理论准备。内涵是指一个概念所概括的思维对象本质特有的属性的总和。从上世纪80年代中期开始直到如今,关于中国优秀传统文化的内涵和评价标准便讨论甚多,如张岱年认为,优秀传统文化的核心是关于人的自觉的思想,包括人际和谐、天人协调、知行合一、以和为贵等;钱逊认为,优秀传统文化主要体现为宽厚仁爱精神、自强不息、人格独立、爱国爱民、道德自觉等精神;罗豪才认为,优秀传统文化主要反映在"天下一统的国家观、人伦和谐的社会观、兼容并蓄的文化观、勤俭耐劳的生活观"等观念。李宗桂认为,"所谓中国优秀传统文化,是指中国传统文化的精华所在、精神所在、气魄所在,是体现民族精神的价值内涵。她在中华民族发展历程中,在中国思想文化发展历史上,曾经起过积极的作用,迄今仍有合理价值,能够为中华文化的现代传承和创新发展起到积极作用,能够促进社会进步和民族发展,主要体现于思想文化的层面。质言之,所谓中国优秀传统文化,就是中华民族长期发展过程中形成的、有着积极的历史作用、至今具有重要价值的思想文化。"①应该说,此表述在一定程度上揭示了中国优秀传统文化的本质属性。

王学伟认为科学界定"中国优秀传统文化"的内涵,必须首先明确何谓"优秀"及其评价标准。他认为:"优秀"即出类拔萃之义。所谓"优秀文化"应是指文化元素中内涵丰富且出类拔萃的部分。一个国家或民族的文化"优秀"成分,应从较为宏阔的体系上进行。正因为内容丰富、体系宏阔,必须有评价"优秀"的标准。他认为评价中国传统文化是否优秀应有两个方面的标准:一是侧重于真理层面的价值性标准,主要从文化价值理性出发进行提炼;二是侧重于实践层面的功能性标准,主要从国家、民族发展的需要出发进行提炼。相较而言,价值性标准兼及现在和未来,而功能性标准侧重于现在。据此,他提出所谓中国优秀传统文化"就是中华民族1840年以前创造的、并能够经过现代意义上的创造性转换而服务于中国现代化建设的文化,包含物质形态层面,知识、技艺层面,行为、制度层面,文学、艺术层面和思想、精神层面等。"② 2017年1月中共中央、国务院颁发的《关于实施中华优秀传统文化传承发展工程的意见》指出,要大力弘扬讲仁爱、重民本、守诚信、崇正义、尚和合、求大同等核心思想理念,大力弘扬自强不息、敬业乐群、扶危济困、见义勇为、孝老爱亲等中华传统美德,大力弘扬有利于促进社会和谐、鼓励人们向上向善的思想文化内容。我们认为:中国优秀传统文化有着极为丰富的内涵,在经济全球化、文化多元化的国际背景下,在社会体制转型期,价值观念迷茫的的今天,我们弘扬优秀传统文化更应侧重于优秀的民族精神、积极的人生价值观与创新的思维方式三个层面。

(一) 优秀的民族精神

民族精神是一个民族在历史长期发展当中,所孕育而成的精神样态,

---

① 李宗桂. 试论中国优秀传统文化的内涵 [J]. 学术研究, 2013 (11).

② 王学伟. 试论中国优秀传统文化的科学内涵 [J]. 海南师范大学学报: 社会科学版, 2014 (6).

是反映在长期的历史进程和积淀中形成的民族意识、民族文化、民族习俗、民族性格、民族信仰、民族宗教和民族理想等共同特质。民族精神是一个中性概念,既包括积极、优秀、精粹的一面,又包括消极、保守、庸俗的一面,优秀的民族精神是指那些反映人民群众利益和社会发展方向的精粹思想,而不包括民族文化中落后、消极的因素。张岱年先生认为优秀的"民族精神"应该是指"一种民族表现于传统文化中的卓越的伟大的精神",这种精神应该具有广泛性与普遍性、持久性与长期性、支配性与引导性、生存性与发展性、内在性与进步性等特征①。

我国优秀的民族精神主要有:

一是从范仲淹的"先天下之忧而忧,后天下之乐而乐"、颜元的"富天下,强天下,安天下"、顾炎武的"天下兴亡,匹夫有责"等思想,以及从"以死报国"的屈原、"精忠报国"的岳飞、"临死不屈"的文天祥与"抗日殉国"的张自忠等人身上体现出的爱国爱民、忧国忧民、天下兴亡、匹夫有责的爱国精神。

二是从孔子的"志士仁人,无求生以害仁,有杀身以成仁"、"三军可夺帅也,匹夫不可夺志也"、孟子提倡的"富贵不能淫,贫贱不能移,威武不能屈"、《礼记·大学》强调的"大学之道,在明明德,在亲民,在止于至善"等思想,以及从"不食周粟"的伯夷、叔齐、"秉笔直书"的董狐、"留胡节不辱"的苏武、"为气节而死"的文天祥、"重义气名节"的关羽等人身上表现出的崇尚气节、重视情操、明德亲民、止于至善的重德精神。

三是从《周易》提出的"天行健,君子以自强不息"、《礼记》倡导的"苟日新,日日新,又日新"、孔子主张的"发愤忘食,乐以忘忧"等观点,以及文王拘而演周易、仲尼厄而作《春秋》、屈原放逐乃赋《离骚》、左丘失明厥有《国语》、孙子膑脚而兵法修列等故事中反映出积极向上、开拓进取、刚健有为、永不停止的自强精神。

四是从重实际、讲实用、求事功、轻浮华的中国人文传统,孔子不

---

① 方立天.民族精神的界定与中华民族粗神的内涵[J].哲学研究,1991(5).

言"怪、力、乱、神",倡导不偏不倚、无过无不及,王符提出"大人不华,君子务实"等思想,以及从商鞅、李斯、范仲淹、林则徐等实干家身上反映出的重视实际、鄙薄玄虚、追求事功、反对浮华的务实精神。

五是从《周易》总结的"天下同归而殊途"、《尚书》提出的"协和万邦"、《礼记》提出的"诚者天之道也",到孔子提倡的"仁者爱人"、董仲舒倡导"天人合一"等思想,以及从"知人善任、从谏如流"的李世民、"抱负远大、胸襟旷达"的范仲淹、"义无反顾,为民族作出个人牺牲"的孙中山等人身上表现出的厚德载物、宽厚仁爱、胸襟阔广、兼容并包的宽容精神。

六是从诸如女娲炼石补天、神农尝百草、大禹治水"三过家门而不入"等上古神话和传说,从《诗经》提出的"夙夜在公"、儒家倡扬的"以天下为己任"、墨子倡导的"摩顶放踵,利天下为之"等思想中,以及从"两袖清风"的于谦、"居官清正"的海瑞、"操守端严"的于成龙等人的故事中所表现出的国而忘家、公而忘私、同甘共苦、顾全大局的奉献精神。

七是从舜时代就提出的"简而廉"作为从政者必备九种品德之一,西周时"廉"已作为官员必备品质而纳入考察考核等历史,从《吕氏春秋·诚廉》提出"石可破也而不可夺坚;丹可磨也而不可夺赤",孔子提出的的"行己有耻",孟子提出的"诚者天之道也",曾子提出的"君子有大道"、"吾日三省吾身"等思想,以及晏婴"尚俭拒新车"、司马迁"义退玉璧"、张衡"拒收金错刀"、狄仁杰"铁面断大案"与陶渊明"不为五斗米折腰"等故事中所表现出的以严守道、自警自省、防微杜渐、踏实有为的廉洁精神。

(二) 积极的人生价值观

我国传统文化中关于人生价值观的内涵十分丰富,不仅有层次之分、类型之别,还可从性质上区分为消极的人生价值观与积极的人生价值观,消极的人生价值观会阻碍个体与社会的发展;积极的人生价值观则能够满足主体的需要并适合社会发展的要求,并对个体与社会的发展产生积极的促进作用。我国早在先秦时期,诸子百家就各执其见,宣扬自己的人生价值观,如孔子主张"义以为上",老子认为"善恶相依",墨子倡导"功利主义",孟子提倡"天爵良贵"。汉代以后,儒、道、佛三大家各有主张,但总起来看,儒家的人生价值观成了中国传统文化的主导思想。从积极的方面看,这些人生价值观主要反映在对待自己和他人,对待民族与国家,以及对待天地与万物的态度上。

在对待自我的态度上,一是追求人格独立。孔子说"三军可夺帅也,匹夫不可夺志也",孟子讲"富贵不能淫,贫贱不能移,威武不能屈",强调的是"大丈夫气概",都是对独立人格与坚强意志的追求。二是强调建功立业。在人生价值观上强调以"立德建功"为荣,在人生境界观上强调以"至善为公"为荣,在人生处世观上强调以"思诚守信"为荣,在人生立业观上强调以"自强不息"为荣。三是关注自身修养。为了实现独立人格目标,必须注重内在修养,儒家提出"内圣外王"之道,《大学》提出三纲八目,即通过自身的格物、致知、正心、诚意、修身等,实现齐家、治国、平天下的抱负。四是注重精神感受。苦与乐,犹如生与死,是人生中的一对基本矛盾。人生既是生死相依,也是苦乐参半。孔子说"未知生,焉知死",也就是反对离开现实人生去思考死后的问题。我们也不妨说"未知苦,焉知乐",即离开苦的经历便无从觉解乐的真谛。而苦、乐的有与无、多与少,主要来自个人的精神感受,这一点在庄子的"逍遥之乐"和儒家的"孔颜之乐"中表现得尤其明显。

在对待他人的态度上,一是注重先人后己。孔子将"仁者爱人"、"夫仁者,己欲立而立人,己欲达而达人"将关爱他人、先人后己等作为对待他人的最高准则;墨子主张"兼爱",即"爱人若爱其身";荀子主张"群道",也是强调要善待他人,认为这样才能处理好群体关系。二是严守道德规范。古代学者为了处理好个人与他人的关系,提出了仁、义、礼、信等道德规范。孔子讲"仁","仁"是儒家伦理道德的最高准则,孟子讲"义",董仲舒强调"正其义不谋其利,明其利不计其功"等都反映了中国人对道义的追求。孔子提出"克己复礼为仁",主张人必须克制自己的言行使之符合礼的规范,达到仁的境界;强调"言忠信,行笃敬",要求做人言语要忠诚老实,行为要忠厚严肃,才能取信于人;指出"不知礼,无以立"(《论语·尧曰》),认为人必须知礼,才能自立，也就是要以礼待人，尊敬他人，然后才能自立。三是主张和而不同。孔子提出"君子和而不同，小人同而不和"，这种理念要求在与人交往之中，既能保持相互间的和谐友善关系，又能坚守自己的原则、立场，不完全附和对方。

在对待国家的态度上，一是重视国家利益。从孟子"乐以天下，忧以天下"、范仲淹的"先天下之忧而忧"、文天祥的"人生自古谁无死"、岳母的"精忠报国"，到顾炎武的"天下兴亡、匹夫有责"、林则徐的"苟利国家生死矣，岂因祸福避趋之"，都体现了重视国家利益的价值观。二是强调民惟邦本。《尚书·五子之歌》中讲"民惟邦本，本固邦宁"，《孟子·尽心上》讲"民为贵，社稷次之，君为轻"的思想，孙中山倡导"天下为公"等，都强调人民是社会的主体，百姓是国家的根本，国家唯有以民为本，让百姓富足安康，才能和谐稳定。三是倡导协和万邦。《尚书·尧典》提出"克明俊德，以亲九族。九族既睦，平章百姓。百姓昭明，协和万邦"，《论语》讲"四海之内皆兄弟"，主张不同国家、民族之间在思想文化方面相互渗透、交融和多样统一，以促进文化的蓬勃发展，"和而不同"、"协和万邦"便成为儒家思想的核心的文化价值观。

在对待自然的态度上，一是崇尚自然。老子讲"人法地，地法天，天法道，道法自然"，认为在人与自然相处中世界万物都是在不停地循环往复，繁衍生息，人的活动终极的规律是"道"，而"道"作为规律效法自然，这里的"自然"并非自然界，而是"自然而然"，也即自然随缘。二是天人合一。《庄子·达生》曰："天地者，万物之父母也。"《易经》认为天之道在于"始万物"，地之道在于"生万物"，人之道在于"成万物"。董仲舒则明确提出"天人合一"，既认为天人一致，宇宙自然是大天地，人则是一个小天地，又认为天人相应，即认为人和自然在本质上是相通的。三是人为中心。《易经》中强调三才之道，将天、地、人并立起来，并将人放在中心地位。儒家的天人合一说虽然也以天为本，却不否定人的独立存在，而是主张积极有为，"天行健，君子自强不息"，强调以积极的入世态度来追索天与人的相通之处，以求天人之间的协调、和谐与一致。

（三）创新的思维方式

中国传统文化作为中华民族在长期的历史进程中形成的观念体系、价值体系和知识体系，在很大程度上通过中华民族特定的思维方式反映出来，并支配着历代中国人的思想意识、语言和行为方式。但长期以来，学术界有一种偏颇的观点，即认为中国的传统的思维方式不仅是重封闭、轻开放，重整体、轻个性，重感悟、轻逻辑的，更是重保守、轻创新的。其实，中华民族是一个勤劳智慧、具有创新精神和创新传统的民族。在传统的思维方式中有很多创新因素，深入挖掘中国传统文化中的创新因素，对继承和弘扬民族创新精神，形成符合时代要求的中国特色社会主义创新文化，动员亿万人民增强自主创新能力都有着重要的作用。

中国传统文化中思维方式的创新反映在很多方面：

一是哲学思想创新。创新意味着改变和推陈出新，"新"由"变"而来，世界上气象万新，无一不是变化的结果。而传统文化中群经之首的《周易》正是讲"变"的哲学。《周易·系辞下》提出"穷则变，变则通，通则久。"变则通，就是说要通过不断变化，通过创新来实现通达，这才是长久之道。《易》学的精华就在于求变创新，并由此而延伸出来的"生生之道""革故鼎新""自强不息"等创新精神。历代儒家学者都重视《周易》的创新思想，《礼记·大学》又提出了"苟日新，日日新，又日新"；北宋张载进一步解释"日新之谓盛德"，"日新者，久而无穷。"意指一切事物都要不断革新，以求生存和发展；朱熹对《大学》作注时，认为"苟日新，日日新，又日新"即每天的"新"，其实都是一日之新，第二日便成为"旧"，因此除旧立新不可停止。法家、道家也提出了许多创新思想。如商鞅提出"治世不一道，便国不法古，汤、武之王也，不修古而兴。殷、夏之灭也，不易礼而亡。然则反古者未必可非，循礼者不足多是也。"（《商君书·更法》）；韩非子提出"世异则事异，事异则备变"（《韩非子·五蠹》）；《孙子兵法》、《孙膑兵法》、《三十六计》等等都是军事创新的杰作，而围魏救赵、官渡之战、赤壁之战等战例，更是创新思想在军事领域的成功运用。

二是社会制度创新。《周易》"革故鼎新"的变革思想直接推动了古代社会的变革。我国社会从原始社会到文明社会的历史进程，就是一个不断求变创新的过程。黄帝、尧、舜，正是根据人类社会的变化，"通其变，使民不倦；神而化之，使民宜之"，实现了"垂衣裳而天下治"。中国最早奴隶制王朝——夏朝的建立，就是夏启在部落联盟首领产生的方式上的创新，中国社会从天下为公的时代走向了家天下的社会。而从夏王朝松散式的国家管理，到商与周中央集权的发展，也是我们的文明从巫现传统向伦理传统发展创新的结果。周公制礼作乐以及嫡长子继承制、分封制等制度的出现和创新，更奠定了我国传统社会的基本格局，在很大程度上确定了我国传统社会的治理模式。① 古代的选官制度，从夏、商、周"世卿世禄制"、代的"军功授爵制"、两汉的"察举征辟制"、魏晋南北朝的"九品中正制"，到隋唐至清末"科举制"，也是随着时代的发展不断创新、标准逐步趋向公开、公平、客观而不断完善的，先进的选官制度推动了标准逐步趋向公开、公平、客观。起到了维护地主阶级的统治地位和促进封建社会发展的重要作用。此外，中国古代的税收制度、军事制度等也一直处于改革与创新之中。

三是文教活动的创新。一切文化活动都是人的思维和行为方式的产物。学校教育的本质则是"以文化人"，传承与创新文化是文教活动的基本功能。中国古代在文学、书法、宗教、艺术等领域，都注重创新。从文学看，从诗经、楚辞、汉赋、唐诗、宋词、元曲到明清小说，都是随着时代变化而不断创新出的新文学，正如唐代王士源在《孟浩然集序》中所说"文不按古，匠心独妙"。中国书法艺术源远流长，从甲骨文和金文、器铭与刻石文到两汉的隶书，再到魏晋后至唐、宋、元、明的真书、行书、草书，都是不断创造新技法和新意境，从而涌现出丰富多姿的个性风格和书艺流派。中国佛教艺术同样博大精深，远非印度最初的佛教所能企及。古代的学校教育在培养和储备人才、传承与创新中华文化上更显示了独特的功能。

早在春秋时期，孔子在教学中就创造性地提出了有教无类、因材施

---

① 任俊华，王奕林. 中国传统文化中的创新元素 [J]. 南昌航空大学学报：社会科学版，2011 (4).

教、启发诱导、学思结合、温故知新、举一反三、由此及彼等教学原则和方法，对我们今天的教学实践仍具有重要指导意义。

四是科学技术的创新。中国古代社会的创新有着开物成务、以利天下等经世致用的源泉与动力，这在"尚象制器"中有明显的体现。圣人观象以制器，包牺、神农、尧、舜等往圣先贤，他们充分开发物用，并使民众熟知物用之理，推而广之，成就了非凡的伟业。火药、指南针、印刷术、造纸术是我国古代劳动人民同大自然长期斗争总结出的四大发明，不仅推动了中国古代社会经济的发展，对世界的的科技发展也作出了贡献，如计算技术中广泛采用的"二进制"，是由18世纪德国数理哲学大师莱布尼兹发明的。而《周易》中的八卦和阴阳学说，被认为是二进制的中国翻版，比二进制出现要早一千多年。中国人很早就提出"天人合一""吾心即是宇宙，宇宙即是吾心"等说法，与现在的全息理论不谋而合。现代生态学研究表明，中国传统文化中的相生相克说比著名的达尔文的生存竞争说更科学，也更符合实际。①

二、大学弘扬优秀传统文化的价值

大学生是社会最富有活力、生命力和创造力的一代人。国家对当代的大学生更寄予厚望。但调查显示，部分大学生对优秀传统文化的观念意识较为淡薄，对传统人文经典书籍关注不多，积极主动地从中华优秀传统文化中汲取营养的少之又少。由于优秀传统文化知识薄弱，易受西方一些不良思想文化及现实中盲目崇拜、金钱至上、唯利是图等思想的影响，在一定程度上阻碍了大学生正确价值观的形成与健康人格的发展。胡锦涛同志在庆祝清华大学建校100周年大会上的讲话时指出，"全面提高高等教育质量，必须大力推进文化传承创新。高等教育是优秀文化传承的重要载体和思想文化创新的重要源泉"。② 十八大以来，习近平总书记四十多次提出中国传统文化的传承和发展问题；多次给优秀的学

---

① 李映山. 中国传统文化中的个性与创新精神辩 [J]. 湘南学院学报, 2005 (1).

② 胡锦涛. 在庆祝清华大学那样100周年大会上的讲话 [N]. 人民日报, 2011-04-25.

生个人及群体复信，谈人才、谈教育，关心青年价值观的形成和确立，鼓励"年青人在学校要心无旁骛，学成文武艺，报效祖国和人民，报效中华民族。"2014年3月26日，教育部印发《完善中华优秀传统文化教育指导纲要》，强调了大学弘扬优秀传统文化教育的重要性和迫切性。弘扬中华优秀传统文化既是高校的职责所在，也是国家民族赋予的历史使命。

弘扬优秀传统文化对于培养大学生具有重要的现实意义。首先有利于培育大学生正确的价值观念。大学生作为时代的优秀青年，他们的价值取向影响和决定着未来整个社会的价值取向，而大学阶段又是大学生价值观形成的重要时期，抓好这一时期的价值观养成十分重要。中华优秀传统文化积淀着中华民族最深层的精神追求和价值取向，成为涵养社会主义核心价值观的重要源泉。正如习近平总书记2014年5月4日在北京大学师生座谈会上所讲："中国古代历来讲格物致知、诚意正心、修身齐家、治国平天下。从某种角度看，格物致知、诚意正心、修身是个人层面的要求，齐家是社会层面的要求，治国平天下是国家层面的要求。我们提出的社会主义核心价值观，把涉及国家、社会、公民的价值要求融为一体，既体现了社会主义本质要求，继承了中华优秀传统文化，也吸收了世界文明有益成果，体现了时代精神。"加强大学生的优秀传统文化教育，有助于他形成社会主义核心价值观培养。

其次，有利于培育大学生的爱国主义情怀。爱国主义情怀是指在知祖国、爱祖国的基础上立报国之志、学报国之识、践报国之行的一种对祖国的深厚感情。当代大学生是未来国家的中流砥柱，培育大学生的爱国主义情怀是大学思想政治教育的一项重要任务。而"爱国"必先"知国"，"知之深才能爱之切"，正如爱国志士 秋瑾所说："但凡爱国之心，人不可不有，若不知本国文字、历史即不能生爱国之心。"在中华民族历史中，爱国主义表现为一种忧国忧民的意识，一种为国为民的责任感，一种为国家与民族利益的奉献精神。中华优秀传统文化中关于表达爱国爱民，忧国忧民，天下兴亡，匹夫有责的爱国主义情怀的内容极为丰富。用这些精神资源教育大学生，有利于培养他们的正确的爱国主义态度，进而将爱国之情转化为爱国之行，做坚定的爱国者。

其三，有利于塑造大学生积极的人生态度。人生态度是指人们通过

生活实践形成的对人生问题的一种稳定的心理倾向和基本意愿。每个人在人生实践中，都会遇到各种困难与矛盾，

有了积极的人生态度就能正确对待和处理这些问题，就可以较好地把握人生，取得人生的成功。当代大学生人生态度整体上是积极乐观、奋发向上的，但也有部分大学生因受西方错误的文化思潮和市场经济的负面影响，存在着一些消极的人生态度，如自视清高，目空一切；一遭遇挫，苦闷烦恼；甚至自甘沉沦、厌世轻生等。加强大学生的人生态度教育是高等教育的一项重要使命。中华优秀传统文化有许多关于激励人生奋发向上的名言、警句与诗词，如"周易"的"天行健，君子以自强不息"表达了在逆境中奋发向上的人生豪情；孔子的"己所不欲，勿施于人"表达了尊重他人与平等待人的处世原则；诸葛亮的"志当存高远"表达了人生应有的远大志向和崇高理想；文天祥的"人生自古谁无死，留取丹心照汗青"表达了为国尽忠、光照千秋的人生态度。这些至今天仍具有"惊天地、泣鬼神"力量的名言、警句是塑造大学生积极的人生态度的重要的精神元素。

其四，有利于增强大学生的民族文化认同感。文化认同是指个体或群体依据它所生活在其中的环境与文化系统，对自身所属的文化的共识、认可、归属。传统文化认同的核心是对一个民族的基本价值的认同，是这个民族共同体生命延续的精神基础。大学生是民族的希望，国家的未来，肩负着建设有中国特色社会主义的重要任务。他们对民族文化认同与否直接关系着增强中华民族凝聚力的强弱。但"全球化"的过程中，西方文化对我国大学生的影响越来越大；同时，处于转型时期中国社会，各种矛盾依然突出，市场经济的双重影响也在一定程度上解构着中国的传统文化，导致部分大学生对传统文化的认识出现误解，在少数大学生身上还存在一定程度的民族认同危机。我国优秀传统文化博大精深，特别强调关心国家、以民为本，倡导自力更生、自强不息，崇尚勤俭节勉、艰苦奋斗，使我们的民族较早为世界文明作出了重大贡献。接受这些优秀传统文化的教育，不仅能够增强大学生的民族文化认同感，而且能提高他们民族的自信心与自豪感。

其五，有利于全面提高大学生的人文素养。人文素养是指人所具有

的人文知识和由这些知识内化成的人文精神，具体表现为人的文化品位、审美情趣、心理素质、人生态度、道德修养等，是一个人外在精神面貌和内在精神气质的综合表现。人文素养丰厚的人志趣高雅、心理健康、感情丰富、豁达自信、谈吐文明，始终充满着工作的热情，洋溢着生命的激情，闪耀着人性的魅力。人的人文素养主要反映在对传统文化的积累程度、对人生价值的关注程度，对自身的德行修养的重视程度等。大学生作为社会主义事业的建设者和接班人，应该具有较高的人文素养。但当前我国大学生的人文素质现状不容乐观。表现在部分大学生出现的"人文社会学科缺乏症"，以及不少学大生社会公德意识淡薄，行为不文明，心理承受能力差，不善处理人际关系，甚至存在一定的心理障碍等。而中华优秀传统文化蕴含着"仁""义""礼""智""信""和合""中庸"等宝贵的思想资源，以及倡导通过重生修身、重德养性、重学教化，以培养"志不可夺"的独立人格，追求"内圣外王"的理想人格等。让大学生充分吸收优秀传统文化中的丰富文化养料，对他们理想信念、人生态度、道德修养的养成等都具有重要的引导作用。

其六，有利于培养大学生的创新精神。创新是指以现有的思维模式提出有别于常规或常人思路的见解为导向，利用现有的知识和物质，在特定的环境中，本着理想化需要或为满足社会需求，而改进或创造新的事物（包括产品、方法、元素、路径、环境），并能获得一定有益效果的行为。创新精神是一种勇于抛弃旧思想旧事物、创立新思想、新事物的精神。进行创新活动必须以相应知识与智能为基础外，还必须具有包括创新意识、创新兴趣、创新胆量、创新决心等心理特征，以及包括好奇心、自信心，愿意冒风险，不惧艰难等人格特质。创新精神是一个国家和民族发展的不竭动力，也是一个现代人应该具备的素质。

大学弘扬优秀传统文化同时还具有多方面的社会价值，如有利于全面提升民族素质和国民精神境界，有利于推动社会主义精神文明建设，有利于克服市场经济的负面影响；有利于促进国际间的文化交流，有利于扩大中国的国际影响等多方面的社会价值等等。

三、大学弘扬优秀传统文化的优势与措施

大学既要承担弘扬优秀传统文化的重要任务，也是弘扬优秀传统文

化的重要场所。这是因为：首先大学是研究高深学问的场所。蔡元培先生讲："大学者，研究高深学问者也。"研究博大精深、错综复杂的中国传统文化，并能从中取其精华，剔其糟粕，自是研究高深学问的学问。我国当前正处于文化觉醒时期，既对大学加强传统文化研究提出迫切要求，也为大学深入研究传统文化创造了最佳的环境。大学理应根据社会发展需要承担更多的文化研究任务。其次，大学是社会功能最齐全的文化机构。现代高等学校除了具有研究高深学问、培养高层人才的基本职能外，还拥有传播文化、应用文化直接为社会服务，进行社会批判和监督等多项基本职能。在一个信息开放、交流频繁的社会里，大学势必成为各种社会思潮、思想观念交流、碰撞和争夺影响力的重要场所，成为现代社会中功能最齐全的文化机构，对传统文化进行弘扬与批判、传承与发展、交流与融合，也是高等学校的一项基本职能。其三高校还是先进文化前进方向的忠实代表。我国教育法规定："教育应当继承和弘扬中华民族优秀的历史文化传统，吸收人类文明发展的一切优秀成果"。高校应是"代表中国先进文化的前进方向"，也应该是最忠实的执行者。文化具有继承性，代表先进文化的前提就是要继承中国优秀的传统文化。而只有忠实地继承，全面、客观地分析，才能才能在瑕瑜相杂之中剥取合理内容，才能在继承中发展，在发展中创新，在创新中代表。

大学弘扬优秀传统文化应该采取下列主要措施：

（一）坚持一条原则

弘扬优秀传统文化，必须坚持以历史唯物主义和辩证唯物主义为指导。首先，要求我们站在既往历史的时间点上去领略前人创造历史的博大胸怀，而不应该站在今天的时间点上去指责前人的幼稚无知；其次，要从实质上去认识传统文化，寻找其合理内核，而不应从形式出发，就传统说传统；其三，要用辩证的眼光对待传统文化的发展与演变过程，使其能与时俱进。每个时代对传统文化和它的某些成份都能发现新的意义和作出新的解释，今天就是要适应市场经济的要求，同时要坚持文化发展面向现代化、面向世界、面向未来。

（二）克服两种倾向

一是历史虚无主义的倾向。历史的教训不能忘记：从"越是精华越要批判"的观点,到文革时期视一切传统为"糟粕"须加以"横扫"的做法,以至上世纪80年代,伴随改革开放而掀起来的"全盘西化"思潮,都反映了这一倾向。这种倾向很容易使年青一代丧失对国家和民族的信心,危害甚大。弘扬优秀传统文化应对其历史渊源、发展脉络、基本走向有全面认识和总体把握,掌握其独特魅力、价值理念、鲜明特色,增强文化自信。二是简单照搬、过份美化,甚至顶礼膜拜的倾向。这种倾向认为以儒学为主流的传统文化特有的"人文精神"与"内在超越性",完全适应现代化乃至后现代化的要求,将我国现代化的希望寄托在儒学的全面复兴。这种用纯文化因素来解释社会现代化的观点,显然也歪曲了事物的本来面目。上述两种倾向都违背了马列主义的两点论,是走极端的片面的思维方式的表现。弘扬优秀传统文化需要合理把握其应具有的时代特征,不能全面形而上地照搬,要在"返本"的前提下去"开新",着重发挥传统文化的现实价值,实现创造性转化和创新性发展。

(三) 做好三个加强

一是加强理论研究。要加强理论价值层面的探讨。首先要在理论上弄清楚传统文化的内涵与外延,优秀传统文化的时代价值;弘扬优秀传统文化与发展先进文化的关系,以克服传统文化的"错误论"、"落后论"、"代沟论"、"无用论"与"反差论"。二是加强师资队伍建设。弘扬优秀传统文化的目的在于提高学生的人文素质,而人文素质的提高关键在于教师的素质。这里所说的"师资"不仅是能讲授传统文化的老师,而是所有的大学老师都应具有一定的传统文化底蕴。大学教师不仅要能做为学的"经师",还要能做育人的"人师"。人师对学生的影响,不仅是在课堂教学,更多是在人格的感染与精神的激励。作人师必须有深厚地传统文化的积淀。三是加强配套政策制订。包括加强组织领导与保障,营造自由宽松的学术氛围,构建开放灵活的交流机制,鼓励老师努力研究、学生认真学习传统文化的激励政策等等。

(四) 重视四条途径

一是设置课程。不少大学将选读传统经典作为通选公共课程,如曲阜师大把《论语》列入必修课程，华中科技大学杨叔子先生要求博士生选读《老子》和《论语》，也有大学自编《中国传统文化》的教材，这些都是很好的探索。希望建立以中华优秀传统文化为主要内容的人文素质课程体系，即尝试搭建以《中国文化纲要》为主、优秀传统文化选修课为辅的人文素质教育模式。在选编教材中应注意处理好历史性与现实性、继承性与超越性、稳定性与创新性的关系。二是融入"两课"是高校大学生德育教育的主要途径，多年来形成了很多宝贵经验和先进做法，其中，重要一点就是把优秀传统文化融入"两课"教研教学中。在"两课"教学设计中要进一步融入中华优秀传统文化的丰富哲学思想、人文精神、教化思想、道德理念等，为道德建设提供有益启发。三是渗透专业教学。专业课堂教学是大学生获取知识和增长才干的重要途径。专业课教师应结合相关课程，充分挖掘中华传统文化的宝贵资源，有效吸收优秀传统文化的相关精髓，将优秀传统文化的相关内容与专业课堂教学内容，因地、因情、因时制宜地合理融合起来，就能收到意外的教学效果。四是校园文化建设。校园文化是实现高校人文素质教育的主要形式，应将优秀的传统文化融入到校园文化活动中去，如定期开展与传统文化相关的书法比赛、诗词朗诵大赛，推荐阅读中华优秀传统文化名著，开展学习传统文化经验交流会，开设有关中华优秀传统文化名师讲座，举办有关传统文化的文化月、文化周活动。同时，注重各种网络平台建设，实现线上与线下的互动，制作适合多种新兴媒体传播的优秀传统文化作品，使优秀传统文化的宣传内容和形式更加贴近学生、贴近实际、贴近生活，易于被学生接受。总之，要努力营造适合学生人文精神发展的校园文化氛围，使学生在优美的校园环境中陶冶情操、提高品位、升华精神。

第六节 西南联大调适学术文化与行政文化冲突的经验与启示

学术性是大学组织的根本属性，学术发展是大学发展的重要问题，学术文化繁荣是社会评价一所好大学的重要指标。西南联大是在我国抗日战争期间，由国立北京大学、国立清华大学和天津私立南开大学南迁云南昆明联合组建而成的高等学府。从1937年7月奉命南迁到1946年5月奉命迁回，西南联大仅存了8年多时间，在经费奇缺、校舍简陋、图书不足、仪器缺乏的艰难岁月，却创造了灿烂辉煌的学术文化，给我们留下了许多宝贵的办学经验。本书拟探讨三个问题：西南联大的学术文化具有哪些特征？在办学中有无学术文化与行政文化之间的冲突，西南联大又是如何调适这些冲突的？在化解冲突的过程中，有哪些经验对我们今天推进"双一流建设工程"带来启示？

一、西南联大学术文化繁荣与特征

西南联大学术文化繁荣主要反映在三个方面：

一是大师云集，鸿儒荟萃。学术传统的延续、学术文化的形成，要靠相对稳定的教授群体作支撑。当时西南联大学术传统成为学人共同认可的标准，在抗战的艰苦岁月中，能坚守其志，本着独立精神做学术研究。西南联大大师阵容之强，师资之盛无与伦比，也是西南联大人才济济、成就卓著的关键因素。仅以西南联大文学院部分系为例，教授队伍的强大就可见一斑。如文学院中文系有朱自清、闻一多、罗庸、刘文典、陈寅恪、浦江清、游国恩、王力等，文学院历史系有雷海宗、郑天挺、钱穆、姚从吾、向达、吴晗、张荫麟、蔡维藩等，文学院哲学系有汤用彤、冯友兰、金岳霖、冯文潜、贺麟、沈有鼎、洪谦、王宪钧、陈康、陈立等[1]。这些教授涵盖了20世纪30年代前完成中西教育的三代知识分子。厦门学者谢泳认为，以陈寅恪、闻一多、朱自清等为代表的19世纪末的一批学者，以王力、浦江清等为代表的20世纪初的一批学者，以钱钟书、费孝通、吴晗等为代表的1910年前后出生的一批学者，共存于西南联大[2]。正因为有了这三代学人的共存，才形成了师资队伍相对稳定，知识结构、学术视野互为补充的知识分子群体，为后来西南

---

[1] 清华大学校史研究室. 清华大学史料选编（三）：下[M]. 北京：清华大学出版社，1994：289-313.

[2] 谢泳. 逝去的年代——中国自由知识分子的命运[M]. 北京：文化艺术出版社，1999：224.

联大的文化繁荣和思想昌盛奠定了良好基石①。据统计，西南联大的教师约占当时全国国立大学教师总数的10%，联大教授、副教授有170人左右，约占教师总数的50%，而且绝大多数是留学回国的专家学者。西南联大教授众多，各有专长，风格各异，授课时旁征博引，融贯中西②。

二是生源优质，英才辈出。资料显示，从1938年至1946年，先后在西南联大就读的学生约8000人，毕业的本科生及研究生达3807人，其中有许多是蜚声中外的一流科学家。1948年中央研究院第一届81位院士，西南联大人占26名。首批入选美国国家科学院的5位华裔中，有4人为西南联大师生。中华人民共和国成立后，西南联大学人中有3位获得国家最高科技奖，有6人是两弹一星元勋③。1955年中国科学院自然科学部委员中出自西南联大的有118人，占学部委员总数的24.9%。两院院士中，西南联大的师生占了164人。还有一大批杰出的社会科学家和人文学者出自西南联大，谱写了教育史上的奇迹④。

三是艰苦拼搏，硕果累累。三校合并后，西南联大立即恢复了文学研究所、理科研究所、法科研究所、工科研究所的活动，并开设了农业研究所、航空研究所、无线电研究所、金融研究所和国情普查研究所。尽管时局动荡，生计维艰，西南联大教师仍然呕心沥血，笔耕不辍，取得了大量令人瞩目的科研成果。如冯友兰先生一边教书，一边写作，在近10年的艰难困厄中，写出了包括《新理学》、《新事论》、《新世训》、《新原人》、《新原道》、《新知言》在内的统称"贞元六书"的6部传世之作。钱穆先生在西南联大期间，完成了他一生中最重要的，也是一部享有盛誉、影响甚大的中国通史学术著作——《国史大纲》。华罗庚先生先后写出了20多篇论文，并在1941年完成了他的第一部数学名著《堆

---

① 杨绍军. 西南联大的学术传统[J]. 云南社会科学，2003（5）：92-95.
② 蔡惠芝. 西南联大教育行政管理的启示[J]. 云南师范大学学报，1998（4）：67-70.
③ 阳荣威，梁建芬. 西南联大教育成就的历史情境分析[J]. 大学教育科学，2016（3）：79-85.
④ 周发勤，等. 西南联合大学的历史贡献[J]. 科学与研究，1990（2）：22.

垒素数论》。周培源先生从1938年开始研究应用价值较大的湍流理论，并发表《关于速度关联和湍流脉动方程的解》一文，在国际上发展成为湍流的模式理论。西南联大的学者们还十分注重将自己的研究和云南的开发结合起来，作出许多有创造性的贡献。

西南联大的学术文化如此繁荣，除了凝聚了当时海内外一大批愿意为国家和民族献身学术的著名专家学者，形成高水平的科研队伍外，更重要的是其学术文化具有下列特征：

（1）崇尚自由的学术理念。学术是大学的生命，是师生共同努力的目标。在西南联大，学校师资力量雄厚，大师云集，教授有着自己的学术体系。同一院系尽管学术观点、派别各有不同，但学校允许学术争论，提倡"学术沙龙"。梅贻琦坚持"兼容并包"的理念，认为"校局要尽学术自由之使命，昔日之所谓新旧，今日之所谓左右，均予以自由探讨之机会"。他特别反对大学在培养人才上的浮躁心态和急功近利的思想，提出学术研究不能用数字来衡量。梅贻琦的这些观点，得到了教师的高度认同[①]。有教师认为，学术失掉了独立自由就等于丧失了它的本质和伟大的神圣使命。蔡元培甚至明确提出，各家各派学说应遵循"万物不育而不相言，道并行而不相悖"的原则，共处于大学之内。陈寅恪也曾主张："古今中外，哪里有学问能完全脱离政治之事？但如果做学问是为了迎合政治，那不是真正在做学问。"这些教授学者不愿过多介入政治，是希望学术不要成为政治的附庸。

（2）遵循严谨的学术规范。西南联大的教师们主张"我辈虽事学问，而决不可倚学问以谋生，道德犹不济饥寒"。他们虽来自不同的学校，有各自不同的学术风格和学术流派，却有着共同的师道尊严和价值判断，爱国爱生，忠诚教育，治学严谨，不苟且，不浮躁，有着高尚的职业操守和敬业精神。教师教书育人，爱之以德，不厌不倦，自敬其业，不忧不惑，自乐其道，默默耕耘，无私奉献。创造中国高等教育奇迹的西南联大，这支值得信赖的教师队伍的人格魅力和学识魅力，为我们树

---

① 杨立德. 西南联大的学术文化刍议［M］//李建平. 抗战文化研究：第三辑. 桂林：广西师范大学出版社，2009：90-99.

立了"学为人师、行为世范"的光辉榜样。诺贝尔物理学奖获得者杨振宁在谈到自己在西南联大所受的教育时,说:"西南联大是中国最好的大学之一。我在那里受到了良好的大学本科教育,也在那里受到了同样良好的研究生教育,直至1944年取得硕士学位。战时,中国大学的物质条件极差,然而,西南联大的师生却精神振奋,以极严谨的态度治学,弥补了物质条件的不足。"①

(3) 追求一流的学术目标。西南联大有不甘随波逐流的追逐精神。西南联大教授陈寅恪发表过一个观点:学术研究要"不甘逐队随人,而为牛后",如若"思想不自由,毋宁死"。在他看来,学术的使命不只是限于学术本身,而是"以自己的研究成果,重新唤起国人对传统文化的信心,振奋民族精神,拯救中华民族"。他讲授隋唐史时对学生宣布:"前人讲过的我不讲,近人讲过的我不讲,外国人讲过的我不讲,我自己过去讲过的也不讲,现在只讲未曾有人讲过的。"西南联大的许多教师正是凭着这种"不甘逐队随人"的精神,才构筑起自己独特的学科体系,如冯友兰以"三史"、"六书"而闻名,金岳霖的《逻辑学》、《论道》、《知识论》为他赢得了荣耀。

(4) 注重宽容的学术氛围。清华、北大、南开三校共处,大批性情禀赋各异、政治观点对立、存在学科偏见的饱学之士共存,却不妨碍学校管理、教学与研究的高效、平稳运作,以及人们相互间关系的和谐。宽容精神是联大成功的法宝。如果说冲突源于思想自由,同样,和谐也来自思想自由的制度表现形式:容忍与包容②。"联大容忍精神的最大特点是,它在政治上包容各党各派的教授与学生,如闻一多、曾昭抡、潘光旦、费孝通、张奚若、陈序经、冯友兰、钱端升、陈岱孙等教授,在政治上有不同见解,但并不影响彼此之间在联大一起共事。联大的容忍精神,使他们的各种纠纷成见降低到最低限度,在学术上能容纳各种不同的学术派别。政治上的不同意见,并没有影响他们尊重别人的学术成

---

① 西南联大:一所充满奇迹的大学 [EB/OL]. [2016-10-1]. http://www.lssdjt.com/a/renwu/xinanliandayisuochongmanqijidedaxue.htm.
② 阎光才. 大学组织整合的文化角度扫描 [J]. 教育研究, 2000 (11): 30-34.

果和人格。"① 西南联大的成功之处，部分因素应归因于众多的知名学者不以自己的观点而强加于他人，更不会因为学术上的冒犯而迁怒于他人，而是尊重别人的不同见解，甚至与后生之辈平等相待，博采众长，表现出宽大的胸襟和浓厚的民主意识。

二、西南联大学术文化与行政文化的冲突与调适

大学作为一种特殊的社会组织，既具有学术属性，也具有科层属性，学术文化与行政文化的冲突也就在所难免。西南联大学术文化与行政文化的冲突主要反映在三个层面。

一是理念层面："国家意志"与"大学使命"的分歧。政府是为了实现和保障社会利益而设立的功利性政治组织，是国家意志和权威性的表现形式，是国家公共行政权力的象征和承载体。大学作为学术机构和教育机构，重在维护学术自由和大学使命。西南联大在处理政府与大学的关系时，在行政文化与学术文化方面同样存在冲突。1937年7月9日，蒋介石举行国是问题的谈话会，北大、清华、南开的校长和部分教授出席会议。北平和天津沦陷之后，教育部高等教育司发函任命梅贻琦、张伯苓、蒋梦麟为长沙临时大学筹备委员会常务委员。同年9月10日，教育部宣布在长沙和西安两地设立临时大学，并确定校舍经费、组织分工等事项，根据教育部科系相同者进行合并的精神，对学校科系做了调整②，以节省开支、提高教学效率。然而，在西南联大搬迁到云南昆明之前，南京国民政府与云南地方实力派的关系已经由"模糊"、"融洽"转向相互"猜忌"、"防备"。以蒋介石为核心的中央政府重新树立中央政治权威，搞一党专政，这与西南联大的办学理念发生了冲突。再有，西南联大由几所不同的高校合并而成，导致指挥链条加长、科层设置过多、人际关系复杂，增加了行政管理的难度，加大了学校的运行、协调成本，也带来了更多行政文化冲突。西南联大的联合体并未真正形成，

---

① 谢泳. 西南联大的启示 [J]. 读书，1994 (12)：94.
② 西南联合大学北京校友会. 国立西南联合大学校史——一九三七年至一九四六年的北大、清华、南开 [M]. 北京：北京大学出版社，2006：10-30.

上边都有"老爷爷"、"老奶奶",下边也分几个"房头"①。新旧问题交织在一起,不断繁衍和再生,使矛盾和冲突层出不穷,成为学校发展的桎梏。

二是制度层面:"政府控制"与"大学自治"的矛盾。政府为担负国家和社会责任,不断以行政、立法、财政等手段施加对大学办学的影响,而大学注重办学的相对独立性,期待政府减少对"大学自治"的干预与影响。当大学最自由时,可能缺乏政府提供的资源;而当大学真正最大限度拥有政府给予的资源时,则大学可能是最不自由之时。西南联大也面临过制度冲突。抗战开始后,南京国民政府在"集中"、"划一"的基调下,为了加强对大学控制,对治理大学采取了一些制度,包括:统一招生制度,考试科目、试题、日期、录取标准、分发办法均由教育部统一规定,各考区设招生委员会统一办理报名、考试、阅卷等事宜。这个制度宣布后招致了大学的不满,认为会降低学生的入学标准。实行严格的考试制度,每到开学,各教授向学生宣布本学期的小考、月考、期考、会考的次数、方法,学生疲于应付考试,没有过多自由时间从事自由研究。实行点名制度,上课、开会、听演讲、纪念周、升旗、降旗都要点名,把不太正常的课堂秩序弄得更加混乱。推行对教员资格的审查制度,各校任职的教员都要向教育部上报审核,只有经教育部"学术审议委员会"审查并合格的,才能获得载明等级的"证书",学校才能按照助教、讲师、副教授、教授的等级聘任。这也曾遭到广大教员的强烈反对。

三是人格层面:"政府人员"与"学术人员"的冲突。"政府人员"强调对学校人员加强思想与行政的控制,如当时教育部要求院长以上行政领导必须加入国民党。而由西南联大知识分子组成的"学术人员",他们既接受了传统"为天地立心,为生民立命,为往圣继绝学,为万世开太平"的使命教育理念,又吸收了一些西方的个性发展、学术自由、平等竞争的进步理念与斗争哲学,普遍具有较为强烈的"自我"觉醒意

---

① 广少奎,刘京京. 冲突与缓和:西南联大内部矛盾论析——兼论"联大精神"之实质[J]. 高等教育研究,2012(4):93-98.

识与改造社会与创新文化的责任感。他们认为,如果学校院长以上行政领导都成了国民党员,其结果必然是:"这帮不学无术的'先生'们给学校带来的不是尊师重道的学风,而是互相倾轧的恶习;不是品德高尚的人格,而是秘密侦探的特务作风。"① 因此,西南联大和南京国民政府群体之间存在的文化人格差异导致双方之间的冲突不可避免②。

诚然,这两种文化的冲突并非都是坏事,冲突往往暴露出现存教育中的某些弊端,孕育着变革的契机,只要解决得好,因势利导,就会成为推动教育改革的内在动力。当然,若采取规避的态度,任其自由发展,也会造成人们的思想混乱、价值迷茫与行为失范,进而阻碍大学学术文化的健康发展。西南联大在调适两种文化的冲突中为我们提供了不少经验。

首先,通过确立先进的办学理念,协调"国家意志"与"大学使命"的关系。办学理念是关于大学本质理性的思考,它具有揭示大学本质、凝聚大学群体共识、引领大学前进方向的功能。西南联大由北京大学、清华大学和南开大学临时组建而成,也很好地传承了三校的办学理念。蔡元培认为"大学者,研究高深学问者也",因此,大学的第一使命就是发展学术。基于此,他还提出了思想自由、兼容并包的办学原则。梅贻琦则认为:"所谓大学者,非谓有大楼之谓也,有大师之谓也。"在具体的办学实践中,梅贻琦主张"对于校局则以为应追随蔡子民先生兼容并包之态度"。张伯苓的办学理念,首先是尊重教师、大师办学,他曾说:大学最重要的是教师。教师是培兴教育的主导型力量,他们的职业素质和教学水平在很大程度上决定了大学的办学水平和教育质量。他的管理理念则是:校务公开、民主治校。为此,张伯苓在南开大学时,就成立了师生校务研究会、教授会和大学评议会等机构,为实现民主管理搭建范围广泛的平台③。西南联大很好地继承和发扬了学术自由、兼容

---

① 曲士培. 中国大学教育发展史 [M]. 太原:太原教育出版社,2006:553-554.

② 廖敏,傅游. 西南联大与政府共同治理中的冲突和调适 [J]. 山东高等教育,2015 (6):69-77.

③ 张莉. 张伯苓的大学教育管理思想 [J]. 兰台世界,2013 (16):65-66.

并包、大师为大、教授治学等办学理念。当然,西南联大主张学术自由、教授治学,并不否认学术与政治有一定的联系,而且从当时大后方白色恐怖日益严重而云南地方却有较为宽松的政治环境的实际出发,认识到良好的学术环境有赖于良好的政治环境,如果失掉了这种联系,反倒会两败俱伤。在他们看来,离开学术而言建国,则国家如同建筑在砂砾之堆而无基石。一个政府尊重学术,是饮水思源、培根植本。一个国家的建国,本质上必然是一个创造奋进的学术文化的建国。学术是建构一个国家的钢筋水泥[①]。西南联大有着良好的学术文化,呈现出了一种教授治校、学术自由、自主办学的优良传统。一大批在中国教育界鼎鼎有名的大师云集于此,开创了西南联大的一代学风,积淀了西南联大的教育思想。学校大政方针都是由教授会和教授常委会做出决定。这样的好处在于,大学能按照教育规律办学,不容易受到行政力量的过多干扰。当时授课的一些教师,如吴宓、朱自清等,都可以讲自己的观点,讲不同的学派,学校里确实是名师荟萃。如老师讲政治课,既可以讲三民主义,又可以讲马列主义。学生可以根据自身兴趣,自由选择听不同的教师讲课,自由选择不同的授课方向听课。总之,西南联大在先进的办学理念的指导下,较好地协调了"国家意志"与"大学使命"的关系。

其次,通过构建民主的管理制度,解决"政府控制"与"大学自治"的矛盾。为了缓和"政府控制"与"大学自治"的矛盾,建构民主的管理制度是当时最好的选择。西南联大基于对当时大学基本矛盾的认识和对所处环境的把握,在总结、继承三校原有的办学传统和管理经验的基础上,构建了新的内部管理制度。资料显示,西南联大关于内部管理制度建议及机构的设置,除了遵照教育部的部分指令外,也有学校自己的决定。内部管理的主要制度有:一是常务委员会议制度。常务委员会由北京大学校长蒋梦麟、清华大学校长梅贻琦、南开大学校长张伯苓和秘书主任组成,是大学的最高行政领导机构和最高决策机构。常务委员会主席由清华、北大、南开三大学校长按年轮流担任,任期定为一年。二

---

① 杨立德. 西南联大的学术文化刍议 [M] // 李建平. 抗战文化研究:第三辑. 桂林:广西师范大学出版社,2009:90-99.

是校务会议制度。校务会议由常务委员、常务委员会秘书主任、教务长、总务长、训导长、各学院院长、教授、副教授代表组成,开会时校务委员会主席由常务委员会主席担任,负责审议大学预决算、各学院学系设立及废止、大学各种规程、建筑及其他重要设备、校务改进等事项。校务会议是常委会领导下的决策执行机构。三是教授会制度。教授会规定由全体教授、副教授组成,教授会主席由常务委员会主席担任,负责审议教学及研究事项改进的方案、学生导育方案、学生毕业成绩及学位授予事宜,教授会不定期举行,但每学年至少1次,遇到迫在眉睫的问题,或学校与政府规定发生严重分歧而常委会与校务会议又难于解决的问题时,则增加开会次数。此外,还设有院务委员会制度和分校附校制度等[1]。民主管理的制度力量使作为控制者的政府和作为办学主体的大学都能较好地认识和把控好各自大学中的角色定位。政府对大学控制是有限的,大学对政府的独立是相对的。代表行政力量的政府与代表学术"有限的政府",而作为生存与发展主体的大学应该成为"民主的大学"[2]。如此,政府与大学才可能超越利益和权力关系的纠结,把主要精力放在制度结构的设计和调整方面。西南联大的制度结构有如下三方面特点:从宏观层面看,学校通过与校外政府组织权力的斗争,以争取自治;从中观层面看,由教授治校主导学校内部权力配置;从微观层面看,学校赋予教师和学生学术自由的权力。这或许是西南联大在艰苦卓绝斗争的岁月里依然群星璀璨、成绩辉煌的原因之一。

其三,通过建立和谐的人际关系,化解"行政人员"与"学术人员"的冲突。自从大学产生以来,学术文化和行政文化的人格冲突就已经存在,并在很多大学构成了大学组织内部文化冲突的焦点。正如美国教育家伯顿·克拉克所言:美国的大学中行政管理人员都开始由非教学人员来承担,这些行政官员把师生看作缺乏理解的人,甚至是制造麻烦的人和敌人,由此带来一种独特的文化现象:"大学行政管理人员和教学人

---

[1] 史晓宇. 西南联大内部制度理念、设计、运行探析 [J]. 黑龙江高教研究,2014 (2):54-58.
[2] 董云川. 现代大学制度中的政府、社会、学校 [J]. 高等教育研究,2002 (5):28-32.

员在日常生活中越来越分离,基本在自己的'一类人'中接触。"① 因此,在大学校园里,双方相互轻视甚至敌视的现象越来越普遍。当年的西南联大通过在行政人员与学术人员之间建立和谐的人际关系,则较好地化解了这一冲突。所谓"和谐",首先是行政人员与学术人员没有高低之分,梅贻琦先生不仅有"大学者,非谓有大楼之谓也,有大师之谓也"的名言,他还讲:"教授与校长相比,校长固然重要,但不过是率领职工给教授搬椅子凳子的人,最重要的是教授。"其次,行政人员与学术人员职位互动,行政人员没有终身职务,学术人员可以择优充当。西南联大成立后,坚持了三校"教授治校"的优良传统,并且在新的条件下发扬光大,校长、教务长、总务长、各院院长以及各系主任均由教授兼任,没有副职,职工人数也较少,常常是一人兼任数职。三是行政人员与学术人员相互信任。联大的各项制度得以顺利实施,与三校广大教职员工的大力支持分不开,而这种支持又是建立在行政人员与学术人员都能合理分工、明确自律,又能团结一致、同心协力的基础上。学术人员努力提高教学科研质量,担任行政职务的教授,不仅在管理上尽心竭力,而且照常上课,兼职不增薪水。西南联大和谐的人际关系不仅体现在行政管理上,更重要的是体现在同事与同事之间、教师和学生之间,从而使学术研究始终处于一个比较良好的氛围中。

三、西南联大两种文化调适带来的启示

建设若干所世界一流大学是我国高等教育事业发展的历史性选择,也是高校适应世界高等教育事业发展的必然结果。西南联大在环境恶劣、生活极其艰难的条件下,在短短的8年多时间里取得令人瞩目的成就,他们调适两种文化冲突的经验对于我们今天正在推进的"双一流建设工程",的确有很多启示。

(1) 必须重视先进办学理念的提升。从中外一些著名大学成功的经验看来,无一不与确立并长期坚持先进的办学理念紧密相关。先进理念是指导学校发展的行动指南,是促进学校改革的内在动力,是形成大学

---

① 克拉克. 高等教育系统[M]. 王承绪,等译. 杭州:杭州大学出版社,1994:100.

特色的思想基础，是创新大学制度的理论源泉，是规范大学组织运行的指导原则。西南联大正是在蔡元培的"思想自由，兼容并包"，梅贻琦的"大学之大，端赖大师"与张伯苓的"校务公开，民主治校"的理念指导下取得辉煌成就的。而从我国当前大学的情况看，真正能够提出既符合时代要求，又遵循教育规律，更紧密结合国情具有自身特色的办学理念者并不多。或许有少数明智的校长提出了一些好的理念，但能够真正落实并一以贯之坚持下去者更为少见。反思当今中国大学推进"双一流建设工程"，应该说，缺乏的不是物质条件，而是西南联大那样先进、系统的办学理念；缺乏的不是雄心勃勃的领导人，而是言行一致、脚踏实地的教育家。

（2）必须加强民主管理制度的建设。大学发展不仅需要强调学术自由，更重要的是民主管理。学术性是大学作为社会特殊的文化组织的本质属性。只有充分尊重大学内在的学术性、最大限度地保持大学的学术自由，才能创造大学学术文化的繁荣昌盛。西南联大组建时，三校均已聚集了大量的国内外知名学者，汇聚了各种学术流派，各流派均体现了各自独立的学术个性，但各学派自由争鸣，相互促进，正如西南联大纪念碑中所述的这段话："同无防异，异不害同"，"五色交辉，相得益彰，八音合奏，中平切合"。而这种学术自由与民主管理是相辅相成的。西南联大不仅设置了多层级的民主管理机构，而且制定了完备的议事规则，极大地提高了学校管理的针对性和实效性。冯友兰先生在《国立西南联合大学纪念碑碑文》中写道："西南联大以兼容并包之精神，转移社会一时之风气，内树学术自由之规模，外获民主堡垒之称号。"当今的大学，无不理解大学学术研究的重要，并鼓励自主创新，强调自主知识产权，可是却很少给教授们自主创新的空间。许多大学校园里学术管理几乎从属于行政管理，教授大多数时间忙于各级行政部门为他们设定的课题指标、经费指标、论文指标，或是为申请课题填表格做汇报、跑关系，少有精力研究自己感兴趣的学术问题。今日之大学，如果不学习西南联大的管理制度，以改变今日之管理模式，就很难真正建成世界一流大学。

（3）必须注重和谐人际关系的营造。大学既是文化传承与创新的重要基地，也是多元文化汇聚与交流的主要场所，多元文化虽然存在很大的差异性，甚至彼此对立，但和而不同的文化有时通过碰撞、交融，不断产生新的思想、新的文化。多元文化的主体就是大学中的领导、教师、学生和行政管理者，不同的主体又承担着不同的文化使命，但矛盾与冲突不可避免。能否形成和谐人际关系对大学文化创新成败起着决定性的作用。西南联大正是坚持在学术自由、兼容并包、教授治校、民主管理等理念指导下，注重营造领导与领导之间、学者与学者之间、教师和学生之间，尤其是学术人员与行政人员之间和谐的人际关系，才得以创造出灿烂的学术文化，并取得我国乃至世界一流的学术成就。考察我国当前的大学，主体之间的冲突仍普遍存在。这些冲突既反映在领导与领导之间、学者与学者之间，以及教师和学生之间，也反映在学术人员与行政人员之间。主要表现为在工作中不是相互信任、相互支持，而是相互轻视、相互设防，以至相互分离甚至敌视。借鉴西南联大的经验，营造和谐人际关系就是要通过健全学术民主管理的组织机制，改革现行的权力分配结构，强化大学运行中的学术权力。在具体制度上，建立既有分工又有协作、责任明确的大学法人制度、组织人事制度、教育与科研制度、学科建设与学术保障等制度。大学在加强制度建设时，必须明确制度不是为了约束人、管制人，而是要通过制度来解放人的思想、引导人的行为和激发人的潜能。在制定各种制度和规则时，应充分发扬民主，广泛听取意见，切实体现以人为本、学术自由、大师为大等理念，为学校发展真正营造出不同层面的主体都能够做到相互尊重、相互信任、和谐互动、齐心协力的和谐的人际关系和愉快的工作氛围。